Informationsmarkt

Informationen im I-Commerce
anbieten und nachfragen

von

Prof. Dr. rer. pol. Frank Linde
Fachhochschule Köln

und

Univ.-Prof. Dr. Wolfgang G. Stock
Heinrich-Heine-Universität Düsseldorf

Oldenbourg Verlag München

Bibliografische Information der Deutschen Nationalbibliothek

Die Deutsche Nationalbibliothek verzeichnet diese Publikation in der Deutschen Nationalbibliografie; detaillierte bibliografische Daten sind im Internet über http://dnb.d-nb.de abrufbar.

© 2011 Oldenbourg Wissenschaftsverlag GmbH
Rosenheimer Straße 145, D-81671 München
Telefon: (089) 45051-0
www.oldenbourg-verlag.de

Das Werk einschließlich aller Abbildungen ist urheberrechtlich geschützt. Jede Verwertung außerhalb der Grenzen des Urheberrechtsgesetzes ist ohne Zustimmung des Verlages unzulässig und strafbar. Das gilt insbesondere für Vervielfältigungen, Übersetzungen, Mikroverfilmungen und die Einspeicherung und Bearbeitung in elektronischen Systemen.

Lektorat: Thomas Ammon
Herstellung: Constanze Müller
Titelbild: iStockphoto
Einbandgestaltung: hauser lacour
Gesamtherstellung: Grafik + Druck,München

Dieses Papier ist alterungsbeständig nach DIN/ISO 9706.

ISBN 978-3-486-58842-2

Vorwort

Es gibt verschiedene Gründe, warum dieses Werk entstehen musste. Als erstes lässt sich der große gesellschaftliche Entwicklungstrend anführen. Es wurde bereits vielfach untersucht und diskutiert, dass Volkswirtschaften strukturellen Veränderungen unterliegen. Der wirtschaftliche Schwerpunkt verlagert sich dabei nach der Drei-Sektoren-Hypothese vom Agrar- über den industriellen hin zum Dienstleistungssektor. Offenkundig, aber wissenschaftlich weniger leicht nachzuweisen ist die überlagernde Entwicklung hin zur Informations- bzw. Wissensgesellschaft. Weniger leicht deswegen, weil es in allen Sektoren zu einer verstärkten Nutzung von Information kommt. Stellvertretend für diesen steigenden Anteil an Wertschöpfung durch die Verarbeitung von Information in allen Sektoren steht der so genannte Informationsarbeiter. Der Anteil an Informationsarbeitern bzw. Informationsberufen in den hoch entwickelten Volkswirtschaften hat in den letzten Jahrzehnten massiv zugenommen und hat – beziehen wir uns exemplarisch nur auf die USA und Deutschland – im letzten Viertel des 20. Jahrhunderts die 50%-Marke überschritten. Vor einigen Jahren sind nun auch die Wirtschaftsklassifikationen dieser Länder (NAICS in den USA bzw. NACE in Europa bzw. WZ 2008 in Deutschland) umgestellt worden, so dass Informations- und Kommunikationstätigkeiten statistisch sichtbar werden.

Ein zweiter Grund ist in den Besonderheiten zu sehen, die mit der wirtschaftlichen Beschäftigung mit dem Produktionsfaktor Information einhergehen. Information ist ein flüchtiges Gut, qualitativ verlustfrei beliebig vermehrbar, mit einer recht einseitigen Kostenstruktur, bei der die Fixkosten betont werden, und dem Effekt, dass es für den Nutzer immer von Bedeutung ist, wie stark ein Informationsgut verbreitet ist. Letzteres wird seit einigen Jahren unter dem Stichwort Netzwerkeffekte in der Literatur diskutiert. Information ist ein Netzwerkgut mit ökonomischen Besonderheiten und als solches erfordert es eine andere strategische Behandlung als wir es aus der klassischen Managementlehre kennen.

Wir verfolgen mit diesem Werk erkennbar mehrere Absichten. Die wirtschaftliche Bedeutung von Information als Wirtschaftsgut soll betont werden. Dazu wird die Geschichte des Informationsmarktes nachgezeichnet und die ökonomischen Besonderheiten des Wirtschaftsgutes Information werden ausführlich dargestellt. Wir beschäftigen uns mit den für eine Informationsgesellschaft wichtigen Themen soziologischer, rechtlicher und ethischer Art und stellen die relevanten (Informations-)Branchen der Informationsgesellschaft dar und zeigen für jede einzelne ihre Grundstruktur auf. Außerdem stellen wir ein strategisches Modell vor, mit dem Informationsanbieter – der Besonderheit ihrer Ware angemessen – auf

Informationsmärkten agieren können. Alles in allem ist das Buch ein multiperspektivischer Zugang zum Informationsmarkt und zum Geschäftemachen mit Information, dem I-Commerce.

Das vorliegende Werk ist umfangreich geworden und es ist klar, dass vieler Hände Arbeit oder präziser: vieler Köpfe Arbeit darin steckt. Neben den wechselseitigen Befruchtungen, die durch die Zusammenarbeit als Autorengespann entstanden sind, haben Lisa Beutelspacher und Lisa Orszullok (Lektorat) sowie Anneliese Volkmar (Literaturbeschaffung und Graphiken) einen Großteil der Entstehungslast getragen. Es kann gar nicht ausreichend betont werden, wie wichtig, hilfreich und entlastend das gewirkt hat. Wir bedanken uns an dieser Stelle ganz herzlich.

Dieses Buch ist der dritte und abschließende Band der Reihe „Einführung in die Informationswissenschaft". Nach den eher theoretisch orientierten Werken über Information Retrieval (Stock 2007, im Folgenden stets durch IR abgekürzt) und Wissensrepräsentation (Stock/Stock 2008, mit WR abgekürzt) betreten wir mit der Analyse des Informationsmarktes den Bereich der angewandten Informationswissenschaft, auf dem sich Ökonomie und Informationswissenschaft treffen.

Köln und Düsseldorf,
im Januar 2011
Frank Linde
Wolfgang G. Stock

Stock, W. G. (2007): Information Retrieval. Informationen suchen und finden. – München; Wien: Oldenbourg. – Abgekürzt IR

Stock, W. G.; Stock, M. (2008): Wissensrepräsentation. Informationen auswerten und bereitstellen. – München: Oldenbourg. – Abgekürzt WR

Inhaltsverzeichnis

Vorwort V

Inhaltsverzeichnis VII

Propädeutik der Beschäftigung mit dem Informationsmarkt

1	**Geschichte der Erforschung des Informationsmarktes**	**1**
1.1	Wissensarbeiter in der Wissensökonomie	1
1.2	Informationsökonomie als vierter Sektor	4
1.3	„Information Superhighways"	6
1.4	„New Economy"	8
1.5	Digitale Informationsdienstleistungen	10
1.6	M-Commerce	12
1.7	Informationsmarkt – heute: Digitale Online-Information *und* Netzwerkökonomie	13
1.8	Fazit	14
1.9	Literatur	15
2	**Information als Wirtschaftsgut**	**21**
2.1	Ökonomische Güter	21
2.2	Informationsgüter	22
2.3	Digitale Informationen auf dem Informationsmarkt	28
2.4	Die volkswirtschaftliche Bedeutung des Informationsmarktes	28
2.5	Fazit	30
2.6	Literatur	30
3	**Ökonomische Besonderheiten von Informationsgütern**	**33**
3.1	Marktversagen bei Informationsgütern	33

3.2	First-Copy-Cost-Effekt	35
3.3	Informationsasymmetrien	38
3.3.1	Informationsasymmetrien auf Gütermärkten: The Market for Lemons	39
3.3.2	Informationsasymmetrien auf Informationsmärkten	41
3.3.3	Such-, Erfahrungs- und Vertrauenseigenschaften von Informationsgütern	43
3.3.4	Zur Funktionsfähigkeit von Informationsmärkten	46
3.3.5	Informationsasymmetrien vor und nach dem Vertragsabschluss: Negative Selektion und Moral Hazard	49
3.4	Netzwerkeffekte bei Informationsgütern	52
3.4.1	Direkte Netzwerkeffekte	56
3.4.2	Indirekte Netzwerkeffekte	59
3.4.3	Zweiseitige Netzwerkeffekte	63
3.5	Information als öffentliches Gut	64
3.6	Wechselwirkungen der ökonomischen Besonderheiten	69
3.7	Fazit	71
3.8	Literatur	72

Informationsgesellschaft

4	**Informationssoziologie und -politologie**	**81**
4.1	„Informationsgesellschaft" und „Wissensgesellschaft"	81
4.2	Informations- und Wissensinfrastruktur	86
4.3	Die informationelle Stadt und die Glokalität	90
4.4	Die digitale Kluft	94
4.5	Abweichendes Informationsverhalten	97
4.5.1	Problematische Internetnutzung	97
4.5.2	Belästigungen über das Internet	98
4.5.3	Online-Betrug	99
4.5.4	Kriminelle Internetnutzung	101
4.6	Informationssubkulturen: Hacker, Cracker, Crasher	102
4.7	Dark Web: Informationsverhalten terroristischer Gruppen	103
4.8	Informationspolitik	105
4.9	Fazit	109
4.10	Literatur	111
5	**Informationsrecht**	**119**
5.1	Rechtsschutz von Informationen	119

5.2	Technische Information: Patent- und Gebrauchsmusterrecht	121
5.3	Ästhetisch-gewerbliche Information: Geschmacksmusterrecht	130
5.4	Werbungsinformation: Markenrecht	131
5.5	Werke: Urheberrecht	135
5.6	Creative Commons und Copyleft	140
5.7	Rechtsschutz von Software	141
5.8	Personenbezogene Informationen: Datenschutzrecht	142
5.9	Content im Internet: Telemedienrecht	143
5.10	Flankierende Rechtsgebiete	145
5.11	Informationsstrafrecht	147
5.12	Internationales Informationsrecht?	149
5.13	Fazit	149
5.14	Literatur	151

6 Informationsethik — 157

6.1	Ethik einer neuen Kultur	157
6.2	Professionelles Verhalten	160
6.3	Freier Zugang zum Wissen	161
6.4	Privatheit	163
6.5	Geistiges Eigentum	167
6.6	Fazit	172
6.7	Literatur	173

Digitale Informationsgüter

7 Wirtschafts-, Markt- und Presseinformationen — 177

7.1	Digitale Informationsprodukte für und über Wirtschaft und Presse	177
7.2	Kunden auf dem Markt für Wirtschafts-, Markt- und Presseinformationen	178
7.3	Business Information	179
7.3.1	Firmendossiers	180
7.3.2	Bonitätsinformationen	182
7.3.3	Produktinformationen	183
7.3.4	Adressen	183
7.4	Market Data	185

7.4.1	Struktur-, Markt- und Branchendaten	185
7.4.2	Börseninformationen	188
7.4.3	Zeitreihen	188
7.5	News	193
7.5.1	Pressemeldungen	193
7.5.2	Medienbeobachtung: Pressespiegel und Medienresonanzanalysen	194
7.6	Preisstrategien der Anbieter	195
7.7	Fazit	196
7.8	Literatur	197
8	**Rechtsinformationen**	**199**
8.1	Rechtsdokumente und ihre Nachfrager	199
8.2	Primäre Rechtsinformationen I: Rechtsnormen	201
8.3	Primäre Rechtsinformationen II: Fälle / (Grundsatz-)Urteile	202
8.4	Sekundäre Rechtsinformationen: Fachkommentare und Fachliteratur	204
8.5	Tertiäre Rechtsinformationen: Zitationen und weitere Verbindungen	205
8.6	Preismodelle der Anbieter	206
8.7	Fazit	207
8.8	Literatur	208
9	**WTM-Informationen**	**211**
9.1	Informationen in Wissenschaft, Technik und Medizin	211
9.2	Der Produktionsprozess von WTM-Informationen	215
9.3	Digitale Produkte und Printprodukte	217
9.4	Journal Impact Factor	221
9.5	WTM e-Books	223
9.6	Patente und Gebrauchsmuster	224
9.7	Digital Object Identifier (DOI)	225
9.8	Informationsdienste mit bibliographischen Nachweisen zu WTM-Schriften	226
9.9	WTM-Fakten	230
9.10	Der WTM-Markt: Verlage, Bibliotheken und Wissenschaftler	232
9.11	Fazit	236
9.12	Literatur	238

10	**Suchwerkzeuge und Content-Aggregatoren**	**243**
10.1	Typologie der Suchwerkzeuge und Content-Aggregatoren	243
10.2	Web-Suchmaschinen	244
10.3	Content-Aggregatoren (Hosts)	246
10.4	Fazit	248
10.5	Literatur	249
11	**Web-2.0-Dienste**	**251**
11.1	Soziale Software	252
11.2	Sharing-Dienste	254
11.2.1	Video on Demand	255
11.2.2	Bilder	256
11.2.3	Musik	257
11.2.4	Weitere Sharing-Dienste	258
11.3	Social Bookmarking	259
11.3.1	Allgemeines Bookmarking	259
11.3.2	WTM-Bookmarking	261
11.3.3	Kollektiver Aufbau eines Bibliothekskatalogs	261
11.4	Kollaborativer Aufbau einer Wissensbasis	262
11.4.1	Wiki	263
11.4.2	Blogs	265
11.4.3	Microblogging	267
11.5	Soziale Netzwerke	269
11.5.1	Allgemeine soziale Netzwerke	269
11.5.2	Interessengeleitete Netzwerke	271
11.6	Fazit	272
11.7	Literatur	273
12	**Online-Musik und Internet-TV**	**279**
12.1	Kommerzieller Musikvertrieb über das WWW	279
12.2	Internet-Fernsehen	281
12.3	Fazit	283
12.4	Literatur	284
13	**Digitale Spiele**	**287**
13.1	Konsolen- und PC-Spiele	287
13.2	Digitale Versionen „klassischer" Spiele	289

13.3	Glücksspiele	290
13.4	Video-Spiele	291
13.5	Massively Multiplayer Online Role Playing Games (MMORPGs)	292
13.6	Social Games	297
13.7	Games with a Purpose	298
13.8	Fazit	299
13.9	Literatur	301
14	**Software**	**305**
14.1	Der Softwaremarkt	305
14.2	Softwareentwicklung	308
14.3	Globalisierung und „Offshoring"	312
14.4	Fazit	315
14.5	Literatur	316
15	**Online-Werbung**	**319**
15.1	Werbeformen im Internet	319
15.2	Bannerwerbung	322
15.3	Zielgruppenspezifische Werbung	324
15.4	Werbung in digitalen Spielen	324
15.5	E-Mail-Werbung	326
15.6	Kontextspezifische Werbung	327
15.7	Virales Marketing	332
15.8	Fazit	334
15.9	Literatur	334

Wettbewerbsstrategien von Informationsanbietern

16	**Strategischer Bezugsrahmen**	**339**
16.1	Porters Modell der Branchenstrukturanalyse	339
16.2	Das Wertnetz von Nalebuff und Brandenburger	340
16.3	Die Elemente des Wertnetzes	342
16.4	Wertnetze für Informationsgüter	345

16.5	Unternehmens- und Geschäftsfeldstrategien	346
16.6	Wettbewerbsvorteile	348
16.7	Strategische Variablen zur Gestaltung von Wertnetzen für Informationsmärkte	349
16.8	Fazit	351
16.9	Literatur	352

17 Timing des Markteintritts 355

17.1	Innovatoren und Imitatoren	355
17.2	Vor- und Nachteile für First-Mover	356
17.3	First-Mover-Vorteile auf Informationsmärkten	359
17.4	Empirische Belege für First-Mover-Vorteile	362
17.5	Second-Mover-Vorteile	365
17.6	Fazit	368
17.7	Literatur	368

18 Preisgestaltung 373

18.1	Produkt- und Preispolitik	373
18.2	Formen der Preisdifferenzierung	376
18.2.1	Online-Auktionen	379
18.2.2	Windowing	381
18.2.3	Versioning	386
18.2.4	Bundling	392
18.2.5	Follow-the-free	405
18.3	Fazit	416
18.4	Literatur	418

19 Kompatibilitätsmanagement und Standardisierung 425

19.1	Kompatibilitätsstandards und Standardisierung	425
19.2	Bedeutung von Standards	426
19.3	Arten von Standards	427
19.4	Einflussgrößen der Standardisierung	428
19.5	Standards auf Informationsmärkten	431
19.6	Auswirkungen von Kompatibilitätsstandards	433
19.7	Auf- und Abwärtskompatibilität	435
19.8	Strategien der Standardisierung	436

19.9	Aktive Verhaltensoptionen	439
19.10	Passive Verhaltensoptionen	442
19.11	Öffnung eines Standards als Trade-off-Problem	443
19.12	Fazit	446
19.13	Literatur	447

20 Komplementen-Management — 451

20.1	Arten von Komplementärbeziehungen	451
20.2	Ansatzpunkte zur Erzeugung indirekter Netzwerkeffekte	452
20.3	Strategische Varianten des Komplementenangebots	455
20.4	Fazit	457
20.5	Literatur	457

21 Kopierschutz-Management — 459

21.1	Entwicklung von Kopierschutzrechten bei Informationsgütern	459
21.2	Digital Rights Management Systeme (DRMS)	460
21.3	Vor- und Nachteile von DRMS	464
21.4	Kopierschutz und Netzwerkeffekte	468
21.5	Media Asset Value Maps	473
21.6	Fazit	475
21.7	Literatur	476

22 Signalisierung — 481

22.1	Marktversagen durch Informationsasymmetrien	481
22.2	Marktkommunikation durch Signale	481
22.3	Ansatzpunkte zum Abbau produktbezogener Qualitätsunsicherheiten	484
22.3.1	Inspektionsangebote	485
22.3.2	Leistungsbezogene Informationssubstitute	488
22.3.3	Leistungsübergreifende Informationssubstitute	494
22.3.4	Strategien zum Aufbau von Reputation	497
22.4	Signale in der strategischen Marktkommunikation	500
22.4.1	Produktvorankündigungen	501
22.4.2	Selbstbindung	506
22.4.3	Kooperationen	507
22.4.4	Kommunikation des Netzwerkwachstums	508
22.4.5	Versicherungsangebote	509
22.4.6	Limit-Pricing	509

22.5	Fazit	510
22.6	Literatur	511

23	**Lock-in-Management**	**519**
23.1	Wechselkosten und Lock-in	519
23.2	Wechselkosten in der Informationswirtschaft	521
23.3	Vom zufälligen zum geplanten Lock-in	522
23.4	Der Lock-in Cycle	523
23.4.1	Eine installierte Basis aufbauen	525
23.4.2	Kundenbindung durch die Erzeugung von Wechselkosten (Entrenchment)	529
23.4.3	(Aus-)Nutzung von Wechselkosten und Lock-in	533
23.5	Fazit	536
23.6	Literatur	537

Der „illegale" Informationsmarkt: Schwarzkopien

24	**Mögliche Ursachen für Schwarzkopien**	**541**
24.1	Kopien bei Informationsgütern	541
24.2	Konsumentencharakteristika	544
24.3	Gerechtigkeitsempfinden und Preise	545
24.4	Moralvorstellungen und soziale Normen	547
24.5	Angebotsgestaltung	549
24.6	Fazit	550
24.7	Literatur	550

25	**Ökonomische Folgen des Schwarzkopierens**	**553**
25.1	Betrachtungsgegenstand	553
25.2	Folgen des Schwarzkopierens aus wohlfahrtstheoretischer Sicht	554
25.3	Folgen des Schwarzkopierens unter dynamischen Gesichtspunkten	557
25.4	Fazit	564
25.5	Literatur	564

26	**Strategische Ansatzpunkte für den Umgang mit Schwarzkopien**	**567**
26.1	Strategisches Handeln im Angesicht von Schwarzkopien	567
26.2	Maßnahmen gegen illegale Angebote	568

26.3	Verbesserung des legalen Angebots	572
26.4	Entwicklung neuer Geschäftsmodelle	575
26.5	Fazit	578
26.6	Literatur	578

Register   **583**

1 Geschichte der Erforschung des Informationsmarktes

1.1 Wissensarbeiter in der Wissensökonomie

Information – als in Bewegung gesetztes Wissen (wie z. B. in einem Patentdokument) – und Wissen selbst (beispielsweise der konkrete Inhalt der Erfindung des Patentes) rücken um 1960 erstmals in den Fokus wirtschaftswissenschaftlicher Studien. Das heißt aber nicht, dass Information schlagartig zu einem Wirtschaftsgut geworden wäre. Seit Beginn der Neuzeit, besonders pointiert bei Francis Bacons „Wissen ist Macht" Anfang des 17. Jahrhundert (IR, 26-27), über die Aufklärung und insbesondere im Zuge der industriellen Revolutionen wächst die Bedeutung von Informationen stetig an (Ortner 2006). Es ist das Verdienst von Peter F. Drucker (1959) und Fritz Machlup (1962) in den USA sowie von Tadao Umesao (1963) und Yujiro Hayashi (1969) in Japan (Duff/Craig/McNeill 1996), auf diese Bedeutung von Information und Wissen auf Gesellschaft und Ökonomie als erste hingewiesen zu haben. In der nächsten Zeit werden vor allem die Bezeichnungen

- Knowledge Industry / Information Industry,
- Knowledge Economy / Information Economy,
- Knowledge Society / Information Society,

geprägt, die entweder mehr oder minder quasi-synonym oder als Teil-Ganzes-Relation angesehen werden. Hinzu treten die Terme

- Knowledge Worker / Information Worker.

Mit dem Aufkommen der Dienstleistungen und dem abzusehenden Verlust an Arbeitsplätzen in der Industrie „entdeckt" Peter F. Drucker (1959, 91) die „Wissensarbeiter", die wenig mit der Hand, dafür hauptsächlich mit dem Kopf arbeiten:

> Productive work, in today's society and economy, is work that applies vision, knowledge and concepts – work that is based on the mind rather than the hand.

Mit dem **Wissensarbeiter** geht eine neue Art der Organisation von Unternehmen einher (Drucker 1959, 50 f.):

> The principles and concepts which automation applies to mechanical production-work has earlier been developed for non-mechanical work in the business enterprise. They are fast becoming the rule for the work of all those who are not 'workers' in the traditional usage of the word, but who work productively as technicians, professionals and managers.

Drucker geht es wenig um das Wissen selbst als vielmehr um das Management von Unternehmen, in denen Wissensarbeiter beschäftigt sind. Wissensarbeit findet in Teams statt, und Wissensarbeiter sind entweder (im Regelfall) direkt im Unternehmen integriert oder doch wenigstens eng damit verbunden. Joseph (2005, 249) stellt fest,

> knowledge is not treated explicitly and it is the organization that is in control. Knowledge workers do not have a real definition if they are not associated with an organization.

Für die ökonomische Erforschung des Informationsmarktes ist das Werk „The Production and Distribution of Knowledge in the United States" (1962) des in Österreich geborenen Fritz Machlup bahnbrechend. Als einer der ersten formuliert Machlup Wissen als statisch und Information als dynamisch. Wissen wird nicht übertragen; gesendet und empfangen werden stets nur Informationen (IR, Kap. 3). Machlup (1962, 15) definiert:

> to *inform* is an activity by which knowledge is conveyed; to *know* may be the result of having been informed. „Information" as the act of informing is designed to produce a state of knowing in someone's mind. „Information" as that which is being communicated becomes identical with „knowledge" in the sense of which is known. Thus, the difference lies not in the nouns when they refer to *what* one knows or is informed about; it lies in the nouns only when they are to refer to the *act* of informing and the *state* of knowing, respectively.

Wissen wird – wie in der Wissensrepräsentation (WR, 20-21) – äußerst breit gefasst und umschließt „knowing how" und „knowing that", implizites wie explizites, subjektives und objektives sowie wissenschaftliches wie alltägliches Wissen. Machlup (1962, 19) schließt sich in der Tendenz Hayek (1945) an, der Wissen im Sinne einer Kritik an der neoklassischen Theorie einführt. Während diese Theorie (im Sinne von Hayek: fälschlicherweise) von perfektiver Information ausgeht (Konsumenten über Preise, Unternehmen über Produktionstechnologien usw.), betont Hayek, dass Informationen niemals für eine gesamte Wirtschaft einfach „gegeben" sind, sondern sich je nach Wirtschaftssubjekt völlig ungleichmäßig verteilen. Benoît Godin (2008a, 9 f.) betont:

> In Hayek's hands, the concept of knowledge was used as a criticism of perfect information in economic theory. ... In real life, no one has perfect information, but they have the capacity and skill to find information.

Machlup (1962, 21 f.) klassiert das Wissen in fünf Typen:
- praktisches Wissen,
  - professionelles Wissen,
  - Geschäftswissen,
  - Wissen des Arbeiters,
  - politisches Wissen,
  - Wissen im Haushalt,
  - anderes praktisches Wissen,

1.1 Wissensarbeiter in der Wissensökonomie

- intellektuelles Wissen,
- Smalltalk-Wissen,
- spirituelles Wissen,
- nichtgewolltes, überflüssiges Wissen.

Es geht jeweils sowohl um die Produktion des Wissens als auch um seine Verteilung via Information. Godin (2008a, 12) fasst Machlups Konzeption von Wissen zusammen:

> Defining knowledge as composed of all kinds of knowledge ... was the first aspect of Machlup's definition of knowledge. The second was defining knowledge as both its production and distribution. To Machlup, information is knowledge only if it is communicated and used.

Machlup betrachtet zwar auch den Arbeitsmarkt der Wissensproduzenten (1962, 393), im Zentrum steht jedoch der Anteil der Wissensökonomie an der gesamten Wertschöpfung einer Volkswirtschaft (Webster 1995, 11). Folgende Branchen fallen gemäß Machlup in der volkswirtschaftlichen Gesamtrechnung unter die Knowledge Economy:

- Erziehung (häusliche Erziehung, Schulen, Universitäten, Training on the Job, Erziehung in Kirchen und beim Militär, Bibliotheken),
- Forschung und Entwicklung (Grundlagenforschung, angewandte Forschung und Entwicklung),
- Kommunikationsmedien (Druckerzeugnisse, Fotografie, Bühne und Kino, Hörfunk und Fernsehen, Werbung, Telekommunikationsmedien wie Telefonie und Post),
- „Informationsmaschinen" (Druckmaschinen, Musikinstrumente, Filmprojektoren, Telefone, Signalanlagen, Messinstrumente, Schreibmaschinen, elektronische Computer, andere Büromaschinen und deren Teile),
- „Informationsdienste" (professionelle Dienstleistungen: Recht, Ingenieurwesen, Abrechnungen, Medizin, Finanzdienste, Großhandelsagenten, weitere Business Services, Regierung).

Bei der Datenbeschaffung benutzt Machlup diverse Quellen außerhalb der amtlichen Statistik wie z. B. die Angaben der National Science Foundation und führt auch informierte Schätzungen durch. Für jede einzelne Branche der Wissensökonomie und natürlich auch aggregiert auf Branchenebene legt Machlup Zahlen dar, die deren Wertschöpfung zumindest näherungsweise messen. Godin (2008a, 20) sieht darin das Wesentliche von Machlups Ansatz:

> Machlup then arrived at his famous estimate: the knowledge economy was worth $136.4 million, or 29% of GNP in 1958, had grown at a rate of 8.8% per year over the period 1947-58, and occupied people representing 26.9% of the national income.

Abschließend diskutiert Machlup Auswirkungen der weiteren Entwicklung der Wissensbranche auf den Arbeitsmarkt. Sein Ergebnis weist in zwei Richtungen: (1.) Der Arbeitsmarkt für Wissensarbeiter wird größer (Machlup 1962, 396 f.):

> (W)hile the ascendary of knowledge-producing occupations has been an uninterrupted process, there has been a succession of occupations leading this movement, first clerical, then

> administrative and managerial, and now professional and technical personnel. Thus, the changing employment pattern indicates a continuing movement from manual to mental, and from less to more highly trained labor.

Im letzten Satz des Zitats klingt bereits der zweite Trend an. (2.) Der Arbeitsmarkt für ungelernte Kräfte schrumpft (Machlup 1962, 397):

> If employment opportunities continue to improve for high-level-knowledge-producing labor and to worsen for unskilled manual labor, the danger of increasing unemployment among the latter becomes more serious.

Gut zehn Jahre nach Machlups „Knowledge Economy" wird Daniel Bell (1973) das Ziel dieser Entwicklung als „postindustrielle Gesellschaft" und weitere sechs Jahre später als „Informationsgesellschaft" bezeichnen (Bell 1979). Kennzeichnend für solch eine postindustrielle Gesellschaft ist das Vorherrschen von Dienstleistungen am Arbeitsmarkt, wobei wir hier kritisch einrücken müssen, dass mitnichten alle Dienstleistungen auch stets Informationsdienstleistungen sind (Webster 1995, 40). Auch Alvin Tofflers „Third Wave" (1980) beschreibt – nach der Landwirtschaft (erste Welle) und der Industrie (zweite Welle) – seine dritte Welle als postindustrielle Gesellschaft.

1.2 Informationsökonomie als vierter Sektor

Ein neunbändiges Werk aus dem Jahr 1977 von Marc Uri Porat verfeinert Machlups Ansatz und stellt detaillierte statistische Daten der Informationsökonomie der Vereinigten Staaten bereit. Hier wird die Basis dafür gelegt, dass Information als eigenständiger vierter Wirtschaftssektor angesehen werden kann und dass dieser Sektor die Gesamtwirtschaft dominiert. Porat (1977, 2) definiert „Information" äußerst breit:

> Information is not a homogeneous good or service such as milk or iron ore. It is a collection or a bundle of many heterogeneous goods and services that together comprise an *activity* in the U.S. economy. For example, the informational requirements of organizing a firm include such diverse activities as research and development, managerial decision making, writing letters, filing invoices, data processing, telephone communication, and producing a host of memos, forms, reports, and control mechanisms. ...
>
> Information is data that have been organized and communicated. The information activity includes all the resources consumed in producing, processing and distributing information goods and services.

Es bestehen vor allem zwei wesentliche Unterschiede zum Vorgehen von Machlup (Porat 1977, 44). Porat verwendet Daten und Definitionen für Wirtschaftsbranchen aus der amtlichen Statistik und er teilt die Informationsökonomie in zwei Bereiche, den primären und den sekundären Informationsmarkt, auf. Der **primäre Informationssektor** fasst alle Branchen zusammen, die Informationsmaschinen produzieren oder Informationsdienstleistungen auf (etablierten) Märkten verkaufen (Porat 1977, 15). Informationsdienstleistungen haben zwei zentrale Aspekte: Sie werden auf Märkten angeboten und ihre Inanspruchnahme bewirkt Wissen beim Käufer (Porat 1977, 22).

1.2 Informationsökonomie als vierter Sektor

> The end product of all information service markets is knowledge. An information market enables the consumer to know something that was not known beforehand.

Der **sekundäre Informationssektor** umfasst alle Arten von Bürokratien, Verwaltungen in Unternehmen genauso wie staatliche Stellen (Porat 1977, 15 f.):

> It includes the costs of organizing firms, maintaining markets, developing and transmitting prices, regulating markets, monitoring the firm's behavior and making and enforcing rules.

Diese Dienste des sekundären Informationssektors werden nicht auf dem Markt angeboten, sondern intern in Unternehmen oder im Staatsapparat verrichtet.

Auch Porat ermittelt Werte, die den Anteil des Informationsmarktes an der Gesamtwirtschaft ausdrücken, nachhaltigen Einfluss haben jedoch seine Einschätzungen zum Arbeitsmarkt. Die Informationsarbeiter („information workers", Porat 1977, 105) sind in drei Bereichen beschäftigt (Porat 1977, 107):

- in Organisationen, die ihre Güter auf Informationsmärkten anbieten („markets for information"); dies sind Wissensproduzenten (Wissenschaftler, Rechtsanwälte, Architekten usw.) sowie Wissensdistributoren (vor allem Lehrer und Bibliothekare),
- innerhalb von Organisationen im Sinne des sekundären Informationsmarktes („information in markets"); hierzu gehören Buchhalter, Versicherungsagenten, Verkäufer genauso wie Manager,
- in Organisationen, die Informationsinfrastruktur herstellen oder betreiben, also diejenigen, die mit Computern, Telekommunikation und nicht-elektronischen Informationsmaschinen (z. B. Druckpressen) arbeiten.

Porat rechnet die Arbeitskraft in Summen der Einkommen der Informationsarbeiter um und erhält für das Jahr 1967 folgende Werte (Porat 1977, 107):

Markets for Information
    Knowledge Producers   47 Mio. $
    Knowledge Distributers   28 Mio. $

Information in Markets
    Market Search & Coordination Specialists   93 Mio. $
    Information Processors   61 Mio. $

Information Infrastructure
    Information Machine Workers   13 Mio. $

Dies ergibt ein Volumen von insgesamt rund 242 Mio. $ für den Informationsmarkt, was 53,2% des gesamten Arbeitseinkommens der USA entspricht. Der Rest des Arbeitsmarktes verteilt sich auf Landwirtschaft, Industrie und andere Dienstleistungen (Porat 1977, 117 f.). Die erste Phase („Stage I") wird von der Landwirtschaft dominiert, während der Arbeitsmarkt in Stage II vornehmlich durch die Industrie bestimmt wird. Heute in Phase III herrscht Informationsarbeit vor. In einer Aggregation der Daten zu nur zwei Sektoren (Informationsarbeiter / andere) zeigt sich eine Annäherung der Volumina der beiden Arbeitsmärkte zu jeweils rund 50% ab ca. Mitte der 1960er Jahre. Angesichts solch einer Darstellung liegt es nahe, an die Existenz der **Informationsgesellschaft** (zumindest in den USA) zu glauben. Frank Webster (1995, 12) kommentiert dies so:

> The quantification of the economic significance of information is an impressive achievement. It is not surprising that those convinced of the emergence of an 'information society' have routinely returned to Machlup and especially Porat as authoritative demonstrations of a rising curve of information activity, one set to lead the way to a new age.

Allerdings verbergen sich diverse Probleme in den Ausführungen von Machlup und Porat (Robinson 1986; Schement 1990). Die Abgrenzung der Informationsaktivitäten von anderen Arbeiten ist nämlich durchaus willkürlich. In beiden Theorien wird denjenigen Dienstleistungen, die nicht zum Informationsmarkt gehören, kaum Raum gegeben. Alle Menschen, die nicht eindeutig und ausschließlich „mit der Hand" arbeiten, sind per definitionem Informationsarbeiter. Insbesondere beim sekundären Informationssektor ist eine klare Grenzziehung zwischen „Denken" und „Tun" gar nicht möglich, so dass alle Sekretariats- und Buchhaltungstätigkeiten nicht als Dienstleistungen, sondern als Informationsarbeit betrachtet werden. Webster (1995, 16) ist sehr skeptisch:

> Librarian, for example, can encompass someone spending much of the day issuing books for loan and reshelving, as well as someone routinely involved in advising academics on the best sources of information for progressing state-of-the-art research. Is it really sensible to lump together such diversity?

1.3 „Information Superhighways"

Ab Ende der 1970er Jahre und bis in die 90er Jahre hinein wird die Informationsgesellschaft Thema nationaler und internationaler politischer Programme. Es geht um den *Aufbau* der Informationsgesellschaft – auch im Hinblick, die Volkswirtschaften und die Arbeitsmärkte durch politische Maßnahmen zu stärken. Es gibt nämlich eine anhaltende Diskussion um die Arbeitsplatzauswirkungen des technischen Fortschritts. Eine Position behauptet, dass technischer Fortschritt über dessen Rationalisierungskomponente zur Freisetzung von Arbeitskräften und in deren Folge zu Unterbeschäftigung und technologischer Arbeitslosigkeit führe. Die Gegenposition sieht den technischen Fortschritt als Voraussetzung für wirtschaftliches Wachstum, wobei das Produktionswachstum wiederum Voraussetzung für Beschäftigung sei (Stock 1997).

In Bezug auf die Informationsgesellschaft gibt es einen wesentlichen Unterschied zur früheren Diskussion. Technischen Fortschritt gab es stets lokal in dem Sinne, dass er zu Innovationen in einer speziellen Technik bzw. Wirtschaftsbranche führte. Wurden Arbeitskräfte lokal freigesetzt, so führte doch der Fortschritt insgesamt dazu, dass an anderer Stelle neue Arbeitsplätze geschaffen wurden und so in toto die Arbeitsplatzbilanz mehr oder minder ausgeglichen blieb. Der **informationstechnische Fortschritt** wirkt jedoch global, er hat Folgen für alle Wirtschaftssektoren und Branchen. Ein Schwund an Arbeitsplätzen in Landwirtschaft, Industrie und Dienstleistungen könnte dann folgen. Auch das Gegenteil ist denkbar: Die Informationsgesellschaft schafft es – trotz aller Rationalisierungseffekte – positive Arbeitsmarktaspekte zu erzielen.

Das Negativszenario wird beispielsweise von Jeremy Rifkin (1996) beschworen, der das „Ende der Arbeit" auf uns zukommen sieht. Für das Positivszenario zeichnen vor allem die politischen Programme des Aufbaus der Informationsgesellschaft verantwortlich. Berufe der Informationsgesellschaft entstehen sowohl bei Anbietern von Informationen (etwa in der Industrie bei der Computerherstellung oder der Unterhaltungselektronik und bei den Dienstleistern in der Software- und der Contentproduktion) als auch bei deren Anwendern (etwa in der öffentlichen Verwaltung oder der Betriebsführung). Im Sinne eines „Big Bang" (Pelton 1994, 182) entstehen beim Zusammentreffen der neuen Berufe der Informationsgesellschaft völlig neue Beschäftigungsstrukturen (Stock 1995).

Ein früher Expertenbericht zur Rolle des Staates beim Aufbau der Informationsgesellschaft wird von Simon Nora und Alain Minc (1978) vorgelegt. Sie prägen den Neologismus „**Telematik**" im Sinne einer Verbindung zwischen Telekommunikation und Informatik, plädieren also für das Zusammenwachsen beider Bereiche. Nora und Minc stellen fest, dass der Staat den Wechsel hin zur Informationsgesellschaft nicht selbst bewirken kann; er kann allerdings die Rahmenbedingungen so kreieren, dass die erwünschte Entwicklung stattfinden kann. Als treibende Kraft erweist sich die fortschreitende Computerisierung (Weygand 2004).

Den größten Einfluss auf die Entwicklung der Informationsgesellschaft haben die amerikanischen Programme zur Schaffung der Informationsinfrastruktur, die maßgeblich vom derzeitigen amerikanischen Vizepräsidenten Al Gore auf den Weg gebracht worden sind. In einem ersten Programm (Information Infrastructure Task Force 1993), das sich ausschließlich auf die USA bezieht, wird die **National Information Infrastructure** (NII) skizziert, die als „Information Superhighways" ihre populäre Bezeichnung findet. NII ist

> a seamless web of communications' networks, computers, databases, and consumer electronics that will put vast amounts of information at users' fingertips.

Ihre internationale Erweiterung findet NII durch die **Global Information Infrastructure** (GII) (Information Infrastructure Task Force 1995). Al Gore (1996, 2) motiviert GII durch die internationale Komponente, die für die Informationsgesellschaft wesentlich ist:

> We will not enjoy all of the benefits of the National Information Infrastructure („NII") unless it is linked to a global network of networks, a GII, linking every country, every town, every village, providing not just telephone service, but high-speed data and video as well. Such a global network would enable Americans to communicate across national boundaries and continental distances as easily as we communicate across state separations today. Time zones, not cost, will be the biggest barrier to keeping in touch with family, friends, and co-workers, no matter where they are.

Fünf Prinzipien leiten laut Gore (1996, 3) den Aufbau von NII und GII: private Investitionen, Wettbewerb, Universaldienst, freier Zugang zu Märkten sowie flexible Regulierungen.

Ebenfalls Anfang der 1990er Jahre diskutiert die Europäische Union ihren Weg in die Informationsgesellschaft (Stock 1995; Stock 1996a; Stock 1996b). Das grundlegende Planungspapier ist das federführend von Jacques Delors verfasste „Weißbuch" aus dem Jahr 1993, das die Informationsgesellschaft als „das Kernstück des Entwicklungsmodells des 21. Jahrhunderts" einführt, mit ihr „steht und fällt Europa" (Europäische Kommission 1993, 14). Die Erwartungen an die Informationsgesellschaft sind sehr hoch gesteckt (Europäische Kommission 1993, 110):

> Die Politik der Gemeinschaft zur Schaffung eines gemeinsamen Informationsraums verstärkt den Wettbewerb und erhöht die Konkurrenzfähigkeit Europas. Sie schafft neue Arbeitsplätze und sollte einhergehen mit speziellen Maßnahmen, durch die der Wandel in Wirtschaft und Gesellschaft erleichtert wird und jeder Bürger einen seiner Qualifikation entsprechenden Arbeitsplatz erhält.

Konkretisiert werden die Aussagen des Weißbuches durch eine Arbeitsgruppe, geleitet von Martin Bangemann (1994). Wie im Weißbuch liegen auch im Bericht der **Bangemann-Arbeitsgruppe** die Bausteine der Informationsgesellschaft in einem Schichtenmodell übereinander. Die unterste Schicht wird von den Netzen und den technischen Möglichkeiten der Datenkomprimierung getragen. Die zweite Schicht enthält die Grunddienste (wie beispielsweise E-Mail). In der letzten Schicht liegen die Anwendungen; paradigmatisch werden zehn Anwendungen ausgearbeitet, in denen Pionierarbeit beim Aufbau der Informationsgesellschaft geleistet werden soll. Im Weißbuch wie im Bangemann-Bericht eher vernachlässigt, werden im Aktionsplan der Europäischen Kommission „Europas Weg in die Informationsgesellschaft" auch die Informationsinhalte diskutiert. Das Schichtenmodell wird nunmehr um eine zusätzliche Schicht erweitert und abgeschlossen. Für die Kommission der EU gibt es zwei große Gruppen von Content, erstens die audiovisuellen Programme (Spielfilme, Fernsehproduktionen und weitere Multimedia-Anwendungen) und zweitens „qualitativ hochwertige Informationsressourcen" (Europäische Kommission 1994, 18). Im Programm „Info 2000" (Europäische Kommission 1995) stehen die Informationsinhalte im Zentrum. Hier wird der Markt für Content dreifach in gedruckte Veröffentlichungen (Zeitungen, Bücher, Zeitschriften usw.), elektronische Publikationen (Online-Datenbanken, Videotex-Dienste usw.) sowie audiovisuelle Inhalte (Fernsehen, Video, Radio, Audio und Kino) segmentiert.

Die Programme zum Aufbau der Information Superhighways erweisen sich als erfolgreich, insofern die fundierende technische Infrastruktur des Informationsmarktes in Angriff genommen wird. In etwa zur selben Zeit (Anfang der 1990er Jahre) entsteht das World Wide Web als Grunddienst im Internet; erste Suchwerkzeuge wie Yahoo! oder AltaVista beugen einem Chaos an kaum durchsuchbaren Massen von digitalem Content entgegen.

1.4 „New Economy"

Mit dem Aufkommen und dem schnellen Erfolg des WWW stellt sich für einige Autoren die Frage, ob mit dem neuen „Internet-Zeitalter" auch eine „neue Ökonomie" einhergeht, eine

Wirtschaftsform, die bisher bekannte wirtschaftliche Regelmäßigkeiten außer Kraft setzt und durch neue ersetzt. Rückblickend müssen wir für Unternehmensgründungen und – besonders – für Firmenbewertungen feststellen: Die Geschichte der „New Economy" ist die Geschichte eines Irrtums.

Für das Wissen eines Unternehmens verwenden Picot und Scheuble (2000, 22) die Bezeichnung **„intellektuelles Kapital"**, das sie wie folgt – negativ – definieren:

> Stark vereinfacht und von Bewertungsproblemen ebenso wie von der Marktpsychologie abstrahierend entspricht das intellektuelle Kapital bei börsennotierten Unternehmen der Differenz zwischen dem Marktwert und dem Buchwert eines Unternehmens.

Der Marktwert errechnet sich über das Produkt aus Börsenkurs und der Anzahl der Aktien, der Buchwert steht in der Bilanz und repräsentiert die Vermögensgegenstände der Firma. Bei Unternehmen der New Economy erwies sich die Differenz aus Markt- und Buchwert als riesig. Gemäß Picot und Scheuble verfügten solche Firmen also über einen großen Bestand an intellektuellem Kapital. Wie die Anleger jedoch beim Zusammenbruch der New Economy deutlich zu spüren bekamen, entpuppte sich die Differenz mitnichten als „intellektuelles Kapital", sondern als Blase „heißer Luft", hervorgerufen aus euphorischen Stimmungen und damit keineswegs Ausdruck neuer ökonomischer Gesetzmäßigkeiten, sondern marktpsychologischer Gegebenheiten (von denen unsere Autoren – wie wir heute wissen: fälschlich – abstrahiert haben). Solche marktpsychologischen Effekte, die infolge der New Economy zu beobachten waren, sind keineswegs neu. Bereits bei der „Tulpenmanie" in den Niederlanden in den Jahren 1636 und 1637 ließen sich solche Verhaltensweisen beobachten (Baddeley/McCombie 2001). Der Preis für Tulpenzwiebeln stieg in große Höhe (für eine einzige Tulpenzwiebel wurde das Mehrfache des Jahreseinkommens eines Handwerkers geboten), um kurz danach gewaltig auf nunmehr realistische Dimensionen abzufallen. Das kostete einigen Tulpenhändlern ihr Vermögen; die Tulpen blühen in Holland allerdings immer noch.

Was ist der realistische ökonomische Kern der seinerzeit von einigen für neu eingeschätzten Ökonomie? Kevin Kelly (1997; 1999[1998]) geht am weitesten; er ist in der Tat überzeugt, dass die New Economy bislang gänzlich unbekannte Züge trägt. Weitaus vorsichtiger sind J. Bradford DeLong und A. Michael Froomkin mit ihrer „Next Economics" (2000) sowie die wahrscheinlich wichtigsten Theoretiker der New Economy, Carl Shapiro und Hal R. Varian (1999[1998]; 2003) mit ihrer Konzeption der „Network Economy" bzw. der „Information Economy". Einig sind sich die Autoren darin, dass der Informationsmarkt alle Züge einer **Netzwerkökonomie** trägt. Netzwerke haben zwar schon immer existiert (man denke beispielsweise an Eisenbahnen oder an Elektrizitätsnetze), in der Informationsgesellschaft nehmen sie jedoch in zweierlei Hinsicht eine beherrschende Stellung ein: Reale Netzwerke sind die zentralen Infrastrukturen der Informationsgesellschaft. Die auf Informationsmärkten gehandelten (Informations-)Güter stellen aber selbst auch Netzwerke, und zwar virtuelle, dar. Solche Netzwerke zeigen sogenannte **Netzwerkeffekte** auf, das heißt, dass sie umso wertvoller werden, je mehr Teilnehmer sie nutzen (direkter Netzwerkeffekt) und je größer das Angebot an Komplementärprodukten ist (indirekter Netzwerkeffekt). Folge dieses „Je-größer-desto-besser-Phänomens" ist, dass sich häufig Standards herausbilden, die einen Markt dominieren. Nutzer – Endkunden wie Unternehmen – sind innerhalb eines Standards „gefangen", da die Umstellungskosten (etwa unternehmensweit von einer Office-Software zu einer anderen) u. U. sehr hoch werden; ohne Standards ist kein Netzwerk möglich, und hat ein Standard einmal eine kritische Masse überschritten, so entsteht durch positive Rückkopplung eine Situation, dass sich der „gewinnende" Standard allgemein durchsetzt. Dieser letzte Aspekt kommt schnell in Konflikt mit dem herkömmlichen Kartellrecht (Shapiro/Varian 2003, 61): Dieses schützt den Markt, fordert also mehrere konkurrierende Unternehmen in einer gegebenen Branche, während die Netzwerkökonomie die marktbeherrschende Stellung eines einzigen Standards (der auch an ein einziges Unternehmen gekoppelt sein kann) prognostiziert. Die zweite Besonderheit des Informationsmarktes liegt im **Wirtschaftsgut „digitale Information"** (Shapiro/Varian 2003, 49 ff.): Solche Güter sind aufwendig zu produzieren, aber extrem leicht zu reproduzieren; der Rechtsschutz dieser Güter ist faktisch nur schwer zu überwachen und durchzusetzen, so dass einige Anbieter gewisse Informationsprodukte kostenfrei abgeben („follow the free!"; Kelly 1997) und ihre Umsätze anderweitig generieren. Kommerziell vertriebene Informationen sind nie reine Suchgüter, da man vor ihrem Erwerb unter keinen Umständen deren Qualität erschöpfend einzuschätzen vermag; letztlich nutzen Informationsmärkte (wie vorher schon das werbefinanzierte Fernsehen) Aufmerksamkeit als Währung, wodurch auch Umsätze entstehen. Als „Kern" der New Economy erweist sich demnach das Aufeinandertreffen von Netzwerken mit digitalem Content, bei dem es durchaus ökonomische Besonderheiten zu bemerken gibt.

1.5 Digitale Informationsdienstleistungen

Welche Informationen werden digital über Netzwerke angeboten? Während der „breite" Ansatz des Informationsmarktes, ausgehend von Machlup und Porat, alle nicht-körperlichen Tätigkeiten als Informationsarbeit deklariert, startet der „enge" Ansatz bei den digitalen Informationsgütern. Frühe Marktstudien publiziert das **„Information Market Observatory"** (IMO) der Kommission der Europäischen Union. IMO analysiert die Teilmärkte der Online-Datenbanken (IMO 1989a), der CD-ROM (IMO 1989b), der Videotex-Dienste (IMO 1989c) sowie der Audiotex-Dienste (IMO 1991). Auch zusammenfassende Studien – etwa zum europäischen Markt (Casey 1991; Schwuchow/Stroetmann 1991; Bredemeier/Stock 2000) oder zur deutschen Situation anfangs der 1990er Jahre (Bredemeier 1993; Stock 1993) gehen kaum über diesen kleinen Bereich hinaus. Der kommerziell vertriebene Content steht im Mittelpunkt (Bredemeier/Stock 2000, 228):

> „Elektronische Informationsdienste" definieren wir als elektronische Produkte, die entweder online über spezifische Datennetze (wie X.25 oder das Internet bzw. via Videotext) oder offline (als CD-ROM oder Diskette) verteilt werden und bei denen der Informationsinhalt („Content", Wissen) im Mittelpunkt steht, also als Gesamtheit der Produkte, die die Branche der Informationswirtschaft … in kommerzieller Absicht auf dem Markt anbietet.

Mit dem Erfolg des Internet und der insbesondere im WWW kostenlos angebotenen Informationen weitet das IMO seinen Beobachtungsradius auf das Internet aus (IMO 1994). Die Beschränkung des Blickwinkels auf zu bezahlenden Content entfällt, hinzu tritt eine Ausweitung des Contents auf alle Arten von Wissen (IMO 1995, 9 f.):

> Ursprünglich hat sich das IMO ... auf den verhältnismäßig begrenzten Bereich der elektronischen Informationsdienste – die sogenannten klassischen Online-ASCII-Datenbankdienste, Videotex- und CD-ROM-Dienste sowie Audiotex- und Fax-basierte Dienste – konzentriert. 1993/94 wurde der Blickwinkel mit Rücksicht auf das mittlerweile ausgedehntere Umfeld der Informationsdiensteindustrie erweitert. Damit soll dem Phänomen der Konvergenz Rechnung getragen werden, das in einer ganzen Reihe von informationsbasierten Sektoren zu beobachten ist. Hardware- und Softwareindustrie, Telekommunikationsindustrie, Kabel- und Satellitenindustrie, alle mit Informationsinhalten befaßten Bereiche, wie Film, Fernsehen, Musik und Printmedien und selbstverständlich auch der Bereich der elektronischen Informationsdienste zeigen in ihrem Streben nach Märkten und in ihrer technologischen Entwicklung eine konvergierende Tendenz auf.

Bezogen auf den Content, existieren zwei Ansätze nebeneinander. Das Ziel des „engen" Informationsmarktes ist es, Content zu verkaufen, Ziel des breiten Informationsmarktes der New Economy, Informationsinhalte kostenfrei abzugeben und die Aufmerksamkeit der Kunden zu bepreisen. Für Rainer Kuhlen (1995) gibt es zusätzlich einen dritten Markt, der streng nicht-kommerziell orientiert ist und den Kuhlen als **„Informationsforum"** bezeichnet. Hier werden vorwiegend wissenschaftliche Informationen ausgetauscht.

Die **OECD** hat einen „Führer" zur Erfassung von Indikatoren der Informationsgesellschaft erarbeitet (OECD 2005; Godin 2008b, 54-61). Auch hier geht es wie beim IMO (1995) um den Gesamtblick auf Informations- und Kommunikationstechnik *und* Informationsinhalte. Informationsinhalte werden ausschließlich in ihrer digitalen Online-Form zum Gegenstand der Informationsgesellschaft (OECD 2005, 58):

> According to this definition, digitised products include both:
> - Products (such as reports, movies, music and software) which can be delivered over the Internet in digitised form and have a physical analogue (such as CD or DVD). For those products, the analogy with the physically delivered product is direct (*e.g.* a downloaded movie file and a DVD of that movie, a MP3file and a CD); and
> - Other digitised products where the analogy with a physical product is less direct, for instance, new kinds of Web-based products which are accessed on line. They include online news, information or financial services and online games (…).

Warum stellt die OECD den digitalen Online-Content derart ins Zentrum ihrer Betrachtungen (OECD 2005, 60)?

> It is clear that digital content – and digital delivery of content – are increasing in significance, driven by enhanced technological capabilities, a rapid uptake of broadband technologies and improved performance of hardware and software.

In der nordamerikanischen Branchenklassifikation **NAICS** (2002) steht die Informationsbranche auf der ersten Hierarchieebene des Systems – also auf der selben Stufe wie beispielsweise der Großhandel, das Erziehungswesen oder die Industrie (WR, 218). Die Branche 51 (Information) ist in sieben Branchengruppen geordnet:

511 Publishing industries (except Internet), darin: 5112: Software publishers,

512 Motion picture and sound recording industries,

515 Broadcasting (except Internet),

516 Internet publishing and broadcasting,

517 Telecommunications,

518 Internet service providers, Web search portals, and data processing services,

519 Other information services.

Manuel Castells (2001[1996], 160 f.) entwirft ein Schichtenmodell der Internet-Branche, das anbieterseitig orientiert ist und vier Schichten berücksichtigt:

- Schicht 1: Unternehmen, die Internet-Infrastruktur anbieten (Telekommunikationsfirmen, Internet-Provider, Hersteller für Netzwerkausrüstungen usw.),
- Schicht 2: Unternehmen, die Anwendungen für die Internet-Infrastruktur anbieten (vor allem Software für das Internet und damit verbundene Beratungsdienstleistungen),
- Schicht 3: Unternehmen, die freie Internetdienste anbieten, und ihr Geschäft über Werbung oder Kommissionen machen (Content-Provider wie Nachrichtenportale, Suchmaschinen, Versteigerungsportale u. ä.),
- Schicht 4: Unternehmen, die ihre Geschäfte (ausschließlich oder zusätzlich zu gewohnten Distributionswegen) web-gestützt abwickeln (E-Commerce).

1.6 M-Commerce

Eine neue Forschungslinie entsteht mit der Verbindung der Online-Welt mit der Mobiltelefonie: der „mobile Handel" – M-Commerce. In unserem Kontext ist nicht die gesamte Bandbreite des M-Commerce (der ja auch die Distribution physischer Güter oder elektronische Zahlungsvarianten enthält) relevant, sondern ausschließlich der M-Commerce digitaler Informationsgüter. Der M-Commerce ist dadurch ausgezeichnet, dass mindestens einer der Beteiligten bei seinen Aktionen nicht standortgebunden, sondern eben mobil ist. Balasubramanian, Peterson und Jarvenpaa (2002, 353) unterscheiden drei Szenarien:

- Anwendungen sind abhängig vom Ort,
- Anwendungen sind abhängig von der Zeit,
- Anwendungen sind abhängig von der eingesetzten Technik (beim Sender oder beim Empfänger; beispielsweise vom Einsatz eines Handys).

Voraussetzung für diesen Teil des Informationsmarktes ist der breite Einsatz internetfähiger Mobiltelefone oder kleiner Computer mit entsprechender Software für das Betriebssystem auf Kundenseite. Zentral dürfte auch das Angebot von Anwendungssoftware und Content sein, die auf die Bedürfnisse des M-Commerce zugeschnitten sind (sog. „Apps"). Zum einen beobachten wir Anwendungsfälle, die – bisher in jeweils unterschiedlichen Kontexten – bereits bekannt sind (Telefonie, SMS, E-Mail, Suchmaschinen, Abspielen von Musik oder Navigation) und jetzt von einem einzigen Gerät aus mobil angesprochen werden können, zum andern entstehen neue Dienste, die von der genuin mobilen Anwendung ausgehen. Vom Empfänger mobil nachzufragenden Informationen sind z. B. ortsabhängige Fragen zur Navigation („Wie komme ich von hier zum Ziel Z?"), zeitkritische Aspekte zur Überwachung von Börsenportfolien („Wie stehen meine Aktien aktuell?") oder orts- und zeitspezifische Anfragen wie etwa Stauinformationen auf Straßen bzw. Verspätungsmeldungen bei öffentlichen Verkehrsmitteln. Vom Anbieter mobil zu erfassen sind beispielsweise orts- und zeitkritische Problemmeldungen von Kunden und deren Weiterleitung (die Meldung „Pkw des Herstellers X ist am Ort O steckengeblieben" wird zum nächstgelegenen Service von X gesandt), das Angebot von mobil (beispielsweise via Satelliten) erhobenen Daten (u. a. zur Nutzung in der Landwirtschaft) oder eine Dienstleistung, virtuell an einer Auktion teilzunehmen (von der aus der Anbieter über ein mobiles Endgerät agiert) (alle Beispiel aus Balasubramanian/Peterson/Jarvenpaa 2002). Der durchschlagende ökonomische Erfolg des M-Commerce steht noch aus (Godoe/Hansen 2009).

1.7 Informationsmarkt – heute: Digitale Online-Information *und* Netzwerkökonomie

Nunmehr ist auch die Abgrenzung des Informationsmarktes dieses Buches gefunden. Unser Gegenstand sind die digitalen Informationsgüter aus NAICS 51, die über Netzwerke (vorzugsweise das Internet) vertrieben werden und auch selbst deutliche Netzwerkeffekte aufweisen. Es sei betont, dass die gesamte Internetwirtschaft (Schichten zwei bis vier von Castells) zum Informationsmarkt gehört, allerdings nur insofern dort Informationen (im breiten Sinne von Machlup) zum Kauf oder zum kostenlosen Erwerb angeboten werden. Negativ formuliert: Es geht hier nicht um den E-Commerce mit nicht-digitalen Gütern, sondern ausschließlich um den **I-Commerce**, den Handel mit Informationen selbst. Eingeschlossen ist der M-Commerce mit Informationsgütern.

In Tabelle 1.1 wird die Entwicklung hin zum Informationsmarkt, wie wir ihn in der heutigen wissenschaftlichen Diskussion vorfinden (und in diesem Buch abgrenzen) stark vereinfacht nachgezeichnet.

	Information	Netzwerk
Machlup, Porat	breite Definition: „keine Handarbeit"	---
IMO	digitale Information	---
Information Superhighways	nicht näher spezifiziert	Aufbau der Infrastruktur
New Economy	digitale Information (irreführend: „intellektuelles Kapital")	Netzwerkökonomie
OECD	digitale Online-Information	Internet
NAICS	digitale Information	Internet
Informationsmarkt	digitale Online-Information	Netzwerkökonomie (Internet)

Tabelle 1.1: Ansätze zur Erfassung des Informationsmarktes (I-Commerce).

1.8 Fazit

- Frühe wirtschaftswissenschaftliche Beschäftigungen mit dem Informationsmarkt bei Drucker, Machlup und Porat „entdecken" Wissen als Branche (oder Sektor) einer Volkswirtschaft, in denen „Wissensarbeiter" beschäftigt sind.
- Fritz Machlup (1962) definiert „Wissen" äußerst breit und fasst darunter alle Tätigkeiten, die nicht mit der Hand ausgeführt werden, zusammen. Der Informationsmarkt der Vereinigten Staaten erwirtschaftet danach 29% des Bruttosozialproduktes und beschäftigt rund 27% der Arbeitskräfte (jeweils des Jahres 1958).

- Marc Uri Porat (1977) unterscheidet einen primären Informationssektor, deren Unternehmen Informationen (wiederum im sehr weiten Sinne Machlups) auf Märkten anbieten, und einen sekundären Informationssektor, der alle Arten von Informationsverarbeitungstätigkeiten in Institutionen umfasst. Beide Informationssektoren zusammen ergeben ein Volumen von über 50% des U.S.-amerikanischen Arbeitsmarktes (im Jahr 1967).
- Die Informationsgesellschaft gilt für viele Regierungen als Rettung für angeschlagene Volkswirtschaften und Arbeitsmärkte. Man erhofft sich durch die neuen Berufe entscheidende Impulse für positive Arbeitsmarktentwicklungen.
- Programme der frühen 1990er Jahre wie die National Information Infrastructure (NII) und die Global Information Infrastructure (GII) der USA sowie die Europäischen Programme zur Förderung der Informationsgesellschaft (Weißbuch von 1993, Bangemann-Bericht und Aktionen der Europäischen Kommission) geben den Anschub zum Auf- bzw. Ausbau der Informationsinfrastruktur.
- In der New Economy fallen die nunmehr gut ausgebauten Netze (vor allem das Internet) mit dem Wirtschaftsgut „digitale Information" zusammen. In der Ökonomie wird – vor allem durch Shapiro und Varian – erkannt, dass hier bemerkenswerte Besonderheiten, aber keine neue wirtschaftlichen „Gesetze" vorherrschen. Bewertungen von Unternehmen der New Economy zeigen starke Überschätzungen, die nicht – wie fälschlich angenommen – nur auf „intellektuelles Kapital", sondern vor allem auf marktpsychologische Effekte zurückzuführen sind.
- Neben der Informations- und Kommunikationstechnik erweisen sich die Informationsinhalte für Informationsmärkte als zentral. Frühe Betrachtungen zum Content wie beispielsweise beim Information Market Observatory (IMO) beschränken sich auf Online-Datenbanken, CD-ROMs und Videotex- bzw. Audiotex-Dienste.
- Die nordamerikanische Branchenklassifikation NAICS (2002) weitet den Blick auf alle Informationen; die OECD-Indikatoren zur Informationsgesellschaft (2005) berücksichtigen ausschließlich solche digitalen Informationen, die über das Internet vertrieben werden.
- Auf dem Informationsmarkt im Sinne des I-Commerce – wie wir ihn heute verstehen – werden digitale Online-Informationen ausgetauscht, wobei es alle Besonderheiten der Informations- und der Netzwerkökonomie zu berücksichtigen gilt.

1.9 Literatur

Baddeley, M.; McCombie, J. (2001): An historical perspective on speculative bubbles and financial crisis. Tulipmania and the South Sea Bubble. – In: Arestis, P.; Baddeley, M.; McCombie, J. (Hrsg.): What Global Economic Crisis? – Basingstoke: Palgrave, S. 219-243.

Balasubramanian, S.; Peterson, R.A.; Jarvenpaa, S.L. (2002): Exploring the implications of m-commerce for markets and marketing. – In: Journal of the Academy of Marketing Science 30(4), S. 348-361.

Bangemann, M. et al. (1994): Europa und die globale Informationsgesellschaft. Empfehlungen für den Europäischen Rat. – Brüssel.

Bell, D. (1973): The Coming of the Post-Industrial Society. A Venture in Social Forecasting – New York: Basic Books.

Bell, D. (1979): The social framework of the information society. – In: Dertouzos, M.L.; Moss, J. (Hrsg.): The Computer Age: A Twenty-Year View. – Cambridge, Mass.: Harvard University Press, S. 163-211.

Bredemeier, W. (1993): Herausforderungen und Chancen für eine Wachstumsbranche in der Rezession. 2. Jahresbericht zur Lage der deutschen Informationswirtschaft 1992/1993. – Hattingen: Institute for Information Economics.

Bredemeier, W.; Stock, W.G. (2000): Informationskompetenz europäischer Volkswirtschaften. – In: Knorz, G.; Kuhlen, R. (Hrsg.): Informationskompetenz – Basiskompetenz in der Informationsgesellschaft. – Konstanz: UVK, S. 227-242.

Casey, M. (1991): The electronic information industry in Europe. – In: Journal of Librarianship and Information Science 23(1), S. 21-36.

Castells, M. (2001[1996]): Der Aufstieg der Netzwerkgesellschaft. – Opladen: Leske + Budrich. – (Das Informationszeitalter; 1). – (Original: 1996).

Debons, A.; King, D.W.; Mansfield, U.; Shirley, D.L. (1981): The Information Profession: Survey of an Emerging Field. – New York: Marcel Dekker.

DeLong, J.B.; Froomkin, A.M. (2000): Speculative microeconomics for tomorrow's economy. – In: First Monday 5(2).

Drucker, P.F. (1959): The Landmarks of Tomorrow. – London: Heinemann.

Duff, A.S.; Craig, D.; McNeill, D.A. (1996): A note on the origins of the 'information society'. – In: Journal of Information Science 22(2), S. 117-122.

Europäische Kommission (1993): Wachstum, Wettbewerbsfähigkeit, Beschäftigung. Herausforderungen der Gegenwart und Wege ins 21. Jahrhundert. Weißbuch. – Luxembourg. – (Bulletin der Europäischen Gemeinschaften; Beilage 6/93).

Europäische Kommission (1994): Europas Weg in die Informationsgesellschaft. Ein Aktionsplan. KOM(94) 347. – Brüssel: Kommission der Europäischen Gemeinschaften.

Europäische Kommission (1995): Mitteilung der Kommission an den Rat über ein mehrjähriges Gemeinschaftsprogramm zur Anregung einer europäischen Industrie für Multimedia-Inhalte und zur Förderung der Benutzung von Multimedia-Inhalten in der entstehenden Informationsgesellschaft (INFO 2000). KOM(95) 682; Ratsdok. 4674/95. – Brüssel: Kommission der Europäischen Gemeinschaften.

Godin, B. (2008a): The Knowledge Economy: Fritz Machlup's Construction of a Synthetic Concept. – Montreal, Quebec: Project on the History and Sociology of S&T Statistics. – (Working Paper; 37).

Godin, B. (2008b): The Information Economy: The History of a Concept Through its Measurements, 1949-2005. – Montreal, Quebec: Project on the History and Sociology of S&T Statistics. – (Working Paper; 38).

Godoe, H.; Hansen, T.B. (2009): Technological regimes in m-commerce: Convergence as a barrier to diffusion and entrepreneurship? – In: Telecommunications Policy 33, S. 19-28.

Gore, A. (1995): Bringing information to the world: The global information infrastructure. – In: Harvard Journal of Law & Technology 9(1), S. 1-9.

Hayashi, Y. (1969): Johoka Shakai [Die Informationsgesellschaft; japanisch]. – Tokyo: Kodansha Gendai Shinso.

Hayek, F.A. (1945): The use of knowledge in society. – In: American Economic Review 35(4), S. 519-530.

IMO (1989a): Production and Availability of Online Databases in 1987. – Luxembourg: Information Market Observatory. – (IMO Report 89/3).

IMO (1989b): Production of Databases on CD-ROM in 1988. – Luxembourg: Information Market Observatory. – (IMO Report 89/4).

IMO (1989c): The Impact of Videotex on the Online Market. – Luxembourg: Information Market Observatory. – (IMO Report 89/7).

IMO (1991): Overview of the Audiotex Market in 1989 and 1990. – Luxembourg: Information Market Observatory. – (IMO Working Paper 91/1).

IMO (1994): The Internet and the European Information Industry. – Luxembourg: Information Market Observatory. – (IMO Working Paper 94/3).

IMO (1995): Die wichtigsten Ereignisse und Entwicklungen auf dem Informationsmarkt in den Jahren 1993-1994. – Luxembourg: Information Market Observatory.

Information Infrastructure Task Force (1993): National Information Infrastructure: Agenda for Action. – Washington, DC.

Information Infrastructure Task Force (1995): Global Information Infrastructure: Agenda for Cooperation. – Washington, DC.

Joseph, R. (2005): The knowledge worker: A metaphor in search of a meaning? – In: Rooney, D.; Hearn, G.; Ninan, A. (Hrsg.): Handbook on the Knowledge Economy. – Cheltenham, Northampton, MA: Edward Elgar, S. 245-254.

Kelly, K. (1997): New rules for the New Economy. – In: Wired 5(9), S. 140-144, 186, 188, 190, 192, 194, 196-197.

Kelly, K. (1999): NetEconomy. Zehn radikale Strategien für die Wirtschaft der Zukunft. – München, Düsseldorf: Econ. (Original: New Rules for the New Economy. Ten Ways the Network Economy is Changing Everything. – London: Fourth Estate).

Kuhlen, R. (1995): Informationsmarkt. Chancen und Risiken der Kommerzialisierung von Wissen. – Konstanz: UVK.

Machlup, F. (1962): The Production and Distribution of Knowledge in the United States. – Princeton, NJ: Princeton University Press.

NAICS (2002): North American Industry Classification System. United States. – Washington, DC: U.S. Census Bureau.

Nora, S.; Minc, A. (1978): L'Informatisation de la Société. – La Documentation Française.

OECD (2005): Guide to Measuring the Information Society / Working Party on Indicators for the Information Society (DSTI/ICCP/IIS(2005)6/FINAL) – Paris: Organisation for Economic Co-operation and Development.

Ortner, H. (2006): The origin of the „Knowledge Economy". – In: Journal of European Economic History 35(2), S. 427-461.

Pelton, J.N. (1994): The public versus private objectives for the US National Information Infrastructure initiative. – In: Telematics and Informatics 11, S. 179-191.

Picot, A.; Scheuble, S. (2000): Die Rolle des Wissensmanagements in erfolgreichen Unternehmen. – In: Mandl, H.; Reinmann-Rothmeier, G. (Hrsg.): Wissensmanagement. Informationszuwachs – Wissensschwund? Die strategische Bedeutung des Wissensmanagements. – München, Wien: Oldenbourg, S. 19-37.

Porat, M.U. (1977): Information Economy – Vol. 1: Definition and Measurement. – Washington, DC: Office of Telecommunications. – (OT Special Publication 77-12[1]).

Rifkin, J. (1996): Das Ende der Arbeit und ihre Zukunft. – Frankfurt; New York: Campus.

Robinson, S. (1986): Analyzing the information economy: Tools and techniques. – In: Information Processing & Management 22(3), S. 183-202.

Schement, J.R. (1990): Porat, Bell, and the information society reconsidered: The growth of information work in the early twentieth century. – In: Information Processing & Management 26(4), S. 449-465.

Schwuchow, W.; Stroetmann, K.A. (1991): Der Europäische Markt für elektronische Informationdienste. Entwicklungstrends und Perspektiven. – In: Killenberg, H.; Kuhlen, R.; Manecke, H.J. (Hrsg.): Wissensbasierte Informationssysteme und Informationsmanagement. – Konstanz: Universitätsverlag, S. 450-471.

Shapiro, C.; Varian, H.R. (1999): Online zum Erfolg. Strategien für das Internet-Business. – München: Wirtschaftsverlag Langen Müller/Herbig. (Original: Information Rules. A Strategic Guide to the Network Economy. Cambridge, Mass.: Harvard Business School, 1998).

Shapiro, C.; Varian, H.R. (2003): The information economy. – In: Hand, J.R.M. (Hrsg.): Intangible Assets. Values, Measures, and Risks. – Oxford: Oxford Univ. Press, S. 48-62.

Stock, W.G. (1993): Der Markt für elektronische Informationsdienstleistungen. – In: ifo Schnelldienst Nr. 14, S. 22-31.

Stock, W.G. (1995): Europas Weg in die Informationsgesellschaft. – In: ifo Schnelldienst Nr. 6, S. 15-28.

Stock, W.G. (1996a): Die Informationspolitik der Europäischen Union. – In: ABI-Technik 16(2), S. 111-132.

Stock, W.G. (1996b): Informationsgesellschaft und Telekommunikationsnetze in der europäischen Informationspolitik. – In: Zippel, W. (Hrsg.): Transeuropäische Netze. – Baden-Baden: Nomos, S. 77-105.

Stock, W.G. (1997): Die Informationsgesellschaft: Neue Berufe, mehr Beschäftigung? – In: Mantwill, G.J. (Hrsg.): Informationswirtschaft und Standort Deutschland. – Baden-Baden: Nomos, S. 141-171.

Toffler, A. (1980): The Third Wave. – New York: Morrow.

Umesao, T. (1963): Joho sangyo ron [Über die Informationsbranche, japanisch]. – In: Hoso Asahi (Januar), S. 4-17.

Webster, F. (1995): Theories of the Information Society. – London, New York: Routledge.

Weygand, F. (2004): The state and „the Information Society": 25 years of experts' reports. – In: Communications & Strategies 53(1), S. 147-157.

2 Information als Wirtschaftsgut

2.1 Ökonomische Güter

Was sind Güter? Den gängigen Definitionen zu Folge handelt es sich bei Gütern um materielle oder immaterielle Mittel, die geeignet sind, menschliche Bedürfnisse zu befriedigen (Gabler 2010a; Hopf 1983, 68 ff.). D. h. Güter stiften Menschen Nutzen. Nun sind nicht alle Güter zugleich auch ökonomische Güter. Ökonomisches, also wirtschaftliches Handeln ist nur angezeigt, wenn Güter im Verhältnis zu den menschlichen Bedürfnissen nicht in ausreichendem Maße vorhanden sind. Ein Gut wie z. B. Luft, das das menschliche Bedürfnis zu atmen befriedigt, ist normalerweise in ausreichendem Maße vorhanden. Solche für jedermann unmittelbar verfügbare Güter werden als **freie Güter** bezeichnet. Auf den ersten Blick würde man auch Wasser als ein solches freies Gut bezeichnen. Man stellt aber schnell fest, dass wenn man damit frisches, trinkbares Wasser meint, man sich noch nicht einmal das Leben in der Wüste vorstellen muss, um zu erkennen, dass Wasser nicht frei verfügbar ist. Auch hierzulande steht Trinkwasser nicht in beliebigem Maße zur Verfügung. Im Gegensatz zu freien spricht man dann von **knappen Gütern**.

Die Knappheit von Gütern zwingt den Menschen zum wirtschaftlichen Handeln. Er muss sich entscheiden, wie er seine Mittel einsetzt, um Güter zur Befriedigung seiner Bedürfnisse zu erlangen. Insofern kann man davon ausgehen, dass für knappe Güter eine positive Zahlungsbereitschaft besteht, Menschen also bereit sind, für den Nutzen, den sie stiften, etwas zu zahlen. Der Erwerb von Gütern gegen Geld erfolgt üblicherweise über Märkte. Anbieter und Nachfrager von Gütern treffen dort zusammen und tauschen Güter gegen Geld. Voraussetzung für einen über Märkte standardisierten Tausch von Gütern ist deren Marktfähigkeit. Um das Beispiel vom Wasser noch einmal aufzugreifen: Wasser ist – heutzutage – ein marktfähiges Gut. Man kann als Haushalt, angeschlossen an die Wasserversorgung, messbare Einheiten Wasser verbrauchen, die anschließend in Rechnung gestellt werden. Etwas anders sieht es bei Luft aus, hier war die Marktfähigkeit bislang nicht gegeben. Erst in jüngster Zeit muss man in Europa als Unternehmen für die Nutzung von Luft als Emissionsträger durch den Erwerb von sog. Emissionszertifikaten bezahlen (Endres et al. 2004). Für Privatpersonen ist Luft nach wie vor ein freies Gut. Im Folgenden werden nur noch ökonomische Güter im Fokus stehen.

2.2 Informationsgüter

Wenden wir uns der speziellen Form des Informationsgutes zu. Was versteht man darunter? Eine sehr breite Definition geben Shapiro und Varian (2003, 49), die als Informationsgut alles bezeichnen, was sich digitalisieren lässt. Erfassen lassen sich damit Fußballergebnisse, Bücher, Filme, Musik, Aktienkurse oder auch Gespräche. So eingängig diese Definition auf den ersten Blick ist, hat sie doch ihre Tücken, denn als digitalisierbar könnte man – auf den ersten Blick – auch physische Gegenstände bezeichnen, wie eine Banane oder ein Tennisschläger. Sie wären nach dieser Definition dann auch Informationsgüter. Gemeint ist von Shapiro und Varian offensichtlich nicht der digitalisierbare Gegenstand, sondern das Digitalisierte selbst, das Digitalisat. Informationsgüter können bei physischen Gegenständen logischerweise also immer nur deren digitalisierte Reproduktionen sein. Etwas präziser gefasst, muss man also definieren:

> Ein Informationsgut ist alles, was in digitaler Form vorliegt
> oder vorliegen könnte und von Wirtschaftssubjekten als nützlich vermutet wird.

Um zu betonen, dass es sich um ein Gut handelt, betonen wir zusätzlich den Aspekt der Nützlichkeit, die der potenzielle Konsument vermutet. Sie ist in zweierlei Hinsicht bedeutsam: Der Empfänger hofft darauf, dass er kognitiv zur Verarbeitung der Informationen in der Lage sein wird und dass die Informationen ihm darüber hinausgehend auch nützlich zur Befriedigung seiner Bedürfnisse sein werden. Wenn sich z. B. jemand Unternehmensdaten eines chinesischen Unternehmens kauft und dann feststellt, dass er sie nicht verarbeiten kann, weil sie in der Landessprache verfasst sind und er – nach erfolgter Übersetzung – auch noch erfahren muss, dass er die Zahlen schon aus anderer Quelle erhalten hatte, wird die Vermutung der Nützlichkeit doppelt enttäuscht.

Ein Nicht-Gut (engl. „Bad") wäre in diesem Sinne z. B. unerwünschte Fernsehwerbung. Sie kann zwar digital vorliegen, stiftet einem Empfänger aber keinen Nutzen, sondern belästigt ihn. Für einen anderen Empfänger mag es anders sein und er genießt die Werbung. Wir können daraus erkennen, dass Informationsgüter für unterschiedliche Verbraucher einen jeweils unterschiedlichen Wert haben. Aus einer positiven Wertschätzung lässt sich eine Zahlungsbereitschaft ableiten.

Die gewählte Definition für Informationsgüter ist zugegebenermaßen extrem pragmatisch, für unsere Zwecke aber hinreichend. Eine ausführliche informationswissenschaftliche Diskussion des Informationsbegriffs findet sich in IR, 17 ff.

Geschäfte mit Informationsgütern sind sehr voraussetzungsreich. Es ist keineswegs selbstverständlich, dass Angebot und Nachfrage von Informationsgütern tatsächlich zusammenkommen und Informationsmärkte entstehen. Um marktfähig zu sein, müssen Informationen nicht nur nützlich, definierbar und für ein Wirtschaftssubjekt verfügbar, sondern auch über-

2.2 Informationsgüter

tragbar sein (Bode 1993, 61). Das Angebot, d. h. die Übertragung von Informationsgütern erfolgt immer mediengebunden. Das können nach Pross (1972, 127 ff.) primäre (Träger-) Medien sein, die den direkten zwischenmenschlichen Kontakt über Sprache, Mimik oder Gestik ermöglichen, sekundäre Medien (z. B. Geräte wie Flaggen, Rauchzeichen oder auch der Buchdruck), die zur Produktion einer Information notwendig sind, tertiäre Medien, die nicht nur für die Produktion, sondern auch für die Übertragung und den Empfang Technik benötigen (z. B. Telefon, CD-ROMs, DVDs) sowie quartäre Medien (Faßler 2002, 147), wie z. B. das Internet oder Video-Conferencing-Systeme, bei denen es sich um informationstechnologisch basierte Mittel der Tele-Kommunikation handelt.

Werden Informationen gespeichert, erfolgt das über Speichermedien wie zentrale Server, CDs oder auch gedruckte Bücher oder Zeitschriften. Solche Datenträger sind Kopien eines Informationsgutes, die den vollständigen Inhalt des Gutes in kodierter und dekodierbarer Form enthalten. Dasselbe Gut lässt sich – wenn auch mit unterschiedlichem Aufwand – in beliebig großer Zahl vervielfältigen. Die Nutzung eines gespeicherten Informationsgutes erfolgt im Allgemeinen durch Dekodierung einer Kopie durch den Nutzer selbst (z. B. Lesen einer e-Mail) oder durch die Teilnahme an der Dekodierung einer nicht in seinem Besitz befindlichen Kopie durch einen Dritten (z. B. Videoabend) (Pethig 1997, 2 f.).

Informationsgüter weisen also immer einen dualen Charakter auf, denn sie sind immer eine Kombination aus Inhalt bzw. Content (bspw. einer Sportnachricht) und Trägermedium (Schumann/Hess 2006, 34). Sie werden dann als Artikel in einer Zeitschrift, als Beitrag im Radio oder in einer Sportsendung im Fernsehen angeboten. Durch die Digitalisierung lassen sich Inhalt und Medium im Vergleich zu früher leicht voneinander trennen. Inhalte können auf diese Weise ohne großen Aufwand auch mehrfach über verschiedenen Medien angeboten werden. Elektronische Informationsgüter bedürfen neben dem Trägermedium immer auch noch eines Endgeräts (z. B. DVD-Spieler, MP3-Player), das die Ausgabe ermöglicht. Wir werden im Weiteren sehen, wie wichtig gerade dieser Aspekt ist, wenn es um Netzwerkeffekte geht. Ein vierter Aspekt im Zusammenhang mit Informationsgütern ist das sie begleitende Recht. Das Eigentum an einem Informationsgut verbleibt immer beim ursprünglichen Eigentümer oder Schöpfer, der beim Verkauf nur bestimmte Nutzungs- oder Verwertungsrechte gewährt (Wetzel 2004, 101). Dieser Aspekt wiederum hat eine große Bedeutung für die Weitergabe und Nutzung von Informationsgütern und wird uns bei der Betrachtung von Schwarzkopien beschäftigen.

Neben den eben bereits genannten Kriterien sind Informationen weiterhin nur als (marktfähige) Wirtschaftsgüter anzusehen, wenn sie außerdem relativ knapp sind (Bode 1993, 62). Knappheit kann bei Informationsgütern allerdings eine ganz andere als die bekannte Form annehmen. Üblicherweise geht man bei relativer Knappheit davon aus, dass (unbegrenzten) menschlichen Bedürfnissen nur eine begrenzte Menge an Gütern zu deren Befriedigung gegenübersteht. Informationen sind nun aber häufig im Überfluss vorhanden, so dass die Knappheit an anderer Stelle entsteht, nämlich bei den subjektiven Verarbeitungsmöglichkeiten des Empfängers. Auf der Suche nach einem bestimmten Informationsgut kann man nämlich nicht alles ansehen oder anhören, was verfügbar wäre, weil die menschlichen Informationsverarbeitungskapazitäten begrenzt sind. Knappheit kann also z. B. auch durch den beschränkenden Faktor Aufmerksamkeit (Franck 2007) entstehen.

Ökonomisch fallen unter den Begriff der Güter sowohl Dienstleistungen als auch Waren. Bei Informationsgütern lassen sich analog **Informationsprodukte** und **Informationsdienstleistungen** unterscheiden (Kuhlen 1996, 83 ff.). Konstitutives Merkmal für diese Unterscheidung ist der Einsatz eines externen Faktors, wie z. B. die Auskünfte eines Unternehmens für den Wirtschaftsprüfer (Bode 1997, 462 f.). Ist ein externer Faktor involviert, müsste man also von einer Informationsdienstleistung sprechen. Dies ist aber insofern nicht ganz korrekt, weil bei einem Informations-Dienstleistungsprozess immer auch ein Informationsprodukt, z. B. der fertige Prüfbericht, entsteht. Insofern kann eine Online-Datenbank als Informationsprodukt verstanden werden,

> das durch verschiedene Formen von Informationsarbeit aus anderen Wissens- oder Informationsprodukten entstanden ist, z. B. durch Referieren, Indexieren und datenbankgemäßes Strukturieren von Publikationen (Kuhlen 1996, 84).

Von Informationsdienstleistungen wiederum müsste man sprechen, wenn z. B. Recherchen in einer Datenbank vorgenommen werden, die aber dann zu einem Informationsprodukt für einen Auftraggeber zusammengestellt werden. Auch ein Live-Konzert, das man auf den ersten Blick als reine Informationsdienstleistung ansehen würde, gerinnt schlussendlich zu einem Informationsprodukt, d. h. zu etwas Digitalisierbarem.

Es wird schnell deutlich, dass die wirtschaftswissenschaftlich gut nachvollziehbare Trennung von Waren und Dienstleistungen bei Informationsgütern verschwimmt. Wenn von Informationsgütern die Rede ist, soll das fortan in dem Bewusstsein geschehen, dass es zwar reine Informationsprodukte, nicht aber reine Informationsdienstleistungen gibt. Ein Dienstleistungsanteil liegt immer dann vor, wenn ein externer Faktor an der Erstellung eines Informationsprodukts mitwirkt. Insofern können Informationsgüter und -produkte weitgehend als identisch angesehen werden.

Wichtiger für die weiteren Überlegungen sind zwei andere in der Volkswirtschaftslehre übliche Unterscheidungen verschiedener Güterarten. Nach der Wertschöpfungsstufe, in der sie eingesetzt werden, unterscheidet man Konsum- und Investitionsgüter, und nach der Art ihrer Verwendung lassen sich Gebrauchs- und Verbrauchsgüter voneinander abgrenzen. **Konsumgüter** werden von (End-)Konsumenten ge- oder verbraucht. **Investitionsgüter** werden dagegen von Nicht-Konsumenten (Unternehmen, Verwaltungen etc.) für die Erstellung von Leistungen eingesetzt. **Gebrauchsgüter** dienen einem dauerhaften oder zumindest längerfristigen Einsatz, wohingegen **Verbrauchsgüter** unmittelbar verbraucht oder nur in begrenztem Umfang verwendet werden (z. B. Olfert/Rahn 2008, 736). Kombiniert man diese beiden Unterscheidungen, ergibt sich die Matrix in Abbildung 2.1.

Wenden wir uns nun den Informationsgütern zu. Bereits auf den ersten Blick erscheint offenkundig, dass sie sowohl von Konsumenten als auch von Unternehmen etc. verwendet

2.2 Informationsgüter

werden können. Dieselbe Information, z. B. über den Preis eines Gutes, kann sowohl für einen Konsumenten als auch für ein Unternehmen als wichtiger Entscheidungsinput dienen.

Art der Nutzung \ Wertschöpfungstufe	Produktion (Investitionsgüter)	Konsum (Konsumgüter)
Gebrauchsgüter	Technische Potenziale, die in Kombination mit anderen Gütern und/oder Arbeitskräften produktiv werden können (z. B. Anlagen, Maschinen, Büroausstattung)	Haben eine längere Lebensdauer und in der Regel zahlreiche Verwendungseinsätze (z. B. Kleidung, Möbel)
Verbrauchsgüter	Gehen in andere Güter ein oder tragen zum Prozessablauf bei (z.B. Kraftstoffe, Schmiermittel)	Haben nur einen oder wenige Verwendungseinsätze (z. B. Lebensmittel, Hygieneartikel)

Abbildung 2.1: Güterklassifikation.

Wenn es um Informationsinhalte, also den Content geht, haben Informationen tendenziell den Status eines **Verbrauchsguts**. Streng genommen können Informationen zwar nicht verbraucht werden, es gibt aber viele Informationsgüter, die nur einmal oder nur in begrenztem Umfang genutzt werden. Z. B. kauft man sich eine Tageszeitung, um die darin enthaltenen Nachrichten einmalig zu lesen. Die für den Leser relevanten Informationen werden verarbeitet, anschließend wird die Zeitung üblicherweise entsorgt. Generell sind Firmen-, Markt- und Presseinformationen als Verbrauchsgüter anzusehen. Sie unterliegen einer hohen Veränderungsrate (z. B. durch sich ändernde Wechselkurse, Börsennotierungen, Konsumentenpräferenzen, Produktangebote) und müssen daher permanent neu produziert bzw. konsumiert werden (Ernst/Köberlein 1994, 6). Sjurts (2002, 11) spricht von „Zeitelastizität" als fließendem Unterscheidungsmerkmal. Zeitelastische (Verbrauchs-)Güter verlieren nach dem Konsum erheblich an Wert, Gebrauchsgüter dagegen nicht oder mit einer deutlich langsameren Rate. Verbrauchsgüter sind somit auch Musik, Filme oder schöne Literatur, wenn sie einem starken Wertverfall unterliegen und nur ein oder wenige Male konsumiert werden. Wird diese Art von Content aber wiederholt genutzt – und das kann bei einem beliebten Musikstück, das man über längere Zeit immer wieder hört, sehr wohl der Fall sein – nimmt es eher den Charakter eines Gebrauchsguts an. Allerdings – und das ist ein Gegensatz zu den Marktinformationen – erfolgen Ge- oder Verbrauch meistens nicht mit der primären Absicht, das Wissen des Konsumenten zu mehren. Der hauptsächliche Wert liegt im Konsum selbst. Neben dem rein kognitiven Aspekt der Informationsaufnahme sind es beim Konsum solcher Güter vor allem affektive (ästhetische, emotionale etc.) Aspekte, die im Vordergrund stehen.

Art der Nutzung \ Wertschöpfungsstufe	Produktion (Investitionsgüter)	Konsum (Konsumgüter)
Gebrauchsgüter (Software)	Betriebssysteme Anwendungssoftware (z.B. für Bürokommunikation, Enterprise Resource Planning Management Information, Datenbanken)	Betriebssysteme Anwendungssoftware (z.B. für Bürokommunikation, für das Abspielen von Audio- u. Videodateien, Datenbanken, Spiele)
Verbrauchsgüter (Content)	Wirtschaftsinformationen (z.B. Beschaffungspreise, Börsenkurse, Markt- und Konkurrenzanalysen) Technische Informationen, (z. B. über Produktionsverfahren)	Wirtschaftsinformationen (z.B. Marktpreise, Börsenkurse, Warentests) Nachrichten Musik, Bilder, Videos, Literatur

Abbildung 2.2: Klassifikation von Informationsgütern.

Informationsgüter können auch **Gebrauchsgüter** sein. Software ist solch eine Art von Informationsgut, das einmal installiert und dann wiederholt eingesetzt wird. Das ist der Fall bei einer einfachen Bürokommunikationssoftware bis hin zu komplexen Enterprise-Resource-Planning (ERP)-Anwendungen. Mit Hilfe von Software werden Informationsinhalte (Content) erstellt oder verarbeitet, die dann verkauft bzw. anderweitig – z. B. für unternehmensinterne Zwecke – genutzt werden können. Analog verhält es sich bei Software, die z. B. zum Telefonieren oder zur Durchführung von Videokonferenzen eingesetzt wird. Auch hier handelt es sich um ein Gebrauchsgut, denn sie ermöglicht die Kommunikation und Kooperation mit anderen (Messerschmitt 1999, 163).

2.2 Informationsgüter

Wir werden bei Informationsgütern im Weiteren zwischen Software und Content unterscheiden (Messerschmitt, 1999, 139 ff., 159) und ersteres im Wesentlichen als Gebrauchs- und letzteres als Verbrauchsgut ansehen.

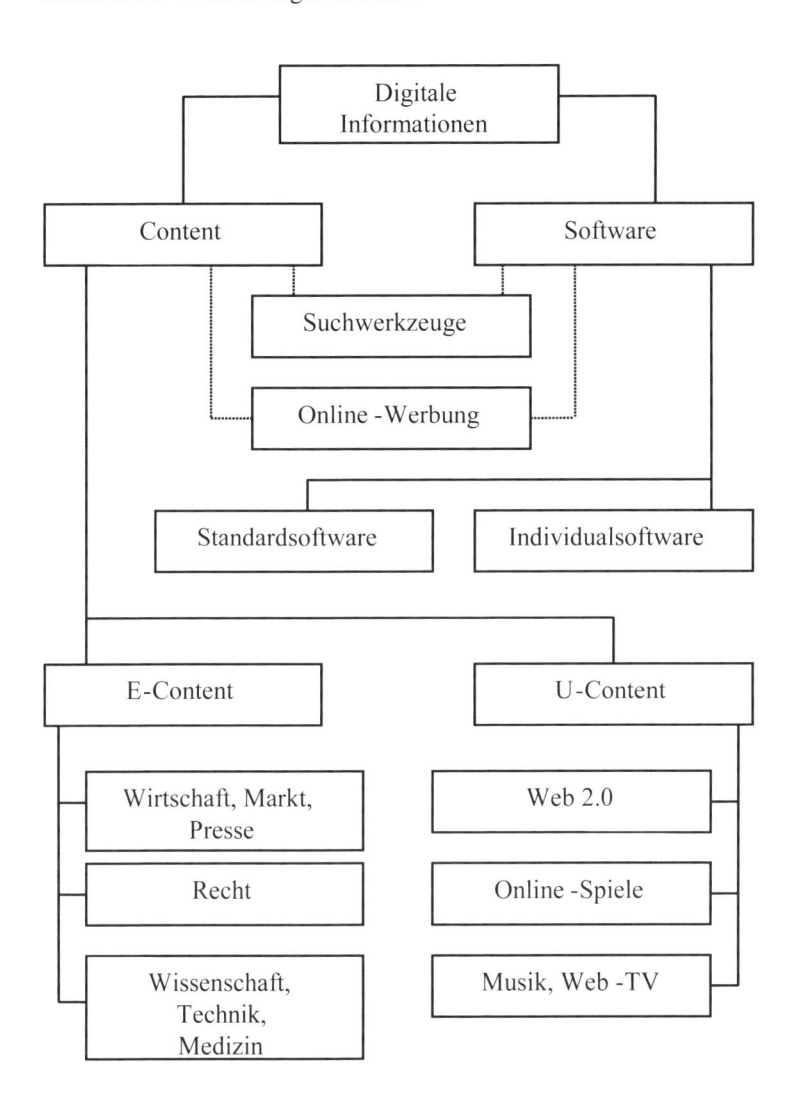

```
                    ┌─────────────────┐
                    │    Digitale     │
            ┌───────│  Informationen  │───────┐
            │       └─────────────────┘       │
    ┌───────┴──────┐                  ┌───────┴──────┐
    │   Content    │                  │   Software   │
    └──────────────┘                  └──────────────┘
              ┌──────────────────┐
              │   Suchwerkzeuge  │
              └──────────────────┘
              ┌──────────────────┐
              │  Online-Werbung  │
              └──────────────────┘
    ┌──────────────────┐      ┌──────────────────┐
    │  Standardsoftware│      │ Individualsoftware│
    └──────────────────┘      └──────────────────┘

    ┌──────────────┐                  ┌──────────────┐
    │   E-Content  │                  │   U-Content  │
    └──────────────┘                  └──────────────┘
    ┌──────────────────┐              ┌──────────────────┐
    │ Wirtschaft, Markt,│              │     Web 2.0      │
    │      Presse       │              └──────────────────┘
    └──────────────────┘
    ┌──────────────────┐              ┌──────────────────┐
    │       Recht       │              │  Online-Spiele   │
    └──────────────────┘              └──────────────────┘
    ┌──────────────────┐              ┌──────────────────┐
    │   Wissenschaft,   │              │  Musik, Web-TV   │
    │      Technik,     │              └──────────────────┘
    │      Medizin      │
    └──────────────────┘
```

Abbildung 2.3: Grobklassifikation von digitalen Gütern auf dem Informationsmarkt.

2.3 Digitale Informationen auf dem Informationsmarkt

Die Gesamtheit der digitalen Informationsgüter teilen wir zweifach in **Software** (Programme, eingesetzt vorwiegend als Gebrauchsgut) und **Content** (Informationsinhalt, eingesetzt vorwiegend als Verbrauchsgut) ein. Software ist – wiederum grob unterteilt – entweder Standard- oder Individualsoftware. Beim Content ziehen wir eine – allerdings unscharfe – Grenze zwischen U-Content (der eher der Unterhaltung dient) und E-Content (der eher professionelle Bedarfe bedient) – dies als Analogkonstruktion zur U- und E-Musik (Spinner 2000, 179; s. a. WR, 28 ff.). Beim U-Content verorten wir zum einen digitale Versionen von Musikstücken sowie Web-TV und zum anderen Online-Spiele. Zusätzlich ordnen wir die Web-2.0-Dienste hier ein. E-Content umfasst Wirtschafts- bzw. Marktinformationen und Nachrichten, Rechtsinformationen sowie wissenschaftlich-technisch-medizinische Informationen (WTM-Informationen).

Neben Produkten, die Content enthalten (wie beispielsweise ein Musikstück bei iTunes oder ein Forschungsartikel einer Fachzeitschrift bei Elsevier), gibt es Dienstleistungen, die helfen, solche Produkte überhaupt aufzufinden: die Suchwerkzeuge im Internet. Suchwerkzeuge berücksichtigen entweder eine breite Abdeckung ohne inhaltliche Tiefe (wie die Web-Suchmaschine Google) oder eine fachlich begrenzte Abdeckung, die auf Tiefe abzielt (wie die Informationsdienste STN, LexisNexis oder DIALOG). Letztere befinden sich nahezu ausschließlich auf Märkten für E-Content und bieten ihre Dienste gegen Bezahlung an, während die Suchmaschinen im Web für die Informationssuchenden kostenlos arbeiten und stattdessen – durch den „Verkauf" von Aufmerksamkeit – ihre Finanzierung durch Online-Werbung sicherstellen. Unsere kleine Klassifikation der digitalen Güter auf dem Informationsmarkt zeigt im Überblick Abbildung 2.3.

Wir werden in den Kapiteln 7 bis 15 die angesprochenen Informationsgüter näher betrachten. Hierbei können wir jeweils ausschließlich beispielhaft einige wenige typische Produkte beschreiben. Wir streben keinesfalls eine Vollständigkeit aller Produktgruppen bzw. Produkte an, gibt es doch im WWW und vor allem im Deep Web tausende einschlägige Angebote, sondern beschränken uns auf einen eher analytisch orientierten Überblick.

2.4 Die volkswirtschaftliche Bedeutung des Informationsmarktes

Die Bedeutung des Informationsmarktes, seiner Produkte und Dienste, ist unter zweierlei Gesichtspunkten zu betrachten. Zum einen geht es um die direkte Bedeutung, ausgedrückt in Beschäftigtenzahlen oder im Umsatz. Zum anderen – und dies ist vielleicht sogar der wichtigere Aspekt – betrachten wir die indirekte Bedeutung.

2.4 Die volkswirtschaftliche Bedeutung des Informationsmarktes

Die **indirekte volkswirtschaftliche Bedeutung** des Informationsmarktes zeigt sich darin, dass bei den Kunden dieses Marktes auf der Basis erworbener Informationsprodukte wirtschaftlich bedeutsame Entscheidungen getroffen oder Geschäftsprozesse optimiert werden. So kann beispielsweise ein wissenschaftlicher Artikel (erworben für schätzungsweise € 25) bei einem Mitarbeiter der FuE-Abteilung eine Idee auslösen, in deren Folge ein völlig neuer Produktionsprozess entsteht, der dem Unternehmen mehrere Millionen Euro einbringt. Oder ein von der betrieblichen Informationsvermittlungsstelle produziertes Unternehmensdossier hat die Entscheidung fundiert, ein bestimmtes Unternehmen zu erwerben, was beim Käufer zu hohen Gewinnen geführt hat. Im umgekehrten Fall können unterlassene Recherchen zu empfindlichen Verlusten bis hin zur Insolvenz führen, wenn man beispielsweise sich abzeichnende technische Entwicklungen übersieht (die für wenige hundert Euro bei Content-Aggregatoren hätten erworben werden können) oder man durch die Insolvenz eines Zulieferers oder eines Kunden selbst in Schwierigkeiten gerät, nur weil man es unterlassen hat, ein Bonitätsdossier des ehemaligen Geschäftspartners zu erwerben. Setzt eine Firma, als ein weiteres Beispiel, nur unzureichend Software ein, so kann dies sehr wohl zu Wettbewerbsnachteilen führen. Der Nachteil dieser indirekten volkswirtschaftlichen Bedeutung von Information ist, dass man sie nicht quantitativ ausdrücken kann.

Dies ist bei der **direkten volkswirtschaftlichen Bedeutung** – zumindest prinzipiell – anders, da hier Schätzwerte zum Marktvolumen vorliegen. In Ermangelung globaler Statistiken legen wir an dieser Stelle eine eigene informierte Schätzung vor, die wir auf der Basis diverser Quellen von Marktforschungsinstituten zusammengestellt haben. Es entfallen auf die Gesamtheit digitaler Güter (weltweit, 2009) folgende Werte:

(online wie offline vertriebene) Software	164 Mrd. €
(online vertriebener) E-Content	15 Mrd. €
(online vertriebener) U-Content	6 Mrd. €
Online-Werbung	50 Mrd. €
Gesamtmarkt	*235 Mrd. €.*

Bei der Software entfällt ein großer Teil des gesamten Marktvolumens auf ein einziges Unternehmen (Microsoft; 43 Mrd. € im Geschäftsjahr 2008/2009); ähnlich sieht es bei der Online-Werbung aus (Google; 17,5 Mrd. € im Jahr 2009). Der Markt für E-Content wird vom Teilmarkt der WTM-Informationen dominiert. Beim U-Content sorgen vor allem Online-Spiele und online vertriebene Musik für nennenswerten Umsatz; andere Teilmärkte wie Web-2.0-Dienste oder Web-TV lassen derzeit keine großen Umsätze erkennen.

2.5 Fazit

- Güter sind materielle oder immaterielle Mittel, die Nutzen stiften. Ihre Knappheit – in Relation zu den Bedürfnissen – zwingt den Menschen zum wirtschaftlichen Handeln.
- Informationsgüter sind (potenzielle) Digitalisate, die als nützlich vermutet werden.
- Um marktfähige Wirtschaftsgüter zu sein, müssen Informationen nicht nur nützlich, definierbar und für ein Wirtschaftssubjekt verfügbar, sondern auch übertragbar und – relativ gesehen – knapp sein.
- Knappheit kann bei Informationsgütern aus einem Bedarfsüberschuss und unzureichenden Mitteln der Bedürfnisbefriedigung oder auch einem Angebotsüberschuss und mangelnden (Informations-)Verarbeitungskapazitäten resultieren.
- Informationsprodukte und -dienstleistungen können weitgehend als identisch angesehen werden.
- Die grundlegenden Erscheinungsformen von Informationsgütern sind Content und Software. Ersteres dient vornehmlich dem Verbrauch, letzteres dem Gebrauch.
- Die direkte Bedeutung des Informationsmarktes beträgt quantitativ € 235 Mrd. (Gesamtmarkt, weltweit).
- Die indirekte Bedeutung des Informationsmarktes ist qualitativer Art und liegt in der informationellen Verbesserung unternehmerischer Entscheidungen und Produktivitätsgewinnen.

2.6 Literatur

Bode, J. (1993): Betriebliche Produktion von Information. – Wiesbaden: DUV Dt. Univ.-Verl.

Bode, J. (1997): Der Informationsbegriff in der Betriebswirtschaftslehre. – In: Zeitschrift für betriebswirtschaftliche Forschung (zfbf) 49(5), S. 449–468.

Endres, A.; Schröder, M.; Kloepfer, M.; Marburger, P. (2004): Emissionszertifikate und Umweltrecht; 19. Trier-Kolloqium zum Umwelt- und Technikrecht vom 28. bis 30. September 2003. – Berlin: Schmidt.

Ernst, M.; Köberlein, C. (1994): Bedarf und Unsicherheit. Eine ökonomische Betrachtung von Information und Qualität auf Informationsmärkten. – In: cogito 10(1), S. 6–10.

Faßler, M. (2002): Was ist Kommunikation. 2. Aufl. – München: Fink.

Franck, G. (2007): Ökonomie der Aufmerksamkeit. Ein Entwurf. – München: Dt. Taschenbuch-Verlag.

Gabler Wirtschaftslexikon – Online Ausgabe (2010): Stichwort: Gut. Herausgegeben von Gabler Verlag. Online: http://wirtschaftslexikon.gabler.de/Archiv/1784/gut-v6.html, geprüft: 17.02.2010.

Hopf, M. (1983): Informationen für Märkte und Märkte für Informationen. – Frankfurt/M.: Gabler.

Kuhlen, R. (1996): Informationsmarkt. Chancen und Risiken der Kommerzialisierung von Wissen. 2. Aufl. – Konstanz: UVK.

Messerschmitt, D. G. (1999): Networked Applications. A Guide to the New Computing Infrastructure. – San Francisco, Calif.: Kaufmann.

Olfert, K.; Rahn, H.J. (Hrsg.) (2008): Lexikon der Betriebswirtschaftslehre. 6. Aufl. – Ludwigshafen am Rhein: Kiehl.

Pethig, R. (1997): Information als Wirtschaftsgut in wirtschaftswissenschaftlicher Sicht. – In: Fiedler, H. (Hrsg.): Information als Wirtschaftsgut. Management und Rechtsgestaltung. Köln: Schmidt, S. 1–28.

Pross, H. (1972): Medienforschung. Film, Funk, Presse, Fernsehen. – Darmstadt: Habel.

Schumann, M.; Hess, T. (2006): Grundfragen der Medienwirtschaft. 3. Auflage. – Berlin, Heidelberg: Springer.

Shapiro, C.; Varian, H.R. (2003): The Information Economy. – In: Hand, J.R. M. (Hrsg.): Intangible Assets. Values, Measures, and Risks. – Oxford: Oxford University Press, S. 48–62.

Sjurts, I. (2002): Strategien in der Medienbranche. Grundlagen und Fallbeispiele. 2. Aufl. – Wiesbaden: Gabler.

Spinner, H. F. (2000): Ordnungen des Wissens. Wissensorganisation, Wissensrepräsentation, Wissensordnung. – In: Proceedings der 6. Tagung der Deutschen Sektion der Internationalen Gesellschaft für Wissensorganisation. Würzburg: Ergon, S. 3–23.

Wetzel, A. (2004): Geschäftsmodelle für immaterielle Wirtschaftsgüter Auswirkungen der Digitalisierung. Erweiterung von Geschäftsmodellen durch die neue Institutionenökonomik als ein Ansatz zur Theorie der Unternehmung. – Hamburg: Kovač.

3 Ökonomische Besonderheiten von Informationsgütern

3.1 Marktversagen bei Informationsgütern

Informationsgüter sind Güter, die besondere ökonomische Eigenschaften aufweisen, die leicht zu einem Marktversagen führen können. Marktversagen tritt auf bei

> Abweichungen des Ergebnisses marktmäßiger Koordination von der volkswirtschaftlich optimalen Allokation von Gütern und Ressourcen im Modell der vollkommenen Konkurrenz (Gabler 2010a).

Folgt man den mikroökonomischen Standardlehrbüchern, müsste man sogar vermuten, dass für Informationsgüter gar kein Markt entstehen kann. Einige Beispiele verdeutlichen die Problematik:

Bei Informationsgütern ist die Herstellung der First-Copy im Vergleich zu ihrer Vervielfältigung extrem kostspielig. Denkt man an die Produktionskosten für einen Musiktitel oder einen Spielfilm, können schnell mehrere Hunderttausend oder sogar Millionen Euro zusammenkommen. Sind das Album oder der Film aber erst einmal fertig, lassen sich digital weitgehend perfekte Kopien anfertigen, die nur wenige Cents kosten. Darüber hinaus sind auch die Übertragungskosten digitaler Informationsgüter extrem niedrig. Besteht ein schneller Internet-Anschluss in Verbindung mit einer Flatrate, können Dateien gleich welcher Größe ohne zusätzliche Kosten empfangen und versandt werden.

Aus solcher Art von Kostenstruktur resultieren Probleme für das Funktionieren von Informationsmärkten: Welches Unternehmen wird Güter anbieten, für die bei der Herstellung große Summen aufgebracht werden müssen, bei denen aber unsicher ist, ob die erforderlichen hohen Stückzahlen beim Absatz jemals erreicht werden, um diese Kosten wieder einzuspielen? Große Anbieter mit hohen Marktanteilen sind hier klar im Vorteil. Verschärfend kommt hinzu, dass die Kopierkosten nicht nur für den rechtmäßigen, sondern auch für jeden illegalen Nutzer sehr gering sind und man immer damit rechnen muss, dass die Verbreitung von Schwarzkopien das legale Geschäft beeinträchtigt.

Der Wert eines Informationsgutes, z. B. der Blaupause eines neuen Produktionsverfahrens oder einer chemischen Formel, lässt sich endgültig nur beurteilen, wenn man die Information erhalten und verarbeitet (erfahren) hat. Hat man die Information aber erst einmal in seinem Besitz, ist es offen, wie hoch die Zahlungsbereitschaft dann noch ist. Anders als bei einem Paar Schuhe, kann man Informationen vor dem Kauf meist nicht vollständig inspizieren. Jede Art von genauerer Inspektion führt zu einer Preisgabe (von Teilen) der Information und das liegt häufig nicht im Interesse des Anbieters.

Für einen funktionierenden Informationsmarkt ergeben sich auch hieraus wiederum Probleme: Welcher Anbieter will auf einem Markt aktiv sein, bei dem man sein Produkt vor dem Kauf zur Verarbeitung durch den Empfänger freigeben muss? Potenzielle Kunden wollen sich vor dem Kauf nämlich möglichst sicher sein, dass ihnen die Musik, der Film, das Buch etc. gefallen werden oder die Software ihren Anforderungen genügen wird.

Beim Kauf eines Informationsgutes ist es häufig von großer Bedeutung, wie viele andere Nutzer dieses Gutes es schon gibt. Wer sich ein Textverarbeitungs- oder ein Tabellenkalkulationsprogramm zulegen will, wird sich sehr genau überlegen, ob er sich für ein Produkt eines kleinen Anbieters entscheidet, das wenig verbreitet ist oder für den Marktstandard. Das Programm zu erwerben, das am weitesten verbreitet ist, bietet klare Vorteile beim Austausch von Dateien oder den Möglichkeiten, sich bei auftretenden Bedienungsproblemen gegenseitig zu helfen. Ähnlich ist es bei Filmen, Büchern oder Musik. Richtig Geld verdient wird nur mit den Hits. Das heißt viele Käufer entscheiden sich für Content, den schon viele kennen, bei dem man mitreden kann.

Probleme, die sich daraus für einen funktionierenden Informationsmarkt ergeben, sind: Wer will als Anbieter in einen neuen Markt eintreten, bei dem sich Kunden im Zweifel eher für ein stark verbreitetes als für ein qualitativ hochwertiges Produkt entscheiden? Etablierte Anbieter genießen hier bedeutende Vorteile.

Informationsgüter können von vielen Personen genutzt werden, ohne sich aufzubrauchen, ohne verkonsumiert zu werden. Ein Informationsgut wird nicht weniger, wenn es genutzt wird. Wenn eine Person sich durch die Verarbeitung von Information ein bestimmtes Wissen aneignet, schmälert das nicht die Chancen eines anderen, dasselbe Wissen zu erwerben. Ganz im Gegensatz zu vielen anderen Gütern, man denke nur an ein Paar Schuhe oder einen Schokoriegel, kann dieselbe Information von einer Vielzahl von Personen gleichzeitig genutzt werden. Abnutzungseffekte treten nur dann auf, wenn es um Informationen geht, die ihren Wert dadurch besitzen, dass sie eben nicht jeder hat. Der Geheimtipp für die kleine Insel in der Karibik verliert schnell an Wert, wenn ihn alle haben. Bei vielen Informationen gibt es aber aus Sicht des Empfängers keinerlei Konkurrenz bei der Nutzung: Es macht für ihn grundsätzlich keinen Unterschied, ob 6.000 oder 600.000 Menschen eine Zeitschrift lesen oder einer Fernsehsendung wie der Oscar-Verleihung beiwohnen.

Einschränkungen kann es allerdings durch die Verpackung der Information geben: Ein Buch kann prinzipiell nur von einem Leser gleichzeitig gelesen werden und auch die Zahl der Fernsehzuschauer einer Sendung in einem Haushalt ist begrenzt. Es ist aber – im Vergleich zu traditionellen Gütern – ungleich schwerer, Kunden, die nicht bereit sind, für die Information zu zahlen, von der Nutzung auszuschließen: Ein Buch kann man sich ohne größere Kosten von Freunden oder in der Bibliothek leihen, eine Fernsehsendung kann man bei jemand anderem sehen oder aufnehmen lassen, um sie dann selbst abzuspielen.

Aus den mangelnden Ausschlussmöglichkeiten ergeben sich Probleme für einen funktionierenden Informationsmarkt: Wer ist bereit, Güter auf einem Markt anzubieten, bei denen man nicht oder nur schwer sicherstellen kann, dass die Käufer für deren Nutzung tatsächlich auch etwas zahlen? Und welcher Kunde zahlt für ein Produkt, das er auch quasi kostenlos bekommen könnte?

Ökonomisch ausgedrückt liegen bei Informationsgütern folgende Besonderheiten vor (Varian 1998; Hutter 2000; Gerpott 2006, 318 ff.; Linde 2008, 14 ff.; ähnlich auch Klodt 2003, 111 oder auch Buxmann/Pohl 2004, 507.):

- Bei Informationsgütern kommt es zu stark **sinkenden Durchschnittskosten** (First-Copy-Cost-Effekt), weil die anteiligen Fixkosten der Produktion die variablen Kosten der Reproduktion dominieren.
- Informationsgüter haben wenig ausgeprägte Sucheigenschaften, dafür aber umso stärker ausgeprägte **Erfahrungs- bzw. Vertrauenseigenschaften**.
- Informationsgüter haben die Eigenschaft von **Netzwerkgütern**.
- Informationsgüter weisen eine starke Tendenz hin zu so genannten **öffentlichen Gütern** auf. Konsumrivalität liegt per definitionem nicht vor und das Ausschlussprinzip lässt sich, wenn überhaupt, nur schwer durchsetzen.

Informationsgüter weisen damit Merkmale auf, die das Zustandekommen eines Marktes schwierig machen oder zumindest dazu führen, dass die Marktergebnisse nicht optimal sind. Der Ökonom konstatiert hier Marktversagen. Was das im Einzelnen – ökonomisch analysiert – bedeutet, wird in den folgenden Abschnitten detailliert behandelt.

3.2 First-Copy-Cost-Effekt

Bei vielen traditionellen Gütern, vor allem bei industriell gefertigten, treten sowohl fixe als auch nennenswerte variable Kosten auf (z. B. Meffert 2005, 508). Bei der Herstellung eines neuen Notebooks sind das, im Gegensatz zu den Kosten für die Entwicklung und die Produktionsanlagen, alle Kosten, die in direktem Zusammenhang mit der Herstellung des einzelnen Produkts anfallen: z. B. Laufwerk, Chassis, Prozessoren. Bei Informationsgütern dagegen findet eine starke Verschiebung hin zu den fixen Kosten statt. In Buchverlagen übersteigen die Kosten der Herstellung des ersten Exemplars (inkl. Autorenhonorar, Umschlaggestaltung, Satz etc.) die Kosten für die Folgeexemplare (inkl. Papier, Druck, Bindung etc.) um ein Vielfaches. Die Medienökonomie bezeichnet diese Kosten der Herstellung der ersten Einheit als First-Copy-Costs (Beck 2006, 2224; Kiefer 2005, 169). Auch die Verwendung unterschiedlicher Datenträger bei der Reproduktion verursacht unterschiedliche Kosten. So betrugen bei Microsofts Encarta die Vervielfältigungs- und Distributionskosten der Buchversion

$250 im Vergleich zu $1,50 für die CD-ROM-Version (Downes/Mui 1998; 51). Ein anderes Beispiel: Kostet die Produktion eines Plattenalbums leicht mehrere Hunderttausend Dollar, sind die variablen Kosten der Herstellung von Kopien verschwindend gering. Der herkömmliche Vertrieb von Musik über Audio-CDs verursacht für die Musikindustrie variable Kosten von ca. € 0,50 pro Kopie (Buxmann/Pohl 2004, 507; Wetzel 2004, 205). Digitale Güter lassen sich im Vergleich dazu sogar noch kostengünstiger anbieten, zumal wenn der Empfänger selbst die Kosten für den Versand bzw. das Herunterladen übernimmt. Der Unterschied zwischen den Kosten für die erste und die letzte Einheit ist umso größer, je immaterieller das gesamte Produkt ist (Stewart 1998, 170). Die erste Kopie des Netscape Navigators hat z. B. rund $30 Millionen an Entwicklungskosten verursacht. Die variablen Kosten der zweiten Kopie dagegen betrugen nur rund $1 (Kelly 2001, 85).

Dieses Verhältnis von sehr hohen Fixkosten und sehr niedrigen variablen Kosten führt zu einer ausgeprägten **Stückkostendegression**. Das bedeutet, dass die (Fix-)Kosten pro Stück bei steigenden Produktionszahlen sehr schnell sinken. Am Beispiel von Netscape würden sich die Entwicklungskosten von $30 Millionen für die erste Kopie, verteilt auf die produzierten Einheiten, bereits bei 2 Einheiten auf $15 Millionen pro Stück ermäßigen. Bei vier Einheiten betrügen sie nur noch $7,5 Millionen und bei 100.000 Einheiten nur noch $300 pro Stück. Dieser extrem ausgeprägte Degressionseffekt wird in der Medienökonomie als First-Copy-Cost-Effekt (FCCE) bezeichnet (Grau/Hess 2007, 26 ff.).

Bei Informationsgütern mit hohen Entwicklungskosten, die nicht in hohen Stückzahlen abgesetzt werden können, gibt es keine nennenswerte Fixkostendegression. Bei Individualsoftware ist das z. B. der Fall.

Üblicherweise berücksichtigt man bei der Kostenbetrachtung aber nicht nur die fixen, sondern auch die variablen Kosten. Bezieht man fixe und variable Kosten auf eine hergestellte Einheit, spricht man von **Durchschnittskosten**.

Im Regelfall geht man bei Standardgütern davon aus, dass die Durchschnittskosten in Unternehmen mit zunehmender Ausbringungsmenge einen mehr oder weniger ausgeprägten u-förmigen Verlauf aufweisen (vgl. grundlegend Mankiw et al. 2008, 297 ff; mit empirischem Material zu Kostenverläufen in Unternehmen vgl. Diller 2008, 87 ff.; Kiefer 2005, 173 f. und Simon 1998, 14 f.). Werden die (fixen und variablen) Gesamtkosten der Produktion durch die produzierte Menge geteilt, so erhält man die besagten Durchschnittskosten. Für die Fixkosten ergibt sich der beschriebene Degressionseffekt, da sie sich auf immer mehr Einheiten verteilen. Die sinkenden durchschnittlichen Fixkosten bewirken ein relativ schnelles Absinken der gesamten Durchschnittskosten. Sind die variablen Kosten einer jeden zusätzlich produzierten Einheit konstant oder sogar sinkend, wirkt das in die gleiche Richtung sinkender Durchschnittskosten. Kommt es im Laufe der Produktion zu steigenden variablen Kosten, wird der Degressionseffekt der Fixkosten ab einem bestimmten Punkt allerdings überkompensiert und die Durchschnittskosten beginnen zu steigen.

3.2 First-Copy-Cost-Effekt

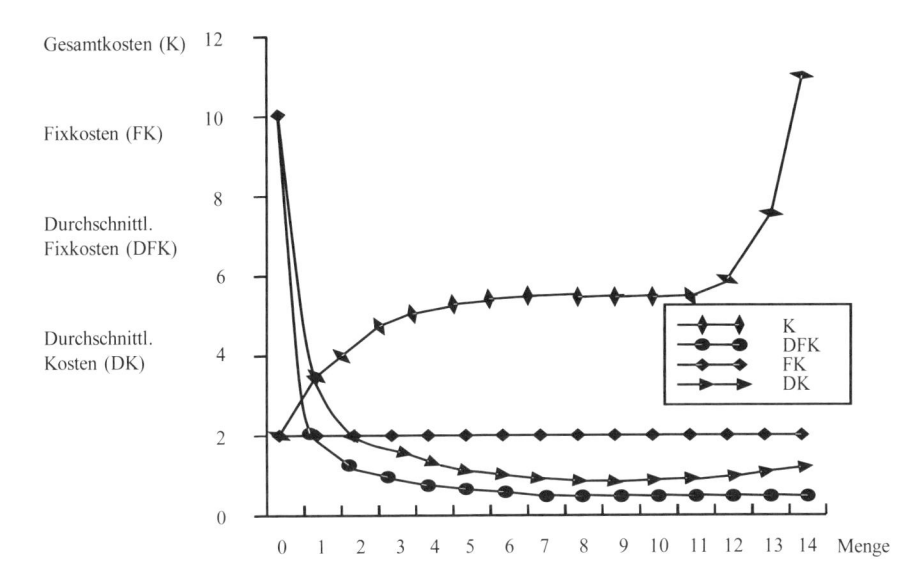

Abbildung 3.1: Typische Kostenverläufe bei Standardgütern.

Je stärker die durchschnittlichen variablen Kosten gegenüber den Fixkosten in den Hintergrund treten, desto stärker nähert sich der Verlauf der (gesamten) Durchschnittskosten dem der durchschnittlichen Fixkosten an. Geht man vom Extremfall variabler Kosten von Null aus, so sind die beiden Kurven sogar deckungsgleich.

Wenn bei zunehmender Produktionsmenge die Durchschnittskosten kontinuierlich fallen, liegen ökonomisch so genannte (steigende) Skalenerträge vor. Der Skalenertrag (z. B. Woll 2008, 690) bezieht sich auf die Änderung des Outputs (Produktionsertrags), die dadurch entsteht, dass bei gegebener Produktionstechnik alle Faktoreinsatzmengen im gleichen Verhältnis variiert werden. Wächst die Produktionsmenge proportional / überproportional / unterproportional zum zusätzlichen Faktoreinsatz, spricht man von konstanten / steigenden / sinkenden Skalenerträgen. Ursächlich für sinkende / steigende Skalenerträge sind sinkende / steigende Grenzprodukte. Für den einzelnen Anbieter ist es in diesem Falle erstrebenswert, seine Produktionsmenge möglichst weit auszudehnen. Bei Informationsgütern liegen auf Grund der hohen Fixkosten der ersten Einheit und den sehr geringen variablen Kosten aller weiteren Einheiten genau diese Skalenerträge vor (Kulenkampff 2000, 60). Die sehr ausgeprägte Kostendegression wird durch die neuen Informationstechnologien noch einmal deutlich verstärkt. Vor allem die Übertragungskosten sinken dramatisch, denn die Bereitstellung und das Herunterladen einer MP3-Datei sind bspw. für den Anbieter um ein Vielfaches günstiger als die Herstellung und der Vertrieb einer CD. An den Entwicklungs- und Produktionskosten ändert sich dagegen wenig (Klodt/Buch 2003, 79 f.). Diese beiden Kostenaspekte – Bereitstellungskosten und Übertragungskosten –, die gegen Null tendieren, stellen auch die Grundlage für die Existenz von Online-Tauschbörsen dar (Buxmann/Pohl 2004, 507, 514 ff.).

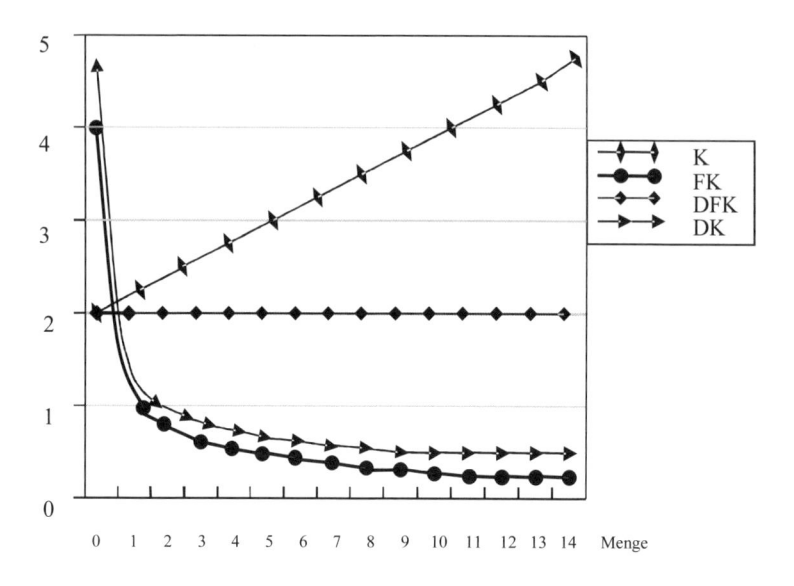

Abbildung 3.2: Kostenverlauf bei Informationsgütern mit konstanten variablen Kosten.

3.3 Informationsasymmetrien

Bei einem gewöhnlichen Güterkauf, z. B. von Kleidung, Lebensmitteln oder elektronischen Geräten, besteht für den Kunden die Möglichkeit, das entsprechende Objekt zu inspizieren. Er wird es betrachten, in die Hand nehmen und es ggf. auch noch ausprobieren oder seine Funktionen testen. All das ist bei Informationsgütern schwierig. Um ihren vollen Wert wirklich einschätzen zu können, muss man die Informationen erst verarbeiten. Zieht man eine Analogie zu einem Besuch in einem Restaurant, müsste man erst das Essen zu sich nehmen, um dann den Wert, den es für einen hat, bzw. seine Zahlungsbereitschaft bekannt zu geben. Sprich man würde selbst bestimmen, wie viel einem das bereits verspeiste Essen wert gewesen ist. Dass dies immer auch als Einladung zu einem kostenlosen oder zumindest sehr preiswerten Essen missverstanden werden kann, liegt auf der Hand. Für die Anbieter von Informationsgütern stellt sich ein ähnliches Problem: Geben sie die angebotene Information aus der Hand, entsteht Unsicherheit darüber, welchen Wert ihr der Empfänger beimessen wird und wie sich seine Zahlungsbereitschaft für das bereits konsumierte Gut entwickeln wird. Überlässt der Anbieter die Information dem Nutzer zur Prüfung aber nicht, muss dieser die Katze im Sack kaufen und wird möglicherweise entweder ganz vom Kauf absehen oder – in Anbetracht der Unsicherheit bezüglich der Qualität der Information – nur eine geringere

Zahlungsbereitschaft haben, als wenn er die Qualität sicher hätte einschätzen können. Man spricht bei solchen Situationen von einer asymmetrischen Informationsverteilung: Die Informationen sind zwischen Anbieter- und Nachfragerseite ungleich verteilt. Wenn eine Marktseite besser informiert ist als die andere, eröffnet das Raum, dieses Gefälle strategisch auszunutzen, in dem z. B. minderwertige Qualität angeboten wird. Dieses Phänomen der asymmetrischen Informationsverteilung bezieht sich vorrangig auf die gehandelte Produktqualität (Kulenkampff 2000, 127). Asymmetrische Informationsverteilung lässt sich aber auch im Hinblick auf die Verteilung der Produktpreise im Markt, die Präferenzen der Nachfrager (Klodt/Buch 2003, 92 ff.) oder – wie wir in Kapitel 22 näher ausführen werden – auf die strategische Marktkommunikation beziehen.

3.3.1 Informationsasymmetrien auf Gütermärkten: The Market for Lemons

Grundlegend für alle weiteren Arbeiten zum Thema asymmetrische Informationsverteilung waren die Analysen von George A. Akerlof (1970). Er hat das Phänomen der asymmetrisch verteilten Information erstmals verdeutlicht, und zwar am Beispiel des Gebrauchtwagenmarkts. Der Verkäufer eines Gebrauchtwagens ist auf Grund der vergangenen Nutzung sehr gut über den Zustand seines Fahrzeugs informiert. Der Käufer weiß auf der anderen Seite lediglich, dass es auf dem Markt Fahrzeuge unterschiedlicher Qualität gibt. Er kann somit nur eine Annahme über die durchschnittliche Qualität treffen. Läge eine symmetrische Informationsverteilung vor, hätten also beide Marktseiten einen gleich guten Informationsstand über die angebotene Ware, könnte für jedes einzelne Auto leicht ein der Qualität entsprechender Preis festgesetzt werden. Da dem nun nicht so ist, bietet sich dem Verkäufer die Möglichkeit, das auszunutzen und seinen Wagen mit geringer Qualität als einen guten Wagen auszugeben und ihn zu einem höheren als dem eigentlich angemessenen Preis anzubieten. Akerlof (1970, 489) spricht von diesen Fahrzeugen als „Lemons". Im deutschen Sprachgebrauch würde man analog von Gurken oder Möhren sprechen. Die Nachfrager, die die Qualität auf diesem Markt nicht beurteilen können, werden nur bereit sein, einen Preis zu zahlen, der ihren Erwartungen entspricht. Anhand eines einfachen Zahlenbeispiels lässt sich dies gut verdeutlichen (Varian 2007, 827 ff.).

Für einen Gebrauchtwagenmarkt gelten folgende Annahmen: Es gibt je 100 Käufer und Verkäufer für gebrauchte Wagen und jeder weiß, dass 50% der angebotenen Fahrzeuge von schlechter Qualität (Gurken) sind. Die Qualität des einzelnen Fahrzeugs ist nur den Verkäufern bekannt, es handelt sich also um einen Fall asymmetrischer Verteilung von Qualitätsinformationen. Die Verkäufer der Gurken sind bereit, sie für € 1.000 zu verkaufen. Die Verkäufer der guten Wagen wollen mindestens € 2.000 haben. Die Käufer würden für Gurken € 1.200 und für gute Autos € 2.400 zahlen. Wäre es leicht, die Qualität festzustellen, würden sich Preise zwischen € 1.000 und 1.200 für Gurken und € 2.000 und 2.400 für gute Autos herausbilden. Lässt sich die Qualität aber nicht feststellen, müssen die Käufer versuchen abzuschätzen, wie viel der betreffende Wagen wert ist. Schließen dazu die Konsumenten generell vom Preis auf die Qualität, kommt ein einheitlicher Preis zu Stande, der sich an der Durchschnittsqualität orientiert (Graumann 1993, 1337). Zur Ermittlung dieses Preises ermittelt der Ökonom einen so genannten Erwartungswert, eine Schätzung über ein zu erwartendes Zufallsergebnis. Bei der zuvor angenommenen gleichen Wahrscheinlichkeit für eine der beiden Qualitätsstufen ist der rationale Käufer bereit, den Erwartungswert des Autos zu zahlen: ½ * € 1.200 + ½ * € 2.400 = € 1.800. Nun bleibt die Frage: Wer würde sein Auto zu diesem Preis verkaufen? Zu € 1.800 wären zwar die Anbieter der Gurken bereit zu verkaufen, nicht aber die der guten Autos, denn die wollen ja mindestens € 2.000 erzielen. Die Folge: Bei dieser Preisvorstellung der Käufer würden nur Gurken zum Verkauf angeboten, aber keine Qualitätsfahrzeuge. Die Situation verschärft sich weiter, wenn die Käufer absehen können, dass zu ihrem Preisgebot nur Gurken angeboten werden. Warum? Sie würden ihren Erwartungswert weiter nach unten korrigieren müssen, im Extremfall hieße das dann: 1 * € 1.200 + 0 * € 2.400 = € 1.200. Die Käufer wären dann nur noch bereit, maximal € 1.200 zu zahlen. Die Folge ist, dass auf diesem Markt überhaupt keine guten Autos mehr angeboten würden. Dieses Ergebnis ist besonders bemerkenswert, weil ja seitens der Käufer sehr wohl eine Zahlungsbereitschaft für gute Autos (nämlich € 2.400) vorhanden ist. Sie kommt nur nicht zum Tragen, weil die notwendigen Informationen zur Einschätzung der Qualität fehlen. Es handelt sich um einen akuten Fall von Marktversagen. D. h. das Ergebnis der marktlichen Koordination weicht ab von dem optimalen Ergebnis. Hier wäre das optimale Ergebnis, dass alle Wagen, gute wie schlechte, zu den entsprechenden Preisen verkauft würden.

Das besondere hieran ist, dass nicht nur einige Fehlkäufe zu vermuten sind, bei denen der Käufer nach dem Kauf enttäuscht feststellt, dass er eine Gurke erwischt hat. Es ist zu befürchten, dass kein einziges qualitativ höherwertiges Fahrzeug verkauft wird. Warum ist das so? Wenn eine Person versucht, einen schlechten Wagen zu verkaufen, und es wird nach dem Kauf bemerkt, beeinflusst das die Wahrnehmung der Käufer über die durchschnittliche Qualität der auf dem Markt angebotenen Autos. Sie korrigieren ihre Erwartungswerte und damit den Preis, den sie für ein durchschnittliches Auto zu zahlen bereit sind, nach unten. Das wiederum benachteiligt die Verkäufer guter Autos. Die Autos, die am wahrscheinlichsten angeboten werden, sind letztlich die, die die Leute am liebsten loswürden. Zusammenfassend lässt sich sagen, dass wenn zu viele Einheiten geringer Qualität auf dem Markt sind, es für die Anbieter von Qualität schwierig wird, ihre Produkte zu einem angemessenen Preis zu verkaufen (Varian 2007, 829).

Was lässt sich nun aus diesem Modell ableiten? Es zeigt sich das ökonomisch als **Adverse Selection** bezeichnete Phänomen. Die Begriffe Adverse Selection und des später noch zu betrachtenden **Moral Hazard** entspringen der Versicherungswirtschaft (Molho 2001, 9 und 46 ff. mit weiteren „Lemon"-Beispielen im Rahmen experimenteller Untersuchungen). Die sog. Principal-Agent-Theory oder Prinzipal-Agenten-Theorie befasst sich eingehend mit dieser Problematik (z. B. Richter et al. 2003 oder mit spezifisch betriebswirtschaftlichem Blick Jost 2001). Da die deutsche Übersetzung von Moral Hazard als moralisches Risiko oder Wagnis missverständlich ist, soll – im Gegensatz zur negativen Selektion – im Weiteren der englische Begriff verwendet werden. Dadurch dass eine Marktseite, hier die Nachfrage, über die Qualität der angebotenen Güter nicht ausreichend informiert ist (Hidden Characteristics; Göbel 2002, 98 ff.) und dieses Informationsdefizit auch durch Suchaktivitäten nicht ausgeglichen werden kann, kommt es – über die vorgenommenen Qualitätsabschätzungen – zu einer negativen Auslese (Adverse Selection). Die guten Angebote werden durch die schlechten verdrängt. Eine allgemeine Folge bestehender Informationsasymmetrien ist es also, dass gute Qualität durch schlechte Qualität verdrängt wird.

Im Extremfall kann es zu einer vollständigen Zerstörung des Marktes kommen, wenn nämlich die Anbieter – anders als im Modell von Akerlof mit feststehender Qualität – über die angebotene Qualität selbst entscheiden können (Varian 2007, 829 ff.). In diesem Extremfall drängen die (unehrlichen) Anbieter schlechter Waren – unehrlich deswegen, weil sie für geringe Qualität einen Premiumpreis fordern – nicht nur die (ehrlichen) Anbieter guter Qualität aus dem Markt, sondern machen sich am Ende sogar selbst noch den Markt kaputt, wenn nämlich klar wird, dass für die angebotene (geringe) Qualität ein zu hoher Preis gefordert wird. Über die Abwärtsspirale eines schrittweisen Ausscheidens von Qualitätsanbietern kommt es dann nicht nur zu einem teilweisen, sondern zu einem vollständigen Marktversagen.

3.3.2 Informationsasymmetrien auf Informationsmärkten

Wenden wir uns nun den Informationsgütern zu. Analog zu den vorstehenden Überlegungen wird es auch bei Informationsgütern so sein, dass es Anbieter guter und schlechter Qualität in einem Markt gibt. Als Angebote guter Qualität lassen sich solche bezeichnen, die die Erwartungen der Nachfrager erfüllen. Schlechte Qualität führt dementsprechend zu einer Erwartungsenttäuschung. Sind die Nachfrager nicht von vornherein dazu in der Lage, die Qualität des Angebots zu bestimmen, besteht für die Anbieter der bereits bei den „Lemons" festgestellte Anreiz, schlechte Qualität als gute anzubieten um dadurch ihre Gewinne zu erhöhen.

Wenn darüber hinaus die Herstellungskosten für schlechte Qualität geringer sind als für gute und der Anbieter davon ausgehen kann, dass der Nachfrager sie – zumindest vor dem Kauf – nicht beurteilen kann, ist es unter Gewinnmaximierungsbedingungen ökonomisch rational, schlechtere Qualität zu geringeren Kosten herzustellen und als gute Qualität anzubieten. Klar ist aber auch, dass das nur so lange vernünftig ist, wie die Nachfrager sich täuschen lassen. Davon kann man aber dauerhaft nur ausgehen, wenn entweder der Käufer – auch nach dem Kauf – nicht dazu in der Lage ist, die Qualität zu beurteilen oder es sich um Einmalkäufe handelt und es zwischen den Nachfragern zu keinem Erfahrungsaustausch kommt. Bereits im Falle eines erstmaligen Kaufs, wenn also in Zukunft weitere Käufe bei einem Anbieter beabsichtigt sind, hat der Käufer aber sehr wohl die Gelegenheit, eine Qualitätserfahrung zu machen. Sofern er die (hier: schlechte) Qualität beurteilen kann, führt das dazu, dass er seine Zahlungsbereitschaft für künftige Käufe nach unten korrigiert und – sollte er sich mit anderen austauschen – auch die anderer Nachfrager in dieselbe Richtung beeinflusst. Sollte das passieren, kommt es zu jener Abwärtsspirale, die bereits Akerlof für den Gebrauchtwagenmarkt beschrieben hat. Es tritt – bedingt durch die ursprünglichen Informationsdefizite der Nachfrager – eine negative Auslese ein, bei der die Angebote schlechter Qualität zu Lasten der guten Qualität zunehmen.

Zu solch einem durch Informationsdefizite bedingten Marktversagen kommt es auf Informationsgütermärkten immer dann, wenn die Nachfrager nicht dazu in der Lage sind, sich die erforderlichen Qualitätsinformationen zu beschaffen (Hopf 1983, 76). Sieht man von der generell unerwünschten Variante, dass man die unangenehmen Erfahrungen selbst machen muss, ab, lassen sie sich nur vermeiden, indem man sich auf die Suche nach entscheidungsrelevanten Informationen begibt. Solch eine Informationsbeschaffung betreibt man ökonomisch ausgedrückt so lange, bis die Grenzkosten der Beschaffung genau so hoch sind wie der Grenznutzen der erhaltenen Information (grundlegend Stigler 1961). Ganz einfach gesagt, wendet man so lange Zeit und Geld für die Informationssuche – z. B. durch den Kauf von Testzeitschriften oder Gespräche mit anderen Käufern – auf, wie sich das in einem Nutzenzuwachs niederschlägt. Dieser zusätzliche Nutzen kann darin bestehen, dass man das Produkt günstiger bekommt oder die Qualität verschiedener Angebote besser einschätzen kann, so dass man in der Lage ist, die qualitativ bessere Wahl zu treffen. Es ist evident, dass der Nutzenzuwachs (also der Grenznutzen) bei der ersten Testzeitschrift deutlich größer ist als bei der zwölften.

Bei Informationsgütern tritt nun die Besonderheit auf, dass die Beschaffung weiterer Informationen über ein Informationsgut im Prinzip gleichzusetzen ist mit der sukzessiven Beschaffung des Gutes selbst (Kulenkampff 2000, 129). Je intensiver man sich also über ein spezielles Informationsgut informiert, umso mehr erfährt man auch über dessen Inhalt. Das gilt für Content ganz unmittelbar. Bei Software muss man die Ebene der Anwendung und die des Quellcodes unterscheiden. Auf **Anwendungsebene** kann der gewöhnliche Nutzer sich umfassend informieren, ohne sich die Software aneignen zu können. Erhält der Nutzer aber **Zugang zum Quellcode**, ist er im Besitz des kompletten Gutes. Ist er dann vollständig informiert, hieße das in letzter Konsequenz, dass er die ursprüngliche Information gar nicht mehr bräuchte, weil er sie bereits erhalten hat. Dieses bei Informationsgütern auftretende Phänomen wird nach Kenneth J. Arrow (1962, 615) als „Informationsparadoxon" bezeichnet:

> [...] there is a fundamental paradox in the determination of demand for information; its value for the purchaser is not known until he has the information, but then he has in effect acquired it without cost.

Bei Informationsangeboten ist das Auftreten von asymmetrisch verteilter Information besonders ausgeprägt. Hopf (1983, 76) bezeichnet Information in Anlehnung an Akerlof als typisches „Lemon"-Gut. Die Anbieter haben zum einen gegenüber den Nachfragern einen starken Informationsvorsprung. Zum anderen können sich die Nachfrager über das Informationsgut nur wirklich eingehend informieren, wenn der Anbieter es – zumindest teilweise –

schon vor dem Kauf preisgibt. Tut er dies nicht, kann der Käufer die Qualität erst nach dem Kauf, nämlich durch die Verarbeitung der Information, beurteilen.

Ein sehr treffendes Beispiel für eine solche Situation findet sich auf den Märkten für technisches Wissen (Klodt 2001a, 41 f.). Die Existenz des Informationsparadoxons ist hier ursächlich dafür, dass die industrielle Vertragsforschung (d. h. F&E-Aufträge extern zu vergeben) nur eine untergeordnete Rolle spielt. Die überwiegende Zahl der (großen) Unternehmen produziert ihr technisches Wissen lieber intern, weil sie die Qualität der externen Durchführung und der erhaltenen Ergebnisse nur unzureichend kontrollieren können. Es sind fast nur (kleinere) Unternehmen, die die Möglichkeiten der externen Vertragsforschung nutzen. Sie scheuen nämlich die hohen Fixkosten des Aufbaus einer eigenen F&E-Abteilung.

3.3.3 Such-, Erfahrungs- und Vertrauenseigenschaften von Informationsgütern

Information unterliegt – im Sinne Arrows – einem Paradoxon: Der Wert eines Informationsgutes lässt sich vor dem Kauf nicht abschließend beurteilen, ohne dass man zumindest Teile des Gutes selbst kennen lernt. Vollständige Information über ein Informationsgut zu haben, würde aber bedeuten, dass man das Gut, das man eigentlich erst noch kaufen wollte, bereits kostenfrei zur Verfügung hätte. Die Weitergabe von Information vor dem Kauf erzeugt das Problem, dass man als Anbieter nicht mehr wissen kann, wie hoch die Zahlungen des Käufers sein werden, bzw. ob es überhaupt zu einer Zahlung kommen wird. Anders als Arrow es unterstellt hat, ist bei Nachfragern allerdings – wenn auch nicht bei allen – sehr wohl eine Zahlungsbereitschaft vorhanden, auch wenn sie ein (Informations-)Gut bereits bekommen haben. Wir werden im Kapitel 18 zur Preisgestaltung darauf unter dem Stichwort Reverse Pricing eingehen. Außerdem haben sich auf Informationsmärkten auch Möglichkeiten herausgebildet, die es erlauben Signale über die Produktqualität zu übermitteln, ohne das Gut selbst herausgeben zu müssen. Im Kapitel 22 wird dieses so genannte Signaling ausführlich behandelt.

Weil sich die Qualität bei Informationsgütern in der Regel erst nach dem Kauf offenbart, werden sie auch häufig als Erfahrungsgüter bezeichnet (Shapiro/Varian 1999, 5 f.; Klodt 2003, 117 ff.). **Erfahrungsgüter** oder Experience Goods sind nach Phillip Nelson jede Art von Gütern, deren Qualitätseigenschaften sich erst nach dem Kauf offenbaren. Bei **Suchgütern** (Search Goods) dagegen lässt sich die Qualität bereits vorher durch bloßes Inspizieren feststellen (Nelson 1970). Eine dritte Art von Eigenschaften, die Güter haben können, sind nach Darby und Karni (1973) so genannte **Vertrauenseigenschaften** (Credence Qualities). Beispiele hierfür sind die Leistungen eines Arztes oder einer Autowerkstatt, die sich durch den Konsumenten auch nach Abschluss der Arbeiten im Hinblick auf die erhaltene Qualität nicht vollständig beurteilen lassen. Er kann nur darauf vertrauen, dass Preis und Leistung angemessen waren.

Viele Güter weisen nun alle drei dieser genannten Eigenschaften auf. Würde man zwar ein Gut des täglichen Bedarfs, wie z. B. einen Laib Brot, spontan als Suchgut bezeichnen, also als ein Gut, dessen Qualität man vor dem Kauf durch Inaugenscheinnahme vollständig beurteilen kann, zeigt sich doch bei näherem Hinsehen, dass sich auch hier Erfahrungs- und Vertrauenseigenschaften finden. Mögen die Farbe der Kruste und der Geruch des Brotes noch eine Sucheigenschaft sein, so ist der Geschmack bereits eine Erfahrungseigenschaft, die sich erst nach dem Kauf beim Verzehr erschließt. Ob das Brot dann auch wirklich, so wie ausgezeichnet, biologisch erzeugt wurde, lässt sich durch den Konsumenten nicht wirklich abschließend feststellen. Insofern liegt hier eine Vertrauenseigenschaft vor. Betrachtet man hingegen ein Beratungsangebot, z. B. eine Rechtsberatung, stehen Erfahrungs- und Vertrauenseigenschaften deutlich im Vordergrund. Ob man die gewünschte Hilfe bekommen hat, wird man vermutlich noch beurteilen können. Ob aber die erbrachte Leistung die bestmögliche war, entzieht sich den Aufklärungsmöglichkeiten des Kunden.

Darby und Karni sprechen daher auch explizit von Vertrauenseigenschaften und nicht von Vertrauensgütern. Da Güter in der Regel mehrere Eigenschaften gleichzeitig auf sich vereinen, soll im Folgenden daher auch nicht von Such-, Erfahrungs- und Vertrauensgütern, sondern präziser von Gütern mit Such-, Erfahrungs- bzw. Vertrauens**eigenschaften** gesprochen werden. Die Klassifizierung nach Gütern ist eher als Verweis auf die jeweils dominierenden Eigenschaften zu verstehen (Mengen 1993, 130).

Generell lässt sich sagen, dass die Mehrzahl von Sachgütern Such- und Erfahrungseigenschaften aufweisen, die meisten Dienstleistungen dagegen aber Erfahrungs- und Vertrauenseigenschaften (Zeithaml 1981, 187). Empirische Untersuchungen zeigen, dass zwar Unschärfen bestehen, sich aber trotzdem Gütergruppen bilden lassen, bei denen eine oder auch zwei der Eigenschaften überwiegen (Weiber/Adler 1995; Bayón 1997, 19 und 55 ff. mit einer ausführlichen Diskussion und Verweisen auf weitere Studien).

Wie sind nun Informationsgüter in Bezug auf diese drei Eigenschaften zu positionieren? Die Sucheigenschaften sind bei Informationsgütern sehr schwach ausgeprägt. Hierzu zählen allenfalls der Preis eine Gutes (Nelson 1970, 312; Kaas 1995, 975) oder Metadaten wie z. B. das Erstellungsdatum sowie ggf. Autor und Titel eines Artikels oder auch Empfehlungen Dritter. Das gilt allerdings nur für bereits vorliegende Informationen, wie die Adresse eines Käufers, die der Makler einem Verkäufer vermittelt. Müssen Informationen erst noch produziert werden, wie z. B. bei einer Marktforschungsstudie, gibt es keinerlei inspizierbare (Such-)Eigenschaften, sondern nur Erfahrungs- bzw. Vertrauenseigenschaften des Gutes. Selbst der Preis des Gutes steht, wie z. B. bei einer Online-Recherche, üblicherweise nicht von vornherein fest.

Die Positionierung des Informationsgutes Buch in Abbildung 3.3 bei den Suchkäufen resultiert aus der einseitigen Aufhebung der Informationsasymmetrie durch den Anbieter. Da er den Käufer das Buch inspizieren lässt und ihm den Inhalt offen legt, kann sich der Käufer die Information auch ohne Kauf aneignen. Was also eigentlich verkauft wird, ist der Informationsträger mit seinen Vorzügen der Lagerfähigkeit, der Bequemlichkeit des Lesens und der

3.3 Informationsasymmetrien

Möglichkeit der wiederholten Nutzbarkeit. Gleiches gilt auch für Musik, die man sich vor dem Kauf anhören kann.

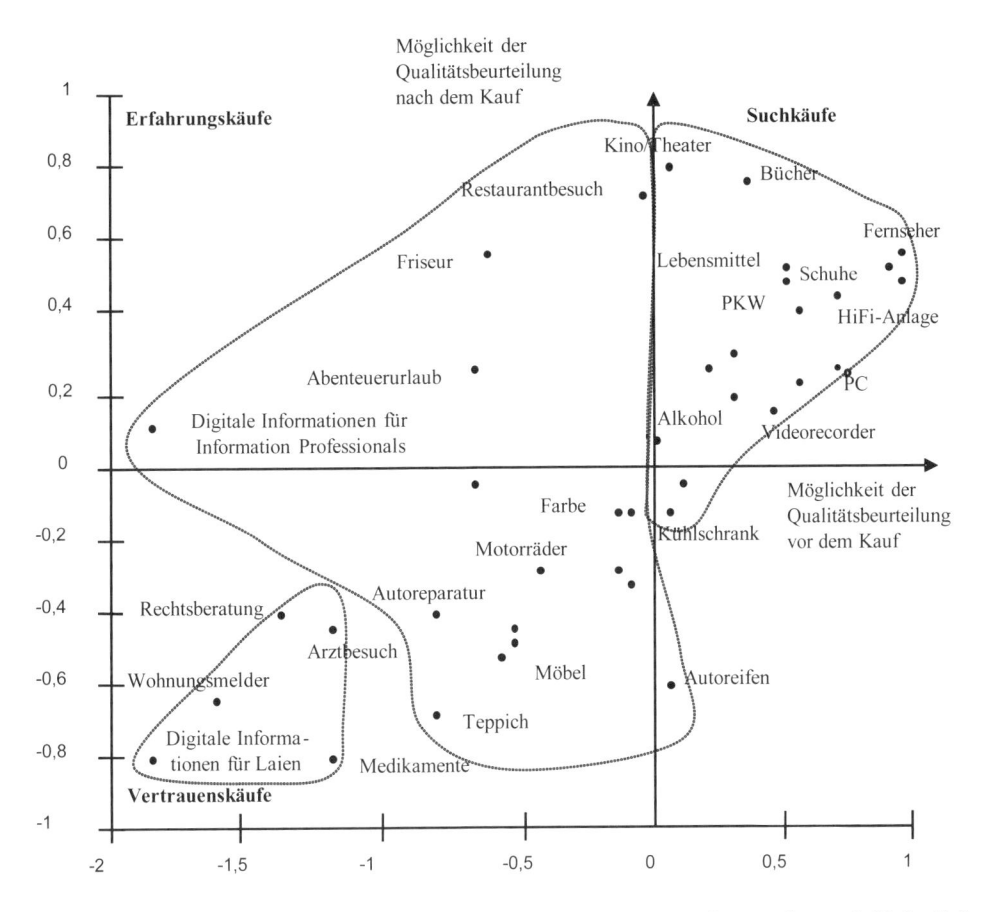

Abbildung 3.3: Positionierung von Gütereigenschaften beim Kaufprozess. Quelle:verändert nach Weiber/Adler 1995, 107.

Interessanterweise hängt es weniger vom Kaufgegenstand als vom Käufer selbst ab, ob bei einem Informationsgut eher die Erfahrungs- oder die Vertrauenseigenschaften überwiegen. Ohne ausreichendes Fachwissen in dem relevanten Gebiet dominieren bei einem Informationsgut für den Käufer immer die Vertrauenseigenschaften (Talkenberg 1992, 74, 172 f.). Versteht man Fachwissen sehr weit, lassen sich hierunter auch Informationen gesellschaftlicher Art (Sport, Königshäuser etc.) fassen, die nur von den „Fachleuten" entsprechend beurteilt werden können. Nimmt man elektronische Informationsdienste (Fachdatenbanken, Bonitätsdatenbanken, Bibliothekskataloge etc.) als Beispiel, sieht man schnell, dass keine Sucheigenschaften vorliegen, da man das Produkt vor der Recherche nicht sehen kann. Ein Informationsexperte wird das Ergebnis einer Online-Recherche zwar auf seine Qualität hin bewerten können, denn für ihn stehen die Erfahrungseigenschaften im Vordergrund. Ein Online-Laie hingegen muss damit leben, dass er – mangels eigener Fähigkeiten – auf die Qualität nur vertrauen kann (Stock 1995, 150 ff.). Für Anbieter von Gütern mit ausgeprägten Erfahrungs- und mehr noch mit Vertrauenseigenschaften bieten sich damit große Möglichkeiten zu strategischem Verhalten, denn sie müssen nicht befürchten, dass Qualitätsverschlechterungen in der Leistung schnell erkannt werden und damit zu Erlöseinbußen führen (Hauser 1979, 751). Für elektronische Informationsdienstleistungen wie z. B. Online-Datenbanken bedeutet dies, dass vor allem bei Angeboten für fachlich wenig beschlagene Endnutzer qualitativ schlechte Produkte relativ gefahrlos verkauft werden können (Stock 1995, 153 f.). Aber selbst Fachleute, die eine gute Einschätzung der empfangenen Leistung vornehmen können, müssen dem Anbieter vertrauen, dass die Qualität der Leistungserstellung auch im Detail stimmt (Ernst/Giesler 2000, 198).

> Z. B. ist die Anzahl und Sorgfalt der von einem Marktforschungsinstitut durchgeführten Interviews für den Auftraggeber weder vor noch nach dem Kauf der Leistung kontrollierbar. Eine ständige Präsenz des Auftraggebers während der Interviewdurchführung ist zwar prinzipiell möglich, jedoch für diesen mit prohibitiv hohen Kosten (Zeitaufwand) verbunden. Wäre der Auftraggeber sogar bereit, seine Zeit zu opfern, so hätte seine Präsenz, z. B. während der Ergebnisauswertung unter Einsatz multivariater Verfahren aufgrund i. d. R. mangelnden Fachwissens trotzdem keinen Sinn. Da die Aneignung des notwendigen Wissens für den Auftraggeber wiederum mit prohibitiv hohen Kosten verbunden wäre, muß er letztendlich auf die Qualität der Marktforschungsstudie vertrauen (Mengen 1993, 130).

Zusammenfassend lässt sich festhalten, dass Informationsgüter allenfalls dann einige Sucheigenschaften aufweisen, wenn sie bereits produziert sind. Generell sind bei ihnen aber Vertrauens- bzw. – abhängig vom Fachwissen des Nachfragers – Erfahrungseigenschaften dominant.

3.3.4 Zur Funktionsfähigkeit von Informationsmärkten

Wir wollen nun einige Beispiele für Informationsmärkte darstellen, auf denen typischerweise Informationsasymmetrien auftreten, um daraus abzuleiten, unter welchen Bedingungen sie trotz des permanent drohenden Marktversagens funktionieren.

Nehmen wir zu Beginn als ein Beispiel für einen funktionierenden Informationsmarkt den Markt für Börseninformationen. Informationen über die aktuellen Börsenkurse sind für Banken, Broker, generell für Finanzdienstleister, sehr wertvoll für ihr Geschäft. Unabhängig davon, ob man sich jetzt die Versorgung mit real-time oder zeitverzögerten Kursinformationen vorstellt, ist anzunehmen, dass dieses Informationsgut dem Informationsparadoxon unterliegt. Es verlöre seinen Wert, wenn es vor dem Kauf preisgegeben würde. Trotzdem ist der Handel mit solchen Informationen gut entwickelt und sehr lukrativ (Ernst/Köberlein 1994, 8). Warum ist das so?

Zum einen handelt es sich um so genannte Preisinformationen. Bei dieser Art von Information kommt es prinzipiell nur zu sehr geringen Qualitätsunsicherheiten, denn (Ernst/Köberlein 1994):

- die Form der Information ist exakt festgelegt: Man erwartet als Nachfrager eine Preisangabe mit zwei Nachkommastellen in einer bestimmten Währung. Auch wenn man den Inhalt, also den tatsächlichen Preis, erst nach dem Kauf bekommt, weiß man schon vorher genau, wie die Information aussehen wird.
- der Wert einer Information lässt sich trotz der Unkenntnis des konkreten Inhalts monetär sehr leicht bemessen. Wenn es z. B. darum geht, eine Verkaufsentscheidung für eine Aktie zu fällen, die für € 37,50 gekauft wurde, lässt sich der zu erwartende Gewinn oder Verlust als Differenz zum aktuellen Kurs schnell ermitteln.
- die Kosten für die Information sind vorher bekannt, auch wenn es üblicherweise nicht um einzelne Kursinformationen geht, die verkauft werden, sondern die andauernde Informationsversorgung der übliche Fall ist. Die permanenten Kursänderungen stellen nämlich einen sich regelmäßig wiederholenden Kaufanreiz dar.

Zweifel über die Qualität der erhaltenen Information lassen sich nach dem Kauf durch einen Vergleich mit anderen Anbietern oder der oftmals kostenlos erhältlichen zeitversetzten Kursinformation schnell ausräumen.

Ganz ähnlich verhält es sich bei Informationsangeboten von Preisagenturen, deren Leistung darin besteht, Informationen über Güterpreise zu sammeln, auszuwerten und in Verbindung mit Händlernachweisen zu verkaufen. Auch das von ihnen bereitgestellte Informationsprodukt weist kaum Qualitätsunsicherheiten auf, weil die Form des Angebots präzise umrissen ist, sein Wert über die errechenbare Preisspanne bekannt ist und auch die durch die Vermittlungsgebühr entstehenden Kosten bereits vor dem Kauf festgelegt sind (Ernst et al. 1995, 72).

Generell lässt sich feststellen, dass es auf Märkten für Preisinformationen, die durch einen hohen Grad an Transparenz und Standardisierung gekennzeichnet sind, nur zu geringen Qualitätsunsicherheiten kommt (Ernst et al. 1995, 71).

Wenden wir uns nun Beispielen zu, bei denen ausgeprägte Informationsasymmetrien vorliegen, die zu Marktversagen führen müssten. Wie oben bereits ausgeführt, muss man davon ausgehen, dass es sich bei (Informations-)Gütern immer um Bündel von Such-, Erfahrungs- und Vertrauenseigenschaften handelt, von denen eine oder auch zwei deutlicher ausgeprägt sind. Eine Prüfung auf Marktversagen von Informationsgütern ist somit zweistufig durchzuführen: Im ersten Schritt muss man schauen, ob es sich überhaupt um ein Informationsgut handelt. Um im zweiten Schritt beurteilen zu können, ob bei dem betreffenden Gut Marktversagen zu erwarten wäre, müssen dessen Eigenschaften untersucht werden. Überwiegen die Sucheigenschaften, sind **vor dem Kauf bzw. Vertragsabschluss** Qualitätsunsicherheiten durch negative Selektion bzw. Moral Hazard und damit ein Marktversagen nicht zu erwarten. Überwiegen die Erfahrungs- bzw. die Vertrauenseigenschaften, ist vor dem Kauf mit deutlichen Qualitätsunsicherheiten zu rechnen. Für die Situation **nach dem Kauf bzw. Vertragsabschluss** gilt: Besitzt das Informationsgut ausgeprägte Erfahrungs- und/oder Vertrauenseigenschaften, führt Moral Hazard bei Folgekäufen oder dauerhaften Geschäftsbeziehungen zu

Vertrauensunsicherheiten. Existierende Qualitätsunsicherheiten können – wie oben bereits angesprochen – entweder nur mit Verzögerung (Erfahrungseigenschaften) oder sogar nie (Vertrauenseigenschaften) entdeckt werden. In diesen Fällen läge Marktversagen vor. Noch einmal zur Erinnerung: Marktversagen bezeichnet Abweichungen des Ergebnisses marktmäßiger Koordination von einem optimalen, mit Hilfe eines Referenzmodells abgeleiteten Ergebnis. Ein brauchbarer Maßstab wäre ein Markt mit symmetrischer Information, bei dem also Anbieter und Nachfrager gleich gut informiert sind. Liefert der Markt schlechtere Ergebnisse, indem eine Marktseite Nachteile im Preis-/Leistungsverhältnis gegenüber dem Referenzmodell symmetrischer Information hinnehmen muss, liegt Marktversagen vor. Nachteile können überhöhte Preise für eine gegebene Leistung oder eine unzureichende Leistung, speziell deren Qualität, zu einem gegebenen Preis sein.

Beabsichtigt man den (Erst-)Kauf eines Informationsgutes wie z. B. einer Computersoftware, liegen typische Informationsasymmetrien vor. Um sich einen möglichst umfassenden Eindruck über die Qualität des Angebots verschaffen zu können, müsste der Käufer das Informationsgut überlassen bekommen. Nur so kann er die Funktionalitäten testen und prüfen, ob sie seinem Bedarf entsprechen.

Müsste man also eine Projektmanagementsoftware allein aufgrund ihrer Produktbeschreibung und ihres Preises kaufen, wäre es unmöglich, gute von schlechten Angeboten zu unterscheiden. Genau deshalb ist es bei Software auch ganz üblich, den Kunden zeitlich oder vom Umfang her beschränkte Testversionen zur Verfügung zu stellen. Die Anbieter machen dadurch Erfahrungseigenschaften, die sich erst nach dem Kauf überprüfen lassen, zu vor dem Kauf inspizierbaren Sucheigenschaften. Das gilt allerdings nur für die innerhalb der Testphase prüfbaren Eigenschaften. Für jene, die sich erst nach dem Kauf im längeren Betrieb herausstellen, wie z. B. Stabilität, Umgang mit größeren Datenmengen, Verhalten bei Mehrfachzugriff, bleibt die Qualitätsunsicherheit bestehen. Darüber hinaus treten Verhaltensunsicherheiten auf, wenn die Software nicht einen einmaligen Kauf darstellt, sondern geplant ist, auch zukünftige Versionen zu beziehen. Ließe sich vielleicht noch bereits beim Kauf vereinbaren, wie häufig und zu welchem Preis Aktualisierungen zur Verfügung gestellt werden, so kann man auf deren Qualität dagegen nur vertrauen. Bei allen weiteren Käufen desselben Produkts vom selben Anbieter fallen die Informationsasymmetrien aber dennoch weniger gravierend aus, da der Anwender die Erfahrungseigenschaften durch den Gebrauch nun leichter bewerten kann. Es ergibt sich ein Trade-off: Man kann das Produkt bei Folgekäufen im Gebrauch schneller und besser beurteilen als beim Erstkauf, muss aber damit leben, dass der Vertrauensvorschuss möglicherweise ungerechtfertigt gewährt wurde, weil der Anbieter die Möglichkeit ausnutzt, schlechtere Qualität zu liefern als man es erwartet hätte (Moral Hazard).

Ein anderes Informationsgut sind z. B. Markt-, Branchen-, Produkt- oder Konkurrenzanalysen. Hier muss man allerdings unterscheiden, ob es sich um noch durchzuführende Analysen handelt oder bereits fertige Ergebnisse vorliegen. Betrachtet man nur letzteres, braucht lediglich die Situation vor dem Kauf betrachtet zu werden. Ohne Einblick in die Ergebnisse liegt

Informationsasymmetrie vor. Der Nachfrager muss seine Kaufentscheidung unter Unsicherheit bezüglich der Qualität treffen. Erschwerend kommt als Vertrauenseigenschaft Unsicherheit bezüglich der Qualität der Herstellung hinzu. Als Käufer kann man nicht prüfen, mit welcher Sorgfalt die einzelnen Arbeitsschritte vollzogen wurden. Wurde die Stichprobengröße tatsächlich erreicht und auch komplett bearbeitet? Wie sorgfältig war die Auswahl der statistischen Testverfahren? Auch wenn einige dieser Qualitätsinformationen dokumentiert sein mögen, ist deren genaue Analyse und Bewertung entweder mangels Fachkenntnissen nicht möglich oder aber einfach zu aufwändig.

Ist die gewünschte Analyse erst noch zu erstellen, steigen die Unsicherheiten. Erfolgt die Leistung gegen Vorkasse, müssen vor dem Vertragsabschluss große Qualitätsunsicherheiten in Kauf genommen werden: Informationen, die zu diesem Zeitpunkt zur Verfügung gestellt werden könnten, gibt es noch nicht. Man kann als Käufer vorher allenfalls ein Leistungspaket definieren. Nach dem Vertragsabschluss tritt Moral Hazard auf. Es lässt sich durch den Kunden nicht einschätzen, in welcher Qualität die Analyse tatsächlich ausgeführt wird. Es kommt also zu ausgeprägten Verhaltensunsicherheiten.

Trotz dieser problematischen Einschätzung gibt es aber sehr wohl einen gut funktionierenden Markt für derartige Analysen. Es lassen sich bestimmte Mechanismen erkennen, die das Versagen eines Informationsmarktes verhindern. So werden bevorzugt renommierte Unternehmen für Marktforschungsaufträge ausgewählt. Von diesen weiß man, dass sie schon viele gute Analysen erstellt haben und über einen umfangreichen Stamm an Kundenreferenzen verfügen. Bereits diese allerersten Überlegungen zeigen, welcher Verhaltensweisen sich ein Unternehmen bedienen kann, um auf einem Informationsmarkt trotz auftretender ökonomischer Widrigkeiten annahmefähige Angebote machen zu können. Solche Maßnahmen von Unternehmen, Qualitätsinformationen gezielt anzubieten, bezeichnet man als Signaling. Diesem Thema ist das ganze Kapitel 22 gewidmet.

3.3.5 Informationsasymmetrien vor und nach dem Vertragsabschluss: Negative Selektion und Moral Hazard

Bei der Frage, ob Informationsasymmetrien vor oder nach dem Vertragsabschluss auftreten, lassen sich zwei Arten von Verträgen unterscheiden: Verträge, die nach §§ 433 ff. BGB als Kaufverträge geschlossen werden oder – das wird im Folgenden noch von Bedeutung sein – nach §§ 631 ff. BGB als Werkverträge, bei denen der Anbieter gegen Entgelt ein Werk (z. B. ein Gutachten oder ein Webdesign mit Animationen) erstellt.

Auf Grund der wenig ausgeprägten Sucheigenschaften tritt bei Informationsasymmetrien **vor dem Vertragsabschluss** das Problem der negativen Selektion auf. Kunden können sich über die Qualität eines Informationsprodukts nur wirklich eingehend informieren, wenn sie die Information selbst erhalten (Informationsparadoxon). Die Anbieter haben aber ihrerseits wenig Interesse daran, die Informationsasymmetrie durch eine umfassende Offenlegung der

Information abzubauen. Selbst wenn der Informationsanbieter dazu bereit ist, Teile der Information vor dem Kauf preiszugeben, bleibt das Problem, dass der Nachfrager die Qualität nicht unbedingt einschätzen kann. Abhängig von seinem Fachwissen kann er zwar die Erfahrungseigenschaften beurteilen, ob z. B. eine Information über den Geschäftsverlauf eines Unternehmens plausibel ist. Die Vertrauenseigenschaften zu bewerten ist aber – wie am Beispiel der Marktforschungsstudie gesehen – auch dem Experten entweder unmöglich oder mit prohibitiven Kosten verbunden.

Diese Tatsache birgt moralische Risiken (Moral Hazard), denn der Anbieter hat die Möglichkeit, geringe Qualität anzubieten, ohne dass es durch den Käufer leicht entdeckt werden kann. Die Gefahr des Moral Hazard tritt bei Informationsgütern vor allem dann auf, wenn sie zum Zeitpunkt des Kaufs überhaupt nicht inspizierbar sind, weil sie erst noch produziert werden müssen. Bei einem Rechercheauftrag ist eine Offenlegung der Information nicht möglich, bevor die (Informations-)Arbeit nicht begonnen wurde. Hier muss der Käufer sogar vollständig auf Vertrauensbasis handeln.

Grundsätzlich gilt: Bei unzureichenden Sucheigenschaften besteht für den Nachfrager beim Kauf von Informationsgütern Qualitätsunsicherheit (Bayón 1997, 19). Er kann sich vor dem (Erst-)Kauf durch Informationsaktivitäten lediglich über die Sucheigenschaften im Klaren werden. Die Erfahrungs- und Vertrauenseigenschaften offenbaren sich entweder erst nach dem Kauf – durch die Erfahrung im Gebrauch bzw. der Verwendung – oder sogar niemals. Die ökonomisch negative Folge ist hier die negative Selektion (Adverse Selection), wenn wegen zu hoher Informationskosten oder weil es sogar unmöglich ist, sich vorher überhaupt zu informieren, die Angebote geringer Qualität diejenigen höherer Qualität verdrängen und ein Markt sogar komplett zerstört werden kann (vollständiges Marktversagen).

Untersuchungen zu der Frage, was einen Anbieter veranlasst, hohe oder niedrige Qualität anzubieten, sehen die Qualität als eine Entscheidungsvariable. Sie fällt dann am niedrigsten aus, wenn von Laufkunden **Einmalkäufe** getätigt werden. Das passiert z. B. in Restaurants in Touristenvierteln (Tirole 1995, 234). Anders ist es, wenn es beispielsweise durch Warentestberichte gut informierte Verbraucher gibt. Hier zeigt sich, dass mit steigendem Anteil informierter Nachfrager auch die Wahrscheinlichkeit für einen positiven Zusammenhang zwischen Preis und Qualität zunimmt. Dies ist ein positiver externer Effekt, der von den informierten Verbrauchern auf die uninformierten ausgeht (Tirole 1995, 235 ff.). Etwas anders gelagert ist der Fall, wenn es zu mehrmaligen Käufen (**Wiederholungskäufen**) kommt. Hier spielt die Reputation eines Anbieters (z. B. sein Markenimage) eine große Rolle. Es ist davon auszugehen, dass der Anbieter so lange hohe Qualität anbieten wird, wie die (abdiskontierte) Qualitätsprämie, die er auf Grund seiner Reputation erzielen kann, größer ist als die Kostenersparnis durch Qualitätsreduktion (Tirole 1995, 245 ff). Bei Qualitätsunsicherheiten kommt es also nur dann zu negativer Selektion, wenn sich im Markt keine Mechanismen etablieren, die dem Anbieter Anreize geben, hohe Qualität zu offerieren.

Informationsasymmetrien **nach dem Vertragsabschluss** bergen die Gefahr von Moral Hazard. Moral Hazard tritt in zwei Fällen auf: Einmal dann, wenn Informationsgüter zum

Zeitpunkt des Kaufs überhaupt nicht inspizierbar sind, weil sie erst noch produziert werden müssen. Bei einem Rechercheauftrag ist eine Offenlegung der Information eben nicht möglich, bevor die (Informations-)Arbeit nicht begonnen wurde. Hier muss der Käufer vollständig auf Vertrauensbasis handeln. Zum anderen ist mit Moral Hazard zu rechnen, wenn es nicht bei einem einmaligen (Kauf-)Vertrag bleibt, sondern der Nachfrager entweder Folgekäufe plant oder mit dem Anbieter – was gerade bei Informationsgütern sehr üblich ist – eine länger währende Geschäftsbeziehung eingeht, indem er sich im Rahmen eines Werkvertrags regelmäßig Informationsgüter (Tageszeitungen, Zeitschriften, Börseninformationen etc.) liefern lässt. Der Anbieter hat dann die Möglichkeit, seine Qualität von einem Kauf bzw. einer Lieferung zur nächsten zu reduzieren, weil sein Verhalten durch den Käufer allenfalls partiell überwacht werden kann. Dieser weiß nicht, wie sorgfältig ein Informationsgut zusammengestellt wurde, da man üblicherweise nur das Ergebnis zu sehen bekommt. Aber auch bei ausgeprägten Erfahrungseigenschaften kann Moral Hazard auftreten. Man braucht nur an den Vertrauensvorschuss eines Abonnenten gegenüber einem Verlag zu denken. Er konsumiert z. B. seine Tageszeitung in der Erwartung gleich bleibender Qualität. Sollte diese sich verschlechtern, wird er es erst mit Verzögerung feststellen, um dann – evtl. erst zum Ablauf des Bezugszeitraums – kündigen zu können.

Ähnlich verhält es sich bei Folgekäufen. Hat ein Nachfrager ein als qualitativ hochwertig erkennbares Ergebnis einer Informationsrecherche bekommen, wird er beim nächsten Auftrag von einem unveränderten Qualitätsniveau ausgehen. Der Anbieter hat also zumindest einmal die Gelegenheit, eine minderwertige Leistung abzusetzen.

Informationsasymmetrien führen also nach dem Vertragsabschluss zu Verhaltensunsicherheiten und auf Grund von Moral Hazard in der Folge potenziell zu einem sich verschlechternden Leistungsangebot, wenn der Anbieter die Informationsasymmetrie zu seinen Gunsten ausnutzt. Potenziell deswegen, weil – analog zum eben geschilderten Fall – diese Folgen nur eintreten, wenn keine Mechanismen im Markt existieren, die dem Anbieter einen Anreiz bieten, trotzdem hohe Qualität herzustellen.

Unabhängig davon, ob Informationsasymmetrien vor dem Vertragsabschluss (eines Kaufvertrags) oder nach dem Vertragsabschluss (eines Werkvertrags) auftreten, gibt es zwei kritische Faktoren: Der **subjektive** kritische Faktor liegt in der Expertise des Käufers begründet. Nur als Experte kann er die Qualität eines Informationsgutes selbst hinreichend beurteilen, sei es vor einem Kauf oder mit Bezug einer Leistung beim Werkvertrag. **Objektiv** problematisch ist die mangelnde Verfügbarkeit von Qualitätsinformationen. Bedingt durch das Informationsparadoxon kann vor einem Kauf eine vollständige Inspektion der Qualität von Informationsgütern oft nicht vorgenommen werden, es bleiben Eigenschaften verborgen (sog. Hidden Characteristics; Göbel 2002, 101). Und wegen der mangelnden Kontrollierbarkeit des Verhaltens des Auftragnehmers (sog. Hidden Action, Göbel 2002, 102) ist es nach einem Vertragsschluss nicht möglich, die Leistungsentstehung qualitativ hinreichend zu prüfen (Picot et al. 2003, 57 ff.).

```
                    Asymmetrische Information
                   ╱                        ╲
                  ╱                          ╲

     vor Vertragsabschluss            nach Vertragsabschluss

            ↓  führt zu                      ↓  führt zu

     Qualitätsunsicherheiten           Verhaltensunsicherheiten

            ↓  je mehr                       ↓  je mehr

     Sucheigenschaften                 Vertrauenseigenschaften

            ↓                                ↓

     Wohlfahrtsverluste                Wohlfahrtsverluste
     durch Abnahme der                 durch Leistungs-
     angebotene Qualität               verschlechterung
     (negative Selektion)              (Moral Hazard)

     Kritische Faktoren:               Kritische Faktoren:
     •Hidden Characteristics           •Hidden Action
     •Expertise                        •Expertise
```

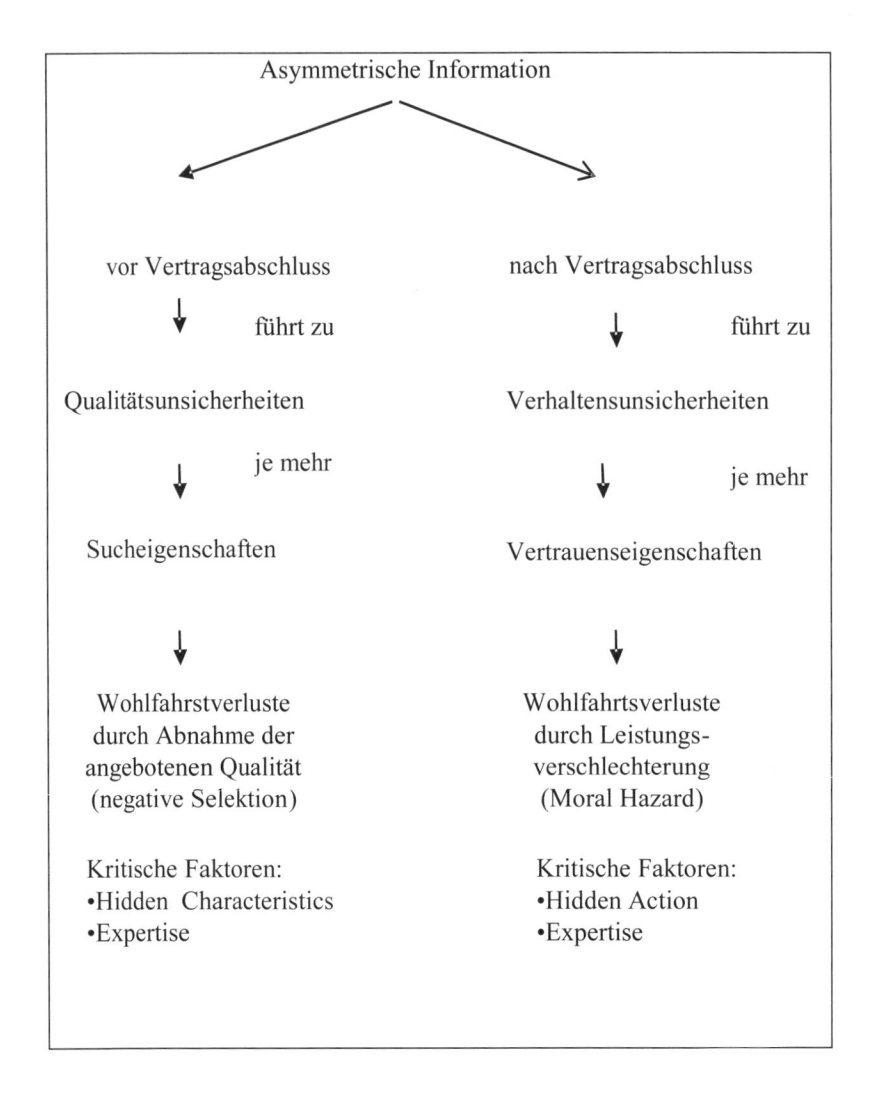

Abbildung 3.4: Auswirkungen asymmetrischer Information.

3.4 Netzwerkeffekte bei Informationsgütern

Eine weitere zu untersuchende Besonderheit bei Informationsgütern sind auftretende Netzwerkeffekte. Um mit einigen Beispielen zu beginnen: Wenn sich ein Unternehmen mit der

Anschaffung einer Software beschäftigt, die nicht nur intern, sondern auch zusammen mit anderen Unternehmen genutzt werden soll, – man denke beispielsweise an Electronic Data Interchange (EDI)-Software – wird es sich genau überlegen, ob es sich eine Software kauft, die andere Unternehmen auch verwenden oder nicht. Möchte man z. B. Bestelldaten mit seinen Kunden und/oder Lieferanten austauschen oder Rechnungsvorgänge störungsfrei abwickeln, ist es von großem Vorteil, die gleichen Standards zu verwenden. Das Informationsgut EDI-Software kann also dem Anwender bei einer entsprechenden Verbreitung neben dem Nutzen aus dem Produkt selbst einen zusätzlichen Nutzen aus der Gesamt-Anwenderzahl verschaffen (Buxmann 2002). Ökonomisch spricht man hier von so genannten Netzwerkeffekten oder auch Netzwerkexternalitäten.

Analoge Wirkungen lassen sich auch bei verschiedenen Formen von Content oder den sozialen Netzwerken des Web 2.0 beobachten. Facebook und Co. sind für neue wie bestehende Nutzer umso wertvoller, je stärker sie verbreitet sind. Man findet leichter interessante Kontakte und kann auch selbst mit seinen Beiträgen einen größeren Adressatenkreis erreichen. Auch Content gewinnt an Aufmerksamkeit, wenn er im Gespräch ist. Die positiven Auswirkungen von Bestsellerlisten auf die Absatzzahlen zeigen dies. Wird über Content, z. B. über Kinofilme, in einer speziellen Form kommuniziert, nämlich per Twitter, lässt sich damit sogar der Filmerfolg vor der Premiere relativ gut prognostizieren (Peer 2010).

Ein Netz oder Netzwerk ist abstrakt gesehen ähnlich einem System, eine Menge von Objekten, zwischen denen Verbindungen bestehen (Economides 1996, 674; in Bezug auf Systeme allgemein Willke 1991, 194) oder bestehen könnten (Flechtner 1966, 353). In einer informationsökonomischen Lesart ist ein Netzwerk eine Zusammenfassung von Nutzern eines bestimmten Gutes oder kompatibler Technologien (Dietl/Royer 2000, 324).

Sind die Nutzer physisch miteinander verbunden, spricht man von **realen Netzwerken**. Das ist klassischerweise bei einem festen Telefonnetz der Fall, bei dem die einzelnen Telefonbesitzer über die verlegten Leitungen dauerhaft miteinander verbunden sind.

Sind die Nutzer nicht physisch, sondern nur logisch miteinander verbunden, handelt es sich um **virtuelle Netzwerke** (Shapiro/Varian 1999, 174, 183; Dietl/Royer 2000, 324). Virtuell sind sie deswegen, weil die Beziehungen zwischen den Teilnehmern vorrangig potenzielle sind (zu einer ausführlichen Diskussion des Virtualitätsbegriffs Linde 1997, 13 f.). Es ist nicht wie bei den realen Netzwerken so, dass nur derjenige ein Teilnehmer ist, der auch physisch an die anderen angeschlossen ist. Jeder, der ein virtuelles Netzwerkgut kauft, zieht einen Nutzen daraus, dass er die Möglichkeit hätte, mit den anderen Netzwerkteilnehmern Verbindung aufzunehmen. Virtuelle Netzwerke sind z. B. alle Nutzer von DVD-Playern oder Videorekordern oder alle Nutzer eines bestimmten Betriebssystems oder einer bestimmten Spielekonsole.

Ein anderes, abstrakteres Beispiel für ein virtuelles Netzwerk sind die Sprachen, z. B. das Netzwerk aller Englisch sprechenden Menschen (Friedrich 2003, 4). Jeder, der diese Sprache beherrscht, hat die Möglichkeit, mit jedem anderen Englisch sprechenden Menschen zu kommunizieren. Englisch ist nicht vor allem deshalb so stark verbreitet und wird als Weltsprache angesehen, weil es so einfach zu erlernen ist, sondern weil es international von den meisten Menschen zur Kommunikation genutzt wird. Jeder, der sich international möglichst leicht verständigen will, ist daher gezwungen, sich dem Netzwerk anzuschließen, also Englisch zu lernen. Der Wert dieses Netzwerks liegt in seinen vielfältigen Kommunikationsmöglichkeiten und er wird durch jeden weiteren „Anwender" der Sprache gesteigert. Es wäre zwar denkbar, eine andere Sprache für die internationale Kommunikation zu nutzen – man denke z. B. an die künstliche, sehr leicht zu erlernende Weltsprache Esperanto –, es wäre jedoch mit hohen Anpassungskosten verbunden, sie als gültigen Standard für alle zu etablieren.

Im Gegensatz zu vielen Verbrauchsgütern des täglichen Bedarfs (z. B. Lebensmittel, Hygieneartikel, Medikamente) oder auch Gebrauchsgütern wie Kleidung oder Möbel, die üblicherweise ganz individuell oder nur von einem eng begrenzten Personenkreis genutzt werden, gewähren Netzwerkgüter nicht nur einen Nutzen aus ihren Eigenschaften (Basisnutzen, originärer Nutzen), sondern stiften dem einzelnen Konsumenten einen darüber hinausgehenden zusätzlichen Nutzen durch die Gesamtzahl der anderen Nutzer, den Netzeffektnutzen (Buxmann 2002, 443), auch derivativer Nutzen genannt. Je mehr Nutzer es gibt, desto größer ist dieser Netzeffektnutzen für den Einzelnen. Dies ist bei einem realen Netzwerk sofort einsichtig, wenn man sich vorstellt, welchen Nutzen ein Telefonnetz mit nur drei Teilnehmern im Gegensatz zu einem Netz mit weltweiten Verbindungen stiftet. Aber auch bei einem virtuellen Netzwerk liegen die Vorteile klar auf der Hand, denn mit dem gleichen Textverarbeitungsprogramm kann man mit anderen problemlos Daten austauschen oder sich gegenseitig über Tipps und Tricks der Software informieren. Bei Netzwerkgütern ist der Nutzen aus der Verbreitung dominant gegenüber dem Nutzen aus den Eigenschaften des Gutes selbst.

Nach Weiber (1992, 15 ff.) unterscheiden sich die Netzeffekt- oder Netzwerkgüter von Singulärgütern, bei denen der Nutzen rein originär aus dem Produkt selbst stammt (z. B. Kraftstoff), und Systemgütern, deren Nutzen sich erst dann entfalten kann, wenn entsprechende Interaktionsmöglichkeiten mit anderen entstehen. Bildschirmtelefone, Faxgeräte, E-Mailprogramme etc. sind Beispiele für solche Systemgüter, die über keinen Basisnutzen verfügen. Sie sind zwingend auf die Existenz zumindest eines zweiten Nutzers angewiesen.

Abbildung 3.5: Nutzenquellen von (Netzwerk-)Gütern.

Von externen Effekten (Externalitäten) spricht man immer dann, wenn sich wirtschaftliche Aktivitäten (Kauf- und Verkaufsentscheidungen von Wirtschaftssubjekten) auf die Wohlfahrt unbeteiligter Dritter auswirken und niemand dafür bezahlt bzw. niemand dafür einen Ausgleich erhält (Mankiw et al. 2008, 229). Externe Effekte können sowohl bei der Produktion als auch beim Konsum auftreten und begünstigender (positiver) sowie schädigender (negativer) Art sein. Generell führen sie dazu, dass private und soziale Kosten bzw. Nutzen wirtschaftlicher Aktivitäten auseinander fallen.

Bei negativen externen Effekten sind die sozialen Kosten höher als die privaten. Wenn sich ein Unternehmen für ein Produktionsverfahren entscheidet, das sehr lärmintensiv ist, werden die Anwohner belästigt, dafür aber nicht entschädigt. Der Konsument, der als Raucher Qualm erzeugt, beeinträchtigt damit seine Umwelt, muss dafür aber nichts an die Beeinträchtigten zahlen. Der private Wert des Rauchens liegt über dem sozialen. In beiden Fällen spielen also die sozialen (Mehr-)Kosten bzw. (Minder-)Werte keine Rolle bei der Entscheidung. Aus gesellschaftlicher Sicht liegt Marktversagen vor, denn es wäre insgesamt gesehen besser, wenn Unternehmen bzw. Individuen weniger Lärm bzw. Qualm produzieren würden, den andere ohne Ausgleich zu ertragen haben.

	Positiv	**Negativ**
Produktion	• Nutzung nicht patentierter Erfindungen durch Dritte • Investition in das Humankapital	• Umweltverschmutzung • Lärmbelästigung der Anwohner
Konsum	• Bildung • Restaurierung eines historischen Gebäudes	• Autoabgase • Grillabend • Hundegebell • Übermäßiger Alkoholkonsum

Abbildung 3.6: Positive und negative Externalitäten in Produktion und Konsum.

Umgekehrt ist es bei positiven externen Effekten. Wenn Unternehmen in ihre Mitarbeiter investieren, diese dadurch vielseitiger einsetzbar und damit auch generell attraktiver für den Arbeitsmarkt werden, sind die privaten Kosten des Unternehmens höher als die sozialen. Analog verhält es sich, wenn der Einzelne in seine Bildung investiert. Hier ist der soziale Wert – durch größere Arbeitsmarktchancen – höher als der individuelle. Es wäre gesellschaftlich gesehen besser, wenn Unternehmen und Individuen mehr in Bildung investieren würden. Treten – positive wie negative – Externalitäten auf, liegt regelmäßig Marktversagen vor. Die gesellschaftlich wünschenswerten Angebots- bzw. Nachfragemengen stimmen nicht mit den privat angebotenen bzw. nachgefragten Mengen überein (Mankiw et al. 2008, 229 ff.).

3.4.1 Direkte Netzwerkeffekte

Bei Netzwerkgütern treten nun ebenfalls Konsumexternalitäten auf, so genannte Netz- oder Netzwerkexternalitäten. Wir werden beide Begriffe fortan synonym verwenden. Hier handelt es sich ebenfalls um externe Effekte. Sie entstehen, weil – abstrakt gesprochen – Netze durch die Verknüpfung ihrer Elemente Nutzen stiften. Die Anzahl der in einem Netz verknüpften Elemente beeinflusst damit den Gesamtnutzen. Ein neu hinzutretender Netzteilnehmer vermehrt den Nutzen der bereits angeschlossenen und macht gleichzeitig das Netz insgesamt attraktiver für weitere Teilnehmer. Netzwerkeffekte werden auch bezeichnet als Increasing Returns to Adoption (Arthur 1989, 2004) oder Demand Side Economies of Scale (Farrell/Saloner 1986). Zu den Netzwerkeffekten werden weiterhin so genannte Informational Economies of Scale (Habermeier 1989) gezählt, die auftreten, wenn man auf Grund der Verbreitung eines Gutes seine Qualität besser einschätzen kann.

Direkte Netzwerkeffekte lassen sich folgendermaßen etwas formaler beschreiben: Der Nutzen U, den ein Individuum i aus einem Netzwerkgut zieht (abgekürzt U_i) hängt nicht nur von den (technischen) Eigenschaften E, sondern auch von der Zahl der Individuen Z ab, die dieses Gut ebenfalls nutzen (Blankart/Knieps 1994, 451 ff.).

Es gilt:

$$U_i = U_i(Z, E) \quad \text{mit } U_i(Z, E) < U_i(Z^*, E) \text{ für } Z < Z^*$$

Zwei Netzwerkgüter mit denselben Eigenschaften (E) stiften also einen unterschiedlichen Nutzen, wenn sich ihre Teilnehmerzahlen (Z) unterscheiden. Das Gut mit der größeren Teilnehmerzahl stiftet einen größeren Nutzen. Noch etwas allgemeiner gefasst lässt sich sagen, dass je größer die Teilnehmerzahl eines Netzwerkgutes ist, desto größer der Nutzen für alle, sowohl für diejenigen, die neu hinzukommen als auch für die, die bereits dabei sind. Je mehr Nutzer sich einem Telefonnetz anschließen oder eine Tabellenkalkulationssoftware kaufen und benutzen, desto größer der Nutzen für die alten Nutzer. Je mehr alte Nutzer aber schon existieren, desto größer wiederum der Nutzen für die Hinzukommenden. Ökonomisch ausgedrückt, generieren die neuen Teilnehmer einen Mehrwert für alle, die bereits Teil des Netzwerks sind. Werden diese Nutzensteigerungen gar nicht oder nur zum Teil abgegolten, liegen positive Netzexternalitäten vor (Steyer 1997, 206). Ein Ausgleich wäre z. B. gegeben, wenn jeder neue Netzwerkteilnehmer für die Wertsteigerung, die er bewirkt, durch die bereits vorhandenen und/oder die später hinzukommenden Teilnehmer entschädigt würde.

3.4 Netzwerkeffekte bei Informationsgütern

Diese positiven Externalitäten treten allerdings nur so lange auf, wie es nicht zu einer Überfüllung des Netzes kommt. Stellt man sich z. B. ein Mobilfunknetz vor, kann es durch zu viele angeschlossene Teilnehmer auch zu negativen Externalitäten kommen. Gesprächsabbrüche oder längere Wartezeiten bis zur Anmeldung im Netz durch neue Teilnehmer führen zu zusätzlichen Kosten für die Altkunden. Gleichzeitig wird das gesamte Netz unattraktiver für Neukunden. Damit liegen – wiederum ohne (finanziellen) Ausgleich – negative externe Effekte vor (Liebowitz/Margolis o.J.).

Netzwerkexternalitäten stellen somit eine Sonderform der Externalität dar, bei der der marktlich nicht abgegoltene Nutzen, der einer Person aus einem Gut erwächst, davon abhängt, wie groß die Zahl der anderen Konsumenten des Gutes ist (Varian 2007, 782 f.). Das Auftreten positiver Externalitäten bei realen Netzwerkgütern ist schon seit langem bekannt (Rohlfs 1974) und wird weithin als gegeben angenommen (Liebowitz/Margolis o.J.). Aber auch negative externe Effekte in realen Netzwerken – man spricht von Überfüllungskosten – werden seit einiger Zeit beachtet (Blankart/Knieps 1994, 452; MacKie-Mason/Varian 1994a, 84 f.).

Den positiven externen Effekten in virtuellen Netzen hat man sich erst später zugewandt, aber sie sind hier auch zu finden (Blankart/Knieps 1992, 78). Beziehen wir uns zuerst auf **Software**, so lassen sich z. B. positive Externalitäten durch sinkende Koordinationskosten feststellen. Sie sinken, wenn ein Standard verwendet wird. Existieren gemeinsame Standards, wird der Austausch von Daten zwischen den einzelnen Netzteilnehmern deutlich erleichtert. Bei PCs könnte dies ein Grund für die Dominanz des „Wintel"-Standards sein. Dieses Akronym setzt sich aus dem Betriebssystem **Win**dows und den meistens verwendeten Chips von **Int**el zusammen. Ca. 90 Prozent des PC-Markts basieren auf dem Wintel-Standard. Dieser Standard baut auf der Architektur des von IBM Anfang der 80er Jahre eingeführten PCs auf. Deswegen wird auch häufig von IBM-kompatiblen PCs gesprochen (Ehrhardt 2001, 26). Für die Netzteilnehmer steigt durch solch einen Standard der Nutzen bzw. sinken die Kosten mit dem Netzwachstum. So kommt es z. B. zu sinkenden Kosten für den Datenaustausch oder die Fortbildung der Anwender (Steyer 1997, 207). Fehler einer Software werden bei großen Nutzerzahlen schneller gefunden und das Angebot an versierten Usern einer Software steigt, so dass Unternehmen, die eine gebräuchliche Technologie verwenden, leichter qualifizierte Mitarbeiter finden. Solche nichtmarktlichen Leistungen resultieren aus den Lerneffekten, die mit der Verbreitung einer Software einhergehen. Je größer der Anwenderkreis, desto umfangreicher der Wissensaustausch und damit die Lerneffekte bezüglich der Anwendung und möglicher Problemlösungen (Xie/Sirbu 1995; Cowan 1992).

Es kann aber bei virtuellen (Software-)Netzwerken auch zu negativen Externalitäten kommen. Negative Netzwerkexternalitäten, die durch eine immer stärkere Auslastung als „Verstopfungen" daher kommen, wurden bislang allerdings kaum diskutiert. Eine der wenigen Ausnahmen stellen die Untersuchungen von MacKie-Mason/Varian (1994b) sowie von Westland (1992) dar. Für den Nutzer sind solche Phänomene z. B. als Gesprächsabbrüche in mobilen Telefonnetzen erfahrbar oder wenn Webseiten nicht erreichbar sind.

Wie sieht es auf der anderen Seite bei **Content** aus? Kommt es auch hier zu direkten Netzwerkeffekten? Eine klare Bestätigung kommt von Seiten der Medienökonomie, die ganz generell von Netzwerkeffekten bei Medien ausgeht (Gerpott 2006, 332 mit vielen weiteren Verweisen; Hutter 2003, 266 f.; explizit zu Musik Haller 2005, 226). Sie entstehen, wenn Content mit informierendem oder auch unterhaltendem Charakter zum Gegenstand sozialer Kommunikation wird. Wenn man sich über Songs, politische Neuigkeiten oder die Fußballergebnisse austauschen kann, haben die Inhalte einen Konversationswert (Blind 1997, 156) oder auch „Synchronization Value" (Liebowitz/Margolis o.J.), der aus der Interaktion mit anderen entsteht. Diese positiven sozialen Netzwerkeffekte liegen vor, wenn Inhalte (Content) von Wirtschaftssubjekten (Gerpott 2006, 332)

> umso positiver bewertet beziehungsweise umso eher nachgefragt werden, je größer die Zahl anderer Personen ist, mit denen sie sich über die Inhalte austauschen (könnten), weil die so ermöglichte soziale Kommunikation beziehungsweise Konversation mit Gleichgesinnten als befriedigend wahrgenommen wird (zum Beispiel bei einem Fußballländerspiel),
>
> deshalb nachgefragt werden, weil sie aufgrund der großen Zahl anderer Personen, die diese Inhalte (vermutlich) bereits zur Kenntnis genommen haben, in der Lage sein wollen, gegebenenfalls selbst zu diesen Aussagen Stellung zu beziehen ('mitreden') zu können (zum Beispiel bei Buchbestsellern wie Harry Potter)

Diese zwei Facetten von Netzwerkeffekten werden häufig auch als Gesamteffekt (Total Effect) und marginaler Effekt (Marginal Effect) beschrieben (z. B. Farrell/Klemperer 2008). Bei ersterem entsteht die Nutzensteigerung, weil die vorhandenen Netzwerkteilnehmer davon profitieren, dass ein weiterer Teilnehmer hinzukommt:

> One agent's adoption of a good benefits other adopters of the good (Farrell/Klemperer 2008, 2007).

Letzterer bezeichnet den steigenden Anreiz für einen potenziellen Teilnehmer, sich dem Netzwerk anzuschließen, je größer es bereits ist:

> One agent's adoption [...] increases other's incentives to adopt it (Farrell/Klemperer 2008, 2007).

Der marginale Netzwerkeffekt weist damit eine gewisse Ähnlichkeit zu dem in der Ökonomie schon lange bekannten Mitläufereffekt auf (grundlegend Leibenstein 1950). Beim Mitläufereffekt kommt es zu Nachfragesteigerungen nach einem Gut, weil das Gut auch von anderen konsumiert wird. Begründet wird dies psychologisch mit dem Wunsch, das Verhalten einer Bezugsgruppe nachzuahmen. Dieser Effekt ist zwar – etwas anders als die soeben beschriebenen sozial-kommunikativen Netzwerkeffekte – ein eher psychologisch begründetes Bedürfnis nach Konformität (Stobbe 1991, 141 ff.), hat aber dieselbe Wirkung auf die Verbreitung eines Gutes.

Contentangebote können – das wird häufig vernachlässigt – aber auch negativen Effekten unterliegen und werden dann

> umso negativer bewertet [...], je größer die Zahl anderer Personen ist, die ebenfalls den Inhalt kennen, weil mit abnehmendem Exklusivitätsgrad (beziehungsweise damit korrelierter Aktualitäts- beziehungsweise Neuigkeitsverringerung) des Inhalts dessen subjektiver Wert

für den einzelnen Rezipienten sinkt (zum Beispiel bei Aktien(ver)kaufempfehlungen von Börsenanalysten) (Gerpott 2006, 333).

Eine der wenigen Untersuchungen überhaupt zu negativen Netzwerkeffekten stammt von Asvanund et al. (2002). Sie stellen empirisch fest, dass bei P2P-Netzwerken

> additional users contribute value in terms of additional network content at a diminishing rate, while they impose costs in terms of congestion on shared resources at an increasing rate.

Dieses Beispiel stellt eine Kombination dar aus abnehmenden positiven Netzwerkeffekten, was den zusätzlichen Content angeht, und negativen in Bezug auf die entstehende Ressourcenknappheit.

Bei den soeben dargestellten direkten Netzwerkeffekten lassen sich zusätzlich noch lokale und globale Effekte unterscheiden (Sundararajan 2005). **Globale Netzwerkeffekte** gelten für alle Teilnehmer eines Netzwerks, **lokale Netzwerkeffekte** entstehen in „Nachbarschaften", wie z. B. beim Instant Messaging.

> A typical user of communication software like AOL's Instant Messenger (IM) is generally interested communicating with a very small fraction of the potential set of users of the product (his or her friends and family, colleagues, or more generally, members of an immediate 'social network'). This user benefits when more members of their immediate social network adopt IM; they get no direct benefits from the adoption of IM by other users who they have no desire to communicate with (Sundararajan 2005, 1).

Der Nutzenzuwachs hängt in solchen Fällen nicht von der absoluten Teilnehmerzahl ab, sondern von den Teilnehmern aus dem persönlichen Umfeld. Ein solches persönliches Umfeld ist nach Van Alstyne und Brynjolfsson (2004) heutzutage nicht mehr unbedingt geographisch zu sehen, da die modernen Kommunikationsmöglichkeiten Communities, die lokale Netzwerkeffekte generieren, ortsunabhängig entstehen lassen. Im Gegensatz zu globalen, können solche lokalen Netzwerkeffekte Diversifikation begünstigen, weil kleinere Netzwerke mit einer größeren Zahl an Teilnehmern aus dem persönlichen Umfeld einen größeren Nutzen stiften können als Netzwerke, die zwar größer sind, aber Teilnehmer haben, die sozial gesehen weiter entfernt sind (Jonard/Yildizoglu 1998).

3.4.2 Indirekte Netzwerkeffekte

Bei den soeben beschriebenen direkten Netzwerkeffekten geht es immer um die unmittelbaren wechselseitigen Vorteile bzw. Nachteile durch eine steigende Nutzerzahl. Daneben gibt es auch so genannte indirekte Netzwerkeffekte. Sie beschreiben eine Steigerung der Attraktivität eines Netzwerkgutes auf Grund von Nutzenzuwächsen, die nicht aus dem direkten Austausch resultieren, also nur mittelbar sind. Vielfach auch als indirekte Netzexternalitäten bezeichnet, ist damit vor allem das ein Netzwerkgut ergänzende Produktangebot gemeint (Katz/Shapiro 1985). Indirekte Netzwerkeffekte drehen sich also um die Beziehungen zur Marktgegenseite, wohingegen direkte Netzwerkeffekte die Interaktionen mit der Marktnebenseite, den Peers betreffen (Farrell/Klemperer 2008, 1974).

Bei realen wie virtuellen Netzwerken bestehen die indirekten Netzwerkeffekte in zusätzlichen Angeboten an Komplementärprodukten und -leistungen. Bei einem realen Netzwerkgut wie dem Telefon können dies verschiedene Endgeräte, Zubehör oder Auskunftsdienste sein. Bei virtuellen Netzwerkgütern entstehen als Komplemente zu einem primären Gut, z. B. dem Informationsgut Betriebssystem, dann beispielsweise weitere Anwendungs- (Textverarbeitung, Tabellenkalkulation) und Serviceprogramme (Virenscanner, Tuning-Software). Je größer das Netzwerk ist, desto mehr Komplementärangebote sind auf dem Markt zu erwarten (Economides 1996, 678 f.). Ein Netzwerkgut ist wiederum umso attraktiver, je umfangreicher und vielfältiger das Angebot an komplementären Produkten und Leistungen ist.

Katz und Shapiro sprechen hierbei von einem „Hardware-Software"-Paradigma (Katz/Shapiro 1985, 424), das sich weit gefasst auch auf viele andere Güter anwenden lässt. Beabsichtigt jemand den Kauf eines PCs, so ist es für den einzelnen nicht unwichtig, wie viele andere Personen sich für eine ähnliche Hardware entscheiden, denn die Zahl der verkauften Einheiten beeinflusst direkt die Angebotsvielfalt an Software. Bei Kreditkarten-Netzwerken wäre die Karte die Hardware und die Akzeptanz durch den Händler die Software. Genauso wäre es bei langlebigen Gebrauchsgütern (Hardware) und den zugehörigen Reparaturservices (Software) oder Video- bzw. DVD-Playern (Hardware) und den zugehörigen Filmen (Software) oder auch Spielkonsolen und den entsprechenden Spielen. Vielfach sind es ganze Pakete von komplementären und untereinander kompatiblen Gütern (z. B. bei Betriebssystem, Hardware und Anwendungssoftware), die in einem Verwendungszusammenhang stehen und bei der Kaufentscheidung gemeinsam berücksichtigt werden. Im Wettbewerb miteinander stehen dann nicht mehr nur die Einzelprodukte, sondern ganze Gütersysteme (Stelzer 2000, 838; Heindl 2004, 112 f. mit weiteren Verweisen). Allen Beispielen ist gemein, dass für die Generierung von Kundennutzen neben dem primären Produkt (Basisprodukt) komplementäre Produkte und Leistungen von entscheidender Bedeutung sind.

Komplementäre Leistungen können neben den bereits angesprochenen Zusatzprodukten auch käufliche Dienstleistungen sein wie z. B. Hotlines oder andere Formen des Aftersale Supports. Es sind aber bei einem wachsenden Netzwerk auch zunehmend nichtmarktliche Leistungen verfügbar. Hilfen von anderen Nutzern können über Frequently Asked Questions (FAQs) oder Newsgroups gefunden werden.

Genau wie bei Software, die zu ihrem Gebrauch entsprechender Komplementärprodukte bedarf, kann auch digitaler Content nur genutzt werden, wenn die notwendigen technischen Ergänzungen vorhanden sind. Je mehr Nutzer es z. B. für Online-Musikangebote gibt, desto mehr Anbieter finden sich, die Abspielgeräte wie beispielsweise den MP3-Player auf den Markt bringen oder Abspielmöglichkeiten in andere Produkte integrieren, wie bei Handys oder Handhelds zu sehen. Zu jedem Thema, das Konversationswert besitzt, also direkten Netzwerkeffekten unterliegt, können jederzeit elektronische Kommunikationskomplemente entstehen. Die unüberschaubare Zahl an Newsgroups, Foren, Blogs, Wikis etc. sind Beleg für solche Komplemente. Bei Content treten indirekte Netzwerkeffekte immer dann auf, wenn es die eben angesprochenen elektronischen oder auch physische Komplemente gibt. Ein physi-

3.4 Netzwerkeffekte bei Informationsgütern

sches Komplement könnte ein Wörterbuch oder ein Thesaurus sein, das man ergänzend zur Lektüre eines Buches nutzt. Was sich außerdem beobachten lässt ist, dass z. B. bei Filmen häufig Musik, Bücher, Spiele aber auch andere Merchandisingprodukte wie Tassen oder T-Shirts begleitend auf den Markt kommen. Bei Musik werden neben dem Originalsong zunehmend ergänzende (digitale) Produkte kreiert, wie z. B. Klingeltöne oder Bildschirmschoner. Hier handelt es sich allerdings nicht um (indirekte) Netzwerkeffekte im eigentlichen Sinne, weil keine verbundene Nutzung zustande kommt. Man konsumiert erst den Film und liest dann evtl. noch das Buch oder hört sich die Filmmusik an. Selbst wenn die Güter mehrfach konsumiert werden, erfolgt dies weder gleichzeitig noch in einem direkten qualitativen Zusammenhang: Es liegt also keine „Hardware-Software"-Verbindung im eigentlichen Sinne vor. Dennoch lässt sich feststellen, dass Film- oder Musikhits eine große Palette an Merchandisingprodukten erzeugen, deren Vertrieb für die Anbieter meist sehr lukrativ ist (Kiani-Kress/Steinkirchner 2007, 68). Ihre Verbreitung wird durch ein großes Netzwerk und starke direkte Netzwerkeffekte gefördert. Eine große Verbreitung dieser thematisch gleichgerichteten Güter wirkt umgekehrt aber auch positiv auf das Netzwerk derjenigen, die einen Film bereits gesehen oder einen Musiktitel schon gehört haben. Insofern lassen sich Merchandisingangebote als **Quasi-Komplemente** bezeichnen.

Wir haben bei den bisherigen Darstellungen der indirekten Netzwerkeffekte noch nicht sauber zwischen Effekten und Externalitäten unterschieden. Das soll jetzt nachgeholt werden. Die soeben beschriebenen indirekten **Netzexternalitäten** stellen gegenseitige Beeinflussungen dar, die teilweise durch Preise abgebildet werden. Wenn die Preise der Komplementärprodukte durch die zunehmende Nachfrage nach dem Primärprodukt steigen oder sinken, liegen so genannte pekuniäre (monetäre) externe Effekte vor. Es ist in solchen Fällen eher unwahrscheinlich, dass es zu Marktversagen kommt. Anders verhält es sich bei der Angebotsvielfalt als indirektem Netzwerkeffekt. Hier kann es sehr wohl zu Externalitäten kommen, also zu Nutzenzuwächsen für Netzwerkteilnehmer, die nicht über den Markt ausgeglichen werden. Bestehende Netzwerkteilnehmer, z. B. Mac-Nutzer, profitieren von zusätzlichen Hardwarekäufern stärker als jene selbst, weil jeder zusätzliche Käufer den Anreiz der Softwareanbieter verstärkt, eine umfangreichere Palette an Programmen bereitzustellen. Der neue Käufer wird dabei für den Nutzen, den er den alten Nutzern stiftet, nicht entgolten (Church et al. 2002).

Da es sich bei indirekten Netzexternalitäten also nicht immer um echte Externalitäten handelt, erscheint es angebracht, nicht von indirekten Netzexternalitäten, sondern insgesamt korrekter von indirekten Netz(werk)effekten zu sprechen (Gröhn 1999, 28 f.; Katz/Shapiro 1994, insbes. 112; Liebowitz/Margolis o.J.).

Indirekte Netzwerkeffekte sind ganz überwiegend positiver Natur, weil sie den Nutzen des Basisprodukts stärken. Sie können allerdings auch negativ sein. Das ist der Fall, wenn die Komplementärangebote keinen Nutzen stiften, sondern Schaden verursachen. Sehr große Netzwerke haben häufig auch ihre Kehrseiten. Die Marktstandards z. B. bei Betriebssystemen (MS Windows) oder Browsern (MS Explorer) sind stark von Angriffen durch Viren und

Würmer etc. betroffen. Die daraus resultierenden Kosten der Nutzer für Sicherheitsmaßnahmen und ggf. die Wiederherstellung ihrer Systeme müssen von ihnen selbst getragen werden, ein Ausgleich über den Markt erfolgt nicht.

Wir können für Netzwerkeffekte zusammenfassen: Treten direkte Netzwerkeffekte auf, handelt es sich immer um (positive bzw. negative) Netzexternalitäten. Kommt es dagegen zu indirekten Netzwerkeffekten, sind es nur teilweise Externalitäten, nämlich nur dann, wenn kein pekuniärer Ausgleich für den zusätzlich generierten Nutzen bzw. Schaden stattfindet.

Zum Auftreten von Netzwerkeffekten gibt es inzwischen auch eine ganze Reihe empirischer Untersuchungen. Linde (2008, 54 ff.) stellt einige von ihnen – getrennt nach direkten und indirekten Netzwerkeffekten – ausführlich dar. Clement/Schollmeyer (2009) ermitteln in einer breit angelegten Zeitschriftenanalyse viele empirische Studien, die sich explizit mit der Messung von Netzeffekten befassen. Die aufgeführten Studien weisen Netzeffekte in den Branchen Audio/Video, Electronic-Payment-Systems, IT, Kommunikation und Spielkonsolen nach.

Art des Informationsguts \ Netzwerkeffekts	Direkte Netzwerkeffekte (Interaktionseffekte) (immer auch Netzwerkexternalitäten)	Indirekte Netzwerkeffekte (Komplementenangebot) (teilweise auch Netzwerkexternalitäten)
Software	Positive: Datentransfer, Kooperation, Unterstützung bei Problemen Ggf. aber auch negative: Überfüllung	Positive: z. B. Hardware, Zusatzprogramme Ggf. aber auch negative: Viren, Würmer etc.
Content	Positive Kommunikationsvorteile (gemeinsame Themen haben, „mitreden können") Negative: unerwünschte Verbreitung exklusiver Informationen	Positive: z. B. Endgeräte, ergänzender Content im Web, Quasi-Komplemente Negative: z. B. Werbung, „Abzocker"-Seiten

Abbildung 3.7: Positive und negative Netzwerkeffekte bei Informationsgütern.

3.4.3 Zweiseitige Netzwerkeffekte

Neuere Analysen zu Netzwerkeffekten zeigen, dass es bei den indirekten Netzwerkeffekten nicht – wie bislang angeführt – immer ein festes „primäres" Basisgut gibt. Stellt man sich noch einmal die klassischen Komplementärgüter vor, ist es zum einen recht eindeutig, in welcher Reihenfolge der Konsument kauft: nämlich zuerst das Auto und dann das Benzin, erst den Rasierer und dann die Klinge. Zum anderen werden Primär- und Komplementärgüter üblicherweise im direkten Verbund genutzt: Der Autofahrer tankt und fährt, der Unrasierte nimmt Rasierer und Klinge zur Hand.

Bei komplementären Netzwerkgütern ist dies etwas anders: Je nach Ausgangspunkt der Betrachtung können Netzwerkgüter wechselseitig füreinander Komplemente sein. So kann generell die Nutzung eines Gutes durch einen Nutzerkreis den Wert eines Komplementärproduktes für einen anderen Nutzerkreis steigern und umgekehrt.

> Network effects can also be two-sided: increases in usage by one set of users increases the value of a complementary product to another distinct set of users, and vice versa (Sundararajan 2006, o.S.).

Betrachtet man die Nutzer von Betriebssystemen (z. B. Windows, Macintosh, Palm OS) als ein Netzwerk und die Softwareentwickler als ein zweites, erkennt man schnell, dass der Anwender eines Betriebssystems von zusätzlichen Softwareentwicklern profitiert, die neue (kompatible) Programme auf den Markt bringen. Der Entwickler profitiert seinerseits wiederum von neuen Nutzern, die die Absatzchancen seines Programms steigern. Dabei hängt es von der Ausgangsentscheidung ab, welches das Basisgut und welches das Komplementärprodukt ist.

Güter, bei denen solche zweiseitigen (indirekten) Netzwerkeffekte auftreten werden auch als Plattformen bezeichnet (Armstrong 2004; Rochet/Tirole 2003). Beispiele hierfür sind Videospielkonsolen (Konsolennutzer und Spieleentwickler), Browser (Nutzer und Webserver), Portale (Besucher und Werbetreibende) (Rochet/Tirole 2003; Evans 2003). Plattform-Produkte können am Markt nur erfolgreich sein, wenn beide beteiligte Netzwerke in Gang kommen. So berichten Rochet und Tirole (2003, 991) von einer wissenschaftlichen Zeitschrift, dem *Bell Journal of Economics*, die in den ersten Jahren ihres Erscheinens kostenlos an Interessenten abgegeben wurde, um das Leser- und das Autoren-Netzwerk möglichst schnell wachsen zu lassen.

Indirekte Netzwerkeffekte, wie wir sie im vorangehenden Abschnitt besprochen haben, stellen somit in vielen Fällen nur einen Ausschnitt von zweiseitigen Netzwerkeffekten dar.

> In many cases, one may think of indirect network effects as a one-directional version of two-sided network effects (Sundararajan 2006, o.S.).

Zu zweiseitigen Netzwerkeffekten finden sich bisher nur wenige empirische Untersuchungen, mit meist engerem Fokus (z. B. Evans 2003). Breiter angelegte Studien fehlen bislang (Roson 2005, 156).

Es lässt sich abschließend sagen, dass Netzwerkeffekte bei Informationsgütern allgegenwärtig sind. Es lässt sich aber auch feststellen, dass sie nicht immer gleich stark ausgeprägt sind (Jing 2000, 3). Ein sehr spezielles Fachbuch wird weniger kommunikative Effekte erzeugen als ein neuer *Harry Potter*. Auch bei Software gibt es graduelle Unterschiede, wie sich auch empirisch bestätigen lässt: Bei betriebswirtschaftlicher Standardsoftware ist der Basisnutzen für Anwender wichtiger als der Netzeffektnutzen, anders als dies bei Büro-Standard- oder Datenaustauschsoftware der Fall ist (Buxmann 2002).

3.5 Information als öffentliches Gut

Nach der oben bereits getroffenen Unterteilung in freie und knappe Güter ist ergänzend noch eine weitere in der Ökonomie gängige Unterscheidung von Bedeutung, nämlich die zwischen privaten und öffentlichen Gütern (z. B. Mankiw et al. 2008, 253 ff.). Als **private Güter** werden Güter bezeichnet, deren Eigentumsrechte einem Besitzer exklusiv zugeteilt sind. Man denke z. B. an Nahrungsmittel, wie ein (legal erworbenes) Stück Brot, dessen Verzehr einem niemand streitig machen darf und dessen Nutzen aus dem Verzehr nur einem selbst zukommt. Abstrakt gesprochen handelt es sich um die Prinzipien der Ausschließbarkeit: das Brot gehört einem selbst, und der Konkurrenz der Güternutzung: wenn man das Brot selbst isst, kann es kein anderer mehr essen. **Öffentliche Güter** sind dagegen Güter, bei denen diese beiden Prinzipien nicht anwendbar sind. Wir werden das im Folgenden untersuchen.

Im ersten Fall, der **Ausschließbarkeit**, ist die Frage, ob andere von der Nutzung eines Gutes ausgeschlossen werden können, wenn sie nicht zur Zahlung bereit sind. Nehmen wir als Beispiel für ein öffentliches Gut die Beleuchtung öffentlicher Straßen (Varian 1998). Hier wäre es – wenngleich mit erheblichem technischen Aufwand – möglich, den Ausschluss von nicht zahlungsbereiten Personen durchzusetzen, z. B. indem nur Infrarotlicht ausgestrahlt würde und nur die, die gezahlt hätten entsprechende – ausschließlich individuell nutzbare Sichtbrillen – zur Verfügung gestellt bekämen. Alle Nichtzahler müssten dann auf die Leistung verzichten und im Dunkeln tappen. An diesem wie an vielen anderen Beispielen lässt sich zeigen, dass ein Ausschluss technisch meist sehr wohl herbeigeführt werden könnte. In der Regel sind solche Maßnahmen aber unerwünscht. Sei es aus sozialen Gründen, weil man einen gleichen Anspruch auf beleuchtete Straßen für alle Bürger als Wert anerkennt oder sei es aus rein ökonomischen Gründen, weil die Umstellungskosten der Lichtanlagen und die Administrationskosten als zu hoch angesehen werden.

Der zweite Fall, das **Konkurrenzprinzip**, dreht sich um die Frage, ob die Wertschätzung für ein Gut von dessen exklusiver Nutzung abhängt, also Konsumrivalität herrscht oder auch andere das Gut nutzen können, ohne dass der Nutzen eines einzelnen Nutzers dadurch beeinträchtigt wird. Dann liegt keine Rivalität im Konsum vor. Ein Stück Wurst kann eben – so lange nichts abgegeben wird – nur von seinem Besitzer gegessen werden. Anders sieht es z. B. beim Nutzen aus dem Rechtssystem oder der inneren Sicherheit aus. Hier zieht jeder

3.5 Information als öffentliches Gut

Staatsbürger gleichermaßen Vorteile aus der Nutzung des Gutes, und zwar prinzipiell unabhängig von der Zahl der anderen Nutzer. Kombiniert man beide Dimensionen in einer Matrix, ergeben sich die vier Fälle in Abb. 3.8.

Treffen nun beide Prinzipien gleichzeitig zu, handelt es sich um ein privates Gut, treffen sie beide nicht zu, um ein öffentliches. Ist nur eines der beiden Prinzipien – entweder das Ausschluss- oder das Konkurrenzprinzip – anwendbar, entstehen so genannte Mischgüter (Mankiw et al. 2008, 254 f.; Musgrave et al. 1994, 71 f.): Wenn z. B. knappe Ressourcen gegeben sind, aber niemand von der Nutzung ausgeschlossen werden kann, spricht man von **gesellschaftlichen Ressourcen**. Diese unterliegen der Gefahr der Ausbeutung. Das Interesse des einzelnen Nutzers ist auf eine möglichst große Inanspruchnahme gerichtet, da er für die Nutzung direkt nichts zu zahlen hat. Es gibt keinen Eigentümer, der das Gut gegen Bezahlung abgibt. In Summe führt dies regelmäßig zu einer Überbeanspruchung der Ressource, wie man an den Fischereistreits oder der zunehmenden Umweltverschmutzung gut erkennen kann. Im umgekehrten Fall, den **natürlichen Monopolen**, können Nutzer zwar ausgeschlossen werden, es liegt aber keine Rivalität im Konsum vor. Solange die Kapazitäten des Anbieters nicht erschöpft sind, beeinträchtigen sich die einzelnen Nutzer gegenseitig nicht. Ein zusätzlich zu bewachendes Haus durch einen privaten Sicherheitsdienst bedeutet für die anderen unter Vertrag stehenden Parteien keine signifikante Verschlechterung ihres Schutzes. Gleichwohl ist es dem Anbieter möglich, Interessenten von der Nutzung auszuschließen, indem neue Verträge nicht geschlossen bzw. bestehende gekündigt werden.

	Konkurrenzprinzip	
Ausschlussprinzip	**Ja**	**Nein**
Ja	**Private Güter** • Lebensmittel • Kleidung	**Natürliche Monopole** • Private Sicherheitsdienste • Mautpflichtige Straßen
Nein	**Gesellschaftl. Ressourcen** • Fische im Meer • Umwelt	**Öffentliche Güter** • Nationale Verteidigung • Öffentliche Straßen

Abbildung 3.8: Konsumrivalität und Ausschlussprinzip bei Gütern. Quelle: In Anlehnung an Mankiw et al. 2008, 255.

Wie sind nun Informationsgüter hier einzuordnen? Handelt es sich bei ihnen – wie häufig gesagt wird (z. B. Kiefer 2005, 149 ff.; Beck 2002, 6 ff.; Klodt 2001b, 84; Kulenkampff 2000, 69) – immer um öffentliche Güter? Um das zu prüfen, müssen die beiden oben vorgestellten Prinzipien der Ausschließbarkeit und der Konkurrenz bzw. der Konsumrivalität herangezogen werden.

In Bezug auf den **Ausschluss** potenzieller Interessenten für ein Informationsgut sind beide Fälle existent, sowohl, dass ein Ausschluss von Zahlungsunwilligen möglich ist, als auch, dass er nicht möglich ist. Folgende Beispiele belegen dies: Ist eine Information im exklusiven Besitz eines Wirtschaftssubjekts (z. B. eine Erfindung im Kopf des Forschers) oder ist sie rechtlich geschützt, so lassen sich andere sehr wohl von ihrer legalen Nutzung ausschließen. Illegal besteht natürlich sehr wohl die Möglichkeit, dass Informationen – auch gegen Geld – weitergegeben werden. In den Fällen, in denen das Rechtsbewusstsein nicht ausreicht, um das Ausschlussprinzip ex-ante zu gewährleisten, muss es dann – bei seinem Bekanntwerden – ex-post durchgesetzt werden. Eine besonders radikale Durchsetzung des Ausschlussprinzips gilt übrigens bei der Weitergabe von kapitalmarktrelevanten Informationen. Sie ist durch die hierzulande geltenden Finanzmarktgesetze generell verboten. Um das Vertrauen der Anleger in funktionsfähige Finanzmärkte zu sichern, ist es verboten, nicht öffentlich bekannte, genaue Informationen über den Emittenten von beträchtlicher Bedeutung für den Kurs eines Wertpapiers, insbes. einer Aktie („Insider-Information") selbst auszunutzen, an Dritte weiterzugeben oder für Empfehlungen zu verwenden (Gabler 2010b). Eine andere Form des rechtlichen Schutzes gilt für Patente. Patentgeschütztes Wissen darf nur mit Einverständnis des Rechteinhabers genutzt werden. Der Patentinhalt wird im Gegenzug dafür öffentlich zugänglich gemacht. Das Ausschlussprinzip lässt sich auch dann anwenden, wenn die Verbreitung von Informationen an ein privates Gut als Übertragungsmedium gekoppelt ist, für das der Anbieter Zahlungen verlangen kann.

> The rôle [sic!] of the information carrier is to transform pure information into an excludable good via coding (Pethig 1983, 386).

Informationen, die z. B. per Pay-TV übertragen werden, können im eigenen Haushalt nur empfangen werden, wenn ein Dekodiergerät vorliegt und die anfallenden Gebühren gezahlt werden.

Bei Informationen, die nicht rechtlich oder über das Medium geschützt sind, lässt sich das Ausschlussprinzip nur über deren Geheimhaltung erreichen. Ein Betriebs- oder Geschäftsgeheimnis z. B. ist ein

> [n]icht offenkundiger betrieblicher Vorgang, an dem der Betriebsinhaber Geheimhaltungswillen hat, der auf einem schutzwürdigen wirtschaftlichen Interesse beruht. Dem Geheimnisschutz zugänglich sind sonderrechtlich nicht geschützte technische Leistungen (Konstruktionszeichnungen, Rezepturen, Verfahrensabläufe etc.) sowie kaufmännische Geschäftsunterlagen (Kundenlisten, Kalkulationsunterlagen, Vertragsunterlagen etc.). Sie sind nicht offenkundig, wenn sie nur einem begrenzten und verschwiegenen (ggf. zur Verschwiegenheit verpflichteten) Personenkreis zugänglich und vom Fachmann nur in mühsamer Untersuchung zu ermitteln sind (Gabler 2010c).

Die Gefahr ist hier trotzdem immer, dass Informationen ungewollt weiter verbreitet werden: Das gilt sowohl bei Informationen, die erst einmal nur in kleinem Kreise bekannt geworden sind (z. B. Wissen über ein neues Forschungsergebnis in der Forschungsabteilung), erst recht aber bei solchen, die breit veröffentlicht wurden (z. B. in der Firmenzeitung oder sogar als Fachpublikation über open access). Die weitere Verwendung lässt sich dann allenfalls nur noch unvollständig kontrollieren. Für die kodifizierte Weitergabe von Informationen auf Datenträgern (bspw. der Nachdruck eines Artikels oder die Kopie einer CD) mag eine Kontrolle noch möglich sein. Es ist aber nicht zu bewerkstelligen, die mündliche Weitergabe von Informationen zu unterbinden.

Es bietet sich in diesem Zusammenhang an, zwei Phasen, die ein Informationsgut durchläuft, zu unterscheiden: die der Produktion und die der Verbreitung (Hopf 1983, 81 ff.). In der Phase der **Produktion** befindet sich ein Informationsgut ganz zu Beginn immer im exklusiven Besitz einer einzelnen Person oder einer bestimmten Personengruppe, z. B. dem Forscherteam. In dieser Phase handelt es sich bei Informationsgütern demzufolge immer um private Güter, solange entweder wirklich sichergestellt ist, dass eine Weitergabe nicht unkontrolliert erfolgen kann oder wenn gesicherte Eigentumsrechte in Form von Patenten oder Lizenzen existieren, mit Hilfe derer die Nutzung von Informationen – wenn auch häufig nur mit großem Aufwand – von Zahlungen abhängig gemacht werden kann (Hopf 1983, 81). Beides sind allerdings nur scheinbare Sicherheiten. Sobald Wissen nämlich auf eine Mehrzahl von Individuen verteilt ist, kann das Ausschlussprinzip nicht mehr sicher durchgesetzt werden. Wenn von Unternehmen ungewollt Interna nach außen dringen, ist das hierfür ein beredtes Zeugnis. Ein Unternehmen kann die Verwertung solcher Informationen eben nicht von der Zahlung eines Entgelts abhängig machen. Genauso verhält es sich mit dem rechtlichen Schutz, der eine nicht genehmigte Verwendung nicht wirklich verhindern kann und der sich häufig auch im Nachhinein nicht mehr vollständig herstellen lässt. Die Vielzahl an Patentklagen, mit denen sich Unternehmen überziehen, und die zu keinem eindeutigen Ergebnis führen, belegen auch das.

In der Phase der (marktlichen) **Verbreitung** ist ein Informationsgut immer einer Mehrheit von Nutzern zugänglich. Als Rechteinhaber muss man mit der Veröffentlichung eines Informationsgutes damit rechnen, dass es sich auch auf ungewollten Wegen verbreitet und keine Zahlungen erfolgen.

Bei der Verwendung des **Konkurrenzprinzips** als Merkmal der Güterklassifikation ergibt sich für Informationsgüter ein Problem, denn es besagt, dass die Güternutzung durch eine Person anderen die Möglichkeit der Nutzung nimmt (Mankiw et al. 2008, 254). Da sich Informationsgüter – anders als physische Güter – aber beliebig weitergeben bzw. vervielfältigen lassen und – zumindest elektronisch – von beliebig vielen Individuen gleichzeitig konsumiert werden können, ist eine Nutzungskonkurrenz im herkömmlichen Sinne generell nicht gegeben:

Durch die Nutzung von Information wird die Information selbst nicht abgenutzt oder verbraucht, sondern sie steht weiteren Nutzern in unverändertem Umfang und unveränderter Qualität zu Verfügung (Klodt 2001b, 84).

Die gesamte linke Hälfte der Matrix in Abbildung 3.8 würde dadurch ausgeblendet, denn Informationsgüter könnten dann per definitionem weder den Status privater Güter noch den gesellschaftlicher Ressourcen einnehmen. Treffender zur Charakterisierung von Informationsgütern ist es, auf die Veränderung zu fokussieren, die der Kreis der Anwender (bei Software) bzw. der Informierten (bei Content) durch die Verbreitung des jeweiligen Informationsguts erfährt. Als passendes Unterscheidungsmerkmal schlagen wir vor, anstatt auf das Konkurrenzprinzip auf die entstehenden **Netzwerkeffekte** abzustellen. Sie können positiv ausfallen, wenn das bereits existierende Netzwerk durch seine Vergrößerung wertvoller wird, seine Teilnehmer also zunehmend besser gestellt werden. Das ist z. B. der Fall, wenn man mit einer wachsenden Zahl an Personen über bestimmte Ereignisse oder in einer bestimmten Sprache kommunizieren kann. Die Netzwerkeffekte können aber auch negativ ausfallen, wenn das Wachstum für die Teilnehmer nachteilig ist. Die unerwünschte Weitergabe eines privaten oder eines Geschäftsgeheimnisses ist hierfür ein passendes Beispiel. Passt man die Gütermatrix dementsprechend an, ergeben sich die in Abbildung 3.9 aufgeführten vier Varianten.

Netzwerkeffekte

	Negativ	Positiv
Ja Ausschlussprinzip	**Private Information** • Geheimnis • Produktidee des Erfinders • Insiderinformation (ideal)	**Markt-Information** • Sendung über Pay-TV • Kinofilm
Nein	**Systeminformation** • Börsentipps • Insiderinformation (real)	**Öffentliche Information** • Rundfunkübertragung • Freie Internetpublikation

Abbildung 3.9: Netzwerkeffekte und Ausschlussprinzip bei Informationsgütern.

Bei der **privaten Information** können andere von der Nutzung ausgeschlossen werden, indem man sie nicht teilhaben lässt oder über einen wirksamen rechtlichen Schutz der Information verfügt. Liegt Information einem bestimmten Personenkreis (z. B. Firmenmitarbeitern oder den Abonnenten einer Börsenzeitschrift) vor und hätte dieser einen Nachteil aus ihrer weiteren Verbreitung, sprechen wir von **Systeminformation**. Information, deren Erwerb von der Zahlung eines Entgelts abhängig gemacht werden kann, bezeichnen wir als **Marktinformation**. Erfolgt die Verbreitung hingegen frei und unkontrolliert, handelt es sich um **öffentliche Information**.

Zusammenfassend kann man nun sagen, dass Informationsgüter nur in ihrer Produktionsphase private Güter sein können und auch nur dann, wenn sie entweder geheim gehalten werden können oder einen wirksamen rechtlichen Schutz genießen. Wenn man berücksichtigt, dass selbst private Informationsgüter, die mit einem rechtlichen Schutz versehen sind, nur bedingt vor unrechtmäßigem Gebrauch geschützt werden können, lässt sich feststellen, dass Informationsgüter zwar nicht per se öffentliche Güter sind, im Zuge ihrer Verbreitung aber eine deutliche Tendenz aufweisen, über Mischgüter zu öffentlichen Gütern zu werden (Hopf 1983, 87).

3.6 Wechselwirkungen der ökonomischen Besonderheiten

Informationsgüter weisen also vier ökonomische Besonderheiten auf, die zu einem potenziellen Marktversagen führen können. Wir haben die Besonderheiten in den vorangehenden Abschnitten einzeln dargestellt und es ist jeweils deutlich geworden, dass sie die Bedingungen für ein erfolgreiches Marktangebot von Informationsanbietern deutlich erschweren. Nun bleibt es nicht nur dabei, sondern es kommt auch zusätzlich noch zu Wechselwirkungen zwischen den Besonderheiten. Sie werden damit zu Elementen eines Systems, zwischen denen Beziehungen bestehen. Wir wollen sie aus diesem Grunde fortan als **Mechanismen** bezeichnen. Wie wirken die vier Mechanismen nun zusammen? Anhand vierer kleiner Kreisläufe lässt sich das leicht verdeutlichen.

Wenn ein Netzwerk aufgebaut wird und es zu einer wachsenden Zahl an Teilnehmern kommt, entstehen ab einem bestimmten Punkt direkte Netzwerkeffekte. Diese positiven Interaktionseffekte bewirken, dass neben dem Basisnutzen für ein Netzwerkgut auch ein Netzeffektnutzen entsteht. Überschreitet die Teilnehmerzahl die so genannte kritische Masse (Rohlfs 1974, 29; Linde 2008, 125 ff.), ist ab dort der Netzeffektnutzen so stark, dass weitere Teilnehmer allein auf Grund der bestehenden bzw. der erwarteten Netzwerkgröße hinzukommen (positive Rückkopplungen). Die wachsende installierte Basis hat wiederum zur Folge, dass Anbieter von Komplementen ein zunehmendes Interesse daran haben, attraktive Angebote für das Netzwerk zu machen. Ganz aktuell lässt sich das bei den iPhone Apps beobachten, die mit rasanter Geschwindigkeit wachsen. Andere Anbieter wie Palm oder Nokia haben Schwierigkeiten, ein ähnliches Angebot aufzubauen. Ein attraktives Komplementenangebot verstärkt den Kreislauf, weil es wiederum neue Teilnehmer anzieht. Kapitel 20 in diesem Buch widmet sich diesen Aspekten des Komplementen-Managements.

Die installierte Basis, also die Zahl der Nutzer bzw. Anwender eines Produkts oder einer Technologie stellt nun die verbindende Schlüsselgröße zu den anderen Mechanismen dar. Auf Seiten des Anbieters kommt es zu einer ausgeprägten Kostendegression, resultierend aus Skalen-, Verbund- und Erfahrungseffekten (Linde 2008, 120 ff.). Das verbessert die Kostenposition gegenüber weniger schnell wachsenden Wettbewerbern und eröffnet Spielräume für Preissenkungen, die es wiederum erleichtern den Marktanteil auszubauen.

Über ein weit verbreitetes Produkt sind Qualitätsinformationen leicht verfügbar. Es gibt sie im Netz, in Testzeitschriften oder auch zunehmend aus erster Hand im Bekanntenkreis. Informationsasymmetrien werden durch diese informationellen Skaleneffekte schneller abgebaut und fördern dadurch ebenfalls den Ausbau des Kundenstamms.

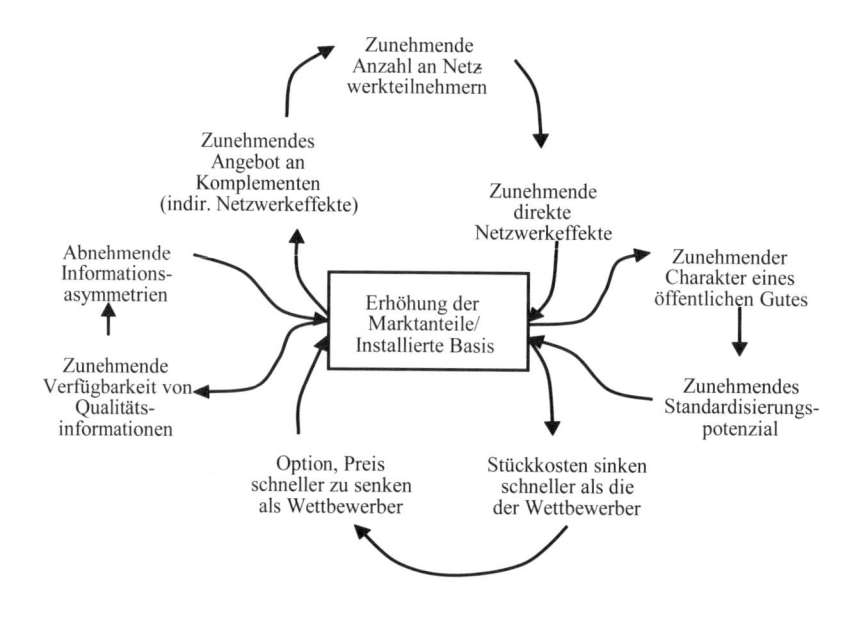

Abbildung 3.10: Wechselwirkungsmechanismen bei Informationsgütern.

Der letzte der vier Mechanismen bezieht sich auf die Tendenz von Informationsgütern, zu öffentlichen Gütern zu werden, Gütern also, die (positive) Netzwerkeffekte aufweisen und von deren Nutzung andere nicht wirksam ausgeschlossen werden können. Neben die legale Verbreitung treten ggf. illegale Verbreitungswege. Das kann zwar negative Auswirkungen auf den Umsatz haben, fördert aber auf jeden Fall die Chance, einen Standard zu etablieren, also den Markt ganz für sich zu gewinnen. Näheres hierzu in Kapitel 19 über Kompatibilitätsmanagement und Standardisierung in diesem Buch.

Für Informationsanbieter stellen sich also ganz besondere Herausforderungen. Bei welchen Arten von Informationsgütern sie wirksam sind, wie man seine Branche entsprechend analysiert und wie man ihnen strategisch begegnet, wird uns im weiteren Verlauf des Buches beschäftigen.

3.7 Fazit

- Informationsgüter weisen vier besondere ökonomische Eigenschaften (Mechanismen) auf, die leicht zu einem Marktversagen führen können: First-Copy-Cost-Effekte, stark ausgeprägte Erfahrungs- bzw. Vertrauenseigenschaften, Netzwerkeffekte, schwer durchsetzbares Ausschlussprinzip.
- First-Copy-Costs sind die Kosten der Herstellung der ersten Einheit eines Informationsgutes. Der First-Copy-Cost-Effekt (FCCE) bezeichnet die durch das Verhältnis von sehr hohen Fixkosten und sehr niedrigen variablen Kosten auftretende, stark ausgeprägte Stückkostendegression.
- Je stärker die durchschnittlichen variablen Kosten gegenüber den Fixkosten in den Hintergrund treten, desto stärker nähert sich der Verlauf der (gesamten) Durchschnittskosten dem der durchschnittlichen Fixkosten an. Geht man vom Extremfall variabler Kosten von Null aus, so sind beide Kurven sogar deckungsgleich.
- Informationsasymmetrie liegt vor, wenn eine Marktseite besser informiert ist als die andere. Das eröffnet Raum, dieses Gefälle strategisch auszunutzen, in dem z. B. minderwertige Qualität angeboten wird. Eine allgemeine Folge bestehender Informationsasymmetrien ist es, dass gute Qualität durch schlechte Qualität verdrängt wird.
- Information unterliegt – im Sinne Arrows – einem Paradoxon: Der Wert eines Informationsgutes lässt sich vor dem Kauf nicht abschließend beurteilen, ohne dass man zumindest Teile des Gutes selbst kennen lernt.
- Bei Informationsgütern dominieren die Erfahrungs- bzw. Vertrauenseigenschaften die Sucheigenschaften. Verkäufer habe die Möglichkeit, Erfahrungseigenschaften in Sucheigenschaften zu transformieren.
- Ob bei einem Informationsgut eher die Erfahrungs- oder die Vertrauenseigenschaften überwiegen, hängt vom Expertenwissen des Käufers ab.
- Informationsökonomisch ist ein Netzwerk eine Zusammenfassung von Nutzern eines bestimmten Gutes oder kompatibler Technologien. Sind die Nutzer physisch miteinander verbunden, spricht man von realen Netzwerken. Sind die Nutzer nur logisch miteinander verbunden, handelt es sich um virtuelle Netzwerke.

- Netzwerkgüter gewähren nicht nur einen Nutzen aus ihren Eigenschaften (Basisnutzen, originärer Nutzen), sondern stiften dem einzelnen Konsumenten einen darüber hinausgehenden zusätzlichen Nutzen durch die Gesamtzahl der anderen Nutzer (Netzeffektnutzen, derivativer Nutzen).
- Informationsgüter sind Netzwerkgüter mit direkten und indirekten Netzeffekten.
- Direkte Netzeffekte entstehen, weil Netze durch die Verknüpfung ihrer Elemente (Teilnehmer) Nutzen stiften. Die Anzahl der in einem Netz verknüpften Elemente beeinflusst damit den Gesamtnutzen. Ein neu hinzutretender Netzteilnehmer vermehrt den Nutzen der bereits angeschlossenen (Gesamteffekt) und macht gleichzeitig das Netz insgesamt attraktiver für weitere, neue Teilnehmer (marginaler Effekt). Direkte Netzwerkeffekte können global auftreten, alle Teilnehmer des Netzwerks betreffend, oder nur lokal, in Nachbarschaften.
- Indirekte Netzwerkeffekte beschreiben eine Steigerung der Attraktivität eines Netzwerkgutes auf Grund von Nutzenzuwächsen, die nicht aus dem direkten Austausch resultieren, sondern nur mittelbar sind. Sie werden durch das zu einem Gut komplementäre Angebot erzeugt. Digitale Informationsgüter weisen immer indirekte Netzwerkeffekte auf.
- Komplementärangebote können Zusatzprodukte zu einem Basisgut oder auch Dienstleistungen sein. Merchandisingangebote kommen als Quasi-Komplemente daher.
- Direkte Netzwerkeffekte sind immer (positive bzw. negative) Netzexternalitäten. Indirekte Netzwerkeffekte sind meistens keine Externalitäten. Sie sind es nur dann, wenn kein pekuniärer Ausgleich für den zusätzlich generierten Nutzen bzw. Schaden stattfindet.
- Sind Netzwerkgüter wechselseitig füreinander Komplemente, spricht man von zweiseitigen (indirekten) Netzwerkeffekten und Plattformprodukten.
- Bei Informationen, die nicht rechtlich oder über das Medium vollständig geschützt sind, lässt sich das Ausschlussprinzip nur über deren Geheimhaltung erreichen.
- Das Konkurrenzprinzip lässt sich bei Informationsgütern als Merkmal der Güterklassifikation nicht sinnvoll anwenden. Geeigneter ist die Fokussierung auf die entstehenden positiven und negativen Netzwerkeffekte.
- Information hat wegen des nur unvollständig anwendbaren Ausschlussprinzips und überwiegend positiver Netzwerkeffekte die Tendenz, zum öffentlichen Gut zu werden.

3.8 Literatur

Akerlof, G.A. (1970): The market for „lemons". Quality, uncertainty, and the market mechanism. – In: Quarterly Journal of Economics 84, S. 488–500.

3.8 Literatur

Armstrong, M. (2004): Competition in Two-Sided Markets. – Departement of Economics, University College London. Online: http://www.econ.ucl.ac.uk/downloads/armstrong/venice.pdf, geprüft: 01.03.2010.

Arrow, K.J. (1962): Economic welfare and the allocation of resources for invention. – In: National Bureau of Economic Research (Hrsg.): The Rate and Direction of Inventive Activity. Economic and Social Factors. Princeton, S. 609–626.

Arthur, W.B. (1989): Competing technologies, increasing returns, and lock-in by historical events. – In: Economic Journal 99, S. 116–131.

Arthur, W.B. (2004 [1994]): Increasing Returns and Path Dependence in the Economy. [Nachdr.]. – Ann Arbor: University of Michigan Press.

Asvanund, A.; Clay, K.; Krishnan, R.; Smith, M.D. (2002): An Empirical Analysis of Network Externalities in P2P Music-Sharing Networks. Herausgegeben von H. John Heinz III School of Public Policy and Management. – Carnegie Mellon University. Online: http://www.heinz.cmu.edu/research/74full.pdf, geprüft: 26.02.2010.

Bayón, T. (1997): Neuere Mikroökonomie und Marketing. Eine wissenschaftstheoretisch geleitete Analyse. – Wiesbaden: Gabler.

Beck, H. (2002): Medienökonomie. Print, Fernsehen und Multimedia. – Berlin: Springer.

Beck, H. (2006): Medienökonomie - Märkte, Besonderheiten und Wettbewerb. – In: Scholz, C. (Hrsg.): Handbuch Medienmanagement. Berlin, Heidelberg: Springer, S. 221–237.

Blankart, C.B.; Knieps, G. (1992): Netzökonomik. – In: Boettcher, E. (Hrsg.): Jahrbuch für Neue Politische Ökonomie. Ökonomische Systeme und ihre Dynamik. – Tübingen: Mohr, Bd. 11, S. 73–87.

Blankart, C.B.; Knieps, G. (1994): Kommunikationsgüter ökonomisch betrachtet. – In: Homo oeconomicus 9(3), S. 449–463.

Blind, S. (1997): Fernsehen und neue Medien – eine ökonomische Einschätzung. – In: Schanze, H. (Hrsg.): Qualitative Perspektiven des Medienwandels. Positionen der Medienwissenschaft im Kontext „Neuer Medien". – Opladen: Westdt. Verl., S. 150–159.

Buxmann, P. (2002): Strategien von Standardsoftware-Anbietern. Eine Analyse auf der Basis von Netzeffekten. – In: Zeitschrift für betriebswirtschaftliche Forschung (zfbf) 54, S. 442–457.

Buxmann, P.; Pohl, G. (2004): Musik online. Herausforderungen und Strategien für die Musikindustrie. – In: WISU, H. 4, S. 507–520.

Church, J.; Gandal, N.; Krause D. (2002): Indirect network effects and adoption externalities. Working paper No. 02-30. Foerder Institute for Economic Research. Online: http://papers.ssrn.com/sol3/papers.cfm?abstract_id=369120, geprüft: 01.03.2010.

Clement, M.; Schollmeyer, T. (2009): Messung und Wirkung von Netzeffekten in der ökonomischen Forschung - Eine kritische Analyse der empirischen Literatur. – In: Journal für Betriebswirtschaft, 58, S. 173–207.

Cowan, R. (1992): High technology and the economics of standardization. – In: Dierkes, M.; Hoffmann, U. (Hrsg.): New Technology at the Outset. Social Forces in the Shaping of Technological Innovations. – Frankfurt a.M.: Campus Verlag, S. 279–300.

Darby, M.R.; Karni, E. (1973): Free competition and the optimal amount of fraud. – In: Journal of Law and Economics 16, S. 67–88.

Dietl, H.; Royer, S. (2000): Management virtueller Netzwerkeffekte in der Informationsökonomie. – In: Zeitschrift Führung + Organisation (zfo) 69(6), S. 324–331.

Diller, H. (2008): Preispolitik. 4. Aufl. – Stuttgart: Kohlhammer.

Downes, L.; Mui, C. (1998): Unleashing the Killer App. Digital Strategies for Market Dominance. – Boston, Mass: Harvard Business School Press.

Economides, N. (1996): The economics of networks. – In: International Journal of Industrial Organization 14, S. 673–699.

Ehrhardt, M. (2001): Netzwerkeffekte, Standardisierung und Wettbewerbsstrategie. – Wiesbaden: Dt. Univ.-Verl.

Ernst, M.; Giesler, V. (2000): Erhöhter Preiswettbewerb durch das Internet. Theoretische Analyse und empirischer Befund im Vergleich mit traditionellen Vertriebsformen. – In: GfK Jahrbuch der Absatz- und Verbrauchsforschung 46, S. 191–210.

Ernst, M.; Hofmann, W.; Walpulski, D. (1995): Erhöhter Preiswettbewerb durch Informationsmärkte. Theoretische Analyse und empirischer Befund. – In: GfK Jahrbuch der Absatz- und Verbrauchsforschung 1, S. 65–84.

Ernst, M.; Köberlein C. (1994): Eine ökonomische Betrachtung von Information und Qualität auf Informationsmärkten. – In: cogito 10(1), S. 6–10.

Evans, D.S. (2003): Some empirical aspects of multi-sided platform industries. – In: Review of Network Economics 2(3), S. 191–209.

Farrell, J.; Klemperer, P. (2008): Coordination and lock-in: Competition with switching costs and network effects. – In: Armstrong, M.; Porter, R. H. (Hrsg.): Handbook of Industrial Organization. – Amsterdam: Elsevier North-Holland, S. 1967–2072.

Farrell, J.; Saloner, G. (1986): Installed base and compatibility. Innovation, product preannouncements, and predation. – In: American Economic Review 76, S. 940–955.

Flechtner, H. J. (1966): Grundbegriffe der Kybernetik. – Stuttgart: Wiss. Verl.-Ges.

Friedrich, B. C. (2003): Internet-Ökonomie. Ökonomische Konsequenzen der Informations- und Kommunikationstechnologien (IuK). Eine industrieökonomische Fallstudie. (Dresden Discussion Papers in Economics, 8/03). Online: http://rcswww.urz.tu-dresden.de/~wpeconom/seiten/pdf/2003/ddpe200308.pdf, geprüft: 25.02.2010.

Gabler Wirtschaftslexikon – Online Ausgabe (2010a): Stichwort: Marktversagen. Herausgegeben von Gabler Verlag. Online: http://wirtschaftslexikon.gabler.de/Archiv/2260/marktversagen-v6.html, geprüft: 18.02.2010.

Gabler Wirtschaftslexikon – Online Ausgabe (2010b): Stichwort: Insiderinformationen. Herausgegeben von Gabler Verlag. Online: http://wirtschaftslexikon.gabler.de/Archiv/11065/insiderinformationen-v7.html, geprüft: 19.02.2010.

Gabler Wirtschaftslexikon – Online Ausgabe (2010c): Stichwort: Betriebs- und Geschäftsgeheimnis. Herausgegeben von Gabler Verlag. Online: http://wirtschaftslexikon.gabler.de/Archiv/2843/betriebs-und-geschaeftsgeheimnis-v6.html, geprüft: 19.02.2010.

Gerpott, T.J. (2006): Wettbewerbsstrategien – Überblick, Systematik und Perspektiven. – In: Scholz, C. (Hrsg.): Handbuch Medienmanagement. – Berlin, Heidelberg: Springer, S. 305–355.

Göbel, E. (2002): Neue Institutionenökonomik. Konzeption und betriebswirtschaftliche Anwendungen. – Stuttgart: Lucius & Lucius.

Grau, C.; Hess, T. (2007): Kostendegression in der digitalen Medienproduktion. Klassischer First-Copy-Cost-Effekt oder doch mehr. – In: MedienWirtschaft, Sonderheft, S. 26–37.

Graumann, M. (1993): Die Ökonomie von Netzprodukten. – In: Zeitschrift für Betriebswirtschaft (ZfB) 63(12), S. 1331–1355.

Gröhn, A. (1999): Netzwerkeffekte und Wettbewerbspolitik. Eine ökonomische Analyse des Softwaremarktes. – Tübingen: Mohr Siebeck.

Habermeier, K.F. (1989): Competing technologies, the learning curve, and rational expectations. – In: European Economic Review 33(7), S. 1293–1311.

Haller, J. (2005): Urheberrechtsschutz in der Musikindustrie. Eine ökonomische Analyse. – Lohmar: Eul-Verl.

Hauser, H. (1979): Qualitätsinformationen und Marktstrukturen. – In: Kyklos 32, S. 739-736.

Heindl, H. (2004): Der First Mover Advantage in der Internetökonomie. – Hamburg: Kovač.

Hopf, M. (1983): Informationen für Märkte und Märkte für Informationen. – Frankfurt/M.: Gabler.

Hutter, M. (2000): Besonderheiten der digitalen Wirtschaft – Herausforderungen an die Theorie. – In: WISU Nr. 12, S. 1659–1665.

Hutter, M. (2003): Information goods. – In: Towse, R. (Hrsg.): A Handbook of Cultural Economics. – Cheltenham: Elgar, S. 263–268.

Jing, B. (2000): Versioning information goods with network externalities. – In: Association for Information Systems (Hrsg.): International Conference on Information Systems. Proceedings of the Twenty First International Conference on Information Systems. Brisbane, Queensland, Australia, S. 1–12.

Jonard, N.; Yildizoglu, M. (1998): Technological diversity in an evolutionary industry model with localized learning and network externalities. – In: Structural Change and Economic Dynamics 9, S. 35–53.

Jost, P.J. (Hrsg.) (2001): Die Prinzipal-Agenten-Theorie in der Betriebswirtschaftslehre. – Stuttgart: Schäffer-Poeschel.

Kaas, K.P. (1995): Informationsökonomik. – In: Tietz, B. (Hrsg.): Handwörterbuch des Marketing. 2. Aufl. – Stuttgart: Schäffer-Poeschel (Enzyklopädie der Betriebswirtschaftslehre, IV), Sp. 971-981.

Katz, M.L.; Shapiro, C. (1985): Network externalities, competition, and compatibility. – In: American Economic Review 75(3), S. 424–440.

Katz, M.L.; Shapiro, C. (1994): Systems competition and network effects. – In: Journal of Economic Perspectives 8(2), S. 93–115.

Kelly, K. (2001): NetEconomy. Zehn radikale Strategien für die Wirtschaft der Zukunft. – München: Ullstein-Taschenbuchverl.

Kiani-Kress, R.; Steinkirchner, P. (2007): Melodien für Millionen. – In: Wirtschaftswoche 59, S. 66–75.

Kiefer, M.L. (2005): Medienökonomik. Einführung in eine ökonomische Theorie der Medien. 2. Aufl. – München: Oldenbourg.

Klodt, H. (2001a): Und sie fliegen doch. Wettbewerbsstrategien für die Neue Ökonomie. – In: Donges, J.B.; Mai, S.; Buttermann, A. (Hrsg.): E-Commerce und Wirtschaftspolitik. – Stuttgart: Lucius & Lucius, S. 31–48.

Klodt, H. (2001b): Die Neue Ökonomie: Aufbruch und Umbruch. – In: Die Weltwirtschaft 1, S. 78–98.

Klodt, H. (2003): Wettbewerbsstrategien für Informationsgüter. – In: Schäfer, W.; Berg, H. (Hrsg.): Konjunktur, Wachstum und Wirtschaftspolitik im Zeichen der New Economy. – Berlin: Duncker & Humblot (Schriften des Vereins für Socialpolitik, NF293), S. 107–123.

Klodt, H.; Buch, C.M. (2003): Die neue Ökonomie. Erscheinungsformen, Ursachen und Auswirkungen. – Berlin: Springer.

Kulenkampff, G. (2000): Zur Effizienz von Informationsmärkten. – Berlin: Vistas-Verlag.

Leibenstein, H. (1950): Bandwagon, snob, and veblen effects in the theory of consumers' demand. – In: The Quarterly Journal of Economics LXIV, S. 193–207.

Liebowitz, S.J.; Margolis, S.E. (o.J.): Network externalities (effects). Online: http://www.utdallas.edu/~liebowit/palgrave/network.html, zuletzt aktualisiert am 25.02.2010.

Linde, F. (1997): Virtualisierung von Unternehmen. Wettbewerbspolitische Implikationen. – Wiesbaden: Dt. Univ.-Verlag.

Linde, F. (2008): Ökonomie der Information. 2. Aufl. – Göttingen: Univ.-Verlag.

MacKie-Mason, J.K.; Varian, H.R. (1994a): Economic FAQs about the internet. – In: Journal of Economic Perspectives 8(3), S. 75–96.

MacKie-Mason, J.K.; Varian, H. R. (1994b): Pricing congestible network resources. University of Michigan. Online: http://people.ischool.berkeley.edu/~hal/Papers/pricing-congestible.pdf, geprüft: 25.02.2010.

Mankiw, N.G.; Taylor, M.P.; Wagner, A.; Herrmann, M. (2008): Grundzüge der Volkswirtschaftslehre. 4. Aufl. – Stuttgart: Schäffer-Poeschel.

Meffert, H. (2005): Marketing. Grundlagen marktorientierter Unternehmensführung. Konzepte, Instrumente, Praxisbeispiele. 9. Aufl. – Wiesbaden: Gabler.

Mengen, A. (1993): Konzeptgestaltung von Dienstleistungsprodukten. Eine Conjoint-Analyse im Luftfrachtmarkt unter Berücksichtigung der Qualitätsunsicherheit beim Dienstleistungskauf. – Stuttgart: Schäffer-Poeschel.

Molho, I. (2001): The Economics of Information. Lying and Eheating in Markets and Organizations. – Oxford: Blackwell.

Musgrave, R.A.; Musgrave, P.B.; Kullmer, L. (1994): Die öffentlichen Finanzen in Theorie und Praxis. 6. Aufl. – Tübingen: Mohr.

Nelson, P. (1970): Information and consumer behavior. – In: Journal of Political Economy 78, S. 311–329.

Peer, M. (2010): Twitter sagt den Erfolg von Filmen voraus. – In: Handelsblatt, Ausgabe 67, 8.4.2010, S. 61.

Pethig, R. (1983): On the production and distribution of information. – In: Zeitschrift für Nationalökonomie 43, S. 383–403.

Picot, A.; Reichwald, R.; Wigand, R. T. (2003): Die grenzenlose Unternehmung. Information, Organisation und Management. Lehrbuch zur Unternehmensführung im Informationszeitalter. 5. Aufl. – Wiesbaden: Gabler.

Richter, R.; Furubotn, E.G.; Streissler, M. (2003): Neue Institutionenökonomik. Eine Einführung und kritische Würdigung. 3. Aufl. – Tübingen: Mohr Siebeck.

Rochet, J.C; Tirole, J. (2003): Platform competition in two-sided markets. – In: Journal of the European Economic Association 1(4), S. 990–1029.

Rohlfs, J. (1974): A theory of interdependent demand for a communications service. – In: Bell Journal of Economics and Management Science 5, S. 16–37.

Roson, R. (2005): Two-sided markets: A tentative survey. – In: Review of Network Economics 4(2), S. 142–160.

Shapiro, C.; Varian, H.R. (1999 [1998]): Information Rules. A Strategic Guide to the Network Economy. – Boston, Mass.: Harvard Business School Press.

Simon, H. (1998): Preismanagement kompakt. Probleme und Methoden des modernen Pricing. – Wiesbaden: Gabler.

Stelzer, D. (2000): Digitale Güter und ihre Bedeutung in der Internet-Ökonomie. – In: Das Wirtschaftsstudium (WISU) 6, S. 835–842.

Stewart, T.A. (1998): Der vierte Produktionsfaktor. Wachstum und Wettbewerbsvorteile durch Wissensmanagement. – München: Hanser.

Steyer, R. (1997): Netzexternalitäten. – In: Wirtschaftswissenschaftliches Studium (WiSt) 26(4), S. 206–210.

Stigler, G.J. (1961): The economics of information. – In: Journal of Political Economy 69, S. 213–225.

Stobbe, A. (1991): Mikroökonomik. 2. Aufl. – Berlin: Springer.

Stock, W.G. (1995): Elektronische Informationsdienstleistungen und ihre Bedeutung für Wirtschaft und Wissenschaft. – München: ifo Institut für Wirtschaftsforschung.

Sundararajan, A. (2005): Local Network Effects and Network Structure. Herausgegeben vom Center for Digital Economy Research Leonard N. Stern School of Business. New York University. Online: http://papers.ssrn.com/sol3/Delivery.cfm/2451_14098.pdf?abstractid=1281296&mirid=3, geprüft: 26.02.2010.

Sundararajan, A. (2006): Network Effects. Online: http://oz.stern.nyu.edu/io/network.html, geprüft: 01.03.2010.

Talkenberg, A. (1992): Die Ökonomie des Bildermarktes. Eine informationsökonomische Analyse. – Göttingen: Vandenhoeck & Ruprecht.

Tirole, J. (1995): Industrieökonomik. – München: Oldenbourg.

van Alstyne, M.; Brynjolfsson, E. (2004): Global Village or Cyber-Balkans. Modeling and Measuring the Integration of Electronic Communities. Online: http://papers.ssrn.com/sol3/Delivery.cfm/SSRN_ID756445_code253298.pdf?abstractid=756445& mirid=3, geprüft: 26.02.2010.

Varian, H.R. (1998): Markets for Information Goods. Online: http://people.ischool.berkeley.edu/~hal/Papers/japan/japan.pdf, geprüft: 19.02.2010.

Varian, H.R. (2007): Grundzüge der Mikroökonomik. Studienausgabe. 7. Aufl. – München: Oldenbourg.

Weiber, R. (1992): Diffusion von Telekommunikation. Problem der kritischen Masse. – Wiesbaden: Gabler.

Weiber, R.; Adler, J. (1995): Positionierung von Kaufprozessen im informationsökonomischen Dreieck. – In: Zeitschrift für betriebswirtschaftliche Forschung (zfbf) 47(2), S. 99–123.

Westland, J.C. (1992): Congestion and network externalities in the short run pricing of information system services. – In: Management Science 38(7), S. 992–1009.

Wetzel, A. (2004): Geschäftsmodelle für immaterielle Wirtschaftsgüter: Auswirkungen der Digitalisierung. Erweiterung von Geschäftsmodellen durch die neue Institutionenökonomik als ein Ansatz zur Theorie der Unternehmung. – Hamburg: Kovač.

Willke, H. (1991): Systemtheorie. Eine Einführung in die Grundprobleme der Theorie sozialer Systeme. 3. Aufl. – Stuttgart: Fischer.

Woll, A. (Hrsg.) (2008): Wirtschaftslexikon. 10. Aufl. – München: Oldenbourg.

Xie, J.; Sirbu, M. (1995): Price competition and compatibility in the presence of positive demand externalities. – In: Management Science 41(5), S. 909–926.

Zeithaml, V.A. (1981): How consumer evaluation processes differ between goods and services. – In: Donnelly, J. H. (Hrsg.): Marketing of Services. – Chicago, Ill., S. 186–190.

4 Informationssoziologie und -politologie

4.1 „Informationsgesellschaft" und „Wissensgesellschaft"

Im Zentrum dieses und der nächsten beiden Kapitel steht das Umfeld des Informationsmarktes, das wir aus einer Melange einer informationswissenschaftlichen sowie jeweils einer soziologischen und politologischen (Kapitel 4), juristischen (Kapitel 5) und ethischen Perspektive (Kapitel 6) betrachten.

Zunächst wenden wir uns den Spezifika der Informations- und Wissensgesellschaft zu, was uns in die Bereiche von Informationssoziologie und -politologie führt. Insbesondere Publikationen zur Informationssoziologie sind äußerst zahlreich, zudem wird schon seit Jahrzehnten in diesem Bereich geforscht (der deutschsprachige Klassiker, Gernot Wersigs Informationssoziologie, stammt aus dem Jahr 1973). Heutzutage nimmt die Information eine vorherrschende Stellung in unserer globalisierten und vernetzten Welt ein und steht im Zentrum des politischen Lebens. Gemäß David Lyon (2005, 223) beschäftigt sich die Informationssoziologie sowohl mit den sozialen Auswirkungen der Flüsse digitaler Informationen als auch mit den Informationen selbst:

> Reference to the internet ... serves as a reminder that today information cannot be conceived separately from communication. The social repercussions of flows of information through networks – the internet, cell phones and so – present one of sociology's most stimulating challenges (...). But information itself requires sociological analysis if we are to grasp its connection with crucial issues from identity and inequality to matter and meaning.

Information und Wissen sind zu tragenden Fundamenten unserer Gesellschaft (einschließlich ihrer Subsysteme wie Wirtschaft, Bildung und Kultur) geworden, weshalb man zu Recht von einer Informationsgesellschaft und einer Wissensgesellschaft reden kann. Wir wollen hier zwischen diesen beiden Gesellschaftsformen unterscheiden: Eine **Informationsgesellschaft** ist durch Informations- und Kommunikations*technik* (IKT) fundiert (Sassen 2002); eine **Wissensgesellschaft** hat als Basis zusätzlich den Informations*inhalt*, also das Wissen selbst. Heutige Wissensgesellschaften sind stets auch Informationsgesellschaften, da die Übertragung des Informationsinhalts vornehmlich unter Nutzung von IKT einhergeht. Solch eine Betonung des Wissens hat den Vorteil, dass eine Gesellschaft nicht ausschließlich durch ihre technische Basis definiert wird (Heidenreich 2003, 25), wobei ja offen bleibt, was man mit dieser Basis überhaupt macht. Wir vermeiden so die „Tunnelsicht", eine kurzsichtige, rein an der Informationstechnik ausgerichtete Sichtweise (Brown/Duguid 2002).

Wir wollen zur Klärung der beiden Begriffe „Informations-" und „Wissensgesellschaft" auf die Theorie des **fünften Kondratieff** zurückgreifen (Stock 2000, 1 f.). Zugrundegelegt wird die Theorie der langen Wellen, die auf Nikolai D. Kondratieff (1926) zurückgeht. Kondratieff zeigt anhand empirischen Materials Evidenzen für das Vorliegen langer Zyklen der kapitalistischen Wirtschaft von etwa 50 Jahren. Eine zentrale Rolle spielen bei diesen Zyklen wissenschaftliche und technische Innovationen (Kondratieff 1926, 591):

> Während des Absinkens der langen Wellen werden besonders viele wichtige Entdeckungen und Erfindungen in der Produktions- und Verkehrstechnik gemacht, die jedoch gewöhnlich erst beim Beginn des neuen langen Anstiegs im großen auf die wirtschaftliche Praxis angewandt zu werden pflegen.

Änderungen in Wissenschaft und Technik üben auf den Gang der kapitalistischen Dynamik unstreitig einen mächtigen Einfluss aus, sie sind aber mitnichten eine äußere Ursache für die Wirtschaftsentwicklung (Kondratieff 1926, 593):

> Vom wissenschaftlichen Gesichtspunkt aus wäre es aber ein ... Irrtum zu meinen, daß Richtung und Intensität dieser Entdeckungen und Erfindungen ganz zufällig wären; weit wahrscheinlicher ist es, daß diese Richtung und Intensität eine Funktion der Anforderungen der praktischen Wirklichkeit und der vorausgegangenen Entwicklung von Wissenschaft und Technik sind.

Fazit der Überlegungen Kondratieffs ist (Kondratieff 1926, 594 und 599):

> (Es genügt) zu einer wirklichen Änderung der Produktionstechnik nicht, daß wissenschaftlich-technische Erfindungen vorliegen; diese können unwirksam bleiben, solange die ökonomischen Vorbedingungen zu ihrer Anwendung fehlen. ... Indem wir das Vorhandensein langer Wellen behaupten und ihre Entstehung aus zufälligen Ursachen bestreiten, meinen wir zugleich, daß die langen Wellen Ursachen entspringen, die im Wesen der kapitalistischen Wirtschaft liegen.

Joseph A. Schumpeter (1961) modifiziert Kondratieffs Ansatz. Hier werden die technischen Innovationen zu Antriebskräften der wirtschaftlichen Entwicklung (Schumpeter 1961, 181 und 176):

> Alle zyklischen Bewegungen lassen sich mit den Begriffen des Prozesses der wirtschaftlichen Entwicklung ... erklären. Innovationen, ihre unmittelbaren und ferneren Auswirkungen und die Reaktion des Systems sind die gemeinsame 'Ursache' für alle. ...
> Innovationen (sind) die eigentliche Quelle zyklischer Schwankungen.

Leo A. Nefiodow (1991) folgt Schumpeter und interpretiert Innovationen als Ursache für die langen Wellen der kapitalistischen Wirtschaft (Nefiodow 1991, 47):

> Innovationen, die umfassendes wirtschaftliches Neuland erschließen und einen Schwarm von Nachfolgeinnovationen auslösen ('bandwagon-effect'), werden Basisinnovationen genannt. Sie waren und sind die tragenden Neuerungen für lange Phasen der Konjunktur. Die Dampfmaschine, die Eisenbahn, die Elektrifizierung, das Automobil sind Beispiele für Basisinnova-

tionen. Jede dieser Erfindungen hat eine lange Periode der Prosperität ausgelöst und zu einer weitreichenden Umorganisation der Gesellschaft geführt.

Seit Beginn des Kapitalismus sind vier lange Wellen zu beobachten: ein erster Zyklus mit der Dampfmaschine als Basisinnovation, der zweite Zyklus basiert auf der Eisenbahn, der dritte auf Chemie und Elektrizität und schließlich der vierte Zyklus auf der Petrochemie und der Automatisierung. Die fünfte Kondratieff-Welle ist bereits im Entstehen begriffen (Nefiodow 1991, 39):

> Sie wird vom Innovationspotential der Ressource Information getragen, und sie wird die endgültige Etablierung der Informationsgesellschaft mit sich bringen.

Jeder Kondratieff-Zyklus bringt typische Netze hervor, der zweite Zyklus etwa die Schienennetze, der dritte die Gas- und Elektrizitätsnetze und der vierte die Straßennetze bzw. Autobahnen. Netze der fünften Kondratieff-Welle sind die Telekommunikationsnetze, allem voran das Internet.

Wenn wir die Positionen Kondratieffs und Nefiodows (und Schumpeters) stark vereinfachen wollen, behauptet Kondratieff als Ursache für Wandel die Wirtschaft; Wirkung ist u. a. die jeweilige Basisinnovation. Nefiodow und Schumpeter sehen als Ursache die Basisinnovation, als deren Wirkung eine typische lange wirtschaftliche Welle. Einmal wäre die Wirtschaft der Informationsgesellschaft der Auslöser für Innovationen im Bereich Information, Kommunikation und Telematik, zum andern wären die genannten Innovationen Auslöser für die Informationsgesellschaft. Eine vermittelnde Position zwischen den beiden anscheinend gegensätzlichen Ursache-Wirkungs-Ketten nimmt das Metamorphose-Modell von Gerhard Mensch (1975, 15) ein:

> Schumpeters Einsicht: 'Die Innovationen tragen die Konjunkturen' und bewirken den wirtschaftlichen Aufschwung, führen wir hier fort. Wir fragen, woher denn die Innovationen kommen, denn sie fallen ja nicht vom Himmel ('exogene Variable'). Vielmehr entstehen sie im evolutorischen Wechselspiel von Stagnation und Innovation.

Demnach ist die Basisinnovation Ursache für die Aufschwungphase eines Kondratieff-Zyklus', für die Abschwungphase des vorangehenden Zyklus' ist jedoch das ökonomische System ausschlaggebend (Mensch 1975, 85):

> Das gesamte evolutorische Geschehen im sozialwirtschaftlichen Ganzen wird in einen Regelkreis gebunden: Stagnation in Systemteilen und im ganzen System fördert Einzelinnovationen an strukturell geeigneten Stellen, und die Innovation läßt manch altbewährtes Teil als altes Eisen erscheinen. Innovation und Stagnation induzieren einander.

Das Regelkreis-Modell von Mensch behauptet demnach wechselseitige Abhängigkeiten zwischen Wirtschaftssystem und den jeweils tragenden Basisinnovationen.

Halten wir fest: Nach der Theorie des fünften Kondratieff ist die Ressource Information Auslöser und Träger einer langen Welle der Wirtschaft, wobei die Wirtschaft des fünften Kondratieff eng mit der Forschung und Entwicklung im Bereich der Information verknüpft ist.

Was zeichnet die Technik des fünften Kondratieff aus? Die die Informationsgesellschaft tragende Ressource Information bedarf entsprechender informations- und kommunikationstechnischer, d.h. **telematischer Geräte und Dienste**: Computer, Netzwerke, Software usw. Ebenso müssen die Unternehmen, Behörden und die Bürger willens und in der Lage sein, diese Geräte auch adäquat anzuwenden. Hieraus folgt ein massiver Einsatz von Telematikgeräten, von Informations- und Kommunikationstechnik, im Berufs- wie im Privatleben.

Welche Regelmäßigkeiten sind der Ressource Information zu eigen? Die Bewegung von Informationen beruht nach Manfred Bonitz (1986a, 1986b) auf der Basis zweier einfacher grundlegender Prinzipien: auf dem Holographie- und dem Tempo-Prinzip. Das **Holographie-Prinzip** beschreibt den Raum der Information (Bonitz 1986b, 192):

> Die Gesamtheit menschlichen Wissens ist ein riesiges Hologramm, das aus allen Speichern, Datenbasen usw. besteht, über die der Mensch verfügt.

Die Gesamtheit aller Informationen ist überall virtuell vorhanden (Bonitz 1986a, 7):

> Jede beliebige ... Information ist von jedem beliebigen Ort aus abrufbar.

Die Informationsgesellschaft – und in deren Folge die Informationswirtschaft – ist demnach prinzipiell global definiert.

Das **Tempo-Prinzip** beinhaltet die Bewegung der Information in der Zeit (Bonitz 1986b, 192):

> Danach hat jede Information die Tendenz, sich so zu bewegen, dass sie ihren Adressaten in der kürzestmöglichen Zeit erreicht.

Das Tempo-Prinzip gilt zwar in der gesamten Geschichte der menschlichen Kommunikation, doch ist das Tempo von Etappe zu Etappe schneller geworden. Mit jeder Einführung eines neuen Kommunikationskanals (beispielsweise Bücher, Zeitschriften, Referatedienste, professionelle Online-Datenbanken, Internet) ist ein Zeitgewinn für die Gesellschaft einhergegangen. Mit der elektronischen Informationsübertragung in internationalen Netzwerken wie dem Internet wurde die Tempo-Grenze erreicht. Informationen können zur Zeit ihres Entstehens gesendet und auch real-time empfangen werden. Es geht bei den beiden Prinzipen um gespeichertes und in Bewegung gesetztes Wissen, so dass wir bei einer Gesellschaft, in denen Holographie- und Tempo-Prinzip verwirklicht sind, erstmals von einer „Wissensgesellschaft" reden können. Dies bedeutet auch, dass Gesellschaftsmitglieder bei der Kommunikation und beim Schaffen von neuem Wissen miteinander arbeiten, wie dies David und Foray (2002, 14) betonen:

> Knowledge-based economies emerge when people, with the help of information and communication technologies, group together in an intense effort to co-produce (i.e., produce and exchange) new knowledge. This boils down to three main components: a significant number of a community's members combine to produce and reproduce new knowledge (diffuse sources of innovation); the community creates a „public" space for exchanging and circulating the knowledge; new information and communication technologies are intensively used to codify and transmit the new knowledge.

In der Wissensgesellschaft geht es zwar um alle Arten von Wissen, eine besondere Bedeutung erlangt jedoch das wissenschaftliche und das technische Wissen (Böhme 1997), da sowohl die Produktion stark von wissenschaftlich-technischen Resultaten getrieben wird (man denke etwa an biotechnologische oder umweltschonende Produkte, die ohne wissenschaftliche Basis kaum herstellbar wären) als auch die Lebenschancen der Bevölkerung vom erreichten Stand von Wissenschaft und Technik abhängig sind (so direkt – gemessen am Lebensalter – von der Medizin und vom Gesundheitssystems und indirekt – erfasst über Status und Einkommen – vom Bildungsstand, der ja zumindest auch auf wissenschaftliche und technische Erfahrungen zurückzuführen ist).

Dies führt uns zu einer weiteren Facette der Diskussion, zum Lernen. Für Martin Heidenreich (2002, 338) nimmt in einer Wissensgesellschaft die Bedeutung wissensbasierter Tätigkeiten zu, was zu einem veränderten Stellenwert von Bildung und damit von Lernen führt. Für jeden einzelnen einer Wissensgesellschaft wird damit das lebenslange Lernen essentiell. Auch muss eine Wissensgesellschaft als Ganzes die entsprechenden Institutionen zum Lernen schaffen. Gemäß Joseph Stiglitz (2000) kann eine Wissensinfrastruktur stets nur lokal aufgebaut und niemals ausschließlich importiert werden, denn die lokalen Institutionen müssen lernen, „ihr" Wissen in „ihrem" Land erfolgreich einzusetzen. Eine „Entwicklungshilfe" zum Aufbau einer Wissensgesellschaft kann – so Stiglitz – nur dann funktionieren, wenn das Zielland lernt, die eigenen Wissenskapazitäten adäquat einzusetzen, und sich bewusst ist, dass eine Wissensgesellschaft mit den sie fundierenden stets dynamischen Wissensbeständen grundsätzlich im Wandel begriffen ist. Es gilt somit für jede Wissensgesellschaft, das Lernen zu erlernen, um in eine **lernende Gesellschaft** einzumünden. Stiglitz (2000, 38) betont:

> Thus if a global knowledge-based institution wants a country to learn a 'truth' about development, then it should help the local knowledge institutes and policy makers to carry out the requisite research, experimentation and social dialogue to learn it themselves – to make it a 'local social discovery'. Creating this local knowledge infrastructure and practice entails 'learning how to learn', that is, creating the capacity to close the knowledge gap, an essential part of a successful strategy.

Wir können nun unsere Arbeitsdefinitionen für „Informationsgesellschaft" und für „Wissensgesellschaft" zusammensetzen. „Informationsgesellschaft" bezieht sich auf eine Gesellschaft,

- deren Basisinnovationen von der Ressource Information getragen werden (Theorie des fünften Kondratieff) und
- deren Mitglieder bevorzugt Telematikgeräte zur Information und Kommunikation benutzen.

Eine „Wissensgesellschaft" hingegen ist eine Gesellschaft,

- die über alle Aspekte einer Informationsgesellschaft verfügt,
- in der Informationsinhalte aller Arten überall und jederzeit zur Gänze zur Verfügung stehen (Holographie- und Tempo-Prinzip) und auch intensiv genutzt werden,
- in der lebenslanges Lernen (und damit auch das Erlernen des Lernens) notwendig wird.

In der Literatur haben sich noch keine weit verbreiteten Definitionen zu „Informations-" und „Wissensgesellschaft" herauskristallisiert, so dass beide Begriffe häufig synonym verwendet werden.

Frank Webster (1995, 6) beschreibt die Wissensgesellschaft (er nennt sie „information society") durch fünf Kriterien:

- technologisch: Die Wissensgesellschaft wendet Informations- und Kommunikationstechnik zur Verarbeitung, zum Speichern und zur Übermittlung von Informationen an,
- ökonomisch: In der Wissensgesellschaft gibt es einen expandierenden Informationsmarkt (wie von Machlup und Porat beschrieben),
- beruflich: Die Informationsarbeit (gemäß Bell und Porat) ist in der Wissensgesellschaft vorherrschend,
- räumlich: Informationsnetze und Informationsflüsse („spaces of flow" im Sinne von Castells, s. u.!) bilden einen zweiten Raum neben dem geographisch definierten,
- kulturell: Die Wissensgesellschaft ist durch die stets anzutreffenden Informationsflüsse auf Medien angewiesen, so dass Webster (1995, 21) sie als „media-laden society" charakterisiert.

Es ist durchaus möglich, die Wissensgesellschaft als „Epoche" der Menschheitsentwicklung darzustellen. In solch einem Sinne löst die Wissensgesellschaft die Industriegesellschaft ab (Stehr 1994).

4.2 Informations- und Wissensinfrastruktur

In Statistiken zur Informationsgesellschaft (beispielsweise der International Telecommunications Union ITU) finden vorwiegend (einigermaßen) gut messbare Indikatoren Verwendung, die im Wesentlichen auf Telefonie, Breitbandvernetzung und Internet sowie der Nutzung dieser Techniken in Privathaushalten, in der Wirtschaft sowie in staatlichen Einrichtungen beruhen. Viele der Indikatoren weisen die Anzahl technischer Geräte oder Dienste (etwa die Anzahl der Computer oder die Anzahl der Handy-Verträge) in einem bestimmten Gebiet (meist einem Land) sowie die Penetration der Geräte und Dienste (ausgewiesen als Relativwerte pro Einwohner, teilweise per Haushalt) in der regionalen Einheit aus. Die **Telefonie** wird mittels Festnetz (Indikator: Telefonhauptanschlüsse pro 100 Einwohner), Mobilfunknetz und VoIP (Voice over Internet Protocol) beschrieben. Bei der **Breitbandvernetzung** geht es um schnelle Datennetze wie das derzeit vorherrschende DSL (Digital Subscriber Line mit Datenraten bis zu 2 Mbit/s) oder das künftige VDSL (very high speed DSL mit Datenraten von 10 Mbit/s und mehr). Das Indikatorenbündel zum **Internet** erfasst Internet-Hosts, die Computerdichte (Anzahl bzw. Penetration von Computern), die Internetanschlüsse (Haushalte bzw. Unternehmen mit Zugang zum Internet) sowie die Internetnutzer (Personen, die das Internet in den jeweils letzten drei Monaten – egal, wo: zuhause, am Arbeitsplatz, im Internet-Café – genutzt haben).

Weitaus schwieriger zu operationalisieren sind Kennwerte zur Wissensgesellschaft; hier sind wir aufgerufen, den Stand des Bildungswesens, der Forschung und Entwicklung sowie des

4.2 Informations- und Wissensinfrastruktur

Bibliothekswesens eines Landes als Indikatoren auszuweisen. Das **Bildungswesen** kann u. a. über die Alphabetisierungsrate sowie über den Anteil an Gymnasial- oder Hochschulabsolventen an einem Altersjahrgang grob in Kennwerte gepackt werden. Der Stand **wissenschaftlicher Forschung** lässt sich ansatzweise an Publikations- bzw. Zitationszahlen wissenschaftlicher Artikel in großen multidisziplinären Datenbanken (wie Web of Science oder Scopus), der Stand der **technischen Forschung und Entwicklung** durch die Anzahl erteilter Patente ausdrücken. (Wenig geeignet, jedoch häufig genutzt sind Zahlen der Patentanmeldungen, kann doch eine angemeldete Erfindung als nicht neu und damit irrelevant zurückgewiesen werden. Häufig stellen Patentanmelder nicht einmal einen Antrag auf inhaltliche Prüfung.) Für das **Bibliothekswesen** kann man an Kennwerte wie den für deutsche Bibliotheken entwickelten Bibliotheksindex (BIX) denken, der Angebote, Nutzung, Effizienz und Entwicklungspotential öffentlicher und wissenschaftlicher Bibliotheken quantitativ ausdrückt (Xalter 2006).

Es existieren mehrere etablierte Indikatoren auf Länderebene, die über den Entwicklungsstand des jeweiligen Landes berichten. Einen Gesamtblick auf die gesellschaftliche Entwicklung gestattet der **Human Development Index** (HDI) (Anand/Sen 1992), der vom Entwicklungsprogramm der Vereinten Nationen errechnet wird (UNDP 2007). Der HDI hat einen Wertebereich von 0 (schlechtester Stand) bis 1 (bester Stand) und berücksichtigt vier Indikatoren:

- Lebenserwartung der Einwohner zum Zeitpunkt der Geburt,
- Alphabetisierungsrate von Erwachsenen,
- Anteil der Schüler und Studierenden an ihrer Altersgruppe,
- Bruttoinlandsprodukt pro Kopf (in PPP-Dollar).

Zusammengesetzte Indikatoren wie der HDI haben das methodische Problem, das man keinen genau abgegrenzten realen Gegenstand vorliegen hat, den es zu erfassen gilt (Kelley 1991; McGillivray 1991; Sagar/Najam 1998). Trotzdem hat sich der HDI – zumindest als vager Kennwert – zur Erfassung des Entwicklungsstandes ganzer Nationen durchgesetzt. Die höchstentwickelten Länder gemäß HDI sind im Jahr 2005 Island und Norwegen (mit einem Wert von 0,968), gefolgt von Australien, Kanada und Irland (Deutschland liegt mit einem HDI von 0,935 auf Rang 22).

Der **ICT Development Index** (IDI) der International Telecommunications Union (ITU) berichtet über den Einfluss der Informations- und Kommunikationstechnologien auf die Entwicklung eines Landes. Er setzt sich aus drei Teilindikatoren zusammen:

- IKT-Infrastruktur und -zugang: Festnetztelefonie, Mobiltelefonie, Internet-Bandbreite pro Internetnutzer, Anteil der Haushalte mit Computer und solche mit Internetzugang,
- IKT-Nutzung: Internetnutzer pro Einwohner, Breitband-Nutzer über Festnetz und über mobile Zugänge,

- IKT-Fähigkeiten: Alphabetisierungsrate bei Erwachsenen, Anteil der Schüler und Studierenden an ihrer Altersgruppe (im Gegensatz zum HDI hier jedoch nur sekundäre und tertiäre Ausbildung).

Die Länder mit dem höchsten IKT-Einfluss sind – so der IDI für das Jahr 2007 – Schweden vor Korea, Dänemark, Niederlande, Island, Norwegen und Luxemburg (alle Länder mit einem IDI größer als 7); Deutschland folgt mit einigem Abstand auf Rang 13 (IDI = 6,61) (ITU 2009, 22).

HDI und IDI haben zwar einige Aspekte (Alphabetisierung und Anteil der Studierenden) gemeinsam, trotzdem überrascht die sehr hohe Korrelation von R = +0,90 (Pearson) beider Wertereihen: Je höher der Entwicklungsstand eines Landes (nach HDI), desto höher auch der Entwicklungsstand der Informations- und Kommunikationstechnik (Abbildung 4.1) – und umgekehrt.

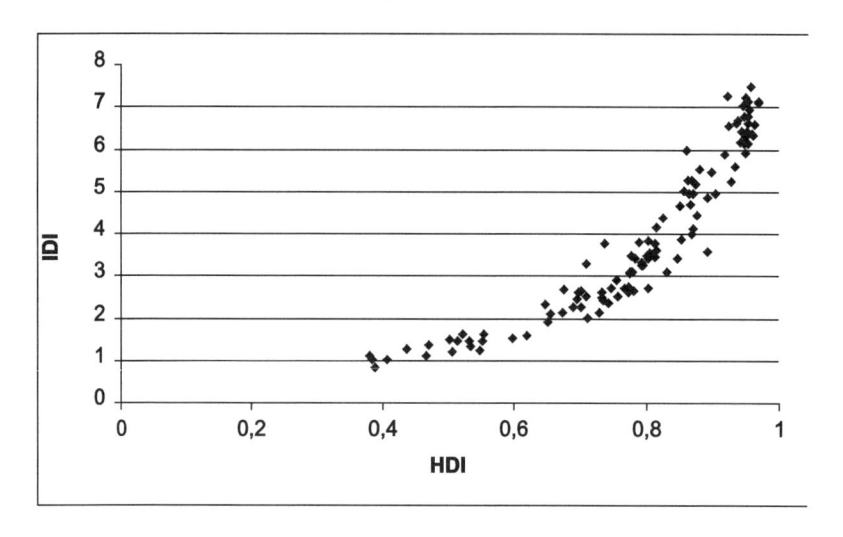

Abbildung 4.1: Zusammenhang zwischen Human Development Index (HDI) und ICT Development Index (IDI) für 112 Länder. Rohdaten: HDI: UNDP 2007 (Berichtsjahr: 2005); IDI: ITU 2009 (Berichtsjahr 2007); eigene Berechnungen.

Ein weiterer Indikator der Informationsgesellschaft ist der **Networked Readiness Index** (NRI) des Weltwirtschaftsforums (Dutta/Mia 2009). Er besteht aus den drei Teilindikatoren Umwelt, Bereitschaft und Nutzung, die sich wiederum aus jeweils drei sog. „Säulen" zusammensetzen. Bei Readiness und bei Usage wird stets nach der Nutzungsbereitschaft bzw. der faktischen Nutzung von einzelnen Gesellschaftsmitgliedern, Unternehmen und dem Staat (im eGovernment) unterschieden.

Die Spitzenreiter (im Jahr 2007) gemäß NRI sind Dänemark, Schweden, die USA, Singapur, die Schweiz, Finnland und Island. Wie bei den anderen Indikatoren liegt Deutschland etwas abgeschlagen erst auf Rang 20.

Die Korrelation (Pearson; zweiseitig) zwischen dem Human Development Index und dem Network Readiness Index beträgt für das Jahr 2005 für alle Länder, für die beide Werte vorliegen, +0,75. Dies ist wie beim HDI-IDI-Vergleich ein recht hoher Wert, der besagt: Je weiter ein Land entwickelt ist (operationalisiert nach HDI), desto höher ist tendenziell auch sein Entwicklungsstand der Informationsgesellschaft (operationalisiert nach NRI) – und umgekehrt (Peña-López 2006). Zu einem ähnlichen Resultat kommen Graumann und Speich (2009, 41):

> Für fast alle diese Länder (die Top-Länder nach NRI, Verf.) sind ein hohes Ausbildungsniveau, eine besondere technologische Leistungs- und Anpassungsfähigkeit sowie eine bedeutende Innovationskraft typisch.

Die beiden Indikatoren der Informationsgesellschaft IDI und NRI (erfasst anhand der Wertereihen des HDI von 2005 und des IDI von 2007) sind mit einer Korrelation von +0,89 sehr stark zusammenhängend. Welcher der Aspekte (HDI, IDI, NRI) Ursache für den jeweils anderen ist, kann anhand der Korrelation nicht abgelesen werden; zu vermuten ist jedoch, dass sich der Entwicklungsstand eines Landes und der Entwicklungsstand der Informationsgesellschaft gegenseitig beeinflussen und befruchten.

Neben NRI und IDI gibt es weitere Kennwerte, die länderweise den Entwicklungsstand der jeweiligen Informations- bzw. Wissensinfrastruktur zu erfassen versuchen; erwähnenswert sind der „ICT Diffusion Index" der Vereinten Nationen (United Nations 2006) sowie der „Knowledge Economy Index" der Weltbank (World Bank 2009).

Ein offenes Problem ist, erschöpfend zu erklären, warum gewisse Länder bei allen Indikatoren gut abschneiden und andere jeweils schlecht. In der Spitzengruppe tauchen stets skandinavische Staaten, die großen englischsprachigen Länder Kanada, Australien und die USA sowie Stadtstaaten wie Singapur oder Hongkong auf. Bemerkenswert ist, dass in den meisten der Top-Länder die katholische Kirche keine große Rolle spielt (Bredemeier/Stock 2000, 238). Hat die in früheren Jahrhunderten zu beobachtende Tendenz zu Wissensmonopolen der Herrschenden (die Kirche eingeschlossen) in katholisch dominierten Ländern, die ja gleichzeitig eine breite Streuung von Wissen auf alle „niederen" Gesellschaftsmitglieder zu verhindern versuchte, wirklich Einfluss auf die Verbreitung von Informations- und Wissensgesellschaft? Die meisten entwickelten Informationsgesellschaften sind Küstenstaaten mit einer jahrhundertelangen Seefahrertradition oder mit wichtigen Seehäfen (Henrichs, persönliche Mitteilung 2009). Provoziert solch eine Kultur Offenheit für fremde Länder und Wirtschaftsformen und – damit verbunden – für vielfältige Informationen, die sich heute im Entwicklungsstand der Wissensgesellschaft niederschlägt?

4.3 Die informationelle Stadt und die Glokalität

Die Informationswirtschaft agiert in zwei Räumen gleichzeitig: im geographischen Raum und im digitalen Raum. Dabei hat sie nicht nur auf den digitalen Raum starke Wirkungen, sondern auch auf den geographischen. Wir wollen hier zwei Aspekte des Aufeinandertreffens der Digitalisierung und der geographischen Räume besprechen: die Lage der technologischen Zentren des Informationsmarktes und die Rolle der Städte im Informationszeitalter (Castells 2001[1996], 2002[1997], 2003[1998]). Die informationelle Stadt mit ihrer Ausrichtung auf Informations-, Kapital- und Machtströme („space of flow") ändert grundlegend den Charakter der Stadt mit deren früheren Ausrichtung auf Flächen („space of place"). Manuel Castells (2006 [1993], 136) definiert die informationelle Stadt:

> The new spatial logic, characteristic of the Informational City, is determined by the preeminence of the space of flows over the space of places. By space of flow I refer to the system of exchanges of information, capital, and power that structures the basic processes of societies, economies and states between different localities, regardless of localization.

Technologische Zentren des Internets entstehen nicht diffus im Raum, sondern zeichnen sich durch zwei grundlegende Charakteristika aus:

- dichte räumliche Konzentration (oft an der Peripherie von Ballungsräumen),
- digital mit anderen Zentren verbunden (Castells 2005[2001], 227).

Beispiele für technologische Zentren sind Silicon Valley am Rande von San Francisco (mit Google, Yahoo! und Ebay) und die Umgebung von Seattle (mit Microsoft und Amazon). Für Castells (2001[1996], 80) folgt die räumliche und digitale Verknüpfung der Unternehmen der Informationswirtschaft der Theorie der „Kleinen Welten" (IR, 445-448). Es gibt sowohl lokal eng verbundene Unternehmen als auch kurze Wege (entweder wörtlich: durch die räumliche Nähe oder über digitale Verbindungen).

Obwohl über das Internet eigentlich alle Regionen der Welt potentiell verknüpft sind – Städte genauso wie ländliche Gegenden –, konzentriert sich im Internetzeitalter die Weltbevölkerung auf (große) Städte. Manuel Castells (2005[2001], 239 f.) erklärt dies durch die räumliche Konzentration von Arbeitsplätzen, einkommenschaffenden Tätigkeiten, Dienstleistungen und Möglichkeiten menschlicher Entwicklung in den großen Ballungsräumen. Dadurch, dass die technologischen Zentren ebenso in den Ballungsgebieten liegen, verstärkt sich der Trend der Urbanisierung gerade im Zeitalter der Informationswirtschaft. Telearbeit, losgelöst vom Unternehmen und durchgeführt am heimischen PC, findet laut Castells nur selten statt. **Mobile Telearbeit** dagegen wird mit der Ausbreitung des drahtlosen Internetzugangs zunehmen (Castells 2005[2001], 248):

> Hochqualifizierte Arbeitskräfte verbringen immer mehr Zeit außerhalb des Büros, während sie Kontakte zu Kunden und Partnern pflegen, innerhalb des Ballungsraumes, im eigenen Land oder irgendwo auf der Welt unterwegs sind und dabei mit ihrem Büro über Internet und Mobiltelefon in Verbindung bleiben ... Das künftige Bild der Arbeit ist also nicht die Tele-Arbeiterin zu Hause, sondern die nomadisierende Arbeitskraft und das „Büro unterwegs".

4.3 Die informationelle Stadt und die Glokalität

Mit der Informatisierung geht die Automatisierung weiter Wirtschaftsbereiche einher. Dies hat massive Auswirkungen auf Arbeitsplätze, die als **Job Polarization** (Goos/Manning 2007; Spitz-Oener 2006) gekennzeichnet werden. Routineaufgaben werden zunehmend durch (Informations-)Maschinen erledigt; die entsprechenden Berufe (wie etwa Buchführung oder das Bedienen von Maschinen) fallen weg. Für die arbeitenden Menschen bleiben die nicht routinemäßig zu erledigenden Aufgaben übrig. Und diese spalten sich in die eher manuellen Arbeiten (beispielsweise Haushaltshilfen oder Arbeiten bei Pizzaservices) und in die eher analytischen (z. B. Forschung und Entwicklung) und interaktiven Aufgaben (z. B. Management). Der Arbeitsmarkt in entwickelten Informationsgesellschaften spaltet sich demnach in gutbezahlte (und gut ausgebildete) Arbeitskräfte und in (sehr) schlecht bezahlte Arbeitskräfte, die über nur geringe Qualifikationen verfügen – Beschäftigte im mittleren Bildungs- und Einkommensbereich fallen wegen der fortschreitenden Automatisierung ihrer vormaligen Tätigkeiten tendenzweise weg.

Durch die digitalen Verbindungen entsteht neben dem geographischen ein zweiter Raum. Unternehmen in den Ballungsräumen vernetzen sich untereinander, aber auch mit dem Rest der Welt über digitale Netze. Nach Castells (2005[2001], 253 f.) sind solche „glokale Knoten"

> spezifische Gebiete auf dem gesamten Planeten, die sich mit gleichwertigen Gebieten an beliebigen anderen Orten verbinden, aber mit dem sie umgebenden Hinterland nur lose oder gar nicht verbunden sind.

Glokalität verbindet – im Wort wie im Gegenstand – Globalität mit Lokalität.

Die **informationelle Stadt** („informational city" oder „information city") ist die idealtypische Stadt des fünften Kondratieff-Zyklus' (Hall 1985), von Machlups und Porats Information Economy bzw. von Bells post-industrieller Gesellschaft. Solche Städte sind Metropolen und fixiert auf „spaces of flow" und die diese ermöglichenden Informations- und Kommunikationstechnologien (Hepworth 1987, 253):

> Metropolitan cities are the principal loci of the 'information revolution'. In order to differentiate the urban development process by the life span of new information and communication technologies, I propose to use the term 'information city'. For definitional purposes, this type of city has a two-dimensional characterization: it is a metropolitan economy which specializes mainly in the production, processing and distribution of information, *and*, its dominant infrastructure is comprised of the converging technologies of computers and telecommunications.

Glokale Städte findet man sowohl in den ehemaligen Industrieländern (wie beispielsweise in der City of London – mit Ausläufern in das West End und in die Docklands) als auch in (ehemaligen) Schwellenländern (etwa in Singapur oder in Dubai). Im Blickwinkel der Infrastrukturen haben solche Städte zwei Gesichter: Als duale Städte verfügen sie erstens über eine Infrastruktur für den geographischen Raum (wie Verkehr, Energie oder Wasser) und zweitens über eine für den digitalen Raum (Telekommunikation). Duale Städte verkörpern auch das Aufeinandertreffen von Informations- und Nicht-Informationsberufen (im Sinne von Machlup und Porat, s. o. Kapitel 1, S. 2-7), wie dies Castells (1989, 225 f.) beschreibt:

> The new dual city can also be seen as the urban expression of the process of increasing differentiation of labor in two equally dynamic sectors within the growing economy: the information-based formal economy, and the down-graded labor-based informal economy. ... (T)wo equally dynamic sectors, interconnected by a number of symbiotic relationships, define specific labor markets and labor processes in such a way that the majority of workers are unlikely to move upwardly between them. The economy, and thus society, becomes functionally articulated but organizationally and socially segmented.

Kennzeichnend für die informationelle Stadt sind zwei Bereiche (Gospodini 2005, 1472):

- (1.) sie sind Sitz international agierender Finanzdienstleister sowie von technologie- wie wissensintensiven Unternehmen sowie Institutionen und beheimaten damit auch deren Mitarbeiter – damit sind viele informationelle Städte gleichzeitig auch „Weltstädte" im Sinne Friedmanns (1995);
- (2.) sie verfügen über umfassende kulturelle Einrichtungen, ein hohes Freizeitangebot und lockende Shoppingmöglichkeiten.

Für Frank Webster (1995, 210) hat die informationelle Stadt, wie sie Castells sieht (Susser 2002), angesichts der Mitarbeiter der informationell orientierten Firmen und Einrichtungen eine interessante soziale (und nicht unbedingt positive) Komponente. In den Stadtbereichen, in denen entweder diese Unternehmen ihren Sitz haben oder in denen deren Mitarbeiter wohnen, werden die Armen der Bevölkerung ausgeschlossen und die Wohlhabenden durch Sicherheitskräfte beschützt. Als Beispiel führt Webster die Londoner Docklands auf. Die früheren Hafenanlangen im Osten Londons wurden abgerissen und durch moderne Wohn- und Büroanlagen ersetzt (Webster 1995, 209 f.):

> The Canary Wharf project, aiming to provide 71 acres and 50,000 jobs, was the most ambitious attempt to use the former docks for offices, expensive accommodation (close to the office, but unsuitable for children, hence ideal for yuppies), state-of-the-art rail links to the City, high-class restaurants, and an appealing ambience designed with the informational professionals uppermost in mind. ... Those living and working in the area beforehand, the London working class, had been pushed aside ... Moreover, changes taking place increasingly *exclude the poor* by, for example, a marked expansion of housing and specialist estates which are gated and guarded to keep out the 'dangerous classes'.

Je mehr eine Stadt global agiert, desto mehr ist sie von den internationalen Informations-, Kapital- und Machtströmen und desto weniger ist sie von nationaler Politik und deren Macht abhängig. John Friedmann (1995, 25) betont:

> The more the economy becomes interdependent on the global scale, the less can regional and local government, as they exist today, act upon the basic mechanisms that condition the daily life of their citizens. The traditional structures of social and political control over development, work and distribution have been subverted by the placeless logic of an internationalized economy enacted by means of information flows among powerful actors beyond the sphere of state regulations.

Weltstädte sind stets „information-rich localities" (Flint/Taylor 2007, 270). Mit dem Aufkommen der informationellen Weltstädte geht demnach auch deren fortschreitende De-Nationalisierung einher (Brenner 1998, 12). Sowohl die Weltstädte als auch die dort ansässi-

4.3 Die informationelle Stadt und die Glokalität

gen multinationalen Unternehmen agieren zunehmend unabhängig von staatlichem Einfluss. Flint und Taylor (2007, 270) betonen allerdings:

> This is not to say that territorial states are about to disappear; rather, world cities are becoming new loci of power, which will interact with states in new ways.

Auf der Strecke bleiben (als „economic deadlands") ehemals industriell orientierte Städte, die den Übergang zur informationellen Stadt nicht bewältigt haben sowie Städte an der Peripherie der Weltwirtschaft, darunter nahezu alle Städte in Entwicklungsländern (Brenner 1998, 7). Antrieb dieser Entwicklungen dürfte nach Neil Brenner (1998, 29) der globalisierte Kapitalismus sein.

Eine weitere Eigenheit der informationellen Städte ist ihre Entwicklung hin zu einer „Konsumlandschaft". Neben der Vermischung kultureller Formen (in einer informationellen Stadt wie London kann man gleichzeitig Fan von Arsenal und Besucher der British Library sein, die Oper genauso besuchen wie ein Rockkonzert), der Betonung von Freizeit und Vergnügen ist der zentrale Aspekt des Konsums laut Webster (1995, 212) das „Shopping":

> At the heart of all this is consumption, and perhaps most notable, *shopping*, which in the postmodern city takes on a primary cultural role. ... Here we are referring to shopping as *an end in itself*, as a pleasurable experience ... There is a slogan which captures this well (and in appropriate parodic form): 'I shop therefore I am'.

Sowohl die Anzahl als auch das Angebot von Shopping-Malls in fortgeschrittenen Informations- und Wissensgesellschaften wie u. a. in Singapur oder Dubai bestätigen diese These. Wohlgemerkt: Hier geht es um physisches „Event-Shopping" und nicht etwa um Einkaufen über das Internet.

Das Freizeit- und Unterhaltungsangebot glokaler Städte erinnert an einen urbanen Vergnügungspark – man denke an Riesenräder im Stadtkern von London oder Singapur – und lassen Swyngedouw und Kaïka (2003, 11) von einem „staged archaeological theme park" sprechen.

Die Stellung von **Wissenschaftsparks** definiert sich in der informationellen Stadt neu. Wissenschaftsparks in der Wissensgesellschaft umfassen den gesamten Prozess von der Grundlagenforschung über die angewandte Forschung bis zur Produkt- oder Prozessinnovation und nicht mehr – wie früher – nur die letzten Etappen des Innovationsprozesses. Insbesondere für die frühen Phasen von Innovationen ist es notwendig, dass Hochschulen in die Wissenschaftsparks integriert werden (Hansson et al. 2005, 1048):

> A first step in this direction would be to place future science park initiatives firmly within the institutional framework of existing higher education institutions. More generally, when it comes to promoting the commercialisation of research it is highly recommendable to make clear and consistent choice of base models. In this respect, the present study strongly indicates, that a model without intermediary institutions is preferable to a model in which intermediary institutions play a key role.

Möchte man die Bedeutung einer Stadt modellieren, so helfen bei glokalen informationellen Städten Kennwerte etwa zum Handel oder zur Industrieproduktion nicht mehr weiter. Vielmehr muss man deren Stellung in der globalen Informationswirtschaft herausarbeiten. Auch kann man nicht an den Verwaltungsgrenzen anhalten, da sich durchaus wichtige Unternehmen nicht mehr in den Stadtgrenzen ansiedeln, sondern ihre Aktivitäten (oder zumindest Teile davon) an die Peripherie verlagern. Für New York lässt sich beispielsweise beobachten, dass zentrale Dienstleistungen aus Manhattan in Richtung der Vororte in Connecticut und New Jersey verschoben worden sind (Hall 1997, 319). Peter Hall schlägt als Leitindikator für die informationelle Stadt den Zugang zu Informationen (sowohl face-to-face als auch via IKT vermittelt) vor, zu dem sich Werte für Arbeitskosten oder Mieten gesellen. Ziel ist es, alternative Messverfahren für die Attraktivität unterschiedlicher Arten von Informationsaktivitäten in der Stadt zu entwickeln (Hall 1997, 320):

> The outcome should be a new urban hierarchy of centres and sub-centres, based on position within a set of global information flows.

Streng zu unterscheiden von informationellen Städten sind rein **virtuelle „Städte"** (in der Literatur manchmal auch mit „information cities" bezeichnet). Diese repräsentieren entweder ein virtuelles Gegenstück zu einer wirklichen Stadt (wie z. B. www.sg für touristische Informationen und www.gov.sg für Regierungsinformationen über Singapur) oder eine gebietsunabhängige „Stadt" (wie etwa Facebook oder eBay – mit Millionen von Nutzern, die kommen und gehen, kaufen und verkaufen sowie soziale Kontakte pflegen, indem sie beispielsweise Bewertungen über andere „Mitbürger" abgeben). Virtuelle Städte sind durch starke interaktive und kollaborative Komponenten gekennzeichnet, die zum Verweilen einladen. Sairamesh, Lee und Anania (2004, 31) schreiben:

> All this means we can expect a new kind of virtual urbanization, where people spend more and more of their lives socializing and engaging in economic and political activities. We expect them to take many flavors, forms, and specializations, while offering services involving social interaction, business transaction, municipal services, and daily commerce.

4.4 Die digitale Kluft

Soziale Ungleichheit ist ein wesentliches Merkmal menschlicher Gesellschaften, materielle (z. B. Einkommen und Vermögen) und immaterielle Ressourcen (z. B. Bildung und Gesundheit) sind ungleich verteilt – einzelne gesellschaftliche Gruppen verfügen über (teilweise weitaus) mehr Ressourcen als andere. Soziale Ungleichheit liegt auch bei der Ressource Information vor, so dass wir hier grob zwischen Informationsreichen und Informationsarmen unterscheiden können (Warschauer 2003). Zwischen diesen beiden Gruppen tut sich die „digitale Kluft" (**digital divide**) auf (Britz 2004; Britz 2008). Auf der einen Seite stehen diejenigen, die Zugang zu Informations- und Kommunikationstechnik (vor allem zum Internet; Guillén/Suárez 2005) haben, IKT bzw. Internet nutzen sowie das dort gefundene Wissen auch adäquat (im Berufs- wie im Privatleben) anzuwenden wissen (OECD 2005, 69 ff.). Auf der anderen Seite stehen solche Menschen,

- die (a) keinen Zugang zu IKT bzw. zum Internet haben,

- die (b) zwar physikalischen Zugang zu den Netzen haben, aber diese nicht nutzen (weil sie beispielsweise die Sprache der WWW-Dokumente – zumeist ja in englisch – nicht verstehen),
- die (c) zwar die Netze nutzen, aber nicht in der Lage sind, das Wissen nutzbringend einzusetzen (weil sie z. B. ausschließlich auf Online-Spiele fixiert sind).

Die Aspekte (a) bis (c) sind Ausdruck einer „Informationsarmut" (Lumiérs/Schimmel, 2002, 51):

> Information-poor people do not possess sufficient information or they lack opportunities to apply the right information. Therefore they are disabled in their personal development and don't have enough support in their process of decision making.

Chen und Kidd (2008, 130) legen folgende griffige Definition der digitalen Kluft vor:

> The „digital divide" is the phrase commonly used to describe the gap between those who benefit from new technologies and those who do not – or the digital „haves" and the digital „have-nots".

In den ersten Jahren des Internet wurde die digitale Kluft vornehmlich technisch über den Zugang zur IKT definiert, heute steht zusätzlich die Frage im Vordergrund, ob jemand Zugang zum Wissen hat und dieses auch nutzt. Für Vehovar et al. (2006, 281) sollte man die beiden Aspekte der digitalen Kluft sorgsam auseinanderhalten:

> The first digital divide – which refers to differences in access and usage – will inevitable disappear when the Internet becomes universally accessible. However, the digital divide relating to experience and advanced usage will exist after this takes place.

Faktoren, die mitentscheiden, auf welcher Seite der Kluft jemand steht, sind das Vorhandensein von IKT in der Region und im gesamten Staat, die Motivation, sich mit IKT, Internet und den dort vorfindbaren Diensten und Dokumenten überhaupt zu befassen, der gesellschaftliche Status, der Bildungsgrad, die Information Literacy (das Umgehen mit dem Internet, seinen Diensten, den Suchwerkzeugen usw.), das Alter sowie der Wohnort (auf dem Lande oder in Ballungsräumen). Ohne die Realisierung wichtiger Faktoren – allem voran der Information Literacy (Hunt/Birks 2008) – dürfte das der Wissensgesellschaft eigene lebenslange Lernen kaum möglich sein. Jan van Dijk (1999; van Dijk/Hacker 2003, 315 f.) systematisiert die Lücken, die insgesamt die digitale Kluft ausmachen:

- „mental access": das Fehlen elementarer Erfahrungen im Umgang mit digitalen Medien,
- „material access": kein Zugang zu Computern und Netzverbindungen,
- „skills access": das Fehlen von Information Literacy – hervorgerufen durch unzureichende nutzerunfreundliche Systeme oder durch fehlende Erfahrungen auf der Nutzerseite,
- „usage access": das Fehlen der signifikanten Nutzungsmöglichkeiten.

Wenn wir vom materiellen Zugang absehen, haben alle anderen von van Dijk genannten Lücken mit einem unzureichenden Wissensstand der Informationsarmen zu tun. Es erweist sich damit als sinnvoll, die **Wissensklufthypothese** auf die digitale Kluft zu übertragen.

Diese „knowledge gap hypothesis" wurde allgemein hinsichtlich des Verhältnisses von Gesellschaftsgruppen zur Nutzung von Massenmedien formuliert (Tichenor et al. 1970, 159 f.):

> As the infusion of mass media information into a social system increases, segments of the population with higher socioeconomic status tend to acquire this information at a faster rate than the lower status segments, so that the gap in knowledge between these segments tends to increase rather than decrease.

Wenn der Informationsfluss ansteigt – diverse Fernsehsender, aber auch vielfältige Webangebote –, profitieren statushöhere und damit tendenziell gebildete Schichten eher von den angebotenen Informationen als statusniedere und damit tendenziell wenig gebildete Gruppen. Mit erhöhtem Informationsaufkommen wächst demnach die Wissenskluft zwischen den gesellschaftlichen Gruppen. Die Wissensklufthypothese ist ein Beispiel für das Erfolggebiert-Erfolg-Prinzip, das schon Matthäus (13,12) – unter explizitem Hinweis auf Wissen – formuliert hat:

> Denn wer viel hat, dem wird noch mehr gegeben werden, so dass er übergenug haben wird. Wer aber wenig hat, dem wird auch noch das wenige genommen werden, das er hat.

Der Bezug in Matthäus 13,10 bis 13 ist die Erkenntnis, also Wissen. Wer viel Wissen hat, dem wird noch mehr gegeben; wer wenig Wissen hat, der verliert im Laufe der Zeit auch noch das wenige. Diese Lektion der Bibel hat offenbar auch in der Wissensgesellschaft Gültigkeit. Mitentscheidend für die Teilnahme an der Wissensgesellschaft ist die jeweilige Wissensbasis; diese muss groß genug sein, um weiteres relevantes Wissen zu finden, zu verarbeiten und so nutzbringend in die beruflichen wie privaten Tätigkeiten einfließen zu lassen.

Die ursprüngliche Wissensklufthypothese, die ja nicht das Internet und seine Dienste thematisieren konnte, weil es diese seinerzeit gar nicht gab, lässt sich – als „Internet gap" (Bonfadelli 2002, 73 ff.) – auch bei der Digitalen Kluft beobachten. Heinz Bonfadelli (2002, 75 und 79) berichtet über Ergebnisse seiner empirischen Studien:

> (E)ducation seems to be the crucial factor (beim Internetzugang, Verf.), followed by income; differences based on age and sex are less strong.

> People with higher education use the Internet for informational and service-oriented purposes; people with lower education use the Internet significantly more for entertainment reasons.

Ganz wichtig erscheint uns folgende Bemerkung Bonfadellis (2002, 81):

> Internet access alone obviously does not automatically guarantee an informed and knowledgeable public.

Bildung alleine entscheidet nicht über die Partizipation an der Wissensgesellschaft. Sehr vereinfacht ausgedrückt: Man muss auch teilnehmen *wollen*. Motivation ändert die Tendenzen der Wissenskluft. Individuen und Gruppen mit hoher Motivation, Medien zu nutzen, aber gleichzeitig niedrigem Bildungsstand ähneln in ihrem Medienverhalten bildungsreicheren Gruppen – überwinden somit zumindest teilweise die Wissenskluft. Nojin Kwak (1999, 403) fand an empirischem Material zu zwei Motivationsvariablen (Interesse bzw. Mitwirkung an einer Wahlkampagne) heraus, dass Bildung und Motivation voneinander unabhängig den Wissenserwerb beeinflussen.

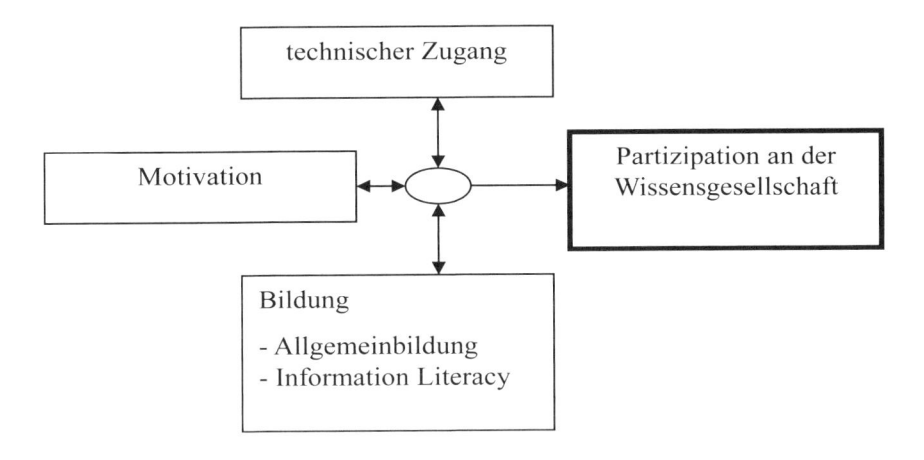

Abbildung 4.2: Faktoren der Partizipation an der Wissensgesellschaft.

In Abbildung 4.2 sind die hauptsächlichen Aspekte zusammengefasst, die über die Teilnahme oder Nicht-Teilnahme an der Wissensgesellschaft entscheiden. Der Zugang zu IKT und dem Internet (und die Möglichkeit, dies überhaupt finanzieren zu können) ist eine notwendige Bedingung, hinreichend wird die Bedingung erst beim Vorliegen der Motivation, sich überhaupt auf die Besonderheiten der Wissensgesellschaft einzulassen, und beim Erreichen eines Bildungsstandes, der die adäquate Nutzung der digitalen Medien ermöglicht.

4.5 Abweichendes Informationsverhalten

In Soziologie, Psychologie und Pädagogik wird unter abweichendem Verhalten ein solches Verhalten verstanden, das von in einer Gesellschaft akzeptierten Werten abweicht bzw. als gültig betrachtete Normen verletzt. Verstößt jemand gegen moralische Normen, so spricht man von „Devianz", verletzt man kodifizierte juristische Normen, so wird daraus „Delinquenz". „Abweichendes Informationsverhalten" meint Devianz und Delinquenz im Umgang mit digitalen Informationen, vor allem im Internet (Phillips 2006). Wir wollen hier schlaglichtartig auf einige wichtige Formen abweichenden Informationsverhaltens hinweisen.

4.5.1 Problematische Internetnutzung

Ein erster Bereich fasst die problematische Internetnutzung („problematic internet use", PIU) zusammen. Hierbei handelt es sich um Nutzung des Internet mit Folgen für die mentale, emotionale und körperliche Gesundheit der Nutzung bis hin zur Internetabhängigkeit („internet addiction"). Da es sich bei der Abhängigkeit allenfalls um „behavioral addiction" (Shapira et al. 2003, 209) und damit um eine Fehlkonditionierung handelt, lehnen einige Autoren (wie Shapira et al.) diese Bezeichnung ab und sprechen von PIU. Derzeit ist noch ungeklärt, ob es sich bei PIU um ein neues psychiatrisches Krankheitsbild handelt oder ob bereits bekannte Krankheitsbilder (wie beispielsweise Spielsucht) vorliegen, die lediglich mit dem Internet eine neue Erscheinungsweise bilden (Yellowlees/Marks 2007). Wir können folgende Auftretensformen von PIU ausmachen:

- kommunikationsorientierte PIU (exzessive Nutzung von Chats, E-Mails, Foren, Blogs, Social Networks),
- wissensorientierte PIU (exzessive Mitarbeit bei Wikis bzw. bei fachlich orientierten Blogs),
- spielorientierte PIU (exzessive Nutzung von Online-Spielen; insbesondere von MMOG („massively multiplayer online games") wie WoW („World of Warcraft")),
- sexorientierte PIU (exzessiver Konsum von Pornographie im Internet).

Allen Auftretensformen ist gemeinsam, dass die Patienten erhebliche Zeit mit nicht beruflichen Internetaktivitäten verbringen und entsprechend andere soziale Beziehungen vernachlässigen (Liu/Potenza 2007). Bei Befragungen von Nutzern mit PIU stellt sich heraus, dass bei vielen ein Gefühl der Einsamkeit vorherrscht, wobei allerdings Grund und Folge noch nicht klar auszumachen sind (Ceyhan/Ceyhan 2008, 700):

> (I)t is difficult to determine whether loneliness is a symptom of excessive Internet use or whether heavy Internet use is a symptom of loneliness.

Selbst bei Online-Spielen findet sich – insbesondere bei Neulingen – diese Einsamkeit („alone together"; Ducheneaut et al. 2006), die allerdings mit fortschreitender Spieldauer (bei WoW der Mitarbeit in „Gilden") aufgehoben wird. Die gemeinsamen sozialen Aktivitäten finden zwar insbesondere im digitalen Raum statt, wirken sich aber auch in die Offline-Welt aus, insofern sich WoW-Gilden-Mitglieder auch persönlich treffen (Nardi/Harris 2006).

4.5.2 Belästigungen über das Internet

Bei den Internetbelästigungen („cyber harassment") unterscheiden wir das Nachstellen über das Internet („cyberstalking") und das Tyrannisieren bzw. Mobbing über das Internet („cyberbullying"), entweder am Arbeitsplatz oder (als „Dissen") in der Schule (Miller 2006; Shanmuganathan 2010). **Cyberstalking** ist das Nutzen des Internets und seiner Dienste, um anderen Personen nachzustellen und diese dadurch massiv zu belästigen (Hoffmann 2006, 197). Cyberstalking kann alleine auftreten, kann aber auch zusätzlich zu herkömmlichen Verhaltensweisen (Telefonanrufe, physische Annäherung) vorkommen. Häufig kommen E-Mails, Instant Messenger und Chats zum Einsatz, wobei eine Art von „Hyper-Intimität" aufgebaut (Versenden von „Liebes"-Mails), der Transfer in die reale Welt versucht (nach den

Online-Kontakten Übergang zu physischen Bedrohungen oder Annäherungen) sowie Bedrohungen ausgesprochen werden (Spitzberg/Hoobler 2002, 80).

Beim **Cyberbullying** beabsichtigt der Täter, seinem Opfer via Internet zu schaden (Kowalski/Limber/Agatston 2008). Das Mobbing über das Internet fand große Beachtung, nachdem über einen Selbstmord einer dreizehnjährigen amerikanischen MySpace-Nutzerin infolge bösartiger Nachrichten berichtet wurde. Megan, ohnehin von Depressionen geplagt, hatte sich via MySpace mit einem gewissen Josh befreundet (Ruedy 2008). Der zunächst freundschaftliche Ton änderte sich zu Äußerungen von Josh wie „the world would be a better place without you", was zu Megans Selbstmord führte. „Josh" war die Mutter einer Schulfreundin von Megan, die auf diese Weise in Erfahrung bringen wollte, wie Megan zu ihrer Tochter steht. Joshs Account wurde auch von der Schulfreundin selbst sowie von einer Mitarbeiterin benutzt, wobei letztere die Selbstmord auslösende Bemerkung verfasst hatte. Keine der Beteiligten wurde verurteilt. Cyberbullying findet bevorzugt über E-Mail und Chats statt, reicht aber auch bis zum Veröffentlichen diskriminierender Berichte, Videos oder Fotos (ggf. auch böswilliger Fotomontagen) in Diensten sozialer Netzwerke (wie Facebook), in File-Sharing Services (beispielsweise YouTube und Flickr) oder im WWW. Unter Jugendlichen scheint Cyberbullying recht weite Verbreitung erfahren zu haben. Li (2007) berichtet, dass rund 15% der Befragten zugaben, selbst andere digital terrorisiert zu haben, und 25% angaben, dass sie Opfer entsprechender digitaler Angriffe waren. Während es bei den Opfern keine geschlechtsspezifischen Unterschiede zu beobachten gibt, sind die Täter eher männlich als weiblich. 22,3% befragter Mittelstufenschüler haben Erfahrungen im aktiven Cyberbullying, wohingegen nur 11,6% der Schülerinnen aktiv andere online terrorisiert haben (Li 2006, 163).

4.5.3 Online-Betrug

Das Internet ermöglicht Betrügern neue Formen ihrer Tätigkeiten. Weitverbreitet ist der **Betrug bei Auktionshäusern** (wie beispielsweise eBay) (Gavish/Tucci 2008). Der Betrug hat diverse Ausprägungen (Gregg/Scott 2006, 98):

- die Ware wird vom Kunden zwar bezahlt, vom Verkäufer jedoch nicht geliefert,
- der Verkäufer täuscht die Kunden über den Wert der Ware (und nutzt dabei die bekannten Informationsasymmetrien in der Informationswirtschaft in krimineller Absicht aus),
- der Verkäufer fordert nach Vertragsabschluss zusätzliche „Gebühren",
- es werden Schwarzmarktprodukte (z. B. illegal kopierte CD oder DVD) angeboten,
- der Verkäufer bietet (unter mehreren Aliassen) beim Versteigern der eigenen Produkte mit, um den Preis zu erhöhen.

Zum Gegensteuern von Auktionsbetrug bieten sich einerseits Reputationssysteme an, die Käufer wie Verkäufer knapp und übersichtlich durch ein Sternesystem (errechnet über die

Anzahl der Bewertungen sowie den Anteil positiver Bewertungen) evaluieren sowie andererseits Abrechnungen, die über einen Treuhänder abgewickelt werden.

Der **Nigerian Letter Fraud** (oder auch 419-Betrug nach dem einschlägigen Paragraphen des Nigerianischen Gesetzes) arbeitet mit der Gutgläubigkeit von Mailadressaten. Der Betrüger wendet sich unter irgendwelchen Vorwänden an das Opfer und verspricht hohe finanzielle Gewinne (siehe Abbildung 4.3). Stimmt das Opfer zu, werden gewisse „Gebühren" fällig, dann weitere usw. (Cukier et al. 2007, 2):

> For the funds to be released, the victim must provide further fees and payments, usually by wire transfer, for various taxes and expenses to consummate the transaction. The victim must pay these fees (attorney fees, duty, taxes, etc.) to process the transaction, and the sender claims that „just one more" fee/stamp/duty/form, etc. must be processed before the millions can be released.

Je mehr sich ein Opfer bereits auf das „Geschäft" eingelassen hat, desto geringer wird die Wahrscheinlichkeit, dass er aussteigt.

Dies ist eine private Geschäfts Transaktion, die uns sehr viel einbringen wird. Mein Name ist Herr. Babalo Thaba und ich arbeite in der Chartered Bank von Johannesburg in Süd Afrika. Ich habe Ihre email adresse über eine Agentur, die Einblick in die europäische Datenbank hat, erhalten. Während einer kürzlich durchgeführten Buch- und Rechnungsprüfung von Konten, sind wir auf ein Konto gestossen, dass seit über fünf Jahren stillgelegt ist. Das Guthaben auf diesem Konto beläuft sich auf die Summe von $ 14,3 mio (USD). Der Name des Kontoinhabers ist Herr Francis Bosch, ein Kunde europäischer Herkunft, der hier in Südafrika im Diamantengeschäft und Handel tätig war. Nach unseren Ermittlungen kam Herr Bosch, gemeinsam mit seiner gesamten Familie, vor ca. 4 Jahren bei einem flugzeugabsturz ums Leben. Nach unseren Informationen reiste er regelmässig in die Schweiz, nach Deutschland und Österreich. All unsere Bemühungen einen Verwandten ausfindig zu machen erwiesen sich als erfolglos. Nach dem Gesetz unseres Landes geht in der Regel ein solches Vermögen, wenn nicht von jemandem angefordert,in die Taschen der Regierung. Aus Erfahrung, die ich während meiner vielen Jahren in diesem Land gemacht habe, enden Fonds dieser Art meist in Hände von korrupten Beamten, die sich daran bereichern und ihren selbstsüchtigen Interessen nachgehen. Ich habe Sie nun kontaktiert, um mir behilflich zu sein diese Fonds anzufordern, weil ich selbst dazu nicht befugt bin, da ich in der selben Bank angestellt bin. Ich möchte aber, dass der Erlös wieder in würdige Hände, vor allem wieder nach Europa fliesst.

Abbildung 4.3: Anbahnung eines Nigerian Letter Fraud. Quelle: E-Mail von „Babalo Thaba" (im Originalwortlaut; gekürzt).

Anbieter kontextsensitiver Online-Werbung bei Suchmaschinen (wie beispielsweise Google mit den Produkten AdWords – Werbung auf der Google-Suchseite – und AdSense – Werbung auf Google-Partnerseiten) sind zweifach Betrug ausgesetzt. Der **Click Fraud** tritt sowohl als Wettbewerber-Klickbetrug (bei AdWords) als auch als Werbepartner-Klickbetrug (bei AdSense) auf (Soubusta 2008). Der Competitor Click Fraud betrifft das vielfache Anklicken der Werbeanzeige eines Wettbewerbers mit den Zielen, diesem finanziell zu schaden oder (nach Erreichen des maximalen Tagesbudgets) dessen Werbung aus der Liste der Werbeanzeigen bei Google zu entfernen. Beim Publisher Click Fraud lässt der Werbepartner auf die Anzeigen seiner Seite massiv klicken, um so seine Einnahmen zu erhöhen. Klickbetrug wird entweder manuell oder mithilfe von Botnets (s. u.!) durchgeführt.

Pishing („Password Fishing") meint das betrügerische Ausspähen von Benutzernamen, Passwörtern usw., um die erhaltenen Informationen zum Missbrauch beim Online-Banking oder bei der unrechtmäßigen Nutzung von Kreditkarten einzusetzen (Jakobsson/Myers 2007). Die Betrüger erstellen eine (mehr oder minder genaue) Kopie einer vertrauenswürdigen Webseite, auf die sie mittels Mail hinweisen, oder versenden eine ebenso vertrauenerweckende Mail. Das Opfer wird aufgefordert, geheime Informationen über Konten, Passwörter usw. preiszugeben. In einer Variante des Verfahrens arbeitet der Betrüger mit Schadprogrammen, die in die Kommunikation zwischen Kunden und beispielsweise seiner Bank eingreifen und auf diese Weise die Zugangsdaten „umleiten". Ziel von Phishing ist stets Identitätsdiebstahl, der bei den Opfern zu finanziellen Verlusten führt.

4.5.4 Kriminelle Internetnutzung

Bei der Computerkriminalität spielt der Rechner eine besondere Aufgabe, er kann Ziel eines Angriffs, das Instrument der kriminellen Handlung oder Beweismittel sein (Vacca 2005, 6). Beweismittel ist ein Computer insofern, wenn auf ihm Informationen über Straftaten gespeichert sind (beispielsweise wenn ein Hacker eine von einem fremden Rechner unrechtmäßig kopierte Datei auf seinem eigenen Computer ablegt). Spielt ein Dritter ungewünschte und vom Anwender nicht kontrollierbare Programme auf einen Rechner, so sind dies Schadprogramme bzw. „malicious software" (Malware) (Kaspersky 2008). Malware sind entweder Viren (sich selbst reproduzierende Programmkomponenten, die sich an andere Programme anlagern, mit diesen weitergegeben werden und die vom Anwender nicht kontrollierbare Veränderungen im Zielrechner hervorrufen), trojanische Pferde (eigenständige Programme, die sich nicht selbst reproduzieren) oder Computerwürmer (eigenständige Programme, die sich selbst über Netze, etwa durch „infizierte" E-Mails, verbreiten). Beweggründe, Malware zu erstellen und zu verteilen, liegen in der Selbstbestätigung der Täter, in ihrer Zugehörigkeit zu einer Informationssubkultur oder in kriminellen Absichten. So können über Malware beispielsweise Tastaturanschläge mitgespeichert oder Dateien aus dem Zielrechner kopiert werden.

Eine besondere Art von Computerkriminalität ist der Betrieb eines **Botnet**. Über eine Malware wird ein fremder Rechner (als „bot") – ohne dass dies dem Nutzer bekannt ist – von einem Botmaster „übernommen" und mit anderen Bots zu einem Netz unter Nutzung des Internet Relay Chat-Protokolls (IRC) zusammengeschaltet. Der Botmaster kann über „Command and Control"-Kanäle (C&C) das gesamte Netz für seine Absichten ausnutzen. Anwendungsfälle sind u. a.:

- Versenden von Spam-Mails,
- Ausführen von Klickbetrug,
- Verfälschung von Online-Abstimmungen,

- Ausführen verteilter Denial of Service-Attacken (DoS) zum Herbeiführen eines Systemabsturzes durch Überlastung beim Zielsystem (Freiling et al. 2005).

Welche **Motive** leiten Informationsspezialisten, „Cybercrime" zu begehen? Neufeld (2010) hat herausgefunden, dass rund 2/3 aller Straftaten im Internet aus der Motivation heraus begangen werden, finanzielle Vorteile zu erlangen, sei es etwa durch Identitätsdiebstahl oder durch Betrug. Racheakte spielen bei rund 16% aller Fälle eine Rolle. Hier sind es vor allem entlassene IT-Fachkräfte, die das System der ehemaligen Arbeitgeber schädigen. In 10% der Fälle geht es um Reputationsgewinn des Hackers in der jeweiligen Subkultur. 8% werden mit dem Ziel durchgeführt, dem eigenen Unternehmen wirtschaftliche Vorteile, beispielsweise durch das Aufspüren von Geschäftsgeheimnissen von Wettbewerbern, zu verschaffen. Und für ebenfalls 8% der analysierten Verbrechen ist schlicht der „Nervenkitzel" beim Ausführen der Tat leitendes Motiv.

4.6 Informationssubkulturen: Hacker, Cracker, Crasher

Definiert über gleiche Interessen, entsteht mit den Hackern eine eigene Subkultur, die über eigene Wertvorstellungen sowie über einen eigenen Stil verfügt (Thomas 2002, 141):

> As a subculture, hackers have developed a particular sense of style that has been transformed over time and has been structured as an increasingly fluid and powerful form of resistance. As a youth culture, hackers are continually looking for ways to perturb or disrupt authority and challenge any understanding or representation of who they are.

Der typische (amerikanische) Hacker ist weiß, lebt in einer Vorstadt, ist ein Junge der Mittelschicht und besucht sehr wahrscheinlich eine Highschool. Er ist in aller Regel selbstmotiviert, verfügt über eine hohe Technikbegeisterung und hat sich (programmier-)technisches Wissen angeeignet (Thomas 2002, XIII). In einer genaueren Sicht können wir drei unterschiedliche Gruppen ausmachen:

- Hacker (definiert über das Ziel, in fremde Computersysteme einzudringen, ohne dort etwas zu verändern – der Reiz liegt einzig darin, Zugangsbarrieren überwunden zu haben),
- Cracker (definiert über das Ziel, Kopierschutz bei Software oder bei Content, beispielsweise Filmen, zu entfernen),
- Crasher (definiert über das Ziel, fremde Rechner oder Computersysteme mit Malware zu infizieren und ggf. ein Botnet zu betreiben).

Die Hacker-Subkultur verfügt über eigene Ethik, die der Chaos Computer Club (CCC; Motto: „Kabelsalat ist gesund") so wiedergibt (CCC 1998):

> Der Zugang zu Computern und allem, was einem zeigen kann, wie diese Welt funktioniert, sollte unbegrenzt und vollständig sein.

- Alle Informationen müssen frei sein.
- Misstraue Autoritäten – fördere Dezentralisierung.
- Beurteile einen Hacker nach dem, was er tut und nicht nach üblichen Kriterien wie Aussehen, Alter, Rasse, Geschlecht oder gesellschaftlicher Stellung.
- Man kann mit einem Computer Kunst und Schönheit schaffen.
- Computer können dein Leben zum Besseren verändern.
- Mülle nicht in den Daten anderer Leute.
- Öffentliche Daten nützen, private Daten schützen.

Die Cracker-Subkultur entsteht mit dem Aufkommen des Kopierschutzes. Je nach ihrer Beschäftigung mit Kopierschutz und Warez (die Schwarzkopien der gecrackten Dokumente) unterscheidet man drei unterschiedliche Gruppierungen (Krömer/Sen 2006):

- Releaseszene (definiert über das Ziel, unter Nutzung eigener Rechner Kopierschutz zu entfernen und Warez bereitzustellen),
- FXP-Szene (definiert über das Ziel, unter Nutzung fremder Rechner – also mittels Serverpiraterie – Warez zu beschaffen und zu verbreiten),
- Filesharer-Szene (definiert über das Ziel, Warez, vor allem Musik und Videos, zu beschaffen und zu verbreiten; hierzu gehören alle Gelegenheitskopierer, die sich kostengünstig Dokumente beschaffen).

Mit Wikipedia kommt eine neue Gruppe von Hackern ins Spiel: Wikipedia-„Trolle" versuchen, Informationen zu verfälschen oder Dokumente zu zerstören. Zudem versuchen sie, bei Diskussionen über Artikel Dissens zu erreichen und sabotieren derart die Entwicklung Wikipedias. Ihr Verhalten ähnelt dem der Hacker (Shachaf/Hara 2010).

Die Informationssubkulturen bewegen sich teilweise auf kriminellem Terrain. Während bei den Hackern (in unserer engen Definition) kaum kriminelle Handlungen vorliegen, verstoßen Crasher eindeutig gegen das Computerstrafrecht. Die Cracker geraten in Konflikt mit dem Urheberrecht, die FXP-Szene durch die Serverpiraterie zusätzlich mit dem Strafrecht.

4.7 Dark Web: Informationsverhalten terroristischer Gruppen

Unter dem Dark Web fassen wir alle Aktivitäten terroristischer Gruppen (oder – in alternativer Sichtweise – der „Freiheitskämpfer") im Internet zusammen. Hierunter fallen Webseiten im Oberflächenweb (also den Suchmaschinen zugänglich; Chen et al. 2005), Seiten im Deep Web (durch gängige Suchwerkzeuge nicht auswertbar), Beiträge in Diskussionsforen, Postings in Weblogs (einschließlich der Podcasts und Vodcasts), im Web verteilte Video- und Audio-Dateien, E-Mails und Diskussionen in Chatrooms. Unter „Terrorismus" verstehen wir (U.S. State Dept., 2002):

Premediated, politically motivated violence perpetrated against noncombatant targets by subnational groups or clandestine agents, usually to influence an audience.

Eine terroristische Gruppe ist eine Einheit (oder Subeinheit einer größeren Organisation), die Terrorismus praktiziert. Das Dark Web umfasst alle internet-bezogenen Aktivitäten terroristischer Gruppen und ihrer Mitglieder. Terroristische Gruppen nutzen das Dark Web vorwiegend zur Lösung folgender Aufgaben (Thomas 2003; Weinmann 2004; Qin et al. 2007, 72):

- psychologische Kriegsführung,
- Öffentlichkeitsarbeit,
- Fundraising,
- Anwerben von Mitarbeitern,
- Mobilisierung von Mitarbeitern,
- Networking, Informationsaustausch,
- Planung und Koordination von Aktivitäten, „cyberplanning",
- „normale" Websuchen (Informationen über mögliche Ziele, E-Mail-Verteilerlisten usw.).

Abbildung 4.4: Öffentlichkeitsarbeit über das WWW bei den Qassam-Brigaden.4 Quelle: www.alqassam.ps/english (Version vom 15.6.2006); recherchiert über die Wayback Machine (www.archive.org).

Hierbei finden teilweise Methoden der Steganographie Einsatz (im Beispiel eine maskierte Geheimschrift):

> The semester begins in three more weeks. We've obtained 19 confirmations for studies in the faculty of law, the faculty of urban planning, the faculty of fine arts, and the faculty of engineering,

so lautete der Code für Einsatzzeit, Anzahl der Attentäter und Zielorte der Aktivitäten am 11. September 2001 (Thomas 2003, 119). Für Timothy L. Thomas (2003, 112) ist klar,

> we can say with some certainty, al Qaeda loves the Internet.

Abbildung 4.4 zeigt die Einstiegsseite des Webauftritts der Qassam-Brigaden, die den militärischen Arm der palästinensischen Hamas darstellen und als terroristische Organisation gelten. Einige Gruppen (wie die Hamas) bemühen sich, außer in Landessprache auch internationale Webseiten aufzubauen. Paul Piper (2008, 38) stellt fest:

> These sites are rich in propaganda, alternative scenarios, arguments, philosophies, and often feature donation and/or recruitment options.

4.8 Informationspolitik

Mit dem Internet kommt ein neuer Kommunikationskanal zwischen staatlichen Institutionen und Bürgern auf. Besonders deutlich wird das neue Medium bei Wahlen. Allerdings waren Medien schon immer zentrale Elemente im **Wahlkampf**, wie dies Castells (2002[1997], 333) betont:

> Im Kontext demokratischer Politik ist der Zugang zu staatlichen Institutionen von der Fähigkeit abhängig, die Mehrheit der Wählerstimmen zu gewinnen. In den gegenwärtigen Gesellschaften erhalten die Menschen im Wesentlichen durch die Medien und in allererster Linie über das Fernsehen Informationen und bilden sich so ihre Meinung.

Obwohl das Fernsehen auch in der Informationsgesellschaft ein starkes Medium ist, wird das Internet – besonders das WWW und darin das kollaborativ arbeitende Web 2.0 – immer einflussreicher. Gemäß Kuhlen und Bendel (1998) war der erste deutsche politische Wahlkampf, der auch im Internet ausgetragen wurde, der Bundestagswahlkampf im Jahr 1998, da hier sowohl die Parteien und Kandidaten Webpräsenzen aufbauten, die Beteiligung der Bevölkerung an „Testwahlen" gegeben war, als auch intensiv Foren zur Diskussion über die Wahl genutzt wurden. Bei den Präsidentschaftswahlen der USA im Jahr 2008 machte der erfolgreiche Kandidat Barack Obama massiven Einsatz von eigenen Webseiten, aber auch von Kampagnen bei einem sozialen Netzwerk (Facebook) und einem Microblogging-Dienst (Twitter) (Glenn 2009). Für politisch interessierte Bürger sind die Internetdienste teilweise durchaus glaubwürdig, wie dies Johnson und Kaye (2009) bereits für die US-Präsidentenwahl 2004 beschreiben. Nach ihrer Untersuchung halten die Befragten Weblogs für die glaubwürdigste Online-Quelle, gefolgt von sog. „problemorientierten" Webseiten. Webseiten von Kandidaten sowie Mailing Lists bzw. Bulletin Boards gelten als moderat glaubwürdig, wohingegen Chats kaum Glaubwürdigkeit erzielen. Geht mit einem politisierten Internet eine veränderte Politik einher? Für Philip E. Agre (2002) sind die politischen Aktivitäten im Web in umfassendere soziale Prozesse eingebunden, wobei das Web nur ein einziges Element der Mediennutzung darstellt. Das Web hat allerdings den Charakter eines Verstärkers (Agre 2002, 317):

> The Internet changes nothing on its own, but it can amplify existing forces, and those amplified forces might change something.

Gerade bei Obama wird deutlich, dass die web-vermittelte „real-time" Politik (Agre 2002) nicht bei Wahlen stehen bleibt, sondern auch als „Verstärker" in den politischen Alltag einzieht (Greengard 2009, 17):

> While new media has enormous power to help a candidate get elected, it also yields influence as a tool for operating a more efficient and transparent government.

Dies führt uns zum **eGovernment**. Öffentliche Verwaltungen auf allen Ebenen arbeiten online sowohl mit den Bürgern als auch untereinander zusammen. Ersteres kann in den Varianten A-to-C (Administration – Consumer/Bürger) sowie A-to-B (Administration – Business) als Pendant zum Customer Relationship Management, letzteres in der Form A-to-A als öffentlicher Gegenspieler zum Supply Chain Management der Wirtschaft verstanden werden. Lee, Tan und Trimi (2005, 99 f.) beschreiben die Aufgaben des eGovernment:

> E-government is mainly concerned with providing quality public services and value-added information to citizens. It has the potential to build better relationships between government and the public by making interactions between citizens and government agencies smoother, easier, and more efficient.

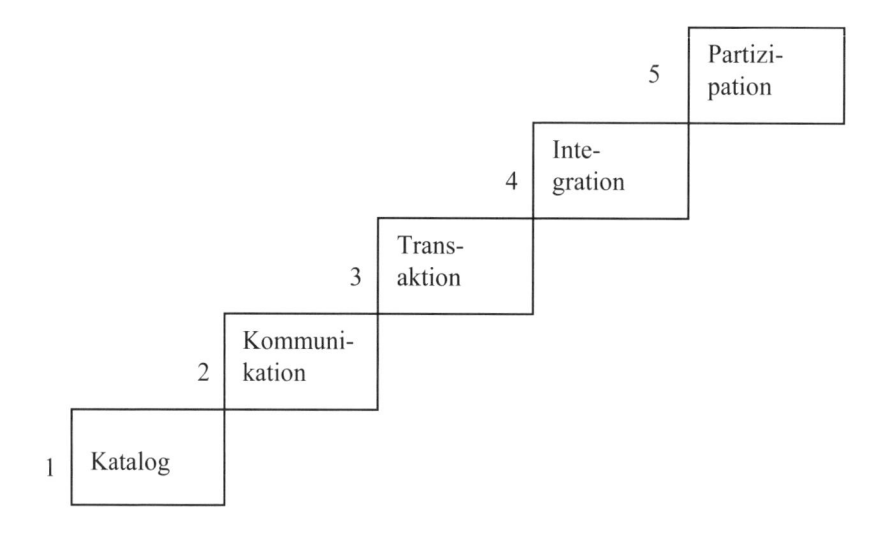

Abbildung 4.5: Stufen des eGovernment.

Nach aufsteigender technischer wie organisatorischer Komplexität können wir die Aktivitäten des eGovernment in fünf Stufen einteilen (Abbildung 4.5.). Unser Modell ist eine Vereinheitlichung der Ansätze von Layne und Lee (2001, 124) sowie von Moon (2002, 426). Stufe 1, genannt Katalog, zeigt dem interessierten Bürger Dokumente (beispielsweise Sitzungsprotokolle) und bietet ausdruckbare (aber persönlich abgebbare) Formulare an. Ab Stufe 2 wird eine direkte digitale Kommunikation zwischen den Beteiligten möglich. Formulare werden nunmehr auf der Bürgerseite ausgefüllt und online der Behörde übertragen. Ansprechpartner (Verwaltungsmitarbeiter wie Politiker) haben eine Mailadresse und bearbeiten ihre elektronische Post auch. Stufe 3 lässt Transaktionen zu; Steuern und Gebühren werden digital überwiesen, in der anderen Richtung fließen den Bürgern beantragte Fördermittel zu. Die Integration auf Stufe 4 meint sowohl die vertikale Integration (Verbindung gleicher oder ähnlicher Behörden auf unterschiedlichen Stufen in der staatlichen Behördenpyramide: Gemeinde, Kreis, Regierungsbezirk, Bundesland, Staat) als auch die horizontale Integration (Verbindung aller Behörden einer Gemeinde, eines Kreises usw. untereinander). Bei unklaren Zuständigkeiten erlaubt dies dem Bürger eine Orientierung, an wen er sich mit seinem Anliegen überhaupt wenden kann. Sind mehrere Administrationen an der Lösung eines Problems beteiligt, so reicht ein Antrag aus, der behördenintern weiterverteilt wird. Auf der höchsten Stufe ist die politische Partizipation der Bürger angesiedelt. Hier kann man an eine formale Beteiligung (etwa bei online durchgeführten Volksabstimmungen) genauso denken wie an informelle Aktionen (Führen von politisch motivierten Weblogs, Microblogs, Foren oder Webseiten). eGovernment kann nur funktionieren, wenn drei Voraussetzungen erfüllt sind (Layne/Lee 2001, 134 f.):

- Internetzugang für alle beteiligten Bürger,
- Sicherung der Privatheit und Diskretion,
- Bürgerorientierung behördlichen Handelns (und nicht etwa das Anpeilen von Kosteneinsparungen).

In einem Vergleich unterschiedlicher Länder lässt sich zeigen, dass die Verbreitung des Internet in einer Region hoch mit dem jeweiligen Grad der Demokratisierung korreliert, so dass Groshek (2009, 133) von einem großen „demokratischen Potential des Internet" spricht. Wie wir von der Diskussion um die Wissenskluftypothese gelernt haben, geht es beim Internetzugang nicht allein um die Technik, sondern auch um die Bildung und die Motivation, das Internet und seine Dienste adäquat zu nutzen. Dies betont Thompson (2008, 96) bei der Betrachtung von Informationsinfrastruktur und Demokratie:

> In democratic nations, it is believed such an infrastructure (telephone, postal, and broadcast services, libraries, schools, and other facilities, and electric and telecommunication installations …) contributes to the realization of the democratic ideals of effective participation and enlightened understanding.

Im Abschnitt über die digitale Kluft haben wir gesehen, dass ein Internetzugang für alle bei weitem nicht gegeben ist. Das Heranführen der Betroffenen an die neuen Medien und das gleichzeitige Überbrücken der digitalen Kluft wird als **eInclusion** bezeichnet (Kaplan 2005).

Wie weit geht ein Staat beim Heranführen seiner Bürger an die Wissensgesellschaft? Welche Dienste sind für alle – kostenfrei oder doch zumindest nicht diskriminierend kostengünstig – zugänglich? Dienste, die allen Bürgern derart angeboten werden, nennt man **Universaldienste** (Raber 2004; Stock 1997). Die Grenzen der Universaldienste werden in der jeweiligen nationalen Informationspolitik unterschiedlich abgesteckt. Das Spektrum reicht vom Sprachtelefon (Deutschland) über Breitbandanschlüsse (Schweiz), Informationsdienste mit Bezug auf Bildung, Gesundheit und öffentliche Sicherheit (USA) bis hin zum uneingeschränkten Zugang zu wissenschaftlich-technischen Datenbanken und Fachzeitschriften (Island; van de Stadt/Thorsteinsdóttir 2007). Unterstützt ein Staat lediglich die (rein technisch orientierte) Informationsgesellschaft, so dürfte ein Universaldienst der Breitbandanschlüsse adäquat sein; möchte ein Staat jedoch die (über die Inhalte definierte) Wissensgesellschaft vorantreiben, dann muss er auch für die Distribution wichtiger Inhalte sorgen und damit das isländische Modell realisieren.

Welche Optionen kann ein Staat verfolgen, um Informations- wie Wissensgesellschaft zu unterstützen? Wir unterscheiden mit Norbert Henrichs (1983) drei Wege der **Informationspolitik**:

- Ordnungspolitik: Die Politik beschränkt sich darauf, den gesetzlichen Rahmen für die Informations- bzw. Wissensgesellschaft abzustecken. Einschlägige Gesetze sind beispielsweise das Urheberrecht und der gewerbliche Rechtsschutz oder Gesetze zur Bekämpfung der Computerkriminalität.
- Strukturpolitik: Hier setzt die Politik Ziele für die Entwicklung einer Informations- und Wissensgesellschaft. Hierbei lassen sich zwei Varianten ausmachen.
  - Der Staat sieht sich in der Pflicht, durch eigene Aktionen gewisse gewünschte Entwicklungen voranzutreiben und diese auch zu finanzieren („Staatsparadigma"). So wurde in Deutschland in den 1970er Jahren das Informations- und Dokumentations- (IuD)-Programm verfolgt, das den Aufbau einer flächendeckenden Infrastruktur zur Versorgung mit wissenschaftlich-technischen Informationen vorsah (das aber wegen mangelnder Koordination und der immensen Kosten nicht zur Gänze realisiert werden konnte).
  - Der Staat hält den Markt für geeignet, die Ziele zu erreichen („Marktparadigma"). Er greift ggf. ein, um Investitions- und Risikobarrieren zu minimieren oder um bei temporärem Marktversagen in die Bresche zu springen und drohende Verluste auszugleichen (Subsidiaritätsprinzip).
- Förderpolitik: Der Staat fördert gewisse Vorhaben entweder auf institutioneller Ebene (z. B. die Finanzierung gewisser Bibliotheken oder Informationsanbieter) oder auf Projektebene (mit der Finanzierung einzelner zu beantragender und zu begutachtender Vorhaben).

Solche regelnden staatlichen und administrativen Aktivitäten werden als **eGovernance** zusammengefasst.

4.9 Fazit

- Eine Informationsgesellschaft wird technisch definiert. Die Informations- und Kommunikationstechnik als Basisinnovation fundiert (im Sinne Kondratieffs) eine lange Welle der Konjunktur; die Mitglieder dieser Gesellschaft benutzen bevorzugt Telematikgeräte zur Kommunikation.
- Eine Wissensgesellschaft ist eine Informationsgesellschaft, bei der der Informationsinhalt im Vordergrund steht. Wissen steht überall und jederzeit zur Gänze zur Verfügung. Da sich das Wissen im Laufe der Zeit ändert, müssen sich die Mitglieder der Wissensgesellschaft diesen Änderungen bewusst sein. Dies führt zu lebenslangem Lernen.
- Die Infrastruktur der Informationsgesellschaft setzt sich aus Telefonie (Festnetz, Mobilfunk, VoIP), Breitbandvernetzung und Internet (Hosts, Computerdichte, Internetanschlüsse, Internetnutzer) zusammen.
- In einer Wissensgesellschaft kommen zur technischen Infrastruktur das Bildungswesen, ein angemessenes System der Wissenschaft und Technik sowie ein ausgebautes Bibliothekswesen hinzu.
- Der Entwicklungsstand eines Landes kann durch den Human Development Index (HDI) abgeschätzt werden. Der HDI korreliert stark mit den Indikatoren der Informations- und Wissensgesellschaft: mit dem ICT Development Index (IDI) mit einem Wert von +0,90, mit dem Networked Readiness Index (NRI) mit einem Wert von +0,75. Menschlicher Entwicklungsstand und Entwicklungsstand der Informations- und Wissensgesellschaft sind demnach eng miteinander verbunden.
- Technologische Zentren des Informationsmarktes zeichnen sich durch eine dichte räumliche Konzentration aus, meist sind sie am Rande von Ballungsräumen gelegen; sie sind zudem mit anderen Internetzentren digital verbunden.
- Die Berufswelt der Wissensgesellschaft ist durch mobile Telearbeit (mit dem „Büro unterwegs") und die Polarisierung der Berufe (gut bezahlte analytische oder interaktive Tätigkeiten versus schlecht bezahlte manuelle Arbeiten) bei gleichzeitiger Tendenz zum Abbau von Routineaufgaben (die zunehmend die Maschinen übernehmen) gekennzeichnet.
- Die informationelle Stadt ist die idealtypische Stadt der Wissensgesellschaft, die sich – neben den konventionellen „spaces of place" – durch „spaces of flow" auszeichnet. Informationelle Städte sind glokal (d.h. lokal wie global) ausgerichtete Weltstädte; sie sind Sitz international agierenden Finanzdienstleister und von technologie- wie wissensintensiven Unternehmen. Sie sind in der Lage, auch unabhängig von nationaler Politik und Macht zu agieren. Eigenheiten solcher Städte sind umfassende kulturelle Angebote, ein hoher Freizeitwert sowie lockende Shopping Malls.

- Auch in einer Informations- oder Wissensgesellschaft gibt es soziale Ungleichheit. Nach der Möglichkeit zur Teilhabe an dieser Gesellschaft unterscheiden wir die Informationsreichen von den Informationsarmen, zwischen denen sich die digitale Kluft auftut.
- Die Wissenskluftphypothese besagt, dass bei steigendem Informationsfluss vornehmlich gebildete Schichten profitieren, während bei wenig Gebildeten die Orientierung verloren geht. Die Partizipation an der Wissensgesellschaft hängt von diversen Faktoren ab. Wichtig sind der technische Zugang zu Computern und Internet, die finanziellen Möglichkeiten, diesen auch zu bezahlen, ein hohes Maß an Allgemeinbildung und Information Literacy sowie die Motivation, sich überhaupt auf die Errungenschaften der Wissensgesellschaft einzulassen.
- Abweichendes Informationsverhalten meint sowohl die Devianz (Verletzen moralischer Normen) als auch die Delinquenz (Verletzen juristischer Normen) im Umgang mit digitalen Informationen.
- Die problematische Internetnutzung lässt sich durch exzessiven und zeitaufwändigen Internetkonsum definieren, der mit der Einsamkeit der „Patienten" korreliert. Belästigungen über das Internet kommen in den Formen des Cyberstalking (Nachstellen anderer Personen) und des Cyberbullying (Terrorisieren anderer Personen) vor.
- Online-Betrug und weitere kriminelle Internetnutzungsarten sind der Delinquenz zuzuordnen. Der Online-Betrug kommt bei Online-Auktionshäusern, als Nigerian Letter Fraud, als Click Fraud bei Suchmaschinen sowie als Phishing vor. Computerkriminalität betrifft weiterhin Malware (Viren, trojanische Pferde, Würmer) sowie Botnets.
- Hacker, Cracker und Crasher bilden Subkulturen, die sich an eigenen Wertvorstellungen orientieren.
- Das Internet wird auch von terroristischen Gruppen intensiv genutzt. Eigene Webseiten, Foren und andere Webdienste dieser Gruppen bilden das Dark Web.
- Das Verhältnis von Internet und Politik wird besonders bei Wahlen (und den vorangehenden Wahlkämpfen im WWW, im Web 2.0 oder bei Microblogging-Diensten) deutlich. Das Internet selbst ändert nicht die Inhalte der Politik, wirkt aber als Verstärker gewisser Aktionen.
- Das eGovernment verläuft über fünf aufeinander aufbauende Stufen: Katalog, Kommunikation, Transaktion, Integration und Partizipation.
- Es gibt im eGovernment drei Optionen für staatliche Einrichtungen, mit der Informations- und Wissensgesellschaft umzugehen (um diese beispielsweise mit zu gestalten): Ordnungspolitik, Strukturpolitik (mit den Varianten Staats- und Marktparadigma) und Förderpolitik.

4.10 Literatur

Abu Rajab, M.; Zarfoss, J.; Monrose, F.; Terzis, A. (2006): A multifaceted approach to understanding the botnet phenomenon. – In: Proceedings of the 6th ACM SIGCOMM Conference on Internet Measurement. – New York: ACM, S. 41-52.

Agre, P.E. (2002): Real-time politics: The internet and the political process. – In: The Information Society 18, S. 311-331.

Anand, S.; Sen, A. (1992): Human Development Index: Methodology and Measurement. – New York: United Nations Development Programme. – (Human Development Report Office Occasional Paper; 12).

Böhme, G. (1997): The structure and prospects of knowledge society. – In: Social Science Information 36(3), S. 447-468.

Bonfadelli, H. (2002): The internet and knowledge gaps. A theoretical and empirical investigation. – In: European Journal of Communication 17(1), S. 65-84.

Bonitz, M. (1986a): Wissenschaftliche Information und wissenschaftliches Verhalten. – Berlin: ZIID.

Bonitz, M. (1986b): Holographie- und Tempoprinzip: Verhaltensprinzipien im System der wissenschaftlichen Kommunikation. – In: Informatik 33, S. 191-193.

Bredemeier, W.; Stock, W.G. (2000): Informationskompetenz europäischer Volkswirtschaften. – In: Knorz, G.; Kuhlen, R. (Hrsg.): Informationskompetenz – Basiskompetenz in der Informationsgesellschaft. Proceedings des 7. Internationalen Symposiums für Informationswissenschaft. – Konstanz: UVK Universitätsverlag Konstanz, S. 227-243.

Brown, J.S.; Duguid, P. (2002): The Social Life of Information. – Boston, MA: Harvard Business School Press. – 2. Aufl.

Brenner, N. (1998): Global cities, glocal states: Global city formation and state territorial restructuring in contemporary Europe. – In: Review of International Political Economy 5(1), S. 1-37.

Britz, J.J. (2004): To know or not to know: A moral reflection on information poverty. – In: Journal of Information Science 30(1), S. 192-204.

Britz, J.J. (2008): Making the global information society good: A social justice perspective on the ethical dimensions of the global information society. – In: Journal of the American Society for Information Science and Technology 59(7), S. 1171-1183.

Castells, M. (1989): The Informational City. Information Technology, Economic Restructuring, and the Urban-Regional Process. – Oxford; Cambridge, Mass.: Basil Blackwell.

Castells, M. (2001[1996]): Der Aufstieg der Netzwerkgesellschaft. – Opladen: Leske + Budrich. – (Das Informationszeitalter; 1). – (Original: 1996).

Castell, M. (2002[1997]): Die Macht der Identität. – Opladen: Leske + Budrich. – (Das Informationszeitalter; 2). – (Original: 1997).

Castells, M. (2003[1998]): Jahrtausendwende. – Opladen: Leske + Budrich. – (Das Informationszeitalter; 3). – (Original: 1998).

Castells, M. (2005[2001]): Die Internet-Galaxie. Internet, Wirtschaft und Gesellschaft. – Wiesbaden: VS Verlag für Sozialwissenschaften. – (Original: 2001).

Castells, M. (2006[1993]): Cities, the information society and the global economy. – In: Brenner, N.; Keil, R. (Hrsg.): The Global Cities Reader. – London, New York: Routledge, S. 135-136. – (Original: 1993).

CCC (1998): Hackerethik / Chaos Computer Club. – Online: www.ccc.de/hackerethics.

Ceyhan, A.A.; Ceyhan, E. (2008): Loneliness, depression, and computer efficacy as predictors of problematic internet use. – In: CyberPsychology & Behavior 11(6), S. 699-701.

Chen, H.; Qin, J.; Reid, E.; Chung, W.; Zhou, Y.; Xi, W.; Lai, G.; Bonillas, A.A.; Sagemann, M. (2005): The dark web portal: Collecting and analyzing the presence of domestic and international terrorists groups on the web. – In: Lecture Notes in Computer Science 3495, S. 623-624.

Chen, I.; Kidd, T.T. (2008): Digital divide implications and trends. – In: Quigley, M. (Hrsg.): Encyclopedia of Information Ethics and Security. – Hershey; New York: Information Science Reference, S. 130-135.

Cukier, W.L.; Nesselroth, E.J.; Cody, S. (2007): Genre, narrative and the „Nigerian Letter" in electronic mail. – In: Proceedings of the 40th Annual Hawaii International Conference on System Sciences (10 Seiten).

David, P.A.; Foray, D. (2002): An introduction to the economy of the knowledge society. – In: International Social Science Journal 54(171), S. 9-23.

Ducheneault, N.; Yee, N.; Nickell, E.; Moore, R.J. (2006): „Alone together?": Exploring the social dynamics of massively multiplayer online games. – In: Proceedings of the SIGHCI Conference on Human Factors in Computing Systems. – New York: ACM, S. 407-416.

Dutta, S.; Mia, I. (2009): The Global Information Technology Report 2008-2009. – Cologny: World Economic Forum; Fontainebleau: INSEAD.

Flint, C.; Taylor, P. (2007): Political Geography. World-Economy, Nation-State and Locality. – Harlow: Pearson / Prentice Hall. – 5th Ed.

Freiling, F.C.; Holz, T.; Wicherski, G. (2005): Botnet tracking: Exploring a root-cause methodology to prevent distributed denial-of-service attacks. – In: Lecture Notes in Computer Science 3679, S. 319-335.

Friedmann, J. (1995): Where we stand: A decade of world city research. – In: Knox, P.; Taylor, P. (Hrsg.): World Cities in a World-System. New York: Cambridge University Press, S. 21-47.

Gavish, B.; Lucci, C.L. (2008): Reducing internet auction fraud. – In: Communications of the ACM 51(5), S. 89-97.

Glenn, V.D. (2009): Government and Web 2.0. – In: DttP: A Quarterly Journal of Government Information Practice & Perspective 37(2), S. 13-17.

Goos, M.; Manning, A. (2007): Lousy and lovely jobs: The rising polarization of work in Britain. – In: Review of Economics and Statistics 89(1), S. 118-133.

Gospodini, A. (2005): Landscape transformations in the postmodern inner city: Clustering flourishing economic activities and 'glocalising' morphologies. – In: WIT Transactions on Ecology and the Environment 84 (Sustainable Development and Planning II, Vol. 2), S. 1469-1485.

Graumann, S.; Speich, A. (2009): Innovationspolitik, Informationsgesellschaft, Telekommunikation. – Berlin: Bundesministerium für Wirtschaft und Technologie; München: TNS Infratest.

Greengard, S. (2009): The first internet president. – In: Communications of the ACM 52(2), S. 16-18.

Gregg, D.G.; Scott, J.E. (2006): The role of reputation systems in reducing on-line auction fraud. – In: International Journal of Electronic Commerce 10(3), S. 95-120.

Groshek, J. (2009): The democratic effects of the internet, 1994-2003. A cross-national inquiry of 152 countries. – In: The International Communication Gazette 71(3), S. 115-136.

Guillén, M.F.; Suárez, S.L. (2005): Explaining the global digital divide: Economic, political and sociological drivers of cross-national internet use. – In: Social Forces 84(2), S. 681-708.

Hall, P. (1985): The geography of the fifth Kondratieff. – In: Hall, P.; Markusen, A. (Hrsg.): Silicon Landscapes. – Boston, London, Sidney: Allen and Unwin, S. 1-19.

Hall, P. (1997): Modelling the post-industrial city. – In: Futures 29(4/5), S. 311-322.

Hansson, F.; Husted, K.; Vestergaard, J. (2005): Second generation science parks: From structural holes jockeys to social capital catalysts of the knowledge society. – In: Technovation 25, S. 1039-1049.

Heidenreich, M. (2002): Merkmale der Wissensgesellschaft. – In: Lernen in der Wissensgesellschaft. – Innsbruck (u.a.): StudienVerlag, S. 334-363.

Heidenreich, M. (2003): Die Debatte um die Wissensgesellschaft. – In: Böschen, S.; Schulz-Schaeffer, I. (Hrsg.): Wissenschaft in der Wissensgesellschaft. – Wiesbaden: Westdeutscher Verlag, S. 25-51.

Henrichs, N. (1983): Informationspolitik. Stichworte zu einer Podiumsdiskussion. – In: Kuhlen, R. (Hrsg.): Koordination von Informationen. Die Bedeutung von Informations- und Kommunikationstechnologien in privaten und öffentlichen Verwaltungen. – Berlin; Heidelberg: Springer, S. 348-355.

Hepworth, M.E. (1987): The information city. – In: Cities 4(3), S. 253-262.

Hoffmann, J. (2006): Stalking. – Heidelberg: Springer.

Hunt, F.; Birks, J. (2008): More Hands-on Information Literacy Activities. – New York: Neal-Schuman.

ITU (2009): Measuring the Information Society. The ICT Development Index. – Geneva: International Telecommunication Union.

Jakobsson, M.; Myers, S., Hrsg. (2007): Phishing and Countermeasures. Understanding the Increasing Problem of Electronic Identity Theft. – Hoboken, NJ: Wiley.

Johnson, T.J.; Kaye, B.K. (2009): In blogs we trust? Deciphering credibility of components of the internet among politically interested internet users. – In: Computers in Human Behavior 25, S. 175-182.

Kaplan, D. (2005): e-Inclusion: New Challenges and Policy Recommendations. – eEurope Advisory Group.

Kaspersky, E. (2008): Malware. Von Viren, Würmern, Hackern und Trojanern und wie man sich vor ihnen schützt. – München: Hanser.

Kelley, A.C. (1991): The human development index: „Handle with care". – In: Population and Development Review 17(2), S. 315-324.

Kondratieff, N.D. (1926): Die langen Wellen der Konjunktur. – In: Archiv für Sozialwissenschaft und Sozialpolitik 56, S. 573-609.

Kowalski, R.M.; Limber, S.P.; Agatston, P.W. (2008): Cyber Bullying: Bullying in the Digital Age. – Malden, Mass.: Wiley-Blackwell.

Krömer, J.; Sen, E. (2006): No Copy – Die Welt der digitalen Raubkopie. – Berlin: Tropen.

Kuhlen, R.; Bendel, O. (1998): Die Mondlandung des Internet. Die Bundestagswahl 1998 in den elektronischen Kommunikationsforen. – Konstanz: Universitätsverlag.

Kwak, N. (1999): Revisiting the knowledge gap hypothesis. Education, motivation, and media use. – In: Communication Research 26(4), S. 385-413.

Layne, K.; Lee, J. (2001): Developing fully functional e-government: A four stage model. – In: Government Information Quarterly 18, S. 122-136.

Lee, S.M.; Tan, X.; Trimi, S. (2005): Current practices of leading e-government countries. – In: Communications of the ACM 48(10), S. 99-104.

Li, Q. (2006): Cyberbullying in schools. – In: School Psychology International 27(2), S. 157-170.

Li, Q. (2007): New bottle but old wine: A research of cyberbullying in schools. – In: Computers in Human Behavior 23(4), 1777-1791.

Liu, T.; Potenza, M.N. (2007): Problematic internet use: Clinical implications. – In: CNS Spectrums 12(6), S. 453-466.

Lyon, D. (2005): A sociology of information. – In: Turner, B.S.; Rojek, C.; Calhoun, C. (Hrsg.): The Sage Handbook of Sociology. – London: Sage, S. 223-235.

Lumiérs, E.M.; Schimmel, M. (2004): Information poverty. A measurable concept? – In: Mendina, T.; Britz, J.J. (Hrsg.): Information Ethics in the Electronic Age. – Jefferson, NC; London: McFarland, S. 47-61.

McGillivray, M. (1991): The human development index: Yet another redundant composite development indicator? – In: World Development 19(10), S. 1461-1468.

Mensch, G. (1975): Das technologische Patt. Innovationen überwinden die Depression. – Frankfurt: Umschau.

Mia, I.; Dutta, S.; Geiger, T. (2009): Gauging the networked readiness of nations: Findings from the Networked Readiness Index 2008-2009. – In: Dutta, S.; Mia, I. (Hrsg.): The Global Information Technology Report 2008-2009. – Cologny: World Economic Forum; Fontainebleau: INSEAD, S. 3-26.

Miller, C. (2006): Cyber harassment: Its forms and perpetrators. – In: Law Enforcement Technology 33(4), S. 26-30.

Moon, M.J. (2002): The evolution of e-government among municipalities: Rhetoric or reality? – In: Public Administration Review 62(4), S. 424-433.

Nardy, B.; Harris, J. (2006): Strangers and friends: Collaborative play in World of Warcraft. – In: Proceedings of the 20th Anniversary Conference on Computer Supported Cooperative Work. – New York: ACM, S. 149-158.

Nefiodow, L. (1991): Der Fünfte Kondratieff. – Frankfurt: FAZ; Wiesbaden: Gabler.

Nefiodow, L. (1994): Informationsgesellschaft. Arbeitsplatzvernichtung oder Arbeitsplatzgewinne? – In: ifo Schnelldienst 12, S. 11-19.

Neufeld, D.J. (2010): Understanding cybercrime. – In: Proceedings of the 43rd Hawaii International Conference on System Sciences. – IEEE Computer Society Press.

OECD (2005): Guide to Measuring the Information Society / Working Party on Indicators for the Information Society (DSTI/ICCP/IIS(2005)6/FINAL) – Paris: Organisation for Economic Co-operation and Development.

Peña-López, I. (2006): Networked readiness index vs. human development index. – In: ICTlogy 30.

Phillips, J.G. (2006): The psychology of internet use and misuse. – In: Anandarajan, M.; Teo, T.S.H.; Simmers, C.A. (Hrsg.): The Internet and Workplace Transformations. – Armonk, NY: Sharpe, S. 41-62.

Piper, P. (2008): Nets of terror. Terrorist activity on the internet. – In: Searcher 16(10), S. 29-38.

Qin, J.; Zhou, Y.; Reid, E.; Lai, G.; Chen, H. (2007): Analyzing terror campaigns on the internet: Technical sophistication, content richness, and Web interactivity. – In: International Journal of Human-Computer Studies 65, S. 71-84.

Raber, D. (2004): Is universal service a universal right? A Rawlsian approach to universal services. – In: Mendina, T.; Britz, J.J. (Hrsg.): Information Ethics in the Electronic Age. – Jefferson, NC; London: McFarland, S. 114-122.

Ruedy, M.C. (2008): Repercussions of a MySpace teen Suicide: Should anti-cyberbullying law be created? – In: North Carolina Journal of Law & Technology 9(2), S. 323-346.

Sagar, A.D.; Najam, A. (1998): The human development index: A critical review. – In: Ecological Economics 25, S. 249-264.

Sairamesh, J.; Lee, A.; Anania, L. (2004): Information cities. – In: Communications of the ACM 47(2), S. 29-31.

Sassen, S. (2002): Towards a sociology of information technology. – In: Current Sociology 50(3), S. 365-388.

Schumpeter, J.A. (1961): Konjunkturzyklen. Eine theoretische, historische und statistische Analyse des kapitalistischen Prozesses. – Göttingen: Vandenhoek & Ruprecht.

Shachaf, P.; Hara, N. (2010): Beyond vandalism. Wikipedia trolls. – In: Journal of Information Science 36(3), S. 357-370.

Shanmuganathan, N. (2010): Cyberstalking: Psychoterror im Web 2.0. – In: Information – Wissenschaft und Praxis 61(2), 91-95.

Shapira, N.A.; Lessig, M.C.; Goldsmith, T.D.; Szabo, S.T.; Lazoritz, M.; Gold, M.S.; Stein, D.J. (2003): Problematic internet use: Proposed classification and diagnostic criteria. – In: Depression and Anxiety 17, S. 207-216.

Soubusta, S. (2008): On click fraud. – In: Information – Wissenschaft und Praxis 59(2), S. 136-141.

Spitz-Oener, A. (2006): Technical change, job tasks, and rising educational demands: Looking outside the wage structure. – In: Journal of Labor Economics 24(2), S. 235-270.

Spitzberg, B.H.; Hoobler, G. (2002): Cyberstalking and the technologies of interpersonal terrorism. – In: New Media & Society 4(1), S. 71-92.

Stehr, N. (1994): Knowledge Societies. – London: Sage.

Stiglitz, J. (2000): Scan globally, reinvent locally. Knowledge infrastructure and the localisation of knowledge. - In: Stone, D. (Hrsg.): Banking on Knowledge. The Genesis of the Global Development Network. - London: Routledge, S. 25-44.

Stock, W.G. (1997): Universaldienste. – Köln: Fachhochschule Köln / Fachbereich Bibliotheks- und Informationswesen. – (Kölner Arbeitspapiere zur Bibliotheks- und Informationswissenschaft; 4).

Stock, W.G. (2000): Informationswirtschaft. Management externen Wissens. – München, Wien: Oldenbourg.

Susser, I. (2002): Manuel Castells: Conceptualizing the city in the information age. – In: Susser, I. (Hrsg.): The Castells Reader on Cities and Social Theory. Malden, Mass.; Oxford: Blackwell, S. 1-12.

Swyngedouw, E.; Kaïka, M. (2003): The making of 'glocal' urban modernities. – In: City 7(1), S. 5-21.

Thomas, D. (2002): Hacker Culture. – Minneapolis: Univ. of Minnesota Press.

Thomas, T.L. (2003): Al Qaeda and the Internet: The danger of „cyberplanning". – In: Parameters 33(1), S. 112-123.

Thompson, K.M. (2008): The US information infrastructure and libraries: A case study in democracy. – In: Library Review 57(2), S. 96-106.

Tichenor, P.J.; Donohue, G.A.; Olien, C.N. (1970): Mass media flow and differential growth in knowledge. – In: Public Opinion Quarterly 34, S. 159-170.

UNDP (2007): Human Development Report 2007/2008. – New York: United Nations Development Programme.

United Nations (2006): The Digital Divide Report: ICT Diffusion Index 2005. – New York; Geneva: United Nations Conference on Trade and Development.

U.S. State Dept. (2002): Patterns of Global Terrorism.

Vacca, J.R. (2005): Computer Forensics. Computer Crime Scene Investigations. – Hingham, MA: Charles River Media. – 2. Aufl.

van de Stadt, I.; Solveig Thorsteinsdóttir (2007): Going E-only: All Icelandic citizens are hooked. – In: Library Connect 5(1), S. 2.

van Dijk, J. (1999): The Network Society. Social Aspects of New Media. – Thousand Oaks, CA: Sage.

van Dijk, J.; Hacker, K. (2003): The digital divide as a complex and dynamic phenomenon. – In: The Information Society 19, S. 315-326.

Vehovar, V.; Sicherl, P.; Hüsing, T.; Dolnicar, V. (2006): Methodological challenges of digital divide measurements. – In: The Information Society 22, S. 279-290.

Warschauer, M. (2003): Technology and Social Inclusion. Rethinking the Digital Divide. – Cambridge, Mass.: MIT Press.

Webster, F. (1995): Theories of the Information Society. – London; New York: Routlegde.

Weinmann, G. (2004): www.terror.net – How Modern Terrorism Uses the Internet. – Washington, DC: United States Institute of Peace. – (Special Report; 116).

Wersig, G. (1973): Informationssoziologie. Hinweise zu einem informationswissenschaftlichen Teilbereich. – Frankfurt/M.: Fischer Athenäum.

World Bank (2009): Measuring Knowledge in the World's Economies. – Washington, DC: World Bank Institute.

Xalter S. (2006): Der „Bibliotheksindex" (BIX) für wissenschaftliche Bibliotheken – eine kritische Auseinandersetzung (Hausarbeit). – München: Bayerische Bibliotheksschule.

Yellowlees, P.M.; Marks, S. (2007): Problematic internet use or internet addiction? – In: Computers in Human Behavior 23(3), S. 1447-1453.

5 Informationsrecht

5.1 Rechtsschutz von Informationen

Dokumente und der in diesen Dokumenten gespeicherte Content bewegen sich nicht im rechtsfreien Raum, sondern sind durch diverse Rechte geregelt. Eine Informationsgesellschaft hat eines ihrer Fundamente in „geistigen Gebilden" – Content und Software – und bedarf daher in besonderem Maße des Schutzes geistigen Eigentums, wie dies Drahos (2005, 140) betont:

> Intellectual property rights have a fundamental and catalysing role in a knowledge economy.

Ein zusammenhängendes „Informationsrecht" (Kloepfer 2002) gibt es derzeit nicht, wohl aber sowohl „klassisches" Recht, das auf digitale Informationen Anwendung findet (z. B. der gewerbliche Rechtsschutz sowie das Urheberrecht), als auch vereinzelt neue Gesetze, die direkt den Umgang mit digitalen Informationen regeln (wie beispielsweise das Telemediengesetz). Nach der jeweiligen Art der Information sind unterschiedliche Gesetze einschlägig:

- Geistiges Eigentum
    - Gewerbliche Schutzrechte
        - Technische Information — Patentrecht und Gebrauchsmusterrecht
        - Ästhetisch-gewerbliche Information — Geschmacksmusterrecht
        - Werbende Information — Markenrecht
    - „Werke" — Urheberrecht
- Personenbezogene Information — Datenschutzrecht
- Teledienste — Telemediengesetz
- Flankierende Aspekte
    - Lauterbarkeit — Wettbewerbsrecht
    - Öffentliche Informationen — Informationsweiterverwendungsrecht
    - Pflichtexemplare — DNB-Recht
- Strafbare Handlungen — Strafrecht.

Schützt eine Informationsgesellschaft geistiges Eigentum zu wenig oder gar nicht, so entsteht ihr durch Plagiate und Softwarepiraterie Schaden (Marron/Steel 2000), schützt sie es zu rigoros, kann der innovative Wettbewerb in Wissenschaft, Forschung und Produktentwicklung darunter leiden. Der Rechtsschutz von Informationen steht demnach vor der Aufgabe, einen für eine Wissensgesellschaft optimalen Mittelweg zwischen Schutzrechten und freier Verfügbarkeit zu finden.

Insbesondere bei Problemfällen des Umgangs mit digitalem Content und mit Software ist die aktuelle Rechtssprechung zu beachten, da die Gesetze nicht alle Details des Informationsrechts (wie beispielsweise das Suchmaschinenrecht) abdecken. Flankierende Rechte für alle Bereiche digitaler Informationen sind das Wettbewerbsrecht sowie das Strafrecht. Wir werden in diesem Kapitel wichtige Aspekte des Informationsrechtes aus informationswissenschaftlicher Perspektive verfolgen; eine umfassende juristische Behandlung findet nicht statt, so dass an dieser Stelle auf weiterführende Literatur verwiesen werden muss (für das „Internetrecht" insgesamt u. a. Haug 2005 und Hoeren 2008).

Der gewerbliche Rechtsschutz (Götting 2007) regelt – gemeinsam mit dem Urheberrecht – den Umgang mit geistigem Eigentum („Recht des geistigen Eigentums", im internationalen Sprachgebrauch „Intellectual Property"; Busche 2008).

Im gesamten gewerblichen Rechtsschutz gilt der Grundsatz der territorialen Begrenzung, d.h. die Schutzrechte sind nur im jeweiligen Land (ausnahmsweise auch in supranationalen Gebilden wie der Europäischen Union) wirksam (Götting 2007). Auch gilt überall das Prioritätsprinzip: Nur wer als erster die Leistung erbracht (oder angemeldet) hat, kann mit einem Schutzrecht rechnen. Im internationalen Bereich ist für die Intellectual Property das TRIPS-Abkommen („Trade-Related Aspects of Intellectual Property Rights") einschlägig, vor allem auch deshalb, weil hier Regelungen zur Durchsetzung der Schutzrechte im Ausland (z. B. bei Produktpiraterie) getroffen worden sind.

Schutzgegenstand im gewerblichen Rechtsschutz ist die geistig-gewerbliche Leistung, während das Urheberrecht ein „Werk" als persönliche geistige Schöpfung schützt (Götting 2007, 40). Positiver Inhalt des gewerblichen Rechtsschutzes ist die Benutzungsbefugnis des Rechtsinhabers, negativer Inhalt die Befugnis zur Abwehr von Nachahmungen und Ausbeutungen des Schutzgegenstandes (Götting 2007, 49). Schutzrechte können gehandelt werden, zudem ist es dem Inhaber gestattet, deren Nutzung zu lizenzieren. Man unterscheidet im gewerblichen Rechtsschutz zwischen den beiden technischen Schutzrechten Patent und Gebrauchsmuster und den beiden nicht-technischen Rechten Geschmacksmuster (Design) und Marken; bei den Werken ist nach dem (juristisch verbindlichen) Urheberrecht und den Creative Commons zu differenzieren, wobei bei letzteren die Urheber auf gewisse Rechte (z. B. der Vervielfältigung) freiwillig verzichten. Alle Dokumente im gewerblichen Rechtsschutz, nicht jedoch im Urheberrecht, werden durch die jeweiligen nationalen Ämter sowie ergänzend durch Datenbankproduzenten mittels Klassifikationssystemen inhaltlich erschlossen (WR, 214 ff.) und liegen digital vor.

5.2 Technische Information: Patent- und Gebrauchsmusterrecht

Erfindungen werden entweder durch Patente oder durch Gebrauchsmuster geschützt (Adam et al. 2008; Jestaedt 2008a; Kraßer/Bernhardt 2008; Osterrieth 2007). Patente müssen eine „Erfindungshöhe" aufweisen, die über den jeweiligen Stand der Technik hinausgeht, Gebrauchsmuster („kleine Patente") erfordern demgegenüber nur einen „erfinderischen Schritt". Die Erfindungen dürfen weder gegen die „guten Sitten" noch gegen die „öffentliche Ordnung" verstoßen (§2 PatG; §2 GbrMG). Wir beginnen die Besprechung technischer Informationen mit dem **Patentrecht**. §1 Abs. 1 des deutschen Patentgesetzes definiert den Gegenstandsbereich des Patentrechtes:

> Patente werden für Erfindungen auf allen Gebieten der Technik erteilt, sofern sie neu sind, auf einer erfinderischen Tätigkeit beruhen und gewerblich anwendbar sind.

Die **Neuheit** gilt absolut: Die Erfindung darf vor ihrer Anmeldung in keiner Weise (auch nicht durch den Erfinder selbst) öffentlich zugänglich gemacht worden sein. Im Gegensatz zum deutschen Patentrecht kennt das amerikanische Recht eine Neuheitsschonfrist (grace period) von einem Jahr, gerechnet ab dem Zeitpunkt der Erfindung. In dieser Zeit darf der Erfinder über seine technische Idee öffentlich berichten, ohne dass ihm damit Nachteile entstünden. Nicht öffentlich zugänglich gilt stets Wissen, das nur wenigen Personen bekannt ist und von ihnen geheim gehalten wird. Wird eine Erfindung offensichtlich missbräuchlich offengelegt (d.h. von jemand, der dazu nicht befugt ist, „verraten") oder wird die Erfindung bei einer internationalen Ausstellung präsentiert, gilt auch in Deutschland eine Neuheitsschonfrist von sechs Monaten.

Neuheitsschädlich für die Erteilung eines Patentes auf die Erfindung ist alles, was zum Stand der Technik gehört. Das zur Beurteilung der Neuheit zugrunde gelegte Wissen kann in anderen Patenten, in wissenschaftlicher Literatur, in Unternehmensschriften usw. veröffentlicht sein. Es ist ein Fall bekannt, bei dem ein Patentamt einer Erfindung (von Karl Krøyer, Anmelde-Nr. NL6514306) das Patent verwehrt hat, da die technische Idee bereits ähnlich in einem Comic von Walt Disney beschrieben war (der „wahre" Erfinder war demnach Donald Duck bzw. dessen geistiger Vater Carl Barks). Ob dies nun Krøyer gewusst hat oder nicht, ist für die Beurteilung der Neuheit völlig unerheblich. Bei zeitnahen Einreichungen ähnlicher Erfindungen gilt das Anmelde- oder das Erfindungsdatum. Während viele Länder (darunter Deutschland) das Anmeldedatum bevorzugen („first to file"), arbeiten andere (wie die USA) mit dem Datum der Erfindung („first to invent"). Prioritätsdatum ist stets der Anmeldetag.

Eine **erfinderische Tätigkeit** liegt vor, wenn sich die Leistung für einen Fachexperten nicht in naheliegender Weise aus dem Stand der Technik ergibt. Die Leistung hat damit – gemessen am State of the Art – eine gewisse Erfindungshöhe. Keine Erfindungen sind Entdeckungen und wissenschaftliche Theorien, was heißt, dass der gesamte Bereich der Resultate der Wissenschaft nicht patentierbar ist. In §1 Abs. 3 und 4 des Patentgesetzes lesen wir:

(3) Als Erfindungen im Sinne des Absatzes 1 werden insbesondere nicht angesehen: 1. Entdeckungen sowie wissenschaftliche Theorien und mathematische Methoden; 2. ästhetische Formschöpfungen; 3. Pläne, Regeln und Verfahren für gedankliche Tätigkeiten, für Spiele oder für geschäftliche Tätigkeiten sowie Programme für Datenverarbeitungsanlagen; 4. die Wiedergabe von Informationen.

(4) Absatz 3 steht der Patentfähigkeit nur insoweit entgegen, als für die genannten Gegenstände oder Tätigkeiten als solche Schutz begehrt wird.

Wichtig ist die Formulierung „als solche" in Punkt 4, da die genannten Bereiche in Kombination mit anderen technischen Gegebenheiten sehr wohl dem Patentrecht unterliegen können (wir werden bei der Besprechung von Softwarepatenten auf dieses Thema zurückkommen). Während in Deutschland Patente auf Technik im Sinne von Naturbeherrschung fixiert sind, wird die Technizität in den USA breiter gefasst, so dass letztlich „anything under the sun that is made by men" (Götting 2007, 108) darunter fällt. Patentierbare geistige Leistungen verfügen nach deutscher Rechtsauffassung über folgende Merkmale:

- sie sind technische Regeln zur Naturbeherrschung, d.h.
  - Verfahren (z. B. Schmelzverfahren) oder
  - Sachen: Vorrichtungen (z. B. Maschinen), Anordnungen (z. B. elektrische Schaltungen) oder Stoffe (z. B. Metalllegierungen);
- sie sind ausführbar (praktisch zu verwirklichen);
- sie sind wiederholbar;
- sie repräsentieren fertige Lösungen;
- sie „funktionieren": Der kausale Zusammenhang zwischen einer technischen Aufgabe und ihrer Lösung ist erkannt, während eine wissenschaftliche Erklärung dazu unerheblich ist. („Der Erfinder muss wissen wie, nicht warum seine Erfindung funktioniert", Götting 2007, 114).

Das dritte Kriterium der Patente ist die **gewerbliche Anwendbarkeit** der Erfindung. Diese ist gegeben, wenn sich die Erfindung in irgendeinem gewerblichen Gebiet (einschließlich der Landwirtschaft) prinzipiell einsetzen lässt. Auf eine tatsächliche Anwendung kommt es nicht an.

Erfüllt die Erfindung diese drei Kriterien und scheitert auch nicht an gewissen Ausschlussgründen (etwa gegen die guten Sitten zu verstoßen), so wird auf Antrag das Patent erteilt. Der Patentinhaber erwirbt damit folgende **Privilegien** gemäß §9 Patentgesetz:

> Das Patent hat die Wirkung, dass allein der Patentinhaber befugt ist, die patentierte Erfindung im Rahmen des geltenden Rechts zu benutzen. Jedem Dritten ist es verboten, ohne seine Zustimmung
>
> 1. ein Erzeugnis, das Gegenstand des Patents ist, herzustellen, anzubieten, in Verkehr zu bringen oder zu gebrauchen oder zu den genannten Zwecken entweder einzuführen oder zu besitzen;
>
> 2. ein Verfahren, das Gegenstand des Patents ist, anzuwenden oder, wenn der Dritte weiß oder es auf Grund der Umstände offensichtlich ist, dass die Anwendung des Verfahrens ohne

5.2 Technische Information: Patent- und Gebrauchsmusterrecht

Zustimmung des Patentinhabers verboten ist, zur Anwendung im Geltungsbereich dieses Gesetzes anzubieten;

3. das durch ein Verfahren, das Gegenstand des Patents ist, unmittelbar hergestellte Erzeugnis anzubieten, in Verkehr zu bringen oder zu gebrauchen oder zu den genannten Zwecken entweder einzuführen oder zu besitzen.

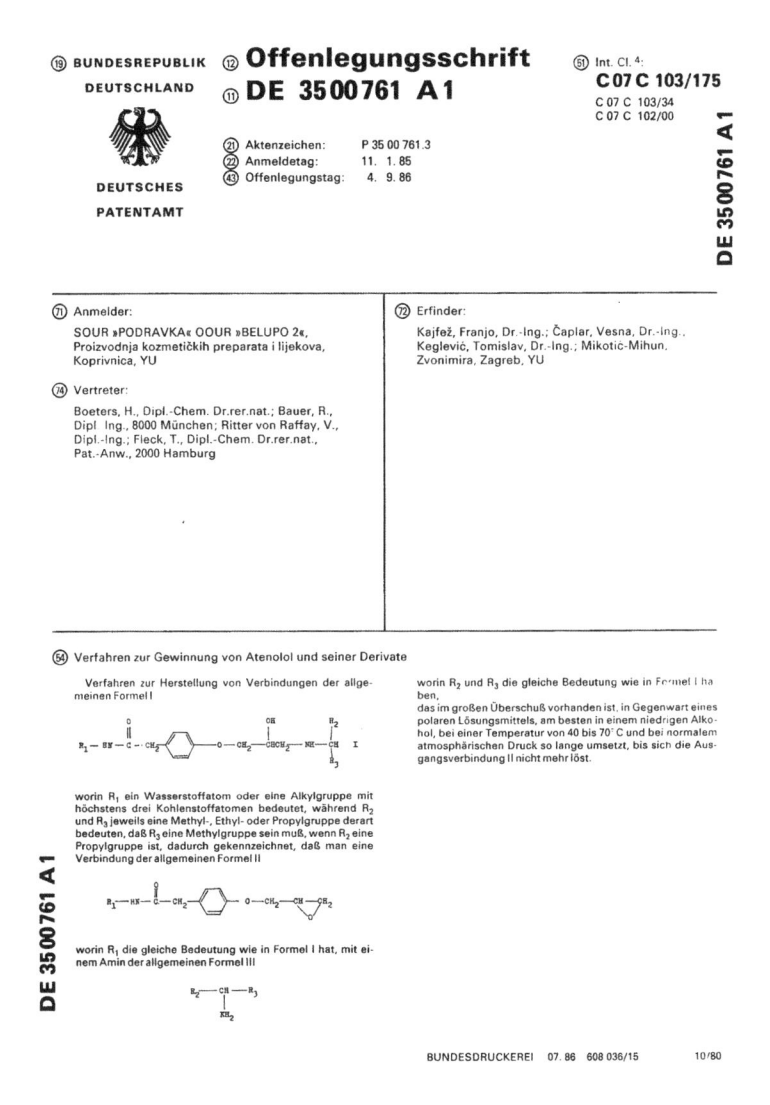

Abbildung 5.1: Beispiel einer deutschen Offenlegungsschrift (Titelseite). Quelle: DPMA.

Das Patent verleiht dem Inhaber damit eine temporäre Monopolstellung – aber mit einer „Gegenleistung": Der Inhalt der Erfindung ist lückenlos zu publizieren („offenzulegen"), so dass andere Erfinder angeregt werden, mit der publizierten Erfindung in innovativen Wettbewerb zu treten, indem sie die technischen Probleme anders lösen.

Patentschriften tragen nicht nur juristischen Charakter, sondern auch technischen. Darüber hinaus sind sie Träger von Wirtschaftsinformationen, da sie über die technischen Errungenschaften von Unternehmen und Branchen berichten.

Der Patentschutz erlischt spätestens 20 Jahre nach dem Prioritätsdatum, d.h. dem Datum der ersten Anmeldung bei einem Patentamt. Er kann früher erlöschen, insofern der Patentinhaber keine Jahresgebühren entrichtet oder auf den Patentschutz verzichtet.

Die **Patentanmeldung** geschieht bei einem Patentamt, in Deutschland beim „Deutschen Patent- und Markenamt" (DPMA o.J.) sowie in Europa beim „European Patent Office" (EPO o.J.). Zusätzlich gibt es auf der Basis des „Patent Cooperation Treaty" (PCT) eine Option auf weltweite Anmeldung über die „World Intellectual Property Organization" (WIPO o.J.). Für jedes Land, in dem Patentschutz angesucht wird, muss jeweils (in der Landessprache) ein eigener Antrag gestellt werden (bei einer EPO-Anmeldung vereinfacht für alle Mitgliedsländer; bei einer PCT-Anmeldung geschieht die erste Phase für alle gewünschten Länder, die zweite – nationale – Phase jedoch getrennt). Alle (mehr oder minder) inhaltsgleichen Schriften zu derselben Erfindung bilden gemeinsam eine **Patentfamilie**, wobei das (zeitlich) erste Patent als „Basispatent" bezeichnet wird.

In der Anmeldung ist die Erfindung derart zu beschreiben, dass sie ein Fachmann ausführen kann. In diesem Teil kann auch über dem Erfinder bekannte Literatur berichtet werden, um die Neuheit der Erfindung gegenüber dem Schrifttum zu betonen. Neben diesem technischen Teil enthält die Schrift einen juristischen, in dem die Patentansprüche reklamiert werden. Der Hauptanspruch (zu Beginn genannt) beschreibt eine allgemeine Fassung des Erfindungsanspruches, während Nebenansprüche Lösungsvarianten zum Hauptanspruch sowie Unteransprüche besondere Ausgestaltungen der Ansprüche repräsentieren. Der Anmeldung sind Zeichnungen sowie eine Zusammenfassung beizulegen.

Anmelden kann eine Erfindung der Inventor selbst oder das Unternehmen, in dem er beschäftigt ist. In der ersten Phase erfolgt seitens des DPMA nur eine Offensichtlichkeitsprüfung (auf formelle oder materielle Mängel). Spätestens nach 18 Monaten erfolgt die Publikation der Offenlegungsschrift (für ein Beispiel siehe Abbildung 5.1), kenntlich durch das „A" in der Nummer. Das Patentamt hat der Anmeldung lediglich Notationen der Internationalen Patentklassifikation (IPC; rechts oben; im Fettdruck die Notation des Hauptanspruches) hinzugefügt, der Inhalt der Schrift ist noch ungeprüft. In den ersten 18 Monaten nach der Anmeldung ist der Inhalt einer Erfindung demnach nicht zugänglich, was eine sehr schwierige Situation in der Informationspraxis zur Folge hat.

Die zweite Phase der inhaltlichen Prüfung erfolgt nur durch einen weiteren Antrag (entweder durch den ursprünglichen Anmelder oder jeden anderen), der innerhalb von sieben Jahren gestellt werden muss. Erst jetzt wird auf Neuheit, Technizität und gewerbliche Anwendbarkeit geprüft. Bei positivem Ausgang publiziert das Patentamt das erteilte Patent als B-Schrift.

Das Titelblatt enthält nunmehr auch die Entgegenhaltungen, das sind Referenzen auf alle Literaturstellen, die der Prüfer im Laufe des Verfahrens konsultiert hat. Innerhalb von drei Monaten nach Veröffentlichung der Patenterteilung kann jedermann begründeten Einspruch dagegen erheben.

(19)	Europäisches Patentamt European Patent Office Office européen des brevets	(11) **EP 1 273 508 B1**

(12) **EUROPEAN PATENT SPECIFICATION**

(45) Date of publication and mention of the grant of the patent:
29.09.2004 Bulletin 2004/40

(51) Int Cl.⁷: **B62K 25/28**

(21) Application number: **01202618.3**

(22) Date of filing: **06.07.2001**

(54) **Rear shock absorbing assembly for a bicycle**

Hinterradfederung für ein Fahrrad

Suspension de la roue arrière d'une bicyclette

(84) Designated Contracting States:
DE ES FR GB IT NL

(43) Date of publication of application:
08.01.2003 Bulletin 2003/02

(73) Proprietor: **MERIDA INDUSTRY CO., LTD.**
Meikang Village, Tatsun Hsiang,
Changhua Hsien (TW)

(72) Inventor: **Tseng, Diing-Huang**
Tatsun Hsiang, Changhua Hsien (TW)

(74) Representative:
Prins, Adrianus Willem, Mr. Ir. et al
Vereenigde,
Nieuwe Parklaan 97
2587 BN Den Haag (NL)

(56) References cited:
FR-A- 923 235   US-A- 4 457 393
US-A- 5 403 028   US-A- 5 678 837

Abbildung 5.2: Beispiel einer europäischen Patentschrift (Titelblatt). Quelle: EPO.

Anmeldungen beim **Europäischen Patentamt** (EPO o.J.) laufen ähnlich zum deutschen Verfahren. Unterschiede betreffen den Umfang der Staaten, für die Rechtsschutz in einer einzigen Anmeldung nachgesucht wird (einer, mehrere oder alle Vertragsstaaten) sowie die Sprachen der einzureichenden Dokumente (zunächst in einer der drei Amtssprachen deutsch, englisch und französisch). Bevor ein Patent jedoch in einem Mitgliedsland Wirkung erzielen kann, muss es zuvor in eine seiner Amtssprachen übersetzt werden. Im Gegensatz zum deutschen Recht kann beim EPO nur der Antragsteller selbst die zweite Phase einleiten. Die Einspruchsfrist beträgt hier neun Monate. Abbildung 5.2 zeigt das Titelblatt eines europäischen Patentes mit der Liste der Länder (Nr. 84) und den Entgegenhaltungen (Nr. 56).

C.	DOCUMENTS CONSIDERED TO BE RELEVANT	
Category*	Citation of document, with indication, where appropriate, of the relevant passages	Relevant to claim No.
X	US 5630117 A (OREN et al.) 13 May 1997 Whole document.	16
X	US 5848410 A (WALLS et al.) 8 December 1998 Whole document.	16
X	US 5878423 A (ANDERSON et al.) 2 March 1999 Whole document.	16
A	US 5913215 A (RUBINSTEIN et al.) 15 June 1999 Whole document.	1-16
A	US 6012055 A (CAMPBELL et al.) 4 January 2000 Whole document.	1-16

☐ Further documents are listed in the continuation of Box C   ☒ See patent family annex

*	Special categories of cited documents:	"T"	later document published after the international filing date or priority date and not in conflict with the application but cited to understand the principle or theory underlying the invention
"A"	document defining the general state of the art which is not considered to be of particular relevance		
"E"	earlier application or patent but published on or after the international filing date	"X"	document of particular relevance; the claimed invention cannot be considered novel or cannot be considered to involve an inventive step when the document is taken alone
"L"	document which may throw doubts on priority claim(s) or which is cited to establish the publication date of another citation or other special reason (as specified)	"Y"	document of particular relevance; the claimed invention cannot be considered to involve an inventive step when the document is combined with one or more other such documents, such combination being obvious to a person skilled in the art
"O"	document referring to an oral disclosure, use, exhibition or other means		
"P"	document published prior to the international filing date but later than the priority date claimed	"&"	document member of the same patent family

Abbildung 5.3 Beispiel eines Suchberichtes einer PCT-Anmeldung. Quelle: WIPO.

Eine **PCT-Anmeldung** (WIPO o.J.) kennt nur die erste Phase. Im Unterschied zur Praxis beim DPMA und beim EPO werden bei den internationalen (Welt-)Anmeldungen jedoch schon jetzt Entgegenhaltungen (im „International Search Report") gesichtet und der Anmeldeschrift (mit Kommentaren wie L, X, Y – Hinweise auf Probleme mit der Neuheit) beigefügt (siehe Abbildung 5.3). Die nationale (oder – bei der Nennung des EPO als Bestimmungsamt – regionale) Phase findet bei den jeweiligen nationalen Patentämtern (oder beim EPO) statt. Nach der (normalerweise üblichen) Anmeldung der Erfindung im eigenen Land hat der Erfinder zwölf Monate Zeit, die Anmeldung in der eigenen Sprache und über das nationale Patentamt via PCT einzureichen. Die WIPO publiziert nach 18 Monaten (mit einer WO-Nummer) die Anmeldeschrift in einer ihrer Amtssprachen (englisch, deutsch, französisch, japanisch, russisch, spanisch, chinesisch). Soweit die Schrift nicht in einer dieser Sprachen vorliegt, muss sie übersetzt werden (gewählt wird dann meist englisch). Nach spätestens 30 Monaten (bei EPO-Anmeldungen: 31 Monaten) geschieht der Übergang in die jeweiligen nationalen Phasen (soweit noch nicht in der Sprache des Ziellandes mit einer weiteren Übersetzung). Verzichtet ein Patentanmelder auf PCT, so hat er nur ein Jahr (und nicht die 30 bzw. 31 Monate bei PCT) Zeit, das Patent im Ausland anzumelden.

Es ist möglich, zur Abschätzung der Chancen auf eine Patenterteilung nach Vorliegen der Anmeldeschrift einen „International Preliminary Examination Report" zu beantragen. Im Gegensatz zum Verfahren ohne Examination Report (nach Kapitel I der PCT oder auch kurz PCT I) wird diese Variante als PCT II (also nach Kapitel II der PCT) bezeichnet. PCT II-Verfahren sind die meist genutzte Variante der internationalen Anmeldung (Sternizke 2009).

Da bei der WIPO die Gebühr unabhängig von der Anzahl der Zielländer gestaltet ist, unterliegen viele Anmelder der Versuchung, statt der wirklich angestrebten Länder alle Staaten des PCT-Vertrages anzukreuzen. So kommen viele Länder der Erde in den „Genuss", über reichliche Patentanmeldungen zu verfügen. Recherchiert man aber nach den tatsächlichen Patenterteilungen (die eine erfolgreiche Überführung in die jeweilige nationale Phase erfordern), so wird die Zahl der Erfindungen in einigen Ländern merklich kleiner. Für Zwecke international vergleichender Patentstatistik muss dieser Sachverhalt unbedingt beachtet werden, da er zu starken Verzerrungen der Ergebnisse führen kann.

Gebrauchsmuster (U-Schriften; siehe Abbildung 5.4) müssen nicht so hohe Anforderungen erfüllen wie Patente. In §1 des Gebrauchsmustergesetzes werden die Schutzvoraussetzungen genannt:

> Als Gebrauchsmuster werden Erfindungen geschützt, die neu sind, auf einem erfinderischen Schritt beruhen und gewerblich anwendbar sind.

Der Unterschied zum Patent liegt im „erfinderischen Schritt", der eine nicht so große Erfindungshöhe suggeriert. Verfahren können durch Gebrauchsmuster nicht geschützt werden. Die Anmeldung ist im Vergleich zum Patent stark vereinfacht, da eine inhaltliche Prüfung der Schrift auf Neuheit, erfinderischen Schritt und Anwendbarkeit von Amts wegen nicht stattfindet. Patente werden ausdrücklich erteilt, Gebrauchsmuster lediglich „eingetragen". Dritte können die Schutzvoraussetzungen bestreiten, so dass ein Gebrauchsmuster erheblich weniger Rechtssicherheit bietet als eine Patenterteilung. Zudem ist der Rechtsschutz auf maximal zehn Jahre begrenzt. Da Gebrauchsmuster meist zügiger als Patente bearbeitet werden, kann zusätzlich zum Patent ein Gebrauchsmuster angemeldet werden („Abzweigung").

Werden erteilte Patente bzw. Gebrauchsmuster verkauft oder lizenziert, so erfolgt (auf Antrag) eine Eintragung im Patentregister desjenigen Patentamtes, das das Schutzrecht erteilt hat. Die Eintragung legitimiert den Eingetragenen als Inhaber des jeweiligen Schutzrechtes. Bei **Lizenzen** (Pahlow 2006) unterscheidet man einfache Lizenzen (der Rechtsinhaber verzichtet auf den Schutz, so dass der Lizenznehmer die Erfindung rechtmäßig benutzen kann) und ausschließliche Lizenzen, bei denen der Lizenznehmer im Geltungsbereich der Lizenz die Erfindung exklusiv nutzen oder auch über Unterlizenzen weitergeben darf.

Welche **Motive** leiten Unternehmen oder Erfinder, ihre Neuerungen als Patent oder Gebrauchsmuster schützen zu lassen (Blind et al. 2006)? Gibt es Motive, auf Patentschutz zu verzichten? Als Motive, die zu einer Patentanmeldung führen, gelten:

- exklusive kommerzielle Nutzung,
- Einnahmen durch Lizenzen,

- Bindung von Wissen im Unternehmen,
- Signalwirkung (Ansehen, Verhandlungsstärke, Anreize für Personal, Leistungsindikator),
- strategische Blockade von Konkurrenten („Sperrpatente"),
- „Nebelbomben".

(19) Bundesrepublik Deutschland
Deutsches Patent- und Markenamt

(10) **DE 20 2008 001 470 U1** 2008.06.12

(12) **Gebrauchsmusterschrift**

(21) Aktenzeichen: 20 2008 001 470.0
(22) Anmeldetag: 01.02.2008
(47) Eintragungstag: 08.05.2008
(43) Bekanntmachung im Patentblatt: 12.06.2008

(51) Int Cl.[8]: ***B62K 21/26*** (2006.01)

(73) Name und Wohnsitz des Inhabers:
Praetorius, Martin, 29355 Beedenbostel, DE

Die folgenden Angaben sind den vom Anmelder eingereichten Unterlagen entnommen

(54) Bezeichnung: **Lenkergriff für Fahrrad**

(57) Hauptanspruch: Lenkergriff aus relativ festem Material, z.B. Holz, Kohlefaser-Kunststoff, andere Kunststoffe, Aluminium, oder ähnliches, dadurch gekennzeichnet, dass der Griff in der Länge deutlich über das Lenkerende hinausgeht und im Durchmesser viel kleiner als das Lenkerrohr wird.

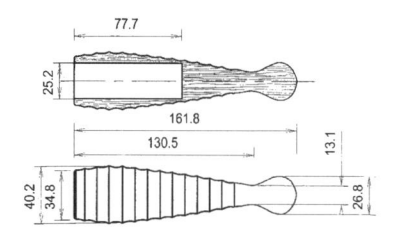

Abbildung 5.4: Beispiel einer Gebrauchsmusterschrift (Titelseite). Quelle: DPMA.

Hauptmotiv ist die exklusive kommerzielle Verwertung der Erfindung im eigenen Hause. Innerhalb des Zeitraums von maximal 20 Jahren hat der Inhaber – und nur dieser – das Recht, die in der Erfindung beschriebenen Verfahren oder Sachen einzusetzen und in marktfähigen Produkten herzustellen oder zu vertreiben. Es ist aber auch möglich, Einnahmen durch die Lizenzierung der Patente zu erzielen. Insbesondere Erfindungen aus Hochschulen oder von freien Erfindern zielen auf Lizenzen und nicht auf Selbstvermarktung ab. Arbeitskräfte – und somit auch Erfinder – können möglicherweise das Unternehmen verlassen. Dass mit ihnen nicht auch das technische Wissen geht, wird das innovative Know-how durch die Schutzrechte fest an das Unternehmen gebunden. Nicht zu unterschätzen ist die Signalwirkung von erteilten Patenten. Verfügt eine Firma über durch Patente geschützte Innovationsideen, so bringt dies neben gutem Ansehen zusätzlich Vorteile bei Verhandlungen mit Lieferanten und Kunden sowie mit Kapitalgebern. Auch geben Patente die Option, für das eigene Personal Anreize zu schaffen, etwa als Erfinder im Schutzrechtsdokument genannt zu werden. Ein gutes Patentportfolio dient zudem als Indikator auf die technologische Leistungsfähigkeit einer Institution.

Es geht jedoch nicht immer darum, die geschützte Erfindung auch wirklich umzusetzen. Patente können dazu dienen, Wettbewerber strategisch zu behindern. Koppel (2008, 779) beschreibt solche „Sperrpatente":

> Im Rahmen einer ... Blockadestrategie, die insbesondere Konkurrenzunternehmen aus demselben oder einem benachbarten Technologiefeld adressiert, werden Patente mit dem Ziel angemeldet, anderen Unternehmen entweder den Zugang zu komplementären Technologien und somit Marktsegmenten zu erschweren oder aber umgekehrt eine Beschränkung des eigenen technologischen Handlungsspielraums in Folge von Patentanmeldungen anderer Unternehmen zu verhindern.

Der erste Fall wird als „offensive Blockadestrategie", der zweite als „defensive" benannt (Blind et al. 2006). Eine defensive Blockadestrategie kann auch durch einschlägige wissenschaftliche (oder anderweitige) Publikationen verfolgt werden. Liegt nämlich eine Veröffentlichung erst einmal vor, kann kein Wettbewerber die darin ausgedrückte Erfindung zum Patent anmelden – allerdings dann auch nicht das eigene Unternehmen. „Nebelbomben" dienen einzig der Verwirrung der Wettbewerber. Mit ihnen wird suggeriert, dass man entsprechende Forschungen betreibt (was stimmt) und dass man die entsprechenden Märkte bedienen möchte (was dann jedoch nicht stimmt). Der Wettbewerb hat nunmehr nicht die Chance, einfach aus Patentstatistiken abzulesen, welche Produkte in nächster Zeit geplant sind.

Oliver Koppel (2008, 779) betont die ökonomische Notwendigkeit, eine Erfindung in allen solchen Ländern anzumelden, in denen die mit der Neuerung verbundenen Produkte oder Dienste produziert oder gehandelt werden können. Ist der Patentschutz nämlich nicht gegeben, liegt keineswegs eine Verletzung des Rechtsschutzes vor.

> Produziert folglich ein chinesisches Unternehmen unter Verwendung von nur in Europa geschütztem Know-how Güter für den US-amerikanischen Markt, so begeht es keine Patentrechtsverletzung.

Welche Motive leiten Unternehmen, ihre Erfindungen nicht zu patentieren? Als Nachteil jeder Patentanmeldung gilt für viele die damit zwangsläufig verbundene Offenlegungspflicht. Dem Wettbewerb wird recht genau bekannt gemacht, was ein Unternehmen zu leisten in der Lage ist. Will man dies verhindern, wendet man die Geheimhaltungsstrategie an (Koppel 2008, 779):

> Die Geheimhaltungsstrategie ist insbesondere in Branchen mit ... kurzen Produktlebenszyklen vorteilhaft. Hier bleiben dem Unternehmen nur wenige Jahre zur Amortisation seiner Forschungsinvestitionen; damit verliert die vergleichsweise zeitaufwendige Anmeldung eines Patentes an Attraktivität.

Geheimhaltung setzt voraus, dass das Unternehmen über loyale (und diskrete) Mitarbeiter verfügt, die auch beabsichtigen, in der Firma zu verbleiben. Bei zufälligen Parallelentwicklungen, die bei einem Wettbewerber zu einem Patent führen, können die eigenen Arbeiten an Erfindung und Produkt nicht weiterverfolgt werden. In einer vergleichenden Untersuchung von Patentierungs- und Geheimhaltungsstrategie zeigt Katrin Hussinger (2004, 22), dass erstens beide Strategien in deutschen Industrieunternehmen verfolgt werden, dass aber zweitens nur die Patentierungstrategie positiv mit dem Verkauf neuer Produkte korreliert:

> Focusing on product innovating firms in German manufacturing in 2000, …, a strong positive correlation between patents and sales with new products turns out, whereas there is no effect for secrecy. … (P)atents turn out to be the more effective tool to protect inventions in the market phase as opposed to secrecy, which is also applied by a large fraction of the sampled firms.

5.3 Ästhetisch-gewerbliche Information: Geschmacksmusterrecht

Der Rechtsschutz von Designs („Geschmacksmuster") ist in Deutschland durch ein eigenes Recht geregelt (Bulling et al. 2006). Es hat eine Mittelstellung zwischen dem Patentrecht (in den USA werden Designs als „design patents" angesehen) und dem Urheberrecht (in Frankreich gilt eine „unité de l'art" dem Urheberrecht zugehörig). Schutzgegenstand sind zwei- oder dreidimensionale Erzeugnisse oder Teile davon, die sowohl neu sind als auch eine gewisse „Eigenart" besitzen. Unter die Geschmacksmuster fallen auch Kraftfahrzeuge, Möbel, Maschinen (z. B. Waschmaschinen oder Motoren) sowie (nach deutscher Rechtsauffassung) Reparaturteile, die beispielsweise in der Kfz-Industrie Verwendung finden.

Abbildung 5.5: Beispiel einer Geschmacksmustereintragung. Quelle: DPMA.

Da das Geschmacksmusterrecht ein reines Registerrecht ist (bei deren Eintragung weder Neuheit noch Eigenart geprüft werden), tritt eine inhaltliche Prüfung nur bei Verletzungsverfahren ein. Im Designrecht gibt es eine Neuheitsschonfrist von zwölf Monaten. Man kann sowohl ein einziges Design anmelden als auch in einer Sammelanmeldung Rechtsschutz für bis zu 1.000 Muster ansuchen. Die Designs werden in Warengruppen eingeordnet, die in der Locarno-Klassifikation (WR, 214 ff.) verzeichnet sind. Sie werden über das Geschmacksmusterblatt der Öffentlichkeit zugänglich gemacht (Abbildung 5.5) und gelten für maximal 25 Jahre. Ähnlich wie bei Patenten ist es möglich, Designs EU-weit (über das „Harmonisierungsamt für den Binnenmarkt") oder (über die WIPO) international in denjenigen Ländern anzumelden, die dem „Haager Musterabkommen" beigetreten sind.

5.4 Werbungsinformation: Markenrecht

Das Markenrecht schützt Marken (früher auch „Warenzeichen" genannt), geschäftliche Bezeichnungen und geographische Herkunftsangaben – also Informationen, die für Marketing und Vertrieb zentrale Elemente darstellen (Berlit 2008; Campos Nave 2008; Hacker 2007; Hildebrand 2008). Schutz entsteht bei Marken durch Eintragung oder durch Benutzung erworbene Verkehrsgeltung (bekannte oder „notorisch bekannte" Marken wie etwa *Coca-Cola*), bei Bezeichnungen und Herkunftsangaben durch Benutzung. Bezeichnungen sind entweder Unternehmenskennzeichen (Firmennamen oder Bezeichnungen eines Geschäftsbetriebs), die mit „ihren" Firmen entstehen und vergehen, oder Werktitel (Bezeichnungen von Druckschriften, Filmen, Musikstücken und Bühnenwerken), die mit der jeweiligen Veröffentlichung entstehen. Wesentlich für Marken ist deren Unterscheidungskraft bzgl. der Herkunft einer Ware oder einer Dienstleistung. Man unterscheidet nach folgenden **Markenformen**:

- Wortmarke (einschließlich Zahlen und einzelner Buchstaben, z. B. *Milka*),
- Bildmarke (z. B. das Zeichen der Deutschen Bank),

- Wort-/Bildmarke (Kombination aus Wort und Bild),
- dreidimensionale Marke (z. B. Verpackung wie die typische Flaschenform von Coca-Cola),

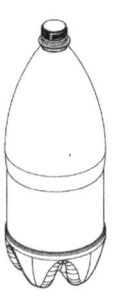

- Farbmarke (z. B. die Farbe *lila* der Firma Kraft Foods für Milka),
- Hörmarke (z. B. die Jingles *Wette gewonnen* bzw. *Wette verloren* bei „Wetten dass"),
- Kabelkennfadenmarke (z. B. der goldene Faden der Firma ADO Gardinenwerke),
- sonstige Marken (z. B. Anordnungen von farbigen Flächen, etwa die Farben rot und grün beim Filterpapier von Melitta).

Die graphischen Bestandteile von Bild- bzw. von Wort-/Bildmarken sind durch Notationen der Wiener Klassifikation suchbar; die Warenklassen, für die Rechtsschutz beantragt wird, werden der Nizza-Klassifikation entnommen (WR, 215 ff.).

Man unterscheidet **Individualmarken** (mit Bezug zu einer bestimmten betrieblichen Herkunft) von **Kollektivmarken**, die mehrere Unternehmen verwenden wie z. B. Gütezeichen (*Urlaub auf dem Bauernhof*).

Marken können nicht eingetragen werden, wenn sie gegen **absolute Schutzhindernisse** verstoßen. Hierunter fallen Marken, die nicht unterscheidungsfähig sind. So ist beispielsweise die Wortmarke *PS* in der Nizza-Klasse 12 (darin sind die Fahrzeuge zusammengefasst) nicht unterscheidungsfähig (schließlich haben alle Autos PS), wohl aber in Nizza-Klasse 25 (Bekleidungsstücke, Schuhwaren, Kopfbedeckungen). Auch Markennamen, die einem „Freihaltebedürfnis" entsprechen, sind nicht eintragefähig. Das Freihaltebedürfnis schließt u.a. Gattungsbegriffe (*Diesel* als Marke für Treibstoff), Herstellungsorte (*Parkavenue*), Bestimmungsangaben (*Segler-Rum*), Hoheitszeichen (echte oder nachgeahmte Staatswappen oder -flaggen) oder irreführende Angaben als Marken aus.

Bei der **Markenanmeldung** wird auf formelle und absolute Schutzvoraussetzungen geprüft und daraufhin die Marke veröffentlicht. Formelle Voraussetzungen sind u. a., ob die Gebühren entrichtet wurden oder ob der Anmelder überhaupt Inhaber einer Marke sein kann. Innerhalb von drei Monaten kann Widerspruch durch den Inhaber einer gefährdeten prioritätsälteren Marke erhoben werden. Die Schutzdauer beträgt zehn Jahre, ist jedoch stets verlängerbar. Es besteht ein **Benutzungszwang**. Innerhalb von fünf Jahren muss die Marke tatsächlich für die angemeldete Ware bzw. Dienstleistung eingesetzt worden sein.

Löschungsansprüche durch Inhaber älterer Markenrechte entstehen bei Identität oder Ähnlichkeit von Marke bzw. Ware (hier mit Orientierung an den eingetragenen Nizza-Klassen). Folgendes Schema verdeutlicht die berechtigten Ansprüche:

Marken	*Waren/Dienstleistungen*	*zusätzlich gegeben*
identisch	identisch	---
identisch	ähnlich	Verwechslungsgefahr
ähnlich	identisch	Verwechslungsgefahr
ähnlich	ähnlich	Verwechslungsgefahr
identisch	nicht ähnlich	Bekanntheit einer Marke wird unlauter ausgenutzt.

Sind alte und neue Marke identisch *und* sind beide in gleiche Nizza-Klassen eingetragen, so muss die neue Marke gelöscht werden. Sind die Nizza-Klassen ähnlicher Marken ebenfalls nur ähnlich, so bedarf es zusätzlich der Verwechslungsgefahr, dass die neue Marke abzulehnen ist. Verwechslungsgefahr kann klanglich (*Zentis – Säntis*), bildlich (bei Bildmarken, aber auch bei gleich aussehenden Worten wie *Mentor – Meteor*) oder begrifflich (*Sonne – Sun*) begründet sein (Götting 2007, 316). Unabhängig von der Ähnlichkeit in der Nizza-Klasse wird einer neuen Marke der Rechtsschutz verweigert, wenn dadurch die (große) Bekanntheit einer bestehenden Marke unlauter ausgenutzt wird (so wurde z. B. die Verwendung der Whisky-Marke *Dimple* für Kosmetik als nicht zulässig eingeschätzt).

Wie beim Geschmacksmuster ist auch bei den Marken eine EU-weite Anmeldung über das „Harmonisierungsamt für den Binnenmarkt" möglich. Die so zu erhaltende **Gemeinschaftsmarke** hat Rechtsschutz in allen Mitgliedsländern der Europäischen Union. Die Anmeldung kann direkt beim Harmonisierungsamt (in Alicante) oder beim jeweiligen nationalen Patent- und Markenamt erfolgen. Auf der Basis des „Vertrages von Madrid" ist es möglich, über das nationale Markenamt an die WIPO einen Antrag auf eine internationale Eintragung der Marke zu stellen. Der „Madrid-Union" gehören über 80 Staaten der Welt, darunter alle wichtigen Industrieländer, an.

Der Rechtsschutz von **Domainnamen** ist durch diverse Gesetze geregelt. Infrage kommen folgende deutsche Normen:

- Personennamen (Bürgerliches Gesetzbuch: § 12 BGB),
- Firmennamen (Handelsgesetzbuch: § 17 HGB),
- Markennamen (Markengesetz: §§ 14, 15 MarkenG),
- Werktitel und Unternehmenskennzeichen (Markengesetz: § 5 MarkenG),

- Wettbewerb (Gesetz gegen den unlauteren Wettbewerb: § 1 UWG: Schutz der Mitbewerber und Verbraucher, § 3 UWG: Verbot unlauteren Wettbewerbs).

In aller Regel wird ein Domainname an denjenigen vergeben, der dies zuerst beantragt hat. Im Gegensatz zum Markenrecht kennt die Vergabe von Domainnamen kein Freihaltebedürfnis, so dass auch Gattungsbegriffe wie „Sex.de" problemlos zustande kommen. In Streitfällen um eine Domain ist ein Markenname, ein Werktitel oder ein Unternehmenskennzeichen ein gutes Argument für die Zuteilung des entsprechenden Domainnamens, allerdings nur, wenn die Marke einmalig ist (was ja nicht der Fall sein muss, da Waren unterschiedlicher Nizza-Klassen über dieselbe Wortmarke verfügen können). Dies gilt allerdings ausschließlich für die Nutzung im geschäftlichen Verkehr. Streiten sich eine Privatperson (die ihren eigenen Namen nutzen möchte) und ein Unternehmen (mit einer gleichlautenden eingetragenen Marke), so stehen sich Namensschutz (nach BGB) und Markenrecht gegenüber. Analog sieht es beim Streit zwischen zwei Privatpersonen aus, die sich beide auf § 12 BGB berufen können. Es scheint in diesem Falle möglich, dass ein berühmter Träger eines bekannten Namens gegen einen völlig unbekannten Träger einen Rechtsanspruch wird durchsetzen können (so beim Verfahren der Krupp AG gegen einen Herrn Krupp, das zugunsten des Unternehmens ausfiel). Juristisch bedenklich sind Aktionen des **Domain-Grabbing**, also des Anmeldens einer Internet-Domain, bevor ein Marken-, Namens- oder Firmeninhaber dies in Angriff nimmt.

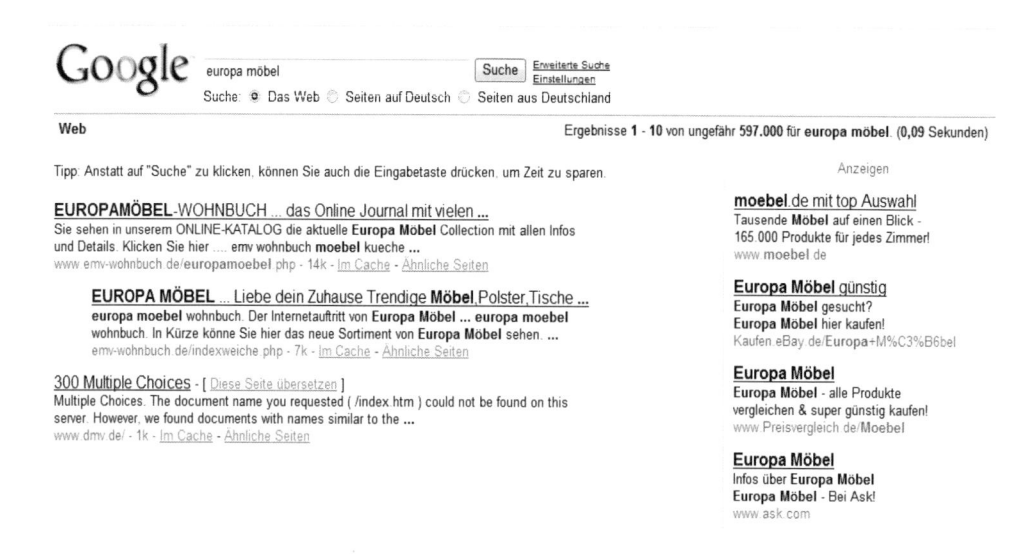

Abbildung 5.6: Markenrechtliches Problem: AdWord, das partiell mit einer Marke kollidiert. Quelle: Google. (Suchargument: Europa Möbel; eingetragene Marke: Europa Möbel; alle Treffer bei den AdWords führen nicht zum Markeninhaber).

Da immer mehr Nutzer nicht direkt URLs in das Browserfenster eintragen, um zu Webseiten zu gelangen, sondern stattdessen Suchmaschinen einsetzen, kommt den Suchargumenten und deren Pendants in den Webseiten bzw. – bei kontextspezifischer Werbung – in den ersteigerten Werbetermen große Bedeutung zu. Markenrechtlich brisant ist das **Keyword-Grabbing** zu beurteilen, also das Verwenden von geschützten Bezeichnungen entweder auf der eigenen Webseite (auch zuweilen versteckt in den Meta-Tags oder als „Word Stuffing" für Browser unsichtbar mit weiß auf weißem Untergrund geschrieben) oder als Suchargumente für „Sponsored Links" (wie bei Google AdWords). Grabbing von markenrechtlich geschützten Bezeichnungen fällt bei Verwechslungsgefahr – zumindest, wenn die Absicht nachweisbar ist – unter den unlauteren Wettbewerb und ist daher unzulässig. Etwas problematisch wird der Fall, wenn das AdWord nicht genau mit der Wortmarke übereinstimmt, sondern nur partiell. *Europa Möbel* ist eine eingetragene Marke; ein Wettbewerber arbeitet bei Google AdWords mit *Möbel* als Keyword. In diesem Fall erscheint auch die Werbeanzeige des Wettbewerbers in der Trefferliste der „Sponsored Links", wenn jemand (nicht als Phrase) nach *Europa Möbel* recherchiert hat (Abbildung 5.6). Hier ist es nach der deutschen Rechtsprechung möglich, dass der Markeninhaber den Wettbewerber veranlassen kann, dies (beispielsweise durch das ausschließende Suchargument *Europa Möbel*) zu ändern (Ott 2008). In diesem Bereich vermissen wir jedoch eine eindeutige und nachvollziehbare Rechtsprechung.

5.5 Werke: Urheberrecht

Das Urheberrecht gewährt Werken als persönliche geistige Schöpfungen Rechtsschutz (Hertin 2008; Lettl 2008; Rehbinder 2008). Urheberrecht tritt automatisch in Kraft, d.h. der Rechtsschutz muss nicht wie bei den gewerblichen Schutzrechten explizit beantragt werden. Zu den geschützten Werken aus Literatur, Wissenschaft und Kunst zählen Sprachwerke (Schriftwerke und Reden, aber auch Computerprogramme), Musik, Tanz, bildende Kunst, Photos, Filme und wissenschaftlich-technische Darstellungen (z. B. Abbildungen oder Tabellen). Wenn ein **Werk im Internet** (beispielsweise als Webseite oder als Blogbeitrag) veröffentlicht ist, gilt – wie bei allen Werken – das Urheberrecht. Auch Computerprogramme sind (als „Sprachwerke", nicht aber die zugrundeliegenden Ideen und Grundsätze) Gegenstand des Urheberrechts. Der Urheber als „Schöpfer" des Werkes erhält ein Monopolrecht an seinem geistigen Eigentum, insbesondere das Recht zu bestimmen, ob und wie sein Werk zu veröffentlichen ist. Zudem hat er das Recht auf Anerkennung seiner Urheberschaft, so dass ein Werknutzer stets verpflichtet ist, die benutzte Quelle deutlich anzugeben (in einer wissenschaftlichen Arbeit etwa in Form einer Referenz).

Das Urheberrecht ist in Deutschland in den letzten Jahren mit dem „Korb 1" (2003) und „Korb 2" (2007) – zumindest nach offizieller Lesart – den Erfordernissen der Informationsgesellschaft angeglichen worden.

Nach § 15 UrhG hat der Urheber drei Rechte, sein Werk „in körperlicher Form" zu verwerten, nämlich

- das Vervielfältigungsrecht (§ 16 UrhG),
- das Verbreitungsrecht (§ 17 UrhG),
- das Ausstellungsrecht (§ 18 UrhG)

sowie viertens – hier jedoch in „unkörperlicher" Form – das Recht der öffentlichen Wiedergabe (§ 19 UrhG) in Form von Vorträgen, Aufführungen, Vorführungen, (Rundfunk-) Sendungen und das Zugänglichmachen über Webseiten.

Dieser positive Inhalt des Urheberrechts korrespondiert mit seinem negativen Gehalt, anderen Personen diese Rechte zu verwehren. Nicht nur das Werk als solches ist geschützt, sondern auch dessen Bearbeitungen oder andere Umgestaltungen. Liegen jedoch Bearbeitungen (u. a. Übersetzungen oder „freie Bearbeitungen" des Originals), die geistige Schöpfungen des jeweiligen Bearbeiters sind, einmal vor, so genießen diese ebenso Schutz wie das ursprüngliche Werk. Außerhalb dieser Rechte darf ein Werk frei genutzt werden. In der Wissenschaft können demnach Gedanken eines Werkes, aber auch wörtliche Übernahmen von Passagen in ein neues Werk, problemlos ausgeführt werden, insofern der Urheber und die Quelle genannt werden. Ansonsten liegt „geistiger Diebstahl", also ein Plagiat, vor.

Urheberrechte sind immer begrenzte Rechte, nach deren Ablauf – in Deutschland sind dies (nach § 64 UrhG) 70 Jahre nach dem Tod des Urhebers – das Werk gemeinfrei wird, also von jedermann genutzt werden darf. Die Schutzfristen wurden und werden immer wieder verlängert. Betrugen sie ursprünglich 30 Jahre, wurden sie über 50 auf inzwischen 70 Jahre verlängert, was auch einer Generation der Nachkommen des Urhebers die Rechte am Werk sichert. Bei Datenbanken (Derclaye 2008) erlischt der Schutz (nach § 87d UrhG) bereits nach 15 Jahren nach der Veröffentlichung.

Das Urheberrecht kennt **Schranken**. Der private und der wissenschaftliche Gebrauch sind durch § 53 UrhG geregelt. Demnach sind einzelne Vervielfältigungen zum privaten Gebrauch auf beliebigen Trägern gestattet, sofern sie keinen Erwerbszwecken dienen. Detailliert regelt § 53 Abs. 2 weitere Schranken:

> Zulässig ist, einzelne Vervielfältigungsstücke eines Werkes herzustellen oder herstellen zu lassen
>
> 1. zum eigenen wissenschaftlichen Gebrauch, wenn und soweit die Vervielfältigung zu diesem Zweck geboten ist und sie keinen gewerblichen Zwecken dient,
>
> 2. zur Aufnahme in ein eigenes Archiv, wenn und soweit die Vervielfältigung zu diesem Zweck geboten ist und als Vorlage für die Vervielfältigung ein eigenes Werkstück benutzt wird,
>
> 3. zur eigenen Unterrichtung über Tagesfragen, wenn es sich um ein durch Funk gesendetes Werk handelt,
>
> 4. zum sonstigen eigenen Gebrauch,
>   a) wenn es sich um kleine Teile eines erschienenen Werkes oder um einzelne Beiträge handelt, die in Zeitungen oder Zeitschriften erschienen sind,

b) wenn es sich um ein seit mindestens zwei Jahren vergriffenes Werk handelt.

Begünstigt sind sowohl wissenschaftliche als auch archivarische Zwecke. Kleine Teile von Werken (z. B. Zeitschriftenaufsätze) dürfen auch zum eigenen beruflichen wie gewerblichen Gebrauch kopiert werden. Ist ein Werk seit mehr als zwei Jahre vergriffen, darf man davon Kopien herstellen. Die Freiheit, zum privaten wie auch zum gewerblichen Gebrauch Kopien herstellen zu dürfen, ist nicht mit Kostenfreiheit zu verwechseln, vielmehr müssen Kunden für die erstellten Kopien sehr wohl bezahlen.

Zulässig ist die Vervielfältigung und Verbreitung von Artikeln aus der Presse (Glas 2008). Diese für die Herstellung von **Pressespiegeln** wichtige Regelung ist in § 49 Abs. 1 UrhG kodifiziert:

> Zulässig ist die Vervielfältigung und Verbreitung einzelner Rundfunkkommentare und einzelner Artikel sowie mit ihnen im Zusammenhang veröffentlichter Abbildungen aus Zeitungen und anderen lediglich Tagesinteressen dienenden Informationsblättern in anderen Zeitungen und Informationsblättern dieser Art sowie die öffentliche Wiedergabe solcher Kommentare, Artikel und Abbildungen, wenn sie politische, wirtschaftliche oder religiöse Tagesfragen betreffen und nicht mit einem Vorbehalt der Rechte versehen sind. Für die Vervielfältigung, Verbreitung und öffentliche Wiedergabe ist dem Urheber eine angemessene Vergütung zu zahlen, es sei denn, dass es sich um eine Vervielfältigung, Verbreitung oder öffentliche Wiedergabe kurzer Auszüge aus mehreren Kommentaren oder Artikeln in Form einer Übersicht handelt. Der Anspruch kann nur durch eine Verwertungsgesellschaft geltend gemacht werden. Diese Regelung gilt auch für elektronische Pressespiegel.

Urheberrecht betrifft auch **Bibliotheken**. Für öffentlich zugängliche Bibliotheken (wie Schul-, Stadt- oder Hochschulbibliotheken) gelten gewisse Privilegien, nicht aber für Bibliotheken privater Unternehmen (z. B. Firmenbibliotheken) (Knaf/Gillitzer 2008). Nach §52b UrhG sind **elektronische Leseplätze** gestattet, die ausschließlich in den Räumen der Einrichtung zur Forschung und für private Studien genutzt werden. Der gleichzeitige Zugang zu Werken ist nur in der Anzahl möglich, die der Bestand der Bibliothek nennt. Obwohl nicht eigens im Gesetz erwähnt, kann man davon ausgehen, dass auch eingescannte Bücher (die tatsächlich in der Bibliothek vorhanden sind) an den Leseplätzen eingesehen werden dürfen. Durch den beschränkten gleichzeitigen Zugang wird hier Konsumrivalität bei der digitalen Nutzung wissenschaftlicher Werke künstlich geschaffen (Kuhlen 2008, 368 ff.).

Im Einklang mit § 52a UrhG stehen **elektronische Semesterapparate**, d.h. das digitale Vorhalten von einzelnen Beiträgen oder kleinen Werken für einen begrenzten Nutzerkreis zur wissenschaftlichen Forschung. Sollen ganze Bücher in den Semesterapparat aufgenommen werden, so muss die Bibliothek das jeweilige Werk besitzen und die digitale Version ausschließlich über ihre elektronischen Leseplätze zugänglich machen.

Ist ein vom Nutzer gewünschtes Werk nicht in der Bibliothek vor Ort vorhanden, kann es auf dem Weg der Fernleihe bzw. Dokumentlieferung aus anderen Bibliotheken besorgt werden. § 53a Abs. 1 regelt den **Kopienversand** auf Bestellung:

> Zulässig ist auf Einzelbestellung die Vervielfältigung und Übermittlung einzelner in Zeitungen und Zeitschriften erschienener Beiträge sowie kleiner Teile eines erschienenen Werkes im Wege des Post- oder Faxversands durch öffentliche Bibliotheken, sofern die Nutzung durch den Besteller nach § 53 zulässig ist. Die Vervielfältigung und Übermittlung in sonsti-

ger elektronischer Form ist ausschließlich als grafische Datei und zur Veranschaulichung des Unterrichts oder für Zwecke der wissenschaftlichen Forschung zulässig, soweit dies zur Verfolgung nicht gewerblicher Zwecke gerechtfertigt ist. Die Vervielfältigung und Übermittlung in sonstiger elektronischer Form ist ferner nur dann zulässig, wenn der Zugang zu den Beiträgen oder kleinen Teilen eines Werkes den Mitgliedern der Öffentlichkeit nicht offensichtlich von Orten und zu Zeiten ihrer Wahl mittels einer vertraglichen Vereinbarung zu angemessenen Bedingungen ermöglicht wird.

Insbesondere am Ende wird die Formulierung etwas kryptisch. Klar ist die Versendung von Kopien via Post oder Fax, die stets und für alle Kundengruppen erlaubt ist. Eine elektronische Lieferung an kommerzielle Kunden kommt prinzipiell nicht infrage. Für Zwecke der Forschung bzw. des Unterrichts darf elektronisch (mit Graphikdateien) gearbeitet werden, aber nur dann, wenn der Verlag kein „offensichtliches" und „angemessenes" Angebot zum Pay-per-View zur Verfügung stellt. Die Offensichtlichkeit wird durch das Aufscheinen des Werkes in Datenbanken operationalisiert (z. B. der Nachweis der Zeitschrift „Information Processing & Management" in der Datenbank „ScienceDirect" des Verlages ReedElsevier), die Angemessenheit am „üblichen Preis". Es sieht danach aus, als würde den Verlagen ein Vertriebsmonopol auf ihre digitalen Produkte zugestanden (Kuhlen 2008, 396 ff.). Bibliotheken und Dokumentlieferdienste sind auf der juristisch sicheren Seite, wenn sie mit den Verlagen Verträge aushandeln, die die digitale Lieferung einzelner Artikel aus Zeitschriften oder Sammelbänden regeln.

Technische Maßnahmen wie beispielsweise Kopierschutzvorrichtungen einer CD oder DVD dürfen in Einklang mit § 95a UrhG nicht umgangen werden, im § 95b gelten aber durchaus auch Schrankenbestimmungen (wie die erlaubten Vervielfältigungen für die Forschung). Die eingesetzte Software für das Digital Rights Management müsste demnach erkennen können, ob im Einzelfall eine zulässige Schranke vorliegt oder nicht. Inwieweit dies technisch zu realisieren ist, scheint uns derzeit völlig offen. Auf Computerprogramme finden §§ 95a-d keine Anwendung (§ 69a, Abs. 4). Außer zur Erstellung einer Sicherheitskopie, wenn diese zur Sicherung künftiger Benutzung erforderlich ist (§ 69d), darf bei Software keinerlei Kopie gezogen werden.

Ein Urheber muss die Schranken zwar hinnehmen, es besteht jedoch eine **Vergütungspflicht**. Betreiber von Kopiergeräten bzw. Einrichtungen mit hohem Kopiervolumen, d.h. Bibliotheken (Schmitt 2008), aufführende Künstler, kommerzielle Unternehmen usw. entrichten einen Betrag an die jeweiligen **Verwertungsgesellschaften** (Hertin 2008, 208 ff.) wie z. B. an die Verwertungsgesellschaft (VG) WORT für Autoren literarischer Werke, die Gesellschaft für musikalische Aufführungs- und mechanische Vervielfältigungsrechte (GEMA) für Komponisten, Songschreiber sowie Musikverleger und die Gesellschaft zur Wahrnehmung von Film- und Fernsehrechten (GWFF) für Urheber von Filmen. Die jeweilige Gesellschaft verteilt die Einnahmen anteilsmäßig an ihre Mitglieder. Pressespiegel sind zwar gestattet, aber auch hier besteht Vergütungspflicht. Für den Vertrieb von Presseartikeln arbeitet die Presse-Monitor GmbH (PMG), eine Gründung deutscher Verlage und Verlegerverbände. Sie lizenziert Artikel zur Weiterverwendung in elektronischen Pressespiegeln und fungiert als Inkassostelle für die VG Wort.

Urheberrechtlich unbedenklich sind **Links** auf Homepages fremder Websites. Dies gilt für jede Webseite und ebenfalls für Suchmaschinen (die in ihren Trefferlisten ja Links ausgeben) (Ott 2008). Ohne Zustimmung des Urhebers ist es jedoch nicht möglich, fremde Inhalte als Datei auf die eigene Seite (beispielsweise über Frames) zu integrieren, da hier der Nutzer nicht merkt, dass der Content von einer fremden Seite stammt. Problematisch können ggf. „Deep Links" sein, also Links, die nicht auf die Homepage einer Website verweisen, sondern „tief" in der Website eine bestimmte Seite markieren. Da hier die Homepage umgangen wird (und diese unter Umständen für den Website-Eigentümer wichtige Werbung oder andere Informationen anhalten kann), wird – in Ausnahmefällen – ein juristisches Problem entstehen (Oppenheim 2008, 946).

Ein Grenzfall einer erlaubten Verwendung von urheberrechtlich geschütztem Content liegt bei der Übernahme von **Titeln und Sätzen** bzw. Satzausschnitten sowie von Thumbnails von Bildern bei News-Suchmaschinen vor. Die Zulässigkeit von **Thumbnails** bei Bildersuchmaschinen gilt derzeit als geklärt, die Übernahme von Texten ist offen und dürfte vom Einzelfall abhängen. Google hat für sein „Google News" einen Lizenzvertrag mit der französischen Nachrichtenagentur „Agence France Presse" (AFP) sowie anderen Agenturen abgeschlossen, der die Verwendung der Titel und Satzausschnitte regelt (Ott 2008).

Geht es bei Urheberrechtsverletzungen um „Raub"? Gibt es überhaupt **Raubkopien**? Jan Krömer und Evrim Sen (2006) plädieren dafür, Urheberrechtsverletzungen zu entkriminalisieren. Es geht mitnichten um Raub; angemessen ist die Rede von „Schwarzkopien". Es lohnt ein Blick in das Strafgesetzbuch. In § 249 wird „Raub" definiert:

> Wer mit Gewalt gegen eine Person oder unter Anwendung von Drohungen mit gegenwärtiger Gefahr für Leib oder Leben eine fremde bewegliche Sache einem anderen in der Absicht wegnimmt, die Sache sich oder einem Dritten rechtswidrig zuzueignen, wird mit Freiheitsstrafe nicht unter einem Jahr bestraft.

Raub hat erstens etwas mit Gewalt zu tun, und zweitens wird einem Dritten eine Sache weggenommen – beides ist bei Schwarzkopien nicht gegeben. Gewalt gegen Personen spielt hier überhaupt keine Rolle, und dem Eigentümer wird auch nichts weggenommen, schließlich wird nur eine Kopie erstellt. Ein Verstoß gegen das Urheberrecht ist allerdings bei Schwarzkopien nicht auszuschließen.

Verletzt jemand das Urheberrecht, so hat der Rechteinhaber Anspruch auf **Schadenersatz** (§ 97 UrhG). Folgende Ansprüche werden genannt:

- Beseitigung der Beeinträchtigung,
- (bei Wiederholungsgefahr) Unterlassung,
- bei Vorsatz oder Fahrlässigkeit des Verletzers:
  - Schadenersatz oder
  - Gewinnherausgabe,

zusätzlich (ebenfalls bei Vorsatz oder Fahrlässigkeit): Schadenersatz für den immateriellen Schaden (Verschaffen von „Genugtuung").

5.6 Creative Commons und Copyleft

Während das Urheberrecht den Rechteinhaber schützt und den Nutzern nur über Ausnahmen gewisse (im Laufe der Zeit immer weniger werdende) Rechte einräumt, rücken die „Creative Commons (CC)" sowie das „Copyleft" den Nutzer in den Mittelpunkt, ohne dass der Urheber (wenn man von seiner Nennung absieht) eine materielle Gegenleistung bekommt. Creative Commons und Copyleft haben keinerlei Gesetzesrang, sondern verstehen sich als Vertrag zwischen Urheber und Nutzer (Mantz 2006, 57 ff.). Wird dieser Vertrag vom Nutzer gebrochen, so tritt das nach wie vor geltende Urheberrecht in Kraft. Creative Commons wurden maßgeblich von Lawrence Lessig (siehe z. B. Lessig 2003) im Jahr 2001 begründet und gelten als hervorragende Grundlage für die freie Verteilung von digitalem Content im Internet. Eine gewisse Vorbildfunktion hatten die freien Softwarelizenzen wie beispielsweise GNU General Public Licence – da sie das Copyright ergänzen, auch mit dem Wortspiel „Copyleft" bezeichnet.

Skizzieren wir kurz die Konzeption von **Copyleft**! Hier geht es um die Bedingungen der freien Nutzung von Software. Stallman (2004[1996], 91) definiert:

> Copyleft is a general method for making a program free software and requiring all modified and extended versions of the program to be free software as well.

Steht eine Software unter der Copyleft-Lizenz, so darf sie frei (auch kommerziell) genutzt werden, Kopien dürfen kostenlos oder gegen Bezahlung verteilt werden, der Quellcode wird stets mitgeliefert. Aus der Ursprungssoftware abgeleitete Programme müssen ebenfalls nach Copyleft lizenziert werden. Ist diese „Vererbung" der freien Nutzung nicht gegeben, so spricht man von **Open Source**.

Als Informationsanbieter definiert man unter **Creative Commons** den (rechtlichen) Schutzgrad an Content selbst (O'Sullivan 2008). Die abgestuften Lizenzverträge ermöglichen es, dass Inhalteanbieter nicht mehr nur die Wahl zwischen einem vollständigen („alle Rechte vorbehalten") und gar keinem Schutz haben, sondern differenziert entscheiden können, in welcher Form sie ihr Produkt schützen wollen. Soll neben der obligatorischen Namensnennung (BY) z. B. eine Bearbeitung des Werkes (Derivative Work) möglich sein, nicht aber eine kommerzielle Nutzung (Non Commercial = NC), kann dafür eine spezielle Lizenzvariante gewählt werden. Eine andere Variante wäre es, die Weitergabe unter gleichen Bedingungen zu erlauben (Share Alike = SA) (Linde/Ebber 2007).

Diese Lizenzen können prinzipiell auf alle Werke und Inhalte angewendet werden, die in kreativen Prozessen entstehen, seien es Texte, Fotos, Bilder, Audio- und Videodateien, multimediale Inhalte, Webseiten, Blogs oder sonstige Werbe- und Informationsmaterialien.

5.7 Rechtsschutz von Software

Auf den ersten Blick ist der Sachverhalt im deutschen Recht klar: Computerprogramme fallen unter das Urheberrecht (§§ 69a-g UrhG), Programme für Datenverarbeitungsanlagen sind „als solche" vom Patent ausgeschlossen (§ 1 PatG). In der Europäischen Union wird dies analog gehandhabt; in den USA sieht es ganz anders aus: Dort darf Software (sofern diese einen nützlichen und technischen Zweck verfolgt) uneingeschränkt patentiert werden. Nach europäischer und deutscher Rechtsauffassung fehlt der Software das Kriterium der Technizität, da es sich beim (in einer Programmiersprache verfassten) Code um ein „Sprachwerk" handelt. Damit ist es in Europa nicht möglich, die der Software zugrunde liegende Idee zu schützen, da das Urheberrecht wohl das Kopieren von CD-ROMs, aber nicht die Anwendung des dort beschriebenen Verfahrens verbietet.

Die Rechtspraxis sieht die Situation weitaus entspannter. Im Einklang mit den Gesetzen ist ein reiner Quellcode nicht patentierbar; ermöglicht die Software jedoch einen technischen Beitrag, so wird in aller Regel ein Patent erteilt. Das Europäische Patentamt (EPO 2008, 16) stellt fest:

> (T)he EPO grants patents for many inventions in which software makes a technical contribution, such as a novel and inventive computer-controlled process operating a robot arm, enhancing a graphic display, controlling data storage between memories or routing diverse calls through a telephone exchange in respond to demand.
>
> Other processes, such as Internet retailing, though involving the use of a computer, are not patentable in Europe, whereas such processes are often patented in the USA.

Demnach können computerimplementierte Erfindungen in Europa (und in Deutschland) patentiert werden,

- wenn sie technischen Charakter haben und ein technisches Problem lösen
- und wenn sie einen neuen erfinderischen Beitrag zum Stand der Technik darstellen.

Lösen computerimplementierte Erfindungen demgegenüber ein wirtschaftliches (aber nicht gleichzeitig technisches) Problem, so kommt ein Patent nicht infrage.

Der Rechtsschutz von Software kennt so in der Praxis mehrere ko-existierende Mechanismen:

- Patent (auf computerimplementierte Erfindung): Idee geschützt; Dauer: maximal 20 Jahre,
- Sprachwerk (Urheberrecht): u. a. Vervielfältigung- und Verbreitungsrecht; Dauer: bis 70 Jahre nach dem Tod des Urhebers,
- Copyleft (und verwandte Open Source-Lizenzmodelle): freie Nutzung.

5.8 Personenbezogene Informationen: Datenschutzrecht

„Datenschutz" schützt keine Daten, sondern Menschen vor missbräuchlichem Umgang mit deren personenbezogenen Informationen (Kühling/Sivridis 2008; Wohlgemuth/Gerloff 2005). In Deutschland wurde die Bedeutung der personenbezogenen Informationen schon früh erkannt; seit 1970 gibt es ein Landesgesetz in Hessen, der Bund zog im Jahr 1977 nach. Den Zweck des Bundesdatenschutzgesetzes definiert § 1 BDSG:

> Zweck dieses Gesetzes ist es, den Einzelnen davor zu schützen, dass er durch den Umgang mit seinen personenbezogenen Daten in seinem Persönlichkeitsrecht beeinträchtigt wird.

Das Gesetz gilt für alle öffentlichen Stellen des Bundes und der Länder (soweit diese keine eigenen Datenschutzgesetze haben) sowie für alle nicht-öffentlichen Institutionen, insofern diese die Informationen elektronisch verwalten. Ausdrücklich wird (in § 3a BDSG) im Sinne einer „Datensparsamkeit" darauf hingewiesen, keine oder so wenige Informationen wie möglich über Personen zu erheben, und, wenn doch, möglichst mit Anonymisierung zu arbeiten. Jeder Person stehen folgende Rechte in Bezug auf ihre personenbezogenen Informationen zu:

- Auskunft (auf Antrag),
- Berichtigung unrichtiger Informationen,
- Löschung (wenn die Informationen unrechtmäßig gespeichert sind),
- Sperrung (wenn der Löschung Aufbewahrungsfristen gegenüberstehen).

Die Erhebung personenbezogener Informationen ist stets zulässig, wenn der Betroffene diesem zugestimmt hat. § 13 BDSG nennt aber noch eine Reihe weiterer zulässiger Erhebungsarten, darunter, wenn Rechtsvorschriften dies vorsehen oder es sich um offenkundig öffentliche Daten handelt. Für Zwecke des Adresshandels, der **Werbung** oder der Marktforschung ist die Erhebung, Verarbeitung und (bei einem berechtigten Interesse des Käufers) auch die Weitergabe spezifischer Daten (wie Name, Alter, Beruf, Anschrift) ebenfalls möglich. In § 29 Abs. 1 BDSG lesen wir:

> Das geschäftsmäßige Erheben, Speichern oder Verändern personenbezogener Daten zum Zweck der Übermittlung, insbesondere wenn dies der Werbung, der Tätigkeit von Auskunfteien, dem Adresshandel oder der Markt- und Meinungsforschung dient, ist zulässig, wenn
>
> 1. kein Grund zu der Annahme besteht, dass der Betroffene ein schutzwürdiges Interesse an dem Ausschluss der Erhebung, Speicherung oder Veränderung hat, oder
>
> 2. die Daten aus allgemein zugänglichen Quellen entnommen werden können oder die verantwortliche Stelle sie veröffentlichen dürfte, es sei denn, dass das schutzwürdige Interesse des Betroffenen an dem Ausschluss der Erhebung, Speicherung oder Veränderung offensichtlich überwiegt.

Besonders geschützt sind weitergehende personenbezogene Informationen, beispielsweise über politische Meinungen, religiöse Überzeugungen, strafbare Handlungen oder das Sexualleben. Hier muss die jeweils verantwortliche Stelle die Richtigkeit des Wissens über die betreffende Person beweisen können.

Als problematisch wird die **Vorratsdatenspeicherung** im Rahmen der sog. „Telekommunikationsüberwachung" angesehen, da hier öffentliche Stellen ohne besonderen Anlass Zugang zu gewissen personenbezogenen Informationen erhalten. Es geht um das Aufzeichnen der Verkehrsdaten jeglicher Telekommunikation (E-Mail, Interneteinwahl, Telefon) für sechs Monate. Nicht gespeichert wird der jeweils übermittelte oder eingesehene Inhalt, auch nicht die URLs aufgesuchter Webseiten (Gitter/Schnabel 2007).

Das Recht am **eigenen Bild** wird durch die §§ 22 bis 24 des Kunsturhebergesetzes (KunstUrhG) geregelt (Lettl 2008, 308 ff.). Das Gesetz wurde bis auf die Paragraphen, die den Schutz von Bildnissen betreffen, im Jahr 1965 aufgehoben. Danach dürfen Bilder nur mit der Einwilligung des Abgebildeten verbreitet werden, so dass der Abgebildete die Befugnis darüber hat, wie er in der Öffentlichkeit im Bild dargestellt wird. Das Gesetz nennt (in § 23 KunstUrhG) folgende Ausnahmen:

> Ohne die nach § 22 erforderliche Einwilligung dürfen verbreitet und zur Schau gestellt werden:
>
> 1. Bildnisse aus dem Bereiche der Zeitgeschichte;
>
> 2. Bilder, auf denen die Personen nur als Beiwerk neben einer Landschaft oder sonstigen Örtlichkeit erscheinen;
>
> 3. Bilder von Versammlungen, Aufzügen und ähnlichen Vorgängen, an denen die dargestellten Personen teilgenommen haben;
>
> 4. Bildnisse, die nicht auf Bestellung angefertigt sind, sofern die Verbreitung oder Schaustellung einem höheren Interesse der Kunst dient.

Über personenbezogene Informationen hinaus geht das **Informationsfreiheitsgesetz** des Bundes (sowie einiger Bundesländer) (Schoch 2008). Jeder hat danach einen Anspruch auf Zugang zu jeder Art von amtlichen Informationen der jeweiligen Gebietskörperschaft – allerdings ohne deren Einwilligung nicht zu Akten, die personenbezogene Informationen über Dritte enthalten. In vielen Staaten der Welt existiert eine derartige Informationsfreiheit, in den USA mit dem „Freedom of Information Act" bereits seit 1966.

Beim Inhalt eines **Webdokuments** ist auf personenbezogene Informationen anderer Rücksicht zu nehmen, da – natürlich – auch hier der Datenschutz gilt (Czink 2006). Dies betrifft alle Arten von Webdokumenten, angefangen von der eigenen Seite über Blog- und Forenbeiträge bis zum Einstellen von Bildern oder Videos auf kollaborative Webdienste sowie deren Kommentierung. Auch das Recht am eigenen Bild hat im WWW Bestand und ist beispielsweise bei Fotoservices (z. B. Flickr), Videodiensten (z. B. YouTube) und Diensten sozialer Netzwerke (z. B. Facebook) anwendbar.

5.9 Content im Internet: Telemedienrecht

Das Telemediengesetz (Heckmann, Hg. 2007) regelt den Umgang mit Informationsinhalten, die in „Telemedien" (das heißt, dem Internet) zur Nutzung bereitgestellt worden sind. Dies betrifft private Webseiten genauso wie kommerzielle Webangebote; auch Zugangsprovider,

Serviceprovider und Suchmaschinenbetreiber sind daran gebunden. Für alle „geschäftsmäßigen" Telemedien gilt uneingeschränkt eine **Impressumspflicht** (Angaben von Name, Anschrift, E-Mail-Adresse, Eintrag ins Handelsregister, Vereinsregister o. ä., Umsatzsteueridentifikationsnummer; § 5 Abs. 1 TMG). Bei kommerzieller Kommunikation über E-Mail muss der kommerzielle Charakter des Schreibens sowie der Absender klar erkennbar sein, so dass – bei korrekter Anwendung des Telemediengesetzes – **Spam** weitgehend vermieden würde.

Die **Haftung für Content** liegt primär beim jeweiligen Anbieter und sekundär bei Anbietern zur

- Durchleitung von Informationen nach § 8 TMG (Zugangsprovider),
- Zwischenspeicherung zur beschleunigten Übermittlung von Informationen nach § 9 TMG (Proxy-Cache-Provider), Speicherung von Informationen nach § 10 TMG (Host-Provider, u. a. Suchmaschinen).

In § 7 TMG sind die Verantwortlichkeiten geklärt:

> (1) Diensteanbieter sind für eigene Informationen, die sie zur Nutzung bereithalten, nach den allgemeinen Gesetzen verantwortlich.
>
> (2) Diensteanbieter im Sinne der §§ 8 bis 10 sind nicht verpflichtet, die von ihnen übermittelten oder gespeicherten Informationen zu überwachen oder nach Umständen zu forschen, die auf eine rechtswidrige Tätigkeit hinweisen. Verpflichtungen zur Entfernung oder Sperrung der Nutzung von Informationen nach den allgemeinen Gesetzen bleiben auch im Falle der Nichtverantwortlichkeit des Diensteanbieters nach den §§ 8 bis 10 unberührt. Das Fernmeldegeheimnis nach § 88 des Telekommunikationsgesetzes ist zu wahren.

Sofern Diensteanbieter im Sinne der §§ 8 bis 10 keine Kenntnis von rechtswidrigen Informationen haben, sind sie für diese Informationen auch nicht verantwortlich. Der Fall ändert sich aber in dem Moment, in dem sie über solchen Content in Kenntnis gesetzt worden sind. Bei Diensten nach §§ 9 und 10 TMD müssen die Anbieter unverzüglich die entsprechenden Informationen entfernen oder den Zugang zu ihnen sperren. Für algorithmische **Suchmaschinen** (wie beispielsweise Google) stellen Sieber und Liesching (2007, 22) fest:

> Der Suchmaschinenbetreiber muss daher – wozu er auch in der Lage ist – die von ihm selbst gespeicherten Informationen vor allem im Falle gerichtlicher oder behördlicher Anordnungen entfernen.

Laut § 86 Strafgesetzbuch ist das Verbreiten von Propagandamitteln verfassungswidriger Organisationen in Deutschland verboten. Enthält eine Webseite solches Material und ist beispielsweise Google davon unterrichtet worden, so ist der Zugang dazu in der deutschen Version von Google zu sperren (Abbildung 5.7: Google.de entfernt zwei eigentlich zutreffende Dokumente aus der Trefferliste).

Dies gilt analog auch für Sponsored Links (z. B. AdWords). Findet eine Kontrolle der Werbetexte und der Suchargumente seitens der Suchmaschine statt, so ist deren Betreiber für gesetzwidrige Informationen (wie den Markenmissbrauch) mitverantwortlich; werden die Anzeigen nicht geprüft, entfällt die Verantwortlichkeit, und der Suchmaschinenbetreiber muss erst dann aktiv werden, nachdem er von Rechtsverstößen unterrichtet worden ist.

```
Yatego - Adolf Hitler Mein Kampf, Adolf Hitler, Adolf Hitler mein
Adolf Hitler Mein Kampf - finden Sie alle Produkte bei Yatego. Top Angebote zu Adolf Hitler
Mein Kampf finden Sie bei Yatego preiswert und schnell.
www.yatego.com/q.adolf hitler mein,kampf - 43k - Im Cache - Ähnliche Seiten

Störungsmelder » Gebt Adolf Hitlers „Mein Kampf" frei!
Gebt Adolf Hitlers „Mein Kampf" frei! von Mathias Brodkorb um 15:23 Uhr. Noch immer hält
sich in Deutschland hartnäckig das Gerücht, Hitlers „Mein Kampf" ...
blog.zeit.de/stoerungsmelder/2008/04/11/gebt-adolf-hitlers-mein-kampf-frei_289 - 89k -
Im Cache - Ähnliche Seiten

Aus Rechtsgründen hat Google 2 Ergebnis(se) von dieser Seite entfernt. Weitere Informationen über diese Rechtsgründe finden Sie unter
ChillingEffects.org.
```

Abbildung 5.7: Zensur bei Google.de. Quelle: Google. (Suchanfrage: Adolf Hitler „Mein Kampf").

Diverse Diensteanbieter verfügen über personenbezogene Informationen. Soweit es technisch möglich und zumutbar ist, hat ein Anbieter die Nutzung von Telemedien und deren Bezahlung anonym oder pseudonym zu ermöglichen (§13 Abs. 6 TMG). Personenbezogene Bestandsdaten (die zur Ausgestaltung von Vertragsverhältnissen notwendig sind) und Nutzungsdaten (Merkmale zur Identifikation des Nutzers, Angaben über Beginn und Ende sowie des Umfangs der Nutzung, Angaben über in Anspruch genommen Telemedien) dürfen für Zugangs- und Abrechnungszwecke sowie (jedoch nur unter Verwendung von Pseudonymen) für Werbung, Marktforschung oder zur bedarfsgerechten Gestaltung der Dienste Verwendung finden. Wie schon bei der Telekommunikationsüberwachung angesprochen, können Strafverfolgungsbehörden diese Daten anfordern. Das Telemediengesetz weitet für die Bestandsdaten (nicht aber für die Nutzungsdaten) in § 14 Abs. 2 den Kreis der „zuständigen Stellen" jedoch aus:

> Auf Anordnung der zuständigen Stellen darf der Diensteanbieter im Einzelfall Auskunft über Bestandsdaten erteilen, soweit dies für Zwecke der Strafverfolgung, zur Gefahrenabwehr durch die Polizeibehörden der Länder, zur Erfüllung der gesetzlichen Aufgaben der Verfassungsschutzbehörden des Bundes und der Länder, des Bundesnachrichtendienstes oder des Militärischen Abschirmdienstes oder zur Durchsetzung der Rechte am geistigen Eigentum erforderlich ist.

Interessant sind die Ansprüche Privater oder von Unternehmen zur Wahrung ihrer Urheberrechte oder ihrer Ansprüche im gewerblichen Rechtsschutz. Beim Verdacht auf beispielsweise Markenrechts- oder Urheberrechtsverletzungen müssen Serviceprovider die Bestandsdaten ihrer Kunden an den jeweils Geschädigten weitergeben.

5.10 Flankierende Rechtsgebiete

Das **Wettbewerbsrecht** (Jestaedt 2008b; Köhler/Bornkamm 2007) regelt die **Lauterbarkeit** auf Märkten. Das Gesetz gegen den unlauteren Wettbewerb (UWG) dient folgendem Zweck (§ 1 UWG):

> Dieses Gesetz dient dem Schutz der Mitbewerber, der Verbraucherinnen und der Verbraucher sowie der sonstigen Marktteilnehmer vor unlauterem Wettbewerb. Es schützt zugleich das Interesse der Allgemeinheit an einem unverfälschten Wettbewerb.

Alle Handlungen, die den Wettbewerb zum Nachteil der Mitbewerber, der Verbraucher oder sonstiger Marktteilnehmer beeinträchtigen, sind nach § 3 UWG unzulässig. Unlauter sind u. a. irreführende Werbung und unzumutbare Belästigungen.

Das unaufgeforderte Versenden von **E-Mails** zu Werbezwecken nach §7 UWG ist eine solche „unzumutbare Belästigung" und damit wettbewerbswidrig (Altermann 2006). Von einer „Aufforderung" ist auszugehen, wenn der Adressat ausdrücklich der Zusendung sein Einverständnis gegeben hat. Es gibt eine einzige Ausnahme: E-Mail-Werbung ist zulässig, wenn das werbende Unternehmen die Mailadresse beim Verkauf einer Ware oder Dienstleistung erhalten hat, die Werbung eigene ähnliche Produkte betrifft, der Kunde der Verwendung seiner Mailadresse nicht widersprochen hat und dieses jederzeit nachholen kann.

Bei Suchmaschinenwerbung wie Google AdWords ersteigern Werbekunden Suchargumente, deren Anklicken mit Kosten für den Werbetreibenden verbunden ist. Es ist möglich, ein maximales Tagesbudget zu vereinbaren, nach deren Überschreiten der Werbetext nicht mehr angezeigt wird. Wenn nun ein Wettbewerber massenhaft auf die Anzeigen eines Unternehmens klicken lässt, so entsteht diesem Schaden durch erhöhte Kosten (die aber keinerlei Ertrag bringen) sowie – beim Erreichen des maximalen Tagesbudgets – die Unsichtbarkeit der Werbung. Solch ein **Klickbetrug** zu Schaden des Wettbewerbers kollidiert mit § 4 Nr. 10 UWG, in dessen Sinne jemand unlauter handelt, wer Mitbewerber behindert (Kaufmann 2005).

Beschafft sich ein Nutzer von einem kommerziellen Anbieter Content oder Software über das WWW, so steht ihm – entgegen des sonst im Bürgerlichen Gesetzbuch üblichen Rückgaberechts bei Fernabsatzverträgen (§ 312d Abs. 1 BGB) – kein **Widerrufsrecht** zu (§ 312d Abs. 4 BGB). Das heißt: Gekaufte Informationsgüter dürfen nicht zurückgegeben werden. Mitunter sichern sich Hosts durch ihre Allgemeinen Geschäftsbedingungen (AGB) zusätzlich ab. So lesen wir beispielsweise in den AGB von GENIOS:

> Sofern ein Widerrufsrecht gemäß §§ 312 b ff BGB besteht, erlischt dieses sobald der Nutzer mit dem Datenabruf begonnen hat.

Durch das **Informationsweiterverwendungsgesetz** (IWG) sollen (insbesondere kommerzielle) Anbieter motiviert werden, digitale Informationsdienste auf der Basis von Informationen zu entwickeln, die von öffentlichen Stellen erarbeitet und gespeichert worden sind (Hopf 2007). **Öffentliche Einrichtungen** sind in der Tat bedeutende Informationsproduzenten, man denke beispielsweise an die amtliche Statistik, die gewerblichen Schutzrechte, Gesetzestexte oder an Geodaten. IWG § 2 Abs 3 definiert die „Weiterverwendung":

> Weiterverwendung (ist) jede Nutzung von Informationen, die über die Erfüllung einer öffentlichen Aufgabe hinausgeht und in der Regel auf die Erzielung von Entgelt gerichtet ist ... .

Es geht demnach nicht um die eins-zu-eins-Vermarktung öffentlicher Informationen durch die Privatwirtschaft; vielmehr sind die kommerziellen Informationsanbieter gehalten, neue, "angereicherte" Informationsprodukte zu schaffen. So können beispielsweise (in öffentlichen Einrichtungen erarbeitete) Gesetzestexte einem Online-Host (sagen wir: Juris oder LexisNexis) übergeben werden, und dieser verlinkt die Gesetzestexte mit relevanten Gerichtsurteilen. Oder es ist möglich, dass das DPMA einem kommerziellen Datenbankproduzenten und -anbieter (wie z. B. Derwent oder Questel) die Volltexte der Patentschriften überlässt, die diese mit spezifischem Mehrwert durch elaborierte Retrievalsysteme (etwa dem Angebot patentinformetrischer Funktionalität) ausstatten.

Über Gesetze zur **Deutschen Nationalbibliothek** ist sichergestellt, dass in Deutschland erscheinende Medienwerke vollständig in der Deutschen Nationalbibliothek (DNB) gesammelt werden. „Medienwerke" sind Darstellungen in Schrift, Bild und Ton, die entweder in „körperlicher Form" (also auf Papier, auf elektronischen oder anderen Datenträgern) oder in „unkörperlicher Form" (in öffentlichen Netzen) zugänglich gemacht werden (DNBG § 3). Es besteht nach § 14 DNBG eine Ablieferungspflicht für alle Medienwerke, ausgenommen Filme (bei denen nicht die Musik im Vordergrund steht) und ausschließlich im Rundfunk gesendete Werke. Ablieferungspflichtig ist, wer das Recht hat, das jeweilige Medienwerk zu verbreiten (u. a. Verlage) und den Sitz, eine Betriebsstätte oder den Hauptwohnsitz in Deutschland hat. Mit der Pflichtablieferungsverordnung (PflAV) wird klargestellt, dass unter die der DNB zu überlassenden **Pflichtexemplare** sowohl körperliche als auch unkörperliche Werke gehören – demnach also auch alle Publikationen im World Wide Web. Von der Ablieferungspflicht ausgenommen sind u. a. private Websites, Kommunikations- bzw. Diskussionsinstrumente ohne sachliche bzw. persönliche Aspekte sowie E-Mail-Newsletter ohne Archivfunktion (PflAV § 9). Da die Verordnung unklar formuliert, welche Webwerke genau unter die PflAV fallen oder nicht (beispielsweise bleibt offen, ob und wie einzelne Posts in Weblogs ablieferungspflichtig sind), hilft im praktischen Umgang mit der PflAV nur eine Absprache mit der Deutschen Nationalbibliothek.

5.11 Informationsstrafrecht

Arbeiten mit dem Computer sowie das Einstellen von Inhalten auf Webseiten können strafrechtliche Folgen haben. Wir wollen die einschlägigen Paragraphen des Strafgesetzbuches in die beiden Bereiche des Computerstrafrechts (Hilgendorf, Hg., 2004) und des Contentstrafrechts unterteilen.

Das **Computerstrafrecht** regelt in den §§ 202a bis c StGB das **Ausspähen** und **Abfangen** von Daten (Computerspionage) und stellt dieses sowie die Herstellung von einschlägigen Computerprogrammen unter Strafe. Hacking in fremde Computersysteme (einschließlich dem „Phishing" von Passwörtern), ja insgesamt das Nutzen von Informationen, die nicht für Dritte bestimmt und die gegen unberechtigten Zugang besonders geschützt sind, ist illegal. **Fälschungen beweiserheblicher Daten** (wie beispielsweise Urkunden) mittels Datenverarbeitung gelten genauso als Täuschungen wie nicht-digitale Fälschungen (§ 270 StGB). Beim

Computerbetrug (§ 263a StGB) wird unmittelbar kein Mensch, sondern ein Rechnersystem „betrogen". Dies kann beispielsweise bei der Nutzung eines Bankautomaten mit einer gefälschten Codekarte erfolgen. Insbesondere fallen unter § 263a StGB alle Fälle von Wirtschaftskriminalität, die über

> unrichtige Gestaltung des Programms, durch Verwendung unrichtiger oder unvollständiger Daten, durch unbefugte Verwendung von Daten oder sonst durch unbefugte Einwirkung auf den Ablauf (eines Datenverarbeitungsprogramms)

dem Täter einen „rechtswidrigen Vermögensvorteil" verschaffen. Computerbetrug ist damit eng mit Diebstahl, Unterschlagung oder Untreue verbunden. Strafbar sind **Datenveränderung** (§ 303a StGB) und **Computersabotage** (§303b StGB). Datenveränderung meint das Löschen, Unterdrücken, Unbrauchbarmachen oder Verändern von Content, es weitet damit die Sachbeschädigung auf Informationen aus. Zentral ist der Paragraph § 303b zur Computersabotage einzustufen:

> (1) Wer eine Datenverarbeitung, die für einen anderen von wesentlicher Bedeutung ist, dadurch erheblich stört, dass er
> 1. eine Tat nach § 303a Abs. 1 begeht,
> 2. Daten (§ 202a Abs. 2) in der Absicht, einem anderen Nachteil zuzufügen, eingibt oder übermittelt oder
> 3. eine Datenverarbeitungsanlage oder einen Datenträger zerstört, beschädigt, unbrauchbar macht, beseitigt oder verändert,
> wird mit Freiheitsstrafe bis zu drei Jahren oder mit Geldstrafe bestraft.
> (2) Handelt es sich um eine Datenverarbeitung, die für einen fremden Betrieb, ein fremdes Unternehmen oder eine Behörde von wesentlicher Bedeutung ist, ist die Strafe Freiheitsstrafe bis zu fünf Jahren oder Geldstrafe.

In besonders schweren Fällen ist sogar eine Freiheitsstrafe von bis zu zehn Jahren vorgesehen. Bei der Computersabotage geht es nicht nur um die Zerstörung von Hardware, sondern auch von Software sowie Content und damit um alle Arten von Viren, Trojanern oder Bots, die störend auf fremde Rechner einwirken.

Je nach **Content** ist es möglich, dass strafrechtliche Aspekte berührt werden. So ist es nach § 86 StGB verboten, „gegen die freiheitlich-demokratische Grundordnung gerichteten" Inhalt **verfassungswidriger Organisationen** zu verbreiten. Ebenso dürfen „einfache" pornographische Schriften und Darbietungen gemäß § 184c StGB nicht über Telemedien verbreitet werden, es sei denn, „dass die pornographische Darbietung Personen unter achtzehn Jahren nicht zugänglich ist", dass also zur Wahrung des Jugendschutzes irgendwelche wirksamen Systeme zur Altersverifikation Einsatz finden. Stets verboten ist die Verbreitung von **Pornos** mit Gewaltdarstellungen, mit sexuellen Handlungen von Menschen mit Tieren (§ 184a StGB) sowie mit Darstellungen sexuellen Missbrauchs von Kindern (§ 184b StGB) – bei letztem sind auch Erwerb und Besitz strafbar. Als Kinder gelten alle Personen unter vierzehn Jahren. Content auf Webseiten, in Blogbeiträgen, Foren, bei Bildern, Videos usw., der **Beleidigungen**, üble Nachrede, Verleumdungen oder Verunglimpfungen des Andenkens Verstorbener darstellt, ist gemäß § 185 ff. StGB strafbar.

5.12 Internationales Informationsrecht?

Wie sind Fälle einzuschätzen, wenn sie das Rechtssystem mehrerer Länder berühren? Ein inzwischen klassisches Beispiel für einen Konflikt zwischen verschiedenen Rechtsauffassungen betrifft Yahoo!. Nach französischem Recht handelt Yahoo! illegal, wenn die Suchmaschine (yahoo.com) nationalsozialistische Literatur anbietet, nach u.s.-amerikanischem Recht und aktueller Rechtssprechung kann das Unternehmen die französische Entscheidung jedoch ignorieren (Oppenheim 2008, 951). Michael Saadat (2005) berichtet:

> The French Court held that blocking French access to www.yahoo.com was technically possible, and that because www.yahoo.com could be viewed by French citizens, it came within the jurisdiction of France. It ordered Yahoo! to comply, or face penalties. Yahoo! sought a declaratory judgement that the „French Court's orders are neither cognizable nor enforceable under the laws of the United States." On 7 November 2001, Judge Fogel granted Yahoo!'s request for declaratory judgement. Substantively, this was to be expected. U.S. courts have previously denied enforcement of foreign judgements that have been deemed incompatible with the U.S. Constitution, including enforcement of foreign defamation judgements.

Recht und so auch Informationsrecht ist national; Anbieter der Informationswirtschaft agieren demgegenüber häufig international. Außerhalb internationaler Absprachen (wie beispielsweise TRIPS) sind Konflikte bei der Auffassung, was jeweils „gutes Recht" ist, demnach keineswegs auszuschließen.

5.13 Fazit

- Gerade in der Wissensgesellschaft spielt der rechtliche Schutz geistigen Eigentums eine besondere Rolle. Es gibt zwar kein eigenes Informationsrecht; dieses setzt sich vielmehr als Querschnittsrecht aus „klassischen" Rechtsgebieten (wie dem gewerblichen Rechtsschutz und dem Urheberrecht) sowie einschlägigen spezifischen Gesetzen (z. B. Datenschutzrecht und Telemediengesetz) zusammen. Flankierend sind zudem das Wettbewerbs- und das Strafrecht zu beachten.
- Das Recht des geistigen Eigentums („Intellectual Property") besteht aus dem gewerblichen Rechtsschutz (technische Schutzrechte: Patente und Gebrauchsmuster; nicht-technische Schutzrechte: Geschmacksmuster und Marken) sowie dem Urheberrecht. Schutzgegenstand im gewerblichen Rechtsschutz ist eine geistig-gewerbliche Leistung, im Urheberrecht ein Werk als persönliche geistige Schöpfung.
- Im gewerblichen Rechtsschutz bestehen stets der Grundsatz der territorialen Beschränkung sowie das Prioritätsprinzip.

- Technische Informationen (Erfindungen) finden durch Patente bzw. Gebrauchsmuster („kleine Patente") Schutz. Erteilungskriterien sind Neuheit, erfinderische Tätigkeit (bzw. bei Gebrauchsmustern: der erfinderische Schritt) und gewerbliche Anwendbarkeit. Patente haben eine maximale Laufzeit von 20 Jahren, Gebrauchsmuster von zehn Jahren. Die Anmeldung geschieht beim jeweiligen nationalen Patentamt (in Deutschland beim Deutschen Patent- und Markenamt DPMA), bei einem regionalen Patentamt (etwa dem European Patent Office) oder auf der Basis des Patent Cooperation Treaty (PCT) als internationale Anmeldung bei der World Intellectual Property Organization (WIPO). Phase 1 des Anmeldeverfahrens prüft ausschließlich formelle oder materielle Mängel und endet mit einer Offenlegungsschrift (A-Schrift); erst in Phase 2 werden die Erteilungskriterien inhaltlich geprüft, an deren Ende im positiven Fall die Patenterteilung (B-Schrift) steht.
- Der Rechtsschutz von Designs (Geschmacksmustern) ist ein Registerrecht, d.h. bei der Eintragung wird weder auf die erforderliche Neuheit noch auf die Eigenart geprüft. Designs können maximal 25 Jahre geschützt werden.
- Das Markenrecht schützt sowohl Marken, Herkunftsangaben als auch Bezeichnungen (Unternehmenskennzeichen und Werktitel). Schutz entsteht nicht nur durch die Eintragung, sondern auch durch Benutzung und notorische Bekanntheit. Marken können für jeweils zehn Jahre (ohne Obergrenze) verlängert werden; es besteht Benutzungszwang.
- Löschungsansprüche durch Inhaber älterer Markenrechte entstehen bei Identität bzw. Ähnlichkeit von Marke und Ware bzw. Dienstleistung.
- Der Anspruch auf Domainnamen kann sich auf diverse Normen begründen (u. a. auf Personen-, Firmen- oder Markennamen, auf Werktitel oder auf Unternehmenskennzeichen). Domain-Grabbing (analog auch Keyword-Grabbing) ist marken- wie wettbewerbsrechtlich sehr problematisch.
- Werke sind durch das Urheberrecht geschützt. Dieses erlischt 70 Jahre nach dem Tod des Urhebers (Ausnahme: Datenbanken, bei denen der Schutz bereits 15 Jahre nach der Veröffentlichung wegfällt). Der Urheber hat das Vervielfältigungs-, Verbreitungs-, Ausstellungs- und Wiedergaberecht für seine Schöpfung. Nutzt ein Dritter ein Werk, so muss grundsätzlich der Name des Urhebers genannt werden. Der Urheber muss gewisse Schranken (wie Vervielfältigungen zum privaten oder wissenschaftlichen Gebrauch, das Einbeziehen in Pressespiegel, die Einrichtung elektronischer Leseplätze sowie Semesterapparate in Bibliotheken oder den Kopienversand auf Bestellung) hinnehmen, wird dafür aber angemessen entschädigt. Die Vergütungen ziehen Verwertungsgesellschaften (wie VG WORT oder GEMA) ein.
- Bei Lizenzverträgen nach Copyleft (für Software) und Creative Commons (für Content) verzichtet der Urheber freiwillig auf gewisse Urheberrechte.

- Software fällt nach europäischem und deutschem Recht unter das Urheberrecht, da Programme für Datenverarbeitungsanlagen als solche vom Patent ausgeschlossen sind. Allerdings können computerimplementierte Erfindungen patentiert werden, wenn sie technischen Charakter tragen und ein technisches Problem lösen.
- Das Datenschutzrecht schützt Menschen vor dem missbräuchlichen Umgang mit ihren personenbezogenen Daten. Über ein spezielles Gesetz (das Kunsturhebergesetz) ist das Recht am eigenen Bild geregelt.
- Das Telemediengesetz formuliert Normen zum Umgang mit Content im Internet, so die Impressumspflicht für kommerzielle Anbieter und die Haftung für Content. Jeder Contentanbieter haftet für die von ihm veröffentlichten Informationen. Serviceprovider, Suchmaschinen usw. müssen erst dann handeln, wenn sie von rechtswidrigen Informationen in ihren Systemen in Kenntnis gesetzt werden.
- Nach dem Gesetz gegen den unlauteren Wettbewerb ist unaufgefordertes Versenden von E-Mails zu Werbezwecken wettbewerbswidrig. Auch Klickbetrug bei Sponsored Links zuungunsten eines Wettbewerbers steht im Widerspruch zum Wettbewerbsrecht.
- Das ansonsten übliche Rückgaberecht von Waren, die über das Internet bestellt worden sind, entfällt bei Software und Content.
- Informationen öffentlicher Einrichtungen können gemäß dem Informationsweiterverwendungsgesetzes durch private Anbieter mit informationellen Mehrwerten versehen und kommerziell vertrieben werden.
- Von jedem in Deutschland erscheinenden Medienwerk muss ein Pflichtexemplar der Deutschen Nationalbibliothek überlassen werden. Dies gilt auch für Publikationen im WWW.
- Strafrechtlich relevant sind Delikte wie die Computerspionage, der Computerbetrug, die Datenveränderung und die Computersabotage (Computerstrafrecht) sowie das Publizieren gewisser Inhalte verfassungswidriger Organisationen, von (harten) pornographischen Darstellungen sowie von Beleidigungen (Contentstrafrecht).
- Recht (so auch Informationsrecht) ist vornehmlich national orientiert. Auf dem internationalen Informationsmarkt sind demnach Konflikte unterschiedlicher nationaler Rechtssysteme nicht unmöglich.

5.14 Literatur

Adam, T.; Gruber, S.; Haberl, A. (2008): Europäisches und Internationales Patentrecht. Einführung zum EPÜ und PCT. – Basel: Helbing & Lichtenhahn. – 6. Aufl.

Altermann, K. (2006): Die Zulässigkeit unverlangter E-Mail-Werbung nach der UWG-Novelle. – Hamburg: Kovač.

Berlit, W. (2008): Markenrecht. – München: Beck. – 7. Aufl.

Blind, K.; Edler, J.; Frietsch, R.; Schmoch, U. (2006): Motives to patent: Empirical evidence from Germany. – In: Research Policy 35(5), S. 655-672.

Bulling, A.; Langöhrig, A.; Hellwig, T. (2006): Geschmacksmuster: Designschutz in Deutschland und Europa. – Köln: Heymanns. – 2. Aufl.

Busche, J. (2008): Gewerblicher Rechtsschutz und Urheberrecht. – Frankfurt/M.: UTB.

Campos Nave, J. (2008): Praxishandbuch Markenrecht. Deutsche, europäische und internationale Markenrechte. – Frankfurt/M.: Verl. Recht und Wirtschaft. – 2. Aufl.

Czink, M. (2006): Datenschutz und WWW. – In: Gamer, T. et al. (Hrsg.): Datenschutz in Kommunikationsnetzen. – Karlsruhe: Institut für Telematik, S. 85-101.

Derclaye, E. (2008): The Legal Protection of Databases. – Cheltenham: Edward Elger.

DPMA (o.J.): Deutsches Patent- und Markenamt. Homepage: www.dpma.de.

Drahos, P. (2005): Intellectual property rights in the knowledge economy. – In: Rooney, D.; Hearn, G.; Ninan, A. (Hrsg.): Handbook on the Knowledge Economy. – Cheltenham; Northampton, MA: Edward Elgar, S. 139-151.

EPO (2008): Patents for Software? European Law and Practice. – München: European Patent Office.

EPO (o.J.): Europäisches Patentamt – European Patent Office – Office européen des brevets. – Homepage: www.epo.org.

Gitter, R.; Schnabel, C. (2007): Die Richtlinie zur Vorratsdatenspeicherung und ihre Umsetzung in nationales Recht. – In: Multimedia und Recht 10(7), S. 411-417.

Glas, V. (2008): Die urheberrechtliche Zulässigkeit elektronischer Pressespiegel. – Tübingen: Mohr Siebeck.

Götting, H.P. (2007): Gewerblicher Rechtsschutz. Patent-, Gebrauchsmuster-, Geschmacksmuster- und Markenrecht. – München: Beck. – 8. Aufl.

Hacker, F. (2007): Markenrecht. Das deutsche Markensystem. – Köln; München: Heymann.

Hardege, S. (2006): Informationstechnologische Entwicklungen und der Schutz von Verfügungsrechten für Informationsgüter. Eine ökonomische Analyse zur Ausgestaltung des Urheberrechts. – Frankfurt/Main: Lang. – (Schriften zur Wirtschaftstheorie und Wirtschaftspolitik, 34).

Haug, V. (2005): Grundwissen Internetrecht. – Stuttgart: Kohlhammer.

Heckmann, D., Hrsg. (2007): Juris PraxisKommentar Internetrecht. – Saarbrücken: Juris.

Hertin, P.W. (2008): Urheberrecht. – München: Beck. – 2. Aufl.

Hildebrand, U. (2008): Harmonisiertes Markenrecht in Europa. Rechtsprechung des EuGH. – Köln; München: Heymann. – 2. Aufl.

Hilgendorf, E., Hrsg. (2004): Informationsstrafrecht und Rechtsinformatik. – Berlin: Logos.

5.14 Literatur

Hoeren, T. (2008): Internetrecht (Stand: März 2008). – Münster: Institut für Informations-, Telekommunikations- und Medienrecht. – Online: http://www.uni-muenster.de/Jura.itm/hoeren/materialien/Skript/Skript_Maerz2008.pdf.

Hopf, H. (2007): Das Informationsweiterverwendungsgesetz. – In: Das Recht im Amt – Zeitschrift für den öffentlichen Dienst 54(2), S. 53-59 (Teil 1), und 54(3), S. 109-115.

Hussinger, K. (2004): Is Silence Golden? Patents versus Secrecy at the Firm Level. – Mannheim: ZEW / Zentrum für Europäische Wirtschaftsforschung. – (ZEW Discussion Paper; 04-78).

Jestaedt, B. (2008a): Patentrecht. Ein fallbezogenes Lehrbuch. – Köln; München: Heymann. – 2. Aufl.

Jestaedt, B. (2008b): Wettbewerbsrecht. Ein fallbezogenes Lehrbuch. – Köln; München: Heymann.

Kaufmann, N.C. (2005): Click-Spamming – ein Fall für das reformierte UWG. – In: Multimedia und Recht (8)2, S. XV-XVI.

Kloepfer, M. (2002): Informationsrecht – München: Beck.

Knaf, K.; Gillitzer, B. (2008): Das neue Urheberrecht – wichtige Aspekte für die Benutzung. – In: Bibliotheksforum Bayern Nr. 2, S. 146-152.

Köhler, H.; Bornkamm, J. (2007): Wettbewerbsrecht. Gesetz gegen den unlauteren Wettbewerb, Preisangabenverordnung, Unterlassungsklagengesetz. – München: Beck. – 25. Aufl.

Koppel, O. (2008): Patente – unverzichtbarer Schutz geistigen Eigentums. – In: Wirtschaftsdienst 88(12), S. 775-780.

Kraßer, R.; Bernhard, W. (2008): Patentrecht. Ein Lehr- und Handbuch zum deutschen Patent- und Gebrauchsmusterrecht, Europäischen und Internationalen Patentrecht. – München: Beck. – 6. Aufl.

Krömer, J.; Sen, E. (2006): No Copy: Die Welt der digitalen Raubkopie. – Berlin: Tropen.

Kühling, J.; Sivridis, A. (2008): Datenschutzrecht. – Frankfurt/M.: UTB.

Kuhlen, R. (2008): Erfolgreiches Scheitern – eine Götterdämmerung des Urheberrechts? – Boizenburg: Hülsbusch.

Lessig, L. (2003): The Creative Commons. – In: Florida Law Review 55, S. 763-777.

Lettl, T. (2008): Urheberrecht. – München: Beck.

Linde, F.; Ebber, N. (2007): Creative Commons Lizenzen: Urheberrecht im digitalen Zeitalter. – In: Wissensmanagement 9(3), S. 48–50.

Mantz, R. (2006): Open Access-Lizenzen und Rechtsübertragung bei Open Access-Werken. – In: Spindler, G. (Hrsg.): Rechtliche Rahmenbedingungen von Open Access-Publikationen. – Göttingen: Universitätsverlag, S. 55-103.

Marron, D.B.; Steel, D.G. (2000): Which countries protect intellectual property? The case of software piracy. – In: Economic Inquiry 38(2), S. 159-174.

O'Sullivan, M. (2008): Creative Commons and contemporary copyright: A fitting shoe or „a load of old cobblers"? – In: First Monday 13(1).

Oppenheim, C. (2008): Legal issues for information professionals IX. An overview of recent developments in the law, in relation to the internet. – In: Journal of Documentation 64(6), S. 938-955.

Osterrieth, C. (2007): Patentrecht. – München: Beck. – 3. Aufl.

Ott, S. (2008): Die Entwicklung des Suchmaschinen- und Hyperlink-Rechts im Jahr 2007. – In: Wettbewerb in Recht und Praxis Nr. 4, S. 393-414.

Pahlow, L. (2006): Lizenz und Lizenzvertrag im Recht des Geistigen Eigentums. – Tübingen: Mohr-Siebeck.

Rehbinder, M. (2008): Urheberrecht. – München: Beck. – 15. Aufl.

Saadat, M. (2005): Jurisdiction and the Internet after Gutnik and Yahoo! – In: Journal of Information Law and Technology no. 2005/1.

Schoch, F. (2008): Informationsfreiheitsgesetz. – München: Beck.

Schmitt, I. (2008): Öffentliche Bibliotheken und Bibliothekstantieme in Deutschland. – In: Bibliotheksforum Bayern Nr. 2, S. 153-157.

Sieber, U.; Liesching, M. (2007): Die Verantwortlichkeit der Suchmaschinenbetreiber nach dem Telemediengesetz. – In: Multimedia und Recht 10(8) Beilage, S. 1-30.

Stallman, R.M. (2004[1996]): What is Copyleft? – In: Gay, J. (Hrsg.): Free Software, Free Society: Selected Essays of Richard M. Stallman. – Boston, MA: Free Software Foundation. – 2. Aufl., S. 91-92. – (Original: 1996).

Sternitzke, C. (2009): The international preliminary examination of patent applications filed under the Patent Cooperation Treaty – a proxy for patent value? – In: Scientometrics 78(2), S. 189-202.

Stock, M. (2001): Rechtsschutz für Software: Urheberrecht oder Patentrecht? – Ein Schutz mit sieben Siegeln?! – In: Password 7/8, S. 20-28.

WIPO (o.J.): World Intellectual Property Organization. Homepage: www.wipo.int.

Wohlgemuth, H.H.; Gerloff, J. (2005): Datenschutzrecht. Eine Einführung mit praktischen Fällen. – Neuwied: Luchterhand. – 3. Aufl.

Deutsche Gesetze

Bürgerliches Gesetzbuch (BGB). Bürgerliches Gesetzbuch in der Fassung der Bekanntmachung vom 2. Januar 2002 (BGBl. I 2002 S. 42, 2909; 2003 S. 738). – Zuletzt geändert am 4. Juli 2008.

Bundesdatenschutzgesetz (BDSG). Bundesdatenschutzgesetz in der Fassung der Bekanntmachung vom 14. Januar 2003 (BGBl. I 2003 S. 66). – Zuletzt geändert am 22. August 2006.

5.14 Literatur

Gebrauchsmustergesetz (GebrMG). Gebrauchsmustergesetz in der Fassung der Bekanntmachung vom 28. August 1986 (BGBl. I 1986 S. 1455). – Zuletzt geändert am 13.12.2007.

Geschmacksmustergesetz (GeschmMG). Geschmacksmustergesetz vom 12. März 2004 (BGBl. I 2004 S. 390). – Zuletzt geändert am 13. Dezember 2007.

Informationsfreiheitsgesetz (IFG). Informationsfreiheitsgesetz vom 5. September 2005 (BGBl. I 2005 S. 2722).

Informationsweiterverwendungsgesetz (IWG). Gesetz über die Weiterverwendung von Informationen öffentlicher Stellen vom 13. Dezember 2006 (BGBl. I 2006 2913).

Kunsturhebergesetz (KunstUrhG). Gesetz betreffend das Urheberrecht an Werken der bildenden Künste und der Photographie vom 9.1.1907. – Zuletzt geändert am 16. Februar 2001.

Markengesetz (MarkenG). Markengesetz vom 25. Oktober 1994 (BGBl. I 1994 S. 3082; 1995 S. 156; 1996 S. 682). – Zuletzt geändert am 13. Dezember 2007.

Nationalbibliothek (DNBG). Gesetz über die Deutsche Nationalbibliothek vom 22. Juni 2006 (BGBl. I 2006 S. 1338).

Patentgesetz (PatG). Patentgesetz in der Fassung der Bekanntmachung vom 16. Dezember 1980 (BGBl. I 1981 S. 1). – Zuletzt geändert am 13. Dezember 2007.

Pflichtablieferungsverordnung (PflAV). Verordnung über die Pflichtablieferung von Medienwerken an die Deutsche Nationalbibliothek vom 17. Oktober 2008 (BGBl. I 2008 S. 2013).

Telemediengesetz (TMG). Telemediengesetz vom 26. Februar 2007 (BGBl. I 2007 S. 179).

Strafgesetzbuch (StGB). Strafgesetzbuch in der Fassung der Bekanntmachung vom 13. November 1998 (BGBl. I 1998 S. 3322). – Zuletzt geändert am 13. August 2008.

Urheberrechtsgesetz (UrhG). Urheberrechtsgesetz vom 9. September 1965 (BGBl. I 1965 S. 1273). – Zuletzt geändert am 7. Juli 2008.

Wettbewerbsgesetz (UWG). Gesetz gegen den unlauteren Wettbewerb vom 3. Juli 2004 (BGBl. I 2004 S. 1414).

6 Informationsethik

6.1 Ethik einer neuen Kultur

Die Informationsgesellschaft formt eine völlig neue Kultur: Wissen wird in und zwischen Hyperdokumenten entlinearisiert, graphische Eingabegeräte (wie die Maus) erfordern weniger Schreibfähigkeit, die Ausgabe verbindet alphabetische Zeichen mit Ikonen sowie Graphiken und ändert damit die Lesefähigkeit. Computer und Telekommunikation werden zu nicht umgehbaren Werkzeugen. Wissen steht jederzeit und überall zur Verfügung. Wenn dies in der Tat zutrifft, stehen wir am Übergang von der Schriftkultur zur Multimediakultur. Wir betreten damit nach der Sprechkultur und der Schriftkultur die dritte Phase der Informatisierung menschlicher Gesellschaft. Wolf Rauch (1998, 52) vergleicht die aktuelle Umbruchphase mit dem Übergang von der Sprech- zur Schriftkultur:

> Ein vergleichbarer kultureller Umbruch fand ca. 500 v. Chr. im antiken Griechenland statt. Vor dieser Zeit herrschte im Mittelmeerraum eine Kultur der gesprochenen Sprache vor. ... Dann waren nur zwei Generationen erforderlich, also ca. 50 bis 60 Jahre, um von einer überwiegenden Sprechkultur zu einer weiten Verbreitung der Schriftkultur zu gelangen.

Eine neue Kultur erfordert ein Nachdenken über Werte und Normen, die ein solches „kulturelles Erdbeben" (Rauch 1998, 55) begleiten, auch darüber, welche der bisherigen Vorstellungen übernommen und welche geändert werden. Informationsethik stellt sich dieser Herausforderung: Einerseits geht es darum, kodifizierte Werte (also Rechtsnormen) vorauszudenken (wo es noch keine Gesetze gibt, da die technische Entwicklung weitaus schneller als die juristische verläuft) und bestehende Regelungen kritisch zu hinterfragen (und damit zu begründen, aber auch gelegentlich zu verwerfen), andererseits Bereiche zu bearbeiten, die außerhalb staatlicher Normierungsaktivitäten stehen und allgemeine ethische wie moralische Themen betreffen.

Vergleicht man Informationsethik mit (allgemeiner) Ethik, so kann man ganz allgemein feststellen, dass es ohne Informationen (egal, welcher medialer Form auch immer) überhaupt keine Ethik geben kann, da jede moralische Handlung zwingend auf Informationsflüsse angewiesen ist. Darum geht es hier nicht. Die Informationsethik ist vielmehr eine Bereichsethik, in der die Information im Mittelpunkt des Interesses steht. Luciano Floridi (1999, 43) beschreibt dies folgendermaßen:

> Without information there is no moral action, but information now moves from being necessary prerequisite for any morally responsible action to being its primary object.

Ethik – und damit Informationsethik – ist einerseits rein beschreibend (stellt also fest, wie etwas *ist*) sowie andererseits normativ (schreibt vor, wie etwas *sein soll*), wie dies Rafael Capurro (2004, 6) feststellt:

> Informationsethik lässt sich demnach als deskriptive *und* emanzipatorische oder normative Theorie unter jeweils historischer und systematischer Perspektive auffassen:
>
> Als deskriptive Theorie beschreibt sie die verschiedenen Strukturen und Machtverhältnisse, die das Informationsverhalten in verschiedenen Kulturen und Epochen bestimmen.
>
> Als emanzipatorische oder normative Theorie befasst sie sich mit der Kritik der Entwicklung moralischen Verhaltens im Informationsbereich. Sie umfasst individuelle, kollektive und menschheitliche Aspekte.

Mit der Informationsgesellschaft entstehen **Machtfaktoren**, denen nunmehr besondere Aufmerksamkeit geschenkt werden muss. Norbert Henrichs (1995, 34 f.) nennt beispielhaft folgende Aspekte:

> die Macht der Chip-Hersteller, von denen alle Hardware-Hersteller abhängen (...);
>
> die Macht der Marktführer im Hard- und Softwarebereich (...);
>
> die Macht der Betreiber großer (Service-) Rechenzentren (...);
>
> die Macht der Netzbetreiber und Anbieter von Telekommunikationsdiensten (...);
>
> die Macht der Wartungstechniker (...);
>
> die Macht der Datenbankhersteller, -anbieter und -vertreiber (...);
>
> die Macht derjenigen, die über die Bedienungs- und Benutzungskompetenz der Systeme verfügen.

Macht hat stets auch mit möglichem Machtmissbrauch oder mit fahrlässigem Umgang mit Macht zu tun. Die Machtstellung wird besonders dann deutlich, wenn ein Unternehmen in einem Bereich eine Monopolstellung (oder zumindest eine beherrschende Stellung) innehat, wie dies beispielsweise mit Microsoft bei der Betriebssystemsoftware für PC oder mit Google bei den Suchmaschinen der Fall ist. Welche Tugenden, welche Verhaltensweisen sind in der Informationsgesellschaft moralisch vertretbar, welche nicht? Wir befinden uns in einem „Neuland", in dem „das Menschsein selbst durch die fortschreitende Informatisierung betroffen ist" (Henrichs 1995, 36) und in dem „Vernetzung als Lebenskunst" (Capurro 2003, 50) gilt. Die Informationsgesellschaft verlangt nach einer ihr eigenen Informationsethik. Einer der Grundsätze einer emanzipatorischen Informationsethik kann gemäß Floridi (1999, 47) sein:

> (I)nformation welfare ought to be promoted by extending (information quantity), improving (information quality) and enriching (information variety) the infosphere.

Die Gegenstandsbereiche von **Ethik und Recht** sind getrennt: Im Recht geht es um „man darf nicht" / „man muss", während die (normative) Ethik „man soll nicht" / „man soll" reklamiert. Gerhard Reichmann (1998, 135) zieht eine klare Grenze zwischen Recht und Ethik:

> Die Ethik ... setzt sich mit dem gesellschaftlich erwünschten Verhalten auseinander und leitet daraus neben jenen Verhaltensnormen, die ohnedies Gegenstand des gesetzten Rechtes sind, auch zahlreiche Verhaltensrichtlinien ab, deren Einhaltung zwar Sitte, Vernunft und Moral

gebieten, deren Verletzung aber ohne klar definierte negative Folgen bleibt. Dagegen legt das Recht gebotenes und verbotenes Verhalten idealerweise eindeutig und verpflichtend fest.

Ziel von Ethik kann sein, Gerechtigkeit zu schaffen (Rawls 1971); Ziel von Informationsethik wäre analog, „Informationsgerechtigkeit" als „utopischen Horizont" (Capurro 2003, 84) darzulegen. Die (durchaus vielfältigen) philosophischen Konzeptionen von Moral und Ethik versuchen, menschliche Handlungen so zu begründen, dass sie als „gut" anzusehen sind. Eine der bekanntesten Formulierungen moralischer Gesetze stammt von Immanuel Kant (1973[1788], 53):

> Handle so, dass die Maxime deines Willens jederzeit zugleich als Prinzip einer allgemeinen Gesetzgebung gelten könnte.

Handlungen, die diesem Grundsatz folgen, sind moralisch gut. Verwandt ist Kants Diktum mit der „Goldenen Regel": „Was Du nicht willst, das man Dir tut, das füg' auch keinem andern zu!" Wenn wir Kants „kategorischen Imperativ" auf informationelles Handeln beziehen, heißt dies, dass das eigene informationelle Handeln so auszuführen ist, dass es jederzeit und von jedermann genauso ausgeführt wird oder zumindest ausgeführt werden kann. Man muss also stets fragen, was für Auswirkungen – auch auf sich selbst – entständen, wenn andere die betreffende Handlung ausführen würden. Sieht man dabei für sich Probleme, so muss die beabsichtige Handlung unterlassen werden. Nehmen wir ein Beispiel aus dem Alltag! Wenn ich nicht möchte, dass andere Leute unsichtbar auf meiner Seite – sagen wir: bei Facebook – „rumschnüffeln", dann tu ich dies auch nicht auf den Seiten anderer.

Was ist der Gegenstandsbereich der Informationsethik? Nach John Weckert und Douglas Adeney (1997, IX) sind alle Bereiche von Informationsver- und -bearbeitung angesprochen:

> The domain of information ethics comprises all of the ethical issues related to the production, storage, access, and dissemination of information.

Die Informationsethik ist damit der Computerethik nahe verwandt. Es gibt jedoch Themen in der Computerethik – man denke beispielsweise an die Rolle der Computer als „soziale Akteure" (Moore/Unsworth 2005, 11), die in der Informationsethik keine Rolle spielen. Andererseits sind Themen wie die faire Wissensrepräsentation oder der Zugang zu öffentlichen Bibliotheken für alle Gesellschaftsmitglieder kaum für die Computerethik von Interesse.

Informationsethik unterscheidet sich von der allgemeinen Ethik demnach ausschließlich durch den hier eingeschränkten Bezug auf informationelle Aktivitäten. Obwohl es bei der Informationsethik auch um eine professionelle Ethik (also eine Ethik in Bezug auf eine bestimmte Berufsgruppe – Informationswissenschaftler und verwandte Berufe) geht, sind jedoch die meisten Fragestellungen derart universaler Natur, dass sie jedermann in einer Informationsgesellschaft berühren.

Außer der professionellen Informationsethik sind folgende drei Themenbereiche für eine Ethik der Wissensgesellschaft relevant (für eine umfassende Bibliographie vgl. Carbo/Smith 2008): der freie Zugang zu Informationen, der Schutz der Privatheit und die Frage nach dem Eigentum an Wissen (Abbildung 6.1). Die Themen sind untereinander verbunden und arbeiten teilweise gegenläufig. So findet der freie Zugang zum Wissen beispielsweise seine Grenze in der Privatheit. Oder: Wenn gewisse Informationen geistiges Eigentum darstellen, können sie nicht frei genutzt werden.

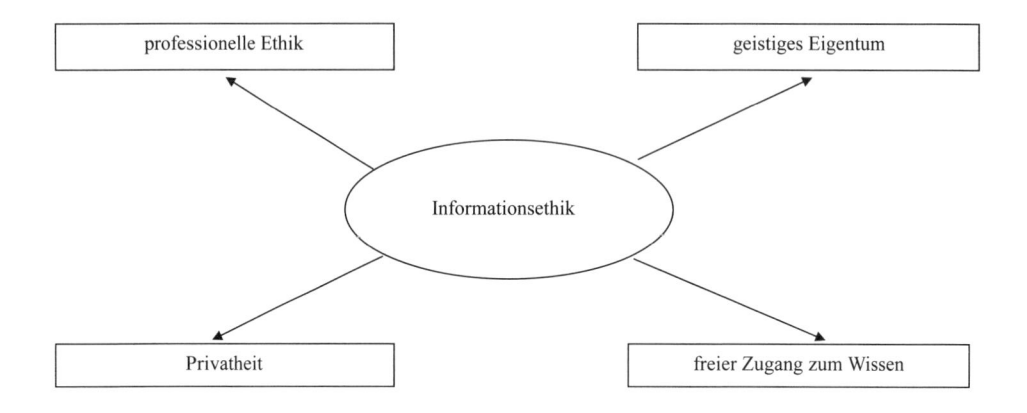

Abbildung 6.1: Themengebiete der Informationsethik.

6.2 Professionelles Verhalten

Der Aspekt der professionellen Informationsethik (Weckert/Adeney 1997, 17 ff.) wird besonders bei „Professionellen Richtlinien" bzw. „Codes of Ethics" deutlich, wie sie viele Berufsverbände der Informationsberufe, z. B. die Association for Computing Machinery (ACM 1992), die American Library Association (ALA 2008) und die American Society for Information Science & Technology (ASIS&T 1992) vorlegen. Sie regeln das professionelle Verhalten von Informatikern, Bibliothekaren und Informationswissenschaftlern, indem sie Normen aufstellen, was ihre Mitglieder tun sollen.

Nach Froehlich (1992) steht der Professional in einem Dreiecksverhältnis zwischen seinem Selbst, der Organisation sowie dem jeweiligen Kontext, er vermeidet unethisches Verhalten und handelt couragiert im Sinne der moralischen Vorschriften (Hauptman 2002).

Zu einer professionellen Informationsethik können beispielsweise die Maximen fairer Wissensrepräsentation gehören, keine eigentlich einschlägigen Quellen bei digitalen Informationsdiensten auszuschließen oder nicht böswillig Themen nicht zu indexieren oder zu referieren (WR, Kap. 19 und 21). Ebenso gilt für Information Professionals die Pflicht zur Geheimhaltung von Angaben zu Auftraggebern (einschließlich der Anfragethemen) im Zusammenhang mit der Durchführung von Recherchen oder der Einrichtung von Informationsprofilen (IR, 154 ff.). Für wissenschaftliche Autoren gilt etwa, nach bestem Wissen alles zu zitieren, was sie bei der Vorbereitung oder Durchführung einer Publikation gelesen und benutzt haben, sowie als Autor nur aufzuscheinen, wenn man aktiv zum Gelingen einer Publikation beigetragen hat (Vermeiden von „ghost writing" und von „Ehrenautorschaften") (Fröhlich 2006).

6.3 Freier Zugang zum Wissen

Vielfach eingefordert wird der freie Zugang zum Wissen. Die ethische Frage hierbei lautet: Welches Wissen soll für wen frei zugänglich sein? Dass nicht alle Informationen frei verfügbar sein können, liegt auf der Hand: Geschäftsgeheimnisse sollten im Unternehmen bleiben, heikle personenbezogene Daten bei ihrem Träger und unrichtige Informationen, die gewisse Personen bloßstellen und beleidigen, gar nicht erst entstehen. „Frei" kann auch nicht stets mit „kostenlos" gleichgesetzt werden. Kommerzielle Informationen – sagen wir: Marktforschungsberichte – sind frei in dem Sinne, dass jeder sie prinzipiell erwerben kann, sie sind aber mitnichten kostenfrei, sondern werden in aller Regel im Hochpreissegment vertrieben.

Private Wissensgüter (wie beispielsweise der Inhalt einer patentgeschützten Erfindung) oder Mischgüter (wie der Content in digitalen Datenbanken) sind durch Gesetze (Urheberrecht und gewerblicher Rechtsschutz) geschützt. Der Rechteinhaber hat somit großen Einfluss auf die Art des Zugangs zu solchen Informationen. (Die ethischen Probleme des geistigen Eigentums behandeln wir weiter unten.)

Wenn der freie Zugang zu Informationen wie in Deutschland verfassungsmäßig (in Art. 5 GG) garantiert wird, ist der Staat in der Pflicht. Klar ist der freie Zugang zu öffentlichen **Bibliotheken**. Der „Code of Ethics" des amerikanischen Bibliotheksverbandes (ALA 2008, I) sieht dies so:

> We [the librarians] provide the highest level of service to all library users through appropriate and usefully organized resources; equitable service policies; equitable access; and accurate, unbiased, and courteous responses to all requests.

Dies gilt beim Besuch einer Bibliothek genauso wie bei der Inanspruchnahme bibliothekarischer Auskunftsdienste über digitale Kanäle wie E-Mail, Chat oder Formulare im WWW (Hill/Johnson 2004).

Zur Diskussion steht die staatliche Pflicht, Informationen (zumindest für wichtige Lebensbereiche wie Gesundheit, Erziehung oder Recht) digital erstellen und verbreiten zu lassen (Capurro 1988). Dies bedeutet für die öffentliche Hand die Finanzierung der Produktion **elektronischer Fachinformationen** sowie der Distribution über Suchmaschinen oder Online-Archive. Einige Staaten (beispielsweise die USA) stellen sich dieser Pflicht und finanzieren entsprechende elektronische Informationsdienste im Rahmen von Universaldiensten (und lassen die Ergebnisse sogar kostenlos verteilen), viele andere (darunter Deutschland) halten sich zurück und subventionieren Informationsanbieter nur, wenn sie entweder für Bundesressorts Informationen erschließen (wie bei DIMDI) oder wenn sie im Rahmen des Subsidiaritätsprinzips für wichtige WTM-Informationen Sorge tragen (wie bei FIZ Karlsruhe).

Die Norm der **Kommunikationsfreiheit** (das Recht auf freie Kommunikation) lässt sich in zwei Teilnormen trennen: in das Recht zu lesen (right to read) und das Recht zu schreiben (right to write). Die Informationsethik gibt hier gemäß Rainer Kuhlen (2004, 262) eine regulative Idee vor,

> kommunikative Räume so offen und freizügig wie möglich zu halten, um nicht Entwicklungsspielräume durch Bewahrungsstrategien einzuschränken.

Zensur ist das aktive Verhindern der Verbreitung von Inhalt unabhängig vom jeweiligen Träger. Zensur kann demnach bei Büchern, Zeitungsartikeln, Filmen oder bei Content im World Wide Web auftreten. Zensur ist der Gegenspieler zur freien Meinungsäußerung und zum freien Zugang zu Informationen. Eine unstrittige Grenze der freien Meinung liegt in der Beeinträchtigung anderer Personen, z. B. in der Veröffentlichung personenbezogener Informationen oder in Form über Nachrede oder von Verleumdungen. Weckert und Adeney (1997, 47) betonen:

> The freedom of expression of one person can cause harm or offence or both to another, so some restrictions need to be placed on how and to what extent a person can be allowed free expression.

Wenn wir von dieser (sehr schwachen Form von) „Zensur" absehen, gibt es fünf Themenbereiche, bei denen Zensur diskutiert wird (die ersten vier nach Weckert/Adeney 1997, 51 f.):

- Pornographie (z. B. Sex mit Tieren, Sex mit Minderjährigen),
- Hass-Inhalte (z. B. Rassismus),
- Informationen zur Unterstützung krimineller oder terroristischer Aktivitäten (z. B. Anleitungen zum Bau einer Kofferbombe),
- „virtuelle Gewalt" (z. B. eine grausame Hinrichtung einer Figur in einer digitalen Welt),
- Inhalte, die sich gegen eine (herrschende) Meinung richten (z. B. anti-islamistische Darstellungen, Anti-Semitismus, gegen China gerichteter Content).

Zensur kommt bei allen fünf Formen vor, jeweils in gewissen Staaten durch entsprechende Gesetze abgesichert. Ausdruck der Zensur ist (wie beispielsweise in Deutschland bei pornographischen Werken zu Sex mit Minderjährigen) das Unter-Strafe-Stellen des Besitzes von zensierten Dokumenten, das Verbot der Aufnahme gewisser Webseiten mit Hassinhalten in Suchmaschinen (wiederum in Deutschland das Löschen von Indexinformationen zu nationalsozialistischer Literatur bei Google.de) oder das Abblocken nicht erwünschter Inhalte durch groß angelegte nationale Firewalls (wie derzeit in China).

Es ist zwar durchaus möglich, Argumente für einzelne Formen der Zensur zu finden, es ist aber auch grundsätzlich schwierig, eine klare und nicht willkürliche Grenze zwischen nicht geduldetem und erlaubtem Inhalt zu ziehen. Auf Grund der „Nebenwirkungen" scheint es ethisch vernünftig, Zensur im Internet (mit der einzigen Ausnahme des Schadens für konkrete Personen, eingeschlossen Darstellungen von Sex mit Kindern) generell abzulehnen.

Weckert und Adeney (1997, 55) kommen bei der Abwägung des Für und Wider der Zensur zu folgendem Resultat:

> Effectively censoring activity on the Internet will not be easy to do without limiting its usefulness. While it may not be good that certain sorts of things are communicated, ..., it may well be worse overall if this form of communication is restricted in ways that would limit the effectiveness of the Internet. It is difficult to see how it would be possible, given current technology, not to throw out too many babies with the bath water.

Freier Zugang zu Informationen und Kommunikationsfreiheit sind grundlegende Rechte jedes Menschen, und nicht etwa nur einer intellektuellen oder ökonomischen Elite. Pointiert formuliert dies Jack Balkin (2005, 331 f.) für die digitale Kommunikation in einer demokratischen Kultur:

> Freedom of speech is more than the freedom of elites and concentrated economic enterprises to funnel media products for passive reception by docile audience. Freedom of speech is more than the choice of which media products to consume. Freedom of speech means giving everyone – not just a small number of people who own dominant modes of mass communication, but ordinary people, too – the chance to use technology to participate in their culture, to interact, to create, to build, to route around and glom on, to take from the old and produce the new, and to talk about whatever they want to talk about, whether it be politics, public issues, or popular culture.

Für alle diejenigen, die Zugang zum Internet haben und mit den dort vorzufindenden technischen Mitteln umzugehen verstehen, bieten dessen Dienste (erinnert sei beispielsweise an Weblogs und an Suchmaschinen) neue Möglichkeiten, sowohl die Kommunikationsfreiheit als auch den freien Zugang zu Informationen zu optimieren. Allerdings bergen die neuen Informationsdienste auch Probleme in sich (Balkin 2005, 341):

> However, these same technological changes also create new forms of social conflicts, as business interests try to protect new forms of capital investment.

So ist es durchaus rationales ökonomisches Verhalten, wenn eine Suchmaschine, die ihre Umsätze durch Werbung finanziert, auch in einem Land Geschäfte machen möchte, in denen gewisse Informationen zensiert sind. Entsprechend passt sich – um das obige Beispiel der Suchmaschine Google wieder aufzunehmen – dieses Unternehmen an die jeweiligen staatlichen Vorgaben an und löscht Teile seiner Datenbasis für Nutzer aus dem entsprechenden Land. Sowohl der Index für das deutsche Google als auch für das chinesische Google ist derzeit zensiert. Dieser Zielkonflikt zwischen ökonomischen und ethischen Interessen dürfte auch in der Wissensgesellschaft weiterbestehen.

6.4 Privatheit

Der Respekt vor der Privatheit (privacy) kommt in allen von uns zitierten professionellen Informationsethiken explizit vor (ACM 1992, 1.7; ALA 2008, III; ASIS&T 1992). Mit der Privatheit werden Probleme angesprochen, die viele Menschen in ihrem Verhältnis zur Informationstechnik bewegen (Weckert/Adeney 1997, 75).

> People are worried about the ease of the collection of personal data, its large-scale storage and easy retrieval, and about who can get access to it. They are also worried about the surveillance made easy by computer systems.

Privatheit ist eines der Gegengewichte des freien Zugangs zu Informationen. Wenn Personen durch den freien Zugang zu „ihren" Informationen Schaden nehmen würden, sollen solche Informationen nicht frei zugänglich sein. Wir haben dies oben als „schwache Form" der Zensur bezeichnet. Man kann die Privatheit durchaus als ein Menschenrecht ansehen (Kerr/Gilbert 2004, 171):

> Our right to privacy is a fundamental human right, one that allows us to define our individuality free from interference by the state and its agents.

Wir wollen zwischen andauernden personenbezogenen Informationen und Spuren, die ein Individuum in digitalen Räumen hinterlässt, unterscheiden. Zur ersten Gruppe von Privacy-Informationen gehören demographische Angaben (Alter, Geschlecht, Beruf, Einkommen usw.), Gesundheitsinformationen (aus der digitalen Patientenakte), Bankverbindungen (einschließlich Geheimnummern) usw. usf.

Die zweite Gruppe der Privacy-Informationen setzt sich aus **digitalen Spuren** (Kuhlen 2004, 186 f.) zusammen, indem etwa ein Internet Service Provider (ISP) oder eine Suchmaschine Daten sammelt und eindeutig einer Person (oder einer Internet-Adresse oder einem Passwort) zuordnet. Macht sich eine öffentliche Macht solche Spuren zugänglich, so agieren „ISPs as agents of the state" (Kerr/Gilbert 2004, 166). Es geht bei den Daten, die Internet Service Provider sowie weitere Internetdienstleister anderen – beispielsweise Strafverfolgungsbehörden – bereitstellen, um vier Ebenen:

- Kundennamen und deren Adressen,
- „Traffic"-Daten: E-Mail (Sender, Adressat, Betreffzeile, Umfang) oder Web (besuchte URL),
- Inhalt (beispielsweise Text der E-Mail, Suchargumente bei einer Search Engine),
- Transaktionen (gekaufte Waren, Finanztransaktionen).

Eine besondere Technik, digitale Spuren zu sichern, stellt **Spyware** dar (Stafford 2008, 619):

> Spyware is a class of remote monitoring applications designed to survey and report across the Internet to third parties about computer user behavior.

Spyware ist nicht immer ethisch problematisch. Bei Nutzern einer Toolbar von Webdiensten werden z. B. aufgerufene URL an den Dienstbetreiber übermittelt, um dort – in anonymisierter Form – Daten zum Relevance Ranking zu generieren (IR, 410-412). Hat jedoch ein User sein Einverständnis zu solchen Aktionen nicht gegeben, werden die Angaben nicht anonymisiert oder handelt es sich bei der Spyware um die Übernahme der Leistung des Computers zu kriminellen Zwecken (wie dem Aufbau eines Botnets), so entstehen – massive – juristische wie moralische Bedenken.

Nehmen wir das Menschenrecht auf Privacy ernst, fallen Daten aus allen Ebenen unter die Privatheit und dürfen aus ethischen Gründen weder zu privaten, gewerblichen noch zu öffentlichen Zwecken weitergegeben werden. Werden ISPs jedoch durch staatliche Gesetze gezwungen, Daten zu speichern und auf Nachfrage zu kopieren, werden sie sich kaum wehren können. Gerade elaborierte Werkzeuge der Informationswissenschaft – beispielsweise Retrievalsysteme – bereiten den Weg für eine lückenlose Überwachung von Inhalten, sei es im Web, sei es im E-Mail-Verkehr oder sei es zum Durchsuchen der Inhalte privater Rechner. Zweifellos kann Retrievalforschung und -praxis Algorithmen erarbeiten, die den Inhalt von E-Mails suchbar machen, die offene Frage ist, ob sie dies auch tun sollte. Werden durch staatliche Regelungen Aspekte der Privatheit bedroht (wie z. B. zum Schutz nationaler Sicherheit im „Patriot Act" der USA), gilt es abzuwägen, ob der (negativ einzuschätzende) Verlust der Privatheit den (eher positiv angesehenen) Schutz der Gesellschaft vor kriminellen oder terroristischen Aktivitäten aufwiegen kann (Lilly 2005). Nach Rainer Kuhlen (2004, 195) geht es darum,

> dass die Balance gehalten wird zwischen dem berechtigten Sicherheitsanspruch und dem Recht auf Privatheit und informationelle Selbstbestimmung. ... Die Ambivalenz ist deutlich: Es wird keine Privatheit mehr geben, wenn Sicherheit nicht gewährleistet ist. Aber Sicherheit ist auch nichts mehr wert, wenn es keine Privatheit mehr gibt bzw. wenn diese zu weit gehend eingeschränkt wird.

Suchmaschinenbetreiber werten bei personalisiertem Zugang Suchargumente und aufgesuchte Webseiten aus, um die Retrievalleistung auf den individuellen Nutzer abzustimmen und derart zu optimieren (IR, 408-410). E-Commerce-Unternehmen speichern Transaktionsinformationen ihrer Kunden, um diese im Rahmen von Recommendersystemen – auch zum Vorteil der Nutzer – einsetzen zu können (IR, 487-493). Im Customer Relationship Management wird es möglich, den einzelnen Kunden gezielt anzusprechen (Gurau 2008). Kollaborativ arbeitende Dienste im Web 2.0 werten Nutzerinformationen aus, um User mit ähnlichen Interessen zu einer Community zusammenzuführen (WR, 161-162). Alle diese Dienstleistungen kommen nur dadurch zustande, dass personenbezogene Spuren konsequent verfolgt werden. In vielen Fällen sind die resultierenden Dienste – optimierte Recherche, konkrete Warenvorschläge, Communities – nützlich für die jeweiligen Personen, ja teilweise (vor allem im Web 2.0) geradezu erwartet.

Die Sammlung personenbezogener Daten – von staatlichen Stellen wie in der Privatwirtschaft – erinnert an Orwells Roman 1984 (Severson 1997, 73 f.):

> If „Big Brother" denied us all personal privacy, our self-identities would be destroyed just as Winston Smith's was in Orwell's *Nineteen Eighty-Four*. Privacy is one of the necessary ingredients of self-identity.

Das Mindeste, was man von Diensten erwarten kann, die mit personenbezogenen Daten und Spuren umgehen, ist gemäß Severson (1997, 74):

> (1) that they get permission before using private information for secondary purposes; and (2) that they provide people with free opportunities to correct inaccuracies in their records.

Wenn eine Person weiß oder vermutet, dass ihre Privatheit verletzt wird, entsteht ein interessantes moralisches Spezialproblem: Ist es gerechtfertigt, unter solchen Umständen zu lügen (Al-Fedaghi 2005)? **Lügen** kann hierbei bedeuten, falsche personenbezogene Angaben zu machen, kann aber auch heißen, (bei vermuteter Überwachung) bewusst belanglose Suchen zu generieren, völlig unbrauchbare URL aufzurufen usw., um die eigentlichen Aktionen durch Rauschen zu tarnen. Sind die personenbezogenen Informationen eines Individuums (geistiges) Eigentum dieser Person, über deren Gebrauch sie und nur sie selbst entscheiden darf (Moore 2005)?

Sicherung der Privatheit bedeutet letztlich, diskret – auch in digitalen Räumen – zu agieren. **Diskretion** gilt als „Tugend des Informationszeitalters" (Nagenborg 2001, 123) sowohl für öffentliche Stellen als auch für private Nutzer des Internets. Jeder sollte selbst vertreten, was er über sich preisgibt; aber keiner sollte private Informationen über andere (zumindest nicht ohne dessen Zustimmung) publik machen noch sich auf unlautere Weise (etwa durch Spurensuche im Web) beschaffen. Für den einzelnen gilt nach Michael Nagenborg (2001, 124):

> Wir müssen es lernen, uns im angemessenen Maße aus dem Internet abzukapseln, wenn wir so etwas wie Privatheit erreichen wollen.

Diskretion heißt nicht wegschauen, wenn etwas Illegales geschieht – ganz im Gegenteil. Auch hierzu äußert sich Nagenborg (2001, 124):

> Diskretion ist nicht mit Arroganz zu verwechseln. Illegitime Informationen (z. B. Aufrufe zu Straftaten) dürfen ebenso wenig ignoriert werden wie in der urbanen Öffentlichkeit.

Helmut F. Spinner (2001, 28) führt zur näheren Klärung den Begriff des „**Informationseingriffs**" ein. Dies ist eine Analogiekonstruktion zu einem „normalen" Eingriff, z. B. Mord oder Körperverletzung.

> Wissen kann auf andere Art verletzen, die oft nicht weniger folgenreich und unter Umständen sogar schlechter heilbar ist. Private Auseinandersetzungen und politische Meinungskämpfe schlagen Wunden; Bekenntnisse sind oft peinlich; Denunziationen sind schändlich ... .

Informationseingriffe können (so im Fall der digitalen Beobachtung einer Straftat) geboten sein, in anderen Fällen sind sie verboten (Spinner 2001, 30):

> Ein auf jedem Fall verbotener Informationseingriff liegt vor, wenn *zum Schaden anderer* Falsches, Irreführendes oder Übertriebenes unerlaubt vorgebracht bzw. im Pendantfall Wahres verschwiegen wird, wie es im Alltag bei Beleidigung, Verleumdung, übler Nachrede, Geheimnisverrat ... etc. der Fall ist.

„Informationelle Selbstbestimmung" ist nunmehr die Abwehr der „Fremdbestimmung durch Informationseingriffe" (Spinner 2001, 86) – eine Konzeption, die weit über den kodifizierten Datenschutz hinausreicht. Informationelle Selbstbestimmung meint auch, dass jede Person über jede Art von Informationseingriffen informiert sein muss und die Möglichkeit hat, Informationen über sich selbst entweder löschen oder korrigieren zu lassen und darüber hinaus weiß, „in welchem Umfang und unter welchen Bedingungen (andere) dieses Wissen verwenden dürfen" (Kuhlen 2004, 189).

Privatheit meint die Privacy *einer* Person. Was ist aber, wenn eine einzige Person in digitalen Räumen mehrere „Identitäten" aufgebaut hat? Unterschiedliche Namen (beispielsweise im Chat) und verschiedene **Avatare** sind ja nicht unüblich. Stephan Werner (2003, 103 f.) vergleicht Avatare und Aliasse mit Marionetten:

> (D)er gewählte Chat-Name kann als Agent des Individuums angesehen werden. Er erscheint als ein eigenständiges (virtuelles) Objekt, welches sich eindeutig identifizieren lässt und folglich eine eigene Identität mit eigenen speziellen Attributen hat, welche nicht die des Individuums ist. Das Verhältnis zwischen dem Individuum und diesem lässt sich daher mit dem eine Marionettenspielers und seiner Marionette vergleichen. „Virtuelle Identität" ist somit die Identität des Software-Agenten, der hier als Stellvertreter des Individuums agiert.

Ähnlich wie eine Marionette ist jedoch der Avatar bzw. der Alias genausowenig geschäftsfähig im E-Commerce wie er keineswegs Anspruch auf „sein" geistiges Eigentum hat, da diese Merkmale nur „seinem" Individuum zukommen. Nach Werner (2003, 110) entsteht dem Menschen im positiven Sinne eine „Chance zur Individualität" (die allerdings auch eine pathologische „Chance" zur schizophrenen Aufspaltung seiner Persönlichkeit ist); im negativen Sinne geht damit „eine mangelnde Verlässlichkeit sozialer Beziehungen einher" (Werner 2003, 110). Gegenstand der Informationsethik sind Avatare (oder auch Computersysteme) nicht, Informationsethik richtet sich stets an Menschen oder – wie es Bernd Frohmann (2002, 50) ausdrückt:

> (I)ch vertrete den Standpunkt, dass Cyberethik mit Körpern zu tun hat, nicht mit Bytes.

6.5 Geistiges Eigentum

Geistiges Eigentum ist ein Eigentum an einem intangiblen, idealen Gegenstand, beispielsweise einer Erfindung oder einem Kunstwerk. Im Informationsrecht gehört zum Schutz des geistigen Eigentums das Urheberrecht (Copyright) sowie der gewerbliche Rechtsschutz (bezogen auf Patente, Gebrauchsmuster, Marken und Design). Professionelle Informationsethiken sprechen sich für den Schutz geistigen Eigentums aus. Bei der ACM (1992, 1.5; 1.6) heißt es:

> [As an ACM member, I will ...] (h)onour property rights including copyright and patents; (g)ive proper credit for intellectual property.

Auch für den amerikanischen Bibliotheksverband (ALA 2008, IV) ist die Sache klar:

> We respect intellectual property rights and advocate balance between the interests of information users and right holders.

Seit Jahrhunderten wird in westlichen Gesellschaften geistiges Eigentum geschützt; die Beweggründe dafür sind vorwiegend ökonomischer Natur. Richard W. Severson (1997, 32) betont:

> Since the Middle Ages, Western societies have attempted to protect intellectual property rights through legal means. The primary mechanisms for such protection are trade secrecy, copyright, and patent laws. The legal protection of intellectual property has always been commercially motivated.

Wenn ein kleines Unternehmen eine bahnbrechende Erfindung macht und diese selbst ausnutzen möchte, bedarf es eines Schutzmechanismus, da ansonsten direkt nach Bekanntwerden der Erfindung Großunternehmen diese Erfindung aufnehmen könnten und dank ihrer Marktmacht weitaus besser ausnutzen würden als der Erfinder. Die gewerblichen Schutzrechte geben unserem Unternehmen zumindest zeitlich befristet das Monopol auf die Verwertung der Innovation. Ohne solche Schutzrechte läge kaum eine Motivation für selbständige Erfinder sowie kleine bzw. mittlere Firmen vor, überhaupt Forschung und Entwicklung zu betreiben. Dieses **utilitaristische Argument** für den Schutz geistigen Eigentums (Palmer 1997) betont den Nutzen für alle Gesellschaftsmitglieder, der ohne solche Schutzmechanismen nicht gegeben wäre. Das Nutzenargument ist jedoch zweischneidig, da es durchaus möglich ist zu behaupten (und ggf. zu belegen), dass es für eine Gesellschaft insgesamt mehr Nutzen stiftet, wenn geistige Werke niemanden gehören und demnach im „öffentlichen Interesse" Allgemeineigentum sind.

Neben dem Utilitarismus gibt es drei weitere Argumentationslinien, die für den Schutz geistigen Eigentums sprechen. (1.) Werke sind Ausdruck der **Arbeit** von Individuen. Ohne Rechtsschutz würden ihnen die Früchte ihrer Arbeit genommen. Wenn jemand etwas Neues entwickelt, gestaltet oder entdeckt, verdient er, als Urheber geschützt zu werden. Tom Palmer (2005, 131) drückt dies folgendermaßen aus:

> When one has improved what was before unimproved (or created what before did not exist), one is entitled to the results of one's labor. One deserves it.

(2.) Die Werke eines Schöpfers sind Ausdruck und Teil seiner **Persönlichkeit**. Ohne Schutz der Werke ist es kaum möglich, dass der Urheber Verantwortung für seine Werke übernimmt, denn sie gehören ihm ja dann gar nicht (Palmer 2005, 143):

> In fact, the relationship between creator and creation is so intimate that when the personality of the former changes, so too can the treatment of the latter.

Besonders deutlich wird dies bei einem Werk der bildenden Kunst: Die Zerstörung eines Kunstwerkes berührt in der Tat die Persönlichkeit des Künstlers. Wir müssen an dieser Stelle kurz innehalten und fragen, was ein „Werk" ist, denn nur dieses ist eng mit der Person seines Schöpfers verbunden. Gemäß der IFLA (IR, 85-87; WR, 108-111) unterscheidet man bei einem Dokument zwei Aspekte des Inhalts („work" und „expression") sowie zwei Aspekte der physikalischen Form („manifestation" und „item"). Das Werk ist die Schöpfung des Urhebers, die konkret in einer „expression" realisiert wird (beispielsweise als illustriertes Buch oder als Übersetzung in eine fremde Sprache). Die Manifestation, quasi die „Verkörperlichung" einer „expression", ist eine gewisse Auflage mit besonderen Eigenschaften (etwa als Taschenbuch). Das Exemplar (item) letztlich ist ein konkretes Buch einer Manifestation. Wenn Sie, lieber Leser, jetzt sagen, das Buch, welches Sie gerade lesen, sei „Ihr" Buch (ist also Ihr Eigentum), so meinen Sie damit, dass Ihnen das betreffende Exemplar gehört. Wenn wir als Autoren behaupten, dies sei „unser" Buch (und damit unser Eigentum), widersprechen wir Ihnen nicht, denn wir beziehen uns auf die Ebene des Werkes. Bei der Diskussion um geistiges Eigentum geht es stets um Werke. So sind Autoren Eigentümer ihres Werkes, Übersetzer sind demgegenüber nicht Eigentümer des übersetzten Stoffes (jetzt befinden wir uns auf der Ebene der „expressions"), sondern auch die Übersetzung bleibt geistiges Eigentum der Autoren.

6.5 Geistiges Eigentum

```
         Utilitarismus              zu belohnende Arbeit

                         geistiges
                         Eigentum

    Persönlichkeit des Schöpfers    analog zu tangiblem Eigentum
```

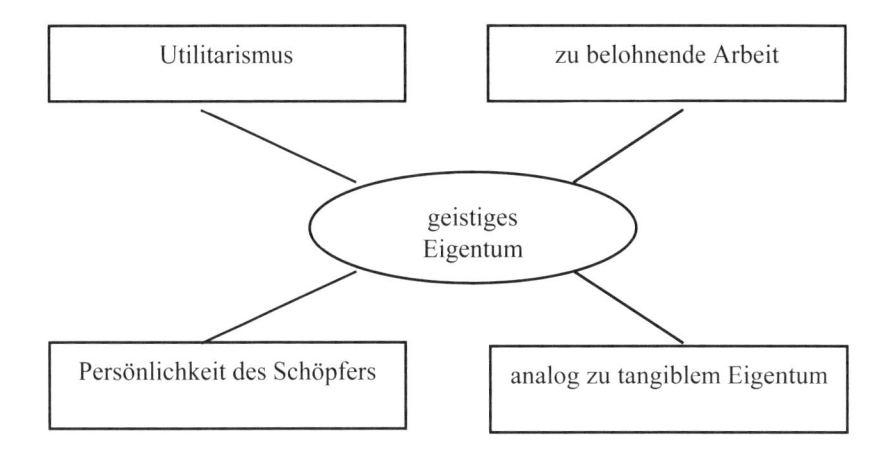

Abbildung 6.2: Argumentationslinien zur Verteidigung geistigen Eigentums.

(3.) Eigentum an intangiblen Gütern ist nichts anderes als **„normales" Eigentum** an einem tangiblen Gut. So wie jemandem ein Grundstück oder ein Haus gehört, gehört – um willkürlich ein Beispiel zu nehmen – der Firma Coca-Cola die Formel für ihr Getränk (die übrigens nie durch ein Patent geschützt war – dies wäre schon längst abgelaufen, sondern immer ein Betriebsgeheimnis war und ist) (Palmer 2005, 150):

> If a chemist for the Coca-Cola company were to reproduce the formula for Coca-Cola (...) on leaflets and drop them over New York, the Coca-Cola company would have uncontestable grounds for (drastic) legal action against the violator of their secret and any of his conspirators.

Der Schaden für Coca-Cola wäre riesig, denn jeder, der einen Zettel findet, die Formel liest und versteht und die Formel in seiner eigenen Getränkefirma einsetzt, ist juristisch nicht zu belangen (es gibt ja keinen Patentschutz). In solch einem Fall muss man mit geistigem Eigentum genauso umgehen wie mit jedem anderen Eigentum auch. Palmer (2005, 149) nennt diese Argumentation „piggybacking", da das geistige Eigentum quasi „huckepack" ins normale Besitzrecht mitgeführt wird. Abbildung 6.2 fasst die vier Theorien zur Verteidigung von Besitzrechten an intangiblen Gütern graphisch zusammen.

Geistiges Eigentum ist ein **Privileg** des Eigentümers (Palmer 2005, 126), über sein Eigentum frei verfügen zu können. Ist solch ein Privateigentum an idealen Gegenständen aber wirklich ethisch so unproblematisch? Wem gehört Wissen (Kuhlen 2004, 311 ff.)? Betrachten wir den Fall einer Online-Recherche! Der Rechercheur habe eine gewisse Menge von Datensätzen bei einem Anbieter digitaler Informationen gekauft und auf seinen Rechner heruntergeladen. Er möchte nunmehr sein Rechercheergebnis einem Kollegen per Mail zusenden, also digital kopieren. Beim Anbieter DIALOG lesen wir in den Allgemeinen Geschäftsbedingungen:

> Under no circumstances may Customer, or any party acting by or through Customer, copy, transmit or retain data retrieved from DIALOG service in machine-readable form.

Unser Rechercheur darf demnach sein (bezahltes) Rechercheergebnis nicht digital weitergeben. Ist dies ethisch einwandfrei? Weckert und Adeney (1997, 68) verteidigen zunächst die Bezahlung von Content in Hinblick auf den Nutzen, den ein Unternehmen wie DIALOG stiftet:

> Having databases is useful. They are expensive to build and maintain. Unless the vendors get a reasonable return for their efforts, there will be no databases. Given the structure of our society, they must make their profit from the users, so users must pay for the service.

Das Verbot der Weitergabe der Informationen ist demgegenüber ethisch nicht zu begründen, da kein (bemerkenswerter) wirtschaftlicher Schaden beim Unternehmen zu befürchten ist (Weckert/Adeney 1997, 69):

> People generally undertake online searching to find material on some particular interest of theirs. It is unlikely that many others will want just those specific results, so it is hard to see that profits would be much affected. Thus we have no good reasons for the restrictions that are in place on online search results.

Nun ändern wir das Beispiel ein wenig. Wir gehen von digitalen Volltexten wissenschaftlicher Artikel und der bibliothekarischen Praxis der Fernleihe aus. Eine einzige Bibliothek in Deutschland habe die Zeitschrift abonniert, alle anderen nicht. Diese anderen bestellen nunmehr via Fernleihe einzelne Artikel auf Anfrage ihrer Nutzer. Wie im obigen DIALOG-Beispiel werden digitale Kopien einer (bereits bezahlten) Zeitschrift weitergegeben. Hier ist allerdings ein bemerkenswerter ökonomischer Schaden des anbietenden Verlages zu befürchten. Wenn pro Land (oder pro Bibliotheksverbund) nur ein einziges Abonnement (zu „normalen" Preisen und nicht etwa zu – beim Verlag kostendeckenden – Konsortial- oder Nationallizenzen) abgeschlossen wird, wird der Verlag nicht seine Ausgaben finanziert bekommen (und entsprechend die Zeitschrift einstellen müssen). Dies ist nunmehr ein Nachteil nicht nur für den Verlag, sondern auch für die betreffende Wissenschaftlergemeinschaft. In diesem zweiten Fall (der übrigens durch deutsches Urheberrecht ausgeschlossen ist) ist die Weitergabe der Informationen ethisch nicht zu begründen.

In ethischer Hinsicht liegt in unserem ersten Beispiel ein **fairer Gebrauch** (fair use) des geistigen Eigentums vor, während dies im zweiten Beispiel nicht gegeben ist. Dieser „fair use" scheint ein Schlüssel für den Umgang mit geistigem Eigentum zu sein (Severson 1997, 50 f.):

> Fair-use doctrine protects the often overlooked societal aspects of copyright law by ensuring the right of researchers, teachers, and ordinary citizens to use copyrighted materials freely for specific purposes. ... Suppose you want to read a magazine article at the public library. You could sit down and read it there, or you could make a photocopy and take it home to read later. Under fair-use guidelines, it is acceptable to photocopy articles – even books – if the photocopy is for temporary personal use. On the other hand, it would not be acceptable to make ten copies and distribute them at your PTA meeting.

„Fair" bedeutet auch, **faire Preise** für Informationsgüter zu fordern. Können Mitglieder gewisser (armer) Länder oder (armer) sozialer Schichten geforderte Preise für Informationen allein auf Grund ihrer Einkommenssituation nicht bezahlen, werden sie vom freien Zugang zum Wissen ausgeschlossen. „Fair" kann in diesem Zusammenhang bedeuten, gruppenspezifisch Preise zu staffeln, d.h. unterschiedliche Preise für Bürger von Entwicklungsländern und Einwohnern der ersten Welt oder für Eliten und sozial Benachteiligte anzubieten (Ponelis 2007, 5).

Beim **Crawlen** des Web werden Seiten aufgesucht, kopiert, indexiert und für die Nutzung bei Suchmaschinen gespeichert. Nach Eigentumsrechten wird dabei nicht gefragt. Thelwall und Stuart (2006, 1775) stellen fest:

> Crawlers ostensible do something illegal: They make permanent copies of copyright material (Web pages) without the owner's permission.

Besonders heikel ist dieses Vorgehen beim Internet-Archiv (archive.org), denn hier werden „historische" Seiten gespeichert, also durchaus auch Seiten, die der Schöpfer dieses geistigen Eigentums bewusst überschrieben oder gelöscht hat. Suchmaschinen wie Internet-Archiv berufen sich auf das Robots.txt-Protokoll (IR, 120), in dem Seiteninhaber Crawler Anweisungen zum Umgang mit der Seite geben (z. B. NOINDEX oder NOFOLLOW). Zudem ist es den Seiteninhabern gestattet, um Löschung beim Archiv anzufragen. Die Praxis der Suchmaschinen, alles zu kopieren, was im Robots.txt nicht explizit ausgeschlossen worden ist, und nur auf Nachfrage ggf. wieder zu entfernen, wird offenbar breit toleriert (und kann – wie in den USA – als „fair use" angesehen werden). Insofern Informationen auf den Seiten vorliegen, die missbraucht werden können (z. B. E-Mail-Adressen zum Versenden von Spam), hat diese Praxis durchaus Nachteile für die Nutzer und ist ethisch oder sogar juristisch zumindest bedenklich. Offenbar gilt es derzeit als äußerst erwünscht, dass ein Crawler ansonsten eigentlich durch das Urheberrecht geschützte Seiten illegal kopiert, ganz nach dem Grundsatz „Esse est indicato in Google" (Hinman 2005).

Wie steht es um den Rechtsschutz für geistiges Eigentum an kollaborativ erstellter Software und an gemeinsam produziertem Content (wie beispielsweise Wikipedia)? Gemäß Lawrence M. Sanger (2005, 193) handelt es sich hier um **Shopwork** (für „*sh*ared *op*en *work*"). Shopwork hat zwei wesentliche Eigenschaften: Solche Werke sind frei verfügbar (open source, open content), und sie sind streng kollaborativ erarbeitet worden. Wenn kollaborativ erstellte Software und wenn ebenso gemeinsam produzierter Inhalt wichtig für eine Gesellschaft sind (wie dies ja häufig behauptet wird), muss die entsprechende Gesellschaft dafür Sorge tragen, dass die Software- und Content-Ersteller von ihrer offenbar wertvollen Arbeit leben können. Dies führt nicht zu einem neuen Urheberrecht für Shopware, sondern zu der (durchaus extremen) ethischen Maxime, die Urheber genügend zu finanzieren (Sanger 2005, 200):

> (T)he law should actually *support* such works, either through funding or other special legislative support.

Für Milton Mueller (2008) gibt es keinen Widerspruch zwischen Wissen, das als Eigentum angesehen wird (**Informationskapitalismus**), und dem öffentlich zugänglichen Wissen (**Informationskommunismus**). Gerade im Internet können beide Formen, mit Wissen umzugehen, problemlos ko-existieren: Kommerziell vertriebene Software oder kommerziell vertriebener Content (geschützt durch gewerblichen Rechtsschutz und Urheberrecht) stehen freier Software und freiem Content (etwa nur geschützt durch Creative Commons) gegenüber. Nach Mueller (2008) liegt die Herausforderung darin, für beide Ansätze die „richtigen" Anwendungen zu finden:

> One could even argue that the success of liberal-democratic governance hinges on finding the right place for each model and exploiting the creative relationship between the two.

Es ist demnach ethisch gerechtfertigt, das Recht des Schöpfers eines Werkes an seinem Werk höher zu bewerten als das Recht aller anderen auf den freien Zugang zu diesem Wissen (Himma 2008, 1160). Dies schließt mitnichten aus, dass der Schöpfer freiwillig auf einige seiner Rechte verzichtet und sein Werk öffentlich zugänglich machen kann. Möchte ein Staat die Schöpfer – auch ökonomisch – stärken, gilt es (wie bei tangiblen Gütern), Wissensgüter (hier durch gewerblichen Rechtsschutz) künstlich zu verknappen (Palmer 2005, 157):

> Tangible goods are clearly scarce in that there are conflicting uses. It is that scarcity that gives rise to property rights. Intellectual property rights, however, do not rest on a natural scarcity of goods, but on „artificial, self-created scarcity". That is to say, legislation or legal fiat limits the use of ideal objects in such a way as to create an artificial scarcity that, it is hoped, will generate greater revenues for innovators.

6.6 Fazit

- Informationsethik ist eine Bereichsethik, die sich mit allen ethischen Aspekten der Informationsverarbeitung und -bearbeitung befasst. Sie ist nötig geworden durch den Übergang zur „Multimediakultur" im Zuge des Aufbaus der Informationsgesellschaft mit ihren neuartigen Machtfaktoren (z. B. der Softwareproduzenten oder der Suchmaschinen).
- Nach Rawls ist es Ziel von Ethik, Gerechtigkeit zu schaffen. In diesem Sinne arbeitet die Informationsethik an der Informationsgerechtigkeit. Kants kategorischer Imperativ lehrt, alle seine (Informations-)Handlungen auf deren Folgen für andere zu überdenken.
- Informationsethik kann in vier – miteinander verknüpfte, teilweise gegenläufig arbeitende – Themenbereiche segmentiert werden: Professionelle Informationsethik, freier Zugang zu Informationen, Privatheit und geistiges Eigentum.
- Die professionelle Informationsethik regelt das berufliche Verhalten von Informationswissenschaftlern und -praktikern. Sie ist jeweils festgeschrieben in „Codes of Ethics" von den einzelnen Berufsverbänden.

- Der freie Informationszugang hängt eng mit der Kommunikationsfreiheit zusammen. Diese besteht aus den Teilnormen des Rechtes zu lesen und des Rechtes zu schreiben. Zensur verhindert den freien Zugang zu Informationen. Es scheint ethisch vernünftig, bis auf Ausnahmen (Schaden für konkrete Personen, Darstellungen von Sex mit Kindern) keine Zensur zuzulassen.

- Die Privatheit des einzelnen ist in digitalen Umgebungen durch andauernde personenbezogene Informationen (Name, Alter, Geschlecht usw.) sowie durch digitale Spuren gefährdet. Brisant wird es, wenn über Spyware digitale Spuren verfolgt werden, denn teilweise wird – etwa bei personalisierten Diensten oder bei Recommendersystemen – das Verdichten bisherigen (eigenen oder fremden) Verhaltens zur Optimierung von Recherche- oder Shopsystemen vom Nutzer erwartet, andererseits aber auch – insbesondere bei Missbrauch (z. B. Spamming) gefürchtet. Diskretion wird zur Tugend der Informationsgesellschaft.

- Ist geistiges Eigentum gerechtfertigt? Vier Theorien (Utilitarismus, Belohnung für Arbeit, Persönlichkeit des Schöpfers und „piggybacking") geben Argumente für den Schutz intangibler, idealer Gegenstände. Das geistige Eigentum ist ein Privileg, mit dem fair umgegangen werden sollte. Informationskapitalismus (mit starken Eigentumskomponenten auch an Wissensgütern) steht nicht im Widerspruch zum Informationskommunismus (mit starken Anteilen öffentlich frei zugänglichem Wissens), vielmehr ko-existieren beide Formen und finden jeweils die „richtigen" Anwendungen.

6.7 Literatur

ACM (1992): ACM Code of Ethics and Professional Conduct. – Online: www.acm.org/about/code-of-ethics.

ALA (2008): Code of Ethics of the American Library Association. – Online: www.ala.org/ala/oif/statementspols/codeofethics/coehistory/codeofethics.pdf.

Al-Fedaghi, S. (2005): Lying about private information: An ethical justification. – In: Communications of the International Information Management Association 5(3), S. 47-56.

ASIS&T (1992): ASIS&T Professional Guidelines. – Online: www.asis.org/professional-guidelines.html.

Balkin, J.M. (2005): Digital speech and democratic culture: A theory of freedom of expression for the information society. – In: Moore, A.D. (Hrsg.): Information Ethics. Privacy, Property, and Power. – Seattle; London: University of Washington Press, S. 297-354.

Capurro, R. (1988): Informationsethos und Informationsethik – Gedanken zum verantwortungsvollen Handeln im Bereich der Fachinformation. – In: Nachrichten für Dokumentation 39, S. 1-4.

Capurro, R. (2003): Ethik im Netz. – Wiesbaden: Steiner.

Capurro, R. (2004): Informationsethik – eine Standortbestimmung. – In: International Journal of Information Ethics 1, S. 1-7.

Carbo, T.; Smith, M.M. (2008): Global information ethics: Intercultural perspectives on past and future research. – In: Journal of the American Society for Information Science and Technology 59(7), S. 1111-1123.

Floridi, L. (1999): Information ethics: On the philosophical foundations of computer ethics. – In: Ethics and Information Technology 1, S. 37-56.

Fröhlich, G. (2006): Plagiate und unethische Autorenschaften. – In: Information – Wissenschaft und Praxis 57, S. 81-89.

Froehlich, T.J. (1992): Ethical considerations of information professionals. – In: Annual Review of Information Science and Technology 27, S. 291-324.

Frohmann, B. (2002): Cyberethik: Bodies oder Bytes? – In: Hausmanninger, T.; Capurro, R. (Hrsg.): Netzethik. Grundlegungsfragen der Internetethik. – München: Fink, S. 49-58.

Gurau, C. (2008): Privacy and online data collection. – In: Quigley, M. (Hrsg.): Encyclopedia of Information Ethics and Security. – Hershey; New York: Information Science Reference, S. 542-548.

Hauptman, R. (2002): Ethics and Librarianship. – Jefferson, NC; London: McFarland.

Henrichs, N. (1995): Menschsein im Informationszeitalter. – In: Capurro, R.; Wiederling, K.; Brellochs, A. (Hrsg.): Informationsethik. – Konstanz: UVK, S. 23-36.

Hill, J.B.; Johnson, E.W. (2004): Ethical issues in digital reference. – In: Mendina, T.; Britz, J.J. (Hrsg.): Information Ethics in the Electronic Age. – Jefferson, NC; London: McFarland, S. 99-106.

Himma, K.E. (2008): The justification of intellectual property: Contemporary philosophical disputes. – In: Journal of the American Society for Information Science and Technology 59(7), S. 1143-1161.

Hinman, L.M. (2005): Esse est indicato in Google: Ethical and political issues in search engines. – In: International Review of Information Ethics 3, S. 19-25.

Kant, I. (1973[1788]): Kritik der praktischen Vernunft. – Stuttgart: Reclam. – (Original: 1788).

Kerr, I.; Gilbert, D. (2004): The role of ISPs in the investigation of cybercrime. – In: Mendina, T.; Britz, J.J. (Hrsg.): Information Ethics in the Electronic Age. – Jefferson, NC; London: McFarland, S. 163-172.

Kuhlen, R. (2004): Informationsethik. Umgang mit Wissen und Information in elektronischen Räumen. – Konstanz: UVK.

Lilly, J.R. (2005): National security at what price? A look into civil liberty concerns in the information age under the USA Patriot Act. – In: Moore, A.D. (Hrsg.): Information Ethics.

Privacy, Property, and Power. – Seattle; London: University of Washington Press, S. 417-441.

Moore, A.D. (2005): Intangible property: Privacy, power, and information control. – In: Moore, A.D. (Hrsg.): Information Ethics. Privacy, Property, and Power. – Seattle; London: University of Washington Press, S. 172-190.

Moore, A.D.; Unsworth, K. (2005): Introduction. – In: Moore, A.D. (Hrsg.): Information Ethics. Privacy, Property, and Power. – Seattle; London: University of Washington Press, S. 11-28.

Mueller, M. (2008): Info-communism? Ownership and freedom in the digital economy. – In: First Monday 13(4).

Nagenborg, M. (2001): Diskretion in offenen Netzen. IuK-Handlungen und die Grenze zwischen dem Privaten und Öffentlichen. – In: Spinner, H.F.; Nagenborg, M.; Weber, K.: Bausteine zu einer Informationsethik. – Berlin; Wien: Philo, S. 93-128.

Palmer, T.G. (1997): Intellectual property rights: A non-Posnerian law and economics approach. – In: Moore, A.D. (Hrsg.): Intellectual Property: Moral, Legal, and International Dilemmas. – New York: Rowman & Littlefield, S. 179-224.

Palmer, T.G. (2005): Are patents and copyrights morally justified? The philosophy of property rights and ideal objects. – In: Moore, A.D. (Hrsg.): Information Ethics. Privacy, Property, and Power. – Seattle; London: University of Washington Press, S. 123-168.

Ponelis, S.R. (2007): Implications of social justice for the pricing of information goods. – In: International Review of Information Ethics 7, S. 1-5.

Rauch, W. (1998): Informationsethik. Die Fragestellung aus der Sicht der Informationswissenschaft. – In: Kolb, A.; Esterbauer, R.; Ruckenbauer, H.W. (Hrsg.): Cyberethik. Verantwortung in der digital vernetzten Welt. – Stuttgart; Berlin; Köln: Kohlhammer, S. 51-57.

Rawls, J. (1971): A Theory of Justice. – Cambridge, Mass.: Harvard Univ. Press.

Reichmann, G. (1998): Informationsrecht in Österreich. – In: Kolb, A.; Esterbauer, R.; Ruckenbauer, H.W. (Hrsg.): Cyberethik. Verantwortung in der digital vernetzten Welt. – Stuttgart; Berlin; Köln: Kohlhammer, S. 135-152.

Sanger, L.M. (2005): Why collaborative free works should be protected by the law. – In: Moore, A.D. (Hrsg.): Information Ethics. Privacy, Property, and Power. – Seattle; London: University of Washington Press, S. 191-206.

Severson, R.W. (1997): The Principles of Information Ethics. – Armonk, NY; London: Sharpe.

Smith, M.M. (1997): Information ethics. – In: Annual Review of Information Science and Technology 32, S. 339-366.

Smith, M.M. (2001): Information ethics. – In: Advances in Librarianship 25, S. 29-66.

Spinner, H.F. (2001): Was ist ein Informationseingriff und was kann man dagegen tun? – In: Spinner, H.F.; Nagenborg, M.; Weber, K.: Bausteine zu einer Informationsethik. – Berlin; Wien: Philo, S. 11-91.

Stafford, T.F. (2008): Spyware. – In: Quigley, M. (Hrsg.): Encyclopedia of Information Ethics and Security. – Hershey; New York: Information Science Reference, S. 616-621.

Thelwall, M.; Stuart, D. (2006): Web crawling ethics revisited: Cost, privacy, and denial of service. – In: Journal of the American Society for Information Science and Technology 57(13), S. 1771-1779.

Weckert, J.; Adeney, D. (1997): Computer and Information Ethics. – Westport, Conn.; London: Greenwood.

Werner, S. (2003): Aspekte der Individualität im Internet. – In: Hausmanninger, T. (Hrsg.): Handeln im Netz. Bereichsethiken und Jugendschutz im Internet. – München: Fink, S. 95-112.

7 Wirtschafts-, Markt- und Presseinformationen

7.1 Digitale Informationsprodukte für und über Wirtschaft und Presse

Wir beginnen unsere Besprechung der Informationsgüter mit den digitalen Wirtschafts-, Markt- und Presseinformationen. Ausgeklammert bleiben hier die wirtschaftswissenschaftlichen Informationen, die wir erst im Kontext der WTM-Informationen (Kapitel 9) ansprechen werden. In diesem Kapitel kommen drei Informationsarten zur Sprache: Firmeninformationen (im Englischen und zuweilen auch im Deutschen: „Business Information"), Struktur- und Marktdaten („Market Data") sowie Presseinformationen („News").

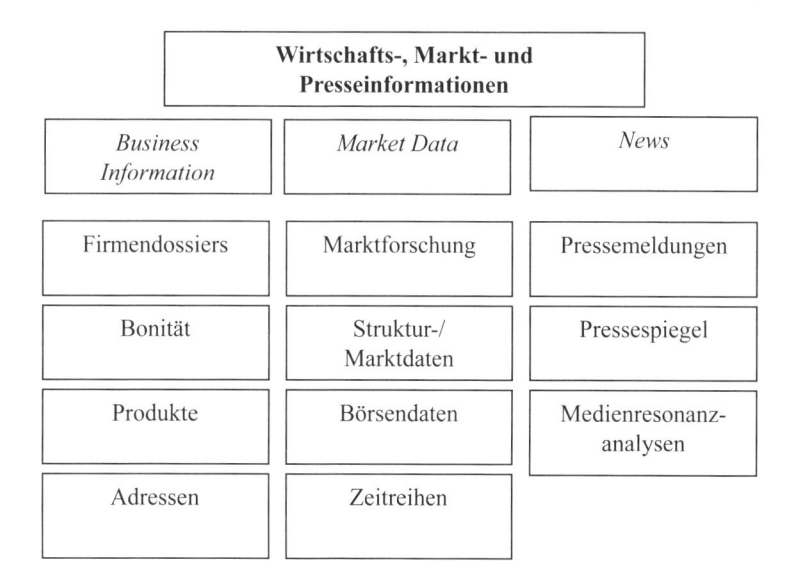

Wirtschafts-, Markt- und Presseinformationen		
Business Information	*Market Data*	*News*
Firmendossiers	Marktforschung	Pressemeldungen
Bonität	Struktur-/ Marktdaten	Pressespiegel
Produkte	Börsendaten	Medienresonanzanalysen
Adressen	Zeitreihen	

Abbildung 7.1: Klassifikation von digitalen Gütern der Wirtschafts- und Presseinformationen.

Diese Informationen liegen sowohl in Textform als auch in Form numerischer Daten vor (Ainsworth 2009). Abbildung 7.1 verdeutlicht unsere Gliederung der Wirtschafts- und Presseinformationen.

7.2 Kunden auf dem Markt für Wirtschafts-, Markt- und Presseinformationen

Auf der Nachfragerseite dieses Teilmarktes der digitalen Informationen sehen wir nahezu ausschließlich Unternehmen. Vor allem wissensintensive Dienstleistungsunternehmen wie Banken, Versicherungen, große Kanzleien oder Unternehmensberatungen und ebenfalls wissensintensive Industriefirmen (etwa Großunternehmen der chemischen und pharmazeutischen Industrie) sind die hauptsächlichen Kundengruppen.

Wirtschafts- und Presseinformationen dienen zum einen dem Monitoring bekannter Unternehmen und zum andern dem Scanning neuer, dem Rechercheur bisher unbekannter Firmen. Gründe für **Monitoring** bekannter Unternehmen sind die Einschätzung neuer Geschäftspartner (bzw. – sofern dies vor Beginn eines Vertragsverhältnisses nicht geschehen ist – bei unbeglichenen Forderungen an den Geschäftspartner) sowie die ständige Beobachtung der in der Wertkette vor- und nachgelagerten Unternehmen (Zulieferer und Abnehmer). Hinzu kommen Recherchen bei beabsichtigten Beteiligungen und Übernahmen bzw. bei der Wettbewerberbeobachtung. Monitoring geschieht über den Namen des Unternehmens oder dessen Nummer bei Firmendatenbanken (wie beispielsweise der D-U-N-S Nummer von D&B, früher Dun & Bradstreet, die jedes Unternehmen eindeutig identifiziert). Beim **Scanning** wissen wir den Unternehmensnamen (noch) nicht, deshalb muss hier mithilfe von Merkmalen gesucht werden. Mittels Scanning kann man neue Player auf eigenen Märkten erspähen, neue Lieferanten und Abnehmer ausfindig machen und Ansprechpartner sowie deren Adressen für Mailingaktionen finden (Stock 2001). Neben das Monitoring und Scanning von Unternehmen treten Recherchen nach Märkten und Branchen, eigenen wie benachbarten. Es können auch Aspekte von Wissenschaft und Technik, beispielsweise die Überwachung von Patentaktivitäten der Wettbewerber, ins Visier der Rechercheure geraten. Da es sich hierbei um WTM-Informationen handelt, besprechen wir diesen Aspekt in Kapitel 9.

Im nachfragenden Unternehmen beobachten wir drei **Organisationsstrategien**, mit Wirtschafts- und Presseinformationen (und ggf. weiteren Informationen wie WTM) umzugehen. (1.) Firmen setzen auf Endnutzerrecherchen. Information Professionals oder Wissensmanager sorgen in zeitlich befristeten Projekten dafür, dass die geeigneten Informationsdienste im Hause zur Verfügung stehen, arbeiten die Mitarbeiter ein und ziehen sich sodann aus dem Tagesgeschäft zurück. Die „Endnutzer", also die Mitarbeiter, suchen selbst nach Informationen. (2.) Unternehmen bündeln das Informations-Know how in einer eigenen Arbeitseinheit (mit Bezeichnungen wie „Information Research Center", „Knowledge & Research Center" oder „Research & Information"). In aller Regel wird dort sowohl internes Wissen verwaltet als auch – just in time – externes Wissen hinzugezogen. Es geht nicht (oder nicht nur) darum, Dokumente zu recherchieren und den Fachspezialisten zur Verfügung zu stellen, sondern gefundene Informationen aufzuarbeiten. Noack, Reher und Schiefer (2009, 430) betonen für Unternehmensberatungen:

> Es geht maßgeblich darum, Informationen zunächst zu veredeln und dann weiterzugeben. Die bloße Informationsvermittlung steht längst nicht mehr im Fokus, da inzwischen nahezu jeder in der Lage ist, Informationen zu finden. Die eigentliche Wertschöpfung einer IVS [Informationsvermittlungsstelle, die Autoren] liegt in der Informationsverdichtung, für die Berater nur selten Zeit finden.

Noack, Reher und Schiefer (2009, 425) berichten bei deutschen Consultants von einem (allerdings eher verhaltenen) Aufbau von Mitarbeiterzahlen in solchen Arbeitseinheiten. Foster (2009, 19) weist bei britischen Firmen auf das Outsourcing gewisser Informationsarbeiten, vorzugsweise in asiatische Länder (und darin besonders nach Indien), hin. Organisationsvariante (3.) ist ein Kompromiss zwischen (1.) und (2.): Endnutzer übernehmen leichte Recherchearbeiten, deren Ergebnisse direkt in ihre Arbeit einfließen; die schwierigen oder für das Unternehmen wichtigen Arbeiten der Informationsverdichtung bleiben den Information Professionals vorbehalten.

7.3 Business Information

Was sind Firmeninformationen (Business Information)? Wir halten uns an die Definition von Corsten (1999, 5):

> Firmeninformationen sind alle Informationen, die über eine Firma (…) zu erhalten sind, ohne diese betreten oder mit ihren Mitarbeitern gesprochen zu haben.

Digitale Business Information – nur diese interessieren uns in diesem Buch – sind Firmeninformationen, die über das WWW (in Ausnahmefällen auch über CD-ROM) zu erhalten sind.

Obgleich viele Firmeninformationen verstreut im Web vorliegen, eignen sich allgemeine Suchmaschinen nicht für die geforderten Recherchen. Angaben von Firmen selbst (wenn wir von Jahresberichten absehen) sind völlig ungeprüft, es fehlen im WWW zentral wichtige Angaben (etwa zur Bonität), und Suchmaschinen lassen nötige Formulierungen wie „alle Unternehmen einer Branche ab gewisser Umsatz- und Mitarbeiterzahlen" nicht zu. Dies ist vielmehr die Domäne professioneller Anbieter für Firmeninformationen in den vier Marktsegmenten (Stock/Stock 2001a, 2001b):

- Firmendossiers (mit Relevanz für den deutschen Informationsmarkt u. a. die Anbieter Creditreform und Hoppenstedt),
- Bonitätsinformationen (Bürgel, Creditreform und D&B),
- Produktinformationen (z. B. Kompass und Wer liefert was?),
- Adressen (AZ Direct von Bertelsmann und Schober).

7.3.1 Firmendossiers

Firmendossiers zerfallen in diverse unterschiedliche Kategorien, die in der Gesamtheit (mehr oder minder) ein zufriedenstellendes Bild des Unternehmens ergeben. **Finanzinformationen** werden optimal aus Bilanzen abgelesen. Dies sind Jahresabschlüsse mit kontenmäßiger Gegenüberstellung von Vermögensformen (Aktiva) und Vermögensquellen (Passiva), Einnahmen-/Ausgaben-Angaben und weiteren betriebswirtschaftlichen Kenndaten. Bilanzen von Unternehmen, die unter die Publikationspflicht fallen, aber auch einiger weiterer Firmen, sind über Bilanzdatenbanken lückenlos abfragbar. Je nach Land gelten andere Gesetze zur Publikationspflicht. Green (2007) unterscheidet nach Ländern mit eher protestantischer Tradition (wie beispielsweise Großbritannien), in denen viele Unternehmensdaten öffentlich zugänglich sind, und anderen Staaten mit Tendenzen zur Datenzurückhaltung. Die Zwecke der Veröffentlichung von Firmenangaben unterscheiden sich in diesen Ländergruppen (Green 2007, 91):

> *Anglo-Saxon countries* [auch Dänemark und die Niederlande, die Autoren]: to provide existing or potential shareholders with a true and fair view of the company.
>
> *Continental countries*: to provide the authorities with information for taxation and statistics and to offer a protection to the credit grantors.

In Deutschland sind Unternehmen nach dem Publizitätsgesetz veröffentlichungspflichtig, wenn zwei der drei folgenden Merkmale zutreffen (PublG § 1(1)):

- die Bilanzsumme der Jahresbilanz übersteigt 65 Mio. Euro,
- die Umsatzerlöse liegen über 130 Mio. Euro,
- das Unternehmen beschäftigt mehr als 5.000 Arbeitnehmer.

Publiziert werden die Berichte im Bundesanzeiger. In Großbritannien sind alle „limited companies" veröffentlichungspflichtig. Die Berichte werden in sog. „Company Houses" gespeichert. Für alle Unternehmen, die nicht publizitätspflichtig sind, sind Produzenten von Firmeninformationen aufgerufen, zumindest grundlegende finanzielle Angaben selbst zu recherchieren.

Obgleich Firmeninformationen auf die finanzielle Situation von Unternehmen fixiert sind, werden in Ergänzung weitere **Basisdaten** erhoben. Eckdaten sind der offizielle Unternehmensname (ggf. die Unternehmensnummer), Rechtsform, Unternehmenszweck, Anschrift, Bankverbindungen, Mitgliedschaften, Produktionsstätten und Niederlassungen usw. Hinzu kommen Informationen über die Branchen, in denen die Firma aktiv ist (indexiert durch Branchenklassifikationssysteme), Angaben zu Beteiligungen und Käufen („M&A-Daten"; Mergers & Acquisitions), Informationen zu den Eigentümern und dem Management sowie die Mitarbeiterzahlen der letzten Jahre (Stock 2001, 27).

Quellen der Firmendossiers sind bei deutschen Unternehmen neben den Jahresberichten im Bundesanzeiger freiwillig publizierte Geschäftsberichte, alle Angaben im Handelsregister und Insolvenzregister, Berichte in der Wirtschaftspresse sowie – ganz wichtig – Selbstaus-

7.3 Business Information

künfte der Betroffenen. Dossierdatenbanken für deutsche Firmen sind u. a. „Firmenwissen" von Creditreform oder die „Hoppenstedt Firmendatenbank" (Stock/Stock 2001, 28-30; Stock 2002).

Für die Datenbasis von Wirtschaftsinformationsdiensten liegen **Qualitätskriterien** vor (Stock 2001; Stock/Stock 2001a, 2001b):

- Vollständigkeit,
- Aktualität,
- Richtigkeit,
- Indexierungstiefe und -konsistenz,
- adäquate Retrievaloberfläche.

Die Vollständigkeit hat zwei Dimensionen: Zum einen geht es um die Abdeckung der aufgenommenen im Verhältnis zu allen Unternehmen eines Landes (Abdeckungsgrad), zum andern um das Bereithalten möglichst aller Daten zu einem Unternehmen (Auswertungstiefe). Angesichts der landestypischen Varianten von Publizitätspflicht und Auskunftsfreudigkeit ist der Abdeckungsgrad der Firmeninformationen sehr unterschiedlich. Die große Finanzdatenbank von Bureau van Dijk enthält beispielsweise über 2,2 Mio. Dossiers zu britischen Unternehmen, aber nur gut 800.000 zu deutschen Firmen. Aktualität meint die Reaktionsfähigkeit eines Datenbankproduzenten, auf Änderungen in den beobachteten Firmen zu reagieren. Die Reaktionsfähigkeit hängt von der Anzahl der Quellen sowie der Schnelligkeit deren Auswertung ab. Bei selten nachgefragten Firmendossiers wird erst bei Vorliegen einer konkreten Recherche der Datensatz aktualisiert. Richtigkeit ist die Übereinstimmung der Angaben in der Dokumentationseinheit mit der Wirklichkeit sowie die klare Definition dessen, was jeweils erfasst wird (beispielsweise bei der Angabe der Mitarbeiterzahl: Werden Personen, die ja auch in Teilzeit arbeiten können, oder werden Vollzeitäquivalente gezählt?). Die Indexierungstiefe und -konsistenz betrifft die Zuordnungen geeigneter Klassen zu den Unternehmensaktivitäten. Dies betrifft sowohl die verwendeten Wissensordnungen (können diese überhaupt alle Branchen und Märkte abbilden?) als auch deren Einsatz (wird jede Wirtschaftsaktivität adäquat und konsistent abgebildet?). Schnittstelle zum Kunden ist die Retrievaloberfläche. Sind dort alle Felder mit adäquaten Operatoren (etwa Boolesche Operatoren oder algebraische Operatoren bei numerischen Angaben) durchsuchbar?

Ermöglichen digitale Firmeninformationen ein „gläsernes" Unternehmen? Für Corsten (1999, 51) lautet die Antwort „nein": „Es existieren noch immer sehr viele schwarze Flecken". Bei Großunternehmen ist die Informationslage in aller Regel besser als bei mittleren oder gar kleinen Firmen. „Doch die Daten, die ein Unternehmen unbedingt verschweigen will, können selten ermittelt werden" (Corsten 1999, 51).

7.3.2 Bonitätsinformationen

Datenbanken mit Bonitätsinformationen bereichern Firmendossiers um die Angabe der Bonität des jeweiligen Unternehmens. Wir wollen an dieser Stelle den Bonitätsindex von Creditreform darstellen (Creditreform 2009). Als wichtige neue Information erhält der Nachfrager einen Kennwert, der neben den „üblichen" Finanzinformationen auch das Zahlungsverhalten der Firma berücksichtigt. Gerade bei neuen Kunden oder neuen Lieferanten bzw. bei unbeglichenen Forderungen sind Recherchen nach der Bonität des Geschäftspartners unumgänglich. Gleiches gilt bei jeder Art von Kreditgeschäften.

Der Bonitätsindex berücksichtigt sowohl qualitative als auch quantitative Risikofaktoren, die nach ihrer Relevanz gewichtet in das abschließende Maß eingehen. Folgende Faktoren finden Berücksichtigung (in Klammern die Gewichtung in Prozent):

- Subjektives Krediturteil (25%),
- Zahlungsweise (20%),
- Unternehmensentwicklung (8%),
- Auftragslage (7%),
- Rechtsform (4%),
- Branche (4%),
- Unternehmensalter (4%),
- Umsatz pro Mitarbeiter (4%),
- Eigenkapital (4%),
- Kapitalumschlag (4%),
- Zahlungsverhalten des Unternehmens (4%),
- Zahlungsverhalten der Kunden (4%),
- Gesellschafterstruktur (4%),
- Umsatz (2%),
- Anzahl der Mitarbeiter (2%).

Die wichtigen Angaben zur Zahlungsweise erhält Creditreform aus der Debitorenbuchhaltung gewisser Mitgliedsunternehmen. Die Datenlage ist keineswegs vollständig, sondern allenfalls eine (mehr oder minder sinnvolle) Stichprobe. Zu beachten ist auch, dass das Branchenrisiko – das die konkrete Lage des jeweiligen Unternehmens ja gar nicht betrachtet – mit in den Score eingeht. Als Summe aller gewichteten Risikofaktoren ergibt sich ein Wert zwischen 100 und 600. Denkt man sich hinter der ersten Stelle ein Komma, so sehen wir eine Schulnotenskala. Der Bonitätsindex korreliert mit der Ausfallwahrscheinlichkeit eines Unternehmens. Bei einem Indexwert von 100 bis 149 liegt die Ausfallwahrscheinlichkeit (innerhalb eines Jahres; alle Zahlen für das Jahr 2008) bei 0,09%, eine mittlere Bonität von 251 bis 300 deutet auf 1,36% Ausfall hin, und eine sehr schwache Bonität (351-499) birgt ein Ausfallrisiko von über 13%. Das durchschnittliche Ausfallrisiko betrug in Deutschland im Jahr 2008 2,22% (Creditreform 2009).

Bonitätsinformationen zu deutschen Unternehmen bieten außer Creditreform die Informationsproduzenten Bürgel und D&B an (Stock/Stock 2001a, 26-28).

7.3.3 Produktinformationen

Einige Datenbanken weisen für die abgebildeten Unternehmen deren Produkte detailliert auf. In aller Regel geht es um B-to-B-Produkte und nicht um Waren auf Endkundenmärkten. Da Produktdatenbanken stets auch über die anbietenden Firmen unterrichten, sind sie gleichsam auch Träger allgemeiner Firmeninformationen.

Das Abgrenzungskriterium von Produktinformationsdiensten zu den anderen Firmeninformationen ist das Vorliegen einer spezifischen Wissensordnung von Produktgruppen und einzelnen Produkten. Das Klassifikationssystem des Informationsdienstes Kompass arbeitet mit drei Hierarchieebenen. Auf der obersten Ebene sind (in zweistelliger Kodierung) die Branchen zu finden (z. B. 44 für *Maschinen und Anlagen für die Zellstoff-, Papier- und Druckindustrie; Büromaschinen und Anlagen für die elektronische Datenverarbeitung*), die mittlere Ebene ordnet die Produktgruppen (dreistellig) in die Branchen ein (44141 für *Druckmaschinen und Zubehör / Teil 2*) und Ebene 3 verzeichnet (wiederum zweistellig) die einzelnen Produkte (4414151 für *Zylinder für Druckmaschinen*). Zusätzlich kann der Nutzer bei Kompass auf der Produktgruppenebene nach Importeur (I) und Exporteur (E) sowie auf der Produktebene nach Produzenten (P), Vertriebsunternehmen (D) und Servicedienstleistern (S) recherchieren. Gerade bei Produktsuchen ist es wichtig, Produzenten eines Wirtschaftsgutes von deren Händlern und Servicefirmen zu unterscheiden.

Die Richtigkeit der Angaben wird bei Kompass neben den auch hier bedeutenden Selbstauskünften der Firmen durch Nachrecherchen in diversen Quellen soweit wie möglich sichergestellt. Anbieter von Produktinformationen sind neben Kompass die Sachon Industriedaten sowie „Wer liefert was?" (Stock/Stock 2001a, 30-32).

7.3.4 Adressen

Bei der Nutzung von Adressdatenbanken sind auf Kundenseite vorwiegend Marketingaktionen geplant. Für eine Mailingaktion benötigt man Privat- oder Firmenadressen, bei letzterem möglichst zielgenau mit dem passenden Ansprechpartner. Hierzu kann man entweder die Informationsdienste mit Firmendossiers (etwa die Hoppenstedt Firmendatenbank oder Firmenwissen von Creditreform) oder die jeweiligen Marketingableitungen aus diesen Datenbanken benutzen (beispielsweise das Produkt MARKUS von Bureau van Dijk auf der Basis von Daten der Creditreform). Marketingdatenbanken haben gegenüber „einfachen" Adressdatenbanken den Vorteil, dass sie analytische Werkzeuge für die Datenaufbereitung (wie beispielweise die geographische Verbreitung der Kundenadressen als Landkartendarstellung) und damit Rohmaterial für die Marktforschung mitliefern.

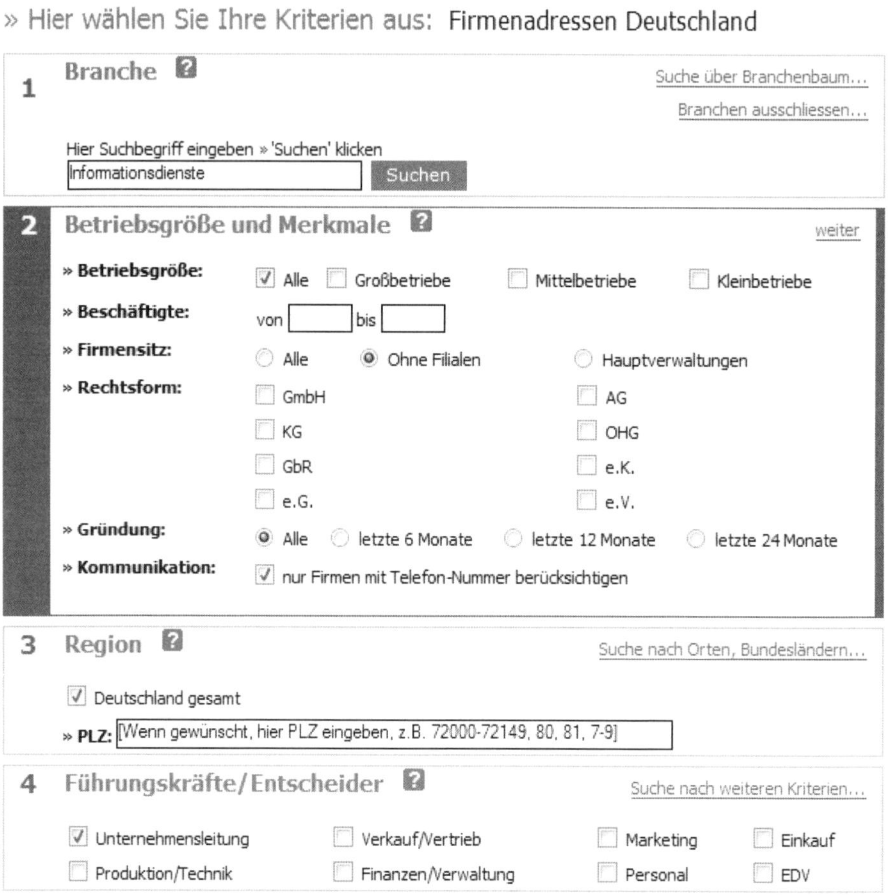

Abbildung 7.2: Suche nach Adressen bei Schober. Quelle: Schober.

Adressdatenbanken wie AZ Direct von Bertelsmann Arvato oder Schober (Stock/Stock 2001a, 32-33) lassen Suchen nach Branchen (aber nicht nach Produkten), Regionen, Betriebsgrößen und -formen und Management zu (Abbildung 7.2). In den Anwendungen wichtig sind die Schnittstellen von den Rechercheergebnissen – beispielsweise über die Comma Separated Values (CSV) – zu Office-Anwendungen, um dort direkt in Serienbriefe eingebettet werden zu können.

7.4 Market Data

Markt- und Branchendokumente in Textform findet man bei Anbietern von „Market Intelligence Reports". Profound bietet Berichte u. a. von Frost and Sullivan oder Datamonitor an, die entweder als komplettes Dokument oder auch kapitelweise bzw. je Tabelle angeboten werden. In diesen Berichten finden sich aufbereitete Daten der Sekundärforschung sowie von Datenproduzenten erhobene eigene Daten (Primärforschung). Es gibt zudem Informationsprodukte zum Marketing (beispielsweise die Datenbank FAKT; Stock 2000, 208ff.), die spezifische Rangordnungen (etwa die Top 20 Werbespots im Fernsehen nach Branchen) oder auch Zeitreihen (beispielsweise die Entwicklung der Beschäftigtenzahl deutscher Chemieunternehmen 1994-2008) aus der Fachliteratur heraustrennen und separat am Informationsmarkt anbieten.

Möchte ein Kunde nicht auf bereits bearbeitete Daten zugreifen, steht er vor der Aufgabe, sich die einschlägigen numerischen Informationen aus digitalen Informationsdiensten beschaffen zu müssen. Wir unterscheiden hier nach (allgemeinen) Struktur-, Markt- und Branchendaten, numerischen Informationen zu einzelnen Unternehmen (Börseninformationen) und nach Zeitreihen für Produkte, Branchen und Kennwerte der volkswirtschaftlichen Gesamtrechnung, wie sie die amtliche Statistik, aber auch Forschungsinstitute bereithalten.

7.4.1 Struktur-, Markt- und Branchendaten

Als Beispiel für grundlegende Struktur-, Markt- und Branchendaten, die das Marketing bei der Arbeit benötigt, skizzieren wir die Informationsprodukte von GfK GeoMarketing. Die GfK (früher „Gesellschaft für Konsumforschung") ist eines der weltweit größten Marktforschungsunternehmen. Informationsprodukte sind u. a. Daten zur Kaufkraft und zur Bevölkerungsstruktur in Deutschland.

Informationen zur Kaufkraft bzw. der Einzelhandelsumsätze der Regionen bzw. Gemeinden sind ein Hilfsmittel für Unternehmen bei deren Standortplanung sowie bei der Leistungsbewertung des Außendienstes. Die Datenbanken zu den Kaufkraftkennziffern sind nach den deutschen Regionen und den Postleitgebieten sortiert. Sie stellen einen Indikator auf die wirtschaftliche Attraktivität eines Standortes dar. Die einzelnen Datenbanken erfassen jeweils unterschiedliche Aspekte der Kaufkraft:

- einzelhandelsrelevante Kaufkraft (nachfrageorientierter Teil der Kaufkraft),
- Point-of-sales-Umsätze für den Einzelhandel.

Unser Beispiel in Abbildung 7.3 ist das Resultat einer Suche nach der einzelhandelsrelevanten Kaufkraft der Gemeinde Wandlitz in Brandenburg, recherchiert beim Informationsanbieter GENIOS. Wir erhalten numerische Informationen zu Einwohner- und Haushaltszahlen, deren Kaufkraft (Absolut- und Relativwerte) und zu Indexwerten (wobei der Durchschnitt aller deutschen Einwohner auf 100 festgesetzt worden ist).

Ebene Gemeinde

Gemeinde/Gebiet Wandlitz

Gebietsschlüssel 12060269

Stand (Jahr): 2008

Einwohner:	20760
Einwohner in Promille:	0,252
Haushalte:	9441
Haushalte in Promille:	0,241
EH-Kaufkraftsumme in Mio. EUR:	109,6
EH-Kaufkraft in Promille:	0,238
EH-Kaufkraft je Einwohner:	5279
EH-Kaufkraftindex pro Einwohner:	94,2

GfK Einzelhandelsrelevante Kaufkraft nach Verwaltungseinheiten
8600, GKER, 06.02.2009, Words: 1, NO: 12060269

Abbildung 7.3: Daten der einzelhandelsrelevanten Kaufkraft gemäß GfK. Quelle: GENIOS / GfK GeoMarketing.

Umfassende Basisinformationen zur Bevölkerung einzelner Gebiete unter besonderer Berücksichtigung der Haushaltsgrößen, des Alters der Haushalts„vorstände", deren Status bzw. Nettoeinkommen sowie der Gebäude in der Region verspricht die GfK-Bevölkerungsstrukturdatenbank. Abbildung 7.4 verdeutlicht die Vielfalt der Daten wiederum anhand der Gemeinde Wandlitz.

Gebietsschlüssel 12060269   Gebiet Wandlitz
Bevölkerung: 20.760
Bevölkerung, Promille: 0,252
Haushalte (1.1.2006): 9.441
durchschnittliche Haushaltsgröße: 2,20
Singlehaushalte absolut: 3.128
Singlehaushalte Anteilswert: 33,13
Singlehaushalte Index: 86,7
Mehrpersonenhaushalte ohne Kinder absolut: 3.096
Mehrpersonenhaushalte ohne Kinder Anteilswert: 32,79
Mehrpersonenhaushalte ohne Kinder Index: 107,1
Mehrpersonenhaushalte mit Kindern absolut: 3.217

7.4 Market Data

Mehrpersonenhaushalte mit Kindern Anteilswert: 34,07
Mehrpersonenhaushalte mit Kindern Index: 109,3
Ausländer-Haushalte absolut: 116
Ausländer-Haushalte Anteilswert: 1,23
Ausländer-Haushalte Index: 15,4
Alter des Haushaltsvorstandes unter 30 absolut: 1.086
Alter des Haushaltsvorstandes unter 30 Anteilswert: 11,50
Alter des Haushaltsvorstandes unter 30 Index: 100,2
Alter des Haushaltsvorstandes 30 unter 40 absolut: 1.458
Alter des Haushaltsvorstandes 30 unter 40 Anteilswert: 15,44
Alter des Haushaltsvorstandes 30 unter 40 Index: 88,4
Alter des Haushaltsvorstandes 40 unter 50 absolut: 2.750
Alter des Haushaltsvorstandes 40 unter 50 Anteilswert: 29,13
Alter des Haushaltsvorstandes 40 unter 50 Index: 137,0
Alter des Haushaltsvorstandes 50 unter 60 absolut: 2.248
Alter des Haushaltsvorstandes 50 unter 60 Anteilswert: 23,81
Alter des Haushaltsvorstandes 50 unter 60 Index: 142,9
Anteil Alter des Haushaltsvorstandes 60 Jahre und älter absolut: 1.899
Anteil Alter des Haushaltsvorstandes 60 Jahre und älter Anteilswert: 20,11
Anteil Alter des Haushaltsvorstandes 60 Jahre und älter Index: 60,7
Durchschnittliches Alter des Haushaltvorstandes: 48,91
Status niedrig: HH-Nettoeinkommen bis unter 1.100 EUR absolut: 585
Status niedrig: HH-Nettoeinkommen bis unter 1.100 EUR Anteilswert: 6,20
Status niedrig: HH-Nettoeinkommen bis unter 1.100 EUR Index: 44,1
Status mittel: HH-Nettoeinkommen 1.100 bis unter 1.500 EUR absolut: 647
Status mittel: HH-Nettoeinkommen 1.100 bis unter 1.500 EUR: Anteilswert: 6,85
HH-Nettoeinkommen 1.100 bis unter 1.500 EUR Index: 56,2
Status mittel: HH-Nettoeinkommen 1.500 bis unter 2.000 EUR absolut: 1.009
Status mittel HH-Nettoeinkommen 1.500 bis unter 2.000 EUR Anteilswert: 10,69
Status mittel: HH-Nettoeinkommen 1.500 bis unter 2.000 EUR Index: 79,5
Status mittel: HH-Nettoeinkommen 2.000 bis unter 2.500 EUR absolut: 1.609
Status mittel: HH-Nettoeinkommen 2.000 bis unter 2.500 EUR Anteilswert: 17,04
Status mittel: HH-Nettoeinkommen 2.000 bis unter 2.500 EUR Index: 115,3
Status hoch HH-Nettoeinkommen 2.600 Euro bis unter 4000 Euro absolut: 4.158
Status hoch: HH-Nettoeinkommen 2.600 Euro bis unter 4000 Euro Anteilswert: 44,04
Status hoch: HH-Nettoeinkommen 2.600 Euro bis unter 4000 Euro Index: 175,6
Wohngebäude insgesamt: 6.542
Mixhäuser Gewerbe/Privat: 59
Gewerbehäuser: 235
Anteil der 1 bis 2 Familienhäuser absolut: 6.119
Anteil der 1 bis 2 Familienhäuser Anteilswert: 93,53
Anteil der 1 bis 2 Familienhäuser Index: 113,0
Anteil der 3 bis 6 Familienhäuser absolut: 324
Anteil der 3 bis 6 Familienhäuser Anteilswert: 4,95
Anteil der 3 bis 6 Familienhäuser Index: 44,5

Anteil der 7 und mehr Familienhäuser absolut: 97
Anteil der 7 und mehr Familienhäuser Anteilswert: 1,48
Anteil der 7 und mehr Familienhäuser Index: 26,5
20 und mehr Familienhäuser - absolut: 2
20 und mehr Familienhäuser - Anteilswert: 0,03
GfK-Bevölkerungsstrukturdaten nach Verwaltungseinheiten
8600, GKBR, 26.02.2009, Words: 358, NO: 12060269

Abbildung 7.4: Bevölkerungsstrukturdaten der GfK. Quelle: GENIOS / GfK GeoMarketing.

Die einzelnen numerischen Informationen (zu Singlehaushalten, Mehrpersonenhaushalten mit und ohne Kindern, Ausländerhaushalten usw.) enthalten sowohl Absolutwerte (beispielsweise gibt es in Wandlitz 3.128 Singlehaushalte), Relativwerte (33,13% aller Haushalte in Wandlitz sind Singlehaushalte) als auch Indexwerte, bezogen auf den deutschen Durchschnitt (mit einem Indexwert von 86,7 gibt es in Wandlitz deutlich weniger Singlehaushalte als in einer durchschnittlichen deutschen Gemeinde).

7.4.2 Börseninformationen

Kursinformationen zu börsennotierten Firmen gibt es entweder (etwa beim kommerziellen Anbieter Bloomberg) mit einer Vielzahl von Börsen oder – und dann kostenlos – bei Web-Suchmaschinen (James 2009a, 2009b, 2009c). Die Daten sind sowohl historisch orientiert (Kursverläufe der letzten Jahre) als auch real-time, d. h. sie werden direkt aus dem Börsensystem heraus publiziert. In der Regel versorgen die Anbieter ihre Kunden zusätzlich mit aktuellen Nachrichten und Analystenberichten zum Unternehmen. Ein Portfolio-Tracker, wie ihn beispielsweise Bloomberg anbietet, arbeitet als Alert-Dienst zu allen Unternehmen, die man überwachen möchte.

7.4.3 Zeitreihen

Zeitreihen sind Sammlungen numerischer Werte, geordnet nach der Zeit. So lässt sich zum Beispiel die Zahl der Arbeitslosen in Deutschland zwischen 1960 und 2010 als Zeitreihe mit den jeweiligen jährlichen Durchschnittswerten angeben. Im Wirtschaftsbereich werden die Basiszahlen für die Zeitreihen sowohl durch die amtliche Statistik als auch durch Wirtschaftsforschungsinstitute erhoben. Die amtliche Statistik beruft sich auf ihren Gesetzesauftrag; die Befragten *müssen* Auskunft geben. Die anderen Befragungen sind freiwillig, hier liegen die Rücklaufquoten in der Regel unter 100%.

Die Werte der Zeitreihen lassen sich zu unterschiedlichen Aggregationsniveaus verdichten, insofern Werte aus Teilaggregaten zu Ganzheiten zusammengefasst werden. Ein solches Teilaggregat kann etwa das Volumen des Exports von Etikettiermaschinen von Deutschland nach Japan sein, ein übergeordnetes Aggregat wäre der Export dieser Maschinen aus allen

7.4 Market Data

EU-Staaten nach Japan oder der Export aller Maschinenbauerzeugnisse von Deutschland nach Japan.

Zeitreihen haben unterschiedliche Periodizität. Variablen können täglich, monatlich, quartalsweise oder jährlich erhoben werden. Von der feineren Erfassung kann man durch Berechnungen zur gröberen gelangen; umgekehrt geht dies natürlich nicht. In der Regel haben wirtschaftlich orientierte Zeitreihen drei inhaltliche Aspekte:

- Region,
- Branche oder Produkt,
- Indikator.

Unser obiges Beispiel bezieht sich demnach auf die Regionen Deutschland und Japan, auf das Produkt Etikettiermaschine und auf den Indikator Exportvolumen.

Zeitreihen weisen entweder absolute Zahlen (Beispiel: Einkommen eines durchschnittlichen deutschen Haushaltes pro Monat in den Jahren 1990 bis 2010, angegeben in EURO des Jahres 2008) oder Indexwerte aus (hier wird ein Wert auf 100 normiert und alle anderen darauf bezogen). Zum Teil lassen sich bei Zeitreihen saisonale Einflüsse zeigen, die im Jahresrhythmus wiederkehren. Durch statistische Verfahren können solche Verzerrungen herausgerechnet werden. Die entstehenden Zeitreihen weisen dann saisonbereinigte Werte aus.

Bei der Recherche nach Zeitreihen ist der Informationsbedarf auf die Möglichkeiten dieser Informationssammlungen abzustimmen: Um welche Region(en), Branche(n), Indikator(en) handelt es sich? Welches Aggregationsniveau ist gewünscht? Welche Periodizität wird gefordert? Absolut- oder Indexwerte? Saisonbereinigung erforderlich? Das Spektrum der Zeitreiheninformationen ist vielfältig. Es reicht von Detailinformationen (beispielsweise die Erzeugerpreise für Milch) bis zu hochaggregierten makroökonomischen Daten (Bruttoinlandsprodukt Deutschlands).

Wir wollen uns die Konstruktion einer Zeitreihe genauer ansehen. Es handelt sich hierbei um einen Konjunkturindikator für die deutsche Wirtschaft, erhoben vom ifo Institut für Wirtschaftsforschung in München: das sogenannte „Geschäftsklima" (Goldrian, Hrsg. 2004). Das Beispiel soll zeigen, dass eine Zeitreihe diverse Voraussetzungen bei Definition, Erhebung und Berechnung hat, dass also umfassendes Vorwissen bei deren Interpretation oder Weiterverarbeitung unbedingt erforderlich ist. Dieser Hinweis ist auch als Warnung zu verstehen, unkritisch an Informationen aus Zeitreihen heranzugehen.

Der ifo Geschäftsklima-Index ist ein Frühindikator für die konjunkturelle Entwicklung Deutschlands. Im Gegensatz zu den „harten" Konjunkturindikatoren, wie sie etwa vom Statistischen Bundesamt erhoben werden (Beispiel: Produktionsvolumen von Branchen), handelt es sich hier um einen „weichen" Indikator, der auf persönlichen Meinungen aufbaut und demnach eine Stimmungsvariable repräsentiert.

Eingebettet sind die Fragen zur Konjunktur in den monatlich durchgeführten ifo Konjunkturtest. Diese Befragung verfolgt seit ihrem Beginn (1949) zwei Ziele. Das ifo Institut möchte erstens von den deutschen Unternehmen Informationen über deren Einschätzung der konjunkturellen Lage und Entwicklung auf ihren Märkten erhalten. Dafür bekommen zweitens die Unternehmen Informationen über die Entwicklung auf ihren Märkten (derzeit über rund 500 Produktgruppen). Dieses gleichzeitige Nehmen und (zum Teil exklusive) Geben von Informationen erklärt die hohe Bereitschaft der Unternehmen, regelmäßig an den Befragungen teilzunehmen. Rund 7.000 Unternehmen in Deutschland werden befragt; kommt der ausgefüllte Fragebogen nicht rechtzeitig zurück, wird telefonisch nachgehakt. Nicht alle Wirtschaftsbereiche sind durch den ifo Konjunkturtest abgedeckt. Erhoben werden die Einschätzungen in der Industrie, in der Bauwirtschaft und im Groß- und Einzelhandel. Landwirtschaft und weite Bereiche des tertiären Sektors sind demnach nicht vertreten.

Die Einschätzung der Wirtschaftskonjunktur kann möglicherweise von kurzfristigen störenden Einflüssen verzerrt sein. Die Teilnehmer bemühen sich daher, saisonale Schwankungen ebenso wie irregulär hohe oder niedrige Ergebnisse nicht auf ihre Bewertungen durchschlagen zu lassen. Die Urteile geben „deshalb zuverlässiger als andere Indikatoren monatlich Auskunft über den augenblicklichen Stand der Konjunktur und die aktuelle Entwicklungsrichtung" (Lindlbauer 1989, 123). Der Fragebogen ist so konzipiert, dass der Zeitaufwand für das Ausfüllen so gering wie möglich gehalten wird. Um dies zu garantieren, „werden

> lediglich Größen abgefragt, über die die Geschäftsleitung ohnehin laufend unterrichtet sein muss;
>
> die möglichen Antworten – meist drei – bereits vorgegeben, die richtige ist nur noch anzukreuzen;
>
> die Fragebögen so kurz wie möglich gehalten, meist genügt eine DIN A4-Seite" (Lindlbauer 1989, 125).

Gefragt wird u. a. nach der Geschäftslage (gut / befriedigend (saisonüblich) / schlecht) und nach Plänen und Erwartungen (eher günstiger / etwa gleich bleibend / eher ungünstiger). Die Einzelmeldungen der Unternehmen werden aufbereitet. Den Angaben wird in Abhängigkeit von der Unternehmensgröße ein unterschiedliches Gewicht zugeordnet. Die Einzelangaben eines Unternehmens werden mit einem unternehmensspezifischen Wert multipliziert, wobei der Multiplikator in Abhängigkeit von der Branche und der Beschäftigtengrößenklasse der Firma festgelegt ist. Folgendes Beispiel soll das Vorgehen verdeutlichen (vgl. Lindlbauer 1989, 126):

Betrieb	Meldung	Gewicht	Verteilung der gewichteten Antworten		
			gut	befriedigend	schlecht
A	befriedigend	6		6	
B	gut	9	9		
C	gut	3	3		
D	schlecht	2			2
Summe:		20	12	6	2
Prozent:		100%	60%	30%	10%

Vier Unternehmen unterschiedlicher Größenklassen haben Meldungen abgegeben. Eine Firma (A) meldet „befriedigend", für zwei Unternehmen (B und C) ist der Wert „gut" für die Einschätzung bezeichnend, und ein Unternehmen (D) meldet „schlecht". Durch die unterschiedlichen Betriebsgrößen hat der Wert „gut" beim (großen) Unternehmen B ein weitaus höheres Gewicht als der Wert „schlecht" bei der (kleinen) Firma D.

Bei der Aggregation zu Produktgruppen, zu Branchen und so weiter bis hin zu den beiden umfassenden Geschäftsklima-Indikatoren für die deutsche Wirtschaft werden Salden berechnet. Nicht in die Berechnung gehen die mittleren Werte ein, also „befriedigend" bei der derzeitigen Geschäftsbeurteilung bzw. „eher gleich" bei den künftigen Geschäftserwartungen. Solche Meldungen gelten als „neutral" und beeinflussen das Ergebnis der Lageeinschätzung nicht. Die beiden anderen Werte werden addiert. Dabei erhält der (bereits gewichtete) Prozentwert bei „gut" bzw. „eher günstiger" ein positives Vorzeichen und der Prozentwert bei „schlecht" bzw. „eher ungünstiger" ein negatives. In unserem Beispiel ergibt sich +60 – 10 = +50.

Das ifo Geschäftsklima besteht aus den beiden Komponenten der Einschätzung der gegenwärtigen Geschäftslage und der Einschätzung der Geschäftslage im Laufe des nächsten halben Jahres. Aus beiden Salden wird das geometrische Mittel berechnet, es werden also die beiden Saldenwerte multipliziert und aus dem Produkt die Quadratwurzel gezogen. Die beiden Komponenten des Geschäftsklimas sowie auch das geometrische Mittel können zwischen den Extremwerten +100 und -100 schwanken. +100 wird erreicht, wenn jeweils alle Befragten positiv votieren; -100, wenn alle die Geschäftslage negativ einschätzen.

Es gilt, ein Spezialproblem zu benennen. Da es nicht möglich ist, eine Wurzel aus einer negativen Zahl zu ziehen, addiert man zu beiden Saldenwerten die Konstante 200 und zieht die 200 vom Ergebnis wieder ab. Damit kann man nun zwar problemlos rechnen, kommt aber mit der Intuition in Konflikt. Wenn etwa die beiden Saldenwerte +50 und -50 sind, erwartet man als Mittelwert 0, ebenso bei +100 und -100. Es ergeben sich aber -6 (bei +50/-50) bzw. -27 (bei +100/-100). Das geometrische Mittel weicht umso mehr vom arithmetischen Mittel ab, je mehr sich die beiden Salden unterscheiden.

Der Rechenweg bei +50/-50 lautet:

(1)   +50 + 200 = 250

(2)   -50 + 200 = 150

(3)   250 * 150 = 37.500

(4) $(37.500)^{1/2} \approx 194$

(5)   194 - 200 = -6.

Es zeigt sich, dass die ifo Konjunkurindikatoren gegenüber der amtlichen Statistik einen Vorlauf von einigen Monaten haben können, so dass sie sich – bedingt – als Basis für Prognosen eignen (Vogt 2007).

Tabellenaufbau

61211-0005 Erzeugerpreisindizes landwirtschaftlicher Produkte:
Deutschland, Monate, Messzahlen mit/ohne Umsatzsteuer,
Landwirtschaftliche Produkte (Unterpositionen)

Wenn Sie keine Auswahl treffen möchten, können Sie den Werteabruf direkt starten.

Position	Code	Inhalt	Ausprägungen
☐	61211	Index der Erzeugerpreise landwirtschaftl. Produkte	
☐	DINSG	Deutschland insgesamt	
☐	PRE018	Erzeugerpreisindizes landwirtschaftlicher Produkte	
☐	JAHR	Jahr (3)	Zeit auswählen
☐	MONAT	Monate (4 von 12)	auswählen
☐	STEMW1	└ Messzahlen mit/ohne Umsatzsteuer (1 von 2)	auswählen
☐	PROAT5	Landwirtschaftliche Produkte (Unterpositionen) (1 von 117)	auswählen

Abbildung 7.5: Zeitreihenrecherche: Suche nach den Erzeugerpreisindices für Milch in Deutschland. Quelle: GENESIS Online.

Die „harten" Daten der amtlichen Statistik sind für Deutschland online über die GENESIS-Datenbank des Statistischen Bundesamtes zu recherchieren. Die Suche orientiert sich an den Tabellen (bzw. deren Überschriften). In einem zweiten Schritt werden die Werteinstellungen (etwa für Jahres- oder Monatswerte) festgelegt (Abbildung 7.5). Die abgefragten Werte werden in Tabellenform (Abbildung 7.6) angezeigt. Eine lokale Speicherung der Rechercheergebnisse zur Weiterverarbeitung ist in unterschiedlichen Formaten (als Excel-Tabelle, im HTML-Format oder als CSV) möglich.

▪ Tabelle

Erzeugerpreisindizes landwirtschaftlicher Produkte:
Deutschland, Monate, Messzahlen mit/ohne Umsatzsteuer,
Landwirtschaftliche Produkte (Unterpositionen)

Index der Erzeugerpreise landwirtschaftl. Produkte
Deutschland
Erzeugerpreisindizes landwirtschaftlicher Produkte   (2000=100)

Landwirtschaftliche Produkte (Unterpositionen)	Januar	April	Juli	Oktober
	Indizes einschließlich Umsatzsteuer	Indizes einschließlich Umsatzsteuer	Indizes einschließlich Umsatzsteuer	Indizes einschließlich Umsatzsteuer
2007				
Milch	93,7	94,0	111,2	139,7
2008				
Milch	133,2	113,9	114,6	108,7
2009				
Milch	87,6	78,3	74,5	83,9

Abbildung 7.6: Zeitreihenanzeige: Erzeugerpreisindices für Milch in Deutschland. Quelle: GENESIS Online.

7.5 News

Presseinformationen umfassen alle Artikel in Tages- und Wochenzeitungen, Publikumszeitschriften, Wirtschaftszeitungen, Branchennewsblättern sowie – publiziert in Echtzeit und gespeichert in Archivdatenbanken – Meldungen der Presseagenturen. Wichtig sind u. U. auch die von der jeweiligen Institution selbst initiierten Pressemeldungen, ungeachtet der Tatsache, ob ein Presseerzeugnis diese nachgedruckt hat oder nicht. Einige Rundfunkanstalten bieten Mitschriften einiger ihrer Hörfunk- und Fernsehsendungen an, so dass auch diese recherchiert werden können.

Wir unterscheiden bei den News zwischen drei Informationsprodukten:

- Pressemeldungen,
- Pressespiegel,
- Medienresonanzanalysen.

7.5.1 Pressemeldungen

Bei den digitalen Produkten zu Pressemeldungen lassen sich zwei Ansätze unterscheiden. Der eine, eingesetzt bei Google News, arbeitet mit dem Konzept der **Themenentdeckung und -verfolgung** (IR, Kap. 25). In einem Pool ausgewählter digitaler Quellen werden – soweit vorhanden – neue Themen entdeckt und die dazu gehörigen Artikel zu einer Dokumentationseinheit zusammengefasst. Der Quellenpool umfasst hauptsächlich digitale Ausgaben von Zeitungen sowie einige Blogs. Der Nutzer sucht stets im Volltext der Artikel, Sortierkriterien sind Relevanz (wie sonst auch bei Google üblich) und Datum. Google News bietet einen Alertdienst an, der gestattet, ein selbst gewähltes Thema ständig zu überwachen.

Der zweite Ansatz, wie er beispielsweise bei Factiva oder LexisNexis verfolgt wird, setzt auf eine (vornehmlich automatische) **Indexierung** aller Artikel mittels eines facettierten Thesaurus' (Factiva; WR, 368-372) oder eines Klassifikationssystems (Nexis; Stock/Stock 2005). Der Nutzer findet damit ein kontrolliertes Vokabular zu Unternehmen, Branchen, Geographica und Sachthemen in „seiner" Sprache vor (WR, 280f.), mit dem er alle Dokumente – egal, in welchen Sprachen diese verfasst sind – recherchieren kann (Abbildung 7.7). Neben allen Top-Wirtschaftszeitungen der Welt (darunter etwa auch das *Wall Street Journal*), wichtigen Agenturen (wie Dow Jones und Reuters) werden bei Factiva insgesamt rund 28.000 Quellen ausgewertet. Alerts sind genauso selbstverständlich wie das Einbinden von Factiva-Datensätzen in betriebliche Wissensmanagementsysteme (Stock/Stock 2003a). In der Regel umfasst die Dokumentationseinheit nur den Fließtext der Artikel der ursprünglichen Printversionen. Alle Abbildungen werden entfernt (und mitunter in einer separaten Datenbank gespeichert), das Layout und die Platzierung innerhalb der Zeitung sind nicht mehr ersichtlich. Einige Anbieter (darunter GENIOS für einige seiner Quellen; Stock/Stock 2003b) gehen dazu über, zusätzlich ein PDF der ursprünglichen Seiten oder doch zumindest des betreffenden Ausschnittes (so die *New York Times*) bereitzuhalten. Vollständigkeit darf man weder bei Google News noch bei den kommerziellen Informationsanbietern erwarten (Weaver/Bimber 2008).

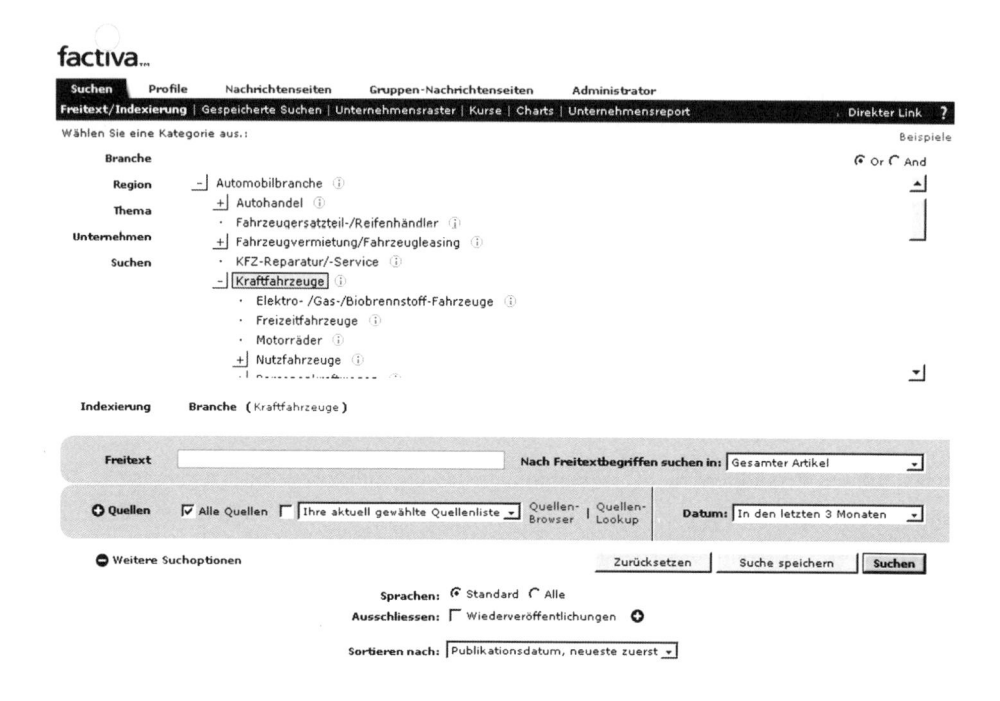

Abbildung 7.7: Suchoberfläche bei der Pressedatenbank Factiva. Quelle: Stock/Stock 2003a.

7.5.2 Medienbeobachtung: Pressespiegel und Medienresonanzanalysen

Ein **Pressespiegel** ist eine periodische Zusammenstellung von Zeitungsartikeln zu einem Thema, häufig zum eigenen Unternehmen, seinen Produkten und seinen Wettbewerbern. Pressespiegel werden entweder im betreffenden Unternehmen selbst erstellt oder bei einem Dienstleister in Auftrag gegeben. Basis für Recherchen in deutschen Zeitungen ist die Datenbank der PMG (Presse Monitor GmbH), die über (Anfang 2010) 568 der 627 deutschen Zeitungen digital verfügt und auch die Rechte hält, Pressespiegel zu lizenzieren. In einer einfachen Variante werden die Artikel, die etwas zum Thema aussagen, aus der digitalen Version ausgedruckt. Elaboriertere Varianten verfügen über nutzerfreundlichere Optionen:

- Die Artikel werden zwar über PMG recherchiert, aber aus der Originalzeitung digital ausgeschnitten, so dass das Layout des Beitrags erhalten bleibt.

- Möchte man den Pressespiegel sehr früh (etwa arbeitstäglich gegen 8h) herausbringen, so muss – ggf. schon am Vorabend – mit intellektuellen Recherchen (Durchblättern von Zeitungen) begonnen werden. Ergänzend wirkt die Suche via PMG.

Die einzelnen Presseclippings geben auch die Basis für **Medienresonanzanalysen** ab (Raupp/Vogelsang 2009). Ziel ist eine Informationsverdichtung der Pressespiegel zum Thema im Zeitablauf. Die Pressepräsenz wird in Präsenzreports dokumentiert. Errechnet werden die Präsenzanteile des Themas in einem gegebenen Zeitraum relativ zu allen Publikationen sowie die Verteilung der Artikel u. a. nach der Position auf der Seite (entsprechend der Blickorientierung), nach Rubriken, der Region, der journalistischen Darstellungsform und des Sentiments (positiv, neutral, negativ). Der Nutzer erhält zusätzlich Informationen über die Höhe der Auflage der Zeitungen, die sein Thema besprechen, und kann damit die Reichweite der Information abschätzen. Dienstleister der Medienbeobachtung beschränken sich in aller Regel nicht auf Pressemeldungen, sondern berücksichtigen auch Beiträge in Web-2.0-Diensten (vor allem in Weblogs und Bewertungsdiensten).

7.6 Preisstrategien der Anbieter

Die Informationsanbieter verfolgen drei Preisstrategien, (1.) das kostenlose Angebot, (2.) Abonnements und (3.) Einzelverkäufe von Dokumentationseinheiten („pay as you go").

Marktdaten wie Börsenkurse werden, abgesehen von kostenlosen Diensten wie Google Finance, normalerweise als Abonnement vertrieben (Ainsworth 2009, 86). Berechnet werden die Anzahl der Mitarbeiter mit Zugriffsberechtigung (teilweise mit gleichzeitiger Zugriffsberechtigung) und die Zeit, also etwa für fünf Arbeitsplätze pro Jahr oder pro Monat. Insofern Zeitreihen von amtlichen Stellen wie dem Statistischen Bundesamt angeboten werden, kann der Kunde darauf kostenlos zugreifen.

Dienste der Medienbeobachtung arbeiten grundsätzlich nach dem Abonnementsmodell. Bei den Business Informationen gibt es kaum kostenlose Dienste. Hier dominieren professionelle Spezialanbieter mit Preismodellen des Abonnements und des Pay as you go. Mitunter findet man abgespeckte Versionen von Datenbanken (mit weitaus weniger Suchoptionen oder mit weniger Anzeigefeldern), quasi als „Appetithäppchen" kostenlos im Web – so beispielsweise bei der Hoppenstedt Firmendatenbank (Stock 2002, 23).

Beim Pay as you go-Verkauf ist die Preisspanne pro Dokument sehr groß. Zeitungsartikel liegen (Anfang 2010 beim Anbieter GENIOS) zwischen € 2,38 (z. B. für einen Artikel der *Rheinischen Post*) und € 3,87 (*F.A.Z.*-Artikel). Die Kaufkraft- und Strukturdaten der GfK werden für rund € 10 pro Datensatz angeboten. Ein kompletter Marktforschungsbericht bei MarketResearch.com's Profound kann durchaus bei mehreren tausend Euro liegen, obwohl die meisten Kunden keine ganzen Reports erwerben, sondern nur einzelne Kapitel. (Bei Profound wird in der Regel pro Jahr ein bestimmter Betrag vorausgezahlt, von dem die einzelnen Käufe abgezogen werden; Nutting 2009.) Ein Firmendossier (von Creditreform, über GENIOS erworben) liegt bei € 11,30, eine Bilanz bei € 44,62 und eine Bonitätsinformation bei € 59,50, jeweils für ein Unternehmen mit Sitz in Deutschland.

Angesichts kostenloser Produkte (wie u. a. Google Finance oder Google News) haben Informationsanbieter, die ähnlichen Content kostenpflichtig vermarkten, Probleme, überhaupt noch kostendeckend arbeiten zu können. Auf solchen Teilmärkten der Wirtschafts- und Presseinformationen findet derzeit ein Verdrängungswettbewerb zugunsten der Anbieter kostenloser Informationsprodukte statt. Gewisse Anbieter, darunter *Wer liefert was?*, sind bereits davon abgegangen, Content zu bepreisen und setzen nunmehr auch auf das Vermarkten der Aufmerksamkeit ihrer Nutzer.

7.7 Fazit

- Digitale Informationsprodukte für und über die Wirtschaft lassen sich in die drei Produktgruppen Business Information (Firmeninformationen), Market Data und Presse einordnen.

- Kunden von Wirtschafts- und Presseinformationen sind (fast ausschließlich) Unternehmen, die die erhaltenen Informationen zum Monitoring bekannter Wettbewerber, zum Scannen neuer Player sowie zur Beobachtung von Märkten und Branchen einsetzen.

- Die Kunden organisieren die Informationsnachfrage entweder durch Endnutzerkonzepte, eine Informationsvermittlungsstelle oder durch eine Mischform beider Ansätze.

- Firmeninformationen werden durch unterschiedliche digitale Produkte vertrieben: Firmendossiers (Eckdaten nebst Finanzinformationen), Bonität (Informationen zur Kreditwürdigkeit), Produkte und Adressen.

- Durch unterschiedliche Kulturen des Veröffentlichungsverhaltens von Firmen sind Business Informationen für angelsächsische Länder weitaus ausführlicher als für kontinentale Staaten.

- Qualitätskriterien für Firmeninformationen sind Abdeckungsgrad und Auswertungstiefe, Reaktionsfähigkeit des Anbieters auf aktuelle Änderungen, Richtigkeit aller Daten, Indexierungstiefe und -konsistenz bei der Branchen- und Produktklassifikation sowie das geeignete Retrievalsystem.

- Market Data findet man in Informationsprodukten wie Marktforschungsberichten, Struktur- und Branchendaten, Börseninformationen und Zeitreihen. Numerische Angaben sind in aller Regel erklärungs- und interpretationsbedürftig, so dass deren Recherche und Auswertung einschlägiges Fachwissen voraussetzt.

- Presseinformationen erhält der Kunden entweder über Anbieter, die nach Topic Detection & Tracking arbeiten, oder über Dienste, die elaborierte Suchwerkzeuge (einschließlich kontrollierten Vokabulars) einsetzen.
- Medienbeobachtung findet durch Pressespiegel (periodische Zusammenstellung von Artikeln zu einem Thema) und die Einzelinformationen verdichtenden Medienresonanzanalysen statt.
- Anbieter von Wirtschafts- und Presseinformationen verfolgen mit dem kostenlosen Angebot, den Abonnements und dem Einzelverkauf von Dokumentationseinheiten drei unterschiedliche Preisstrategien.

7.8 Literatur

Ainsworth, M. (2009): Market data and business information. Two peas in a pod? – In: Business Information Review 26(2), S. 81-89.

Corsten, R. (1999): Das gläserne Unternehmen? Firmeninformationen in kommerziellen Online-Archiven. – Köln: FH Köln. – (Kölner Arbeitspapiere zur Bibliotheks- und Informationswissenschaft; 20).

Creditreform (2009): Bonitätsindex. – Neuss: Verband der Vereine Creditreform e.V.

Foster, A. (2009): Battening down the hatches. The business information survey 2009. – In: Business Information Review 26(1), S. 10-27.

Goldrian, G., Hrsg. (2004): Handbuch der umfragebasierten Konjunkturforschung. – München: ifo Institut für Wirtschaftsforschung. – (ifo Beiträge zur Wirtschaftsforschung; 15).

Green, L. (2007): Deficiencies in European company information. – In: Business Information Review 24(2), S. 89-111.

James, S. (2009a): Mining company information from stock exchange web sites. Part 1: Basic principles of disclosure. – In: Business Information Alert 21(6), S. 1-6.

James, S. (2009b): Mining company information from stock exchange web sites. Part 2: Stock exchange sites and how to use them. – In: Business Information Alert 21(7), S. 1-7.

James, S. (2009c): Mining company information from stock exchange web sites. Part 3: Listed company sources. – In: Business Information Alert 21(8), S. 1-7.

Lindlbauer, J.D. (1989): Konjunkturtest. – In: Oppenländer, K.H.; Poser, G. (Hrsg.): Handbuch der Ifo-Umfragen. – Berlin: Duncker & Humblot, S. 122-187.

Noack, D.; Reher, S.; Schiefer, J. (2009): Die Bedeutung von Informationsvermittlungsstellen in deutschen Unternehmensberatungen. – In: Information — Wissenschaft und Praxis 60(8), 421-430.

Nutting, D. (2009): VIP Report: Product Review of MarketResearch.com's Profound. – Ashford, Midlesex: Free Pint.

(PublG): Gesetz über die Rechnungslegung von bestimmten Unternehmen und Konzernen (Publizitätsgesetz) vom 15. August 1969, zuletzt geändert am 25. Mai 2009.

Raupp, J.; Vogelsang, J. (2009): Medienresonanzanalyse. Eine Einführung in Theorie und Praxis. – Wiesbaden: VS Verlag für Sozialwissenschaften.

Stock, M. (2002): Hoppenstedt Firmendatenbank. Firmenauskünfte und Marketing via WWW oder CD-ROM. Die Qual der Wahl. – In: Password 2, S. 20-31.

Stock, M.; Stock, W.G. (2001a): Informationsqualität: Professionelle Informationen über deutsche Unternehmen im Internet. – In: Password 11, S. 26-33.

Stock, M.; Stock, W.G. (2001b): Firmeninformationen: Professionelle Informationen über deutsche Unternehmen im Internet: Eine komparative Analyse. – In: Password 12, S. 18-25.

Stock, M.; Stock, W.G. (2003a): Von Factiva.com zu Factiva Fusion: Globalität und Einheitlichkeit mit Integrationslösungen – auf dem Wege zum Wissensmanagement. – In: Password 3, S. 19-28.

Stock, M.; Stock, W.G. (2003b): Online-Hosts für Wirtschaft und News auf dem deutschen Informationsmarkt. Eine komparative Analyse. – In: Password 7/8, S. 29-34.

Stock, M.; Stock, W.G. (2005): Digitale Rechts- und Wirtschaftsinformationen bei LexisNexis. – In: JurPC, Web-Dok. 82/2005.

Stock, W.G. (2000): Informationswirtschaft. Management externen Wissens. – München; Wien: Oldenbourg.

Stock, W.G. (2001): Informations-TÜV: Qualitätskriterien für Firmeninformationen im Internet. – In: Password 10, S. 23-28.

Vogt, G. (2007): Analyse der Prognoseeigenschaften von ifo-Konjunkturindikatoren unter Echtzeitbedingungen. – In: Jahrbücher für Nationalökonomie und Statistik 227(1), S. 87-101.

Weaver, D.A.; Bimber, B. (2008): Finding news stories. A comparison of searches using LexisNexis and Google News. – In: Journalism and Mass Communication Quarterly 85(3), S. 515-530.

8 Rechtsinformationen

8.1 Rechtsdokumente und ihre Nachfrager

Träger von Rechtsinformationen können in drei Gruppen eingeteilt werden (Arewa 2006, 801f.): Zu den primären Rechtsinformationen zählen sowohl alle Dokumente des gesetzten Rechts (Gesetze, Vorschriften) als auch alle wichtigen Urteile (Fälle aller Instanzen). Sekundäre Rechtsinformationen entstehen durch Fachkommentare und die rechtswissenschaftlichen Forschungsergebnisse in Fachzeitschriften. Da zu den primären und sekundären Rechtsinformationen sehr viele Dokumente verstreut vorliegen, werden mit den tertiären Rechtsinformationen Verbindungen zwischen den Dokumenten offengelegt. Dies betrifft sowohl formale Zitationen als auch „verwandte" Dokumente. Abbildung 8.1 fasst unsere Klassifikation der digitalen Rechtsinformationen schematisch zusammen.

Kunden von Rechtsinformationen finden sich vor allem in drei Bereichen:

- Wirtschaftsunternehmen:
    - Kanzleien und
    - Rechtsabteilungen von Unternehmen,
- öffentliche Einrichtungen:
    - Gerichte und
    - öffentliche Verwaltung,
- Hochschulen (rechtswissenschaftliche Fakultäten, in den USA die „law schools").

Mitunter dürften auch Privatpersonen nach Rechtsinformationen recherchieren.

Als Informationsproduzenten (und auch Anbieter auf Informationsmärkten) treten die „Verursacher" der Informationen – Legislative (Veröffentlichung von Gesetzestexten) und Gerichte (Publikation von Urteilen) sowie Verlage (sekundäre und tertiäre Informationen) in Erscheinung. Eine wichtige Rolle spielen auf Recht spezialisierte Informationsanbieter (beispielsweise Juris in Deutschland oder Westlaw bzw. LexisNexis in den USA) sowie Betreiber von Web-Suchmaschinen (Google Scholar), da hier die Einzelinformationen gebündelt werden. Kunden haben also sowohl Zugriff auf die Daten der Produzenten (allerdings auf jeden Informationspool gesondert) als auch auf die aggregierten und verknüpften Informationen bei den Rechtshosts bzw. -suchmaschinen.

```
                    Rechtsinformationen
                    
   Primäre Rechts-      Sekundäre Rechts-     Tertiäre Rechts-
   informationen        informationen         informationen
   
   Gesetze,             Fach-                 Zitations-
   Vorschriften         zeitschriften         dienste
   
   Urteile              Kommentare
```

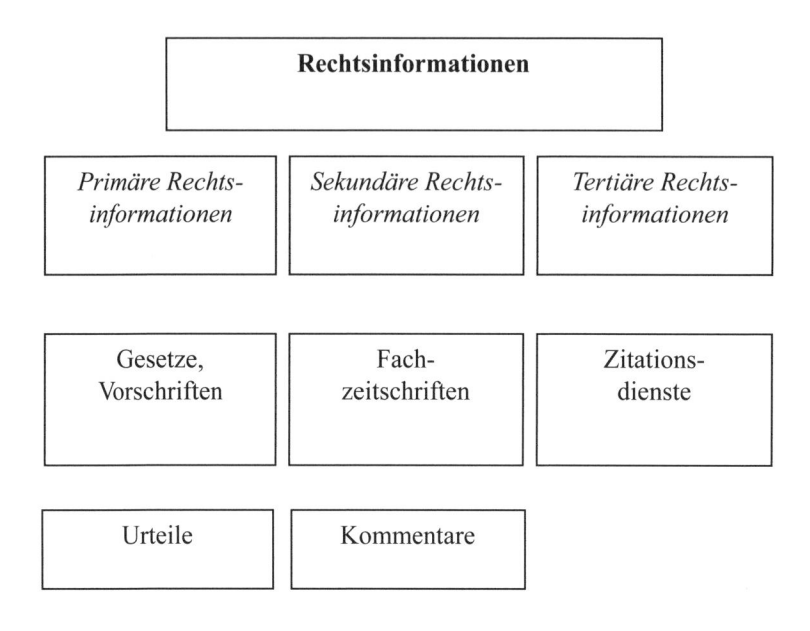

Abbildung 8.1: Klassifikation von digitalen Gütern der Rechtsinformationen.

Recht ist stets national ausgerichtet (Christiansen 2002); selbst innerhalb der Europäischen Union kann man (noch) nicht von einem „harmonisierten" Recht aller Mitgliedsländer ausgehen (Ritaine 2006). Im Gegensatz zu WTM- bzw. Wirtschaftsinformationen muss ein Anbieter von Rechtsinformationen jeweils genau einen nationalen Markt bedienen – und dies in Landessprache. Infolge der Globalisierung ist nutzerseitig allerdings häufig die Kenntnis mehrerer nationaler Rechtssysteme unumgänglich (Germain 2007). Ist ein Kunde an unterschiedlichen Rechtssystemen interessiert (sagen wir: an deutschem und amerikanischem Recht), so ist er gezwungen, unterschiedliche juristische Informationsprodukte anzusprechen (im Beispiel etwa Juris für deutsche und Lexis.com für amerikanische Rechtsinformationen; Stock/Stock 2005). Zum nationalen Recht gesellt sich „transnationales" Recht wie etwa die allgemeinen Menschenrechte oder das internationale Handelsrecht.

8.2 Primäre Rechtsinformationen I: Rechtsnormen

Gesetze und Verordnungen gibt es für das deutsche Recht auf drei Ebenen:

- Rechtsnormen der Europäischen Union,
- Bundesrecht,
- Rechte der 16 Bundesländer.

Abbildung 8.2 zeigt einen Ausschnitt aus einer Rechtsnorm des Landes Nordrhein-Westfalen, so wie sie im Gesetz- und Verordnungsblatt publiziert worden ist. In dieser Verordnung wird eine bestehende Rechtsnorm modifiziert. Mitunter gibt es „Artikelgesetze", die Änderungen in gleich mehreren Normen beinhalten. Somit ist es für den Nutzer schwierig, sich den tatsächlich geltenden Text eines Gesetzes zusammenzusuchen. **Konsolidierte Gesetze** helfen dabei aus; hierbei werden die Änderungen in die Gesetzestexte jeweils eingearbeitet. Kuntz (2006b, 1) gibt hierbei zu bedenken:

> Diese konsolidierten Gesetzessammlungen haben aber keinen amtlichen Charakter, amtlich ist alleine der in den Verkündigungsblättern verkündete Gesetzestext.

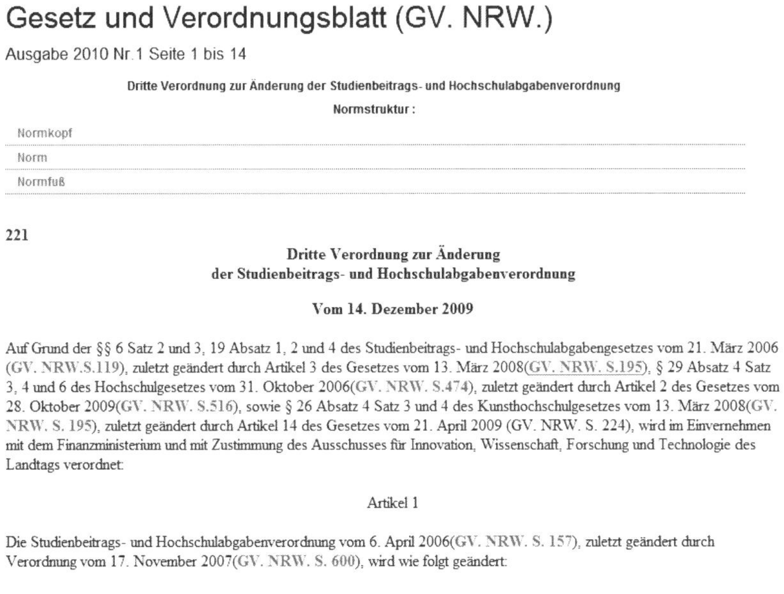

Gesetz und Verordnungsblatt (GV. NRW.)
Ausgabe 2010 Nr.1 Seite 1 bis 14

Dritte Verordnung zur Änderung der Studienbeitrags- und Hochschulabgabenverordnung

Normstruktur:

Normkopf
Norm
Normfuß

221

**Dritte Verordnung zur Änderung
der Studienbeitrags- und Hochschulabgabenverordnung**

Vom 14. Dezember 2009

Auf Grund der §§ 6 Satz 2 und 3, 19 Absatz 1, 2 und 4 des Studienbeitrags- und Hochschulabgabengesetzes vom 21. März 2006 (GV. NRW.S.119), zuletzt geändert durch Artikel 3 des Gesetzes vom 13. März 2008(GV. NRW. S.195), § 29 Absatz 4 Satz 3, 4 und 6 des Hochschulgesetzes vom 31. Oktober 2006(GV. NRW. S.474), zuletzt geändert durch Artikel 2 des Gesetzes vom 28. Oktober 2009(GV. NRW. S.516), sowie § 26 Absatz 4 Satz 3 und 4 des Kunsthochschulgesetzes vom 13. März 2008(GV. NRW. S. 195), zuletzt geändert durch Artikel 14 des Gesetzes vom 21. April 2009 (GV. NRW. S. 224), wird im Einvernehmen mit dem Finanzministerium und mit Zustimmung des Ausschusses für Innovation, Wissenschaft, Forschung und Technologie des Landtags verordnet:

Artikel 1

Die Studienbeitrags- und Hochschulabgabenverordnung vom 6. April 2006(GV. NRW. S. 157), zuletzt geändert durch Verordnung vom 17. November 2007(GV. NRW. S. 600), wird wie folgt geändert:

Abbildung 8.2: Volltexte der Landesgesetze in Nordrhein-Westfalen.
Quelle: Innenministerium des Landes Nordrhein-Westfalen; recht.nrw.de.

Konsolidierte Gesetze werden sowohl von Verlagen als auch von gesetzgebenden Institutionen erarbeitet. Die von Juris angebotenen „Gesetze im Internet" oder auch die von Verlag C.H. Beck edierten Gesetzestexte sind solch konsolidierten Fassungen (Kuntz 2006c). Benötigt ein Nutzer den aktuellen Stand einer Rechtsnorm, so hilft die konsolidierte Fassung weiter, benötigt man aber einen früheren Stand (weil etwa der betreffende Fall weiter zurückliegt), so gilt es, die Änderungen zurückzuverfolgen.

Volltexte der Rechtsnormen werden in Deutschland von Juris und Beck-online (Stock/Stock 2005) sowie von den Institutionen der Legislative (letzteres als Open Access-Publikationen) am Informationsmarkt angeboten (Kremer 2004; Münch/Prüller 2004; Schulz/Klugmann 2005, 2006). In den Vereinigten Staaten dominieren auf kommerzieller Seite LexisNexis (als Arbeitsbereich von Reed Elsevier) und Westlaw (dem Konzern Thomson Reuters zugehörig) (Arewa 2006).

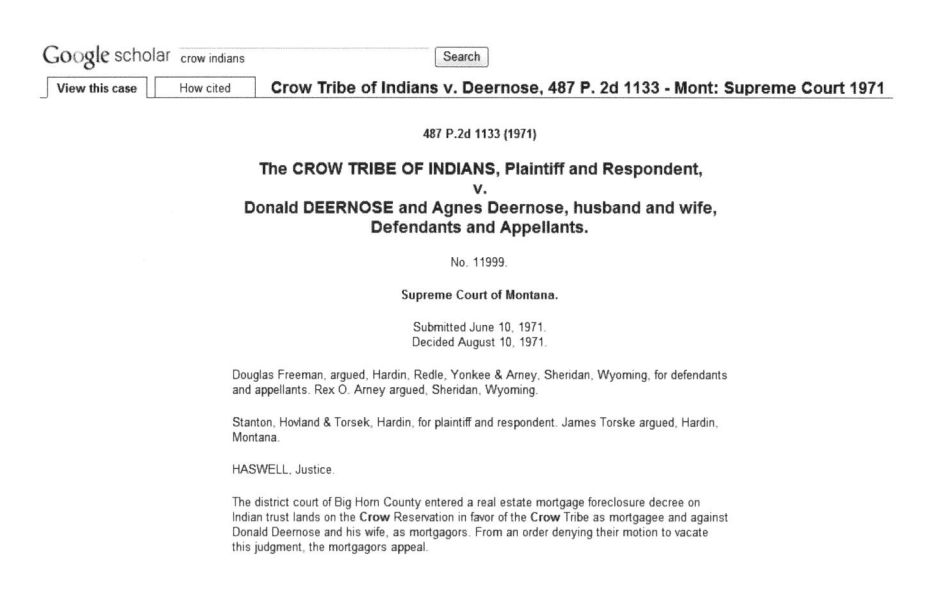

Abbildung 8.3: Volltext eines Urteils in Montana. Quelle: Google Scholar.

8.3 Primäre Rechtsinformationen II: Fälle / (Grundsatz-)Urteile

Je nach vorherrschendem Rechtssystem wird das, was aktuell „gutes Recht" ist, entweder primär aus den Rechtsnormen (so in Deutschland) oder aus der Rechtsprechung (wie in den Vereinigten Staaten) gewonnen. Natürlich sind jeweils ergänzend (in Deutschland) auch Grundsatzurteile bzw. (in den USA) auch Gesetze relevant.

Urteile werden sowohl im **Volltext** (wie in Abbildung 8.3) als auch mitunter nur (etwa auf den Leitsatz) gekürzt publiziert. Gerichte verfassen **Pressemeldungen** (Abbildung 8.4), die auch für den Rechercheur wichtig sein können. Während im Urteilstext – wie in Deutschland üblich – das Dokument anonymisiert worden ist (der Name „Verena Becker" also nicht auftaucht und demnach auch nicht suchbar ist), hat die Pressestelle von der Anonymisierung Abstand genommen. In den USA ist eine Anonymisierung unbekannt, so dass nach jedem Namen recherchiert werden kann.

Die **Publikationsdichte**, der Abdeckungsgrad der in einer Datenbank vorhandenen Urteile relativ zu allen dokumentationswürdigen Entscheidungen, hängt stark von der Instanz ab. Entscheidend für deren Bestimmung ist die Definition der „Dokumentationswürdigkeit" (bzw. der „Veröffentlichungswürdigkeit") (Walker 1998, 2):

> Als veröffentlichungswürdig wird ... jede Gerichtsentscheidung eingestuft, die zu einer Rechtsfrage Stellung nimmt (rechtsbegründende Entscheidung) und jede Entscheidung, die eine über das jeweilige Verfahren hinausgehende Aussage trifft, also nicht nur für die unmittelbar Beteiligten von Interesse oder sogar nur verständlich ist.

Die Publikationsdichte der Bundesgerichte ist weitaus höher als die der Instanzgerichte, wo maximal 5% der erledigten Verfahren publiziert werden (Kuntz 2006a, 43). Aber auch die Urteile der obersten Bundesgerichte sowie des Bundesverfassungsgerichts sind nicht immer zur Gänze dokumentiert (Kuntz 2007).

Bundesgerichtshof
Mitteilung der Pressestelle

Nr. 261/2009

Verena Becker der Beihilfe zum Mord an Generalbundesanwalt Buback und seinen Begleitern dringend verdächtig
- Haftbefehl jedoch aufgehoben

Das ehemalige "RAF"-Mitglied Verena Becker befindet sich seit August 2009 wegen des Vorwurfs der Mittäterschaft an der Ermordung von Generalbundesanwalt Buback und seinen Begleitern in Untersuchungshaft. Auf ihre Beschwerde hat der 3. Strafsenat (Staatsschutzsenat) des Bundesgerichtshofs den Haftbefehl aufgehoben. Er hält Verena Becker zwar der Beihilfe zu diesem Anschlag für dringend verdächtig, sieht jedoch keinen für die Anordnung von Untersuchungshaft zwingend erforderlichen Haftgrund.

Am 7. April 1977 lauerten zwei Mitglieder der "RAF" dem Dienstwagen des Generalbundesanwalts Buback auf der Fahrt zum Dienstgebäude der Bundesanwaltschaft auf. Sie verwendeten ein Motorrad, das von dem damaligen "RAF"-Mitglied Sonnenberg angemietet worden war. Als das Dienstfahrzeug kurz nach 9.00 Uhr an einer Verkehrsampel anhalten musste, fuhren die Täter rechts neben den PKW. Die Person auf dem Soziussitz gab mit einem Selbstladegewehr eine Serie von mindestens 15 Schüssen durch die Seitenfenster auf die drei Insassen des Dienstfahrzeugs ab. Generalbundesanwalt Buback und sein Fahrer Göbel verstarben noch am Tatort. Erster Justizhauptwachtmeister Wurster erlag am 13. April 1977 den schweren Schussverletzungen, die er bei dem Attentat erlitten hatte.

Abbildung 8.4: Meldung der Pressestelle des Bundesgerichtshofes. Quelle: Bundesgerichtshof.

Grundsatzurteile aus Deutschland werden kommerziell von Juris und Beck-online vertrieben. Hinzu treten die (kostenfreien) Veröffentlichungen der einzelnen Gerichte. Auch im Bereich der Urteile dominieren den kommerziellen Markt für Rechtsinformationen in den USA das Duopol (Arewa 2006, 821) LexisNexis und Westlaw. Allerdings werden deren kostenpflichtige Angebote vom Suchmaschinenunternehmen Google (mit dem Produkt Google Scholar) mit einer kostenfreien Suchoberfläche massiv angegriffen. Alle US-Anbieter verfügen über die Urteile der Bundesgerichte und der Gerichte der Bundesstaaten (District, Appellate und Supreme Courts).

8.4 Sekundäre Rechtsinformationen: Fachkommentare und Fachliteratur

Das Angebot sekundärer Rechtsinformationen ist eine Domäne der Fachverlage. Diese bieten sowohl ganze Bücher als e-Books (Abbildung 8.5) als auch Beiträge in Fachzeitschriften digital an. Den deutschen Markt dominiert das Produkt Beck-online. Während sich LexisNexis und Westlaw im Angebot von Rechtsnormen und Urteilen nur marginal unterscheiden, gibt es – vor allem wegen der unterschiedlichen Zugehörigkeit zu Verlagen – bei der Fachliteratur bemerkenswerte Unterschiede. So liegen beispielsweise die Dokumente der Legal Library von Martindale-Hubbell (ein Bereich der LexisNexis Group von Reed Elsevier) digital bei LexisNexis, aber nicht beim Wettbewerber Westlaw auf. Man muss zusätzlich beachten, dass Volltexte rechtswissenschaftlicher Fachzeitschriften auch bei anderen (nicht-juristischen) WTM-Informationsanbietern (wie etwa EBSCO) aufliegen (Koulikov 2010). Der Gegenstandsbereich sekundärer Rechtsinformationen beschränkt sich nicht auf „einschlägig" juristische Literatur. Letztlich benutzen und zitieren Anwälte und Gerichte alle Typen von Literatur – bis hin zu Wikipedia (Zosel 2009).

IBR
ibr-online
Immobilien- & Baurecht

- Sicherheiten für die Bauvertragsparteien
  + Einführungstext
  + 1. Vorwort des Herausgebers
  + 2. Vorwort des Autors
  + I. Einleitung
  + II. Der richtige Umgang mit Bürgschaften
  + III. Chancen und Risiken des § 648a BGB
  + IV. Forderungsabtretungen
  + V. Bauhandwerkersicherungshypoth gemäß § 648 BGB
  + VI. Durchgriffshaftung zugunsten des Auftragnehmers gegen Organe des vermögenslosen Auftraggebers

IBR Reihe

Sicherheiten für die Bauvertragsparteien

von

Rechtsanwalt Dr. Claus Schmitz, München

letzte Aktualisierung: 09.06.2009

id Verlags GmbH

Mannheim

Abbildung 8.5: e-Book bei Beck-online. Quelle: Beck-online.

8.5 Tertiäre Rechtsinformationen: Zitationen und weitere Verbindungen

Rechtsnormen, Gerichtsurteile, Kommentare und Fachartikel stehen über formale Zitationen untereinander in Verbindung. In Produkten wie Shepard's (bei LexisNexis) oder KeyCite (bei Westlaw) werden solche Zitationszusammenhänge intellektuell erarbeitet und bewertet. Bei Google Scholar geschieht die Bearbeitung durch automatische Zitationsindexierung, wobei eine Bewertung natürlich nicht stattfinden kann (Abbildung 8.6). Beides sind Spielarten der Zitationsindexierung (WR, Kapitel 18). Die Einschätzung von Urteilen bleibt nämlich nicht stabil, sondern ändert sich u. U. mit der Zeit. Diesen Wechsel der Ansichten und Bewertungen gilt es zu dokumentieren (Spriggs/Hansford 2000; Taylor 2000).

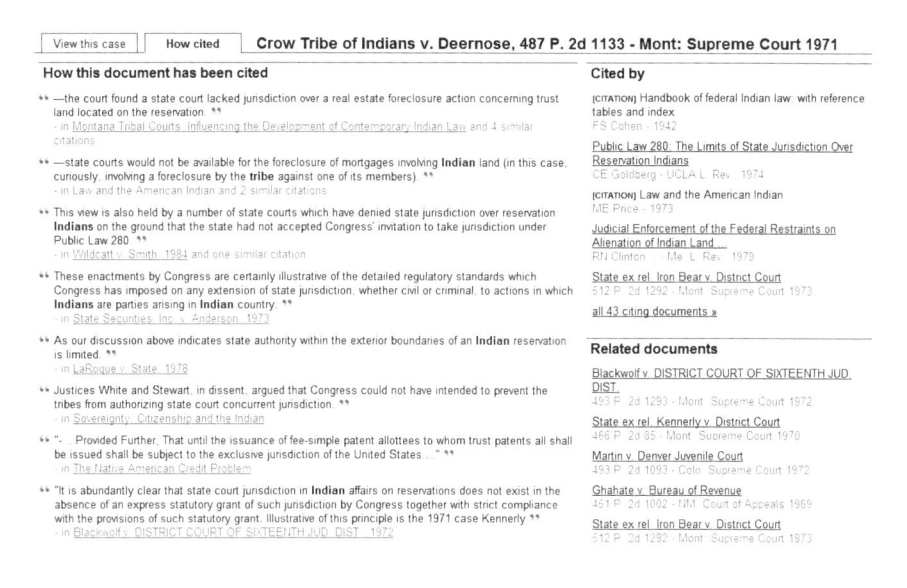

Abbildung 8.6: Zitationen von Urteilen bei Google Scholar. Quelle: Google Scholar.

KeyCites (Abbildung 8.7) unterscheidet zwischen der „direkten" Geschichte (innerhalb des Instanzenweges desselben Falls) und der „indirekten" Historie (Zitation des Falls außerhalb des Instanzenweges). Die Zahl der Sterne (maximal vier) zeigt an, wie intensiv ein Urteil besprochen worden ist. Der Nutzer sieht hier – genau wie beim Konkurrenzprodukt Shepard's (WR, 323-325) – auf den ersten Blick, ob ein Urteil noch Bestand hat: Ein rotes Fähnchen signalisiert, dass dieses Urteil inzwischen verworfen worden ist, und ein gelbes, dass zumindest die Gefahr besteht, dass die Entscheidung nicht mehr „gutes Recht" repräsentiert.

Googles automatische Indexierung erkennt Urteile an ihrer typischen Zitationsform und listet sowohl die zitierenden Quellen (Abbildung 8.6, rechts oben) als auch die Textumgebung der Fußnote (links) auf. Eine automatische Indexierung des Dokuments und die Verwendung darin gefundener wichtiger Suchargumente führen zu einer Recherche nach „verwandten" Dokumenten. Einen solchen Service bieten Google Scholar (Abbildung 8.6, rechts unten) und LexisNexis („More like this!"; IR, 485-487) an.

Ein Qualitätskriterium der juristischen Informationsprodukte ist die Verlinkung aller durch Zitationszusammenhänge verknüpften Dokumente. Wird also beispielsweise in einem Gerichtsurteil eine Rechtsnorm zitiert, so wird an dieser Stelle auf den Text der Norm (und zwar zielgenau auf den Paragraphen, den Absatz o. ä.) gelinkt – und umgekehrt. Verweist ein Fachartikel auf ein Urteil, so wird auf den Volltext dieser Entscheidung gelinkt.

Negative Indirect History (U.S.A.)

·*Overruled by*

▷ 2 Hapka v. Paquin Farms, 458 N.W.2d 683, 59 USLW 2113, 12 UCC Rep.Serv.2d 60, Prod.Liab.Rep. (CCH) P 12,545 (Minn. Aug 03, 1990) (NO. C4-88-410) ★ HN: 2 (N.W.2d)

·*Declined to Follow by*

▷ 3 Held v. Mitsubishi Aircraft Intern., Inc., 672 F.Supp. 369, 24 Fed. R. Evid. Serv. 103, Prod.Liab.Rep. (CCH) P 11,736 (D.Minn. Aug 14, 1987) (NO. CIV. 4-85-1148) ★ ★ ★ HN: 1,2 (N.W.2d)

·*Overruling Recognized by*

▶ 4 Marvin Lumber and Cedar Co. v. PPG Industries, Inc., 1998 WL 1056973 (D.Minn. Aug 06, 1998) (NO. CIV.4-95-739 ADM/RLE) ★ ★ ★ HN: 1,2 (N.W.2d)

Abbildung 8.7: KeyCites bei Westlaw. Quelle: Westlaw (Anm.: Die oberen beiden Flaggen sind im Original gelb, die untere rot).

8.6 Preismodelle der Anbieter

Im Bereich der digitalen Rechtsinformationen finden wir drei Preismodelle: Open Access, Subskription und eine Sonderregelung für Law Schools. Kostenlosen Zugang zu Informationen gewähren öffentliche Einrichtungen (Legislative, Judikative), aber auch gewisse juristische Fachzeitschriften wie beispielsweise das *International Journal of Legal Information* über die Law Library der Cornell University (Arewa 2006, 837) oder – in Deutschland – *JurPC* erscheinen mit offenem Zugang. Eine ebenfalls kostenlose Aggregation von Open-Access-Materialien bieten (derzeit allerdings nur für den us-amerikanischen Markt) Suchwerkzeuge wie Google Scholar.

Kommerzielle Anbieter von Rechtsinformationen wie Juris, LexisNexis und Westlaw präferieren Abonnements. Der Einzelverkauf von Dokumenten nach Pay as you go wird als Geschäftsmodell abgelehnt; die Nachfrage seitens der Endnutzer ist offenbar zu gering für dieses Modell. Die Preise werden sehr differenziert verhandelt. In der Regel gibt es Unterschiede zwischen Wirtschaftsunternehmen und Behörden als Kunden. Eine Subskription von Juris kostet für Anwälte € 1.200 pro Nutzer und Jahr („Juris Standard") und für Kommunen (in der Version „Juris Kommune Premium") € 850 ebenfalls für einen Nutzer pro Jahr.

Die im amerikanischen Raum agierenden Informationsanbieter LexisNexis und Westlaw gewähren Hochschulinstituten in den USA hohe Rabatte. Arewa (2006, 829) beschreibt diese Subventionierung der Law Schools als nützlich für alle Beteiligten:

> This differential pricing structure means that professors and students have relatively low cost access to the legal materials on Lexis and Westlaw. Commercial users, who pay high prices for Lexis and Westlaw access, subsidize this relatively open access within the law schools. The benefits of this market and pricing structure flow to all parties involved: law students become trained in the use of Lexis and Westlaw and arrive at their post-law school employment at least conversant with using the Lexis and Westlaw databases. Although law firms pay a high cost, they benefit by getting new employees who are already trained in the use of Lexis and Westlaw. Lexis and Westlaw, which invest significant amounts of resources in the legal market, benefit by getting early access to future generations of potential Lexis and Westlaw users.

8.7 Fazit

- Primäre Rechtsdokumente sind Rechtsnormen (Gesetze, Verordnungen) und Gerichtsurteile, zu den sekundären Dokumenten gehören Kommentare und Fachartikel, die tertiären Dokumente legen Verbindungen (primär die Zitationen) zwischen den Rechtsdokumenten offen.
- Kunden digitaler Rechtsinformationen sind Kanzleien, Rechtsabteilungen von Wirtschaftsunternehmen, Gerichte, Institutionen der öffentlichen Verwaltung sowie Hochschulen.
- Rechtssysteme sind stets national ausgerichtet, so dass auch die Produkte der Rechtsinformation auf einzelne nationale Bedürfnisse zugeschnitten sind. Rechtssysteme definieren das jeweils gültige „gute Recht" entweder über das gesetzte Recht (in Deutschland) oder über Grundsatzurteile (Fallrecht, beispielsweise in den USA).
- Rechtsnormen werden in verbindlicher Form in den Verkündigungsblättern publiziert. Einen Überblick über die geltende Fassung eines Gesetzes gewähren die konsolidierten Gesetze.

- Die Publikationsdichte von Urteilen hängt in Deutschland von der Instanz ab: Während Instanzgerichte maximal 5% ihrer Entscheidungen veröffentlichen, liegt die Publikationsdichte bei den Bundesgerichten weitaus höher, obgleich auch hier keine 100%ige Abdeckung erreicht wird. Deutsche Urteile (allerdings nicht die Pressemitteilungen der Gerichte) sind anonymisiert, so dass nicht nach Personennamen recherchiert werden kann.

- Sekundäre Rechtsinformationen werden von Verlagen als Informationsproduzenten und – diesen nachgelagert – von Informationsanbietern als eBooks oder als digitale Versionen von Fachartikeln auf den Markt gebracht.

- Tertiäre Rechtsinformationen sind bewertende Zitationsindices (wie Shepard's oder KeyCite) oder alternativ (bei Google Scholar) automatisch erstellte Zitationszusammenhänge. Qualitätskriterium aller juristischen Informationsprodukte ist die Verlinkung aller zitierten Stellen (in Rechtsnormen, Urteilen, Artikeln, Kommentaren usw.).

- Anbieter digitaler Rechtsinformationen arbeiten entweder im Bereich des Open Access (gesetzgebende Einrichtungen, Gerichte, aber auch Verlage von Fachzeitschriften) oder bieten Abonnements an. Eine interessante Sonderstellung nehmen in den USA die (für die Anbieter attraktiven) Law Schools ein, denen Westlaw und LexisNexis quasi kostenlos den Zugang zu allen Rechtsinformationen gewähren. Solch ein Vorgehen gilt als profitabel für die rechtswissenschaftlichen Ausbildungsstellen, die Unternehmen sowie für die Informationsanbieter.

8.8 Literatur

Arewa, O.B. (2006): Open Access in a closed universe. Lexis, Westlaw, law schools, and the legal information market. – In: Lewis & Clark Law Review 10(4), S. 797-839.

Christiansen, C. (2002): Electronic law journals. – In: International Journal of Legal Information 30, S. 337-353.

Germain, C.M. (2007): Legal information management in a global and digital age: Revolution and Tradition. – In: International Journal of Legal Information 35(1), S. 134-163.

Koulikov, M. (2010): Indexing and full-text coverage of law review articles in nonlegal databases: An initial study. – In: Law Library Journal 102(1), S. 39-57.

Kremer, S. (2004): Die großen Fünf. Professionelle Online-Dienste für Juristen im Test. – In: JurPC, Web-Dok. 205/2004.

Kuntz, W. (2006a): Quantität gerichtlicher Entscheidungen als Qualitätskriterium juristischer Datenbanken. – In: JurPC, Web-Dok. 12/2006.

Kuntz, W. (2006b): Überlegungen zur Nutzung von Gesetzessammlungen. – In: JurPC, Web-Dok. 93/2006.

Kuntz, W. (2006c): Die Praxis der Konsolidierung von Gesetzen im Bund und in den Ländern. – In: JurPC, Web-Dok. 152/2006.

Kuntz, W. (2007): Publikation von Gerichtsentscheidungen des Bundesverfassungsgerichts und der obersten Bundesgerichte aus den Jahren 2000 – 2006 im Internet und in juristischen Datenbanken im Vergleich. – In: JurPC, Web-Dok. 189/2007.

Münch, J.B.; Priller, K. (2004): Vergleich der führenden juristischen Onlinedienstleister in Deutschland. – In: JurPC, Web-Dok. 175/2004.

Ritaine, E.C. (2006): Harmonising European private international law: A replay of Hannibal's crossing of the Alps? – In: International Journal of Legal Information 34(2), S. 419-439.

Schulz, M.; Klugmann, M. (2005): Der Markt elektronischer Rechtsinformationen. Aktueller Stand und Zukunftsperspektiven. – In: Computer und Recht 21(4), S. 316-320.

Schulz, M.; Klugmann, M. (2006): Mit dem „Google-Prinzip" durch die virtuelle Bibliothek? Neue Entwicklungen im Markt der elektronischen Rechtsinformationen. – In: Computer und Recht 22(8), S. 568-572.

Spriggs II, J.F.; Hansford, T.G. (2000): Measuring legal change: The reliability and validity of *Shepard's Citations*. – In: Political Research Quarterly 53(2), S. 327-341.

Stock, M.; Stock, W.G. (2005): Digitale Rechts- und Wirtschaftsinformationen bei LexisNexis. – In: JurPC, Web-Dok. 82/2005.

Taylor, W.L. (2000): Comparing KeyCite and Shepard's for completeness, currency, and accuracy. – In: Law Library Journal 92(2), S. 127-141.

Walker, R. (1998): Die Publikationsdichte – ein Maßstab für die Veröffentlichungslage gerichtlicher Entscheidungen. – In: JurPC, Web-Dok. 36/1998.

Zosel, R. (2009): Im Namen des Volkes: Gerichte zitieren Wikipedia. – In: JurPC, Web-Dok. 140/2009.

9 WTM-Informationen

9.1 Informationen in Wissenschaft, Technik und Medizin

Mit dem Begriff „WTM-Informationen" erfassen wir die Gesamtheit allen Wissens aus

- Wissenschaft,
- Technik und
- Medizin.

Es geht dabei sowohl um die Volltexte der jeweiligen Schriften als auch um deren bibliographische Nachweise nebst Metadaten (WR, Kap. 6) sowie um WTM-Fakten (WR, Kap. 7). Abbildung 9.1 verschafft uns einen Überblick zu den unterschiedlichen Produkten digitaler WTM-Informationen.

Die **Schriften** lassen sich in folgende Gruppen einteilen:

- Artikel in Zeitschriften mit Peer Review,
- Artikel in Zeitschriften ohne Peer Review,
- Beiträge in Proceedings von Tagungen (in aller Regel mit Peer Review),
- Bücher,
- Patente und Gebrauchsmuster.

Ein wesentliches Element wissenschaftlich-technisch-medizinischen Publizierens ist das Peer Review. Dies ist ein Prozess erhoffter Qualitätssicherung durch Begutachtung der Skripten vor der Veröffentlichung. Begutachtung als Rechtsakt liegt bei Patenten vor, die erst nach eingehender Prüfung erteilt werden.

Die weltweit umfassendste Datenbank zu Periodika, Ulrichsweb, enthält derzeit mehr als 300.000 Zeitschriftentitel. Hier sind allerdings auch Journale enthalten, die keinen WTM-Inhalt tragen. British Library hält rund 40.000 Titel an laufenden WTM-Zeitschriften (Stock 2009). Da diese Bibliothek nicht alle Zeitschriften mit WTM-Inhalt abonniert, ist die genannte Zahl ein unterer Schätzwert für die Gesamtmenge an WTM-Periodika. Im engen Sinne akademische WTM-Zeitschriften (also solche mit durchgehendem Peer Review) sind davon gut 25.000 (Ng 2009, 31). Abgesehen von Nischendisziplinen bzw. kleinen Publikationssprachen liegen die meisten Zeitschriftenartikel – neben den in aller Regel parallel erscheinenden Printausgaben – in digitaler Form vor. Ng (2009, 31) berichtet von rund 17.000 digitalen Zeitschriften (Stand 2009), wobei diese Zahl derzeit stark ansteigt.

Ähnliches gilt für Konferenzbeiträge und E-Books. Bei den Dokumenten der technischen Schutzrechte (Patente und Gebrauchsmuster) können wir – zumindest für die großen Industrieländer – von kompletten Datenbanken ausgehen, die lückenlos ab Patentnummer 1 bis zum aktuellen Rand alle Schriften im Volltext digital vorhalten. Neben der formalen Kommunikation in Zeitschriften, Tagungsbeiträgen, Büchern und Schutzrechtsdokumenten existieren in WTM stets auch informelle Kanäle wie Kooperationen zwischen Kollegen, Mailinglisten, Foren, Weblogs, Newsgroups usw. Abgesehen von gewissen geisteswissenschaftlichen Forschungsbereichen geschieht WTM heutzutage im Zeitalter von „Big Science" (Solla Price 1963) vornehmlich in Teamarbeit.

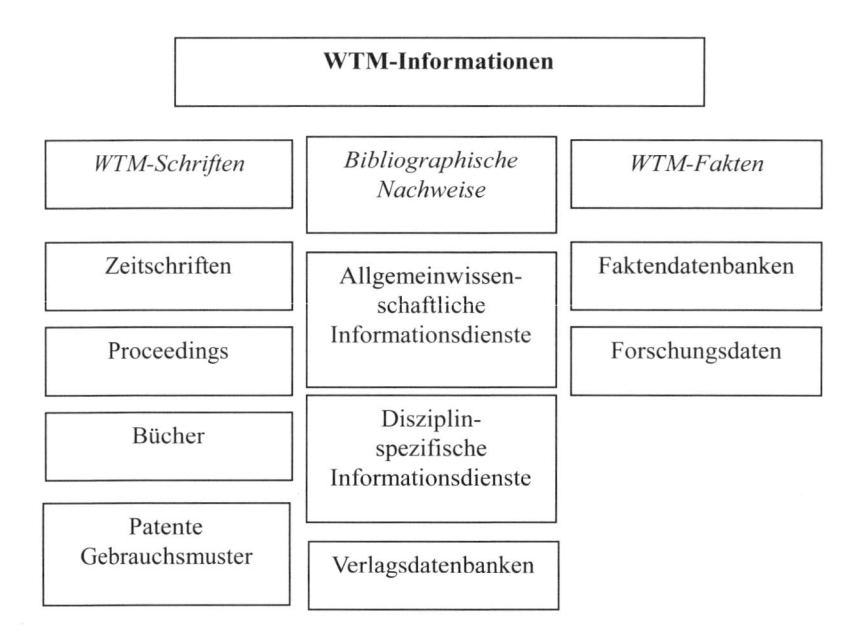

Abbildung 9.1: Klassifikation von digitalen Gütern der WTM-Informationen.

Bibliographische Nachweise – derzeit durchgehend digital angeboten – finden wir in folgenden Informationsprodukten:

- allgemeinwissenschaftliche Informationsdienste (ohne Beschränkung auf wissenschaftliche Disziplinen wie Web of Knowledge oder Scopus),

9.1 Informationen in Wissenschaft, Technik und Medizin

- disziplinspezifische Literaturdatenbanken (beispielsweise Chemical Abstracts für die Chemie, INSPEC für die Physik oder Compendex und TEMA für die Ingenieurwissenschaften),
- Verlagsdatenbanken (mit Nachweisen der Artikel und Bücher des eigenen Hauses wie beispielsweise Elseviers Science Direct oder SpringerLink),

Hinzu treten Informationsressourcen mit **WTM-Fakten**. Dies sind zum einen im Rahmen von e-Science („enhanced science") Datenbanken mit Forschungsdaten, die in den Publikationen (aus Platzgründen) nicht veröffentlicht werden konnten, sowie zu anderen spezifische Faktendatenbanken (u. a. Beilstein für organische Chemie oder Gmelin für anorganische Chemie).

Zudem existieren im World Wide Web und im Deep Web (IR, 108-111) Suchwerkzeuge, die auf WTM-Informationen spezialisiert sind. Diese Produkte besprechen wir im folgenden Kapitel 10.

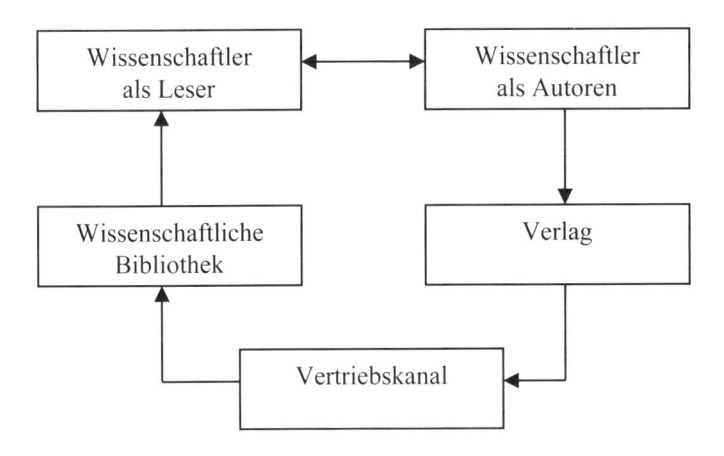

Abbildung 9.2: Wertschöpfungskette bei WTM-Informationen. Quelle: in Anlehnung an Ball 2004, 416.

Die **Wertschöpfungskette** der WTM-Informationen (Abbildung 9.2) hat eine – verglichen mit anderen Wertketten in der Wirtschaft – überraschende Eigenart: Die Produzenten sind auch die Konsumenten. Wissenschaftler schreiben für Wissenschaftler, Wissenschaftler lesen, was Kollegen geschrieben haben. Da in der Wertschöpfungskette profitorientierte Verlage involviert sind, kommt es bei WTM zu einer „spannenden" Konstellation: Das Wissenschaftssystem muss seine eigenen Ergebnisse – z. T. sogar recht teuer – zurückkaufen.

Was macht eine **WTM-Publikation** aus? Sie ist stets von Fachexperten geschrieben (ausgewiesen durch die Angabe der Affiliation, d.h. der Adressangabe), folgt einem formalen Aufbau (beispielsweise nach IMRaD: Introduction, Methods, Results and Discussion; WR, 392), enthält ein Abstract sowie eine (im Idealfall vollständige) Liste der für die Publikation einschlägigen Vorarbeiten, meist als Bibliographie in einem Standardformat (wie beispielsweise APA, das Zitierformat der American Psychological Association).

Innerhalb des großen WTM-Bereiches gibt es stark voneinander abgeschottete Teilmärkte, die zu **Wissenslücken** führen. Es lässt sich für einige Wissenschaftsdisziplinen beobachten, dass Wissenschaftler, die in Unternehmen oder anderen nicht-akademischen Institutionen arbeiten, sich von Akademikern abgrenzen – und umgekehrt. Gewisse Zeitschriften sprechen demnach bevorzugt wissenschaftliche Praktiker an, andere bevorzugen Akademiker als Zielgruppe. Ein Informationsaustausch zwischen beiden Gruppen findet kaum statt (Schlögl/Stock 2008, 661, für den Bereich Library and Information Science, LIS):

> There is only a low level of information exchange between practitioners and academics. Each of the two groups uses mainly its particular communication channels, i.e. practitioners (as authors) write primarily for practitioners, academics (as authors) write mainly for academics. As a consequence, there is a gap between the communities of LIS academics and LIS practitioners.

Praktiker – nicht nur in LIS, sondern auch in anderen Disziplinen wie z. B. in der Medizin – nutzen die jeweils aktuellen wissenschaftlichen Ergebnisse nicht adäquat (oder gar nicht), Akademiker abstrahieren häufig von Problemstellungen des „realen Lebens". Der Informationsfluss zwischen beiden Gruppen ist zum Nachteil beider massiv gestört (Abbildung 9.3). Die Kriterien wissenschaftlicher Publikationen werden bei praktisch orientierten Zeitschriften anders pointiert als bei akademischen: Die Anzahl der Referenzen ist bei letzteren höher, ebenso die Anzahl der Mitglieder des Editorial Boards, dafür erscheinen in den Zeitschriften für Praktiker vermehrt Werbeanzeigen (Schlögl/Stock 2008, 654).

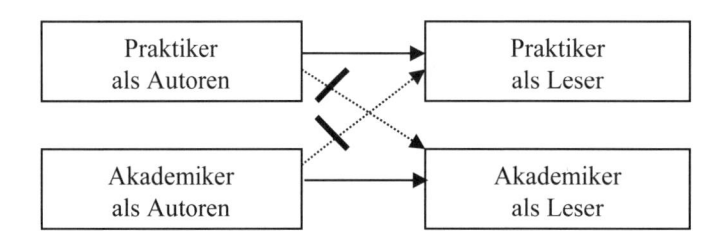

Abbildung 9.3: Wissenschaftler als Praktiker und als Akademiker.

Als Abhilfe bietet sich die sog. **Evidenzbasierung** an. Man sucht zur Lösung eines Problems jeweils nach der bestmöglichen Evidenz. Am bekanntesten dürfte die evidenzbasierte Medizin sein, es gibt aber auch Evidence-based Library and Information Practice (Booth/Brice Hrsg. 2004), evidenzbasiertes Management und evidenzbasiertes Wissensmanagement (Gust von Loh 2009, Kap. 3). Gust von Loh (2009, 2) betont:

Grundsatz evidenzbasierter Informationspraxis ist, Lücken zwischen Theorie und Praxis durch bestmögliche Evidenz zu schließen.

Neben den Lücken zwischen Akademikern und Praktikern existieren weitere Hindernisse im Fluss der WTM-Informationen. Disziplin- und Sprachgrenzen behindern optimale Informationsversorgung. Innerhalb von LIS werden beispielsweise deutschsprachige Beiträge im angloamerikanischen Sprachbereich nahezu überhaupt nicht wahrgenommen, aber auch englischsprachige Artikel werden von deutschen LIS-Vertretern nur selten zitiert (Schlögl/Stock 2004). Disziplinüberschreitende Übermittlungen von WTM-Informationen scheitern an unterschiedlichen Foci der einzelnen Disziplinen und an jeweils unterschiedlichen Bedeutungen von Begriffen. Aussicht auf Abhilfe in diesem Problemkomplex bietet die sog. **Informing Science**, wie sie sich Cohen (2009, 1) vorstellt:

> The transdiscipline of Informing Science ... explores how best to inform clients using information technology. ... The essence of the Informing Science philosophy is the transfer of knowledge from one field to another: breaking down disciplinary boundaries that hinder the flow of information.

Sowohl Evidenzbasierung als auch Informing Science benennen zwar existierende Probleme der WTM-Informationen, sie müssen aber ihre praktische Anwendbarkeit noch unter Beweis stellen.

9.2 Der Produktionsprozess von WTM-Informationen

Wir werden hier den Prozess der Produktion eines Zeitschriften- bzw. eines Kongressbeitrags beschreiben (Ware/Mabe 2009). Beide Verfahren laufen ähnlich ab und enthalten – zumindest bei den akademischen Zeitschriften und Tagungen – stets ein Peer Review (Abbildung 9.4). Nach Abfassen des Manuskriptes sendet der Autor (bzw. bei Teams der Corresponding Author) dieses an diejenige Zeitschrift, die thematisch einschlägig ist und die eine hohe Verbreitung der Forschungsergebnisse verspricht. Tagungen (und darin spezielle Sessions) werden nach denselben Kriterien selektiert (möglicherweise spielt hier die touristische Attraktivität des Tagungsortes auch eine Rolle). Nach der Prüfung formaler und grundsätzlicher inhaltlicher Kriterien (etwa nach der Übereinstimmung des Beitrags mit dem thematischen Profil des Veröffentlichungsorgans) kommen drei Varianten der Begutachtung infrage:

- Begutachtung durch Gremien der Zeitschrift,
- blind Peer Review,
- double-blind Peer Review.

Im ersten Fall entscheidet der Herausgeber selbst oder Mitglieder des Beirates (Editorial Board) über die Akzeptanz; ein echtes Peer Review findet demnach nicht statt. Blind Peer

Review meint, dass dem Autor die Namen der Gutachter verborgen bleiben. Double-blind Peer Review strebt an, dass auch den Gutachtern die Identität der Autoren verborgen bleibt. Letztes ist in der Praxis kaum möglich, da für einen im Fach bewanderten Gutachter (und das sollte er ja sein) allein über die Referenzen eines Beitrags die Autoren zumindest zu erraten sein sollten. Bei LIS-Zeitschriften erfolgen 26% Entscheidungen durch Organe der Zeitschrift, 36% bevorzugen das blind Peer Review und 33% wenden double-blind Peer Reviews an (bei 5% gab es keine Informationen über das eingesetzte Begutachtungsverfahren) (Schlögl/Petschnig 2005, 13).

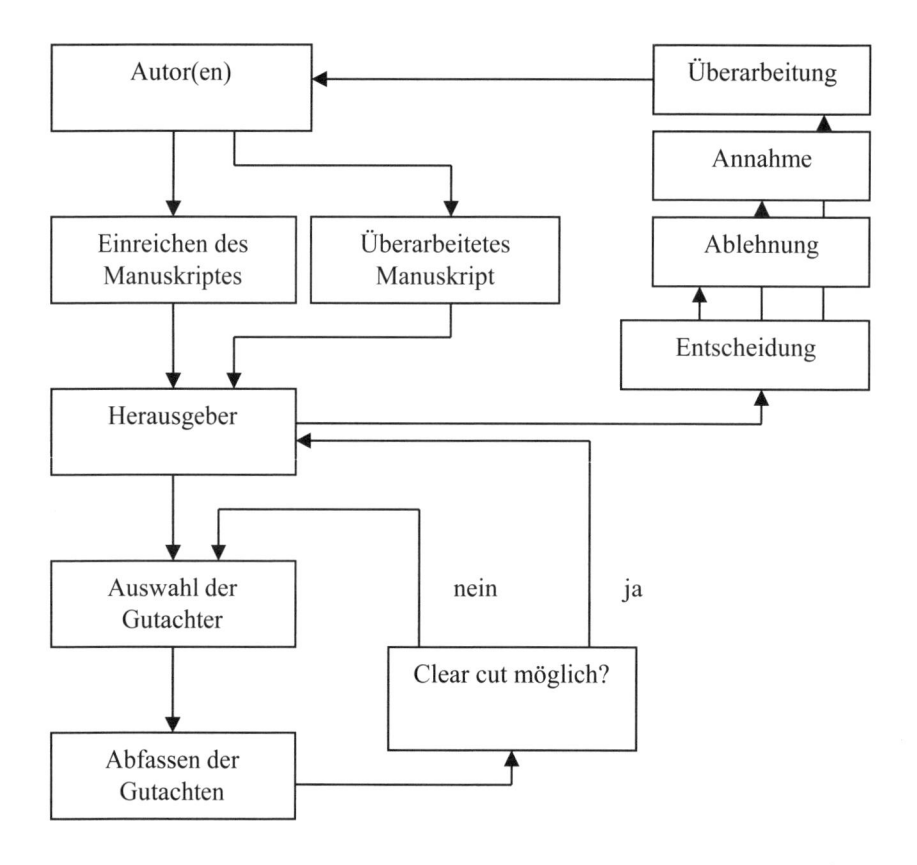

Abbildung 9.4: Schematische Darstellung eines Peer-Review-Verfahrens.

Werden externe Gutachter eingeschaltet, so in aller Regel zwei. Stimmen beide nicht überein, wird ein dritter Peer hinzugezogen. Einige Veröffentlichungsorgane arbeiten auch direkt mit drei Gutachtern. In Fällen, bei denen die Gutachterurteile stark differieren, wird bei manchen Zeitschriften ein „top advisor" eingeschaltet. Der Herausgeber entscheidet auf der Basis der Gutachten über die Ablehnung, die Überarbeitung oder die direkte Annahme eines Beitrags. Je nach der Prominenz einer Zeitschrift oder einer Tagung gibt es Ablehnungsquoten von über 90%. Bei erforderlicher Überarbeitung bekommen die Autoren ihr Skript nebst Kommentaren zurückgereicht. Die Neufassungen durchlaufen nunmehr wieder den Begutachtungsprozess. Bornmann und Daniel (2010) berichten am Beispiel von *Angewandte Chemie – International Edition*, dass bis zu sieben Schritte nötig waren, um eine Entscheidung zu fällen, für gut 50% reichten jedoch zwei und für weitere 30% drei Schritte. Die Herausgeber verfolgen dabei eine „clear-cut rule" (Bornmann/Daniel 2010, 11):

> If the ... editors decide on a manuscript using only initial external review, they generally follow a so-called clear-cut rule: Only those manuscripts are accepted for publication that were positively assessed by the reviewers (in most cases, two) with regard to the importance of the results and the suitability of publication of the manuscript.

Die Gutachter übernehmen bei ihrer (ehrenamtlichen) Arbeit die Rolle von „gatekeepers". Die Herausgeber von Zeitschriften der großen Wissenschaftsverlage setzen dabei vorwiegend auf Forscher aus den Vereinigten Staaten (bei Elsevier-Zeitschriften stammen beispielsweise 49,5% aller Peers aus den USA, 11,9% aus UK und 6,4% aus Deutschland) (Braun/Dióspatonyi 2005, 115). Das Peer-Review-Verfahren ist nicht unumstritten. Das Verfahren ist manchmal langwierig, die Konsistenz der Voten unterschiedlicher Gutachter zum selben Skript ist nicht immer hoch; auch lassen sich subjektive Einflüsse auf der Seite der Peers und der Herausgeber nicht immer ausschließen (Bornmann 2010) – aber: Im WTM-Produktionsprozess gibt es derzeit nichts Besseres.

Nach der Annahme eines Beitrags vergeht Zeit, bis der Artikel publiziert wird. Im Fach LIS liegt dieser Zeitraum bei vielen Zeitschriften bei sechs Monaten, im Extremfall wird über Liegezeiten von 21 Monaten berichtet (Schlögl/Petschnig 2005, 15). Dem Erscheinen des Printheftes ist in der Regel die digitale Publikation (einige Wochen bis wenige Monate) vorgelagert, zunächst ohne Seitenzählung, die später nach Auslieferung des Heftes nachgetragen wird. Bei Kongressen erscheinen angenommene Beiträge in den Proceedings, die zu Tagungsbeginn (meist allerdings nur noch digital) vorliegen.

Wird ein Manuskript bei einer Zeitschrift abgelehnt, wird es das Autorenteam sehr wahrscheinlich einem weiteren Journal zum Druck anbieten, und das Verfahren beginnt von vorne. In diesem Fall können zwischen der ersten Fixierung der Forschungsergebnisse bis zu ihrer formalen Veröffentlichung mehrere Jahre vergangen sein.

9.3 Digitale Produkte und Printprodukte

Der Fluss von WTM-Informationen in der Vor-Internet-Ära geschah informell (auf wenigen Tagungen und persönlichen Besuchen) sowie formal über Printmedien (Volltexte und Bibliographien) (Vickery 1999, 480). Mit dem Internet erweiterte sich die Anzahl der informellen Kanäle (wie Blogs oder Foren), zentral ist jedoch der raum- und zeitunabhängige Zugriff auf alle formalen WTM-Publikationen (Vickery 1999, 514). Hierzu muss zweierlei sichergestellt sein:

- alle WTM-Informationen liegen in digitaler Form vor,
- alle Wissenschaftler haben an ihrem Arbeitsplatz Zugang zu diesen Informationen.

Abbildung 9.5: Inhaltsverzeichnis der digitalen Ausgabe eines Zeitschriftenheftes. Quelle: Wiley InterScience.

Ng (2009, 230) skizziert die Welt digitaler WTM-Informationen:

> Traditional print journals have passed their golden age despite failing to achieve the Utopian ideals that the scientific publishing world envisioned, viz:

9.3 Digitale Produkte und Printprodukte

> Online availability of the entire full-text refereed research corpus.
> Availability on every researcher's desktop, everywhere, 24 hours a day.
> Interlinking of all papers and citations.
> Fully searchable, navigable, retrievable, impact-rankable research papers.
> Access to research data.
> For free, for all, forever.

Sieht man zunächst einmal vom letzten Punkt ab, sind alle diese Ideale heutzutage zu realisieren – und sind auch bereits weitgehend verwirklicht.

Die großen **Wissenschaftsverlage** wie Elsevier oder Springer verfolgen durchgehend die Produktpolitik, neben den etablierten Printausgaben ihrer WTM-Zeitschriften digitale Versionen anzubieten. Die Bestände sind soweit wie möglich retrodigitalisiert, d.h. alle Artikel ab dem ersten Heft eines Periodikums liegen im PDF-Format vor (das Inhaltsverzeichnis eines Heftes ist in Abbildung 9.5 abgedruckt). Eingescannte ältere Beiträge, die nur graphisch gespeichert sind, können dabei nicht im Volltext durchsucht werden, so dass zusätzlich OCR- (Optical Character Recognition) Verfahren zum Einsatz kommen. Bei neueren Jahrgängen, deren digitale Versionen direkt im Produktionsprozess gewonnen worden sind („digital born papers"), sind Volltextrecherchen natürlich durchgehend anwendbar. Das gleiche gilt für die Proceedings von Tagungen im WTM-Bereich.

Der Produktionsprozess vom fertigen Manuskript zum publizierten Artikel dauert (teilweise: sehr) lange. Ein zusätzlicher Weg neben der formalen Veröffentlichung in einer Zeitschrift bzw. einem Tagungsband ist mit **Preprintarchiven** gefunden worden. Ein bedeutendes Beispiel ist arXiv (Ginsparg 2007; Haque/Ginsparg 2009) mit Schwerpunkten auf Physik, Mathematik und Informatik, das von der Informationswissenschaft der Cornell University betrieben wird. Autoren stellen direkt nach Fertigstellung des Skriptes dieses in das Archiv ein, um quasi eine Vorabinformation auf die Forschungsergebnisse zu liefern. Der wissenschaftliche Kommunikationsprozess kann schon jetzt – und nicht erst Monate oder Jahre später – einsetzen. So wurde beispielsweise der Artikel in Abbildung 9.6 bereits im März 2007 in arXiv eingestellt, obwohl das Paper erst im September 2007 formal in einer Fachzeitschrift veröffentlicht worden ist. arXiv ermöglicht den kostenlosen Zugriff auf den Preprint (über „Download"; rechts oben) sowie auf den publizierten Artikel (über den Digital Object Identifier, DOI, und das Portal des Verlages; links unten, neben DOI).

Preprintarchive finden in gewissen Wissenschaftsdisziplinen – wie etwa der Physik – starken Zuspruch, während sie in anderen Bereichen (beispielsweise der Chemie) kaum eine Rolle spielen (Velden/Lagoze 2009). Artikel in arXiv erhalten möglicherweise mehr Zitationen als Beiträge, die nicht in Preprintarchiven erscheinen (aus methodologischen Gründen – es fehlen Vergleichszahlen – sind solche Angaben wenig verlässlich), zudem sinken die Downloadzahlen bei den Portalen der Wissenschaftsverlage (Davis/Fromerth 2007). Der Nutzer von Preprintarchiven steht vor der Aufgabe, nicht formal (d.h. in einer Zeitschrift bzw. einem Proceedingsband mit Peer Review) publizierte Beiträge kritisch zu hinterfragen, denn diese haben die „Qualitätssicherung" nicht (oder noch nicht) erfolgreich durchlaufen. Zhao (2005, 1414) betont:

> Web-publishing is not as well controlled as journal publishing ...

Allerdings kann man wegen der fehlenden Kontrolle nicht grundsätzlich auf fehlende Qualität schließen.

Astrophysics

Measurement of the pressure dependence of air fluorescence emission induced by electrons

AIRFLY Collaboration

(Submitted on 6 Mar 2007)

The fluorescence detection of ultra high energy (> 10^18 eV) cosmic rays requires a detailed knowledge of the fluorescence light emission from nitrogen molecules, which are excited by the cosmic ray shower particles along their path in the atmosphere. We have made a precise measurement of the fluorescence light spectrum excited by MeV electrons in dry air. We measured the relative intensities of 34 fluorescence bands in the wavelength range from 284 to 429 nm with a high resolution spectrograph. The pressure dependence of the fluorescence spectrum was also measured from a few hPa up to atmospheric pressure. Relative intensities and collisional quenching reference pressures for bands due to transitions from a common upper level were found in agreement with theoretical expectations. The presence of argon in air was found to have a negligible effect on the fluorescence yield. We estimated that the systematic uncertainty on the cosmic ray shower energy due to the pressure dependence of the fluorescence spectrum is reduced to a level of 1% by the AIRFLY results presented in this paper.

Subjects: Astrophysics (astro-ph)
Journal reference: Astropart.Phys.28:41,2007; Astropart.Phys.28:41-57,2007
DOI: 10.1016/j.astropartphys.2007.04.006
Cite as: arXiv:astro-ph/0703132v1

Submission history

From: Paolo Privitera [view email]
[v1] Tue, 6 Mar 2007 22:22:02 GMT (197kb)

Download:
- PDF
- PostScript
- Other formats

Current browse context:
astro-ph
< prev | next >
new | recent | 0703

References & Citations
- SLAC-SPIRES HEP (refers to | cited by)
- NASA ADS
- CiteBase

Bookmark(what is this?)

Abbildung 9.6: Nachweis eines Artikels bei arXiv. Quelle:arXiv.

Der Prozess der durchgehenden Digitalisierung geistes- und sozialwissenschaftlicher Publikationen ist noch nicht soweit fortgeschritten wie in den Naturwissenschaften und der Medizin. Dies liegt aber nicht nur an den (zumindest vereinzelt anzutreffenden) Vorlieben der Geisteswissenschaftler für Papier, sondern an finanziellen Restriktionen der (oftmals hier sehr kleinen und technisch schwach ausgestatteten) Verlage. The Knight Higher Education Collaborative (2002, 215) fordert auch für diese Wissenschaften entweder Parallelvermarktung von Zeitschriften bzw. von Kongressbeiträgen in Print und Online oder aber – da besonders kostengünstig – als e-only Versionen, die die ursprünglichen Printprodukte ablösen.

Verlagsunabhängige digitale Archive bieten Hilfe für alle solchen Periodika, deren Verlage aus eigener Kraft keine digitalen Versionen ihrer Zeitschriften herstellen können oder wollen. Ein erfolgreiches Beispiel für ein solches Archiv ist JSTOR (Journal Storage) (Garlock et al. 1997; Guthrie 1997; Spinella 2008). JSTOR speichert Periodika ab Heft 1 bis zum entsprechenden Archiv„rand". Die jeweils aktuelle Aufnahmegrenze wird mit Ablauf einer Embargofrist (von einigen Monaten oder wenigen Jahren) erreicht. In dieser Zeit verfügt der Verlag der Zeitschrift exklusiv über die Artikel, um Subskriptionen nicht zu gefährden. Spinella (2008, 80) formuliert die Ziele von JSTOR:

> The initial mandate was to develop a trusted archive of the complete runs of scholarly journals, and to expand online access to those works as broadly as possible.

JSTOR lässt die Artikel einscannen. Die Bilder werden für die Anzeige benötigt, der durch OCR gewonnene Text dient der Volltextsuche (Guthrie 1997). JSTOR ist ein gemeinnütziges Projekt, das Vorteile für alle Beteiligten sucht: Forscher erhalten online Zugang zu (teilweise durchaus schwer beschaffbaren) Materialien, Bibliotheken sparen Magazinplatz für die Printausgaben, und Verlage bekommen die Möglichkeit, ihre Produkte digital zu vermarkten. Seit JSTOR mit Google kooperiert, geschieht die Suche nach Artikeln bevorzugt über diese Suchmaschine, wie dies Spinella (2008, 81) berichtet:

> Researchers do discover JSTOR through many different channels, but we cannot overstate the impact of being indexed by Google.

Der durch Passwort geschützte Zugang zu den Volltexten (PDFs) der Artikel erfolgt über das Portal von JSTOR.

9.4 Journal Impact Factor

Für die Bewertung der Wichtigkeit akademischer Zeitschriften hat sich ein Kennwert durchgesetzt: der Journal Impact Factor, grundgelegt von Garfield und Sher bereits im Jahr 1963 (Garfield/Sher 1963, 200) und in seiner endgültigen Form von Eugene Garfield 1972 ausgearbeitet. Der Impact Factor ist ein zentral wichtiger Indikator der Zeitschriftenszientometrie (Juchem et al. 2006). Er berücksichtigt sowohl die Anzahl von Publikationen in einer Zeitschrift als auch die Anzahl der Zitationen dieser Veröffentlichungen. Der Impact Factor IF einer Zeitschrift Z errechnet sich als Bruchzahl. Der Zähler ist die Anzahl derjenigen Zitationen in genau einem Jahr t, die Artikel der Zeitschrift Z aus den beiden vorangegangenen Jahrgängen (also t-1 und t-2) nennen. Der Nenner ist die Anzahl der Quellenartikel in Z in den Jahren t-1 und t-2. Die Anzahl der Quellenartikel aus Z in t-1 sei $S(1)$, die Anzahl in t-2 sei $S(2)$, die Anzahl der Zitationen aller Artikel aus Z der Jahre t-1 und t-2 im Jahre t sei C. Dann ist der Impact Factor für Z in t:

$$IF(Z,t) = C / [S(1) + S(2)].$$

Veröffentlicht werden die Werte des Impact Factor in den Journal Citation Reports als Teil von „Web of Knowledge" von Thomson Reuters (Stock 2001). Inzwischen gibt es zwar mehrere Varianten von Zeitschrifteneinflussfaktoren wie den (an Googles PageRank erinnernden) Eigenfactor Score (Stock 2009), der klassische Impact Factor von Garfield hat deshalb aber nicht an Bedeutung verloren. Abbildung 9.7 ist eine Rangordnung aller bei den Journal Citation Reports gelisteten Zeitschriften der Klasse „Information Science & Library Science", geordnet nach den Werten für den Impact Factor des Jahres 2008.

Journal Citation Reports®

2008 JCR Social Science Edition

Journal Summary List
Journals from: subject categories INFORMATION SCIENCE & LIBRARY SCIENCE
Sorted by: Impact Factor

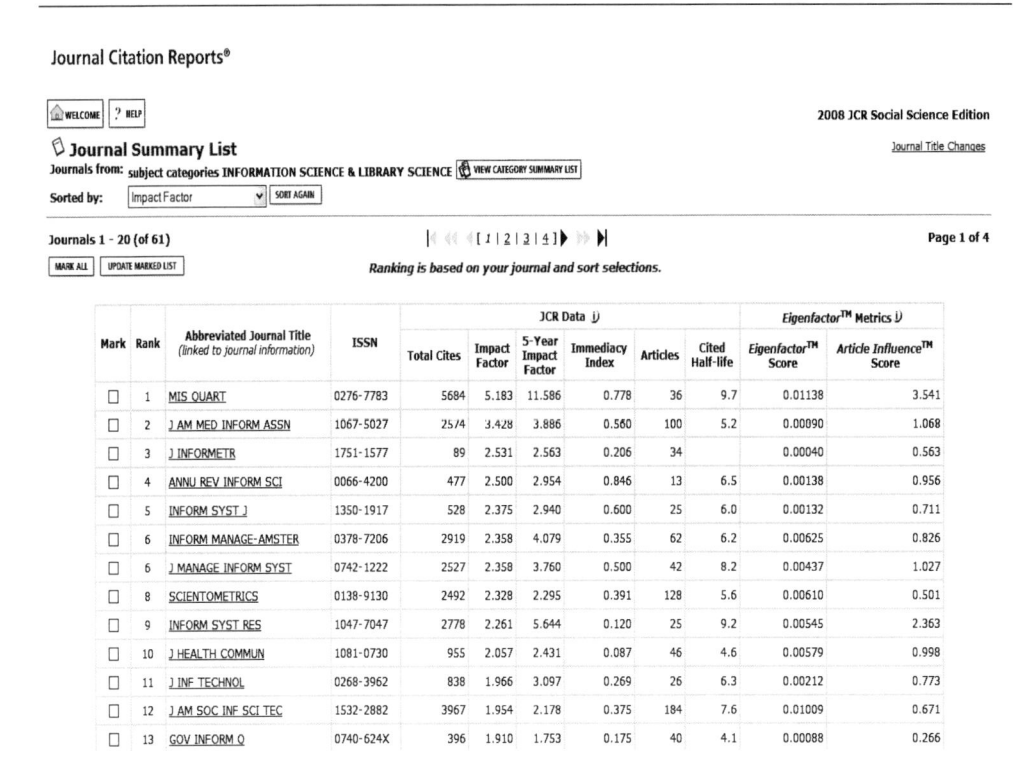

Journals 1 - 20 (of 61) — Page 1 of 4

Ranking is based on your journal and sort selections.

Mark	Rank	Abbreviated Journal Title (linked to journal information)	ISSN	Total Cites	Impact Factor	5-Year Impact Factor	Immediacy Index	Articles	Cited Half-life	Eigenfactor™ Score	Article Influence™ Score
☐	1	MIS QUART	0276-7783	5684	5.183	11.586	0.778	36	9.7	0.01138	3.541
☐	2	J AM MED INFORM ASSN	1067-5027	2574	3.428	3.886	0.560	100	5.2	0.00090	1.068
☐	3	J INFORMETR	1751-1577	89	2.531	2.563	0.206	34		0.00040	0.563
☐	4	ANNU REV INFORM SCI	0066-4200	477	2.500	2.954	0.846	13	6.5	0.00138	0.956
☐	5	INFORM SYST J	1350-1917	528	2.375	2.940	0.600	25	6.0	0.00132	0.711
☐	6	INFORM MANAGE-AMSTER	0378-7206	2919	2.358	4.079	0.355	62	6.2	0.00625	0.826
☐	6	J MANAGE INFORM SYST	0742-1222	2527	2.358	3.760	0.500	42	8.2	0.00437	1.027
☐	8	SCIENTOMETRICS	0138-9130	2492	2.328	2.295	0.391	128	5.6	0.00610	0.501
☐	9	INFORM SYST RES	1047-7047	2778	2.261	5.644	0.120	25	9.2	0.00545	2.363
☐	10	J HEALTH COMMUN	1081-0730	955	2.057	2.431	0.087	46	4.6	0.00579	0.998
☐	11	J INF TECHNOL	0268-3962	838	1.966	3.097	0.269	26	6.3	0.00212	0.773
☐	12	J AM SOC INF SCI TEC	1532-2882	3967	1.954	2.178	0.375	184	7.6	0.01009	0.671
☐	13	GOV INFORM Q	0740-624X	396	1.910	1.753	0.175	40	4.1	0.00088	0.266

Abbildung 9.7: Zeitschriften der Klasse „Information Science & Library Science", sortiert nach dem Impact Factor. Quelle: Journal Citation Reports.

Der Impact Factor hilft Bibliotheken beim Bestandsaufbau, gibt Wissenschaftsverlagen Hinweise zum Standort ihrer Zeitschriften, versorgt Autoren (soweit sie „ihre" Zeitschriften nicht ohnehin kennen) mit Orientierungen, wo sie publizieren können, und spielt sogar eine (methodisch allerdings sehr bedenkliche) Rolle (Stock 2001) bei der Evaluation von Forschungsleistungen von Instituten und Autoren. Da sich die Zitationsgewohnheiten der Wissenschaftler unterschiedlicher Disziplinen mitunter deutlich unterscheiden, ist es methodisch unzulässig, ohne zusätzliche Normalisierungen die IF-Werte von Periodika disziplinübergreifend zu vergleichen. So hat beispielsweise die Top-Zeitschrift der Medizin, das *New England Journal of Medicine*, im Jahr 2005 einen Impact Factor von 44,0 (Brown 2007), während Spitzenzeitschriften der Informationswissenschaft wie *Journal of Documentation* oder *Journal of the American Society for Information Science and Technology* lediglich Werte von 1,52 und 1,29 (im Durchschnitt der Jahrgänge 1997 bis 2000) vorweisen können (Schlögl/Stock 2008).

Es soll nicht verschwiegen werden, dass der Impact Factor methodologische Probleme hat (Stock 2001): Für gewisse Disziplinen (wie etwa Geschichte) ist das Zeitfenster (Berichtsjahrgang und zwei davor liegende Jahre) viel zu kurz, im Nenner der IF-Formel beschränkt man sich auf „zitierbare Quellen" (und übergeht beispielsweise „Letters to the Editor"), während im Zähler Zitationen auf alle Beiträge (also auch auf die Letters) gezählt werden. Außerdem ist sowohl die länderspezifische als auch die disziplinspezifische Repräsentativität nicht immer ausgewogen. Einige Länder (darunter die USA und einige EU-Staaten) sind überproportional, einige andere (z. B. China) unterproportional vertreten. Gewisse Disziplinen (wie die Chemie) sind ausreichend vertreten, andere (insbesondere viele Geistes- und Sozialwissenschaften) nicht. Ein statistisches Problem gilt es zu bedenken. Der IF ist ein arithmetisches Mittel, das nur dann berechnet werden darf, wenn die Werte näherungsweise einer Gaußschen Glockenkurve folgen. Die Verteilung der Artikel eines Journals ist jedoch extrem linksschief: Wenige Beiträge sind hoch zitiert, während viele nur wenig oder gar nicht zitiert werden. Wir können den IF deshalb ausschließlich als Schätzwert auf eine Zeitschrift als Ganzes betrachten; der Schluss auf einzelne Beiträge ist grundsätzlich unzulässig. Die Klasseneinteilung bei Web of Knowledge ist bisweilen etwas willkürlich. Die oberen beiden Zeitschriften in Abbildung 9.7 gehören nur schwerlich dem Bereich der Bibliotheks- und Informationswissenschaft an; *MIS Quarterly* publiziert eher im Bereich Wirtschaftsinformatik, während das *Journal of the American Medical Information Association* Medizininformatik präsentiert. Bei der Interpretation der IF ist demnach stets Fachwissen auf der Nutzerseite gefordert, um Fehldeutungen zu vermeiden.

9.5 WTM e-Books

Digitale Bücher – e-Books – sind elektronische Ausgaben von Büchern, abspielbar entweder über einen normalen Rechner (PC, Laptop) oder über ein spezielles Gerät wie beispielsweise den in den USA erfolgreichen Kindle von Amazon (Bedord 2009). Einer weiten internationalen Verbreitung von e-Books im Unterhaltungsbereich stehen derzeit sowohl unterschiedliche Lesegerätstypen als auch unterschiedliche und nicht immer kompatible Formate (wie etwa Amazons AZW-Format für den Kindle) entgegen.

Im Unterschied zum Markt für Belletristik-e-Books haben sich im WTM-Bereich breit akzeptierte Formate durchgesetzt. Alle großen Wissenschaftsverlage bieten ihre Bücher – zumeist kapitelweise – entweder im PDF-Format, ePub-Format (basierend auf XML) oder direkt in XML an (Göbel 2010). Produktion und Vertrieb von Kapiteln aus e-Books verlaufen analog zum Umgang mit Zeitschriftenartikeln. Verlage bieten ihre digitalen Produkte, also Zeitschriftenartikel wie e-Books, in der Regel unter einer einzigen Oberfläche an (wie beispielsweise der Verlag de Gruyter unter seinem digitalen Portal Reference Global; siehe Abbildung 9.8).

Wichtig für Autoren und Verlage ist bei e-Kapiteln, dass diese ein (zumindest einigermaßen) kohärentes Produkt ergeben, das auch für sich alleine stehen kann. Ein mitunter aufzufindender Fehler ist es, den Kapiteln nicht direkt ein Literaturverzeichnis anzufügen. So ist beispielsweise das vor Ihnen liegende Buch tauglich als e-Book, da es die Bibliographien stets bei den Kapiteln abdruckt und somit die einzelnen Kapitel durchaus für sich selbst stehen können.

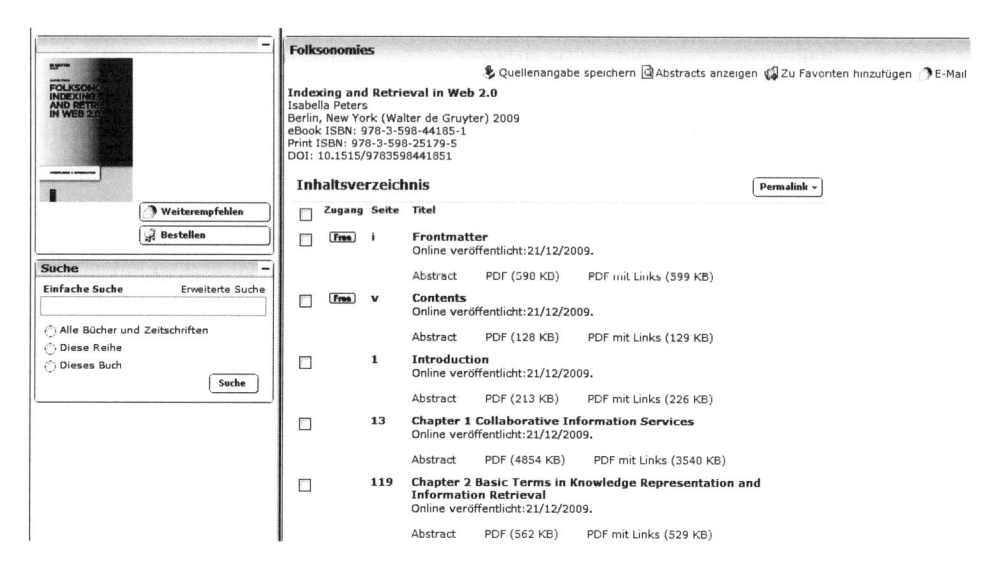

Abbildung 9.8: Kapitelweiser Verkauf eines e-Books. Quelle: De Gruyter Reference Global.

Auch Lehrbücher stehen im WTM-Bereich als e-Books zur Verfügung. Hier zeigt sich, dass die Studierenden die digitalen Versionen vor allem für die Suche nach kleinen Abschnitten eines Buches oder nach bestimmten Fakten nutzen. Als Ganzes gelesen werden sie nicht; hierzu kaufen sich die Studenten (nach wie vor bzw. – in einigen Fällen – weitaus mehr als vorher) das gedruckte Lehrbuch (Nicholas et al. 2010).

9.6 Patente und Gebrauchsmuster

Bei den Schutzrechtsdokumenten sind wir in der glücklichen Situation, dass die Patent- und Markenämter aller großen Staaten die Gesamtheit der Schriften, in aller Regel im PDF-Format, zur kostenlosen Nutzung bereitstellen. Neben den nicht-technischen Schutzrechtsdokumenten (Marken und Designs) liegen also alle technischen Dokumente, Patente wie Gebrauchsmuster, in digitaler Form vor (s. o., Kap. 5). Die Recherche (in einer Suchmaske oder auch in der Suchsyntax formuliert) führt zu einer Trefferliste, aus der man sich die passenden Dokumente und deren bibliographischen Daten aussucht. Letztlich landet man beim Faksimile der gesuchten Dokumente. Die Datenbanken gestatten umfängliche Sucheinstiege – u. a. über die Notationen der Internationalen Patentklassifikation (IPC) (WR, 215) – sowie das Zusammenführen von Mitgliedern einer Patentfamilie.

9.7 Digital Object Identifier (DOI)

Wissenschaftler zitieren andere, bei der Vorbereitung und Durchführung der Forschungsarbeit verwendete Literatur. Es ist für den Nutzer wesentlich, über die Referenzen eines Beitrags direkt zum Volltext des zitierten Werkes navigieren zu können. Hierzu bedarf es einer eindeutigen Kennzeichnung jedes WTM-Objektes. Eine solche Funktion erfüllen die **Digital Object Identifiers** (DOI) (Mader 2001), die von der International DOI Foundation verwaltet werden. So ist beispielsweise der obere Artikel in Abbildung 9.9 durch die Nummer *10.10.1038/nphys1170* eindeutig markiert. Der DOI bleibt stets derselbe, auch wenn beispielsweise eine Zeitschrift den Verlag wechselt oder unter einer veränderten URL erreichbar ist.

- **Journal Article:** "Quantum tomography: Measured measurement", Markus Aspelmeyer, *nature physics* January 2009, Volume 5, No 1, pp11-12; [doi:10.10.1038/nphys1170]

- **Book Chapter:** Held, Gilbert. Internetworking LANs and WANs (Second Edition), John Wiley & Sons, 1998, Published Online 05 Oct 2001. Chapter 1, Network Concepts (p 1-30) [doi:10.1002/0470841559.ch1]

Sets & Subsets:

- Irino, T; Tada, R (2009): Chemical and mineral compositions of sediments from ODP Site 127-797. *Geological Institute, University of Tokyo.* [doi:10.1594/PANGAEA.726855]

Earthquake Event, Authored by Automated System:

- Geofon operator (2009): GEOFON event gfz2009kciu (NW Balkan Region) *GeoForschungsZentrum Potsdam(GFZ).* [doi:10.1594/GFZ.GEOFON.gfz2009kciu]

Mapped Visualisation of a Dataset:

- Kraus, Stefan; del Valle, Rodolfo (2008): Geological map of Potter Peninsula (King George Island, South Shetland Islands, Antarctic Peninsula). *Instituto Antártico Chileno, Punta Arenas, Chile & Instituto Antártico Argentino, Buenos Aires, Argentina.* [doi:10.1594/PANGAEA.667386]

Video of eye operation that supplements a medical journal:

- B. Kirchhof (2009) Silicone oil bubbles entrapped in the vitreous base during silicone oil removal, *Video Journal of Vitreoretinal Surgery.* [doi: 10.3207/2959859860]

Abbildung 9.9: Navigation zwischen WTM-Objekten. Oben: Literatur (via CrossRef), unten: Forschungsdaten (via TIB DataCite). Quelle: International DOI Foundation.

Die Angaben vor dem Schrägstrich sind das Präfix und enthalten Informationen über die Registrierungsagentur (derzeit immer *10*) und eine Ziffernkombination, die einen Anmelder beschreibt (ob dies z. B. nun ein Verlag, ein Imprint oder eine einzelne Zeitschrift ist, ist dabei irrelevant). Das Suffix hinter dem Schrägstrich ist eine frei wählbare Zeichenkombination, die das Objekt eindeutig bezeichnet. Objekte sind nicht nur Textdokumente, sondern letztlich alles, was eindeutig identifizierbar ist. Gespeicherte und öffentlich zugängliche Forschungsdaten tragen demnach ebenfalls DOIs. Für den Wissenschaftsbereich bereitet das Unternehmen CrossRef die Zitationszusammenhänge zwischen WTM-Dokumenten mittels DOI auf und bietet dies den Verlagen als Dienstleistung an; für Forschungsdaten gibt es mit TIB DataCite (an der die Technische Informationsbibliothek in Hannover maßgeblich beteiligt ist) einen vergleichbaren Dienst. Der Nutzer klickt lediglich (beispielsweise innerhalb einer Bibliographie) auf den DOI und erreicht somit die gewünschte Zielseite (Abbildung 9.9).

9.8 Informationsdienste mit bibliographischen Nachweisen zu WTM-Schriften

Die Gesamtheit aller WTM-Schriften beläuft sich auf mehrere hundert Millionen Dokumente – Tendenz weiterhin ansteigend. Ohne die Zuhilfenahme von Informationsdiensten mit bibliographischen Nachweisen ist es für Wissenschaftler, Ingenieure und Mediziner in der praktischen Arbeit unmöglich, einen Überblick zu erhalten oder auch nur einen temporär erreichten Stand zu behalten. Bei bzw. vor der Aufnahme eines WTM-Projektes ist es deswegen unumgänglich, einschlägige Informationsdienste zu konsultieren. Wir unterscheiden grob nach drei unterschiedlichen Typen von WTM-Informationsdiensten:

- allgemeinwissenschaftliche Informationsdienste,
- disziplinspezifische Informationsdienste,
- verlagsspezifische Informationsdienste.

Bei den **allgemeinwissenschaftlichen Datenbanken** gibt es drei Produkte, die den Markt unter sich aufteilen: Web of Science (WoS) von Thomson Reuters, Scopus von Elsevier und Scholar von Google (Bakkalbasi et al. 2006; Falagas et al. 2008; Jacso 2005), die beiden ersten kostenpflichtig im Deep Web und die Suchmaschine Google Scholar kostenlos im Oberflächenweb. Alle drei Informationsdienste sind Zitationsdatenbanken, d.h. sie arbeiten mit der Zitationsindexierung als Methode der Wissensrepräsentation (WR, Kap. 18). Web of Science und Scopus beschränken sich bei den Quellendokumenten auf Beiträge in akademischen Zeitschriften und in Konferenzproceedings, Google Scholar weist Dokumente nach, die digital vorliegen und die (mit einigen Randunschärfen) WTM-Content transportieren. Web of Science deckt gut 10.000 Periodika und Beiträge aus rund 110.000 Tagungen ab, Scopus wertet rund 16.500 begutachtete Journale, 350 Buchreihen sowie Tagungsliteratur aus (Stand: Frühjahr 2010). Es gibt zwar breite Überschneidungsbereiche in den Quellen, trotzdem müssen in der praktischen Anwendung alle drei Informationsdienste genutzt werden, da nur so eine zufriedenstellende Literaturbasis erreicht werden kann. Der große Unterschied zwischen Google Scholar und den beiden anderen Produkten liegt in der Abdeckung

9.8 Informationsdienste mit bibliographischen Nachweisen zu WTM-Schriften

der Quellen (von Versehen und Fehlern bei der Produktion abgesehen, werten WoS und Scopus die Quellen Cover-to-Cover aus, während Google Scholar vom digitalen Vorhalten einzelner Artikel im Web abhängig ist) sowie im Umfang der Funktionalität (bei Google Scholar sehr eingeschränkt).

Unique Identifier	19213266
Record Owner	From MEDLINE, a database of the U.S. National Library of Medicine.
Status	MEDLINE
Authors	Millstein CB.
Authors Full Name	Millstein, Charles B.
Institution	Tufts University School of Dental Medicine, MA, USA. jeanmill74@aol.com
Title	Technology transfer: Kuwait--a quarter-century of progress.
Source	Journal of the History of Dentistry. 56(3):140-4, 2008.
Abbreviated Source	J Hist Dent. 56(3):140-4, 2008.
NLM Journal Name	Journal of the history of dentistry
Publishing Model	Journal available in: Print Citation processed from: Print
NLM Journal Code	9609747, cj7, 9609747
Journal Subset	D, Q
Country of Publication	United States
MeSH Subject Headings	Developed Countries *Developing Countries History, 20th Century History, 21st Century Kuwait *Pediatric Dentistry / hi [History] *Preventive Dentistry / hi [History] *Technology Transfer United States
Personal Name as Subject	Hein J. DePaola P. Soparkar P. Al-Mutawa S. Al-Duwairi YS.
Abstract	The transfer of knowledge, skill, and technology from resource-rich countries to resource-constrained countries is a valuable tool in improving global health. During an important period in dental history, one individual made this type of transfer a reality. John W. Hein was director of the Forsyth Dental Center in Boston when he wrote a short article in 1986 defining technology transfer. For it to be successful, either within a first-world, developed country or in a third-world, developing country, he determined that certain proven procedures should be followed, maintained, and updated. This paper will outline the development of his strategy for technology transfer, as well as its successful application in Kuwait.
ISSN Print	1089-6287
ISSN Linking	1089-6287
Publication Type	Biography. Historical Article. Journal Article. Portraits.
Language	English

Abbildung 9.10: Disziplinspezifischer bibliographischer Nachweis. Quelle: Medline / Ovid.

Wir wollen einige Funktionen der professionellen allgemeinwissenschaftlichen Informationsdienste erläutern. Recherchierbar sind Quellenartikel (über die Terme im Titel und im Abstract sowie über vom Autor vergebene Schlagwörter) sowie Artikel, die einen Autor oder ein konkretes Werk zitieren. Bei der Trefferliste liegen kontextspezifische Optionen vor, die Suche nach Wissenschaftsgebieten, Autoren, Sprachen, Dokumenttypen usw. zu verfeinern. Gewünschte Aspekte werden als zusätzliche Suchargumente automatisch mit UND verbunden, nicht gewünschte durch UND NICHT von der weiteren Suche ausgeschlossen. Zudem gibt es die Funktion, entweder nach dem Erscheinungstermin oder nach der Anzahl der erreichten Zitationen zu sortieren. Bei den einzelnen bibliographischen Datensätzen hat der

Nutzer die Möglichkeit, sowohl nach „vorne" (zu den zitierenden Artikeln), nach „hinten" (zu den zitierten Literaturstellen) als auch (so beim WoS) zu „verwandten" Dokumenten (via bibliographische Kopplungen; WR, 335-337) zu navigieren. Diverse Tools ermöglichen einfache informetrische Analysen (IR, Kap. 11) wie beispielsweise die Angabe des h-Index' (IR, 443-444) oder (wiederum bei WoS) das Erstellen von Rangordnungen und Zeitreihen.

Disziplinspezifische Informationsdienste gibt es – in unterschiedlicher Qualität – zu allen Wissenschaftsdisziplinen. Bei den „großen" Wissenschaften kann man davon ausgehen, dass die jeweiligen Datenbanken sowohl das dort anzutreffende Fachvokabular (durch eine Nomenklatur, ein Klassifikationssystem, einen Thesaurus oder durch Kombinationen mehrerer Methoden) zum Suchen und Finden einsetzen und dass die Datenbasen (mehr oder minder) vollständig sind. Beispiele für „große" disziplinspezifische Informationsdienste sind (in Klammern Angaben zu den Herstellern und zum Umfang Mitte 2010):

- Biologie: BIOSIS (Thomson Reuters / 21 Mio. Nachweise),
- Chemie: CA (Chemical Abstracts Services / 29 Mio.),
- Ingenieurwissenschaften: Compendex (Elsevier / 10 Mio.),
- Landwirtschaft: CABA (CAB International / 6 Mio.),
- Medizin: Medline (U.S. National Library of Medicine / 19 Mio.) und EMBASE (Elsevier / 14 Mio.),
- Ökonomie: ECONIS (Deutsche Zentralbibliothek für Wirtschaftswissenschaften / 3 Mio.),
- Patente und Gebrauchsmuster: Derwent World Patents Index (Thomson Reuters / 19 Mio. Patentfamilien),
- Physik: INSPEC (Institution of Engineering and Technology / 12 Mio.).

In Abbildung 9.10 sehen wir einen typischen disziplinspezifischen bibliographischen Nachweis, den wir bei der Medizindatenbank Medline beim Host Ovid recherchiert haben. Die zentralen Qualitätsmerkmale sind die Indexierung durch Fachbegriffe (hier im Feld MeSH, „Medical Subject Headings", durch Deskriptoren; WR, 241-243) sowie der Informationsgehalt des Abstracts (WR, Kap. 21).

Verlagsdatenbanken der großen Wissenschaftsverlage wie beispielsweise SpringerLink oder ScienceDirect (von Elsevier) bieten eigene bibliographische Informationsdienste an. Elaborierte Dienste (wie in Abbildung 9.10 ScienceDirect) sind vom Auftritt her kaum von den allgemeinwissenschaftlichen Datenbanken zu unterscheiden (ScienceDirect lässt beispielsweise eine Suche in den Referenzen zu und ermöglicht die kontextspezifische Eingrenzung von Retrievalergebnissen). Vorteil ist das kostenlose Angebot (bezahlt wird erst bei den Volltexten), Nachteil ist die Beschränkung der Nachweise auf die Produkte des jeweils eigenen Hauses. Da die meisten Verlage WTM-Dokumente mehrerer Disziplinen anbieten, sind sie nicht in der Lage, dem Nutzer einen Zugang in der Terminologie der jeweiligen Wissenschaftsfächer (wie die disziplinspezifischen Dienste) zu offerieren.

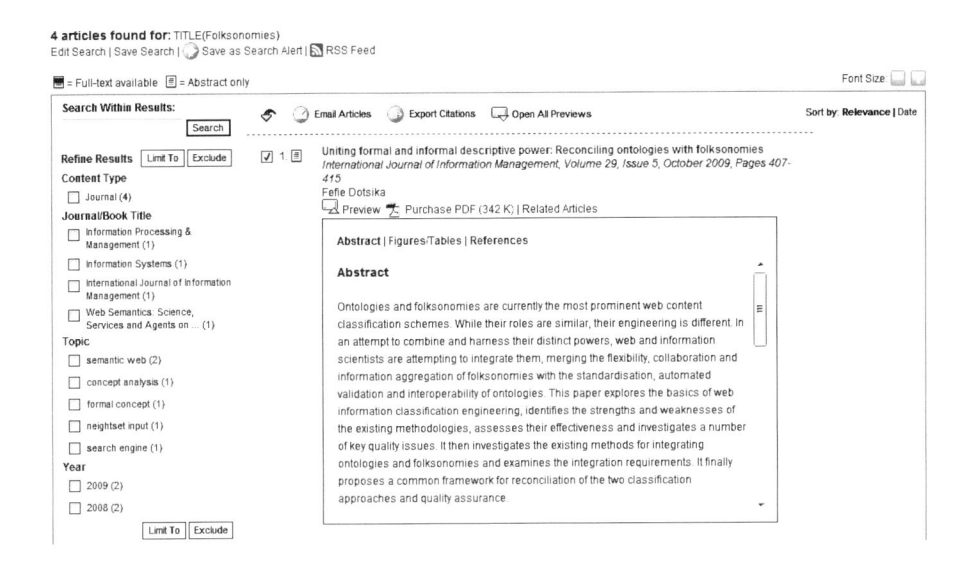

Abbildung 9.11: Bibliographischer Nachweis einer Verlagsdatenbank. Quelle: ScienceDirect.

Bibliographische Nachweise enthalten Metadaten zu Dokumenten, aber nicht die Volltexte selbst. Erforderlich ist – wenn man den Nutzer nicht bei der „Vorspeise" sitzen lassen möchte – der Link zum PDF des Volltextes. Bei Verlagsdatenbanken ist diese Verknüpfung selbstverständlich; bei allen anderen Informationsdiensten muss sie geschaffen werden. In aller Regel führen Bibliotheken für ihre Kunden (Wissenschaftler wie Studenten) unter Nutzung von DOI, CrossRef oder weiterführenden proprietären Diensten **Link-Server** (wie beispielsweise SFX; Van de Sompel/Beit-Arie 2001). Trifft der Kunde bei einer allgemeinwissenschaftlichen oder disziplinenspezifischen Datenbank auf einen bibliographischen Nachweis, so wird er – soweit die Bibliothek die Zeitschrift oder das Buch lizenziert hat – direkt zum Volltext geführt, ansonsten verläuft der Weg zur Verlagsdatenbank mit der dort anzutreffenden Option, das Dokument zu erwerben. Hier kommt eine weitere Informationsdienstleistung ins Spiel: Es muss geprüft werden, ob der Benutzer (bzw. der Rechner, den er benutzt) autorisiert ist, auf die gewünschte Quelle zugreifen zu dürfen. Solche Aufgaben lösen **Authentifizierungsdienste** wie z. B. Shibboleth (Mikesell 2004; Needleman 2004).

```
Beilstein Records (BRN):      2498107
Beilstein Pref. RN (BPR):     127-91-3
CAS Reg. No. (RN):            127-91-3, 18172-67-3, 19902-08-0, 23089-32-9
Chemical Name (CN):           (1R)-pin-2(10)-ene, (+)-nopinene,
                              (+)-.beta.-pinene
Autonom Name (AUN):           6,6-dimethyl-2-methylene-
                              bicyclo<3.1.1>heptane
Molec. Formula (MF):          C10 H16
Molecular Weight (MW):        136.24
Lawson Number (LN):           4055
File Segment (FS):            Stereo compound
Compound Type (CTYPE):        isocyclic
Constitution ID (CONSID):     1226038
Tautomer ID (TAUTID):         2323395
Beilstein Citation (BSO):     3-05-00-00378, 4-05-00-00456, 5-05, 6-05
Entry Date (DED):             1989/07/05
Update Date (DUPD):           2001/07/25
```

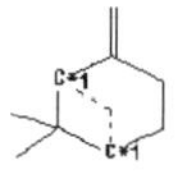

Abbildung 9.12: Dokument aus einer Faktendatenbank (Ausschnitt). Quelle: Beilstein / STN International.

9.9 WTM-Fakten

Bei den WTM-Fakten unterscheiden wir zwei Gruppen von Informationsdiensten. Die Faktendatenbanken verzeichnen intellektuell aus der Fachliteratur extrahierte Fakten, während Informationsdienste mit Forschungsdaten unpublizierte Rohdaten sammeln, die im Rahmen von Forschungsprojekten entstanden sind. In vielen Bereichen von WTM benötigen die Nutzer beides, Literatur und Fakten (Losoff 2009).

WTM-Faktendatenbanken sind vielfältig. Wir treffen sie überall dort an, wo man sinnvoll nach einzelnen Fakteninformationen suchen kann, beispielsweise bei Werkstoffen, Gensequenzen, anorganischen und organischen chemischen Strukturen und Reaktionen (IR, 503-505; WR, 131-133). Unser Beispiel in Abbildung 9.12 zeigt einen kleinen Ausschnitt aus einem Faktendokument zu Beta-Pinen ($C_{10}H_{16}$), der die unterschiedlichen Bezeichnungen dieses Stoffes auflistet. Chemische Eigenschaften und Toxizität sind ebenfalls verzeichnet.

Die globale netzgestützte wissenschaftliche Kooperation – insbesondere bei datenintensiven Vorhaben (beispielsweise in Hochenergiephysik, Klimaforschung oder Bioinformatik) – bezeichnet man als **e-Science** (enhanced science) oder (vor allem in den Vereinigten Staaten) als **Cyberinfrastructure** (Hey/Trefethen 2005; Newman et al. 2003). Wissenschaftliche Großprojekte können so verteilt an verschiedenen Orten durchgeführt werden. Eher als Nebenprodukt von e-Science entstanden Sammlungen von **Forschungsdaten**, die von den Wissenschaftlern, die diese ursprünglich erhoben haben, zur weiteren Nutzung bereitgestellt werden. Einher geht damit der Anspruch, dass solche Sammlungen in daraus abgeleiteten Publikationen zitierfähig sind (und dass die Daten so aufbereitet wurden, dass auch Projekt-

9.9 WTM-Fakten

fremde diese verstehen können). In Abbildung 9.13 haben wir einen Forschungsdatensatz (die Tabelle allerdings stark gekürzt) abgedruckt.

Citation:	White, J (2009): Stable Isotope Stacked Record of ice core GRIP913. doi:10.1594/PANGAEA.712617, *In Supplement to:* White, James WC; Barlow, L K; Fisher, D; Grootes, Pieter Meiert; Jouzel, Jean; Johnsen, Sigfus J; Stuiver, Minze; Clausen, Henrik B (1997): The climate signal in the stable isotopes of snow from Summit, Greenland: Results of comparisons with modern climate observations. *Journal of Geophysical Research,* **102(C12)**, 26425-26440, doi:10.1029/97JC00162
Reference(s):	Steig, Eric J; Grootes, Pieter Meiert; Stuiver, Minze (1994): Seasonal precipitation timing and ice core records. *Science,* **266 (5192)**, 1885-1886, doi:10.1126/science.266.5192.1885
	Stuiver, Minze; Grootes, Pieter Meiert; Braziunas, TF (1995): The GISP2 d18O Climate Record of the Past 16,500 Years and the Role of the Sun, Ocean, and Volcanoes. *Quaternary Research,* **44(3)**, 341-354, doi:10.1006/qres.1995.1079
	GRIP/GISP (1997): The Greenland Summit Ice Cores CD-ROM and new data archived since 1998. *National Snow and Ice Data Center, University of Colorado at Boulder, and World Data Center for Paleoclimatology, National Geophysical Data Center, Boulder Colorado,* http://www.ngdc.noaa.gov/paleo/icecore/greenland/greenland.html
Project(s):	**Greenland Ice Core Project/Greenland Ice Sheet Project** (GRIP/GISP)
Coverage:	West: -37.6422 * East: -37.6422 * South: 72.5872 * North: 72.5872
	Minimum Age: -0.029 ka BP * Maximum Age: 0.178 ka BP
Event(s):	GRIP913 * Latitude: 72.5872 * Longitude: -37.6422 * Date/Time: 1991-06-01T00:00:00 * Location: Greenland * Campaign: GRIP * Basis: Sampling/drilling ice * Device: Drilling * Comment: core from the GRIP camp drilled in 1991
Comment:	Dating control as in White et al. (1997). GISP2 timescale is NOTidentical to official GISP2 timescale in the file gisp2age. Cal year1986=summer1985-summer1986

Parameter(s):	# Name	Short Name	Unit	Principal Investigator	Method	Comment
	1 □ AGE	Age	ka BP			Geocode
	2 □ Age	Age	year AD	White, James		
	3 □ delta 18O, water	d18O H2O	per mil SMOW	White, James		

Size: 416 data points

1 □ Age [ka BP]	2 □ Age [year AD]	3 □ d18O H2O [per mil SMOW]
-0.029	1979	-36.43
-0.028	1978	-35.83
-0.027	1977	-33.35
-0.026	1976	-34.02
-0.025	1975	-36.74
-0.024	1974	-35.26
-0.023	1973	-36.21
-0.022	1972	-33.56
-0.021	1971	-32.43
-0.020	1970	-34.45
-0.019	1969	-33.96
-0.018	1968	-35.12
-0.017	1967	-35.37
-0.016	1966	-33.79
-0.015	1965	-34.10
-0.014	1964	-34.81
-0.013	1963	-35.88
-0.012	1962	-36.43
-0.011	1961	-35.82
-0.010	1960	-34.74
-0.009	1959	-34.12

Abbildung 9.13: Zugang zu Forschungsdaten (Ausschnitt). Quelle: PANGAEA. Publishing Network for Geoscientific & Environmental Data.

9.10 Der WTM-Markt: Verlage, Bibliotheken und Wissenschaftler

Nutzer von WTM-Informationen sind in den meisten Fällen Wissenschafter – in einer Hochschule, einer privaten oder öffentlichen Forschungseinrichtung oder in einem Unternehmen. Die Nutzer treten aber in aller Regel gar nicht als (zahlende) Kunden auf dem Informationsmarkt in Erscheinung. Diese Funktion erfüllen vielmehr Bibliotheken, d.h. Hochschulbibliotheken, wissenschaftliche Spezialbibliotheken und Firmenbibliotheken. Die Bibliotheken stehen vor der Aufgabe, unter beschränkten Etats die Informationsbedarfe „ihrer" Wissenschaftler möglichst flächendeckend zu befriedigen. Dies gelingt jedoch nicht immer. Akademische Zeitschriften und Datenbanken werden von Jahr zu Jahr teurer, hinzu kommen Wünsche der Wissenschaftler nach neu zu abonnierenden Periodika. Moore-Jansen, Williams und Dadashzadeh (2001, 54) berichten für den Zeitraum von 1995 bis 2000 von Preissteigerungen bei Produkten wissenschaftlicher Verlage von durchschnittlich 15% pro Jahr. Gründe für die Preissteigerungen sind die hohen Produktionskosten (beispielsweise bei hochauflösenden Abbildungen), steigende Seitenzahlen pro Jahrgang, die niedrigen Auflagen einiger Zeitschriftentitel und wohl auch die sehr hohen Profiterwartungen gewisser Verlage.

Wenn die Beschaffungsetats der Bibliotheken nicht mit den Kosten mithalten können, führt dies unweigerlich zur Ausdünnung des Angebots in der jeweiligen Einrichtung. Dieser Zusammenhang wird als **Zeitschriftenkrise** (oder „serials cancellation crisis") bezeichnet (Chrzastowski/Schmidt 1997). Die Suche nach Auswegen aus dieser misslichen Situation führt gelegentlich zu innovativen Geschäftsmodellen.

Verlage bieten ihre digitalen Versionen von Zeitschriften und ihre e-Books in unterschiedlichen Varianten an:

- Abonnement pro Zeitschriftentitel:
    - Abonnement von Print- und Digitalversion (Preis des Printabonnements plus geringer Aufschlag),
    - e-only (Abonnement nur der digitalen Version),
- Abonnement eines thematischen Bündels (oder auch des Gesamtangebots) eines Verlages (digital),
- Pay per View.

Allgemeinwissenschaftliche wie disziplinspezifische Informationsdienste offerieren den Bibliotheken nahezu ausschließlich Abonnements. Die Kosten für Printexemplare liegen bei akademischen Periodika für die Nutzung in Bibliotheken zwischen mehreren hundert bis mehreren tausend EURO pro Jahr. Der Preis für den digitalen Zugang variiert nach der Anzahl der Mitarbeiter bzw. der wissenschaftlichen Mitarbeiter einer Einrichtung. Beim Pay per View schwanken die Preise für einen Artikel zwischen wenigen EURO bis zu über 30 EURO.

WTM-Zeitschriften und -Bücher werden entweder von gewinnorientierten **Verlagen** oder von gemeinnützigen Vereinigungen, meist **wissenschaftlichen Gesellschaften**, auf den Markt gebracht (Galyani-Moghaddam 2006). Bei den kommerziellen Verlagen dominieren (mit u. a. Elsevier, Springer oder Wiley-Blackwell) nur einige wenige große Unternehmen den Markt. Für die Preisgestaltung eines Periodikums spielt die Herkunft – kommerzieller Verlag oder wissenschaftliche Gesellschaft – eine bemerkbare Rolle: Im Schnitt sind die Preise der kommerziellen um den Faktor 2,8 höher als die der Non-Profit-Verlage (Galyani-Moghaddam 2006, 115). Es gibt aber auch Ausnahmen. So liegen beispielsweise die Zeitschriften der American Physical Society (etwa *Physical Review B*) im Hochpreissegment.

Bei elektronischen Versionen von Periodika und Büchern reduzieren sich die Herstellungs- und Verteilungskosten (Varian 1998), so dass ein gänzlich neues Geschäftsmodell entsteht: das sog. **Long Tail Business**. Dies geht vom bekannten Kurvenverlauf eines inversen Power Laws aus, bei dem sehr wenige Items (sagen wir, Zeitschriften) eine sehr große Ausprägung (im Beispiel: Anzahl der Leser) haben (IR, 76-78). Nach einem steilen Abfall der Y-Werte geht die Kurve in den „langen Schwanz" über. Hier gibt es sehr viele Items, die aber jeweils nur geringe Ausprägungen aufweisen. Aber auch die jeweils geringen Ausprägungen addieren sich zu beträchtlichen Mengen – der lange Schwanz ist in der Tat sehr lang. „The future of business is selling less of more", behauptet Chris Anderson (2004, 2006). Thomas H.P. Gould (2009) überträgt die Idee auf das akademische Publizieren. Der Markt – so Gould – verträgt noch weit mehr (kostengünstig, d.h. digital produzierte) Zeitschriften. Solche Zeitschriften lohnen sich für einen Verlag, vorausgesetzt er verlegt eine genügende Masse an Titeln, auch bei jeweils nur geringen Abonnentenzahlen.

Bei rein digitalen Lösungen „besitzen" die Bibliotheken „ihre" Bestände nicht mehr, da sie nur den Zugang zu ihnen lizenziert haben. **Digitale Lizenzen** haben den Nachteil, mit einer gewissen Unsicherheit zu leben, ob der Zugang auch dauerhaft gesichert ist. Allerdings wird es als Vorteil empfunden, Magazinplatz für hunderte laufende Regalmeter an Zeitschriften- und Buchbänden einzusparen.

Insbesondere um die Verhandlungsstärke auf Bibliotheksseite zu stärken, finden Bibliotheken zu **Konsortien** zusammen und treten den Verlagen als Einheit gegenüber. Erhoffte Ersparnisse können hierbei kaum realisiert werden, allerdings erreicht man ein deutlich größeres Angebot zu einem verhältnismäßig kleinen Aufpreis (Filipek 2009, 145). Eine weitere Option, für große Nutzerkreise WTM-Literatur zu lizenzieren, sind **Nationallizenzen** (Filipek 2010, 76 ff.). Es lassen sich zwei Modelle unterscheiden: Im isländischen Modell wird der gesamten Bevölkerung, unabhängig vom Einwählort (also auch vom heimischen PC aus) die lizenzierte Literatur bereitgestellt. Das Konkurrenzmodell sieht nur den Zugang von ausgewählten Institutionen (beispielsweise Hochschulen) vor, dies aber landesweit. Eine Mischform beider Ansätze verfolgt man in Singapur; kostenlosen Zugang zu den digitalen Ressourcen erhalten die Einwohner dieses Stadtstaates entweder über den eigenen Rechner zu Hause, über Rechner aller Bibliotheken oder solchen in ausgewählten Bibliotheken (Chellapandi et al. 2010; Sharma et al. 2009). Durch Marketing wird versucht sicherzustellen, dass auch allen Einwohnern diese Informationsdienstleistungen bekannt sind (Dresel/Kaur 2010).

Wir unterscheiden drei Vertriebskanäle zwischen den Verlagen und den Bibliotheken:

- Bibliotheken (bzw. ihre Konsortialführer) verhandeln direkt mit den Verlagen.
- Bibliotheken betreiben für ihre Zeitschriftenverwaltung Outsourcing und übertragen die Arbeiten für Subskriptionen, Zeitschriftenzugangskontrolle usw. an **Agenturen** (wie beispielsweise Swets; Prior 1997). Die Agenturen arbeiten ihrerseits mit den Verlagen zusammen, um ein optimales Angebot an WTM-Literatur offerieren zu können. Bibliotheken verwalten unter einer einzigen Oberfläche alle ihre Subskriptionen.
- Bibliotheken nehmen die Dienste von **Hosts** in Anspruch, die die einzelnen Datenbanken unter einer Oberfläche bündeln und (zumindest teilweise) auch Volltexte anbieten (siehe Kapitel 10). Die Grenzen zwischen Agenturen und Hosts sind mitunter fließend, da Agenturen auch Hostdienste anbieten.

Breite Diskussion erfährt im Prozess wissenschaftlichen Publizierens das Thema des offenen Zugangs – **Open Access** – zu WTM-Dokumenten (Ball 2004; Mann et al. 2009). Wir können unterschiedliche Ansätze beobachten, dem Kunden einen kostenfreien Zugang zu gewähren:

- der Verlag oder die herausgebende Institution trägt die Kosten selbst und bietet die Dokumente kostenlos im Web an („goldener Weg"),
- anstelle des Nutzers zahlt der Autor (bzw. dessen Bibliothek oder ein Bibliothekskonsortium, da ja so die Abonnementkosten eingespart werden) für die Publikation, die nunmehr kostenlos angeboten werden kann (u. a. eingesetzt bei der Verlagsgruppe BioMedCentral) (wir wollen dies „silberner Weg" nennen),
- Autoren oder deren Institutionen archivieren ihre Schriften selbst auf deren Homepages, so dass – hochverteilt über das WWW – der offene Zugang vonstatten geht („grüner Weg").

Alle drei Modelle gehen vom „normalen" Produktionsprozess von WTM-Literatur aus, behalten also das Peer Review bei. Der „grüne Weg" ist, zumindest wenn der Autor das PDF des erschienenen Artikels online stellt, urheberrechtlich bedenklich, es sei denn, der Verlag stimmt dem „grünen" Nebendokument zu. Allerdings wird das Vorgehen häufig toleriert, da es für die Quelle Aufmerksamkeit erzeugt. Artikel mit offenem Zugang erhalten nämlich im Schnitt mehr Leser und auch mehr Zitationen als „weggeschlossene" Dokumente (Harnad/Brody 2004).

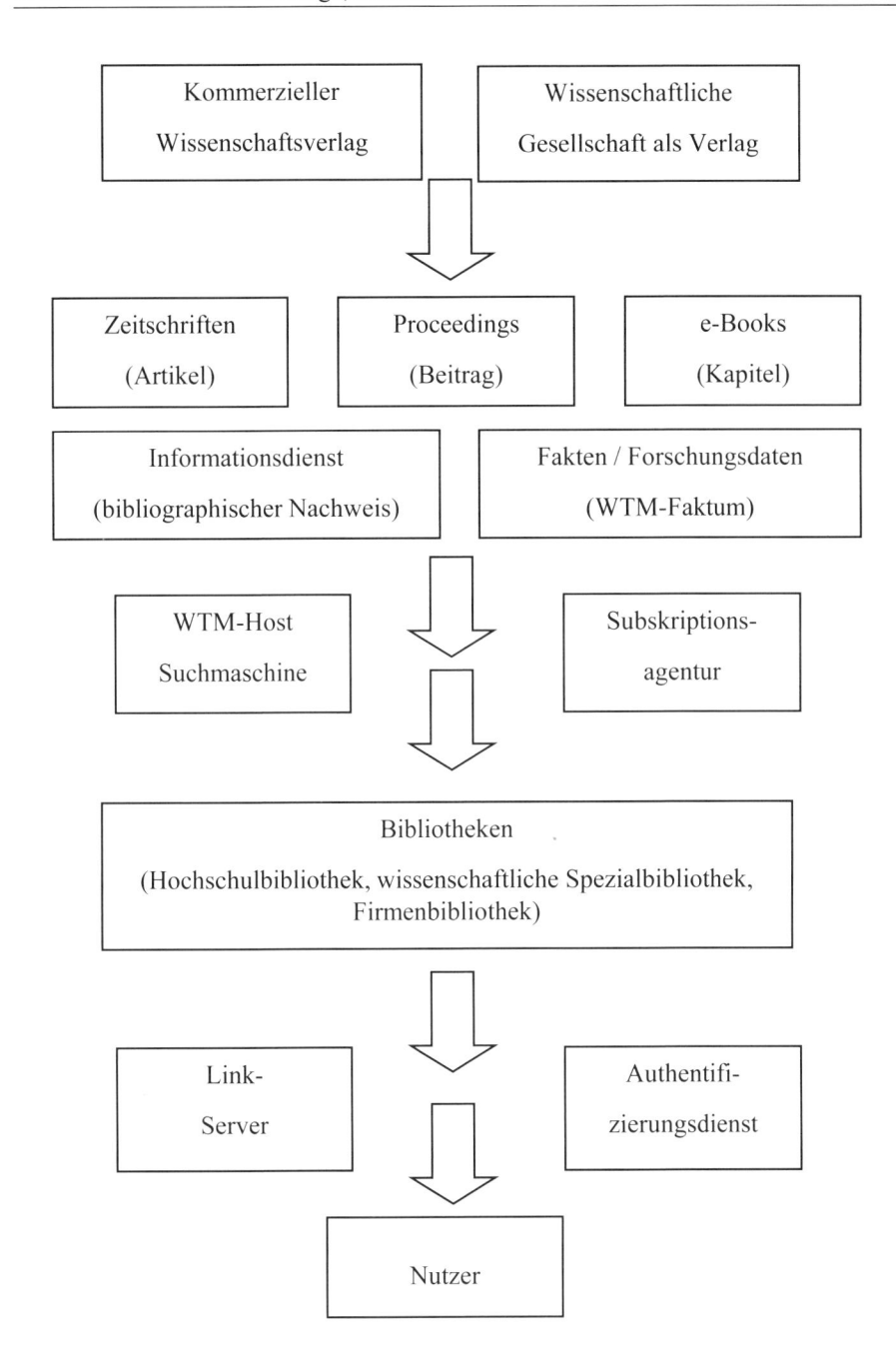

9.10 Der WTM-Markt: Verlage, Bibliotheken und Wissenschaftler

```
┌─────────────────────┐   ┌─────────────────────┐
│   Kommerzieller     │   │   Wissenschaftliche │
│ Wissenschaftsverlag │   │ Gesellschaft als Verlag│
└─────────────────────┘   └─────────────────────┘
                    ⇩

┌──────────────┐   ┌──────────────┐   ┌──────────────┐
│ Zeitschriften│   │ Proceedings  │   │   e-Books    │
│  (Artikel)   │   │  (Beitrag)   │   │  (Kapitel)   │
└──────────────┘   └──────────────┘   └──────────────┘

┌───────────────────────────┐  ┌───────────────────────────┐
│     Informationsdienst    │  │   Fakten / Forschungsdaten│
│ (bibliographischer Nachweis)│ │       (WTM-Faktum)        │
└───────────────────────────┘  └───────────────────────────┘

┌──────────────┐        ⇩         ┌──────────────┐
│  WTM-Host    │                  │ Subskriptions-│
│ Suchmaschine │                  │   agentur     │
└──────────────┘                  └──────────────┘
                    ⇩

┌──────────────────────────────────────────────────────┐
│                    Bibliotheken                      │
│ (Hochschulbibliothek, wissenschaftliche Spezialbibliothek,│
│                  Firmenbibliothek)                   │
└──────────────────────────────────────────────────────┘
                    ⇩

┌──────────────┐                  ┌──────────────┐
│    Link-     │                  │  Authentifi- │
│   Server     │                  │ zierungsdienst│
└──────────────┘        ⇩         └──────────────┘

                ┌──────────────┐
                │    Nutzer    │
                └──────────────┘
```

Abbildung 9.14: Wertkette zwischen Verlag und Nutzer bei digitalen WTM-Dokumenten.

Wie kann ein Verlag die Finanzierung seiner Open-Access-Publikationen sicherstellen? Crow (2009, 9) unterscheidet folgende Wege:

Finanzierung des „silbernen Weges":

- die Autoren zahlen für jeden Artikel einen Beitrag,
- die Autoren zahlen für einen bestimmten Beitrag in einer ansonsten gebührenpflichtigen Zeitschrift, so dass dieser Artikel mit offenem Zugang erscheint,

Finanzierung des „goldenen Weges":

- die Publikation finanziert sich durch Werbung, was aber gerade bei akademischen Zeitschriften nicht geläufig ist (Schlögl/Petschnig 2005) und entsprechend auch kaum flächendeckend Einsatz findet (Frantsvåg 2010),
- es gibt einen Sponsor,
- der Verlag arbeitet mit Quersubventionierung (etwa durch Erträge erfolgreicher gebührenpflichtiger Publikationen),
- Zuwendungen (beispielsweise durch öffentliche Einrichtungen),
- Sach- und Personalleistungen durch wissenschaftliche Institutionen (der häufigste Fall): Ein Wissenschaftler(team) widmet sich in der Arbeitszeit (teilweise wohl auch in der Freizeit) der Herausgabe einer Open-Access-Zeitschrift.

Die Wertkette der WTM-Publikationen vom Verlag zum Nutzer zeigt grob schematisch Abbildung 9.14. Nicht alle Stufen müssen stets durchlaufen werden. Die Bibliothek kann eine Zeitschriftenagentur hinzuziehen, muss dies aber nicht; bei Open Access (im „grünen Weg") kann der Nutzer auf die Dienste einer Bibliothek verzichten.

9.11 Fazit

- Informationen aus Wissenschaft, Technik und Medizin (WTM) umfassen WTM-Schriften (Zeitschriften, Proceedings, Bücher, Patente und Gebrauchsmuster), bibliographische Nachweise dieser Schriften sowie WTM-Fakten.
- Eine Besonderheit des Marktes für WTM-Informationen ist es, dass Wissenschaftler sowohl Produzenten als auch Endnutzer der Informationen sind. Das Wissenschaftssystem kauft seine eigenen Ergebnisse zurück.
- WTM-Publikationen sind von Fachexperten geschrieben, folgen einem formalen Aufbau, enthalten ein Abstract sowie eine Liste der benutzten Quellen in einem festgelegten Format.

9.11 Fazit

- Es lassen sich Lücken im WTM-Informationsfluss ausmachen. Die Theorie-Praxis-Lücke soll durch evidenzbasiertes Vorgehen, die Lücke zwischen unterschiedlichen Disziplinen durch Informing Science geschlossen werden.
- Wissenschaftliche Zeitschriften zeichnen sich durch eine Begutachtung ihrer Artikel durch Peer Review aus. Da dieser Prozess zeitaufwendig ist, sind in einigen Wissenschaftsdisziplinen (z. B. in der Physik mit dem Dienst arXiv) Preprintarchive entstanden.
- Die großen Wissenschaftsverlage vertreiben ihre Zeitschriften und Buchreihen durchgehend parallel in Druckausgaben und in digitalen Versionen. Für weitere Titel bieten verlagsunabhängige Archive (wie JSTOR) ihre Dienste an.
- Ein zentral wichtiger Kennwert für den Einfluss einer akademischen Zeitschrift ist deren Impact Factor, ein Quotient aus der Anzahl der Zitationen der Artikel einer Zeitschrift aus den beiden vorangegangenen Jahren in einem Berichtsjahr und der Anzahl der Quellenartikel der beiden Jahrgänge. Bei der Interpretation des Impact Factor gilt es, dessen methodische Feinheiten und Probleme zu beachten.
- Im Vergleich zu e-Books in der Belletristik sind im WTM-Bereich e-Books bereits selbstverständlich.
- Patente und Gebrauchsmuster liegen für die weltweit wichtigsten Länder vollständig in digitaler Form vor.
- Jedes WTM-Dokument, egal, ob Schrift, Faktum usw., ist durch einen Digital Object Identifier (DOI) eindeutig beschrieben. Dies ermöglicht Verlinkungen zwischen den Dokumenten.
- Da es mehrere hundert Millionen von WTM-Dokumenten gibt, sorgen bibliographische Informationsdienste (mit ihren Metadaten) für einen Überblick. Wir unterscheiden zwischen allgemeinwissenschaftlichen Informationsdiensten (immer auch Zitationsdatenbanken: Web of Science, Scopus und Google Scholar), disziplinspezifischen Informationsdiensten (immer mit Indexierung unter Anwendung der jeweiligen fachwissenschaftlichen Terminologie) und Verlagsdatenbanken (beschränkt auf die Produkte des jeweils eigenen Hauses).
- WTM-Fakten werden intellektuell aus Publikationen extrahiert und in fachspezifischen Faktendatenbanken angeboten. Einige Forscher bieten (über ihre wissenschaftlichen Gesellschaften und Bibliotheken) ihre Forschungsdaten, die bei ihren Publikationen Verwendung fanden, zur Weiternutzung an.
- Der WTM-Markt umfasst drei Hauptgruppen von Playern: die Verlage (gewinnorientierte Wissenschaftsverlage und gemeinnützige wissenschaftliche Gesellschaften), die Bibliotheken und die Wissenschaftler selbst. Als Reaktion auf die Zeitschriftenkrise entstanden interessante neue Geschäftsmodelle wie Long Tail Business, Bibliothekskonsortien, Nationallizenzen und Open Access.

9.12 Literatur

Anderson, C. (2004): The long tail. – In: Wired 12(10).

Anderson, C. (2006): The Long Tail: Why the Future of Business is Selling Less of More. – New York: Hyperion.

Bakkalbasi, N.; Bauer, K.; Glover, J.; Wang, L. (2006): Three options for citation tracking: Google Scholar, Scopus and Web of Science. – In: Biomedical Digital Libraries 3(7).

Ball, R. (2004): Open Access – Die Revolution im wissenschaftlichen Publizieren? – In: Bekavac, B.; Herget, J.; Rittberger, M. (Hrsg.): Informationen zwischen Kultur und Marktwirtschaft. Proceedings des 9. Internationalen Symposiums für Informationswissenschaft. – Konstanz: UVK, S. 413-432.

Bedord, J. (2009): Ebooks hit critical mass. – In: Online 33(3), S. 14-18.

Booth, A.; Brice, A., Hrsg. (2004): Evidence Based Practice for Information Professionals. – London: Facet.

Bornmann, L. (2010): Does the journal peer review select the „best" from the work submitted? The state of empirical research. – In: IETE Technical Review 27(2), S. 93-95.

Bornmann, L.; Daniel, H.D. (2010): The manuscript reviewing process. Empirical research on review requests, review sequences, and decision rules in peer review. – In: Library & Information Science Research 32, S. 5-12.

Braun, T.; Dióspatonyi, I. (2005): The journal gatekeepers of major publishing houses of core science journals. – In: Scientometrics 64(2), S. 113-120.

Brown, H. (2007): How impact factors changed medical publishing – and science. – In: British Medical Journal 334(7593), S. 561-564.

Chellapandi, S.; Han, C.W.; Boon, T.C. (2010): The National Library of Singapore experience: Harnessing technology to deliver content and broaden access. – In: Interlending & Document Supply 38(1), S. 40-48.

Chrzastowski, T.E.; Schmidt, K.A. (1997): The serials cancellation crisis: National trends in academic library serials collections. – In: Library Acquisitions: Practice & Theory 21(4), S. 431-443.

Cohen, E.B. (2009): A philosophy of Informing Science. – In: Informing Science. The International Journal of an Emerging Transdiscipline 12, S. 1-15.

Crow, R. (2009): Income Models for Open Access: An Overview of Current Practice. – Washington, D.C.: Scholarly Publishing & Academic Resources Coalition (SPARC).

Davis, P.M.; Fromerth, M.J. (2007): Does the arXiv lead to higher citations and reduced publisher downloads for mathematics articles? - In: Scientometrics 71(2), S. 203-215.

Dresel, R.; Kaur, N. (2010): Marketing eResources. – In: International Conference on Digital Libraries (ICDL). Shaping the Information Paradigm. – New Delhi: TERI; IGNOU, S. 460-467.

Falagas, M.E.; Pitsouni, E.I.; Malietzis, G.A.; Pappas, G. (2008): Comparison of PubMed, Scopus, Web of Science, and Google Scholar: Strengths and weaknesses. – In: FASEB Journal 22(2), S. 338-342.

Frantsvåg, J.E. (2010): The role of advertising in financing open access journals. – In: First Monday 15(3).

Galyani-Moghaddam, G. (2006): Price and value of electronic journals. A survey at the Indian Institute of Science. – In: Libri 56, S. 108-116.

Garfield, E. (1972): Citation analysis as a tool in journal evaluation. – In: Science 178, S. 471-479.

Garfield, E.; Sher, I.H. (1963): New factors in the evaluation of scientific literature through citation indexing. – In: American Documentation 14(3), S. 195-201.

Garlock, K.L.; Landis, W.E.; Piontek, S. (1997): Redefining access to scholarly journals. A progress report on JSTOR. – In: Serials Review 23(1), S. 1-8.

Ginsparg, P. (2007): Next-generation implications of open access. – In: CTWatch Quarterly 3(3).

Göbel, R. (2010): eBooks. Eine Übersicht für die professionelle Nutzung. – In: Password Nr. 3, S. 4-5.

Gould, T.H.P. (2009): The future of academic publishing. Application of the long-tail theory. – In: Publishing Research Quarterly 25, S. 232-245.

Gust von Loh, S. (2009): Evidenzbasiertes Wissensmanagement. – Wiesbaden: Gabler.

Guthrie, K.M. (1997): JSTOR. From project to independent organization. – In: D-Lib Magazine 3 (7/8).

Haque, A.; Ginsparg, P. (2009): Positional effects on citation and readership in arXiv. – In: Journal of the American Society for Information Science and Technology 60(11), S. 2203-2218.

Harnad, S.; Brody, T. (2004): Comparing the impact of open access (OA) vs. non-OA articles in the same journals. – In: D-Lib Magazin 10(6).

Hey, T.; Trefethen, A. (2005): Cyberinfrastructure for e-science. – In: Science 308(5723), S. 817-821.

Jacso, P. (2005): As we may search – Comparison of major features of the *Web of Science*, *Scopus*, and *Google Scholar* citation-based and citation-enhance databases. – In: Current Science 89(9), S. 1537-1547.

Juchem, K.; Schlögl, C.; Stock, W.G. (2006): Dimensionen der Zeitschriftenszientometrie. – In: Information – Wissenschaft und Praxis 57(1), S. 31-37.

Losoff, B. (2009): Electronic scientific data & literature aggregation. A review for librarians. – In: Issues in Science and Technology Librarianship Fall 2009.

Mader, C.L. (2001): Current implementation of the DOI in STM publishing. – In: Schlembach, M.C. (Hrsg.): Information Practice in Science and Technology. – Binghamton, NY: Haworth Information Press, S. 97-118.

Mann, F.; von Walter, B.; Hess, T.; Wigang, R.T. (2009): Open access publishing in science. – In: Communications of the ACM 52(3), S. 135-139.

Mikesell, B.L. (2004): Anything, anytime, anywhere: Proxy servers, Shibboleth, and the dream of the digital library. – In: Journal of Library Administration 41(1/2), S. 315-326.

Moore-Jansen, C.; Williams, J.H.; Dadashzadeh, M. (2001): Is a decision support system enough? Tactical versus strategic solutions to the serials pricing crisis. – In: Serials Review 27(3/4), S. 48-61.

Needleman, M. (2004): The Shibboleth authentification/authorization system. – In: Serials Review 30(3), S. 252-253.

Newman, H.B.; Ellisman, M.H.; Orcutt, J.A. (2003): Data-intensive e-science frontier research. – In: Communications of the ACM 46(11), S. 69-77.

Ng, K.H. (2009): Exploring new frontiers of electronic publishing in biomedical science. – In: Singapore Medical Journal 50(3), S. 230-234.

Nicholas, D.; Rowlands, I.; Jamali, H.R. (2010): E-textbook use, information seeking behaviour and its impact: Case study business and management. – In: Journal of Information Science 36(2), 263-280.

Philip, D.; Michael, F. (2007): Does the arXiv lead to higher citations and reduced publisher downloads for mathematics articles? – In: Scientometrics 71(2), S. 203-215.

Prior, A. (1997): Managing electronic serials: The development of a subscription agent's service. – In: The Serials Librarian 32(3/4), S. 57-65.

Schlögl, C.; Petschnig, W. (2005): Library and information science journals. An editor survey. – In: Library Collections, Acquisitions, & Technical Services 29, S. 4-32.

Schlögl, C.; Stock, W.G. (2004): Impact and relevance of LIS journals. A scientometric analysis of international and German-language LIS journals – Citation analysis versus reader survey. – In: Journal of the American Society for Information Science and Technology 55(13), S. 1155-1168.

Schlögl, C.; Stock, W.G. (2008): Practitioners and academics as authors and readers. The case of LIS journals. – In: Journal of Documentation 64(5), S. 643-666.

Sharma, R.S.; Lim, S.; Boon, C.Y. (2009): A vision for a knowledge society and learning nation: The role of a national library system. – In: The ICFAI University Journal of Knowledge Management 7(5/6), S. 91-113.

Solla Price, D.J. de (1963): Little Science, Big Science. – New York: Columbia University Press.

Spinella, M. (2008): JSTOR and the changing digital landscape. – In: Interlending & Document Supply 36(2), S. 79-85.

Stock, W.G. (2001): JCR on the Web. Journal Citation Reports: Ein Impact Factor für Bibliotheken, Verlage und Autoren? – In: Password 5, S. 24-39.

Stock, W.G. (2009): The inflation of impact factors of scientific journals. – In: ChemPhysChem 10(13), S. 2193-2196.

The Knight Higher Education Collaboration (2002): Op. cit. Publishing in the humanities and social sciences. – In: Learned Publishing 15(3), S. 205-216.

Van de Sompel, H.; Beit-Arie, O. (2001): Open linking in the scholarly information environment using the OpenURL framework. – In: D-Lib Magazine 7(3).

Varian, H.R. (1998): The future of electronic journals. – In: Journal of Electronic Publication 4(1).

Velden, T.; Lagoze, C. (2009): Communicating chemistry. – In: Nature Chemistry 1(9), S. 673-678.

Vickery, B. (1999): A century of scientific and technical information. – In: Journal of Documentation 55(5), S. 476-527.

Ware, M.; Mabe, M. (2009): The STM Report. An Overview of Scientific and Scholarly Journal Publishing. – Oxford: International Association of Scientific, Technical and Medical Publishers.

Zhao, D. (2005): Challenges of scholarly publications on the Web to the evaluation of science. A comparison of author visibility on the Web and in print journals. – In: Information Processing & Management 41, S. 1403-1418.

10 Suchwerkzeuge und Content-Aggregatoren

10.1 Typologie der Suchwerkzeuge und Content-Aggregatoren

In den Kapiteln 7 bis 9 haben wir diverse spezialisierte Informationsprodukte kennengelernt, die jeweils Spezialmärkte bedienen. Im **Deep Web** (Bergman 2001) – auch „Invisible Web" (Sherman/Price 2001) genannt – liegen tausende von Datenbanken, die hochspezialisierte Informationen anbieten. Hinzu kommen die in Milliardenzahl zu zählenden Seiten im **Oberflächenweb** (IR, 108-111). Das Oberflächenweb umfasst alle digitalen Dokumente, die *im* Web liegen (und in aller Regel untereinander verlinkt sind), das Deep Web hingegen fasst digitale Dokumente zusammen, die in jeweils eigenen Informationssammlungen (Datenbanken) integriert sind, wobei die Einstiegsseiten der Datenbanken *via* WWW erreichbar sind (Stock/Stock 2004c, 3-13).

Suchen und Finden im Oberflächenweb geschieht durch **Suchmaschinen**, die entweder allgemein auf Web-Inhalte gerichtet sind (wie Google) oder die spezielle Dokumente auffindbar machen (beispielsweise Google News oder Google Scholar). Die Vielfalt der Datenbanken im Deep Web wird durch Content-Aggregatoren gebündelt. Solche sog. **Hosts** fassen (hunderte bis tausende) von Einzeldatenbanken unter einem einzigen Retrievalsystem und einer einzigen Benutzeroberfläche zusammen. Je nach angebotenem Content unterscheiden wir allgemeine Hosts (ohne fachlichen Schwerpunkt) und – analog zu den Informationsdiensten (Kapitel 7 bis 9) – Hosts für Wirtschafts-, Rechts- und WTM-Informationen.

Web-Suchmaschinen bedienen Massenmärkte und offerieren ihre Dienste kostenlos, wobei sie die Finanzierung durch die Vermarktung der Aufmerksamkeit ihrer Kunden durch Werbung sicherstellen. Hosts agieren auf (teilweise sehr kleinen) Nischenmärkten. Da hier selten eine kritische Masse an Aufmerksamkeit entsteht, die Werbekunden binden würde, verkaufen die Hosts sowohl digitalen Content, d. h. die dort aufliegenden Volltexte, bibliographischen Nachweise oder Faktendokumente, als auch ihre Dienstleistungen zum Suchen und Finden von Content. Es lässt sich gelegentlich beobachten, dass Betreiber von Deep-Web-

Datenbanken (beispielsweise JSTOR) ihre Dokumente zur Suche (nicht aber zur Anzeige) bei Suchwerkzeugen im Oberflächenweb (hier: bei Google) hinterlegen.

```
                    Suchwerkzeuge und Content-Aggregatoren

         Suchwerkzeuge im                        Content-
          Oberflächenweb                        Aggregatoren

            Allgemeine                        Allgemeine Hosts
           Suchmaschinen
                                              Wirtschaftshosts
              Spezial-
            suchmaschinen                       Rechtshosts

                                                 WTM-Hosts
```

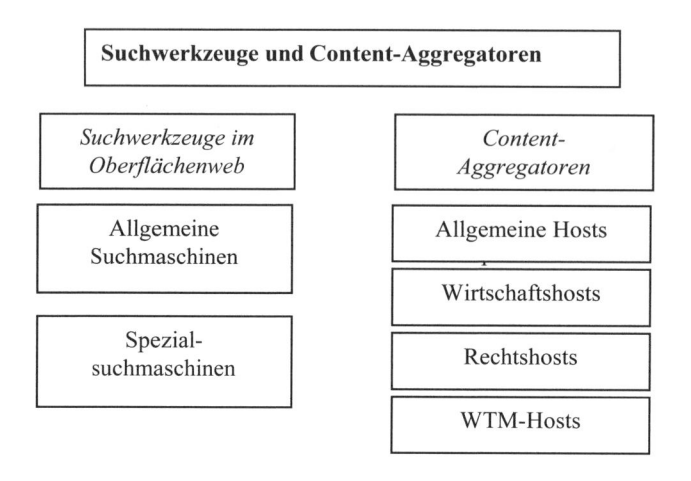

Abbildung 10.1: Klassifikation von Suchwerkzeugen und Content-Aggregatoren.

10.2 Web-Suchmaschinen

In nahezu jedem Land der Welt folgt der Markt für allgemeine Web-Suchmaschinen einem inversen Power Law: Ein einziges Unternehmen dominiert den jeweiligen Markt, Wettbewerber folgen mit großen Abstand. In den USA werden rund zwei Drittel aller (rund 15 Milliarden) Websuchen über Google abgewickelt, der nächste Wettbewerber (Yahoo!) kann 17% für sich verbuchen (Quelle: comScore, Daten für Februar 2010). In Deutschland ist der Abstand zwischen dem Marktführer (wiederum Google, diesmal mit 89%) und dem Zweitplatzierten (T-Online; 3%) noch drastischer (Quelle: Webtrekk, Daten für Juni 2009). In China beobachten wir dieselbe Verteilungsform – allerdings mit anderen Playern. Hier entfallen 61% der Recherchen auf das Suchwerkzeug Baidu, Google.cn kommt auf 27% (Quelle: Internet World Business, Daten für September 2009). Der Markt für Suchmaschinen folgt demnach sehr eindrucksvoll der Faustregel „The winner takes it all". Für Unternehmen (und alle anderen, deren Seiten im Web gefunden werden sollen) heißt dies, für die Sichtbarkeit ihrer Webseiten beim jeweiligen Suchmaschinen-Marktführer zu sorgen. Dies geschieht durch **Suchmaschinenmarketing** (von Bischopinck/Ceyp 2007) über zwei Wege:

- Suchmaschinenoptimierung / Search Engine Optimization (SEO),
- Suchmaschinenwerbung / Sponsored Search.

SEO dient dazu, eine Webseite derart zu konstruieren, dass diese für gewisse Suchargumente bei der Suchmaschine so weit wie möglich oben in der Trefferliste (idealerweise auf Platz 1) aufgeführt wird. Suchmaschinenwerbung (als Teil der Online-Werbung) verfolgt das Ziel, mit kurzen Werbetexten, die kontextspezifisch zu Suchargumenten angezeigt werden, potentielle Kunden zu den eigenen Webseiten zu führen (siehe Kapitel 15). SEO erfordert technische und inhaltliche Maßnahmen an den eigenen Webseiten, Sponsored Search erfordert (neben optimalen Texten und den Erwerb der richtigen Suchargumente) finanzielle Mittel. Ob via SEO oder Werbung, das zentrale Ziel von Unternehmen ist, dass ihre Seiten (mit Produkten, Dienstleistungen, Selbstdarstellungen usw.) für die passenden Suchargumente gefunden und aufgesucht werden.

SEO kann im Unternehmen selbst durchgeführt werden; es gibt jedoch auch externe Dienstleister, die sich auf Suchmaschinenoptimierung spezialisiert haben. Man unterscheidet zwischen **On-Site-Optimierung** (Maßnahmen an der eigenen Webseite, beispielsweise Benutzung der korrekten Terminologie im Fließtext wie im Titel, Anzahl und Verteilung zentral wichtiger Terme im Text bzw. in Zwischenüberschriften, die Ordnerstruktur der gesamten Site oder das Setzen interner Links) und **Off-Site-Optimierung** (Links von externen Quellen auf die eigene Site und deren Ankertexte sowie die Anzahl der Klicks auf eigene Seiten). Alle Optimierungsmaßnahmen erfordern detaillierte computer- und informationswissenschaftliche Kenntnisse sowohl der eingesetzten Verfahren zur Informationslinguistik als auch der verwendeten Sortieralgorithmen der Suchmaschinen. Nur die Verfahren der On-Site-Optimierung liegen völlig in der Hand der Optimierer, bei den Off-Site-Methoden ist man auf die Hilfe Dritter angewiesen. Hier können sehr schnell unseriöse Verfahren (wie beispielsweise der Betrieb von Link-Farmen) ins Spiel kommen, die als Spam gelten (IR, 125-128) und – soweit erkannt – von Suchmaschinen durch Löschen der Seiten geahndet werden.

Betreiber von Suchmaschinen (derzeit in den meisten Ländern Google) verfolgen die Aufgabe, für ihre **Werbekunden** (die ja die einzige Einnahmequelle darstellen) eine möglichst breite Masse an Nutzern auf- und auszubauen. Alle Produkte, sei es nun die allgemeine Suchmaschine (Google.com oder deutschlandspezifisch Google.de), seien es Spezialsuchmaschinen (wie Google Scholar, Google News, Google Books usw.) oder auch Zusatzangebote (wie beispielsweise GMail oder Google Earth) dienen ausschließlich dem Ziel der langfristigen Bindung der Suchmaschinennutzer an das Recherchewerkzeug. Erreicht wird dies durch die Befriedigung der Informationsbedürfnisse der Nutzer mit anspruchsvoller Suchtechnik und mit entsprechendem Content – und dies für die Nutzer kostenlos. Wir lesen im Jahresbericht von Google (2009, 1):

> We will do our best to provide the most relevant and useful search results possible, independent of financial incentives. Our search results will be objective, and we do not accept payment for search result ranking or inclusion.
>
> We will do our best to provide the most relevant and useful advertising. Advertisements should not be an annoying interruption. If any element on a search result page is influenced by payments to us, we will make it clear to our users.

We will never stop working to improve our user experience, our search technology, and other important areas of information organization.

We believe that our user focus is the foundation of our success to date.

10.3 Content-Aggregatoren (Hosts)

Online-Hosts bündeln Content unterschiedlicher Datenbasen unter einer Oberfläche und unter Anwendung eines Retrievalsystems. Für den Nutzer hat dies die Vorteile, alle wichtigen Informationssammlungen auf einem Blick vor sich zu haben sowie nur eine einzige Retrievalsprache beherrschen zu müssen. Allerdings sind solche Suchsprachen nicht immer leicht zu bedienen, so dass die Hosts sowohl einschlägige Kurse anbieten als auch für Rückfragen ein Helpdesk vorhalten.

Zulieferer der Content-Aggregatoren sind

- Verlage (mit ihrem digitalen Content),
- Bibliotheken mit ihren Dokumentlieferdiensten (für Content, der nicht digital vorliegt und entsprechend als Kopie eines Printexemplars beschafft werden muss),
- Produzenten bibliographischer Informationsdienste.

Hosts lassen sich in **allgemeine Informationsanbieter** ohne fachliche Begrenzung (wie beispielsweise DIALOG oder – mit Schwerpunkt auf Volltexte von Zeitschriften – EBSCO*host*) und **Spezialanbieter** unterscheiden. Letztere agieren entweder im Gebiet der Wirtschafts-, Markt- und Presseinformationen (u. a. Factiva, Nexis, Profound oder – insbesondere mit Schwerpunkt auf die deutsche Wirtschaft – GENIOS) (Stock/Stock 2003), der Rechtsinformationen (Lexis, Westlaw und – für deutsches Recht – Juris) (Kremer 2004) oder der WTM-Informationen (Stock/Stock 2005). Bei den WTM-Hosts gibt es neben allgemeinen WTM-Anbietern (wie STN International oder Thomson Reuters mit dem Produkt Web of Knowledge) wiederum Spezialisten, beispielsweise DIMDI und Ovid für Medizininformationen, FIZ Technik für Ingenieurinformationen oder Questel für Informationen des gewerblichen Rechtsschutzes (Stock/Stock 2006). Hosts agieren jeweils auf Nischenmärkten, so dass es neue Anbieter sehr schwer haben, sich auf dem Informationsmarkt erfolgreich zu positionieren. Der Markt ist seit Jahren – die Wurzeln der Online-Hosts weisen bis ins Jahr 1972 zurück (IR, 43-46) – in der Hand etablierter Player.

Ein Problem vieler Hosts ist es, dass die **Zulieferer** ihre Informationsdienste auch selbst vermarkten und auf diese Weise mögliche Kunden an sich binden. Suchmaschinen werden zu Recht als Bedrohung wahrgenommen: Google News ist Wettbewerber bei Presseinformationen, Google Scholar für Gerichtsentscheidungen (also „Legal Opinions and Journals") ist Konkurrent zumindest der amerikanischen Rechtshosts, und Google Scholar (im Segment „Articles and Patents") tritt in Wettbewerb mit WTM-Hosts.

Auf der **Abnehmerseite** dominieren B-to-B-Geschäftsmodelle, d. h. Unternehmen treten als Kunden in Erscheinung. Hier werden im Rahmen betrieblichen Wissensmanagements drei Strategien verfolgt (s. o. Kapitel 7): Endnutzerrecherchen, Installation einer Informationsvermittlungsstelle oder eine Mischform beider Strategien. Insbesondere im Bereich juristischer Informationen, aber auch bei ressortspezifischen Informationen (etwa Medizininformationen von DIMDI für das deutsche Bundesministerium für Gesundheit) finden wir B-to-A-Geschäftsmodelle, bei denen öffentliche Verwaltungen als Kunden auftreten. Aufgrund der mangelnden Zahlungsbereitschaft der Endnutzer lassen sich B-to-C-Geschäftsmodelle kaum verwirklichen. Versuche, öffentliche Bibliotheken oder den stationären Buchhandel als weitere Absatzmittler in die Wertschöpfungskette einzubauen (Bieletzki/Roth 1998), müssen als gescheitert betrachtet werden.

Bei den **Preismodellen** bevorzugen viele Online-Hosts Abonnements – entweder ihres Gesamtangebots oder einzelner Datenbanken. Es ist für registrierte Kunden aber auch möglich, nach Zahlung einer Grundgebühr selektiv auf Hostangebote zuzugreifen und diese auch einzeln zu begleichen. So kostet beispielsweise beim Host STN International eine Anschaltstunde für die Datenbank *Compendex* € 120 oder für *World Patents Index* € 475 (Stand: 2010). Für jeden bibliographischen Nachweis wird bei *Compendex* ein Preis von € 2,85 berechnet; die Anzeige eines Patentnachweises beim *World Patent Index* kostet € 7,91. Ein wichtiges Hostprodukt sind Suchläufe zur Überwachung eines thematischen Profils (SDI; Selective Dissemination of Information; IR, 154-156). Wöchentlich durchgeführte SDI-Suchläufe bei *Compendex* schlagen mit € 3,50, bei *World Patents Index* mit € 57,60 zu Buche (angezeigte Dokumente werden zusätzlich berechnet). Spezialbefehle führen zu gesondert ausgewiesenen Kosten. Der für informetrische Analysen (IR, Kap. 11) wichtige Befehl ANALYZE kostet bei STN (bei bis zu 50.000 zu verarbeitenden Datensätzen) € 43,90. Einige Online-Hosts (wie z. B. GENIOS) verzichten auf die Berechnung von Anschaltzeit, so dass Kosten nur für die angesehenen Dokumente entstehen. Zur Wahrung der Transparenz der (ja nicht unerheblichen Kosten) zeigt GENIOS vor jeder Dokumentausgabe die jeweils entstehenden Kosten an.

Angesichts des Wettbewerbs zwischen (kostenlosen) Web-Suchmaschinen und (kostenpflichtigen) Content-Aggregatoren wurde vorgeschlagen (Bock 2000), letztere durch **Gütezeichen** quasi als geprüfte Qualitätsinformation auszuzeichnen, um dem Nutzer zu signalisieren, dass im Falle der Online-Hosts andere – im Sinne von qualitativ wertvollen – Informationen vorlägen. Insbesondere hochspezialisierte fachliche Informationen stellen für Laien stets Vertrauensgüter dar, da diese die Qualität dieses Wirtschaftsgutes weder vor noch nach dem Kauf erschöpfend bestimmen können. Gütezeichen (beispielsweise eingetragen als Kollektivmarke) konnten sich jedoch (bisher) nicht bei den Online-Hosts durchsetzen. Ein offenes Problem ist, Qualität digitaler Informationsdienste derart zu operationalisieren, dass sie durch quantitative Kennwerte erfassbar wird und dass wir in der Tat eine klare Grenze zwischen den Qualitätsinformationen und dem Rest ziehen können.

Die Unternehmen der Content-Aggregatoren (über)leben nur dann, wenn sie gegenüber den Wettbewerbern des eigenen Marktes sowie gegenüber Substitutionsprodukten aus anderen Branchen **Alleinstellungsmerkmale** besitzen (Stock/Stock 2004b). Solche Unique Selling Propositions im Sinne von kritischen Erfolgsfaktoren sind bei Online-Hosts:

- exklusiver Content (zumindest einige Datenbanken des Hosts liegen nur hier auf),
- aus Kundensicht die „richtige" Auswahl an benötigten Datenbanken (der Kunde präferiert – aus Zeit- und Kostengründen – ein One-Stop-Shopping, was erfordert, dass alle einschlägig benötigten Quellen beim Host vorliegen),
- Mächtigkeit des eingesetzten Retrievalsystems (Suchen und Finden findet hier auf professioneller Ebene statt, so dass sich die Rechercheoptionen stark von normalen Suchmaschinen absetzen müssen),
- einheitliche Wissensordnungen (Thesauri, Klassifikationssysteme usw.) in abgegrenzten thematischen Bereichen (über Grenzen singulärer bibliographischer Datenbanken hinweg),
- Synergien zwischen bibliographischen Datenbanken, Volltexten und Fakten.

Hosts setzen auf strategische Allianzen mit ihren Zulieferern und teilweise auch mit Kunden (die bei Produktentwicklungen um ihre Expertise gebeten werden), aber auch auf **Kooperationen mit Wettbewerbern** (Stock/Stock 2004a). Erst gemeinsam ist es in manchen Bereichen dieses Nischenmarktes möglich, marktfähige Produkte überhaupt zu kreieren. Joint-Venture-Partner wie beispielsweise FIZ Karlsruhe und Chemical Abstracts Service (CAS) bilden gemeinsam mit der Japan Association for International Chemical Information (JAICI) den WTM-Host STN International. Über STN vertreiben FIZ Karlsruhe und CAS (neben diversen Fremdprodukten) die jeweils selbst erstellten Datenbasen, CAS seine *Chemical Abstracts* und FIZ Karlsruhe eigene kleinere Datenbasen. Die STN-Oberflächen sind sehr elaboriert und sprechen Information Professionals (mit STN on the Web oder der Client-Software STN Express) und professionelle Endnutzer (mit STN Easy) zugleich an. Mit dem Endnutzerprodukt *SciFinder* vermarktet CAS seine *Chemical Abstracts* an STN vorbei ein zweites Mal und wird nunmehr zum Wettbewerber (insbesondere von STN Easy). Für den schwächeren Partner – in diesem Fall FIZ Karlsruhe – kann eine solche Kombination aus Partner und Wettbewerber durchaus zu einer Belastung werden.

10.4 Fazit

- Den Zugang zu Dokumenten im Oberflächenweb gestatten Suchmaschinen. Diese richten sich entweder an breite Web-Nutzergruppen (allgemeine Suchmaschinen wie Google) oder an User mit einem speziellen Informationsbedarf (Spezialsuchmaschinen wie Google Scholar).

- Für Betreiber von Websites ist es wesentlich, in Suchmaschinen gefunden zu werden. Für die einschlägigen Suchargumente sollte die eigene Seite möglichst auf der ersten Trefferseite (optimal natürlich auf Rangplatz 1) sortiert sein.
  Suchmaschinenmarketing ist entweder Suchmaschinenoptimierung oder Suchmaschinenwerbung mittels Sponsored Links.
- Suchmaschinenoptimierung meint die Gestaltung einer Webseite (Text, Einträge in den Meta-Tags, Layout) derart, dass die beim Suchwerkzeug eingesetzten Algorithmen der Informationslinguistik und des Relevance Ranking den Inhalt der Seite korrekt erfassen können. Wir unterscheiden zwischen On-Site-Optimierung (Maßnahmen an der eigenen Seite) und Off-Site-Optimierung (Verlinkung der eigenen Seiten im Kontext des gesamten WWW). Der Suchmaschinenoptimierung widmen sich spezialisierte Dienstleister.
- Für die Unternehmen, die Suchmaschinen betreiben, ist es wesentlich, durch das kostenlose Angebot nachgefragter allgemeiner und spezialisierter Recherchewerkzeuge breite Nutzergruppen an sich zu binden. Deren Aufmerksamkeit wird an Werbekunden im Rahmen der Sponsored Links vermarktet.
- Im Deep Web liegen tausende fachlich orientierter Datenbanken, die durch Content-Aggregatoren (auch Online-Hosts genannt) gebündelt werden. Hosts fassen die unterschiedlichen Datenbasen unter einer Suchoberfläche und einem Retrievalsystem zusammen. Hosts vermarkten (in der Regel im Hochpreissegment) sowohl den Content als auch ihre Recherchedienstleistungen.
- Zulieferer der Online-Hosts sind Verlage, Produzenten bibliographischer Datenbanken sowie Bibliotheken (als Dokumentlieferdienste), ihre Kunden sind vor allem Unternehmen und öffentliche Verwaltungen. B-to-C-Geschäftsmodelle sind nicht erfolgreich.

10.5 Literatur

Bergman, M.K. (2001): The Deep Web: Surfacing hidden value. – In: JED – The Journal of Electronic Publishing 7(1).

Bieletzki, C.; Roth, K. (1998): Online-Hosts in Öffentlichen Bibliotheken. Neue Nutzer – neue Märkte. – Köln: FH Köln. – (Kölner Arbeitspapiere zur Bibliotheks- und Informationswissenschaft; 12).

Bock, A. (2000): Gütezeichen als Qualitätsaussage im digitalen Informationsmarkt, dargestellt am Beispiel elektronischer Rechtsdatenbanken. – Darmstadt: STMV – S. Toeche-Mittler.

Google (2009): Annual Report for the Fiscal Year Ended December 31, 2009. Google Inc. – Washington, DC: United States Securities and Exchange Commission. Form 10-K.

Kremer, S. (2004): Die großen Fünf. Professionelle Online-Dienste für Juristen im Test. – In: JurPC, Web-Dok. 205/2004.

Sherman, C.; Price, G. (2001): The Invisible Web. – Medford, NJ: Information Today.

Stock, M.; Stock, W.G. (2003): Online-Hosts für Wirtschaft und News auf dem deutschen Informationsmarkt. Eine komparative Analyse. – In: Password 7/8, S. 29-34.

Stock, M.; Stock, W.G. (2004a): Kooperation und Konkurrenz auf Märkten elektronischer Informationsdienste: Mit dem Wettbewerber zusammenarbeiten? – In: Password 1, S. 20-25.

Stock, M.; Stock, W.G. (2004b): Kritische Erfolgsfaktoren von Anbietern elektronischer Informationsdienste. – In: Password 4, S. 16-22.

Stock, M.; Stock, W.G. (2004c): Recherchieren im Internet. – Renningen: Expert.

Stock, M.; Stock, W.G. (2005): Online-Hosts für Wissenschaft, Technik und Medizin auf dem deutschen Informationsmarkt. Eine komparative Analyse. – In: Password 2, S. 18-23.

Stock, M.; Stock, W.G. (2006): Intellectual property information. A comparative analysis of main information providers. – In: Journal of the American Society for Information Science and Technology 57(13), S. 1794-1803.

Von Bischopinck, Y.; Ceyp, M. (2007): Suchmaschinen-Marketing. Konzepte, Umsetzung und Controlling. – Berlin (u. a.): Springer.

11 Web-2.0-Dienste

Zu Beginn des 21. Jahrhunderts entstehen Dienste im World Wide Web, die auf der aktiven Mitwirkung breiter Massen aufbauen. Als Schlagwort für solche Services hat sich „**Web 2.0**" (O'Reilly 2005) durchgesetzt. Hierbei sollte man nicht an eine Versionsnummer von Software denken, sondern eher an die wachsende Bedeutung des WWW nach dem Zusammenbruch der „ersten" Internetwirtschaft (O'Reilly/Batelle 2009). Fokus des Web 2.0 ist die (erhoffte oder tatsächliche) Intelligenz der Massen. Tim O'Reilly und John Batelle (2009, 1) definieren:

> Web 2.0 is all about harnessing collective intelligence. Collective intelligence applications depend on managing, understanding, and responding to massive amounts of user-generated data in real-time.

Der Begriff des „Web 2.0" ist ein Oberbegriff zu „sozialer Software", der entsprechenden technischen Basis (wie Ajax oder RSS) und des informationsjuristisch bedeutsamen Aspektes des Open Access (wie Copyleft oder Creative Commons) (Peters 2009, 15).

Bei Diensten des Web 2.0 agiert der Nutzer sowohl als Produzent von Informationen als auch als deren Konsument – eine Rolle, die Toffler (1980) mit „**Prosumer**" beschrieben hat. Die Arten der erarbeiteten Information sind vielfältig; sie reichen von knappen biographischen Angaben (beispielsweise bei Facebook) über Filme (YouTube) und Bilder (Flickr) bis hin zum persönlichen Genom (etwa bei 23andMe, einer mit Google verbundenen Genetik-Firma, die für Kunden Genomanalysen erstellt und die Daten – allerdings anonymisiert – der Forschung zur Verfügung stellen möchte) (Prainsack/Wolinsky 2010).

Wie ist das Web 2.0 aus soziologischer Sicht zu beurteilen? Kollektive sind gemäß Tönnies (1887) entweder Gesellschaften oder Gemeinschaften. Wenn sich der einzelne am Kollektiv orientiert und dessen Ziele oder Zwecke teilt, so liegt eine „Gemeinschaft" vor. In einer „Gesellschaft" versucht der einzelne, seine persönlichen Ziele oder Zwecke zu erreichen. Prosumer im Web 2.0 sind durch gemeinsame Ziele (z. B. bei Wikipedia eine umfassende Enzyklopädie aufzubauen oder bei Flickr dem Kollektiv Bilder zur Nutzung anzubieten) charakterisiert, so dass hier eine **Gemeinschaft** vorliegt. Da dies grundsätzlich im Web vonstatten geht, haben wir es mit „virtuellen Gemeinschaften" oder „Online-Gemeinschaften" zu tun. Schon lange vor dem Aufkommen von Web 2.0 definierte Rheingold (1993, 5):

> Virtual communities are social aggregations that emerge from the Net when enough people carry on those public discussions long enough, with sufficient human feeling, to form webs of personal relationships in cyberspace.

Es ist in Online-Gemeinschaften nicht zu erwarten, dass die Mitglieder die Arbeit zu gleichen Teilen untereinander aufteilen. Vielmehr ist das Gegenteil der Fall: Sehr wenige (sagen wir als Anhaltspunkt: 1% der Gemeinschaft) übernehmen große Teile der Aktivitäten (schreiben beispielsweise Artikel für Wikipedia), wenige (um die 9%) arbeiten mit, indem sie kleinere Beiträge liefern (etwa Wikipedia-Artikel korrigieren), und die meisten Mitglieder (also die verbleibenden 90%) sind vor allem Nutzer, „lurkers" gemäß Jakob Nielsen (2006).

	Soziale Software	
Sharing-Dienste	*Social Bookmarking*	*Wissensbasen*
Videos	Links	Wikis
Bilder	WTM-Dokumente	Weblogs
Musik	Bücher	Microblogging
Weitere Dienste		Social Shopping
	Soziale Netzwerke	

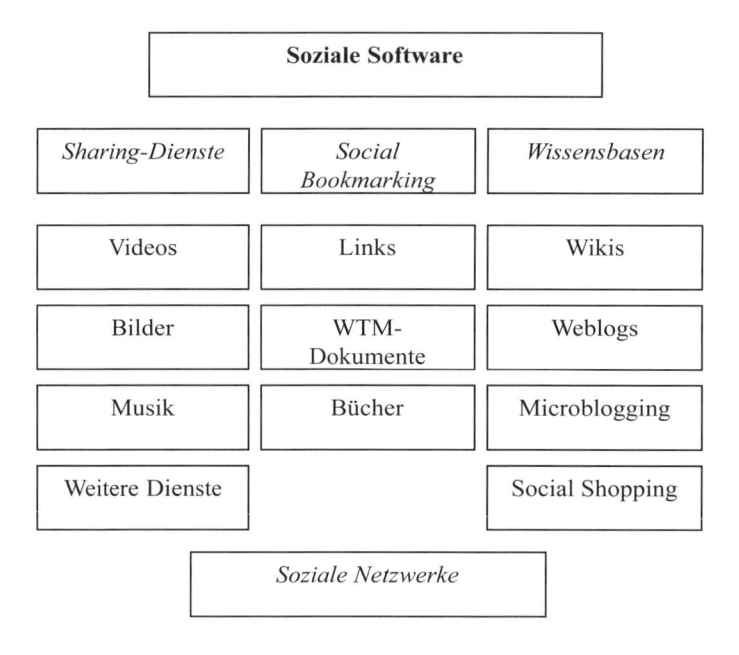

Abbildung 11.1: Klassifikation von Web-2.0-Diensten.

11.1 Soziale Software

Von „**sozialer Software**" sprechen wir, wenn Informationsdienste vorliegen, bei denen die Prosumer (nicht die „lurkers") eine virtuelle Gemeinschaft bilden. Profitieren können von diesen Diensten in vielen Fällen natürlich auch andere. Wir unterscheiden grob nach vier Klassen sozialer Software (Abbildung 11.1):

- Sharing-Dienste gestatten, gewisse Ressourcentypen (wie Videos oder Bilder) online zugänglich abzulegen und so mit anderen zu teilen,

- Social Bookmarking Services dienen der (eigenen und fremden) Verwaltung beliebiger (Web-)Ressourcen,
- Wissensbasen bauen Sammlungen von Dokumenten auf, die anderen – teilweise in Echtzeit – zur Verfügung gestellt werden,
- Soziale Netzwerke i.e.S. sind Plattformen zum Austausch mit anderen Mitgliedern der Gemeinschaft.

Da bei den Ressourcen stets Angaben zu den Produzenten (sei es mit richtigem Namen oder pseudonym) gespeichert sind, gestatten alle Arten sozialer Software die Konstruktion von Netzwerken der Akteure, also von sozialen Netzwerken in einem weiteren Sinne.

Soziale Netzwerke i.w.S. haben zwei Erscheinungsformen. Einmal arbeiten Prosumer direkt miteinander (digital – was heißt, dass sie sich nicht persönlich kennen müssen) und erstellen ein gemeinsames Produkt. Das Paradigma dieser Form ist ein Wiki: Ein Autor schreibt einen ersten Entwurf eines Artikels, ein zweiter fügt etwas hinzu, ein dritter korrigiert ein Detail, das der erste wieder löscht, usw., bis der Artikel temporär „steht". Dies bezeichnen wir mit Vander Wal (2008) als „kollaborative Intelligenz". Bei der zweiten Erscheinungsform agieren die Prosumer unabhängig voneinander. Ein anschauliches Beispiel bietet der Social Bookmarking-Dienst Del.icio.us. Nutzer taggen Webdokumente durch selbst gewählte Schlagworte, jeder für sich. In ihrer Gesamtheit bilden die Tags „typische" Verteilungen, so dass das System wichtige von unwichtigen Schlagworten unterscheiden kann. Dies ist die „kollektive Intelligenz" (Peters 2009, 166-170), die ausschließlich durch (z. B. statistische) Algorithmen zustande kommt. Nur hier – so Peters (2009, 169) – ist die „Schwarmintelligenz" („wisdom of crowds") und nur diese am Werke. Dies steht im Gegensatz zur kollaborativen Intelligenz, die auch (unter schlechten Umständen) zur „madness of the crowds" mutieren kann. Surowiecki (2005, 10) nennt vier Kriterien, die die „madness of the crowds" tendenzweise ausschließen: Diversität der Meinungen (jede Person sollte ihre subjektiven Hintergrundinformationen haben), Unabhängigkeit (jede Person agiert unabhängig von allen anderen), Dezentralisation (die Personen sind räumlich getrennt und können so auch lokales Wissen einbringen) und Aggregation (die bereits angesprochene algorithmische Verarbeitung der Einzelinformationen). Eine Garantie, dass wirklich „wisdom of the crowds" entsteht, gibt es jedoch nicht. „One cannot simply state that a definition is incorrect only because it is hardly used", geben Spyns et al. (2006, 745) zu bedenken. Alle aus Diensten so-zialer Software gewonnenen Informationen bedürfen demnach stets einer kritischen Überprüfung.

Alle **Geschäftsmodelle** im Web 2.0 gehen von der kostenfreien Nutzung der Plattformen aus. Lediglich vereinzelt entstehen auf der Abnehmerseite für Premium-Angebote, die über die Standardapplikationen herausgehen, Kosten. Eine Einnahmequelle besteht für Betreiber lukrativer Datenbasen in der Lizenzierung ihrer Inhalte für Suchmaschinen. Für den Microblogging-Dienst Twitter stellt die Bereitstellung der Datenbasis zur Nutzung bei Bing und Google seine Haupterlösquelle dar (Talbot 2010). Gelegentlich bessern Spenden (so bei

Wikipedia) die finanzielle Basis einer Plattform auf. Nahezu durchgehend eingesetzt wird die Vermarktung der Aufmerksamkeit der Nutzer mittels Werbung, und dies sowohl als kontextspezifische Werbung (die Werbeeinblendungen passen zur Suchanfrage bzw. zu den angezeigten Inhalten) als auch als kontextunabhängige Werbung (etwa Banner, die losgelöst vom konkreten Content an bestimmten Stellen des Bildschirms eingeblendet werden).

11.2 Sharing-Dienste

Wir unterscheiden die Sharing-Dienste nach dem Typ ihrer Dokumente. Wir werden jeweils beispielhaft einen Dienst vorstellen. Die Auswahl eines solchen paradigmatischen Service war nicht schwer, da in der Regel der Markt auf Grund von Netzeffekten von einer einzigen Plattform dominiert wird:

- Videos (YouTube),
- Bilder (Flickr),
- Musik (Last.fm),
- weitere Dienste.

Abbildung 11.2: Anzeige eines Videos bei YouTube.

11.2.1 Video on Demand

YouTube (ein Unternehmenszweig von Google) ist eine Plattform für Videos, bei der die Prosumer (eigenen wie fremden) Inhalt hochladen können (Peters 2009, 80-87). Beim Upload akzeptiert YouTube diverse Medienformate, angezeigt werden die Filme jedoch stets in Adobes Flash Video Format (FLV) (Abbildung 11.2). Jeder Webnutzer kann Videos anschauen; hochladen, bewerten oder kommentieren kann man die Ressourcen nur nach Anmeldung, indem man einen „Channel" kreiert. Abgesehen von einigen älteren oder gewissen besonders ausgewiesenen Accounts ist es Nutzern nicht gestattet, Videos mit mehr als zehn Minuten Länge oder mit mehr als zwei GB Dateigröße bei YouTube zu platzieren. Die durchschnittliche Videolänge beträgt (in einer Stichprobe) gut 4 Minuten, die durchschnittliche Bewertung der Filme (bei maximal fünf Sternen) fällt für die meisten Produktionen mit durchschnittlich 4 recht gut aus (Gill et al. 2007). Die Videos sind entweder vom Prosumer selbst generiert oder aus anderen Quellen (legal und auch – im Sinne des Urheberrechts – teilweise illegal) übernommen worden. Mitunter werden Filme mehrfach bei YouTube aufgespielt, so dass Dubletten vorkommen. Auch bereits anderweitig vorhandener Audio-Content, teilweise mit selbst kreierten Animationen versehen, ist bei YouTube zu finden. Die Zuarbeit geschieht sowohl von Laien als auch von professionellen Medienunternehmen (Kruitbosch/Nack 2008). Die Filme werden vom Hochladenden – und nur von diesen – durch den Titel, eine kurze Inhaltsangabe sowie durch Tags im Sinne einer Narrow Folksonomy (WR, 156-158) inhaltlich beschrieben.

Auf der Nutzerseite findet eine massive Selektion der Videos statt. Die ersten 10% der (nach Views sortierten) Filme sorgen für insgesamt 80% aller Aufrufe, so dass hier eine extrem linksschiefe Verteilung der Nutzung der Ressourcen vorliegt. Diese typische linksschiefe Verteilungsform nach Power Law (IR, 77) erklärt sich durch das bekannte Matthäus-Prinzip („Wer hat, dem wird gegeben"). Am Tag des Hochladens werden 90% der Videos bereits einmal angeschaut; 40% kommen schon auf über zehn Views. Schafft es ein Film nicht, in den ersten Tagen häufig genug angeschaut zu werden, dann ist es auch unwahrscheinlich, dass er in der Folge zu großen Nachfragen führt (Cha et al., 2007).

Die Interaktion der Prosumer bei YouTube – sei es über Video-Posts, wechselseitige Kommentare oder durch Listen von Subskribenten und Freunden – führt zu Gemeinschaften (Rotman et al. 2009). Bei solchen sozialen Netzwerken i.w.S. lassen sich zwei Tendenzen ausmachen (Lange 2007): In der ersten Variante („publicly private") legt der Urheber Wert darauf, seine Identität offenzulegen (indem er seinen richtigen Namen angibt), während in der zweiten Variante („privately public") anonym gearbeitet wird.

11.2.2 Bilder

Flickr ist ein Sharing-Dienst für digital vorliegende Bilder und wird von Yahoo! betrieben (Peters 2009, 69-80). Angemeldete Prosumer laden ihre Photos bei Flickr hoch, wählen deren Status (nur privat, nur für Freunde oder nur für die Familie bzw. öffentlich als Standard), stellen sie (wenn gewünscht) in Photostreams ein und erschließen sie durch selbst gewählte Tags (sowie – bei Bildern mit Ortsbezug – mit Geotags, d.h. mit Längen- und Breitenangaben). Freunde können zusätzliche Tags vergeben, was Flickrs Methode der Wissensrepräsentation zu einer Extended Narrow Folksonomy (Peters 2009, 104) macht. Kamerainformationen (wie der Typ des Photoapparates oder Datum und Uhrzeit der Aufnahme) werden automatisch übernommen und gespeichert. Zusätzlich ist es möglich, Bilder in thematisch orientierte „Groups" zu platzieren. Der Dienst wird sowohl von Laien als auch von professionellen Photographen genutzt. Flickr lässt sich auch zur rein persönlichen Nutzung anwenden, indem man die eigenen Photos organisiert und diese – wenn überhaupt – nur bestimmten anderen Personen übermittelt. Flickrs API (Application Programming Interface) wird häufig genutzt, um dort gespeicherte Ressourcen im Sinne von Mash-ups (Kombinationen aus Inhalten verschiedener Quellen) in andere Dienste einzubetten. So kann man z. B. bei einem Dienst für Landkarten (wie Google Maps) bei Sehenswürdigkeiten direkt passende Bilder anzeigen.

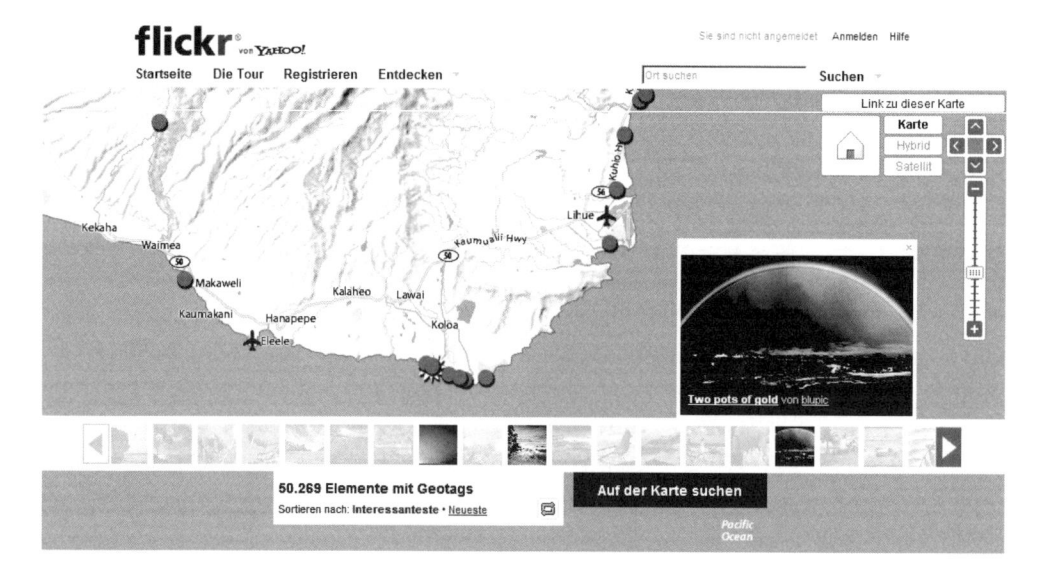

Abbildung 11.3: Recherche nach Bildern mit Ortsbezug mithilfe von Landkarte und Geotags bei Flickr.

Flickr ist angesichts riesiger Mengen an Ressourcen (mehrere Milliarden Photos) in quantitativer Sicht als Erfolg zu werten. Die Mehrheit der Bilder wird allerdings wenig angesehen oder gar kommentiert (Cox 2008). Ähnlich wie bei YouTube sind es wenige Ressourcen, die sehr häufig betrachtet werden, so dass auch hier das Vorherrschen eines Power Law eindrucksvoll dokumentiert wird. Für alle Bilder gilt, dass sie das Maximum an Betrachtungen pro Tag nach rund zwei Tagen erreichen. Die (in der Folge) erfolgreichen Photos werden bereits drei Stunden nach dem Upload entdeckt, was vor allem auf die Vernetzung des jeweiligen Nutzers zurückzuführen ist. Van Zwol (2007, 190) berichtet: „People that are highly interconnected will have their photos viewed many times". Falls es ein Bild schafft, sehr häufig angeschaut zu werden, so geschieht dies durch Nutzer rund um die Welt. Für weniger erfolgreiche Bilder (weniger als 50 Views in 50 Tagen) kommen die Betrachter aus nur einem geographischen Bereich (Van Zwol 2007).

Eine besondere Suchoption ist das Verwenden von Landkarten. Hier können Bilder, die mit Geotags versehen worden sind oder deren (sprachliche) Tags den Ort genau ausdrücken, durch Klicks auf das Kartenmaterial recherchiert werden (Abbildung 11.3). Eine weitere Nutzungsmöglichkeit der Ortsbezüge von Photos stellt die informetrische Verdichtung der räumlichen Informationen dar. So können etwa die am meisten photographierten Metropolen (derzeit: New York City) oder innerhalb einer Metropolregion die am häufigsten photographierten Sehenswürdigkeiten (beispielsweise in Chicago: die Skulptur „Cloud Gate") benannt werden (Crandall et al. 2009). Auf diese Weise lassen sich auch repräsentative Bilder für eine Region erstellen oder die Bewegungen der Photographen (anhand der Uhrzeiten aufgenommener Bilder mit Ortsbezug) nachzeichnen. Letzteres dient der Entdeckung typischer Touristenrouten: „One can even see the route of the ferries that take tourists from Lower Manhattan to the Statue of Liberty" (Crandall et al. 2009).

11.2.3 Musik

Obgleich hier nicht jeder Nutzer Ressourcen hochladen darf, ist **Last.fm** (gehörig zu CBS) doch eine typische Web 2.0-Plattform (Peters 2009, 49-55). Künstler und Plattenlabels sind eingeladen, ihre Musik zur breiten Nutzung bereitzustellen, alle anderen beteiligen sich durch inhaltliche Beschreibungen oder Kommentare („shouts") (Haupt 2009). Last.fm ist deshalb sowohl ein File-Sharing-Dienst für Musik als auch ein Internet-Radio (angedeutet durch die Endung „fm", die die Website des in London beheimateten Unternehmens als Domain der Federated States of Micronesia ausweist). Die Tags der Prosumer sind häufig Beschreibungen der Genres. Da jeder Nutzer auch bereits vergebene Schlagworte wiederholt vergeben darf, liegt eine Broad Folksonomy (Peters 2009, 104) vor, die gestattet, Ressourcen nach der Anzahl der jeweils vergebenen Tags zu sortieren. Diese Tatsache und die Anzahl angehörter Musikstücke geben Kriterien für die Sortierung der Treffer vor. So sieht man in Abbildung 11.4 nach Popularität sortierte Anzeigen für Alben und für einzelne Stücke. Soweit vorhanden, wird als Mash-up ein passendes Video von YouTube eingespielt. Ein Aspekt sozialer Netzwerke i.w.S. liegt darin, dass einem Nutzer anhand seiner Vorlieben (gespielte Stücke, vergebene Tags usw.) weitere, ähnliche Nutzer angezeigt werden, die persönliche Kontakte ermöglichen. Wichtig ist jedoch das Entdecken neuer Musik, die gefällt.

Top Albums

Wish You Were Here — Pink Floyd	Dark Side of the Moon — Pink Floyd	ecor99 — Top Listener / anim4lity — Top Listener
The Wall — Pink Floyd	The Division Bell — Pink Floyd	CKBO3HOE — Top Listener / SMGotenks — Top Listener

See more

Top Tracks

Last Week | Last 6 months

#	Track	Plays
1	Wish You Were Here	13,112
2	Money	
3	Time	
4	Comfortably Numb	
5	The Great Gig in the Sky	
6	Us and Them	8,283
7	Hey You	8,007
8	Brain Damage	7,878
9	On the Run	7,365
10	Eclipse	7,211
11	Any Colour You Like	6,941

Menu: Add to my Library / Share / Add tags / Add to playlist / Buy Track €0.84

Recent Activity

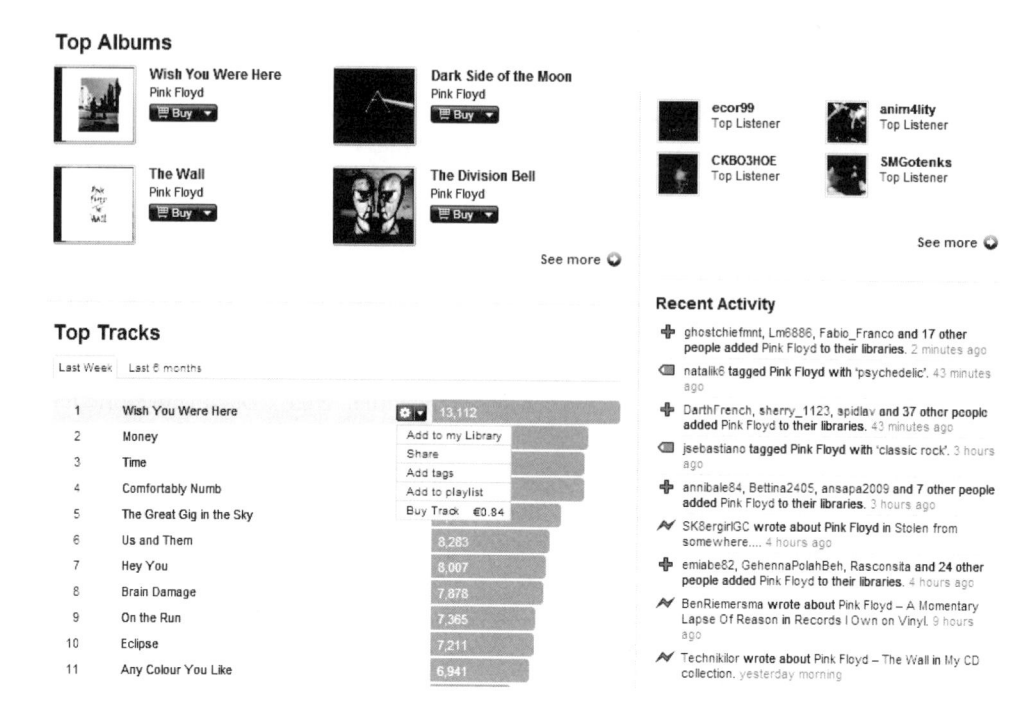

- ghostchiefmnt, Lm6886, Fabio_Franco and 17 other people added Pink Floyd to their libraries. 2 minutes ago
- natalik6 tagged Pink Floyd with 'psychedelic'. 43 minutes ago
- DarthFrench, sherry_1123, spidlav and 37 other people added Pink Floyd to their libraries. 43 minutes ago
- jsebastiano tagged Pink Floyd with 'classic rock'. 3 hours ago
- annibale84, Bettina2405, ansapa2009 and 7 other people added Pink Floyd to their libraries. 3 hours ago
- SK8ergirlGC wrote about Pink Floyd in Stolen from somewhere.... 4 hours ago
- emiabe82, GehennaPolahBeh, Rasconsita and 24 other people added Pink Floyd to their libraries. 4 hours ago
- BenRiemersma wrote about Pink Floyd – A Momentary Lapse Of Reason in Records I Own on Vinyl. 9 hours ago
- Technikilor wrote about Pink Floyd – The Wall in My CD collection. yesterday morning

Abbildung 11.4: Anzeige von Alben, Tracks, Hörern und aktuellen Aktionen als Ergebnis einer Suche nach Pink Floyd bei Last.fm.

11.2.4 Weitere Sharing-Dienste

Eine sehr spezielle Art von „Ressourcen" wird bei **43Things** gemeinsam gepflegt: Hier geht es um persönliche **Ziele** und Wege, diese zu erreichen (Peters 2009, 90-95). Die Nutzer laden To-Do-Listen (mit maximal 43 Zielen) auf die Plattform; werden die Ziele erreicht, so kann dieses ebenfalls vermerkt werden (Smith/Lieberman 2010). Aus Abbildung 11.5 erfahren wir, dass neun Leute das Ziel verfolgen, nach Kauai zurückzukehren und dass sie dies im Schnitt nach zwölf Monaten erreicht haben. Bei 43Things steht weniger das Speichern und Teilen von Ressourcen im Vordergrund, sondern der Aufbau virtueller Gemeinschaften rund um gewisse Ziele.

Aus der Vielzahl weiterer Sharing-Dienste soll an dieser Stelle auf das gemeinsame Führen eines **Veranstaltungskalenders** (Upcoming) und auf die Auswahl von **News** (Digg oder Reddit) hingewiesen werden.

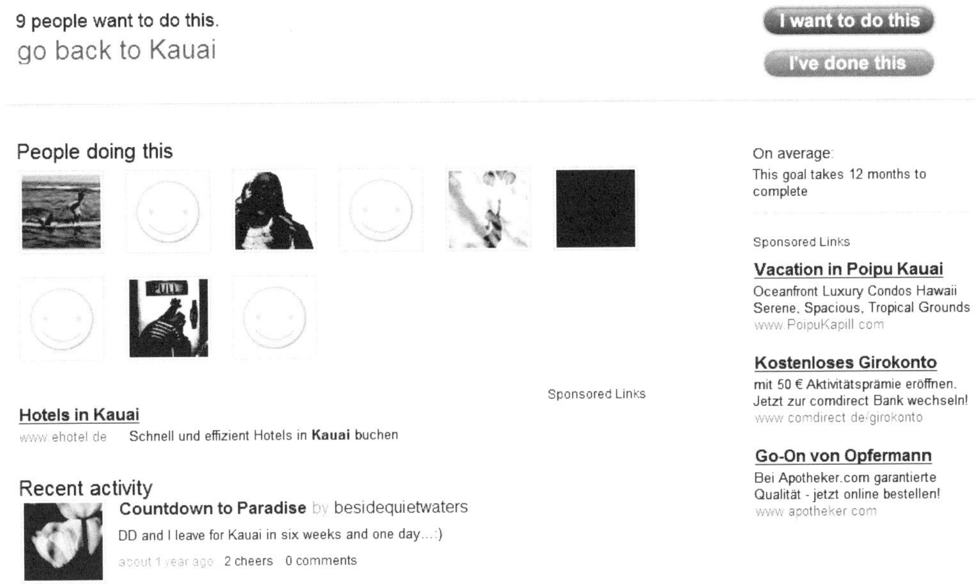

Abbildung 11.5: Anzeige von Personen bei 43Things mit dem Ziel, einmal nach Kauai zurückzukehren. Rechts eingeblendet ist kontextspezifische Werbung.

11.3 Social Bookmarking

Dienste des Social Bookmarking vereinigen die Sammlungen von **Lesezeichen** von Prosumern in einer einzigen Plattform (Peters 2009, 23-36). Für den einzelnen Nutzer hat dies den Vorteil, dass er über seine Bookmarks unabhängig vom eigenen Rechner verfügen kann; für die Gemeinschaft entsteht durch diese Sammlung von Ressourcen ein inhaltlich intellektuell erschlossenes Suchwerkzeug für Dokumente im Web und – je nach Dienst – auch darüber hinaus für gedruckte Ressourcen. Wir unterscheiden allgemeine Social Bookmarking-Plattformen ohne domainspezifische Beschränkungen (Hammond et al. 2005) von Diensten für wissenschaftliche Ressourcen. Bei den allgemeinen Plattformen hat sich mit Del.icio.us bereits ein Standarddienst etabliert, während mehrere wissenschaftliche Bookmarking-Dienste nebeneinander existieren.

11.3.1 Allgemeines Bookmarking

Del.icio.us, ein Unternehmen von Yahoo!, erlaubt registrierten Prosumern das Sammeln und Verwalten ihrer Lesezeichen (Favoriten bzw. Bookmarks) (Peters 2009, 26-30). Da jeder Prosumer Tags für eine Ressource mehrfach vergeben darf, liegt hier eine Broad

Folksonomy vor, deren statistische Auswertung eindrucksvoll die kollektive Intelligenz repräsentiert. Im Beispiel von Abbildung 11.6 sehen wir bei der nach Häufigkeit sortierten Liste der Tags ein Musterbeispiel einer invers-logistischen Verteilung: Zwei Terme (*folksonomy* und *tagging*) dominieren nahezu gleichauf die gesamte Liste und fungieren als „Power-Tags" (Peters/Stock 2010). Wenige Tags liegen im Bereich des Wendepunkts der Kurve (*tags*, *tag-gardening*), danach beginnt der „lange Schwanz" an Einträgen, die relativ wenig zur Inhaltsbeschreibung dieser Ressource Verwendung finden. Die Liste zeigt auch Probleme von Folksonomies. Einträge wie *peters* oder *weller* verweisen auf die Autorinnen, *2008* auf den Erscheinungsjahrgang und *article* auf den Dokumenttyp – dies sind alles keine inhaltsabbildenden Charakteristika. In der breiten linken Spalte werden (absteigend nach Datum sortiert) die taggenden Prosumer mit all den vergebenen Tags angegeben, so dass der Nutzer sowohl zu anderen Nutzern als auch zu anderen Tags weiterzuklicken vermag.

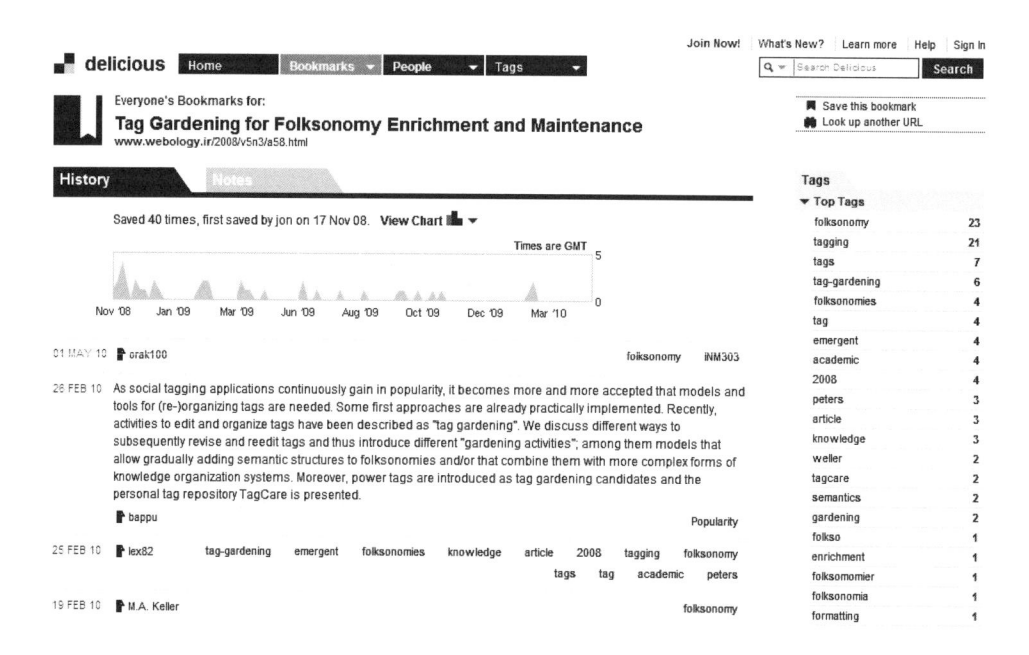

Abbildung 11.6: Trefferanzeige mit Trendangaben zur Zeit des Speicherns und Liste der verwendeten Tags bei Del.icio.us.

Social Bookmarking ist eine Ergänzung zu algorithmisch arbeitenden **Suchmaschinen** (Lewandowski/Maaß, Hrsg., 2008). Während letztere durch das automatisierte Vorgehen weitaus größere Mengen an Dokumenten verarbeiten, haben Dienste des Social Bookmarking Vorteile bei besonders aktiven Seiten (solchen mit häufigen Änderungen am Inhalt) und bei neuen Ressourcen, die den Suchmaschinen bisher verborgen geblieben sind (Heymann/Koutrika/Garcia-Molina 2008).

11.3.2 WTM-Bookmarking

Lesezeichen auf **WTM-Literatur** verwalten u. a.

- BibSonomy (unabhängig) (Hotho et al. 2006),
- CiteULike (mit Unterstützung von Springer) (Emamy/Cameron 2007),
- Connotea (betrieben von der Nature Publishing Group) (Lund et al. 2005),
- 2collab (betrieben von Elsevier) (Liu/Wu 2009).

Mit Ausnahme von BibSonomy werden die WTM-Bookmarking-Dienste von den großen Wissenschaftsverlagen hergestellt oder zumindest unterstützt. Diese Dienste arbeiten analog zu Del.icio.us, gestatten also das Speichern und Taggen von URLs (hier: wissenschaftlich-technisch-medizinischer Fachliteratur). Viele wissenschaftliche Zeitschriften bieten den Nutzern bei der Anzeige der bibliographischen Angaben eines Artikels die Option, diesen „auf Knopfdruck" bei Social-Bookmarking-Diensten zu hinterlegen, wobei der Prosumer allerdings einen Account beim jeweiligen Dienst haben muss. Dabei werden die gesamten Metadaten des Artikels (Zeitschriftentitel, DOI, Band- und Seitenangaben usw.) automatisch übernommen. Eine manuelle Eingabe der Metadaten – auch (so bei BibSonomy) von nicht-digitalen Dokumenten – ist ebenfalls möglich.

Von den Diensten wissenschaftlicher Bookmarks hat sich derzeit (Mitte 2010) noch keiner als Standard durchgesetzt, so dass wir ein „Kampfgebiet" beobachten können. Zu Beginn waren alle vier betrachteten Plattformen in ihrer Nutzung auf einem sehr niedrigen Niveau nahezu gleichauf. Dann konnte sich kurzfristig CiteULike leicht absetzen, verblieb aber auf dem erreichten Stand bis Mitte 2010, während Connotea und BibSonomy stetig in der Nutzung anstiegen und an CiteULike vorbeizogen. 2collab konnte in der gesamten Zeitspanne keine nennenswerten Nutzungszahlen erreichen. Die kritische Masse hat augenscheinlich noch keine Plattform überschritten. (Zum Vergleich: In der Statistik von Alexa liegt Del.icio.us mit einem Wert von über 0,01% aller Page Views im Web um eine Zehnerpotenz höher als Connotea bzw. BibSonomy.)

11.3.3 Kollektiver Aufbau eines Bibliothekskatalogs

Neben der digitalen Welt existiert die der gedruckten Ressourcen. Verwaltung und inhaltliche Beschreibung von Büchern gestattet die Plattform **LibraryThing** (Peters 2009, 61-68). LibraryThing ist ein elektronischer Katalog, wie wir ihn aus Bibliotheken kennen, nur dass hier die „Bibliothek" rein virtuell vorhanden ist und dass Prosumer (und keine Bibliothekare) die Arbeit verrichten. Auch hier wird mit dem Einsatz einer Broad Folksonomy von der kollektiven Intelligenz Gebrauch gemacht. Das Katalogisieren von bis zu 200 Büchern ist für Privatpersonen wie für Unternehmen kostenfrei, für weitere Ressourcen fallen (geringe) Gebühren an. Die (kostenpflichtige) Version für Bibliotheken (LibraryThing for Libraries) gestattet ein Mash-up aus dem lokalen Katalog mit den Informationen aus LibraryThing. Aus bibliothekarischer Sicht ist solch ein Vorgehen als „hilfreich" beschrieben worden, da durch die Tags neue Zugriffsmöglichkeiten auf Ressourcen geschaffen und zudem dem Nutzer bei einem Treffer ähnliche Bücher vorgeschlagen werden (Westcott/Chappell/Lebel 2009).

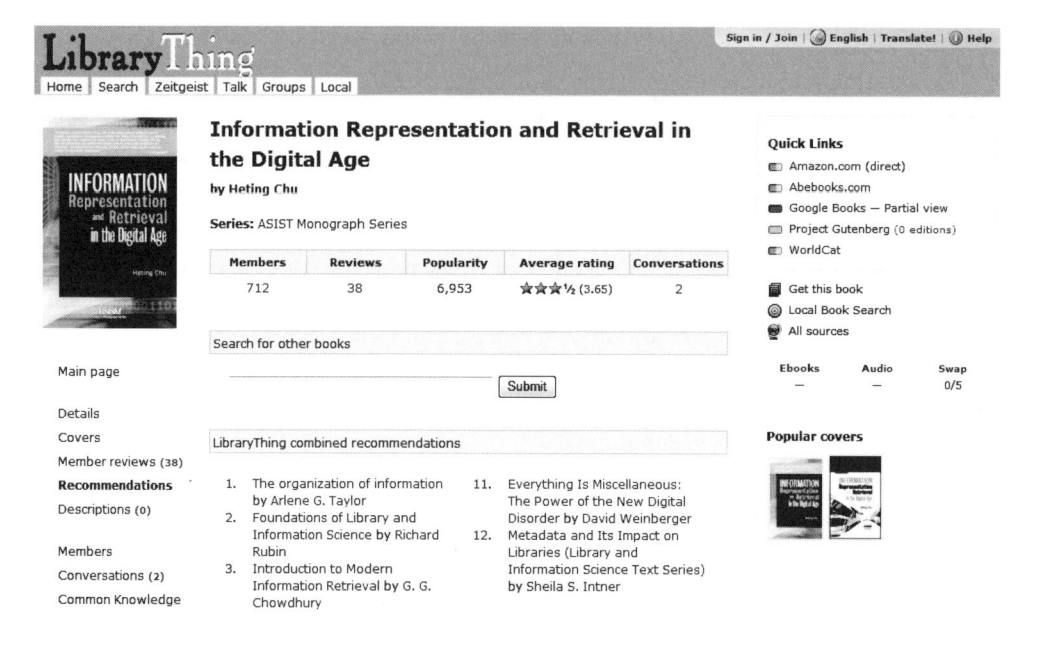

Abbildung 11.7: Vorschläge ähnlicher Ressourcen auf der Basis eines Treffers bei LibraryThing.

Der Einsatz von Diensten des Social Bookmarking ist im Vergleich zu kommerzieller Katalogisierungs- oder Dokumentationssoftware sehr kostengünstig. Infolge der **„digitalen Kluft"** gibt es Länder auf der Welt, deren Informationseinrichtungen und Bibliothekssysteme wenig effektiv arbeiten. Der Einsatz proprietärer Software kommt hier allein aus Kostengründen kaum infrage. Trkulja (2010, 197) empfiehlt solchen Staaten ausdrücklich den Einsatz des Social Bookmarking, also beispielsweise BibSonomy (zur inhaltlichen Abbildung der im Lande erstellten wissenschaftlichen Artikel) und LibraryThing (zur Katalogisierung der in den Bibliotheken beschafften Bücher).

11.4 Kollaborativer Aufbau einer Wissensbasis

Wir kommen nunmehr zu den kollaborativen Diensten. Hier geht es nicht – wie bei den kollektiven Plattformen – um die statistische Verarbeitung einzelner Informationen, sondern um die tatsächliche Zusammenarbeit von Mitgliedern einer Gemeinschaft mit dem Ziel,

11.4 Kollaborativer Aufbau einer Wissensbasis

kollaborativ eine gemeinsame Wissensbasis zu erarbeiten. Wir unterscheiden folgende vier Ansätze, solch ein Ziel zu erreichen:

- Wikis (Wikipedia),
- Weblogs (Blogger, WordPress) sowie Suchmaschinen für Blogs (wie Technorati),
- Microblogging (Twitter),
- andere; darunter Empfehlungsdienste und weitergehende kollaborative Dienste im E-Commerce wie das „Social Shopping" (Grange/Benbasat 2010), auf die wir hier allerdings nicht eingehen werden, da sie eher zum E-Commerce und nicht zum I-Commerce gehören.

11.4.1 Wiki

Ein Wiki (hawaianisch für *schnell*) sammelt – ähnlich einer Enzyklopädie – Einträge zu Begriffen und lässt die Option zu, diese Einträge ständig zu bearbeiten. Es gibt eine Fülle von fachspezifischen Wikis, das bekannteste Beispiel dürfte die fachgebietsübergreifende Internet-Enzyklopädie **Wikipedia** sein. Die Wikipedia ist nach Sprachen unterteilt; innerhalb der Sprachräume liegen tausende bis hunderttausende Beiträge vor. Die deutsche Version von Wikipedia umfasst Mitte 2010 1,1 Mio. Artikel, während die englische Variante bereits auf 3,3 Mio. Beiträge kommt. Die Autoren bleiben anonym; jeder kann an den Artikeln mitarbeiten und über den bisherigen Fortschritt mitdiskutieren. Es werden laut der Redaktionspolitik von Wikipedia keine neuen (Forschungs-)Ergebnisse publiziert, es wird lediglich vorhandenes Wissen zu den Begriffen zusammengetragen und durch Quellen belegt. Über die Einhaltung solcher Kriterien wachen (ebenfalls anonyme) „Editors". Die Mitarbeit ist (relativ) einfach; technisch bedarf es allenfalls rudimentären Wissens über HTML. Viele Formatvorlagen erleichtern die Arbeit. Ein typischer Wikipedia-Eintrag ist in Abbildung 11.8 abgedruckt.

Kann sich der Nutzer auf die Angaben in den Artikeln verlassen? Zu einer kleinen Stichprobe von Artikeln zu wissenschaftlichen Themen ergab sich für Wikipedia eine Fehlerquote, die nur unwesentlich über der der etablierten „Encyclopaedia Britannica" liegt (Giles 2005). Auch weitere vergleichende Studien – beispielsweise mit dem „Brockhaus" – ergeben für Wikipedia keine gravierenden inhaltlichen Mängel (Hammwöhner 2007). Bei der Absicherung der Aussagen in Wikipedia lassen sich jedoch – bisweilen eklatante – Lücken aufspüren. Dies betrifft sowohl die Anzahl an Referenzen als auch die Auswahl der zum Beleg herangezogenen Quellen. Luyt und Tan (2010, 721) berichten:

> Not only are many claims not verified through citations, those that are suffer from the choice of references used. Many of these are from US government Websites or news media and few are to academic journal material.

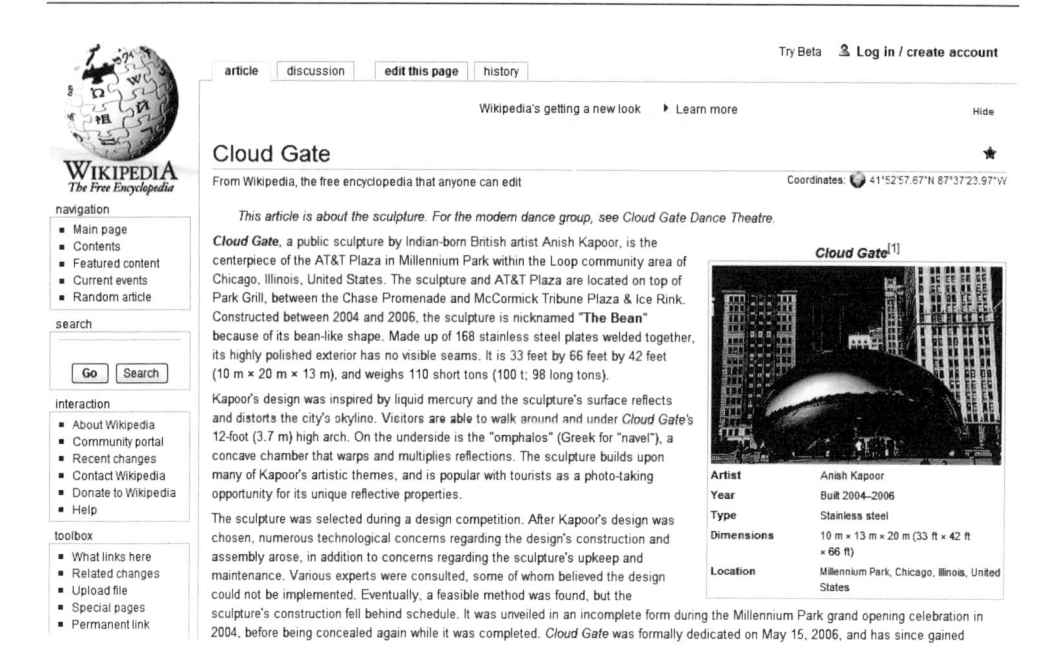

Abbildung 11.8: Eintrag „Cloud Gate" bei Wikipedia.

Nun ist es allerdings ein offenes Problem, was Informationsqualität im Einzelnen überhaupt ausmacht. Stvilia et al. (2008) beziehen sich deshalb nicht auf einzelne spezifische Qualitätsdimensionen (wie die soeben angesprochenen Zitationen), sondern untersuchen die Organisation der Qualitätssicherung bei Wikipedia. Sie kommen zu einem positiven Ergebnis (Stvilia et al. 2008, 1000):

> Results of the study showed that the Wikipedia community takes issues of quality very seriously. Although anyone can participate in editing articles, the results are carefully reviewed and discussed in ways very similar to open source programming projects.

Hervorzuheben ist die offene Diskussion über Bearbeitungen von Artikeln, die auch jeder Leser uneingeschränkt einsehen kann – dies ist ein großer Unterschied zu klassischen Enzyklopädien, bei denen über Auswahl und Redaktion der Einträge nichts berichtet wird. Haider und Sundin (2010) bezeichnen diesen offenen Diskurs als „Remediation" des Genres der Enzyklopädien:

> This remediation brings with it a change of site and the encyclopaedic notion is transferred from its personification in the printed book to being a space in which people meet, quarrel, negotiate and collaborately build knowledge.

In einer klassischen Enzyklopädie wird (allein aus Platzgründen) ausgewählt, so dass nur Besonderes oder „Erstrangiges" (Anger 2002, 41) und kein Spezialwissen Eingang findet. So war es „etwas Besonderes", im Brockhaus genannt zu werden. Dies ist in Wikipedia weggefallen. In der englischen Version von Wikipedia finden wir – wie im Brockhaus oder der Encyclopaedia Britannica – einen Artikel über *Chicago*, aber ebenfalls einen umfangreichen

11.4 Kollaborativer Aufbau einer Wissensbasis

Eintrag zu *Midway (CTA)*, einer U-Bahn-Station der Orange Line in Chicago (beispielsweise mit der Angabe, dass dort 299 Parkplätze zur Verfügung stehen). Musste man bei gedruckten Enzyklopädien auf die nächste Ausgabe warten, um neues Wissen einzusehen, geschieht dies bei Wikipedia nahezu in Echtzeit; Wissen wird schnell (eben *wiki*) aufgearbeitet und suchbar gemacht.

Angesichts dieser Einschätzungen ist es nicht verwunderlich, dass sich in einer Stichprobe von Studenten 100% der Befragten als Nutzer der Wikipedia erklärten. Dabei sind sich die Studenten mehrheitlich der Risiken möglicher Fehlinformation (Denning et al., 2005) bewusst und verlassen sich nicht „blind" auf die Einträge, sondern verwenden diese als ersten Einstieg in ein Thema, um in der Folge nach weiteren (möglicherweise verlässlicheren) Dokumenten zu recherchieren (Lim 2009). Auch Wissenschaftler nutzen Wikipedia sowie andere Wikis. In der Untersuchung von Weller et al. (2010) erklären ganze 6,3% der Befragten, Wikis nicht zu konsultieren. Als Motive nennen die Wissenschaftler (Weller et al., 2010)

> (O)f those participants who use wikis or Wikipedia 78.3% stated to use ‚Wikipedia as a work of reference', 17.0% use wikis for ‚knowledge organization within working groups' and 22.6% for ‚personal knowledge management', 4.7% claimed to use wikis for collaborative editing of publications and finally 30.2% use Wikipedia for ‚checking students' texts for plagiarism' (another 1.9% ‚other purposes).

11.4.2 Blogs

Weblogs sind Seiten im World Wide Web, deren einzelne Einträge (Posts) nach Aktualität sortiert sind. Die Posts haben eine feste URL (Permalink), die manchmal für jeden Post einzeln oder aber für den gesamten Blog (dann mit Sprungmarke zum einzelnen Post) angelegt wird. Wird in einem anderen Blog ein Post diskutiert, so wird dies beim zitierten Post als Trackback hinterlegt. Es ist möglich, Diskussionsbeiträge zum eigenen Post zuzulassen. Nutzern wird angeboten, den Blog (etwa über RSS oder Atom Feeds) zu abonnieren, so dass diese jederzeit mit den neuesten Posts versorgt werden. Im Web gibt es Plattformen (wie Blogger oder WordPress), die das Publizieren von Weblogs gestatten. Die Gesamtheit aller Weblogs wird als „Blogosphäre" bezeichnet. Blogs bilden ein Genre im Internet, das sich zwischen der medialen Form einer festen Webseite und der computervermittelten Kommunikation (etwa E-Mails oder Instant Messaging) etabliert hat (Herring et al. 2004). Recherchierbar sind Blogs wie Posts in Spezialsuchmaschinen wie Technorati (Peters 2009, 96-100) oder Google Blogs.

Wir wollen Weblogs analytisch in vier Klassen einteilen:

- persönliche Blogs (Dokumentation des alltäglichen Lebens im Sinne eines Tagebuches, Abgabe privater Kommentare, „Ventil" für Gedanken oder Gefühle oder auch Publikation von künstlerischen Beiträgen wie Gedichten oder Prosa; Nardi et al. 2004),
- Blogs von Unternehmen und anderen Institutionen (PR-Aktionen zum Unternehmen oder auch zu einzelnen Produkten, Beispiel: „Frosta-Blog"; Blogs von politischen Parteien oder einzelnen Politikern, Beispiel: der „Obama Blog"),

- politische Blogs (Posts mit politischem Inhalt, teilweise – vor allem in autoritären Staaten – mit stark kritischen Tönen),
- professionelle Blogs (themenorientierte Beiträge mit professioneller Zielgruppe, Beispiel: „resource shelf" als Blog für Information Professionals).

Professionelle Blogs (für ein Beispiel siehe Abbildung 11.9) spielen eine nicht zu unterschätzende Rolle in der Kommunikation der entsprechenden Gemeinschaften, wie dies Bar-Ilan (2005, 305) festgestellt hat:

> ‚Professional' blogs are excellent sources of secondary and tertiary information. Most information (...) can be easily found elsewhere, but these blogs concentrate and filter it, and they can be viewed as one-stop information kiosks or information hubs. The postings are mainly on information appearing in other weblogs, news items and press releases. Often, in addition to pointing to information sources, the bloggers provide commentary and express their opinion on the issues at hand.

Abbildung 11.9: Post im professionellen Weblog „resource shelf".

Innerhalb der Blogosphäre werden die Informationen aus den Posts für nahezu durchgehend glaubhaft eingeschätzt – ja sogar für glaubhafter als andere Quellen wie Zeitungen, Fernsehen und Hörfunk (Johnson/Kaye 2004). Die Einschätzung der Blogosphäre hinsichtlich der Partizipation des einzelnen an der Gesellschaft (wie sie beispielsweise die Kritische Theorie einfordert) ist gespalten. Für Jürgen Habermas als Hauptvertreter der Kritischen Theorie fällt die Betrachtung negativ aus, da für ihn Weblogs „a parasitical role of online communication"

(Habermas 2006, 423) spielen, die zur Fragmentierung der Öffentlichkeit beitragen. Fuchs (2008, 134) sieht bei Blogs von Unternehmen und politischen Institutionen Gefahren:

> This shows that Web 2.0 can be incorporated into big politics (as well as big business) that can result in a destruction of its participatory potentials. In such cases, Web 2.0 is colonized in the Habermasian sense of the word by power and money.

Kline und Burstein (2005, XIV) bauen dagegen auf das „partizipatorische Potential" von Weblogs, denn Blogging kann durchaus zur Partizipation beitragen: „to restoring the lost voice of the ordinary citizen in our culture".

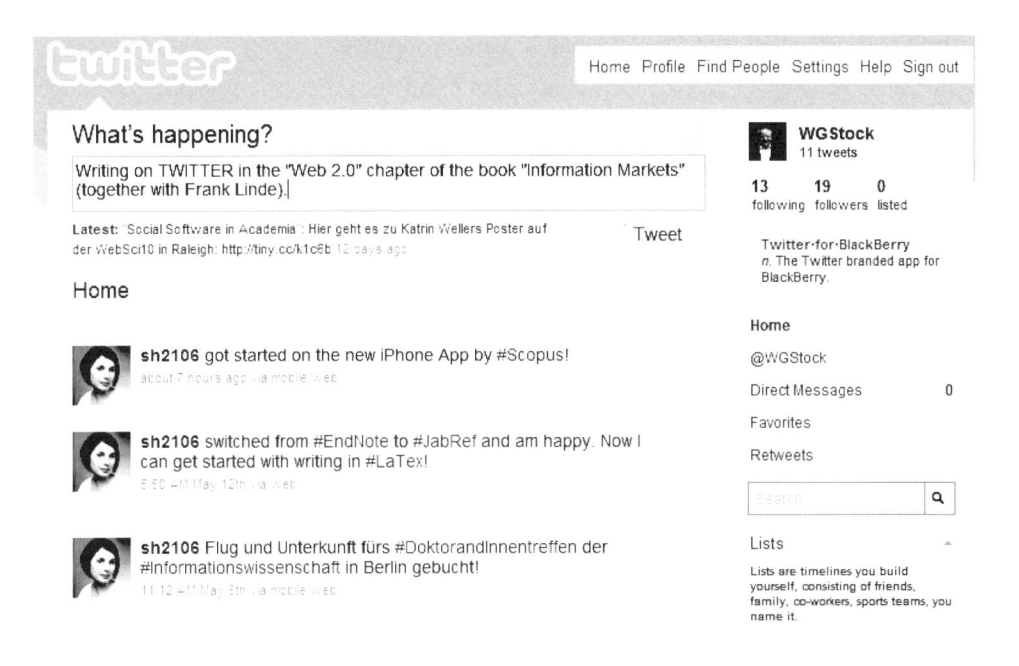

Abbildung 11.10: Homepage bei Twitter mit aktuellen Tweets.

11.4.3 Microblogging

Eine Spielart des Bloggens ist das Microblogging, für das **Twitter** eine viel genutzte Plattform bereitstellt. Jeder angemeldete Prosumer ist in der Lage, Nachrichten („Tweets") (beschränkt auf 140 Zeichen) von seinem Rechner oder seinem Mobiltelefon aus zu senden. Man kann anderen Nutzern „folgen" (und wird somit zu einem „Follower") und bekommt dessen Tweets angezeigt. Möchte ein Nutzer eine Nachricht persönlich an einen bestimmten Empfänger richten, so ist dies (mittels @User) ebenfalls möglich (die Öffentlichkeit liest dabei allerdings mit). (Rein private Tweets sendet man als „Direct Messages".) Der Anteil der persönlichen @-Tweets liegt bei rund 25% aller Posts (Huberman/Romero/Wu 2009). Man bemüht sich gelegentlich um ein kontrolliertes Vokabular. Um einen Begriff (sagen wir, den Namen einer Tagung oder eines Produktes) stets gleich zu benennen, werden „Hashtags" verwendet (wie in Abbildung 11.10 #Scopus). Das Pendant zum Weiterleiten von E-Mails wird bei Twitter als „Retweet" bezeichnet (Boyd/Golder/Lotan 2010).

Vorteil von Twitter ist die Kürze der Posts, was sowohl beim Autor als auch bei seinen Followern einen äußerst geringen Arbeitsaufwand bedeutet (Zhao/Rosson 2009). Allerdings kann man jederzeit einen Link in seinen Post einbauen. „The ability to include links in a post means that richer content is only a click away" (Martens 2010, 149). Als weiterer Vorteil wird der flexible Zugang beschrieben (Zaho/Rosson 2009), da man (neben Laptop oder Handy) lediglich einen Internetanschluss vorfinden muss. Die Nutzung mobiler Endgeräte macht Twitter zu einem äußerst schnellen Medium der Informationsverbreitung.

Da die Suche bei Twitter selbst suboptimal verläuft und auch nicht die gesamte Datenbasis zur Recherche bereitgehalten wird, muss man hier auf Suchmaschinen (wie Bing oder Google) ausweichen, die sowohl die aktuellen Tweets als auch das gesamte öffentliche Archiv von Twitter auswerten. Die Inhalte von Twitter werden auch bei der Library of Con-gress gespeichert.

Die für die Blogs genannten vier Klassen lassen sich auch beim Microblogging finden. Mainka (2010) zeigt dies für Microblogs von Unternehmen und politischen Parteien, so dass auch hier partiell eine Art von „Kolonialisierung" des Web 2.0 durch Macht und Geld vorhanden ist. Professionelle Microblogs lassen sich beispielsweise bei wissenschaftlichen Tagungen beobachten (Letierce et al. 2010). Bisweilen existieren bei und nach Vorträgen zwei Diskussionen, die eine verläuft im Saal, die zweite über Twitter. Als wichtig erachtete Statements werden real-time verbreitet, Vortragende verweisen auf ihren Foliensatz bei Slideshare, auf eigene Blog-Posts oder auf den Volltext des Vortrags in den Proceedings, gelegentlich verabredet man sich auch zum gemeinsamen Essen.

Auch Twitter ist ein Medium sozialer Netzwerke i.w.S. Durch die genauen Angaben zu Followern und Followees ist es recht leicht möglich, mithilfe der Netzwerkanalyse Graphen von Gemeinschaften zu kreieren, in denen die Rolle der einzelnen Prosumer deutlich herausgestellt wird. Java et al. (2007) arbeiten zur Bestimmung der Stellung eines einzelnen Akteurs mit den im Information Retrieval bekannten Algorithmen zu Hubs und Authorities (Kleinberg 1999; siehe IR, 375-382); eine Alternative wäre der bei Google eingesetzte PageRank (IR, 382-386). Basis der Berechnungen von Java et al. sind die Anzahl der Followers (für die Bestimmung des Grades der Authority) sowie die Anzahl der Followees (Ausprägung des Hub). Wie beim Kleinberg-Algorithmus werden auch bei den Followers und bei den Followees analoge Berechnungen durchgeführt. Für eine Authority ist es also nicht nur wichtig, wie viele Nutzer ihm folgen, sondern auch *wer* folgt (ein Follower mit, sagen wir, 1.000 eigenen Followern ist demnach bedeutender als einer mit nur 10).

11.5 Soziale Netzwerke

Soziale Netzwerke i.e.S dienen der Darstellung der Nutzer auf persönlichen Seiten, der Kommunikation mit Freunden, der Pflege sozialer Beziehungen sowie weiterer (teilweise kollaborativer) Aktivitäten (wie Spielen). Boyd und Ellison (2007) geben folgende Begriffsbestimmung vor:

> We define social network sites as web-based services that allow individuals to (1) construct a public or semi-public profile within a bounded system, (2) articulate a list of other users with whom they share a connection, and (3) view and traverse their lists of connections and those made by others within the system.

Wir wollen allgemeine soziale Netzwerke von interessengeleiteten Netzwerken unterscheiden. Bei den allgemeinen Netzwerken gibt es zwar landesspezifische Plattformen (beispielsweise Vkontakte in Russland oder StudiVZ in Deutschland), international hat sich jedoch die Plattform Facebook – auch auf Kosten der nationalen Versionen – durchgesetzt. Bei den interessengeleiteten Gemeinschaften ist MySpace Music eine weit verbreitete Plattform.

11.5.1 Allgemeine soziale Netzwerke

Bei **Facebook** legen Prosumer eine Seite über ihre Person an, die entweder von allen oder nur von „Freunden" aufgerufen werden kann. Eine Freundschaftsbeziehung ist dabei stets zweiseitig, was heißt, dass eine entsprechende Anfrage ausdrücklich angenommen werden muss. Zusätzlich zu den persönlichen Seiten lassen sich Seiten gestalten, bei denen Nutzer „Fans" werden können (siehe Abbildung 11.11). Die Fan-Beziehung ist einseitig, muss also nicht bestätigt werden. Facebook gestattet u. a., Meldungen auf die „Pinnwand" zu schreiben, Filme oder Videos hochzuladen sowie Aktionen der Freunde zu kommentieren. Man findet auf den Seiten der Freunde eine komplette Liste deren Freunde und eine hervorgehobene Teilmenge der gemeinsamen Freunde. Es existieren diverse Applikationen, vor allem Spiele (Rao 2008) wie beispielsweise Farmville. Mehrheitlich besuchen die Nutzer „ihr" soziales Netzwerk einmal oder mehrmals am Tag (Khveshchanka/Suter 2010, 74).

Motive, sich an allgemeinen sozialen Netzwerken wie Facebook zu beteiligen, liegen sowohl in der Pflege sozialer Kontakte als auch einfach im Spaß, sie zu nutzen. Es gibt Nutzer, „who are looking for fun and pleasure while ‚hanging around' on the WWW" (Hart et al. 2008, 474). Sozialen Kontakten wird unabhängig von räumlichen Begrenzungen nachgegangen. Dies hat auch Auswirkungen auf die nicht-digitale Welt, wie Ellison, Steinfield und Lampe (2007) berichten:

> The strong linkage between Facebook use and high school connections suggests how SNSs (Social Network Services, die Autoren) help maintain relations as people move from one offline community to another. It may facilitate the same when students graduate from college, with alumni keeping their school email address and using Facebook to stay in touch with the college community. Such connections could have strong payoffs in terms of jobs, internships, and other opportunities.

Unter welchen Umständen wechseln Nutzer ein soziales Netzwerk? Auf der Pull-Seite dominiert der Einfluss der Peer Group; als bedeutender Push-Faktor stellt sich die Unzufriedenheit mit den Nutzungsbedingungen dar (Zengyan/Yinping/Lim 2009). Nutzer bleiben Facebook treu, wenn sie zufrieden sind, wobei die Zufriedenheit davon abhängt, ob ihre Erwartungen von der Plattform übertroffen werden (wenn also positive Diskonfirmation vorliegt). Shi et al. (2010) konnten Bleibe-Faktoren bestimmen:

> The findings suggest that the positive disconfirmations of maintaining offline contacts, information seeking and entertainment all significantly affect users' continuance intention to use Facebook which are mediated by their satisfaction with Facebook.

Abbildung 11.11: Ausschnitt aus der Fanseite der Düsseldorfer Informationswissenschaft bei Facebook.

Als ein Problem wird der Mangel an **Privatheit** – das Veröffentlichen privater und eher vertraulicher persönlicher Angaben – angesehen. Insbesondere junge Nutzer und solche, die nach einer Beziehung suchen, neigen dazu, hochsensible und potentiell stigmatisierende Informationen (wie beispielsweise ihre sexuelle Orientierung oder ihre Religionszugehörigkeit) bei Facebook einzustellen (Nosko/Wood/Molema 2010). Amerikanische Facebook-Nutzer sind sich im Gegensatz zu deutschen StudiVZ-Nutzern eher darüber bewusst, dass publizierte private Informationen missinterpretiert oder anderweitig zum Nachteil der Person benutzt werden können (Krasnova/Veltri 2010, 5). Das hindert sie aber nicht daran, mehr Informationen als ihre deutschen Kollegen online zu stellen (Krasnova/Veltri 2010, 9). In einer detaillierten Auswertung der Veröffentlichung privater Daten bei sozialen Netzwerken ergibt sich bei Khveshchanka und Suter (2010, 74), dass amerikanische User zu 92% ihre Fotos auf ihrer Seite zeigen, während dies russische und deutsche Nutzer nur zu 72% bzw. 53% tun.

Facebook verfügt über Funktionen, die auch andere Web-2.0-Dienste anbieten: Der Nutzer kann Photos oder Videos hochladen, und er kann mit anderen kommunizieren. Hier ist somit ein Wettbewerb zwischen den Plattformen sozialer Software gegeben.

11.5.2 Interessengeleitete Netzwerke

Es existieren weitere soziale Netzwerke, die sich vornehmlich um das gemeinsame Interesse ihrer Teilnehmer kümmern. So gibt es beispielsweise Xing für geschäftliche Kontakte oder **MySpace** für Musik. Prosumer nutzen bisweilen unterschiedliche Netzwerke zu jeweils unterschiedlichen Zwecken, beispielsweise Xing für professionelle Interessen, Facebook zur Kommunikation mit Freunden und MySpace zur Promotion ihrer Hobby-Band.

Bei MySpace Music sprechen Rossi und Teli (2009) anstelle der Online-Gemeinschaft von einer „virtuellen Szene". MySpace Music wird sowohl von etablierten Künstlern als auch von (noch) unbekannten Bands genutzt. Kleinen Bands (Abbildung 11.12) kommt zugute, dass Songs auch ohne Videos abgelegt werden können. Auf den Profilseiten sind u. a. Angaben zu den Künstlern hinterlegt, Musikstücke werden (mit oder ohne Film) abgespielt, es gibt Blogs und Hinweise zu den nächsten Konzerten. Freunde werden – wie bei Facebook – als zweiseitige Beziehung geführt. „Top Friends" sind handverlesene (maximal 40) Freunde, deren Namen angezeigt werden („normale" Freunde werden nicht aufgelistet). Für Musiker ergeben sich Vorteile, bei MySpace teilzunehmen (Antin/Earp 2010, 954):

> Participating in MySpace Music has the potential to convey a variety of benefits on musicians. Musicians are likely to use MySpace Music to explore musical styles, to find new music and collaborators, to organize gigs, and form communities around musical genres or geographic locations.

Für Top-Künstler lässt sich ein Zusammenhang zwischen der Anzahl der Freunde bei MySpace Music und den CD-Verkäufen bzw. ihren Einnahmen beobachten (Dhar/Chang 2009).

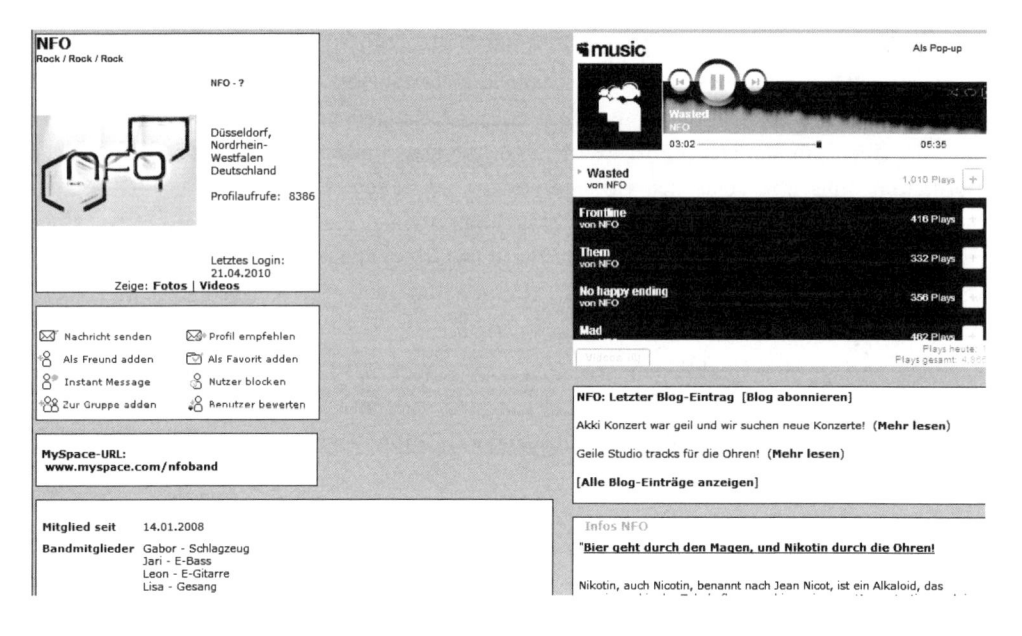

Abbildung 11.12: Profilseite der unabhängigen Düsseldorfer Rockband NFO bei MySpace.

11.6 Fazit

- Web-2.0-Dienste sind Plattformen im Internet, bei denen Mitglieder einer virtuellen Gemeinschaft an Auf- und Ausbau des jeweiligen Dienstes mitarbeiten und derart zu Prosumern (Produzenten wie Konsumenten) werden. Die Prosumer der Web-2.0-Dienste bilden soziale Netzwerke i.w.S. Wenn die Prosumer direkt miteinander arbeiten, liegt „kollaborative Intelligenz" vor, werden die Einzelleistungen algorithmisch verarbeitet, sprechen wir von „kollektiver Intelligenz". Eine Garantie auf korrekte Informationen ist in keinem Fall gegeben.

- Die Geschäftsmodelle im Web 2.0 haben die kostenfreie Nutzung der Plattformen als Basis. Erlöse werden durch Premium-Angebote, die Lizenzierung der Datenbasis, Spenden oder Werbung erwirtschaftet.

- Bei Sharing-Diensten teilen Prosumer gewisse Dokumente mit der virtuellen Gemeinschaft. Nach dem Typ der Ressourcen unterscheiden wir Sharing-Dienste für Videos (YouTube), Bilder (Flickr), Musik (Last.fm) und für Ziele (43Things). Ein einziger Dienst dominiert jeweils den Markt. Nutzer mit gleichen oder ähnlichen Vorlieben können anhand hochgeladener Ressourcen oder vergebener Tags identifiziert oder vom System vorgeschlagen werden.

- Plattformen des Social Bookmarking vereinigen Sammlungen von Lesezeichen der Prosumer. Sie werden damit zu inhaltlich intellektuell indexierten Suchwerkzeugen, die gegenüber algorithmisch arbeitenden Suchmaschinen Vorteile bei besonders aktiven und bei neuen Webseiten besitzen. Beim Social Bookmarking für Webseiten aller Art und bei Büchern haben sich mit Del.icio.us und LibraryThing Standards etabliert, während sich die Dienste für WTM-Bookmarking derzeit (Mitte 2010) in einer Kampfphase befinden.
- Wissensbasen werden im Web 2.0 kollaborativ aufgebaut. Ein Wiki sammelt Einträge zu Begriffen, die jederzeit modifiziert werden können. Vorteil eines solchen Dienstes (wie die Internet-Enzyklopädie Wikipedia) ist die Schnelligkeit, in der neues Wissen bereitgestellt werden kann, als Nachteil müssen Lücken bei den Belegen zu den aufgeführten Sachverhalten vermerkt werden. Blogs sind Seiten im Web, in denen – teilweise durchaus persönlich gefärbte – Meinungsäußerungen publiziert werden. Eine Spielart des Blogging ist das Microblogging (mit dem Standard Twitter) mit sehr kurzen Meldungen und dem Vorteil des Zugriffs via aller Arten von mobilen Endgeräten, was Microblogs zu einem schnellen Medium der Informationsverbreitung macht
- Soziale Netzwerke i.e.S. dienen der Aufnahme eines nutzerspezifischen persönlichen Profils und vor allem der Kommunikation mit Freunden sowie der Pflege sozialer Kontakte. Allgemeine soziale Netzwerke (wie Facebook) sprechen alle Prosumer im Web an, während interessengeleitete Plattformen (beispielsweise MySpace Music) nur bestimmte Personengruppen erreichen. Stark diskutiert wird die Privatheit (oder – je nach Sichtweise – der Mangel an Privatheit), also der Umfang verfügbarer personenbezogener Informationen.

11.7 Literatur

Anger, E. (2002): Brockhaus multimedia 2000 Premium auf CD-ROM und DVD. – In: Rösch, H. (Hrsg.): Enzyklopädie im Wandel. Schmuckstück der Bücherwand, rotierende Scheibe oder Netzangebot. – Köln: FH Köln. – (Kölner Arbeitspapiere zur Bibliotheks- und Informationswissenschaft; 32), S. 36-65.

Antin, J.; Earp, M. (2010): With a little help of from my friends. Self-interested and prosocial behavior on MySpace Music. – In: Journal of the American Society for Information Science and Technology 61(5), S. 952-963.

Bar-Ilan, J. (2005): Information hub blogs. – In: Journal of Information Science 31(4), S. 297-307.

Boyd, D.; Ellison, N.B. (2007): Social network sites. Definition, history, and scholarship. – In: Journal of Computer-Mediated Communication 13(1), art. 11.

Boyd, D.; Golder, S.; Lotan, G. (2010): Tweet, tweet, retweet. Conversational aspects on retweeting on Twitter. – In: Proceedings of the 43rd Hawaii International Conference on System Sciences. – Washington, DC: IEEE Computer Society Press.

Cha, M.; Kwak, H.; Rodriguez, P.; Ahn, Y.Y.; Moon, S. (2007): I tube, you tube, everybody tubes. Analyzing the world's largest user generated content video system. – In: Proceedings of the 7th ACM SIGCOMM Conference on Internet Measurement. – New York: ACM, S. 1-14.

Cox, A.M. (2008): Flickr. A case study of Web2.0. – In: Aslib Proceedings 60(5), S. 493-516.

Crandall, D.; Backstrom, L.; Huttenlocher, D.; Kleinberg, J. (2009): Mapping the world's photos. – In: Proceedings of the 18th International Conference on World Wide Web. – New York: ACM, S. 761-770.

Denning, P.; Horning, J.; Parnas, D.; Weinstein, L. (2005): Wikipedia risks. – In: Communications of the ACM 48(12), S. 152.

Dhar, V.; Chang, E.A. (2009): Does chatter matter? The impact of user-generated content on music sales. – In: Journal of Interactive Marketing 23(4), S. 300-307.

Ellison, N.B.; Steinfield, C.; Lampe, C. (2007): The benefits of Facebook „Friends". Social capital and college students' use of online social network sites. – In: Journal of Computer-Mediated Communication 12(4), art. 1.

Emamy, K.; Cameron, R. (2007): Citeulike. A researcher's social bookmarking service. – In: Ariadne 51.

Fuchs, C. (2008): Internet and Society. Social Theory in the Information Age. – New York: Routledge.

Giles, J. (2005): Internet encyclopaedias go head to head. – In: Nature 438, S. 900-901.

Gill, P.; Arlitt, M.; Li, Z.; Mahanti, A. (2007): YouTube traffic characterization. A view from the edge. – In: Proceedings of the 7th ACM SIGCOMM Conference on Internet Maesurement. – New York, ACM, S. 15-28.

Grange, C.; Benbasat, I. (2010): Online social shopping: The functions and symbols of design artefacts. – In: Proceedings of the 43rd Hawaii International Conference on System Sciences. – Washington, DC: IEEE Computer Society Press.

Habermas, J. (2006): Political communication in media society. Does democracy still enjoy an epistemic dimension? The impact of normative theory on empirical research. – In: Communication Theory, 16, 411-426.

Haider, J.; Sundin, O. (2010): Beyond the legacy of the Enlightenment? Online encyclopaedias as digital heterotopias. – In: First Monday 15(1).

Hammond, T.; Hannay, T.; Lund, B.; Scott, J. (2005): Social bookmarking tools (I). A general review. – In: D-Lib Magazine 11(4).

Hammwöhner, R. (2007): Qualitätsaspekte der Wikipedia. – In: kommunikation@gesellschaft 8, Beitrag 3.

Hart, J.; Ridley, C.; Taher, F.; Sas, C.; Dix, A. (2008): Exploring the Facebook experience. A new approach to usability. – In: Proceedings of the 5th Nordic Conference on Human-Computer-Interaction: Building Bridges. – New York: ACM, S. 471-474.

Haupt, J. (2009): Last.fm. People-powered online radio. – In: Music Reference Services Quarterly 12, S. 23-24.

Herring, S.C.; Scheidt, L.A.; Bonus, S.; Wright, E. (2004): Bridging the gap. A genre analysis of weblogs. – In: Proceedings of the 37th Hawaii International Conference on System Sciences. – Washington, DC: IEEE Computer Society.

Heymann, P.; Koutrika, G.; Garcia-Molina, H. (2008): Can social bookmarking improve Web search? – In: Proceedings of the International Conference on Web Search and Web Data Mining. – New York: ACM, S. 195-206.

Hotho, A.; Jäschke, R., Schmitz, C.; Stumme, G. (2006): Bibsonomy. A social bookmark and publication sharing system. – In: Proceedings of the Conceptual Structure Tool Interoperability Workshop at the 14th International Conference on Conceptual Structures, S. 87-102.

Huberman, B.A.; Romero, D.M.; Wu, F. (2009): Social networks that matter. Twitter under the microscope. – In: First Monday 14(1).

Java, A.; Finin, T.; Song, X.; Tseng, B. (2007): Why we twitter. Understanding microblogging usage and communities. – In: Proceedings of the 9th WebKDD and 1st SNA-KDD Workshop on Web Mining and Social Network Analysis. – New York: ACM, S. 56-65.

Johnson, T.J.; Kaye, B.K. (2004): Wag the blog. How reliance on traditional media and the Internet influence credibility perceptions of weblogs among blog users. – In: Journalism & Mass Communication Quarterly 81(3), S. 622-642.

Khveshchanka, S.; Suter, L. (2010): Vergleichende Analyse von profilbasierten sozialen Netzwerken aus Russland (Vkontakte), Deutschland (StudiVZ) und den USA (Facebook). – In: Information – Wissenschaft und Praxis 61(2), S. 71-76.

Kleinberg, J. (1999): Authoritative sources in a hyperlinked environment. – In: Journal of the ACM 46(5), S. 604-632.

Kline, D.; Burstein, D. (2005): Blog! How the Newest Media Revolution is Changing Politics, Business and Culture. – New York: CDS Books.

Krasnova, H.; Veltri, N.F. (2010): Privacy calculus on social networking sites: Explorative evidence from Germany and USA. – In: Proceedings of the 43rd Hawaii International Conference on System Sciences. – Washington, DC: IEEE Computer Society Press.

Kruitbosch, G.; Nack, F. (2008): Broadcast yourself on YouTube – really? – In: Proceedings of the 3rd ACM International Workshop on Human-Centered Computing. – New York: ACM, S. 7-10.

Lange, P.G. (2007): Publicly private and privately public. Social networking on YouTube. – In: Journal of Computer-Mediated Communication 13(1), art. 18.

Letierce, J.; Passant, A.; Decker, S.; Breslin, J.G. (2010): Understanding how Twitter is used to spread scientific messages. – In: Proceedings of the Web Science Conference 2010, April 26-27, 2010, Raleigh, NC, USA.

Lewandowski, D.; Maaß, M., Hrsg. (2008): Web-2.0-Dienste als Ergänzung zu algorithmischen Suchmaschinen. – Berlin: Logos.

Lim, S. (2009): How and why do college students use Wikipedia? – In: Journal of the American Society for Information Science and Technology 60(11), S. 2189-2202.

Liu, W.; Wu, L. (2009): 2collab. – In: Journal of the Medical Library Association 97(3), S. 233-234.

Lund, B.; Hammond, T.; Flack, M.; Hannay, T. (2005): Social bookmarking tools (II). A case study – *Connotea*. – In: D-Lib Magazine 11(4).

Luyt, B.; Tan, D. (2010): Improving Wikipedia's credibility. References and citations in a sample of history articles. – In: Journal of the American Society for Information Science and Technology 61(4), S. 715-722.

Mainka, A. (2010): Twitter: "Gezwitscher" oder gezielte Informationsvermittlung? – In: Information – Wissenschaft und Praxis 61(2), S. 77-82.

Martens, E. (2010): Twitter for Scientists. – In: ACS Chemical Biology 5(2), S. 149.

Nardi, B.M.; Schiano, D.J.; Gumbrecht, M.; Swartz, L. (2004): Why we blog. – In: Communications of the ACM 47(12), S. 41-46.

Nielsen, J. (2006): Participation Inequality. Encouraging More Users to Contribute. Online: http://www.useit.com/alertbox/participation_inequality.html.

Nosko, A.; Wood, E.; Molema, S. (2010): All about me. Disclosure in online social networking profiles. The Case of FACEBOOK. – In: Computers in Human Behavior 26, S. 406-418.

O'Reilly, T. (2005): What is Web 2.0? Online: http://oreilly.com/web2/archive/what-is-web-20.html.

O'Reilly, T.; Battelle, J. (2009): Web Squared: Web 2.0 Five Years on. Online: http://assets.en.oreilly.com/1/event/28/web2009_websquared-whitepaper.pdf.

Peters, I. (2009): Folksonomies. Indexing and Retrieval in Web 2.0 – Berlin: De Gruyter Saur. – (Knowledge & Information. Studies in Information Science).

Peters, I.; Stock, W.G. (2010): "Power Tags" in Information Retrieval. – In: Library Hi Tech 28(1), S. 81-93.

Prainsack, B.; Wolinsky, H. (2010): Direct-to-consumer genome testing: Opportunities for pharmacogenomics research? – In: Pharmacogenomics 11(5), 651-655.

Rao, V. (2008): Facebook applications and playful mood. The construction of Facebook as a "Third Place". – In: Proceedings of the 12th International Conference on Entertainment and Media in the Ubiquitous Era. – New York: ACM, S. 8-12.

Rheingold, H. (1993): The Virtual Community. Homesteading on the Electronic Frontier. – Reading, MA: Addison-Wesley.

Rossi, C.; Teli, M. (2009): Music collectivities and MySpace: Towards digital collectives. – In: Proceedings of the 42nd Hawaii International Conference on System Sciences. – Washington, DC: IEEE Computer Society Press.

Rotman, D.; Golbeck, J.; Preece, J. (2009): The community is where the rapport is. On sense and structure in the YouTube community. – In: Proceedings of the 4th International Conference on Communities and Technologies. – New York: ACM, S. 41-50.

Shi, N.; Lee, M.K.O.; Cheung, C.M.K.; Chen, H. (2010): The continuance of online social networks. How to keep people using Facebook? – In: Proceedings of the 43rd Hawaii International Conference on System Sciences. – Washington, DC: IEEE Computer Society Press.

Smith, D.A.; Lieberman, H. (2010): The why UI. Using goal networks to improve user interfaces. – In: Proceedings of the 14th International Conference on Intelligent User Interfaces. – New York: ACM, S. 377-380.

Spyns, P.; de Moor, A.; Vandenbussche, J.; Meersman, R. (2006): From folksonomies to ontologies. How the twain meet. – In: Lecture Notes in Computer Science 4275, S. 738-755.

Stvilia, B.; Twidale, M.B.; Smith, L.C.; Gasser, L. (2008): Information quality work organization in Wikipedia. – In: Journal of the American Society for Information Science and Technology 59(6), S. 983-1001.

Surowiecki, J. (2005): The Wisdom of Crowds. Why the Many are Smarter than the Few and How Collective Wisdom Shapes Business, Economics, Societies, and Nations. – New York: Anchor Books.

Talbot, D. (2010): Can Twitter make money? – In: Technology Review 113(2), S. 52-57.

Tönnies, F. (1887): Gemeinschaft und Gesellschaft. – Leipzig: Fues.

Toffler, A. (1980): The Third Wave. – New York: Morrow.

Trkulja, V. (2010): Die Digitale Kluft. Bosnien-Herzegowina auf dem Weg in die Informationsgesellschaft. – Wiesbaden: VS Verlag für Sozialwissenschaften / Springer Fachmedien.

Van Zwol, R. (2007): Flickr. Who is looking? – In: Proceedings of the IEEE/WIC/ACM International Conference on Web Intelligence. – Washington, DC: IEEE Computer Society, S. 184-190.

Vander Wal, T. (2008): Welcome to the matrix! – In: Gaiser, B.; Hampel, T.; Panke, S. (Hrsg.): Good Tags – Bad Tags. Social Tagging in der Wissensorganisation. – Münster: Waxmann, S. 7-9.

Weller, K.; Dornstädter, R.; Freimanis, R.; Klein, R.N.; Perez, M. (2010): Social software in academia: Three studies on users' acceptance of Web 2.0 services. – In: Proceedings of the Web Science Conference, April 26-27, 2010, Raleigh, NC, USA.

Westcott, J.; Chappell, A.; Lebel, C. (2009): Library Thing for libraries at Claremont. – In: Library Hi Tech 27(1), S. 78-81.

Zengyan, C.; Yinping, Y.; Lim, J. (2009): Cyber migration. An empirical investigation on factors that affect users' switch intentions in social networking sites. – In: Proceedings of the 42nd Hawaii International Conference on System Sciences. – Washington, DC: IEEE Computer Society Press.

Zhao, D.; Rosson, M.B. (2009): How and why people twitter. The role that micro-blogging plays in informal communication at work. – In: Proceedings of the ACM 2009 International Conference on Supporting Group Work. – New York: ACM, S. 243-252.

12 Online-Musik und Internet-TV

12.1 Kommerzieller Musikvertrieb über das WWW

Lange Zeit dominierte beim Vertrieb von Musikstücken die traditionelle Vertriebslinie über einen physischen Tonträger (sei es nun eine Schallplatte oder eine CD). Die Konsumenten erkannten schnell, dass auf CD gespeicherte Musikinformationen sehr leicht zu kopieren sind und begannen, Musiktitel zu „tauschen". Im Laufe der Jahre entwickelte sich derart ein funktionierender illegaler Informationsmarkt für Musik (siehe Kapitel 24-26). Die Musikwirtschaft versuchte, die Musikstücke durch Digital Rights Management (DRM) vor dem Kopieren zu schützen (was auch „ehrliche" Kunden erboste, da sie nunmehr keine Sicherungskopien mehr herstellen konnten) sowie die „Piraten" zu kriminalisieren. Einige Künstler (wie *The Grateful Death*) unterstützten aktiv den freien Tausch ihrer Stücke und erhofften sich Einnahmen durch Live-Konzerte und Merchandising-Produkte. Angesichts der Funktionstüchtigkeit des illegalen Marktes erscheint es schwierig, erfolgreiche Modelle für den kommerziellen Musikvertrieb über das World Wide Web zu etablieren – sehr lange mussten Konsumenten auf (legale) Online-Angebote warten. In diesem Kapitel besprechen wir (kommerzielle) Informationsprodukte auf dem Markt für digitale Musik (Peitz/Waelbroeck 2005; Hougaard/Tvede 2010), die neben die illegalen Märkte und neben die Web-2.0-Angebote (wie Last.fm und MySpace Music) treten sowie (insbesondere mit letzteren) auch kooperieren.

Als sinnvolle Strategien, erfolgreich kommerzielle Produkte zu platzieren, werden sowohl möglichst niedrige Preise (Buxmann et al. 2007) als auch der Verzicht auf DRM-Maßnahmen empfohlen. Da Online-Verkäufe auch Verkäufe von physischen Medien (und umgekehrt) anregen und da diese Verkäufe mit Konzerten und Merchandizing in Wechselwirkung stehen, ist „multi-channel management" angesagt (Buxmann et al. 2007, 38). Auch kann der Online-Markt als Test angelegt werden, ob sich – bei neuen Künstlern oder auch bei neuen Stücken – die Publikation von physischen Medien überhaupt lohnt (Fox 2005).

Die Wertschöpfungskette bei digitaler Musik umfasst vier Glieder: die Künstler, die Musikunternehmen (wobei der Markt von den vier Firmen Universal Music Group, Warner Music Group, Sony-BMG und EMI beherrscht wird), die Online-Aggregatoren und letztlich die Kunden. Abbildung 12.1 zeigt vier Versionen dieser Wertkette. In der unteren Variante fallen Musikunternehmen und Aggregator aus der Kette heraus, so dass der Künstler direkt zum Kunden liefert. In der nächsten Option gibt es kein zwischengeschaltetes Musikunternehmen, wohl aber einen Aggregator. Dies ist beispielsweise bei MySpace Music für unabhängige Künstler der Fall. In der dritten Variante verzichtet man auf einen Aggregator, d. h. dass das Musikunternehmen selbst dem Kunden Online-Musik anbietet. Dieses Modell wird derzeit kaum genutzt. Die letzte Option ist gleichzeitig die meistgenutzte im kommerziellen Bereich. Musikunternehmen vermarkten unter Zuhilfenahme eines Aggregators online Musikstücke. Der marktbeherrschende Aggregator ist Apples iTunes (Voida et al. 2005).

```
Künstler → Musikunter-  → Aggregator → Kunde
           nehmen

Künstler → Musikunter-  ───────────── → Kunde
           nehmen

Künstler ─────────────→ Aggregator → Kunde

Künstler ──────────────────────────→ Kunde
```

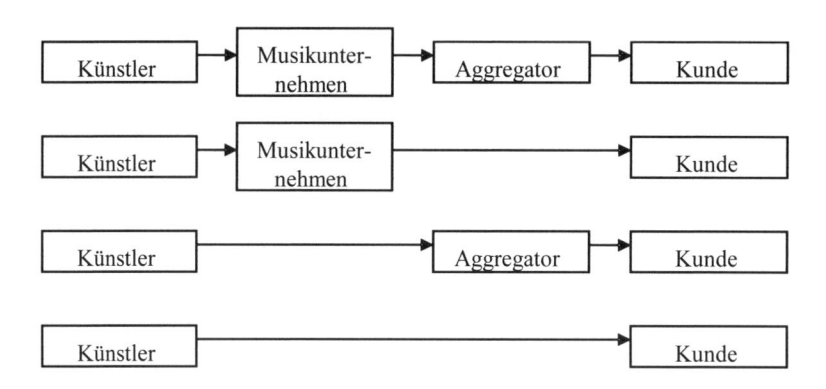

Abbildung 12.1: Wertketten bei Online-Musik. Quelle: in Anlehnung an Premkumar 2003.

iTunes bietet digitale Musik und digitale Videos zum Kauf an (Abbildung 12.2); Mitte 2010 können rund 11 Mio. Titel nachgefragt werden. Musik wird pro Album (in Abbildung 12.2 beispielsweise *Machine Head* von *Deep Purple*) oder pro Stück (wie *Smoke on the Water*) angeboten. Die Preise für die einzelnen Tracks variieren – je nach den Vorstellungen der Musikunternehmen – zwischen 0,69€ und 1,29€; DRM wird nicht eingesetzt. Zusätzlich offeriert iTunes Videos, und zwar sowohl Spielfilme als auch Folgen aus Serien (für 1,99€) sowie Hörbücher. Als Schnittstelle zwischen dem Shopsystem und dem Nutzer wird eine spezielle Software verwendet, die jeder Kunde (kostenlos) auf seinen Rechner laden muss. Diese Software gestattet auch die Verwaltung der Ressourcen sowie die Synchronisation mit dem eingesetzten MP3-Player.

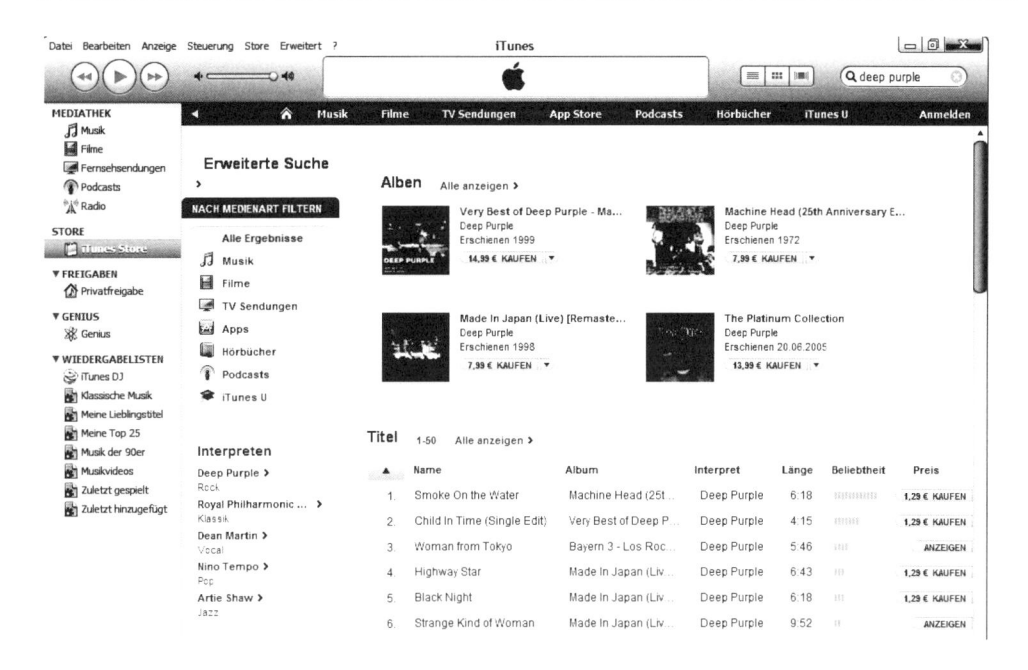

Abbildung 12.2: Verkaufsoberfläche bei iTunes.

12.2 Internet-Fernsehen

In Abgrenzung zu Web-2.0-Produktionen (verteilt beispielsweise ausschließlich über YouTube), reden wir vom Internet-TV, wenn entweder etablierte Sendeanstalten das WWW als Distributionskanal für ihren Content verwenden oder wenn (kommerzielle wie unabhängige) Produzenten eigenen Inhalt regelmäßig über das Web verbreiten. Wie bei Musik (und auch bei Videos) ist die Grenze zwischen Internet-TV und Web-2.0-Diensten fließend, da ein und derselbe Content sowohl im Internet-TV (z. B. im Webangebot eines Senders) als auch im Web 2.0 (und hier wahrscheinlich – in aller Regel zerstückelt in 10-Minuten-Abschnitte – bei YouTube) aufliegen kann.

Internet-TV (auch Web-TV oder IPTV) meint die Verbindung von Fernsehen mit dem World Wide Web (Hart 2004; Katz 2004; Noll 2004; Tanaka 2007). Um die Möglichkeiten des Internet-TV realistisch abschätzen zu können, sollten zunächst die Gewohnheiten des TV-Konsums eruiert werden. Fernsehen ist ein strukturiertes Medium (Simons 2009); es gibt vor, wann wir schauen (etwa eine *Tagesschau* stets um 20h) (Zeit), was wir schauen (Inhalt) und wo wir es schauen (Ort). Web-TV kann solche Strukturen aufbrechen, indem Sendungen (oder auch darin abgrenzbare Teile) gespeichert werden und so unabhängig von Raum und Zeit zu betrachten sind. TV ist ein soziales Medium, man schaut ggf. mit anderen fern oder man spricht mit anderen über das Programm. Nachteil von Internet-TV ist hier – wie es Nele Simons (2009, 220) nennt – „fracturing the audience", Vorteil ist das Schaffen neuer (virtueller) Gemeinschaften via Online-Medien (etwa Blogs) – bis hin zur „Quasi-Intimität" beim Chatten mit Fernsehstars (Bowen 2008). Fernsehen wird als „lean-back medium" (Simons 2009) angesehen, das häufig in Wohnzimmern angesiedelt ist, während der PC im Büro oder Arbeitszimmer steht – ein Problem, das dem Zusammenwachsen beider Welten hinderlich ist. Folgende Optionen von Internet-TV werden diskutiert (Waterman 2004):

- (konventionelles) Fernsehen wird real-time über das Internetprotokoll verteilt (und kann – beispielsweise parallel zur Arbeit am PC – in einem Bildschirmfenster verfolgt werden),
- Fernsehprogramme werden beim jeweiligen Sender gespeichert und sind über das WWW abrufbar (für ein Beispiel siehe Abbildung 12.3),
- für das Web werden eigens Programme (etwa kleiner lokaler Sender) erstellt.

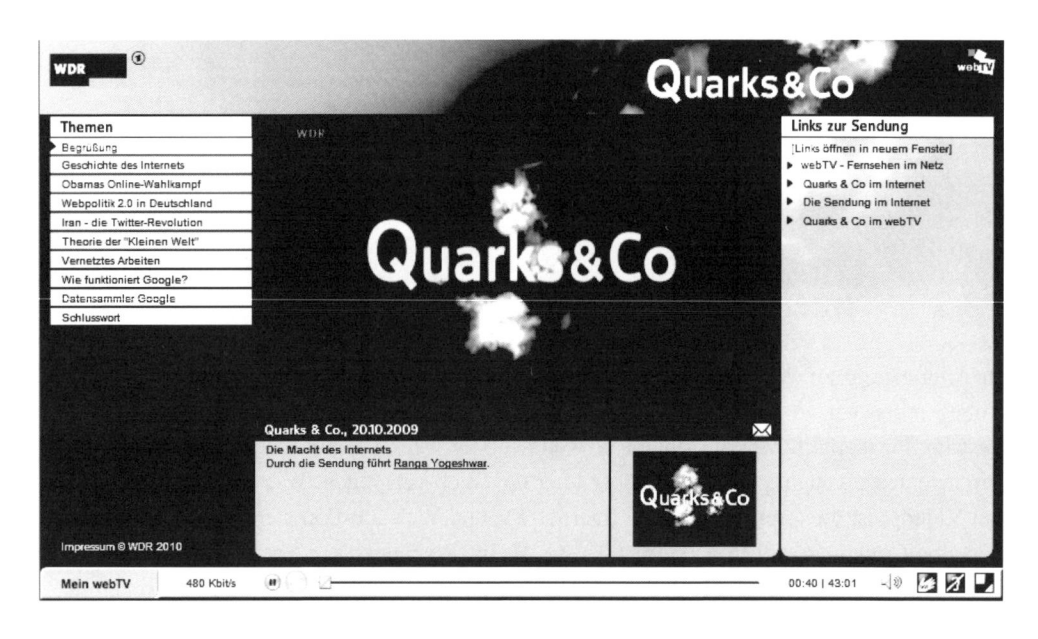

Abbildung 12.3: Zugriff auf eine Sendung des WDR.

Produzenten (Einav 2004) sind TV-Anstalten, Filmstudios, unabhängige Kreative (darunter auch Hersteller pornographischer Filme) sowie Laien, wobei letztere ihre Videos eher bei YouTube als in einem eigenen Webauftritt publizieren. Die Kunden profitieren von Zusatzangeboten zu Programmen, beispielsweise – wie bei *Quarks & Co.* des WDR – von der Segmentierung längerer Sendungen in abgrenzbare Teile oder von schriftlichen Ausführungen zum Content des Programms.

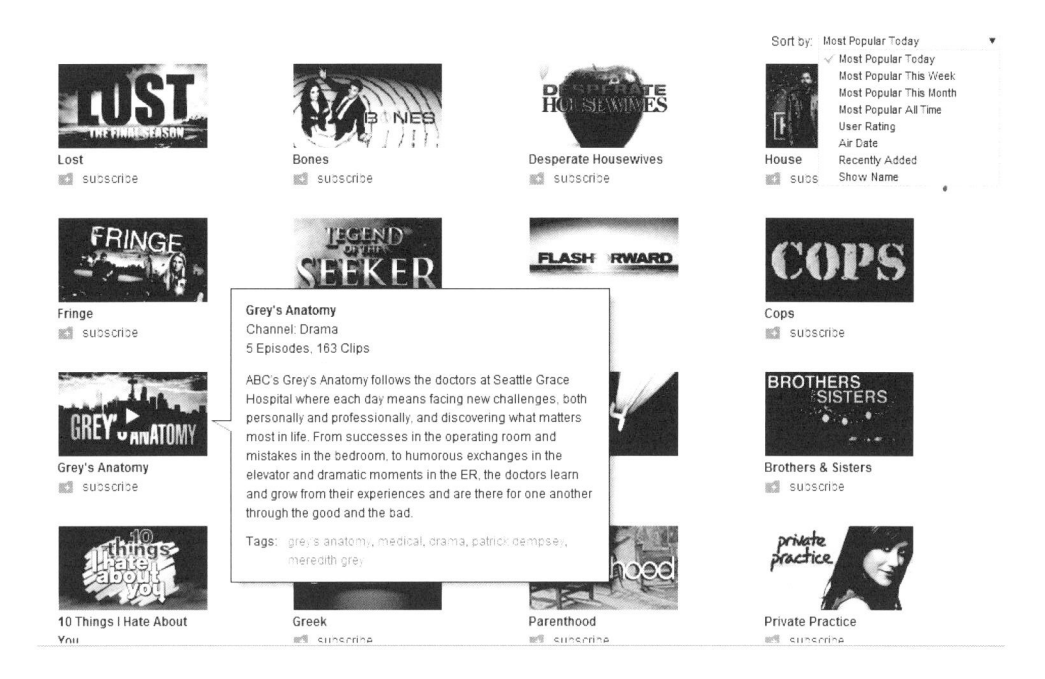

Abbildung 12.4: Auswahl von Fernsehserien beim us-amerikanischen TV-Aggregator Hulu.

Da es eine Vielzahl von Sendern gibt, die digital Programme zur Verfügung stellen, sind Content-Aggregatoren gefragt, die die Inhalte bündeln. In den Vereinigten Staaten hat sich mit Hulu (Abbildung 12.4) hier bereits ein Dienst etablieren können. Hulu gestattet Suchen, Finden und (kostenfreies) Abspielen von Sendungen diverser (amerikanischer) Sender (Perenson 2008, 106).

Eine neue Form der „Ausstrahlung" von Fernsehprogrammen ist die auf mobile Endgeräte. Insbesondere durch die (hier doch sehr eingeschränkte) Größe des Bildschirms und die (in aller Regel kurze) Zeit der Nutzung (beispielsweise im Pendlerzug bei der Fahrt zur Arbeit bzw. nach Hause) kommen nur ausgewählte Programmtypen infrage. Kaasinen et al. (2009) diskutieren News; Miyauchi, Sugahara und Oda (2009) beobachten ebenfalls das Betrachten von Nachrichtensendungen, aber auch von Entertainment-Inhalten.

12.3 Fazit

- Mit iTunes hat sich ein Content-Aggregator für (zu bezahlende) Musik als Standard durchgesetzt, so dass in diesem Segment neben dem lange Zeit dominierenden illegalen Markt nunmehr auch ein legaler, „normaler" Markt entstanden ist.

- Internet-TV meint entweder die Übertragung von Sendungen via WWW in Echtzeit, das Speichern von Sendungen zum Zwecke des orts- und zeitunabhängigen Zugriffs oder die Produktion von Sendungen eigens für den Vertrieb über das Web.
- Wie beim Musikangebot ist auch beim Internet-TV ein Aggregator nützlich oder sogar für den Markterfolg notwendig, der Fernsehprogramme bündelt und diese auf einer einzigen Plattform anbietet.

12.4 Literatur

Bowen, T. (2008): Romancing the screen. An examination of moving from television to the World Wide Web in a quest for quasi-intimacy. – In: The Journal of Popular Culture 41(4), S. 569-590.

Buxmann, P.; Strube, J.; Pohl, G. (2007): Cooperative pricing in the digital value chains. The case of online music. – In: Journal of Electronic Commerce Research 8(1), S. 32-40.

Einav, G. (2004): The content landscape. – In: Noam, E.; Groebel, J.; Gerbarg, D. (Hrsg.): Internet Television. – Mahwah, NJ: Lawrence Erlbaum, S. 215-234.

Fox, M. (2005): Technological and social drivers of change in the online music industry. – In: First Monday Special Issue #1: Music and the Internet.

Hart, J. (2004): Content models. Will IPTV be more of the same, or different? – In: Noam, E.; Groebel, J.; Gerbarg, D. (Hrsg.): Internet Television. – Mahwah, NJ: Lawrence Erlbaum, S. 205-214.

Hougaard, J.L.; Tvede, M. (2010): Selling digital music. Business models for public goods. – In: Netnomics 11.

Kaasinen, E.; Mulju, M.; Kivinen, T.; Oksman, V. (2009): User acceptance of mobile TV services. – In: Proceedings of the 11th International Conference on Human-Computer Interaction with Mobile Devices and Services. – New York: ACM, art. 34.

Katz, M.L. (2004): Industry structure and competition absent distribution bottlenecks. – In: Noam, E.; Groebel, J.; Gerbarg, D. (Hrsg.): Internet Television. – Mahwah, NJ: Lawrence Erlbaum, S. 31-59.

Miyauchi, K.; Sugahara, T.; Oda, H. (2009): Relax or study? A qualitative user study on the usage of live mobile TV and mobile video. – In: ACM Computers in Entertainment 7(3), art. 43.

Noll, A.M. (2004): Internet television. Definition and prospects. – In: Noam, E.; Groebel, J.; Gerbarg, D. (Hrsg.): Internet Television. – Mahwah, NJ: Lawrence Erlbaum, S. 1-8.

Peitz, M.; Waelbroeck, P. (2005): An economist's guide to digital music. – In: CESifo Economic Studies 51(2/3), S. 359-428.

Perenson, M.J. (2008): The best TV on the Web. – In: PC World 26(Sept.), S. 105-112.

Premkumar, G.P. (2003): Alternative distribution strategies for digital music. – In: Communications of the ACM 46(9), S. 89-95.

Simons, N. (2009): „Me TV". Towards changing TV viewing practices? – In: Proceedings of the 7th European Conference on European Interactive Television. – New York: ACM, S. 219-222.

Tanaka, K. (2007): Research on fusion of the Web and TV broadcasting. – In: 2nd International Conference on Informatics Research for Development of Knowledge Society Infrastructure. – Washington, DC: IEEE Computer Society, S. 129-136.

Voida, A.; Grinter, R.E.; Ducheneault, N.; Edwards, W.K.; Newman, M.W. (2005): Listening in. Practices surrounding iTunes music sharing. – In: Proceedings of the SIGHCI Conference on Human Factors in Computing Systems. – New York: ACM, S. 191-200.

Waterman, D. (2004): Business models and program content. – In: Noam, E.; Groebel, J.; Gerbarg, D. (Hrsg.): Internet Television. – Mahwah, NJ: Lawrence Erlbaum, S. 61-80.

13 Digitale Spiele

13.1 Konsolen- und PC-Spiele

Zu Beginn sei eine terminologische Klärung gestattet. Wenn wir in diesem Buch über Spiele reden, so referieren wir Ergebnisse der **Spielforschung** (Simons 2007). Diese ist höchstens am Rande verwandt mit der **Spieltheorie**, die eine mathematische Theorie rationaler Entscheidungen beim Vorliegen von mehreren Akteuren ist (Binmore 2007).

Digitale Spiele erfordern eine Hardware, um sie überhaupt spielen zu können. Wir unterscheiden nach der eingesetzten Hardware zwischen Konsolenspielen (beim Einsatz einer Spielkonsole oder eines Mobiltelefons) und PC-Spielen, die (alleine oder auch – unter Einsatz von Internetdiensten – gemeinsam) an einem Rechner ausgeführt werden (Kerr 2006, 54 ff.).

Man kann **Konsolenspiele** in drei Hauptgruppen unterteilen. Konsolenspiele i.e.S. (wie Sonys Playstation oder Nintendos Wii) benötigen einen externen Bildschirm (beispielsweise vom Fernseher). Handheld-Konsolen haben diesen im Gerät integriert (wie beim Gameboy, beim Nintendo DS oder bei der Playstation Portable). Handyspiele sind in der Regel einfache Geschicklichkeitsspiele (beispielsweise *Nature Park* oder *Snake*), die auch mit kleinsten Displays gespielt werden können.

PC-Spiele sind entweder „einfache" Brett-, Karten- oder Geschicklichkeitsspiele, die auch in der realen Welt gespielt werden, ebenfalls aus der realen Welt ins Digitale übertragene (allerdings rechtlich sehr bedenkliche) Glücksspiele, Videospiele (mit mehreren Genres), Mehrpersonen-Rollenspiele, sogenannte „Massively Multiplayer Online Role Playing Games" (MMORPGs), Social Games (in der Regel als Ergänzung zu einer Plattform sozialer Netzwerke) sowie „Games with a purpose", Spiele, die u. a. der Indexierung von Webressourcen dienen. Es ergibt sich die Gliederung digitaler Spiele in Abbildung 13.1.

Gemäß unserer Definition des Informationsmarktes (Tabelle 1.2) betrachten wir in diesem Buch ausschließlich die PC-Spiele. Unsere Abgrenzung ist allerdings durchaus unscharf, da einige Konsolenspiele inzwischen über Internetschnittstellen verfügen. Bis zum Aufkommen der MMORPGs dominierten den Markt für digitale Spiele die Konsolenspiele (Nielsen et al. 2008, 13 ff.), obgleich diese – verglichen mit den PC-Versionen – teurer waren. Bei PC-Spielen fallen nämlich die Lizenzzahlungen der Spielanbieter an die Konsolenhersteller fort.

Nielsen, Smith und Tosca (2008, 17) vermuten, dass auch die leichte (illegale) Kopierbarkeit der PC-Spiele einen gewissen Preisdruck auslöste, der sich günstig auf die Verbraucherpreise auswirkte.

```
                    ┌─────────────────┐
                    │ Digitale Spiele │
                    └─────────────────┘

        ┌───────────────┐         ┌───────────────┐
        │ Konsolenspiele│         │   PC-Spiele   │
        └───────────────┘         └───────────────┘

        ┌───────────────┐         ┌───────────────┐
        │ Konsolenspiele│         │  „Klassische" │
        │     i.e.S.    │         │     Spiele    │
        └───────────────┘         └───────────────┘

        ┌───────────────┐         ┌───────────────┐
        │ Handheld-Spiele│        │  Glücksspiele │
        └───────────────┘         └───────────────┘

        ┌───────────────┐         ┌───────────────┐
        │   Handyspiele │         │ PC-Videospiele│
        └───────────────┘         └───────────────┘

                                  ┌───────────────┐
                                  │    MMORPGs    │
                                  └───────────────┘

                                  ┌───────────────┐
                                  │  Social Games │
                                  └───────────────┘

                                  ┌───────────────┐
                                  │  Games with a │
                                  │    Purpose    │
                                  └───────────────┘
```

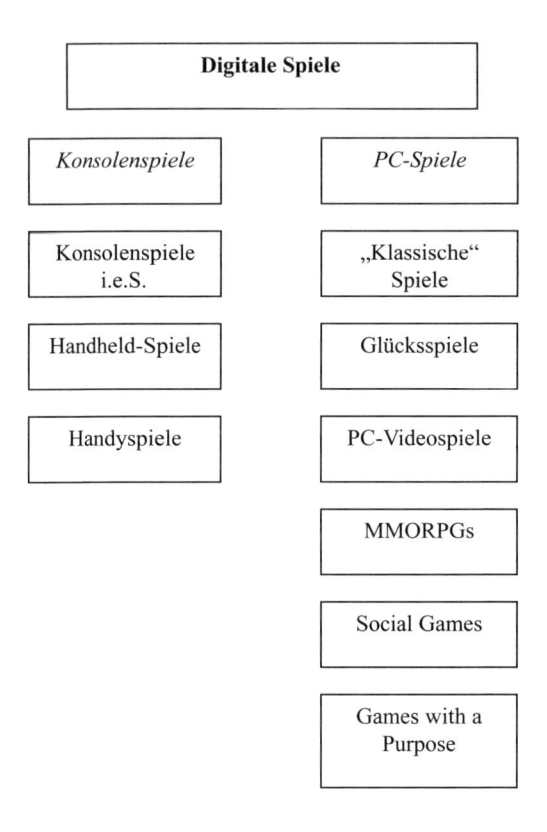

Abbildung 13.1: Klassifikation von digitalen Spielen.

Alle digitalen Spiele durchlaufen in ihrer **Entwicklung** drei Phasen (Nielsen et al. 2008, 18 ff.). In der konzeptionellen Phase wird die Idee des Spiels formuliert, es werden die (hoffentlich) attraktiven Funktionen erläutert. Hinzu gesellen sich eine Marktanalyse und eine Budgetplanung. Die Designphase wird von der Erstellung der Software dominiert, in der die funktionalen und technischen Spezifikationen diskutiert und realisiert werden. Am Ende der Designphase steht ein vorläufiger Prototyp, der ein Fragment des geplanten Spiels mit den wesentlichen Features darstellt. Erst in der Produktions- und Testphase wird der Prototyp mit Graphik und Sound ausgestattet. Nutzer erwarten von Spielen den Einsatz von 3D-Technik und von Farbe („3D true color graphics") (Choi/Kim 2004, 21). Die hier entstehende Alpha-

Version erlaubt Testreihen hinsichtlich des einfachen Gebrauchs und der Spielbarkeit und führt zu einem „Gold Master" und damit zur ersten zur kommerziellen Nutzung angebotenen Version des Spiels.

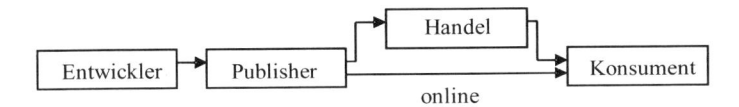

```
                        ┌─────────┐
                     ┌─►│ Handel  │
┌───────────┐  ┌───────────┐       └────┐  ┌───────────┐
│Entwickler │─►│ Publisher │             ├─►│ Konsument │
└───────────┘  └───────────┘─────────────┘  └───────────┘
                              online
```

Abbildung 13.2: Wertkette der Branche digitaler Spiele.

Der Gold Master wird entweder vom Spielentwickler selbst vermarktet oder aber – insbesondere bei kleinen Entwicklungsfirmen – von einem Publisher vertrieben. Das Spiel *Rez* (ein Shooterspiel) ist beispielsweise von UGA entwickelt und von Sega vertrieben worden, während bei *The Sims* Maxis beide Rollen übernommen hat (Nielsen et al. 2008, 16). Die Spiele werden letztendlich entweder über den stationären Einzelhandel (und dort als DVD) oder online über das Web verkauft oder aber auf Subskriptionsbasis (etwa mit monatlichen Nutzungsgebühren) vertrieben. Einige Online-Spiele sind kostenlos nutzbar. Die Wertkette der Branche der digitalen Spiele zeigt Abbildung 13.2.

In der Evaluation von Informationssystemen arbeitet man seit den klassischen Ergebnissen von Davis (1989) mit zwei Variablen, die die Nutzerakzeptanz der Systeme bewirken: *Perceived Ease of Use* und *Perceived Usefulness*. Nicht so bei der Bewertung von digitalen Spielen: Der einfache Gebrauch bleibt zwar erhalten, der Faktor Nutzen wird jedoch durch *Perceived Enjoyment* ersetzt (Hsu/Lu 2007). Der **Spaß** wird zum kritischen Erfolgsfaktor. Castronova (2007, 82) beklagt sogar die hier seiner Meinung nach eigentlich angebrachte, aber bislang fehlende „Ökonomie des Spaßes".

13.2 Digitale Versionen „klassischer" Spiele

Wir kommen nunmehr zu den PC-Spielen. Eine erste Gruppe sind Spiele, die auch außerhalb von digitalen Räumen gespielt werden und nur in eine digitale Version verwandelt worden sind. Hierbei handelt es sich um Brettspiele (wie Schach oder Go), um Kartenspiele (beispielsweise Solitär; Abbildung 13.3), um Geschicklichkeitsspiele (wie Flipper) oder um andere einfache Spiele (etwa „Schiffe versenken"). Einige dieser Spiele findet der Nutzer auf seinem Rechner (mit Microsoft-Betriebssystem) vorinstalliert vor. Entwickelt wurden solche Spiele von Microsoft, teilweise in Kooperation mit Oberon Games.

Es gibt Einpersonenspiele (wie Solitär), Mehrpersonenspiele, wobei die Spieler nacheinander spielen (etwa beim Flipper), Mehrpersonenspiele, die über das WWW abgewickelt werden

(z. B. Schach mit einem Gegner irgendwo im Web) und Spiele Mensch gegen Computer (beliebt ebenso das Schach).

Abbildung 13.3: PC-Version von Solitär (Oberon Games / Microsoft) – ein typisches Einpersonen-PC-Spiel.

13.3 Glücksspiele

Online-Glücksspiele sind virtuelle Adaptionen bekannter Glücksspiele aus der realen Welt. Der Hauptunterschied zum Glücksspiel im Kasino und im Wettbüro liegt darin, dass die Spieler rund um die Uhr spielen können (Griffith 2003). Wir unterscheiden zwischen zwei Hauptgruppen von Online-Glücksspielen:

- Kasinospiele (LaBrie et al. 2008), darunter beispielsweise Blackjack, Roulette, Spielautomaten und Poker (LaPlante et al. 2009) (siehe Abbildung 13.4) und
- Wetten, darunter besonders wichtig Sportwetten (LaPlante et al. 2008).

Bei Glücksspielen ist im Vergleich zu anderen Spielen die Gefahr einer Abhängigkeit besonders gegeben. McBride und Derevensky (2009) berichten, dass innerhalb ihrer Stichprobe an Kunden von Online-Glücksspielen rund ein Viertel als „Problem-Spieler" einzustufen ist. Diese verbringen – verglichen mit „Freizeit-Spielern" – mehr Zeit pro Session mit dem Spiel und setzen höhere Geldbeträge – und verlieren auch mehr Geld. Problemspieler neigen zu „Problematic Internet Use" (PIU) (s. o., Kapitel 4.5.1).

Glücksspiele im Internet (eingeschlossen Wetten auf künftige Ereignisse, darunter u. a. die Sportwetten) sind in vielen Ländern verboten. In Deutschland wird das Verbot durch den

Glücksspielstaatsvertrag (GlüStV) §4(4) (seit 2008) geregelt. In den USA gibt es seit 2006 den „Unlawful Internet Gambling Enforcement Act" (UIGEA 2006), der Finanztransaktionen (z. B. Zahlungen mit Kreditkarte) zugunsten von (in- und ausländischen) Veranstaltern solcher Spiele untersagt (Morse 2009). In gewissen Ländern sind Online-Glücksspiele jedoch erlaubt; darunter fallen beispielsweise Gibraltar (Sitz von PartyCasino), Malta und einige mittelamerikanische Staaten. In Kanada hat sich die Gruppe der Kahnawake Mohawk First Nation (in Quebec) für unabhängig in Sachen Online-Spiele erklärt und diese Spiele legalisiert. In Kahnawake werden derzeit die meisten Internet-Glücksspielseiten der Welt gehostet (Williams/Wood 2007, 11).

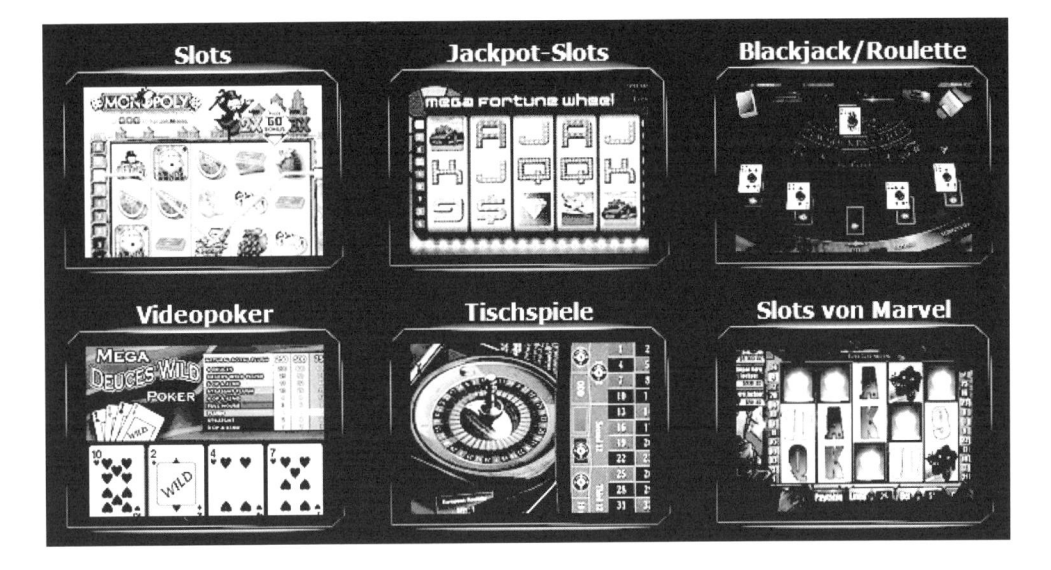

Abbildung 13.4: Auswahl von Online-Glücksspielen bei PartyCasino.

13.4 Video-Spiele

Video-Spiele erzählen eine Geschichte und lassen den Spieler am Geschehen teilnehmen. Teilweise kommt es darauf an, die „richtige" Handlung zu erahnen und die Figuren entsprechend zu steuern. Wir unterscheiden fünf Genres der Video-Spiele:

- Sportspiele (z. B. Snooker oder Formel 1),
- Action-Spiele (z. B. Tomb Raider, Call of Duty),
- Abenteuerspiele (z. B. Myst, Monkey Island),
- Strategiespiele (z. B. Dune II: The Building of a Dynasty, Command & Conquer),

- prozessorientierte Spiele (z. B. Ultima Online); hierunter fallen auch alle MMORPGs, denen wir einen eigenen Abschnitt widmen.

Es ist zu beachten, dass das „Geschichtenerzählen" bei Videospielen eine andere Bedeutung hat als bei Romanen oder Filmen. Im klassischen Fall der **Narrativität** steht der Rezipient außerhalb der Handlung – so gerne man möchte, man kann Luke Skywalker im Film „Star Wars" nicht beim Kampf gegen Darth Vader unterstützen. Im Videospiel ist dies aber durchaus (wenn auch – verglichen mit dem Film – in nur kleinen, ausgewählten Sequenzen) möglich. Durch die Interaktivität des Videospiels wird allerdings die Narrativität beeinflusst. Jesper Juul (2001) betont daher:

> You can't have narration and interactivity at the same time; there is no such thing as a continuously interactive story. (...) The relations between reader/story and player/game are completely different – the player inhabits a twilight zone where he/she is both an empirical object outside the game and undertakes a role inside the game.

Für Tavinor (2005, 202) bilden Online-Videospiele ein Hybridgenre aus Narrativität und Interaktivität: „Video games are *interactive fictions*".

Liegt einem Video-Spiel ein Film zugrunde (wie etwa *Matrix* beim Spiel *Enter the Matrix*), so sind Lizenzzahlungen an den Urheber fällig (Kerr 2006, 69 ff.). Dies gilt natürlich auch im umgekehrten Fall (z. B. beim Spiel *Tomb Raider* und dem Film *Lara Croft: Tomb Raider*).

Insbesondere bei First-Person-Videospielen (etwa bei Shooterspielen) kommt es darauf an, dem agierenden Spieler einen möglichst realistischen Eindruck – und dies aus der „subjektiven" Sicht des Avatars – von der Spielwelt zu gestatten (Steinicke et al. 2009). Forschungen gehen dahin, die Bewegungen des Spielers (in der wirklichen Welt) auf die Bewegungen des (virtuellen) Avatars direkt zu übertragen (Mazalek et al. 2009).

13.5 Massively Multiplayer Online Role Playing Games (MMORPGs)

Eine dominierende Stellung bei den Online-Videospielen nehmen derzeit die Massively Multiplayer Online Role Playing Games ein (Achterbosch et al. 2008). Was sind exakt solche Spiele? Lösen wir die Abkürzung MMORPG auf (Chan/Vorderer 2006,79):

- M (Massively): sehr viele Spieler spielen gleichzeitig ein Spiel,
- M (Multiplayer): das Spiel wird grundsätzlich mit anderen gespielt, es gibt demnach grundsätzlich keine Offline-Versionen,
- O (Online): gespielt wird über das Internet,

- RP (Role Playing): jeder Spieler übernimmt eine bestimmte Rolle im Spiel, die er – innerhalb vorgegebener Regeln – frei ausgestalten darf und die im Spiel durch einen Avatar dargestellt wird,
- G (Games): hier wird es etwas unscharf, denn es gibt sowohl Spiele i.e.S. (wie „World of Warcraft"), aber auch digitale Welten ohne vorherrschenden Spielcharakter (wie „Second Life") oder pädagogisch ausgerichtete „Serious Games" (Marr 2010; Zyda 2005; Bellotti et al. 2009) wie die Edutainment-Welt „Wissenheim" (Baeuerle/Sonnenfroh/Schulthess 2009).

Beschreiben wir kurz die Regeln des wohl erfolgreichsten MMORPGs **„World of Warcraft"** (WoW) (Abbildung 13.5), entwickelt von Blizzard Entertainment. In einer Umgebung, die an mittelalterliche Sagen oder an Tolkiens „Herr der Ringe" erinnert, sucht sich der Spieler eine der zwei Fraktionen „Allianz" oder „Horde" aus, wählt eine hier vorkommende Rasse (wie beispielsweise Blut- oder Nachtelfen) sowie eine Klasse (wie etwa Magier, Krieger oder Jäger). Man spielt auf dezidierten Servern, die in der Regel nicht miteinander verbunden sind. Es gibt Server, bei denen Personen u. a. gegen Personen spielen (und sich gegenseitig töten können), und Server, bei denen Personen gegen die Software spielen. Darüber hinaus ist es möglich, auf den Servern Rollenspiele auszuführen. Ziel ist es, Aufgaben („Quests") zu erfüllen, um dafür mit Ausrüstungsgegenständen, Spielgeld („Gold") und Erfahrung belohnt zu werden. Erfahrungspunkte beim Kampf gegen Avatare oder beim Erkunden unbekannter Gebiete schlagen sich im „Level" nieder. Derzeit kann man sich (bzw. seinen Avatar) bis Level 80 hocharbeiten. Spieler bilden meist Gruppen („Gilden") und erfüllen ihre Aufgaben gemeinsam. Kommuniziert wird mit Mitgliedern der eigenen Fraktion über Chats; Kommunikation mit der gegnerischen Fraktion ist dagegen nicht möglich. Hervorzuheben sind die „Schlachtzüge", wobei es notwendig ist, dass sich die Spieler zu bestimmten Zeiten (verbindlich) zu treffen haben, da ansonsten die Aktionen nicht durchführbar sind.

Erfahrungspunkte machen den Avatar zunehmend wertvoll und bedeuten für den Spieler Anerkennung im Spiel (Smahel et al. 2008). Spielen in der Gilde und – besonders bei Schlachtzügen – die gemeinsamen Aktionen ermöglichen zwar das Gefühl von Zusammengehörigkeit, kosten aber auch eine nicht unbeträchtliche Spielzeit. So ist es nicht auszuschließen, dass MMORPGs wie WoW – je nach Disposition und Motivation des betreffenden Spielers (Yee 2006) – zu **problematischer Internetnutzung** führen können.

Weiten wir die Betrachtung etwas aus und wenden uns digitalen Welten allgemein zu. Edward Castronova (2005, 22) definiert **„virtuelle"** oder **„synthetische" Welten** als

> any computer-generated physical space, represented graphically in three dimensions, that can be experienced by many people at once.

Für Castronova (2005, 18) bildet die Verbindung von Spiel und massivem Computereinsatz die Basis, so etwas wie eine „neue Erde" zu erschaffen:

> Add computing power to a game world and you get a place that's much bigger, much richer, and much more immersive. The robots running around in it, humanoid and unhumanoid, are smarter and act more and more like real people and real monsters (if there is such a thing). Add immense computing power to a game and you might get an incredibly realistic extension of Earth's reality itself. The place that I call „game world" today may develop into much more than a game in the near future. It may become just another place for the mind to be, a new and different Earth.

Abbildung 13.5: Szene aus World of Warcraft. Quelle: Blizzard Entertainment.

In virtuellen Welten existiert eine **„virtuelle Wirtschaft"** (Castronova 2003). Im Gegensatz zur „normalen" Wirtschaft können in einer „Avatar-Wirtschaft" von einer Autorität die Preise für die (digitalen) Güter festgeschrieben und kontrolliert werden. Die Arbeit (des Avatars) macht Spaß (sonst würde man ja nicht spielen). So etwas wie Wirtschaftswachstum wird nicht einmal thematisiert. Letztlich sind in der normalen Wirtschaft die Menschen auf gewisse Rollen festgelegt, wohingegen in der Avatar-Wirtschaft der Wechsel von Beruf oder Rasse und sogar die Entscheidung, ob man lebendig oder doch lieber eine Zeitlang tot sein möchte (natürlich mit der Option, dieses jederzeit wieder zu ändern) jederzeit möglich ist.

13.5 Massively Multiplayer Online Role Playing Games (MMORPGs)

Gesellschaftliche und juristische **Normen** in virtuellen Welten – also die zugrundeliegende Software – gelten als besonders stark reglementiert. So argumentiert Lessig (2006, 24):

> In MMOG space is „regulated", though the regulation is special. In MMOG space regulation comes through code. Important roles are imposed, not through social sanction, and not by the state, but by the very architecture of the particular space.

Ob dies nun Science Fiction oder nur Fiction ist, sei dahingestellt. Auch, ob solch eine parallele digitale Welt überhaupt erstrebenswert ist, dürfte offen sein. Die Zitate von Castronova und Lessig zeigen aber die Richtung an, an der Spielforscher derzeit arbeiten.

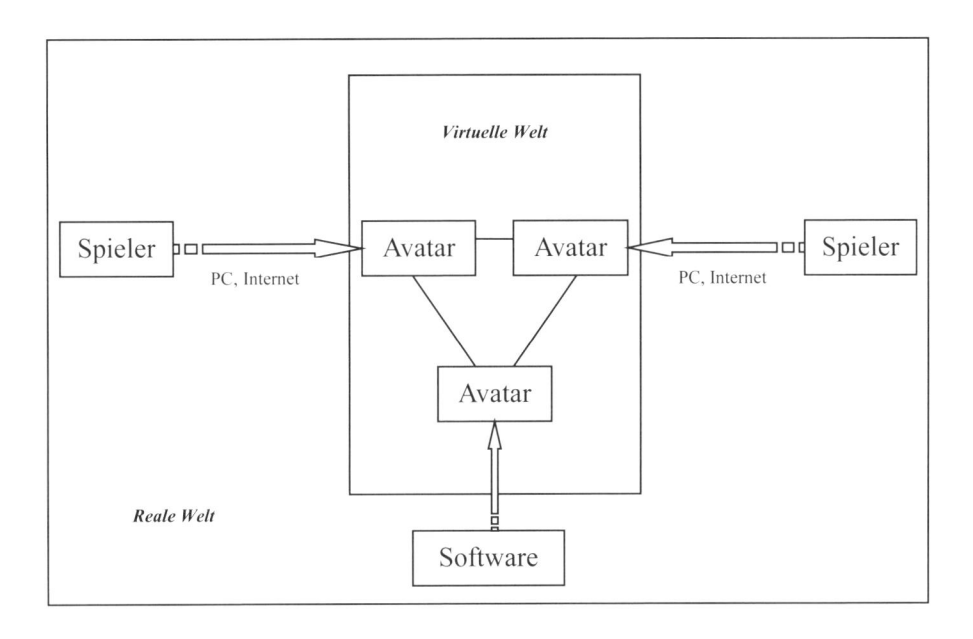

Abbildung 13.6: Elemente eines MMORPG. Quelle: in Anlehnung an Kolo/Baur 2004.

In einer virtuellen Welt (schematisch vereinfacht in Abbildung 13.6) spielen sowohl menschliche **Spieler** über ihre **Avatare** mit- oder gegeneinander, es greifen aber auch Avatare als sog. „Non-Player Character" (NPC) ins Spielgeschehen ein, die ausschließlich von der **Software** gesteuert sind. Die reale Welt, in der sich die Spieler befinden, wird von der empirischen Spielforschung durch Befragungen der Akteure erforscht. So wissen wir beispielsweise, dass Abonnenten von WoW dieses im Durchschnitt zehn Stunden pro Woche spielen (Ducheneault et al. 2006, 286) und dass die Spieldauer mit dem erreichten Spiellevel ansteigt (Ducheneault et al. 2006, 287). Es ist der Spielforschung aber auch möglich, das „Verhalten" der Avatare in der virtuellen Welt zu beobachten (natürlich wissend, dass dahinter menschliche Spieler stehen). Ducheneault et al. untersuchten beispielsweise bei WoW die „in-game demographics". Das Verhältnis zwischen Allianz-Avataren und solchen aus der Horde beträgt 2 zu 1. Bei den Rassen dominieren Menschen (25%) und Nachtelfen (23%), während die virtuelle Welt von WoW gerademal von 7% Orks bevölkert wird (Ducheneault et al. 2006, 293). Der höchste Anteil weiblicher Avatare liegt (mit rund 40%) bei den Nachtelfen vor, während es zu über 90% männliche Zwerge gibt. Ducheneault et al. (2006, 296 f.) führen zur Erklärung dieses Sachverhalts ästhetische Gründe an:

> The aesthetic preferences ... seem to be reinforced when taking in-game gender into account, with players clearly favoring the „sexy" female Night Elves (...) to their perhaps less visually pleasing Dwarven counterparts.

Betrachtet man beide Welten gemeinsam, so fällt der „Identitätstourismus" (Ducheneault et al. 2006, 297) zwischen Spieler und Avatar ins Auge, was u. a. darin zum Ausdruck kommt, dass männliche Spieler weibliche Avatare einsetzen (und umgekehrt).

Solche virtuellen Welten sind – ökonomisch gesehen – einerseits ein **Produkt** (die Software und der Content) als auch eine **Dienstleistung** (insofern die Software „Dienste" im Spiel anbietet) (Ruch 2009). Sowohl Produkt als auch Dienstleistung sind allerdings vollkommen nutzlos, wenn nicht die Spieler miteinander interagieren. MMORPGs funktionieren ausschließlich im Dreieck Produkt – Dienstleistung – Spieler. Dies betonen auch Ström und Ernkvist (2007, 641):

> The major difference between MMOG games and stand alone games are the social interaction on a massive scale and the persistent nature of the world.

Wie groß ist der Teilnehmerkreis an MMORPGs? Ein Spiel wie WoW wird zwar von mehreren Millionen Spielern abonniert, tatsächlich spielen aber jeweils nur wenige (zwischen rund fünf und schätzungsweise sechzig) faktisch miteinander. Hier müssen sich die „richtigen" Spieler finden, um am Spiel teilzunehmen.

Eine weitere Form von MMORPGs sind virtuelle Welten ohne vorherrschenden Spielcharakter. Der große Unterschied zu den Spielen (wie WoW) liegt darin, dass dort keine (etwa durch Spielregeln definierte) Ziele vorgegeben sind. Das bekannteste Beispiel einer solchen virtuellen Welt dürfte die von LindenLab (Malaby 2009) kreierte Plattform **Second Life** (Kumar et al. 2008) sein. Hier findet durchaus eine „Vermischung" zwischen realer und virtueller Welt statt, insofern Institutionen der wirklichen Welt (Universitäten, Bibliotheken, Unternehmen usw.) Dependancen in Second Life errichteten.

Zwei grundlegende **Preisstrategien** haben sich auf dem Markt für MMORPGs herausgebildet (Nojima 2007): zum einen fixe monatliche Abonnementsgebühren (wie bei WoW; derzeit ca. 13 EURO pro Monat), zum andern der Verkauf von digitalen Gegenständen innerhalb des Spiels (wie bei Second Life). Mitunter werden beide Preisstrategien gemeinsam eingesetzt. Bei WoW kommt der Preis für die DVD des Spieles hinzu.

Es ist auch für Spieler möglich, mittels MMORPGs Geld zu verdienen. Bei Second Life ist dies ausdrücklich vorgesehen (Papagiannidis et al. 2008), während es bei WoW gegen die Spielregeln verstößt. Trotzdem „erwirtschaften" Goldfarmer im Spiel die WoW-Währung

Gold (die man braucht, um sich bestimmte Ausrüstungsgegenstände zuzulegen) und verkaufen dieses (beispielsweise über ebay) an „faule" Spieler – natürlich gegen echtes Geld.

13.6 Social Games

Social Games sind digitale Spiele, die typischerweise über **soziale Netzwerke** (wie Facebook) – in der Regel unter Freunden – gespielt werden. Ein Beispiel ist das von Zynga entwickelte Spiel **FarmVille** (Abbildung 13.7). Solche Spiele sind normalerweise kostenlos, bieten aber die Option, sich Spielwährung mit echtem Geld zuzulegen. Die Spielwährung kann aber auch durch das Gewinnen von Punkten (und damit ohne Geld-, aber mit viel Zeiteinsatz) angesammelt werden. Die Spieler können ihren Freunden virtuelle Geschenke zukommen lassen sowie auf deren „Grundstücken" gewisse Arbeiten ausführen. Der Spieler erbringt Leistungen (bei FarmVille beispielsweise das Ernten von Früchten) und wird dafür mit Punkten belohnt. Gegen Punkteeinsatz werden Häuser, Felder usw. angelegt und bestellt. So kann man etwa ein Erdbeerfeld bebauen, muss aber nach einer gewissen Zeit die Erdbeeren ernten. Angepasstes Verhalten (hier das pünktliche Ernten der Früchte) wird (durch Punkte) belohnt, bei unangepasstem Verhalten (im Beispiel das Vergessen der Ernte) verfallen die eingesetzten Währungseinheiten.

Man kann Social Games durchaus als **Komplemente** zu sozialen Netzwerken ansehen: Facebook-Nutzer – die ja über definierte Freunde verfügen – können mit diesen (natürlich auch mit anderen) in der Freizeit FarmVille spielen und dürften dies auch als Mehrwert einstufen. Social Games führen zu einer Rückkopplung der Handlungen der Spieler, die bestimmte Ziele im Spiel erreichen wollen, und gewissen Mitgliedern (vor allen den Freunden) im ursprünglichen sozialen Netzwerk (Järvinen 2009). So ist beispielsweise die Anzahl der Nachbargrundstücke (besetzt durch Freunde) vorteilhaft für einen Spieler und dieser wird bemüht sein, die Zahl der Nachbarn zu erhöhen. Das Spielen sozialer Spiele führt auch zu einem vermehrten Einloggen beim entsprechenden sozialen Netzwerk. So erscheinen im Nutzerprofil des Facebook-Users „Geschenke" für den FarmVille-Bauernhof (wie ein zugelaufenes Lama), bei denen man schnell zugreifen muss.

Die meiste Zeit wird der Nutzer jedoch alleine spielen; auch dies kann als erstrebenswerte Freizeitbeschäftigung angesehen werden. Problematisch ist sicherlich der Zeitdruck bei gewissen Aktionen, die den Spieler – gibt er denn diesem Druck nach – in eine lose Abhängigkeit vom Spiel geraten lässt.

Abbildung 13.7: Privater Bauernhof, umgeben von befreundeten Nachbarn, bei Zynga's FarmVille.

13.7 Games with a Purpose

Spiele können mitunter einen Zweck erfüllen, der quasi als Abfallprodukt zum Spiel entsteht. Im Bereich des World Wide Web gibt es viele Aufgaben, die derzeit besser von Menschen als von Maschinen erledigt werden können. Dies ist der Ausgangspunkt der von Luis von Ahn und Laura Dabbish (2008, 58) entwickelten „Games with a purpose":

> Many tasks are trivial for humans but continue to challenge even the most sophisticated computer programs. Traditional computational approaches to solving such problems focus on improving artificial intelligence algorithms. Here, we advocate a different approach: the constructive channeling of human brainpower through computer games.

Die Player spielen nicht, um ein offenes computerwissenschaftliches Problem zu beheben, sie spielen, weil es ihnen Spaß macht. Ein offenes Problem ist beispielsweise, Bilder und andere nicht-textuelle Dokumente im Web mittels passender Schlagworte recherchierbar zu machen. Hier setzt das ESP Game (auch unter Lizenz bei Google als „Google Image Labeler") an (von Ahn/Dabbish 2004). Zwei zufällig ausgewählten Spielern wird dasselbe

Bild gezeigt (Abbildung 13.8). Sie werden aufgefordert, übereinstimmende Worte zur Beschreibung des Bildinhalts zu finden. Ziel der Spieler ist es, durch hohe Übereinstimmungszahlen in einer abgegrenzten Zeit möglichst viele Punkte zu erhalten; Zweck des Spiels ist, inhaltsbeschreibende Metadaten zu den Bildern zu gewinnen. Beim Erreichen eines Schwellenwertes von Übereinstimmungen der Spieler wird der gefundene Tag gespeichert und das Dokument damit im Web suchbar gemacht. Wird dasselbe Bild ein weiteres Mal beim ESP Game gespielt, erscheinen bereits gefundene Tags als „Taboo Words" und können nicht mehr verwendet werden.

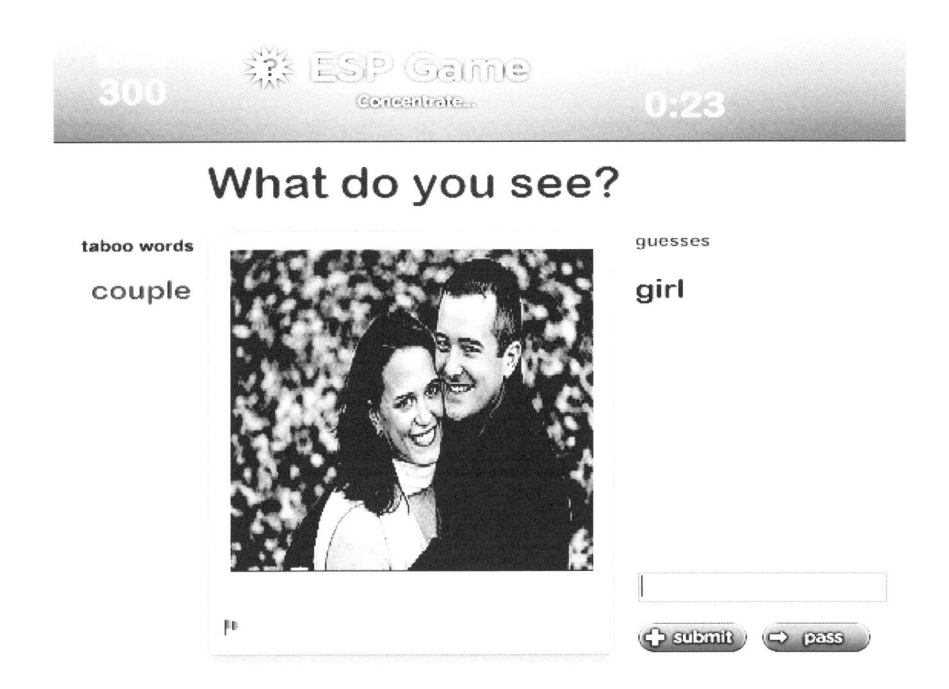

Abbildung 13.8: Das ESP Game als Beispiel für ein Game with a Purpose.

13.8 Fazit

- Wir betrachten aus der Sicht der Spielforschung digitale Spiele. Diese unterscheiden wir nach Konsolenspielen (nach deren Hardware eingeteilt in Konsolenspiele i.e.S., Handheld- und Handyspiele) und PC-Spielen. Letztere sind „klassische" Spiele, Glücksspiele, Videospiele, MMORPGs, Social Games und Games with a Purpose.

- Die Entwicklung digitaler Spiele durchläuft drei Phasen: Konzeption, Design und Produktion. Die Wertkette der Branchen digitaler Spiele kennt die Entwickler, die Publisher, den Handel (der bei der Online-Distribution wegfällt) und am Ende der Kette den Konsumenten.
- „Klassische" PC-Spiele sind digitale Versionen von Spielen, die auch in nicht-digitalen Umgebungen gespielt werden (u. a. Brettspiele, Kartenspiele, Geschicklichkeitsspiele).
- Auch aus der nicht-digitalen Welt entstammen die Vorlagen von Online-Glücksspielen in den beiden Hauptformen der Kasinospiele (beispielsweise Blackjack, Roulette oder Poker) und der Wetten (besonders der Sportwetten).
- Glücksspiele im Internet sind in vielen Ländern (darunter Deutschland und die USA) nicht erlaubt. Andere Länder (wie etwa das Kahnawake Mohawk Territorium in Kanada) kennen solch ein Verbot nicht und hosten Angebote digitaler Glücksspiele.
- Video-Spiele geben Geschichten vor. Die Narrativität der Spiele ist allerdings von anderer Art als die Narrativität bei Filmen oder Romanen, da hier der Spieler ins Geschehen eingreifen kann. Aus der Übernahme von Motiven aus Filmen in Spiele (und umgekehrt) ergeben sich Lizenzzahlungen.
- Eine dominierende Stellung bei Online-Videospielen nehmen derzeit die Massively Multiplayer Online Role Playing Games (MMORPGs) ein. Hier werden virtuelle Welten kreiert, in denen die Spieler über ihre Avatare interagieren. Zusätzlich sind bei einigen MMORPGs Avatare vorhanden, die von der Software „gespielt" werden. Wir unterscheiden nach Spielen mit vorgegebenen Regeln und Zielen (wie „World of Warcraft"), solchen ohne diese Ziele (z. B. „Second Life") und Serious Games, die beispielsweise pädagogischen Zwecken dienen.
- Social Games werden typischerweise von einem sozialen Netzwerk (wie Facebook) angeboten und von deren Mitgliedern alleine oder in schwacher Interaktion mit Freunden gespielt.
- Games with a Purpose machen zwar den Spielern Spaß, erfüllen aber nebenher einen weiteren Zweck. So gestattet z. B. das ESP Game das inhaltliche Erschließen von Bildern im Web.
- Bei einigen Varianten von Spielen ist es nicht auszuschließen, dass gewisse Spieler „Problematic Internet Use" (PIU)-Verhalten zeigen. Als besonders gefährdend gelten Glücksspiele und MMORPGs.

13.9 Literatur

Achterbosch, L.; Pierce, R.; Simmons, G. (2008): Massively Multiplayer Online Role-Playing Games. The past, present, and future. – In: ACM Computers in Entertainment 5(4), art. 9.

Baeuerle, T.; Sonnenfroh, M.; Schulthess, P. (2009): Wissenheim. An interactive 3D-world for leisure and learning. – In: Proceedings of the International Conference on Education, Research and Innovation (ICERI2009).

Bellotti, F.; Berta, R.; De Gloria, A.; Primavera, L. (2009): Enhancing the educational value of video games. – In: ACM Computers in Entertainment 7(3), art. 23.

Binmore, K. (2007): Game Theory. A Very Short Introduction. – Oxford: University Press.

Castronova, E. (2003): On virtual economics. – In: Games Studies. The International Journal of Computer Game Research 3(2).

Castronova, E. (2005): Synthetic Worlds. The Business and Culture of Online Games. – Chicago: University of Chicago Press.

Castronova, E. (2007): Exodus to the Virtual World. How Online Fun is Changing Reality. – New York: Palgrave MacMillan.

Chan, E.; Vorderer, P. (2006): Massively multiplayer online games. – In: Vorderer, P.; Bryant, J. (Hrsg.): Playing Video Games. Motives, Responses, and Consequences. – Mahwah: Lawrence Erlbaum, S. 77-88.

Choi, D.; Kim, J. (2004): Why people continue to play online games. In search of critical design factors to increase customer loyalty to online contents. – In: CyberPsychology & Behavior 7(1), S. 11-24.

Davis, F.D. (1989): Perceived usefulness, perceived ease of use, and user acceptance of information technology. – In: MIS Quarterly 13, S. 319-339.

Ducheneault, N.; Yee, N.; Nickell, E.; Moore, R.J. (2006): Building an MMO with mass appeal. A look at gameplay in World of Warcraft. – In: Games and Culture 1(4), S. 281-317.

GlüStV (2008): Staatsvertrag zum Glücksspielwesen in Deutschland (Glücksspielstaatsvertrag – GlüStV) vom 1.1.2008.

Griffith, M. (2003): Internet gambling. Issues, concerns, and recommendations. – In: CyberPsychology & Behavior 6(6), S. 557-568.

Hsu, C.L.; Lu, H.P. (2007): Consumer behavior in online game communities. A motivational factor perspective. – In: Computers of Human Behavior 23, S. 1642-1659.

Järvinen, A. (2009): Game design for social networks. Interaction design for playful dispositions. – In: Proceedings of the 2009 ACM SIGGRAPH Symposium on Video Games. – New York: ACM, S. 95-102.

Juul, J. (2001): Games telling stories? A brief note on games and narratives. – In: Games Studies. The International Journal of Computer Game Research 1(1).

Kerr, A. (2006): The Business and Culture of Digital Games. – London: Sage.

Kolo, C.; Baur, T. (2004): Living a virtual life. Social dynamics of online gaming. – In: Games Studies. The International Journal of Computer Game Research 4(1).

Kumar, S.; Chhugani, J.; Kim, C.; Kim, D.; Nguyen, A.; Dubey, P.; Bienia, C.; Kim, Y. (2008): *Second Life* and the new generation of virtual worlds. – In: Computer / IEEE Computer Society 41(9), S. 48-55.

LaBrie, R.A.; Kaplan, S.A.; LaPlante, D.A.; Nelson, S.E.; Shaffer, H.J. (2008): Inside the virtual casino. A prospective longitudinal study of actual Internet casino gambling. – In: European Journal of Public Health 18(4), S. 410-416.

LaPlante, D.A.; Kleschinsky, J.H.; LaBrie, R.A.; Nelson, S.E.; Shaffer, H.J. (2009): Sitting at the virtual poker table. A prospective epidemiological study of actual Internet poker gambling behavior. – In: Computers in Human Behavior 25, S. 711-717.

LaPlante, D.A.; Schumann, A.; LaBrie, R.A.; Shaffer, H.J. (2008): Population trends in Internet sports gambling. – In: Computers in Human Behavior 24, S. 2399-2414.

Lessig, L. (2006): Code. Version 2.0. – New York: Basic Books.

Malaby, T.M. (2009): Making Virtual Worlds. Linden Lab and Second Life. – Ithaca, NY: Cornell University Press.

Marr, A.C. (2010): Serious Games für die Informations- und Wissensvermittlung. - Wiesbaden: Dinges & Frick.

Mazalek, A.; Chandrasekharan, S.; Nitsche, M.; Welsh, T.; Thomas, G.; Sanka, T.; Clifton, P. (2009): Giving your self to the game. Transferring a player's own movements to avatars using tangible interfaces. – In: Proceedings of the 2009 ACM SIGGRAPH Symposium on Video Games. – New York: ACM, S. 161-168.

McBride, J.; Derevensky, J. (2009): Internet gambling behavior in a sample of online gambler. – In: International Journal of Mental Health and Addiction 7, S. 149-167.

Morse, E.A. (2009): Survey of significant developments in Internet gambling. – In: The Business Lawyer 65, S. 309-316.

Nielsen, S.E.; Smith, J.H.; Tosca, S.T. (2008): Understanding Video Games. The Essential Introduction. – New York: Routledge.

Nojima, M. (2007): Pricing models and motivations for MMO play. – In: Situated Play. Proceedings of DiGRA 2007 Conference. – Digital Games Research Association, S. 672-681.

Papagiannidis, S.; Bourlakis, M.; Li, F. (2008): Making money in virtual worlds. MMORPGs and emerging business opportunities, challenges and ethical implications in metaverses. – In: Technological Forecasting and Social Change 75, S. 610-622.

Ruch, A. (2009): World of Warcraft. Service or space? – In: Games Studies. The International Journal of Computer Game Research 9(2).

Simons, J. (2007): Narrative, games, and theory. – In: Games Studies. The International Journal of Computer Game Research 7(1).

Smahel, D.; Blinka, L.; Ledabyl, O. (2008): Playing MMORPGs. Connections between addiction and identifying with a character. – In: CyberPsychology & Behavior 11(6), S. 715-718.

Steinicke, F.; Bruder, G.; Hinrichs, K.; Steed, A. (2009): Presence-enhancing real walking user interface for first-person video games. – In: Proceedings of the 2009 ACM SIGGRAPH Symposium on Video Games. – New York: ACM, S. 111-118.

Ström, P.; Ernkvist, M. (2007): The unbound network of product and service interaction of the MMOG industry. With a case study of China. – In: Situated Play. Proceedings of DiGRA 2007 Conference. – Digital Games Research Association, S. 639-649.

Tavinor, G. (2005): Video games, fiction, and emotion. – In: Proceedings of the 2nd Australasian Conference on Interactive Entertainment. – Sidney: Creativity & Cognition Studios Press, S. 201-207.

UIGEA (2006): 31 U.S.C. §§5361-5367 („Prohibition on Funding of Unlawful Internet Gambling").

von Ahn, L.; Dabbish, L. (2004): Labeling images with a computer game. – In: Proceedings of the SIGHCI Conference on Human Factors in Computing Systems. – New York: ACM, S. 319-326.

von Ahn, L.; Dabbish, L. (2008): Designing games with a purpose. – In: Communications of the ACM 51(8), S. 58-67.

Williams, R.J.; Wood, R.T. (2007): Internet Gambling. A Comprehensive Review and Synthesis of the Literature. Report prepared for the Ontario Problem Gambling Research Centre, Guelph, Ontario, Canada. – Lethbridge, Alberta: Alberta Gaming Research Institute.

Yee, N. (2006): Motivations for play in online games. – In: CyberPsychology & Behavior 9(6), S. 772-775.

Zyda, M. (2005): From visual simulation to virtual reality to games. – In: Computer / IEEE Computer Society 9, S. 25-32.

14 Software

14.1 Der Softwaremarkt

„Software" meint Programme, die auf einer Hardware (in der Regel einem Computer) ausgeführt werden können. Die Programme liegen in einem Code vor. Der Markt für Software (Mowery 1995) ist durch eine besondere Komplexität gekennzeichnet: Es gibt nicht nur eine Fülle von Programmen, sondern auch jeweils eine Vielzahl von zeitlich aufeinander folgenden Versionen oder von gleichzeitig angebotenen Varianten, die sich im Umfang ihrer Funktionalität unterscheiden. Bei vielen Programmen ist es wichtig, dass diese aufeinander abgestimmt sind und sich zueinander „passfähig" verhalten. Im Rahmen eines einzigen Kapitels die Produkte solch eines Marktes erschöpfend beschreiben zu wollen, erscheint uns nicht möglich. Deshalb beschränken wir uns hier auf einen groben Überblick und konzentrieren uns auf die Beschreibung der Erstellung von Software.

So komplex der Markt von den Produkten her gesehen ist, so einfach ist er es von der Warte der vorherrschenden Unternehmen aus. Hier dominieren bei der kommerziellen Software wenige Firmen – man denke nur an die marktbeherrschende Stellung von Microsoft. Aber auch in einzelnen Marktsegmenten existiert meist ein einziges Unternehmen, das „den Ton angibt". So gibt es beispielsweise bei Programmen zum Enterprise Resource Planning (ERP) mit der SAP einen eindeutigen Marktführer; bei den Datenbanksystemen dominiert Oracle den Markt. Neben kommerziellen Produkten finden wir – ebenfalls hoch entwickelte – Open Source-Software wie etwa Linux oder Apache, die aus der freiwilligen (und unbezahlten) Kooperation von Softwareentwicklern hervorgeht. Aus Anwendersicht geht es dabei nicht um ein „entweder-oder", sondern zunehmend um ein „sowohl-als auch", da Produkte beider Welten häufig interoperabel sind (Baird 2008).

Dominierende Unternehmen und dominierende Produkte in den Marktsegmenten führen zu hoher Funktionalität der Programme, aber auch zu hoher Verwundbarkeit, sind doch gerade Standardprogramme anfällig für Angriffe (hier „lohnt" es sich für Kriminelle, Arbeit zu investieren). Qualitätskriterien von Software sind deshalb sowohl die optimale Funktionalität als auch die ebenso optimale Software-Sicherheit.

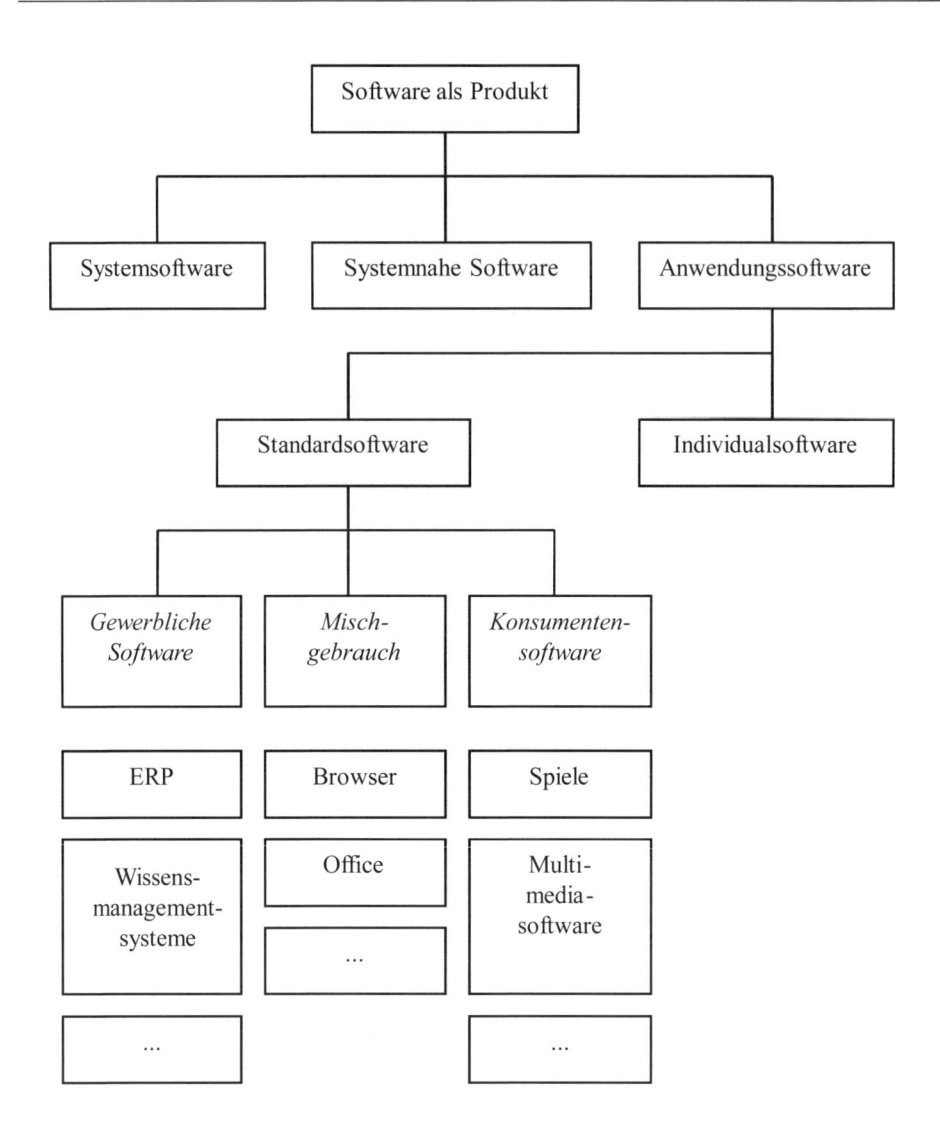

```
                    Software als Produkt
                    /        |        \
        Systemsoftware  Systemnahe Software  Anwendungssoftware
                                              /            \
                                      Standardsoftware  Individualsoftware
                                      /       |       \
                          Gewerbliche    Misch-      Konsumenten-
                          Software      gebrauch    software

                          ERP           Browser      Spiele
                          Wissens-      Office       Multi-
                          management-                media-
                          systeme                    software
                                        ...
                          ...                        ...
```

Abbildung 14.1: Grobklassifikation von Software-Produkten.

In einer ersten Grobklassifikation (Buxmann et al. 2008, 4) lassen sich **Systemsoftware** (z. B. Betriebssysteme, Netzwerksoftware oder Programmiersprachen), **systemnahe Software** wie Middleware („vermittelnde" Software, die es ermöglicht, dass andere Programme miteinander interagieren) oder Datenbanksoftware und **Anwendungssoftware** (beispielsweise Retrievalsysteme) unterscheiden. Bei der Anwendungssoftware differenzieren wir nach **Individualsoftware** (die konkret für einen dezidierten Einsatz in einem Unternehmen „maßgeschneidert" erstellt wird) und **Standardsoftware**, die für den Massenmarkt produziert wird. Bei letzterer wählen wir als Einteilungskriterium die Art der Nutzung und erhalten Software für gewerbliche Nutzung wie u. a. ERP-Systeme oder Wissensmanagementsysteme (mit einer Vielzahl an Programmen wie den Systemen für Dokumentenmanagement, Projektmanagement, Customer Relationship Management oder Customer Knowledge Management) (Gust von Loh 2009), Software für gewerblichen wie privaten Gebrauch (Browser, Office-Software) sowie Software für rein private Anwendungen (wie beispielsweise Spiele oder Software zum Betrachten und Verarbeiten von Bildern). Es ergibt sich in der Zusammenschau aller Aspekte Abbildung 14.1.

Zu den Software-Produkten gesellen sich Software-Dienstleistungen. Hier unterscheiden wir zwischen Beratungs- und Implementierungsdienstleistungen und dem Betrieb von Anwendungssoftware als Service. **Beratungs- und Implementierungsdienste** sind häufig nötig, wenn Unsicherheit über die Art der einzusetzenden Software herrscht oder wenn sich die angepeilte Software nicht leicht im Unternehmen einsetzen lässt (Buxmann et al. 2008, 7). Solche Dienstleister treten als IT-Service-Unternehmen, Systemintegratoren oder Systemhäuser auf. Auch sind einige Unternehmensberatungen auf Softwareauswahl und -implementierung spezialisiert.

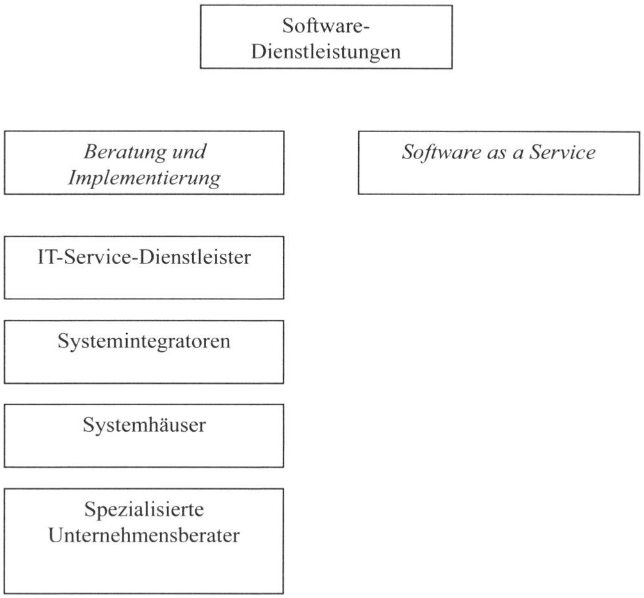

Abbildung 14.2: Grobklassifikation von Software-Dienstleistungen.

Gewisse Firmen lehnen es ab, Anwendungssoftware selbst zu beschaffen und im Hause einzusetzen. Stattdessen wird diese betriebliche Funktion an Dritte ausgelagert. Solche Unternehmen hosten Anwendungssoftware und bieten das Abonnement ihrer Dienstleistungen an. Hier spricht man von **Software as a Service** (SaaS) (Buxmann et al. 2008, 8f.). In Abbildung 14.2 findet sich unsere Klassifikation der Software-Dienstleistungen.

Softwarefirmen erhalten ihre Einnahmen entweder aus der Lizenzierung ihrer Produkte oder aus dem Angebot von Dienstleistungen (oder aus beiden Bereichen).

14.2 Softwareentwicklung

Je nach Ausgangspunkt unterscheiden wir fünf Arten, wie man Entwicklung von Software betreibt (die ersten drei nach Ruparelia 2010, 12):

- ausgehend von Spezifikationen (Wasserfall-Modell, b-Modell, V-Modell),
- ausgehend vom (zu vermeidenden) Risiko (Spiralenmodell),
- ausgehend vom konkreten Fall (vereinheitlichtes Modell),
- ausgehend vom Entwicklungsprozess (agile Softwareentwicklung),
- komponentenbasierte Entwicklung (kann mit einer der oberen Arten kombiniert werden).

Jede Softwareentwicklung muss sowohl effektiv als auch effizient sein (Zave 1984, 112f.). Effektivität („Tun wir die richtigen Dinge?") – bei Zave „Validation (Building the Right System)" – zeigt sich darin, dass die Kunden die Software erfolgreich bei der Lösung ihrer Probleme einsetzen, wobei die Nutzer zwar mit ihren intendierten Anwendungen, aber nicht mit Computersystemen vertraut sind. Effizienz („Tun wir die Dinge richtig?") bzw. „Verification (Building the System Right)" meint, dass das entstandene System die formulierten Erwartungen und Spezifikationen erfüllt, meint aber auch, dass die (finanziellen oder personellen) Mittel bei der Softwareproduktion optimal eingesetzt gewesen sind.

Am Anfang klassischer Modelle der Softwareentwicklung stehen die Spezifikationen, also das, was an Funktionalität vom zu erstellenden System erwartet wird. Bereits im Jahr 1956 stellt Benington ein entsprechendes Modell vor (Benington 1987), das von Royce im Jahr 1970 zum **Wasserfall-Modell** ausgearbeitet wird. Der Weg von den Anforderungen bis zum arbeitenden System erfolgt über mehrere Etappen, die jeweils geplant und mit Personal versehen werden müssen. Ausgehend von den Spezifikationen an das gesamte System (das ja auch Hardware umfasst) werden die Software-Spezifikationen separiert und derart analysiert, dass sie programmier*bar* werden. Erst nachdem das Design des Programms konzipiert worden ist, geht es an die konkrete Programmierung („coding") der angepeilten Lösung. Diese wird durch umfängliche Evaluationen getestet und im positiven Fall freigegeben. Man sollte sich diesen Prozess nicht als linear und eingleisig vorstellen. Vielmehr gibt es an jeder Stelle

Rückkopplungen mit vorhergehenden Etappen. Besonders wichtig ist das Zusammenspiel von Software-Spezifikationen und Programmdesign, da sich erst beim Konzipieren der Software entscheidet, ob die Anforderungen überhaupt sinnvoll und insbesondere ob sie realisierbar sind. Eine weitere zentrale Rückkopplungsschleife liegt zwischen den Tests und dem Programmdesign, da sich hier zeigt, wie das Design im operativen Betrieb „läuft". Royce (1970, 332) betont die Bedeutung der Projektdokumentation, da nahezu an jeder Stelle der Softwareentwicklung detaillierte Aufzeichnungen über den erreichten Stand des Projektes notwendig sind. Zur Vermeidung von Fehlern im Produkt empfiehlt Royce (1970, 334), den Gesamtprozess zweimal zu durchlaufen („do it twice"), einmal mit einem Prototypen als Ziel, und erst beim zweiten Mal mit dem Ziel des lauffähigen Produktes. Abschließend formuliert Royce (1970, 338) fünf „goldene Regeln" der Softwareentwicklung:

1. Complete program design before analysis and coding begins.
2. Documentation must be current and complete.
3. Do the job twice if possible.
4. Testing must be planned, controlled and monitored.
5. Involve the customer.

Birrel und Ould (1985) zerlegen in ihrem **b-Modell** den Produktionsprozess in zwei grundlegende Etappen. Die erste Etappe – der Entwicklungspfad – ist analog zum Wasserfall-Modell angelegt. Birrel und Ould betonen, dass eine Software nie „endgültig" sei, sondern ständiger Pflege und Weiterentwicklung bedarf. Insofern gilt es, eine zweite Etappe – den Pflege- oder Wartungszyklus – zu berücksichtigen, der zu einer Folge von Versionen der ursprünglichen Software führt.

Auch das bei der NASA eingesetzte **V-Modell** von Forsberg und Mooz (1995) folgt zunächst dem Wasserfall-Modell, zerlegt den Gesamtprozess jedoch in zwei Teilphasen. Der Prozess startet links oben mit den Informationsbedürfnissen der Nutzer und endet rechts oben mit dem vom Nutzer akzeptierten Informationssystem. Auf der linken Seite des V werden die Nutzerspezifikationen in „configuration items" zerlegt und möglichst exakt definiert, um auf der rechten Seite – nunmehr als Software-Teile – integriert zusammengesetzt zu werden. Dabei korrespondieren die einzelnen (horizontalen) Ebenen miteinander: Den Nutzeranforderungen steht das vom Nutzer positiv evaluierte System gegenüber (oberste Ebene), der Systemarchitektur das integrierte System und den Arbeiten des Designs korrespondieren die Arbeiten der Systemintegration (Ebenen drei und vier), so dass jederzeit Vergleiche zwischen den verschiedenen Stufen der Anforderungen (linke Seite) und den Stufen der Systementwicklung (rechte Seite) angestellt werden können.

Softwareentwicklung ist ein teures und riskantes Unternehmen. Das Risiko stets vor Augen hat das **Spiralenmodell** von Boehm (1988) (Abbildung 14.3). Man kann es mit dem Motto „start small, think big" (Ruparelia 2010, 10) charakterisieren. Den Elementen des Wasserfalls kommt nach wie vor große Bedeutung zu, nur dass diese nicht direkt zu Beginn komplett durchlaufen werden. Der Top-Down-Ansatz des Wasserfall-Modells wird durch eine Look-Ahead-Betrachtung ersetzt. Der erste Prototyp ist das Ergebnis einer Machbarkeitsstudie und ist entsprechend äußerst primitiv, soll aber eine Einschätzung ermöglichen, ob sich das Risiko lohnt, das Projekt überhaupt anzugehen. Im zweiten Durchlauf werden bereits die Anforderungen spezifiziert und analysiert. An dessen Ende steht wiederum ein Prototyp, der einer Risikoanalyse unterzogen wird. Nach und nach – Runde für Runde und stets durch eine Risikoanalyse abgesichert – entsteht ein lauffähiger Prototyp, der zu einem Produkt ausgearbeitet werden kann. Der große Vorteil des Spiralenmodells liegt in der stetigen Risikoabschätzung und damit der Kostenkontrolle der Softwareentwicklung.

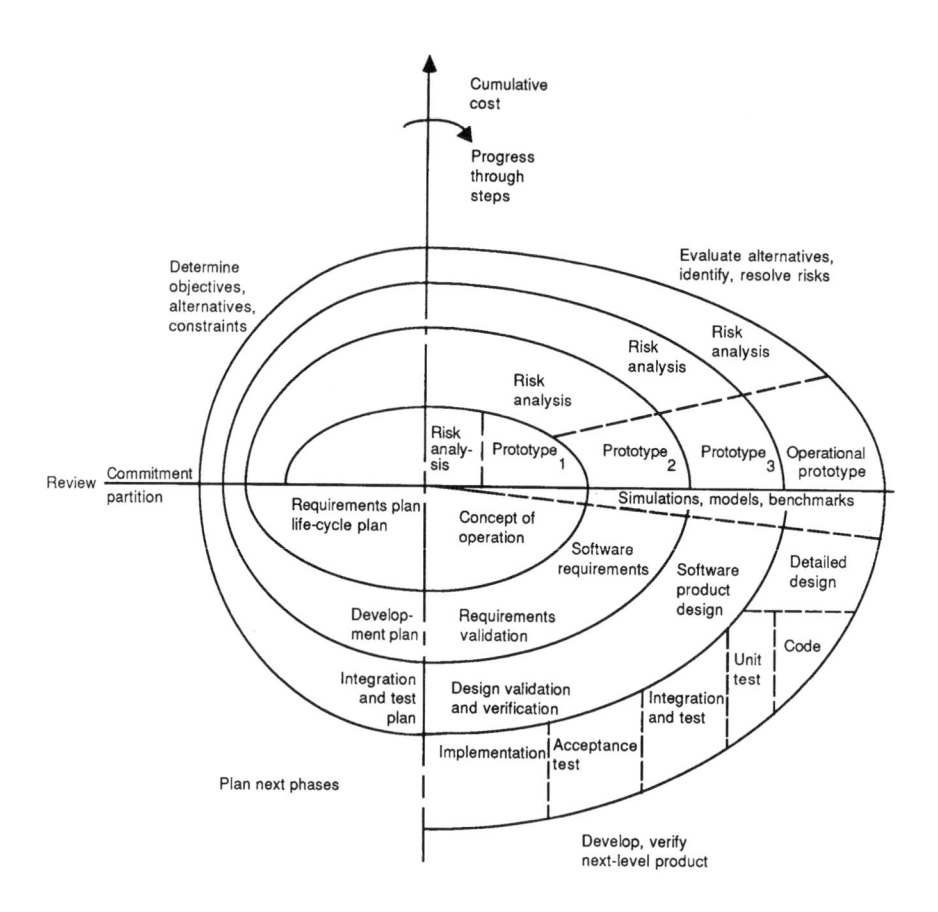

Abbildung 14.3: Das Spiralenmodell der Softwareentwicklung. Quelle: Boehm 1988, 64.

Das **vereinheitlichte Modell** von Jacobson, Booch und Rumbaugh (1999) geht vom konkreten Fall der Softwareentwicklung aus und vereinigt Aspekte sowohl des Wasserfall-Modells als auch des Spiralenmodells. Innerhalb der vier Phasen (Start, konzeptionelle Ausarbeitung, Erarbeitung der Software, Übergang in die Marktphase) werden – wie beim Spiralenmodell – mehrere Iterationsrunden durchlaufen. Je nach Phase unterschiedlich gewichtet, gilt es, sechs Kerndisziplinen der Softwareentwicklung abzuarbeiten: Modellierung des Geschäftsmodells,

Spezifikationen, Analyse und Design, Implementierung, Tests und praktischer Einsatz. Hier erkennen wir unschwer die Bausteine des Wasserfall-Modells wieder. Ergänzend zum Kernprozess wird auch begleitenden Aktivitäten wie Change Management oder Projektmanagement Aufmerksamkeit gewidmet.

Die bisher skizzierten Ansätze zur Softwareentwicklung kann man zusammenfassend als „plan-getrieben" beschreiben – sie verfolgen einen ausgearbeiteten Plan und dokumentieren jeden Schritt. Anders die „leichtgewichtigen" Methoden wie u. a. die Dynamic Systems Development Method, Feature-Driven Development oder das Extreme Programming, die wir gemeinsam als **agile Softwareentwicklung** bezeichnen. Diese Methode zeichnet sich durch einen nicht-linearen Ablauf aus, bei dem häufige, jeweils kurze Rückkopplungsschleifen zwischen den Entwicklern untereinander und zwischen Entwicklern und Kunden im Sinne von „inspect-and-adapt" (Williams/Cockburn 2003, 40) auftreten. Das „Manifest der agilen Softwareentwicklung" formuliert vier grundlegende Verhaltensregeln (Williams/Cockburn 2003, 39):

- individuals and interactions over processes and tools,
- working software over comprehensive documentation,
- customer collaboration over contract negotiation,
- responding to change over following a plan.

Man orientiert sich eher am Menschen und an der Kommunikation als an festgeschriebenen Plänen im Projektmanagement (Cockburn 2000, 8). Die Kommunikation selbst – da stets wenig perfekt – will jedoch geleitet werden. So wird Softwareentwicklung zu einem Spiel, das sowohl im Team ausgeführt wird als auch Ziele verfolgt. Alistair Cockburn (2000, 33 und 40) beschreibt agile Softwareentwicklung als „goal-directed cooperative game" sowie als „game of invention and communication". Die Entwicklergruppe startet ihre Arbeiten so früh wie möglich, so dass sich Projektphasen, die sonst hintereinander abgearbeitet werden, überlappen. Hierbei ist es wesentlich, dass die Informationen der jeweils vorgelagerten Etapen jederzeit aktualisiert werden. Die Aktualisierungen erfolgen durch direkte Kommunikation und nicht durch schriftlich fixierte Dokumentation. Besonders deutlich wird dies beim Extremen Programmieren (XP) ausgedrückt: Wir liefern Software, keine Dokumentationen (Cockburn 2000, 141).

Agile Softwareentwicklung eignet sich – da auf direkte Kommunikation angewiesen – eher für kleine Teams (weniger als 50 Entwickler) und für Firmen, die nicht im Sinne der Qualitätsmanagement-Norm ISO 9000 zertifiziert sind, da die ISO 9000 eine strikte Dokumentation vorschreibt. Es ist allerdings möglich, die agile Softwareentwicklung mit einer der planbasierten Methoden zu verbinden (Boehm/Turner 2003).

Software besteht aus Komponenten, beispielsweise sind in einer Textverarbeitungssoftware Komponenten wie Rechtschreibprüfung oder Silbentrennung integriert (Breteton/Budgen 2000). Es liegt nahe, solche Komponenten mehrmals zu verwenden und in Systeme einzubauen. Dies ist die Grundidee der **komponentenbasierten Softwareentwicklung**, die auf

McIlroy (1969) zurückgeht. Komponentenbasierte Entwicklung lässt sich mit jedem der bisher vorgestellten Modelle der Softwareproduktion verbinden.

Wie geschieht Softwareentwicklung in der Praxis? Wir wollen dies kurz am Beispiel von **Microsoft** skizzieren. Man arbeitet mit nur lose verknüpften kleinen Entwicklerteams, die ihre Arbeitsergebnisse häufig synchronisieren und das in Entstehung befindliche Produkt stabilisieren. Hinzu kommen kontinuierliche Tests an der Software. Dieser „Synch-and-Stabilize"-Ansatz (Cusumano/Selby 1997, 54) kennt zwar verschiedene Projektphasen (Planung, Entwicklung, Stabilisierung), bearbeitet aber nicht die Schritte des Wasserfall-Modells nacheinander, sondern verfolgt einen iterativen Ansatz. Cusumano und Shelby (1997, 55) berichten:

> The waterfall model has gradually lost favor, ..., because companies usually build better products if they can change specifications and designs, get feedback from customers, and continually test components as the products are evolving. As a result, a growing number of companies in software and other industries – including Microsoft – now follow a process that iterates among design, building components, and testing, and also overlaps these phases and contains more interactions with customers during development.

So kann es durchaus vorkommen, dass mehr als 30% der Spezifikationen der Planungsphase in der späteren Entwicklung revidiert werden (Cusumano/Selby 1997, 56). Die Produkte werden am Markt angeboten, soweit sie „gut genug" sind. Man wartet also nicht darauf, bis etwas „perfekt" geworden ist (Cusumano/Selby 1997, 60).

14.3 Globalisierung und „Offshoring"

Die Softwarebranche ist international ausgerichtet. Programme können – zumindest im Prinzip – überall entwickelt werden, wobei die Transportkosten im Gegensatz zur Wertkette physischer Güter nahezu zu vernachlässigen sind. Die **Globalisierung** dieser Branche ist nicht nur auf den Arbeitsmärkten von Bedeutung, sondern auch beim Vertrieb. Es gibt für Software kaum nationale „Heimatmärkte", vielmehr lässt sich Software gleichsam auf der ganzen Welt verkaufen (Buxmann et al. 2008, 156ff.).

Wenn wir die internationalen Beschaffungs- und Arbeitsmärkte für die Softwareproduktion nutzbar machen wollen, ist abzuwägen, ob man im Ausland eigene Tochterfirmen (oder Joint-Ventures mit einheimischen Firmen) gründet oder ob man ein Fremdunternehmen beauftragt. Letzteres wird – egal, in welchem Land man dies tut – mit **„Outsourcing"** bezeichnet. Die Auslagerung von Aktivitäten ins Ausland ist entweder **„Nearshoring"**, wenn nahe gelegene Länder gewählt werden (aus Sicht der USA etwa Kanada oder Mexiko, aus deutscher Sicht beispielsweise Tschechien, Polen, Ungarn und die Slowakei), oder **„Offshoring"**, wenn fernes Ausland gemeint ist (wie beispielsweise Indien für Unternehmen mit Sitz in Deutschland oder in den USA). Tabelle 14.1 fasst diese Definitionen zusammen.

14.3 Globalisierung und „Offshoring"

Outsourcing Nearshoring Offshoring		Auftragsempfänger hat seinen Sitz im ...		
		Inland	nahegelegenen Ausland	fernen Ausland
Verlagerung von internen Aktivitäten an ...	verbundenes Unternehmen	---	Nearshoring ohne Outsourcing	Offshoring ohne Outsourcing
	fremdes Unternehmen	Outsourcing	Nearshoring mit Outsourcing	Offshoring mit Outsourcing

Tabelle 14.1: Systematisierung von Outsourcing, Nearshoring und Offshoring. Quelle: in Anlehnung an Mertens et al. 2005, 2.

Die Verlagerung interner Aktivitäten ins Ausland ohne Outsourcing bedeutet die Gründung von Tochterunternehmen oder das Eingehen von Joint Ventures mit einheimischen Firmen. Ziele sind Kosteneinsparungen durch niedrigere Arbeitslöhne im Zielland sowie die Option auf das Erschließen der jeweiligen Auslandsmärkte. Da das Aufbauen eines eigenen Tochterunternehmens „von Null an" in einem unbekannten Land großer Anstrengungen bedarf, kann man beim Joint Venture mit einem etablierten Unternehmen im Zielland von dessen Landeskenntnis und Vorarbeiten profitieren. Hier wird der Unterschied zwischen Nearshoring und Offshoring deutlich. Beim Nearshoring ist die kulturelle (aber auch die zeitliche) Distanz weitaus geringer als beim Offshoring, so dass im Nahbereich Tochterunternehmen eher möglich sind. Die Verlagerung ehemals eigener Aktivitäten an Fremdunternehmen, also das Outsourcing, kann das eigene Land betreffen oder auf naheliegende Länder (mit ähnlicher Kultur) bzw. auf ferne Länder (mit dem Nachteil einer fremden Kultur) zielen. Wie kaum ein anderer Wirtschaftszweig macht die Softwarebranche von Nearshoring, Offshoring und Outsourcing Gebrauch. Insbesondere Indien stellt sich als bedeutender Exporteur von Software und als Partner ausländischer Softwareunternehmen dar.

Welche Motive leiten Softwarefirmen, sowohl Outsourcing als auch Nearshoring bzw. Offshoring zu betreiben? Buxmann, Diefenbach und Hess (2009, 165ff.) sehen fünf Motivbündel:

- Kosteneinsparungen (niedrigere Lohnkosten an den Nearshore- und Offshore-Standorten, dafür aber – insbesondere im Offshore-Bereich – ein höherer Koordinationsaufwand),
- Erhöhung der Flexibilität (beim Outsourcing können Dienstleistungen genau dann eingekauft werden, wenn man sie benötigt, so dass die eigenen Fixkosten reduziert werden),
- Konzentration auf Kernkompetenzen (Verlagerung von eher peripheren Tätigkeiten ins Ausland, während man sich um die bedeutenden Aspekte selbst kümmert),
- Zukauf von Know-how (insbesondere Indien verfügt über viele und gut ausgebildete Informationsspezialisten, die die nationalen Arbeitsmärkte beispielsweise Deutschlands oder der USA – in solch großer Anzahl – nicht bereitstellen),

- „Follow the Sun" (mit geschickt auf der Welt platzierten Entwicklungs- und Servicezentren kann aufgrund der Zeitverschiebung ein Betrieb rund um die Uhr gewährleistet werden).

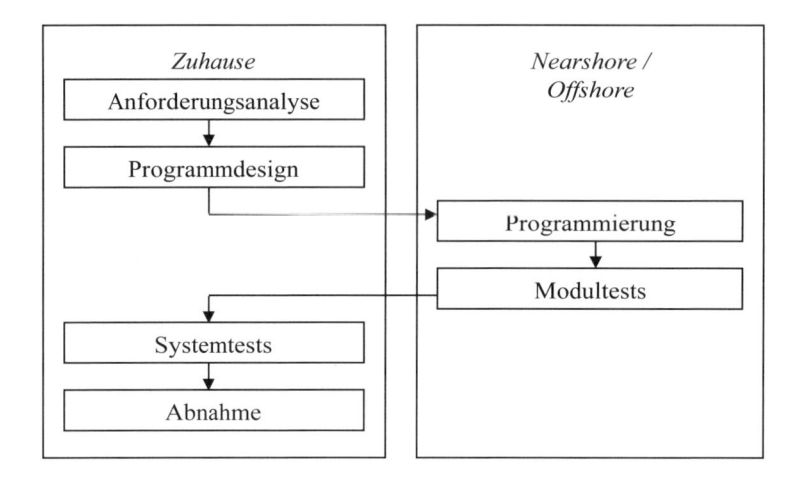

```
┌─────────────────────────────┐  ┌─────────────────────────────┐
│         Zuhause             │  │       Nearshore /           │
│   ┌─────────────────────┐   │  │        Offshore             │
│   │ Anforderungsanalyse │   │  │                             │
│   └──────────┬──────────┘   │  │                             │
│              ▼              │  │   ┌─────────────────────┐   │
│   ┌─────────────────────┐   │  │   │   Programmierung    │   │
│   │   Programmdesign    │───┼──┼──▶└──────────┬──────────┘   │
│   └──────────┬──────────┘   │  │              ▼              │
│              │              │  │   ┌─────────────────────┐   │
│              │              │◀─┼───│     Modultests      │   │
│   ┌──────────▼──────────┐   │  │   └─────────────────────┘   │
│   │     Systemtests     │   │  │                             │
│   └──────────┬──────────┘   │  │                             │
│   ┌──────────▼──────────┐   │  │                             │
│   │       Abnahme       │   │  │                             │
│   └─────────────────────┘   │  │                             │
└─────────────────────────────┘  └─────────────────────────────┘
```

Abbildung 14.4: Phasen der Softwareentwicklung zuhause und Nearshore/Offshore. Quelle: in Anlehnung an Buxmann et al. 2009, 178.

Wenn wir die Schritte der Softwareentwicklung betrachten, eignen sich nicht alle Etappen im Erstellungsprozess für Nearshoring oder Offshoring. Buxmann et al. (2009, 178) diskutieren die Option, eher Routinetätigkeiten wie Programmieren (nach detaillierten Vorgaben) sowie das Testen der programmierten Module auszulagern und die übrigen Schritte im eigenen Unternehmen zu halten (Abbildung 14.4.).

Wie sieht die Globalisierung bei der **SAP** aus? Dieses Unternehmen mit Sitz im deutschen Walldorf stellt betriebswirtschaftliche Software her und ist in diesem Bereich Weltmarktführer (Schuster et al. 2009). Die Etappe der Anforderungsanalyse wird bei der SAP international verteilt (in Tochterunternehmen wie bei unabhängigen Firmen) durchgeführt, da durch die jeweilige Nähe zu den Kunden ein Optimum an konkreten Anforderungen erreicht wird. Die Grobplanung für das Projekt wird in Walldorf durchgeführt, das konkrete Programmdesign, die Programmierung und die Tests finden weltweit verstreut in den Entwicklungszentren der SAP statt (Schuster et al. 2009, 191). Neben diversen kleineren Entwicklungszentren unterhält die SAP vier große Zentren: (sortiert nach ihrer strategischen Bedeutung) in Walldorf, Bangalore, Montréal und Palo Alto. Soweit es nicht um hochsensible Bereiche geht, kann die Programmierung nach Indien ausgelagert werden. Für Softwaretests unterhält SAP ein Testteam in Pune (Indien) (Buxmann et al. 2008, 180f.). Durch die verteilte Bearbeitung erreicht man eine hohe Kreativität der Projektteams durch die verschiedenen kulturellen Hintergründe der Mitarbeiter und – durch das „Follow-the-Sun"-Prinzip – eine Projektarbeitszeit von 24 Stunden am Tag. Die Zentrale in Walldorf überwacht den Verlauf der dezentral durchgeführten Aktivitäten und sorgt für die Integration der einzelnen Arbeitspakete. Die Inbetriebnahme der Software erfolgt vor Ort beim Kunden. Kundendienst und Systemunterstützung werden rund um die Uhr von drei Call Centern in Walldorf, Philadelphia und Singapur garantiert. Hier ist „Follow the Sun" essentiell, wie Schuster, Holtbrügge und Heidenreich (2009, 192) berichten:

> Da SAP häufig sämtliche Geschäftsprozesse einer Unternehmung unterstützt, kann diese bei einem Ausfall des Systems nicht mehr operieren, wodurch eine ständige Servicebereitschaft für den Kunden zu einem entscheidenden Wettbewerbsfaktor wird.

14.4 Fazit

- Der Softwaremarkt ist produktseitig äußerst kompliziert; fokussiert man aber Unternehmen, so wird er viel einfacher: Viele Marktsegmente werden nämlich von einem einzigen Unternehmen dominiert.
- Wir unterscheiden den Markt für Softwareprodukte nach Systemsoftware, systemnaher Software und Anwendungssoftware. Software ist entweder Individualsoftware (genau auf einen konkreten Einsatz zugeschnitten) oder Standardsoftware (für den Massenmarkt konzipiert). Standard-Anwendungssoftware wird entweder für den gewerblichen, den privaten oder den Gebrauch in beiden Bereichen erstellt. Software-Dienstleistungen betreffen sowohl Beratung und Implementierung als auch Software as a Service.
- Softwareentwicklung folgt klassischen Modellen. Von den Spezifikationen geht das Wasserfall-Modell (sowie seine Varianten b-Modell und V-Modell) aus; das Spiralenmodell rückt die Risikoeinschätzung in den Mittelpunkt und basiert so einen iterativen Entwicklungsweg. Im vereinheitlichten Modell werden – ausgehend vom Fall – die Aspekte der beiden anderen Modelle kombiniert. Agile Softwareentwicklung arbeitet – in kleinen Teams – eher „auf Zuruf" und verzichtet auf detaillierte Dokumentationen. Die komponentenbasierte Entwicklung regt an, bestehende Softwaremodule (Komponenten) mehrfach zu verwenden.
- Microsoft arbeitet iterativ und verfolgt dabei einen Synch-and-Stabilize-Ansatz.
- Die Softwarebranche arbeitet auf Arbeits- und Beschaffungsmärkten und auch auf Absatzmärkten stets international. Häufig wird Outsourcing betrieben. Tochterunternehmen, Joint Ventures mit einheimischen Unternehmen sowie Outsourcing sind auch auf Auslandsmärkten anzutreffen.
- Wir unterscheiden nach Nearshoring (in der Nähe liegendes Ausland mit ähnlicher Kultur) und Offshoring (entfernt liegende Länder – beliebt ist vor allem Indien).

- SAP nutzt die Vorteile von Nearshoring und Offshoring. Durch Anwendung von „Follow the Sun" können sowohl Softwareerstellungsteams als auch Servicepersonal 24 Stunden am Tag arbeiten.

14.5 Literatur

Baird, S.A. (2008): The heterogeneous world of proprietary and open-source software. – In: Proceedings of the 2nd International Conference on Theory and Practice of Electronic Governance. – New York: ACM, S. 232-238.

Benington, H.D. (1987): Production of large computer programs. – In: Proceedings of the 9th International Conference on Software Engineering. – Los Alamitos, CA: IEEE Computer Society Press, S. 299-310.

Birrell, N.D.; Ould, M.A. (1985): A Practical Handbook to Software Development. – New York: Cambridge University Press.

Boehm, B.W. (1988): A spiral model of software development and enhancement. – In: Computer / IEEE, Sept., S. 61-72.

Boehm, B.; Turner, R. (2003): Using risk to balance agile and plan-driven-methods. – In: Computer / IEEE 36(6), S. 57-66.

Brereton, P.; Budgen D. (2000): Component-based systems. A classification of issues. – In: Computer / IEEE, Nov., S. 54-62.

Buxmann, P.; Diefenbach, H.; Hess, T. (2008): Die Softwareindustrie. Ökonomische Prinzipien, Strategien, Perspektiven. – Berlin; Heidelberg: Springer.

Cockburn, A. (2000): Agile Software Development. Online: http://www.snip.gob.ni/xdc/Agile/AgileSoftwareDevelopment.pdf.

Cusumano, M.A.; Selby, R.W. (1997): How Microsoft builds software. – In: Communications of the ACM 40(6), S. 53-61.

Forsberg, K.; Mooz, H. (1995): The Relationship of System Engineering to the Project Cycle. – Cupertino, CA: Center for Systems Management.

Gust von Loh, S. (2009): Evidenzbasiertes Wissensmanagement. – Wiesbaden: Gabler.

Jacobson, I.; Booch, G.; Rumbaugh, J. (1999): The Unified Software Development Process. – Reading, MA: Addison-Wesley.

McIlroy, M.D. (1969): Mass produced software components. – In: Naur, P.; Randell, B. (Hrsg.): Software Engineering. Report on a Conference Sponsored by the NATO Science Committee. Garmisch, Germany, 7th to 11th October 1968. – Brussels: NATO, S. 138-155.

Mertens, P.; Große-Wilde, J.; Wilkens, I. (2005): Die (Aus-)Wanderung der Softwareproduktion. Eine Zwischenbilanz. – Erlangen, Nürnberg: Friedrich-Alexander-Universität. –

(Arbeitsberichte des Instituts für Informatik. Friedrich-Alexander-Universität Erlangen Nürnberg; 38,3).

Mowery, D.C. (1995): International Computer Software Industry. – New York: Oxford University Press.

Royce, W.W. (1970): Managing the development of large software systems. – In: Proceedings of the 9th International Conference on Software Engineering. – Los Alamitos, CA: IEEE Computer Society Press, S. 328-338.

Ruparelia, N.B. (2010): Software development lifecycle models. – In: ACM SIGSOFT Software Engineering Notes 35(3), S. 8-13.

Schuster, T.; Holtbrügge, D.; Heidenreich, S. (2009): Konfiguration und Koordination von Unternehmungen in der Softwarebranche. Das Beispiel SAP. – In: Holtbrügge, D.; Holzmüller, H.H.; von Wangenheim, F. (Hrsg.): Management internationaler Dienstleistungen mit 3K. Konfiguration – Koordination – Kundenintegration. – Wiesbaden: Gabler, S. 174-202.

Williams, L.; Cockburn, A. (2003): Agile software development. It's about feedback and change. – In: Computer / IEEE 36(6), S. 39-43.

Zave, P. (1984): The operational versus the conventional approach to software development. – In: Communications of the ACM 27(2), S. 104-118.

15 Online-Werbung

15.1 Werbeformen im Internet

Online-Werbung meint Werbung, die über das Internet gestreut wird. Viele Betreiber von Webseiten, darunter alle großen Suchmaschinenunternehmen, bieten ihre Dienste kostenlos an und können damit große Zahlen an Seitenbesuchen und -besuchern erzielen. Die Aufmerksamkeit der Kunden wird an Werbekunden verkauft (oder versteigert). Dieses Prinzip ist vom Privatfernsehen her bekannt und ist lediglich auf das World Wide Web übertragen worden, wie dies Evans (2008, 359) beschreibt:

> Many web sites settled on the traditional „free-tv" modell: generate traffic by giving away the content and sell traffic to advertisers.

Internet-Werbung dient zwei Zielen (Hollis 2005):

- dem Aufbau und der Pflege einer Marke,
- dem Verkauf über das Web (E-Commerce).

Grundformen der Online-Werbung (Faber et al. 2004) sind Banner (und andere graphisch orientierte Elemente), die unabhängig von der Person des Anfragenden und unabhängig von Suchargumenten auf Webseiten eingeblendet sind, E-Mails (in aller Regel als Newsletter), die mit Erlaubnis der Empfänger an eine abgegrenzte Zielgruppe versendet werden, und kontextspezifische Anzeigen, die auf der Basis von abonnierten Suchargumenten dann aufscheinen, wenn ein Nutzer passende Suchterme verwendet. Kontextspezifische Werbung wird als **„search advertising"**, Bannerwerbung als **„display advertising"** bezeichnet (Evans 2008, 363). Sonderformen der Werbung sind virales Marketing („ansteckende Werbung") sowie Werbung in digitalen Spielen. In Abbildung 15.1 ist diese Grobklassifikation der Online-Werbung im Überblick dargestellt.

In technischer Hinsicht sind werbende Ressourcen im Web (also abgesehen von den Newslettern, die ja als Mail versandt werden)

- Graphiken (typisch: Banner),
- eigene Webseiten (typisch: Pop-up-Fenster oder Interstitials),
- Textanzeigen (typisch: Sponsored Links bei Suchmaschinen).

Gemäß Faber, Lee und Nan (2004, 456) reproduzieren einige Web-Werbeformen bekannte Muster nicht-digitaler Medien. Banner ähneln Plakaten, Pop-ups und insbesondere Unterbrecherwerbung (Interstitials) erinnern an die Werbepausen im Privatfernsehen (Barnes/Hair 2009). Ja nachdem, wie stark Werbeformen die gewünschte Tätigkeit des Nutzers im Web behindern, werden diese mehr oder weniger als unerwünschte „Eindringlinge" abgelehnt. Die so entstehende negative Einstellung richtet sich sowohl gegen die Werbung als auch gegen die Seite, die die Werbung einblendet (McCoy et al. 2007).

```
                          ┌─────────────────────┐
                          │   Online-Werbung    │
                          └─────────────────────┘
                                   │
       ┌───────────────────────────┼───────────────────────────┐
┌──────────────────┐      ┌──────────────────┐      ┌──────────────────┐
│  Bannerwerbung   │      │  Erlaubnisbasierte│      │  Kontextspezifische│
│                  │      │     Werbung      │      │      Werbung     │
└──────────────────┘      └──────────────────┘      └──────────────────┘

   Banner i.e.S.
                             E-Mail-Werbung          Suchmaschinenwerbung
     Pop-up
                              Sonderformen          Partnerseitenwerbung
 Streaming Video Ad
                            Virales Marketing

Zielgruppenspezifische
     Werbung                In-Game-Advertising
```

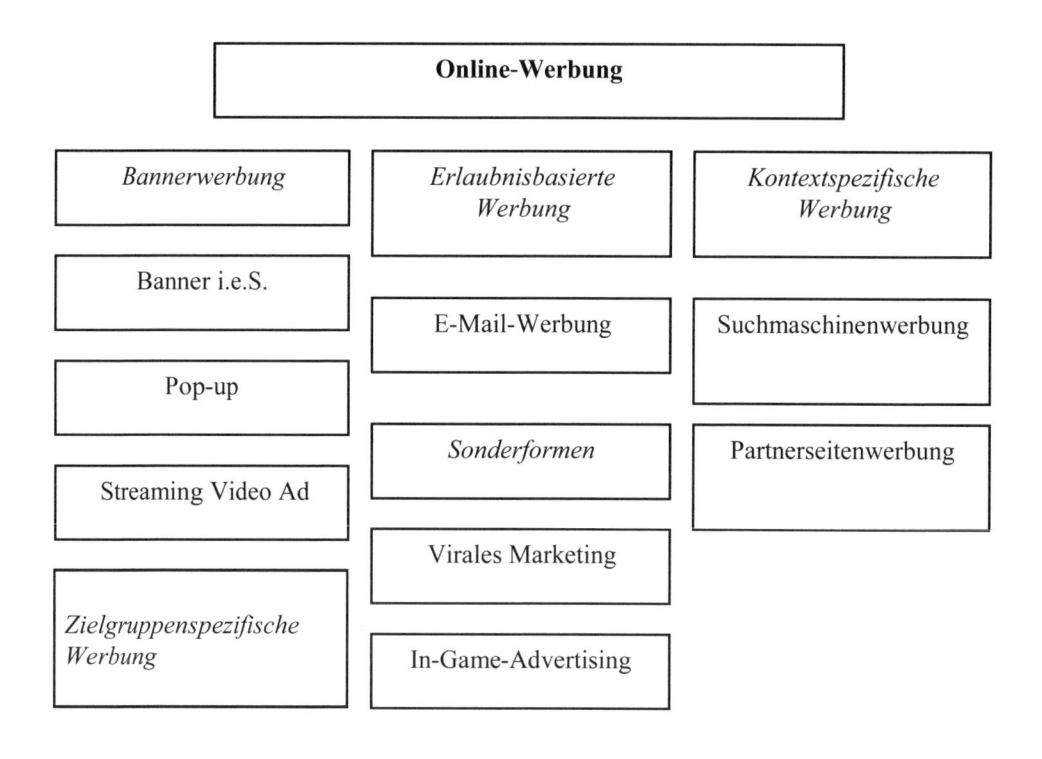

Abbildung 15.1: Klassifikation der Online-Werbung.

Wichtig für den Werbetreibenden ist es, eine optimale **Zielseite** zu erstellen, die von der Werbung – dem „Ad" (für Advertisement) – aus angesteuert wird (von Bischopinck/Ceyp 2007, 145 ff.). Diese Seite dient entweder, je nach verfolgtem Ziel, der Imagepflege von Marke oder Unternehmung oder dem Einstieg in die Anbahnung eines Geschäftes im E-Commerce bzw. dem Aufbau einer länger andauernden Kundenbeziehung.

Die Geschäftsmodelle der Online-Werbung sehen drei unterschiedliche **Abrechnungsgrundlagen** (Mangàni 2004) vor:

15.1 Werbeformen im Internet

- Cost per View (CPV) oder Cost per Impression (CPI), in aller Regel abgerechnet nach tausend Anzeigen als „Tausender-Kontakt-Preis" (TKP),
- Cost per Click (CPC), abgerechnet nach der Anzahl der Klicks auf die Werbung,
- Cost per Action (CPA), abgerechnet als eine Art Maklergebühr für Umsätze im E-Commerce (Hu et al. 2010), allerdings mit dem Problem, dass die Strategie des Markenaufbaus, die ja nicht zu direkten Umsätzen führt, keine Berücksichtigung findet.

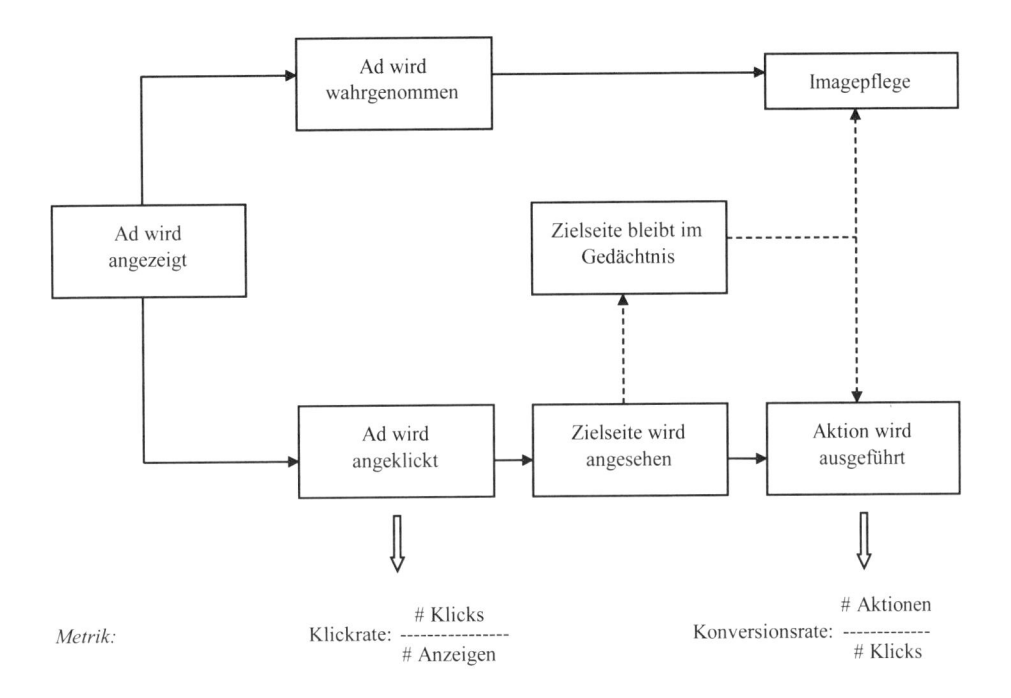

Abbildung 15.2: Etappen einer Online-Werbung und ihre Metriken. Anm.: #: Anzahl.

Wie läuft der **Dialog mit dem Kunden** bei einer Online-Werbung ab (Abbildung 15.2)? Der Ad, also der Werbebanner oder der kontextspezifische Werbetext, wird dem Kunden angezeigt. Wird der Ad zwar nicht weiterverfolgt, aber doch wahrgenommen, so dient dies der Imagepflege für das beworbene Produkt oder Unternehmen. Im günstigen Fall wird jedoch auf den Ad geklickt und damit die Zielseite aufgerufen. Hier müssen wir zwei anschließende Wege unterscheiden: Im ersten Fall wird direkt eine Aktion ausgeführt, es wird etwas gekauft oder der Kunde registriert sich für einen Newsletter (was nunmehr zu einer erlaubnisbasierten E-Mail-Werbung mutiert), im zweiten Fall findet keine direkte Aktion statt, der

Kunde merkt sich aber die Webseite (oder das Produkt oder das Unternehmen), was sowohl der Imagepflege dient als auch – zu späteren Zeitpunkten – zu Aktionen führen kann (Manchanda et al. 2006).

Wir rechnen mit drei **Metriken**, die als Erfolgswerte einer Online-Kampagne dienen (von Bischopinck/Ceyp 2007, 237 ff.):

- Klickrate als relative Häufigkeit der Klicks auf das Ad in Bezug auf alle seine Anzeigen: #Klicks / #Anzeigen,
- Konversionsrate als relative Häufigkeit der Aktionen von Nutzern (Online-Käufe: „Sales", qualifizierte Kundenkontakte durch Bestellungen eines Newsletters u. ä.: „Leads") in Bezug auf alle durch die Werbung initiierten Besuche der Website: #Aktionen / #Klicks,
- ROI (Return on Investment) als Quotient zwischen dem (durch die Aktionen erzielten) Gewinn und den Gesamtkosten der Marketingkampagne: Gewinn / Kosten der Online-Werbung.

Zentral ist in betriebswirtschaftlicher Hinsicht der letzte Kennwert. Hier muss eine schwarze Zahl stehen, da ansonsten die Werbeaktion ein Verlust wäre. Nehmen wir an, dass ein Klick auf „unseren" Ad 1 € kostet und dass 1.000 Klicks zu zusätzlichen Gewinnen im E-Commerce von 1.200 € führten. Wenn wir die Kosten im eigenen Hause außer Acht lassen, hatten wir Ausgaben von 1.000 € und damit einen Gewinn von 1.200 € - 1.000 € = 200 €. Der ROI dieser Kampagne liegt bei 200 € / 1.000 € = 0,2.

Unternehmen wählen mitunter den Weg, ihre Online-Werbung außer Haus zu vergeben. Insbesondere für den Bereich der kontextspezifischen Werbung hat sich mit den **Suchmaschinenwerbeagenturen** (die sowohl Suchmaschinenwerbung als auch Suchmaschinenoptimierung als Dienste anbieten) eine eigene kleine Branche herauskristallisiert (von Bischopinck/Ceyp 2007, 150 ff.) (s. o. Kapitel 10).

15.2 Bannerwerbung

Jedes Medium hat seine eigenen Werbestandards, etwa der 30-Sekunden-Werbespot im Fernsehen oder die Viertelseite-Anzeige in der Zeitung. In der Frühzeit der Online-Werbung waren Banner solch ein Standard (und sind es teilweise heute noch). Je nach Größe und Platzierung kann man vier Grundformen unterscheiden (Plummer et al. 2007, 83):

- Full Banner (normal: 468 * 60 Pixel; Half Banner: 234 * 60 Pixel),
- Leaderboard (728 * 90 Pixel),
- Rechteck (normal: 180 * 150 Pixel; großes Rechteck: 336 * 280 Pixel; mittleres Rechteck: 300 * 250 Pixel; Quadrat: 125 * 125 Pixel; Micro Bar: 88 * 31 Pixel),
- Skyscraper (normal: 120 * 600 Pixel; Wide Skyscraper: 160 * 600 Pixel).

15.2 Bannerwerbung

In Abbildung 15.3 deuten wir Größe und typische Platzierung der Banner-Grundformen an. Anstelle graphisch orientierter Banner können auch – in Form eines Rechtecks – Videos eingespielt werden.

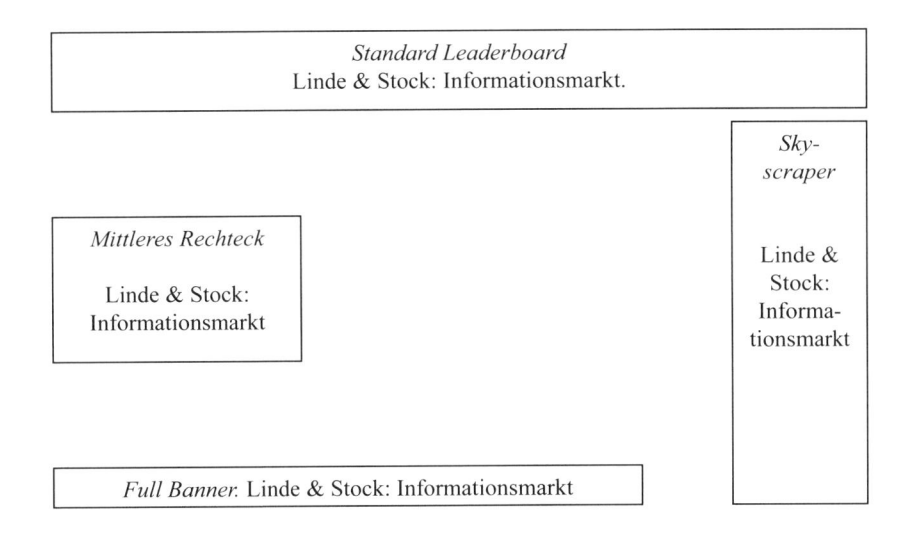

```
┌─────────────────────────────────────────────┐
│         Standard Leaderboard                │
│      Linde & Stock: Informationsmarkt.      │
└─────────────────────────────────────────────┘
                                    ┌─────────┐
                                    │  Sky-   │
                                    │ scraper │
┌──────────────────┐                │         │
│ Mittleres Rechteck│                │ Linde & │
│                  │                │  Stock: │
│   Linde & Stock: │                │ Informa-│
│  Informationsmarkt│                │tionsmarkt│
└──────────────────┘                │         │
                                    │         │
  ┌────────────────────────────────┐│         │
  │ Full Banner. Linde & Stock:    ││         │
  │ Informationsmarkt              ││         │
  └────────────────────────────────┘└─────────┘
```

Abbildung 15.3: Typische Größen und Platzierungen von Bannern.

Bei den Bannern unterscheiden wir **Inhalt** und **Design** (Lohtia et al. 2003), die jeweils über kognitive wie affektive Dimensionen verfügen. Kognitive Inhaltsmomente sind Anreize wie beispielsweise Gewinnspiele, kognitive Designoptionen bestehen etwa im Angebot interaktiver Formen (wie beispielsweise eine Suchfunktion). Affektive Inhaltsmomente bestehen in emotionalen Tönen (Andeutungen von Freude, Angst usw.), affektive Designelemente sind Farbe und Animation. Lohtia et al. unterscheiden Banner, die Unternehmen ansprechen (B-to-B-Werbung), von solchen, die sich an Endkunden richten (B-to-C). In einer großen empirischen Untersuchung des Einflusses der beschriebenen Inhalts- und Designelemente auf die Ausprägung der Klickrate (Click-Through Rate; CTR) ergeben sich folgende Resultate (Lohtia et al. 2003, 416):

1. ... the presence of incentives and interactivity lowered the CTR of banner advertisements. This was especially true for B2B banner advertisements than B2C banner advertisements.

2. ... the presence of emotion and animation increased the CTR for B2C banner advertisements and decreased the CTR for B2B banner advertisements.

3. Medium level of color was better than low or high levels of color for B2B and B2C banner advertisements.

4. B2B banner advertisements had higher CTR than B2C banner advertisements.

Banner müssen nicht starr über eine ganze Kampagnenlaufzeit auf einer Webseite aufscheinen, sondern können sich dem Tagesrhythmus der Kunden anpassen. Plummer et al. (2007, 21ff.) berichten von erfolgreichen Ansprachen der Zielgruppe nach Tageszeit. So blendete die Brauerei Budweiser gewisse Bierbanner stets am Freitagnachmittag ein, da sie vermuteten, dass die Kunden am Ende ihrer Wochenarbeitszeit durchaus bevorzugt Getränke einkaufen würden. Kentucky Fried Chicken schaltete erfolgreich Werbung für ein neues Produkt – rollend über die Zeitzonen der Vereinigten Staaten – kurz vor der jeweiligen Mittagszeit.

15.3 Zielgruppenspezifische Werbung

Gewisse Banner (oder auch andere Online-Werbeformen) werden nur ausgewählten Nutzern angeboten. Man spricht in solchen Fällen von zielgruppenspezifischer Online-Werbung. Dies geht nur, wenn dem Seitenbetreiber genügend Informationen über seine Nutzer vorliegen. Basisinformationen erhält dieser durch die Angaben, die der Kunde bei der Registrierung angibt. Zusätzlich kann man digitale Spuren des Nutzers sammeln, indem man beispielsweise über eine „Toolbox" alle URLs der von ihm besuchten Seiten speichert und abruft. Insbesondere bei sozialen Netzwerken wie Facebook fallen – je nach Auskunftsfreudigkeit der Personen – sehr viele und sehr detaillierte personenbezogene Daten an. Das durch Basisinformationen und digitalen Spuren erzeugte Profil des Kunden wird in der Werbung ausgenutzt, um nur solche Werbung einzublenden, die am Besten zum Kundenprofil passt. Wenn dem Nutzer (wie bei Facebook) die Option eingeräumt wird, Werbeanzeigen wegzuklicken und er zusätzlich Gründe für sein Tun angibt („... ist uninteressant", „...ist irreführend" usw.), kann der Seitenbetreiber das Nutzerprofil weiter optimieren und die Werbung auf das Profil „zuschneiden", d. h. personalisieren. Zielgruppenspezifische bzw. personalisierte Werbung, Haupteinnahmequelle der Betreiber sozialer Netzwerke, kommt schnell mit dem Schutz an Privatheit in Kollision (Fuchs 2010; Tucker 2010).

15.4 Werbung in digitalen Spielen

Ein Sonderbereich digitaler Werbung ist in Werbeeinblendungen in Spielen zu sehen („In-Game Advertising") (Gaca 2007; Thomas/Stammermann 2007). Im Gegensatz zu klickorientierter Online-Werbung ist es hier nicht möglich, die Anzeige wegzuklicken (wie bei Pop-ups) oder zu übergehen (beispielsweise bei Suchmaschinen- und Partnerseitenwerbung). Es gibt statische Anzeigen, die fest in das Spiel integriert und nicht änderbar sind, und dynamische Werbung, die – je nach Umständen – variiert wird. Herman/Kaiser (2005, 25) verdeutlichen diesen Unterschied anhand von Beispielen:

> Nutzte die Branche bisher „statische" In-Game-Anzeigen, welche die Spielumgebungen „lebensechter" wirken lassen sollten – Plakatwände in der Stadt, Bandenwerbung im Stadion,

Product-Placement, Leuchttafeln an Kinos; oder man schickte die Spielfigur einfach in eine McDonald's-Filiale –, so sind jetzt „dynamische" Anzeigen möglich. Eine Spielfigur trinkt zum Beispiel um 14 Uhr eine Cola, ab 17 Uhr bestellt sie in der ansonsten identischen Spielszene ein Bier oder einen Whisky – je nachdem, welche Marke den entsprechenden Werbe-Slot gekauft hat.

Wir unterscheiden drei Formen von In-Game Advertising:

- Plakatwerbung, Bandenwerbung, Leuchtreklame u. ä.,
- Product Placement,
- Advergames.

Plakatwerbung, Leuchtreklame, Bandenwerbung (letztere vor allem bei Sportspielen) simulieren reale Werbeformen in digitalen Welten (Abbildung 15.4). Vorausgesetzt, man arbeitet mit dem dynamischen Konzept, ist diese Form besonders leicht an Zielgruppen anzupassen. So kann man beispielsweise einem Spieler aus Deutschland (bei Online-Spielen etwa erfasst durch den Einwählknoten ins Internet) deutsche Produkte, einem amerikanischen Spieler jedoch „seine" Produkte zeigen. In einer virtuellen Welt wie Second Life wird von dieser Art Werbung ausgiebig Gebrauch gemacht (Barnes 2007).

Product Placement (Ip 2009) arbeitet bei der Werbung in Spielen analog zur Werbung im Film. Man unterscheidet die passive Platzierung eines Markenartikels in der Spielwelt (wie z. B. eine Getränkedose einer bestimmten Marke, die auf einem Schreibtisch steht, aber keinerlei Funktion erfüllt) von der aktiven Platzierung. Die aktive Beschäftigung mit einem Produkt lässt die Spielfigur ein Unternehmen oder ein Produkt „erleben" (Gaca 2007, 12). Hierhin gehört die oben geschriebene Spielszene in einem Fast-Food-Restaurant. Ein weiteres anschauliches Beispiel ist die Werbung von Red Bull im Spiel Worms 3D: Wenn der Avatar Red Bull trinkt, erhält er Vorteile, ihm werden Flügel verliehen, er rennt schneller, fliegt höher usw. Dies kann der Spieler auf keinen Fall ignorieren, denn er benötigt Red Bull im Spiel – und „bekommt zugleich alles serviert, was das Image von Red Bull ausmacht" (Herman/Kaiser 2005, 29). Product Placement ist in aller Regel statisch angelegt.

Abbildung 15.4: Plakatwerbung in einem digitalen Spiel. Quelle: Herman/Kaiser 2005, 25.

Advergames sind digitale Spiele, die rund um ein Produkt erstellt worden sind. Hier steht nicht das Spiel, sondern das Produkt im Vordergrund (Gaca 2007, 12 f.). So entwickelte beispielsweise Chrysler Fahrspiele, mittels derer man die neuesten Produkte dieses Unternehmens virtuell „testen" kann (Herman/Kaiser 2005, 28).

Erste Ergebnisse der empirischen Erforschung von In-Game Advertising (Cauberghe/ De Pelsmacker 2010) zeigen bei Spielern positive Tendenzen bei der Erinnerung an Marken, jedoch keinen Effekt bei der Einstellung zur Marke. Spielt man allerdings ein Spiel mehrfach, so führt dies zu einem negativen Einfluss auf die Einstellung zur Marke. Dies deutet auf eine kurze Verschleißphase hin. Vor allem die Wiederholung statischer Werbung dürfte von den Spielenden schnell als zudringlich abgelehnt werden.

15.5 E-Mail-Werbung

Werbung via E-Mail ist in den meisten Ländern streng reglementiert und darf nur in besonderen Fällen durchgeführt werden. Gestattet ist solch eine Werbung, wenn die Erlaubnis des Empfängers vorliegt, die auch jederzeit widerrufen werden kann (s. Kapitel 5.10). Dementsprechend nennt man solche Werbeformen „erlaubnisbasiert" bzw. **„permission based"** (Godin 1999). Im Vergleich zu anderen Werbeformen ist E-Mail-Marketing kostengünstig und gleichzeitig effektiv (Drèze 2005). Um allerdings die Erlaubnis zu erhalten, Kunden mit Werbung zu versorgen, ist es unumgänglich, dass diese Vertrauen in den Werbetreibenden setzen, dass sie mit brauchbaren Informationen versorgt werden. E-Mail-Werbung ist in der Regel ein **Newsletter**, der über Produkte oder Aktivitäten (etwa Schulungen) berichtet und über Links zu mehreren Zielseiten verfügt, und der aus rechtlichen Gründen einen Link enthält, mit dem man den weiteren Bezug des Newsletters unterbindet („opting out"). Gelegentlich werden Newsletter als Webseiten versendet. Drei Vorteile sprechen für erlaubnisbasierte E-Mail-Werbung (Marinova et al. 2002, 62):

- Die Empfänger tragen sich in E-Mail-Verteilerlisten ein und signalisieren damit zumindest ein potentielles Interesse, gewisse werbende Informationen zu akzeptieren.
- Der Werbetreibende kennt die Empfänger namentlich und ist somit in der Lage, die Werbung zu personalisieren („One-to-One Marketing").
- Die Werbenachrichten bedeuten für die Empfänger (im günstigen Fall, also wenn ein Informationsbedürfnis für den Content vorhanden ist) einen Informationsgewinn oder (für den Fall, dass die Informationen aktuell nicht relevant sind) keine sonderlich große Belastung.

Der Werbende kann sich nie sicher sein, dass die Kunden den Newsletter mit ihrem „echten" Mail-Account bestellt haben. Einige Nutzer legen sich bewusst „Spam-Accounts" an, von denen aus sie gewisse Transaktionen abwickeln, die sie aber nie zur Kommunikation nutzen. Man kann auch nicht davon ausgehen, dass die aktuellen Empfänger dem Werbenden mitteilen, dass sie ihre E-Mail-Adresse geändert haben. Insofern sind der Aufbau und die Pflege von **qualifizierten E-Mail-Listen** nicht zu unterschätzende Arbeiten (Tezinde et al. 2002, 30).

Ziel von E-Mail-Werbeaktionen ist eine möglichst große Klickrate auf die Links (und in der Folge dem Ausführen von Aktionen). Inhalt und Design der Mail sollen den Nutzer veranlassen, auf möglichst einen der Links in der Mail zu klicken. Auf jedem Fall soll verhindert werden, dass die Nutzer sich aus der Liste austragen. Insbesondere in kurzer Abfolge versandte Newsletter („over-touching") erhöhen die Wahrscheinlichkeit des Opting-out (Ansari/Mela 2003, 144).

15.6 Kontextspezifische Werbung

Wenn Nutzer mit Suchmaschinen arbeiten, erwarten sie, passende Treffer präsentiert zu bekommen, die ihr Informationsbedürfnis befriedigen. Dieser Sachverhalt führt im Marketing zur **kontextspezifischen Suchmaschinenwerbung**. Da wir in diesem Falle wissen, wonach ein Nutzer recherchiert, zeigen wir – genau passend zu den vom User verwendeten Suchargumenten – Werbetexte an, die ebenfalls das geäußerte Informationsbedürfnis befriedigen können. Streuverluste sind hier recht minimal, da die Werbung zur Suchanfrage passt. Marktführer bei der kontextspezifischen Suchmaschinenwerbung ist Google mit seinem Dienst **AdWords** (Davis 2010; Geddes 2010) (Abbildung 15.5; die oberen drei Treffer und alle Treffer auf der rechten Seite sind Ads, gekennzeichnet als „Sponsored Links").

Webseiten beinhalten Wissen. Passt ein Werbetext inhaltlich zum Wissen der Webseite, so liegt es für das Marketing nahe, auch hier die Werbebotschaft einzublenden. Insofern Webseitenbetreiber eine Zusammenarbeit mit einer Suchmaschinen eingehen (die ja über die Ads der Werbetreibenden und über Methoden automatischen Indexierens der Webseite verfügt, um deren Informationsinhalt auf Stichworte zu bringen), so wird eine **kontextspezifische Partnerseitenwerbung** ermöglicht. Unter Nutzung der Werbetexte von AdWords bietet Google hierfür seinen Dienst **AdSense** an (Davis 2010; Kaiser 2010, 108ff.) (Abbildung 15.6; die untere Anzeige und alle auf der rechten Seite sind Ads, hier gekennzeichnet durch „Ads by Google").

Wie in vielen uns bereits bekannten Fällen führt auch hier das Matthäus-Prinzip („Wer hat, dem wird gegeben") zu einem einzigen Standard, in diesem Falle Google. Durch die zufriedenstellend arbeitende Suchtechnik, die große Datenbasis und deren kostenlosem Angebot werden breite Nutzerschichten angesprochen. Die Aufmerksamkeit der User vermarktet Google über die Dienste AdWords und AdSense, die – angesichts der sehr großen Zugriffszahlen und der Option, punktgenau kontextspezifisch Werbung schalten zu können – nunmehr auch Werbetreibende anspricht. Je mehr Werbetreibende mitarbeiten, desto besser wird die Datenbasis der Ads, was wiederum Nutzer animiert, noch häufiger bei Google zu recherchieren. Evans (2008, 373f.) beschreibt diese Netzwerkeffekte so:

> Since many searchers are looking to buy things, the larger platform is more valuable to them and they are therefore more likely to use the larger platform all else equal. ... Advertisers also value more searchers. ... These considerations lead to a positive feedback loop between the search and advertiser sides.

Im Mittelpunkt kontextspezifischer Werbung steht das Ad; bei Google ist dies ein kurzer **Werbetext** mit derzeit 130 Zeichen, aufgeteilt in Überschrift (25 Zeichen), zwei Textzeilen (zu je 35 Zeichen) und URL (35 Zeichen). Der Titel fungiert als Anker, hier ist also der Link zur Zielseite hinterlegt. Durch den geringen Platz ist der Texter gefordert, sich auf das Wesentliche zu konzentrieren. Im Titel hat man die Option, eine Stelle zu markieren, an der das aktuelle Suchargument des Nutzers oder ein gewisses Wort (falls die Anfrage zu lang ist) erscheint.

Abbildung 15.5: Kontextspezifische Suchmaschinenwerbung am Beispiel von Google AdWords. Quelle: Google.

Welche Schlagworte sollte man wählen, unter denen die Werbeanzeige eingeblendet wird? Dies ist ein Problem der Wissensrepräsentation: Man indexiert seine Zielseite durch aussagekräftige Terme, die den Inhalt adäquat wiedergeben. Zudem wählt man Worte, von denen man vermutet, dass Nutzer damit nach der Zielseite suchen könnten. Google bietet vier formale Optionen an, ein **Keyword** zu definieren:

- genau passendes Keyword: [Nürnberger Lebkuchen]. Das Ad wird nur dann angezeigt, wenn exakt dasselbe Suchargument eingegeben wurde.
- passende Wortgruppe: „Nürnberger Lebkuchen". Das Ad wird angezeigt, wenn die Phrase im Suchargument vorkommt.
- weitgehend passende Keywords: Nürnberger Lebkuchen. Das Ad wird angezeigt, wenn die Terme irgendwo im Suchargument vorkommen.
- ausschließendes Keyword (in Verbindung mit einer der oberen Varianten): -rechteckige. Das Ad wird nicht angezeigt, wenn der Term irgendwo im Suchargument vorkommt.

Augenmerk bei der Termauswahl liegt bei der **terminologischen Kontrolle** der Keywords. Homonyme müssen so ausgewählt werden, dass die Mehrdeutigkeit nicht zum Tragen kommt. Wenn etwa ein Unternehmen zum Messebau mit dem Keyword *Messe* arbeitet, wird das Ad auch eingeblendet, wenn der Nutzer nach *Haydn Messe* sucht. Zum Auffinden von Synonymen und Quasi-Synonymen liegen Werkzeuge vor, die (mehr oder minder zutreffend) Terme vorschlagen. Hier arbeitet man entweder mit der Auswertung von Logdaten von Suchanfragen, mit Wissensordnungen (wie etwa Thesauri) oder mit der Analyse des gemeinsamen Auftretens von Termen in der vorhandenen Ad-Datenbasis (Saramento et al. 2009; Kaiser 2010, 139ff.).

Außer den Keywords wählt der Werbekunde weitere Parameter aus (Kaiser 2010, 102):

- Targeting (Regionenauswahl, Zielsprachen, Uhrzeitenauswahl, Ausschluss bestimmter Internetadressen),
- Budget (i. d. R. Festlegung eines Tagesbudgets),
- Gebot (maximales Gebot),
- Verbreitung (AdWords, AdSense, Werbung bei GMail usw.).

Haben mehrere Werbetreibende ein Keyword „gebucht", so stellt Google eine **Rangordnung der Ads** her. Da aus empirischen Untersuchungen (Ghose/Yang 2009) bekannt ist, dass sowohl Klickrate als auch Konversionsrate mit dem Rang korrelieren (je kleiner der Rangplatz, desto höher die Klick- und Konversionsrate), ist es für Werbetreibende wichtig, ihren Werbetext möglichst weit oben zu platzieren. Die Vergabe von Keywords ist ein Auktionsverfahren, und zwar eine Variante der Second-Price Auction, auch **Vickrey-Auktion** (nach Vickrey 1961) genannt, bei der der Gewinner nicht sein eigenes, sondern das Gebot des ihm nächstgelegenen Bieters bezahlt. Dies bringt Vorteile für den Bieter, denn es fällt die Angst weg, einen unnötig hohen Betrag geboten zu haben. Egal, was man tatsächlich bietet, man zahlt den Betrag des Biet-Nachbarn.

Die Auktion auf Keywords unterscheidet sich grundlegend von Auktionen auf physische Güter (Kaiser 2010, 150). Bei letzteren gibt es nur einen Sieger, während bei Keywords die Rangpositionen versteigert werden, so dass es einen Sieger, aber auch einen Zweiten, Dritten usw. gibt. Eine traditionelle Auktion endet mit dem Zuschlag an den Sieger. Die Keyword-Auktion ist dagegen kontinuierlich und das Verfahren ändert sich bei jedem neuen Gebot auf das Keyword. Die Suchmaschine verhält sich dabei als Auktionator, die Werbekunden übernehmen die Rolle als Bieter.

Googles Ad-Ranking ist kein reines Preisranking, sondern berücksichtigt zusätzlich die „Qualität" der Textanzeige (IR, 419f.). Zur Berechnung des Retrievalstatuswertes e des Ads werden der gebotene maximale Preis pro Klick (max CPC) mit dem Quality Score (QS) des Werbetextes multipliziert:

$$e_{Ad} = \max CPC_{Ad} * QS_{Ad}.$$

Der Quality Score hat mehrere Bestandteile, deren wichtigster die bisherige Klickrate des Ads ist. Wird ein Werbetext das erste Mal geschaltet, ist keine Klickrate bekannt. Solch ein Kaltstart-Problem (Richardson et al. 2007) kann behoben werden, wenn man die Klickraten der selben Keywords bei anderen Werbetreibenden sowie die Klickraten ähnlicher (quasi-synonymer) Terme als Schätzwerte benutzt.

Zur Berechnung des zu zahlenden Preises pro Klick nimmt Google den Retrievalstatuswert e des direkt benachbarten Mitbewerbers und teilt diesen Wert durch den Quality Score des aktuellen Ads (plus 1 Cent). In Tabelle 15.1 führen wir das Verfahren an einem Beispiel durch (der Mindestpreis für ein Ad sei $0,04).

Tabelle 15.1: Berechnung von Rangposition und Preis bei Google AdWords. Quelle: in Anlehnung an Kaiser 2010, 160.

Rang	Kunde	Max CPC	QS	e	Preisberechnung	Preis
1	A	$0,40	1,8	0,40 * 1,8 = **0,72**	0,65 / 1,8 + 0,01 = 0,3711	**$0,37**
2	B	$0,65	1,0	0,65 * 1,0 = **0,65**	0,375 / 1,0 + 0,01 = 0,385	**$0,39**
3	C	$0,25	1,5	0,25 * 1,5 = **0,375**	Mindestgebot: 0,04	**$0,04**

Hat ein Ad einen hohen Quality Score, so zahlt man u. U. weniger als die Wettbewerber und erreicht doch einen höheren Rangplatz (wie der Kunde A in Tabelle 15.1). Durch die Berücksichtigung des Qualitätswertes liegt nunmehr keine klassische Vickrey-Auktion vor, man orientiert sich aber – durch den Retrievalstatuswert des nächstgelegenen Ads – durchaus noch an den Grundsätzen einer Second-Price Auktion. Es werden durch diese Berechnung Kunden mit einem hohen Rangplatz belohnt, die im Vergleich zu den Mitbietenden für Google den höchsten Umsatz versprechen.

Google bietet **kontextspezifische Partnerseitenwerbung** über AdSense an, die auf die Ad-Datenbasis von AdWords zurückgreift. Die Abrechnung mit dem Seitenbetreiber geschieht hier wahlweise über Cost per Click oder Cost per View. Die Webseite, die die Werbung aufnimmt, wird von Google automatisch indexiert und algorithmisch auf (quantitativ) wich-

15.6 Kontextspezifische Werbung

tige Worte reduziert. Passend zu diesen extrahierten Termen werden die Werbetexte eingeblendet. Als Zielseiten für AdSense kommen auch Blogs infrage (Fox et al. 2009). Im Beispiel von Abbildung 15.6 kommen die Terme *Kaua'i* (auch *Kauai*) und *Hawaii* (auch *Hawaiian* und *HawaiiWeb*) mehrfach auf der Webseite von HawaiiWeb vor. Die (in der Abbildung sichtbaren) vier Ads, die Google hier anzeigt, thematisieren entweder *Hawaii* oder *Kauai*. Auswahl und Reihenfolge der Werbeeinblendungen werden durch deren Retrievalstatuswert grundgelegt. Da Anzeigen von Wettbewerbern möglicherweise zum Inhalt der eigenen Seite passen, man aber nicht auf seinen eigenen Seiten Werbung für die Konkurrenz machen möchte, sieht Google einen Filter vor, mit dem man Anzeigen bestimmter Kunden gezielt ablehnen kann.

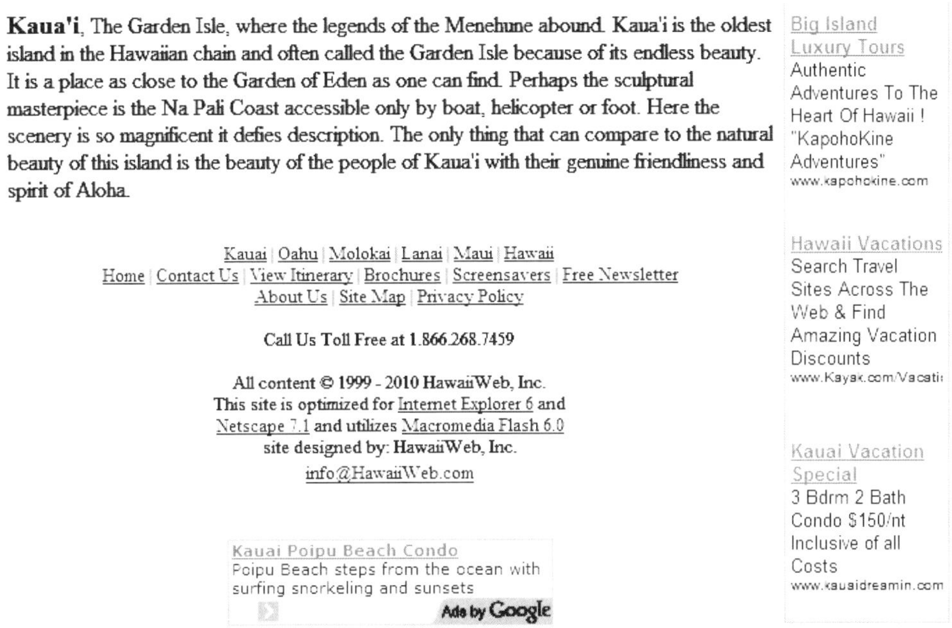

Abbildung 15.6: Kontextspezifische Partnerseitenwerbung am Beispiel von Google AdSense. Quelle: HawaiiWeb.

Sowohl AdWords als auch AdSense sind nicht vor Betrug gewappnet. Wettbewerberklickbetrug (bei AdWords) und Publisher-Klickbetrug (bei AdSense) gelten als abweichendes Informationsverhalten (s. o. Kapitel 4.5.3) und sind nicht mit geltendem Recht zu vereinbaren (s. o. Kapitel 5.10). Google arbeitet mit einem Filtersystem für „ungültige" Klicks (das allerdings nur klare Muster zu erkennen vermag) und stellt diese Klicks dem Kunden nicht in Rechnung (Kaiser 2010, 126ff.).

15.7 Virales Marketing

Gewisse Nachrichten breiten sich schnell und weit aus, andere Nachrichten bleiben nahezu unbeachtet. Treibende Kraft im Falle der weiten Verbreitung ist die Mund-zu-Mund-Propaganda. Die Ausnutzung dessen in der Werbung wird als „virales Marketing" bezeichnet. Stuckmann (2010, 97) nennt die Vorteile:

> Die Werbebotschaft oder das Produkt werden vom Kunden entdeckt und für so interessant empfunden, dass er anderen davon berichten möchte und die Entdeckung weiterleitet (...). Die so erreichten Konsumenten nehmen die Botschaft wohlwollend auf, da sie sie nicht über triviale Kanäle wie das Fernsehen oder das Radio erreicht, sondern aus dem Freundes- oder Bekanntenkreis kommt.

Virale Informationsverbreitung ist nicht nur bei Werbung zu beobachten, sondern betrifft alle Arten von Wissen. Wir unterscheiden zwei Formen:

- selbstinitiierte virale Informationsverbreitung: Der Urheber (z. B. ein Unternehmen für eine Werbebotschaft) sorgt selbst für den Anschub,
- fremdinitiierte virale Informationsverbreitung: Irgendein Dritter sorgt für den Anschub, wobei die Nachricht sowohl positiv als auch negativ ausfallen kann.

Auch und gerade im World Wide Web sind virale Informationsverbreitungen möglich. Besonders ausgeprägt können virale Ausbreitungsformen bei Empfehlungsdiensten (wie Amazon) (Leskovec et al. 2007; Richardson/Domingos 2002), bei Weblogs oder Video-Sharingdiensten (YouTube) (Stuckmann 2010), in Foren sowie beim Microblogging (Twitter) (Jansen et al. 2009) vorkommen. Vor allem negative fremdinitiierte Informationsausbreitungen müssen vom betroffenen Unternehmen früh erkannt und beobachtet werden, um möglichst mittels selbstinitiierter Aktionen gegensteuern zu können.

Eine zentrale Rolle im digitalen viralen Marketing spielen die Nutzer, und zwar sowohl in der Rolle der Rezipienten als auch in der Rolle des Senders (Subramani/Rajagopalan 2003). In Abbildung 15.7 wollen wir dies schematisch verdeutlichen. Der „Virus" ist in unserem Falle die Nachricht. Ein Empfänger kann für den Virus empfänglich sein und sich „anstecken", d.h. die Nachricht aufnehmen; ein anderer Empfänger mag dagegen „immun" sein und der Nachricht keine weitere Beachtung schenken. Bei den „Virenträgern" sind drei Fälle zu unterscheiden: (1.) der Empfänger leitet die Nachricht nicht weiter (wie in Abbildung 15.7 die Person rechts oben), (2.) der Empfänger leitet die Nachricht zwar weiter, erreicht aber nicht, dass seine Empfänger dies ebenso tun, (3.) ein „hochinfektiöser" Sender – möglicherweise aufgrund seiner Stellung in der Community eine für wichtig angesehene Person – leitet die Nachricht weiter mit der Folge, dass nunmehr dessen Empfänger massiv die Nachricht weiterverbreiten. Beim selbstinitiierten viralen Marketing ist es wichtig, solch hochinfektiöse Sender im Sinne einer Seed List einzusetzen.

15.7 Virales Marketing

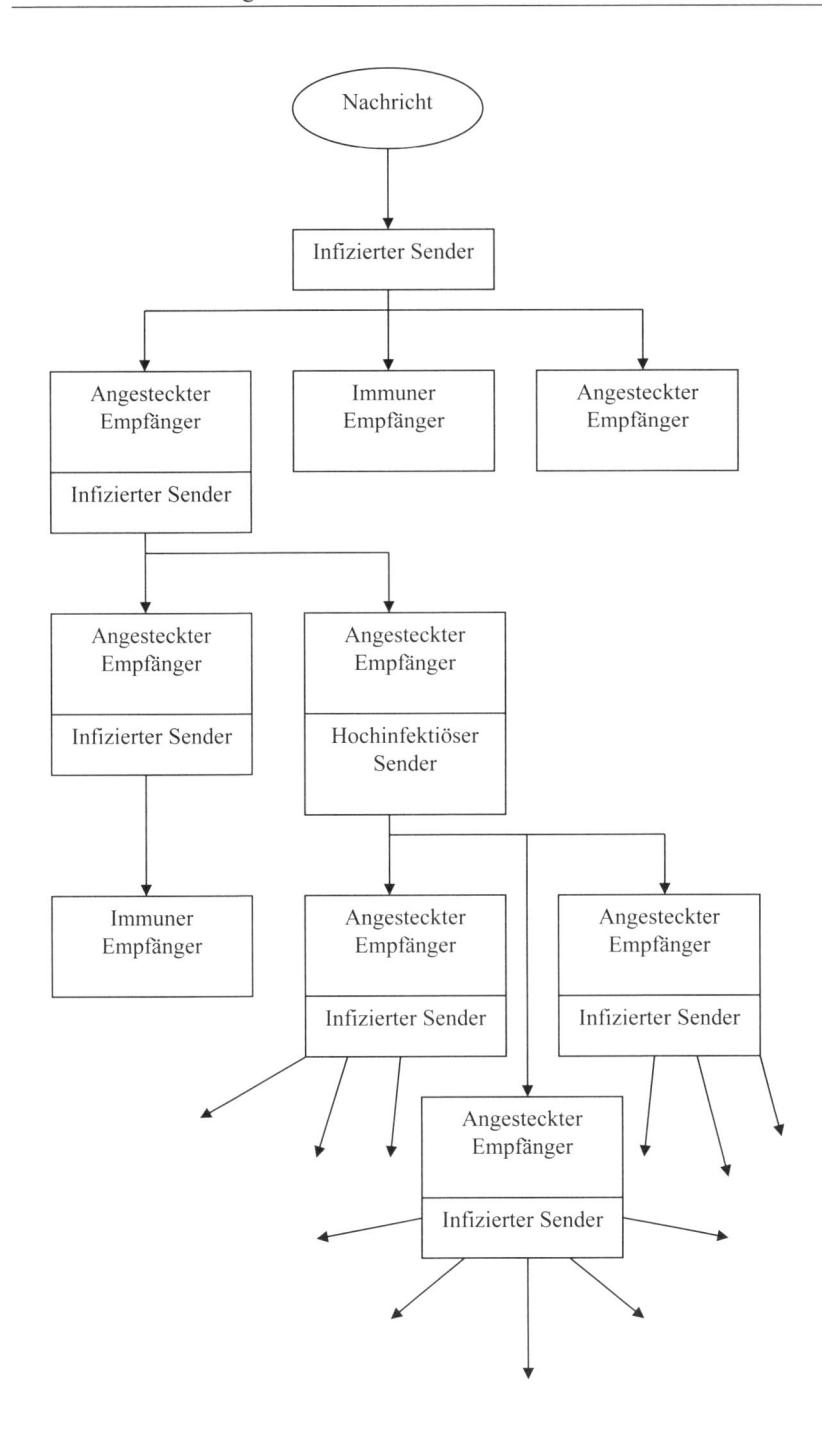

Abbildung 15.7: Ausbreitung einer Nachricht beim viralen Marketing.

15.8 Fazit

- Werbung über das Internet verfolgt als Ziele den Aufbau und die Pflege einer Marke sowie den Verkauf im E-Commerce. Grundformen der Online-Werbung sind Banner (display advertising), erlaubnisbasierte E-Mails und kontextspezifische Werbung (search advertising). Je nachdem, wie störend die Werbung auf den Arbeitsablauf des Nutzers einwirkt, wird sie als mehr oder minder zudringlich abgelehnt, wobei das negative Urteil auch Auswirkungen auf die Webseite hat, auf der die Werbung erscheint.
- Abrechnungsgrundlagen für Online-Werbung sind Cost per View (Anzeigen), Cost per Click und Cost per Action (Maklergebühr auf Umsätze im E-Commerce).
- Zur Messung von Erfolgen von Online-Kampagnen eignen sich drei Metriken: Klickrate, Konversionsrate und Return on Investment.
- Bannerwerbung ist graphisch orientiert und wird in vier Grundformen (Full Banner, Leaderboard, Rechteck, Skyscraper) angeboten. Sowohl der Inhalt als auch das Design des Banners sollten den Kunden ansprechen.
- Eine besondere Art von Werbung ist In-Game Advertising, die Werbebotschaften in digitalen Spielen übermittelt.
- E-Mail-Werbung darf aus rechtlichen Gründen nur mit der Erlaubnis des Kunden versandt werden, was sie zu einer Form des Permission Based Marketing macht.
- Kontextspezifische Werbung geht vom Inhalt einer Suchanfrage oder einer Webseite aus und schaltet genau dazu passende Werbung. Suchmaschinenwerbung (wie bei Google AdWords) beinhaltet einen kurzen Werbetext und Keywords, unter denen der Text eingeblendet wird. Verwenden mehrere Werbetreibende dasselbe Keyword, so stellt Google eine Rangordnung her, die vom gebotenen Maximalpreis und einem Qualitätswert (hauptsächlich der Klickrate) abhängt. Im Sinne einer Vickrey-Auktion wird der Retrievalstatuswert des nächstgelegenen Bieters als Berechnungsbasis des Klickpreises herangezogen. Partnerseitenwerbung (wie Google AdSense) verwendet die Ads aus der AdWords-Datenbank und zeigt diese bei thematisch passenden Partnerseiten an.
- Virales Marketing setzt auf Mund-zu-Mund-Propaganda und damit auf die aktive Rolle der Nutzer bei der Informationsdiffusion. Im Web – vor allem bei Web-2.0-Services – sind virale Informationsverbreitungen häufig zu beobachten.

15.9 Literatur

Ansari, A.; Mela, C.F. (2003): E-Customization. – In: Journal of Marketing Research 40, S. 131-145.

Barnes, S.B. (2007): Virtual world as a medium for advertising. – In: The DATA BASE for Advances in Information Systems 38(4), S. 45-55.

Barnes, S.B.; Hair, N.F. (2009): From banners to YouTube. Using the rear-view mirror to look at the future of internet advertising. – In: International Journal of Internet Marketing and Advertising 5(3), S. 223-239.

Cauberghe, V.; De Pelsmacker, P. (2010): Advergames. The impact of brand prominence and game repetition on brand responses. – In: Journal of Advertising 39(1), S. 5-18.

Davis, H. (2010): Google Advertising Tools. Cashing in with Adsense, Adwords, and the Google APIs. – 2. Aufl. – Beijing (u.a.): O'Reilly Media.

Drèze, X. (2005): Lessons from the front line. Two key ways in which the internet has changed marketing forever. – In: Applied Stochastic Models in Business and Industry 21, S. 443-448.

Evans, D.E. (2008): The economics of the online advertising industry. – In: Review of Network Economics 7(3), S. 359-391.

Faber, R.J.; Lee, M.; Nan, X. (2004): Advertising and the consumer information environment online. – In: American Behavioral Scientist 48(4), S. 447-466.

Fox, D.; Smith, A.; Chaparro, B.S.; Shaikh, A.D. (2009): Optimizing presentation of AdSense ads within blogs. – In: Proceedings of the 53rd Human Factors and Ergonomics Society Annual Meeting, S. 1267-1271.

Fuchs, C. (2010): Facebook, Web 2.0 und ökonomische Überwachung. – In: Datenschutz und Datensicherheit 34(7), S. 453-458.

Gaca, C. (2007): Markenmanagement in Video- und Computerspielen. – Saarbrücken: VDM Verlag Dr. Müller.

Geddes, B. (2010): Advanced Google AdWords. – Hoboken, NJ: Wiley.

Ghose, A.; Yang, S. (2009): An empirical analysis of search engine advertising. Sponsored search in electronic markets. – In: Management Science 55(10), S. 1605-1622.

Godin, S. (1999): Permission Marketing. Turning Strangers into Friends, and Friends into Customers. – New York: Simon & Schuster.

Herman, D.; Kaiser, S. (2005): Die Eroberung eines neuen Werbekanals. – In: GDI_Impuls Nr. 2/05, S. 24-31.

Hollis, N. (2005): Ten years of learning on how online advertising builds brands. – In: Journal of Advertising Research 45(2), S. 255-268.

Hu, Y.; Shin, J.; Tang, Z. (2010): Pricing of online advertising. Cost-per-click-through vs. cost-per-action. – In: Proceedings of the 43rd Hawaii International Conference on System Sciences. – IEEE Computer Science Press.

Ip, B. (2009): Product placement in interactive games. – In: Proceedings of the International Conference on Advances in Computer Entertainment. – New York: ACM, S. 89-97.

Jansen, B.J.; Zhang, M.; Sobel, K.; Chowdury, A. (2009): Twitter power. Tweets as electronic word of mouth. – In: Journal of the American Society for Information Science and Technology 60(11), S. 2169-2188.

Kaiser, C. (2010): Suchmaschinenwerbung. Sponsored Links als Geschäftsmodell der Suchwerkzeuge. Mit einer Fallstudie über chinesische Suchdienste. – Hamburg: Kovač.

Leskovec, J.; Adamic, L.A.; Huberman, B.A. (2007): The dynamics of viral marketing. – In: ACM Transactions on the Web 1(1), art. 5.

Lohtia, R.; Donthu, N.; Hershberger, E.K. (2003): The impact of content and design elements on banner advertising click-through rates. – In: Journal of Advertising Research 43(4), S. 410-418.

Manchanda, P.; Dubé, J.P.; Goh, K.Y.; Chintagunta, P.K. (2006): The effect of banner advertising on internet purchasing. – In: Journal of Marketing Research 43, S. 98-108.

Mangàni, A. (2004): Online advertising. Pay-per-view versus pay-per-click. – In: Journal of Revenue and Pricing Management 2(4), S. 295-302.

Marinova, A.; Murphy, J.; Massey, B.L. (2002): Permission e-mail marketing as a means of targeted promotion. – In: Cornell Hotel and Restaurant Administration Quarterly 43, S. 61-69.

McCoy, S.; Everard, A.; Polak, P.; Galletta, D.F. (2007): The effects of online advertising. – In: Communications of the ACM 50(3), S. 84-88.

Plummer, J.; Rappaport, S.; Hall, T.; Barocci, R. (2007): The Online Advertising Playbook. Proven Strategies and Tested Tactics from The Advertising Research Foundation. – Hoboken, NJ: Wiley.

Richardson, M.; Domingos, P. (2002): Mining knowledge-sharing sites for viral marketing. – In: Proceedings of the 8th ACM SIGKDD International Conference on Knowledge Discovery and Data Mining. – New York: ACM, S. 61-70.

Richardson, M.; Dominowska, E.; Ragno, R. (2007): Predicting clicks. Estimating the click-through rate for new ads. – In: Proceedings of the 16th Conference on the World Wide Web. – New York: ACM, S. 521-529.

Sarmeno, L.; Trezentos, P.; Gonç alves, J.P.; Oliveira, E. (2009): Inferring local synonyms for improving keyword suggestion in an on-line advertisement system. – In: Proceedings of the 3rd International Workshop on Data Mining and Audience Intelligence for Advertising. – New York: ACM, S. 37-45.

Stuckmann, M. (2010): Einsatzmöglichkeiten von Web 2.0 Tools im Marketing: Virales Marketing. – In: Information – Wissenschaft und Praxis 61(2), S. 97-101.

Subramani, M.R.; Rajagopalan, B. (2003): Knowledge-sharing and influence in online social networks via viral marketing. – In: Communications of the ACM 46(12ve), S. 300-307.

Tezinde, T.; Smith, B.; Murphy, J. (2002): Getting permission. Exploring factors affecting permission marketing. – In: Journal of Interactive Marketing 16(4), S. 28-36.

Thomas, W.; Stammermann, L. (2007): In-Game Advertising. Werbung in Computerspielen. Strategien und Konzepte. – Wiesbaden: Gabler.

Tucker, C. (2010): Social Networks, Personalized Advertising, and Privacy Controls. Working Papers / NET Institute No. 10-07.

Vickrey, W. (1961): Counterspeculation, auctions, and competitive sealed tenders. – In: Journal of Finance 16(1), S. 8-27.

Von Bischopinck, Y.; Ceyp, M. (2007): Suchmaschinen-Marketing. Konzepte, Umsetzung und Controlling. – Berlin (u. a.): Springer.

16 Strategischer Bezugsrahmen

16.1 Porters Modell der Branchenstrukturanalyse

Was kennzeichnet eine Branche und was muss man in Augenschein nehmen, wenn man eine Branche untersuchen will? Wegweisend waren hier die Überlegungen von Michael E. Porter (2008 [1980]), der das Modell der fünf in einer Branche wirkenden Kräfte (Five Forces) entwickelte. Bevor wir dieses näher erläutern, ist zu klären, was überhaupt eine Branche ist. Porter (1999, 35) definiert als Branche

> eine Gruppe von Unternehmen […], die Produkte herstellen, die sich gegenseitig nahezu ersetzen können.

Damit wird von ihm die Substitutionskonkurrenz als Branchenabgrenzung zu Grunde gelegt. Schaut man sich nun aber verschiedene Branchen, wie z. B. die Pharmabranche, die Reisebranche oder eben die Informationsbranche an, lässt sich unschwer erkennen, dass man innerhalb einer Branche eine Vielzahl unterschiedlicher Produktangebote – und damit auch Teilbranchen oder Märkte – findet (Grant/Nippa 2006, 125 f.). In der Informationsbranche können dies z. B. Online-Games oder Wirtschaftsnachrichten sein, die ganz verschiedene Märkte darstellen und in gar keinem Substitutionsverhältnis stehen. Die Substitutionsbeziehung wird nun üblicherweise auch im Konzept des relevanten Marktes als Abgrenzungskriterium verwendet (Backhaus 2007, 127 f.; Hungenberg 2006, 98 f.). Insofern erscheint es angebracht, das von Porter entwickelte Modell der fünf Kräfte sowie auch das im Weiteren vorzustellende Modell des Wertnetzes von Nalebuff und Brandenburger (1996) für unsere Analysezwecke nicht nur auf eine Branche als Ganzes zu beziehen, sondern auch auf die in einer Branche existierenden (Teil-)Märkte.

Basis des Porterschen Modells ist der industrieökonomische Ansatz (Tirole 1999). Dieser geht davon aus, dass die Attraktivität eines Marktes aus Unternehmenssicht vor allem von der Marktstruktur abhängig ist. Um die Branche systematisch zu erfassen, empfiehlt Porter fünf verschiedene maßgebliche Kräfte, die bereits erwähnten „Five Forces", zu berücksichtigen, die in Summe die Attraktivität der Branche ausmachen. Im Einzelnen sind dies die Rivalität zwischen den bestehenden Wettbewerbern innerhalb der Branche, die Marktmacht der Lieferanten und der Abnehmer sowie die Bedrohung durch Ersatzprodukte und potenzielle Konkurrenten (Porter 1980, 4).

```
                    ┌──────────────┐
                    │ Potentielle  │
                    │neue Konkurrenten│
                    └──────┬───────┘
                           │ Bedrohung durch
                           │ neue Konkurrenten
                           ▼
                    ┌──────────────┐
  Verhandlungsstärke│Wettbewerber in│ Verhandlungsmacht
  der Lieferanten   │  der Branche  │ der Abnehmer
┌──────────┐        │      ↻       │        ┌──────────┐
│Lieferanten├──────▶│              │◀───────┤ Abnehmer │
└──────────┘        │Rivalitäten unter│     └──────────┘
                    │den bestehenden │
                    │ Unternehmen   │
                    └──────▲───────┘
                           │ Bedrohung durch
                           │ Ersatzprodukte und
                           │ -dienste
                    ┌──────┴───────┐
                    │Ersatzprodukte│
                    └──────────────┘
```

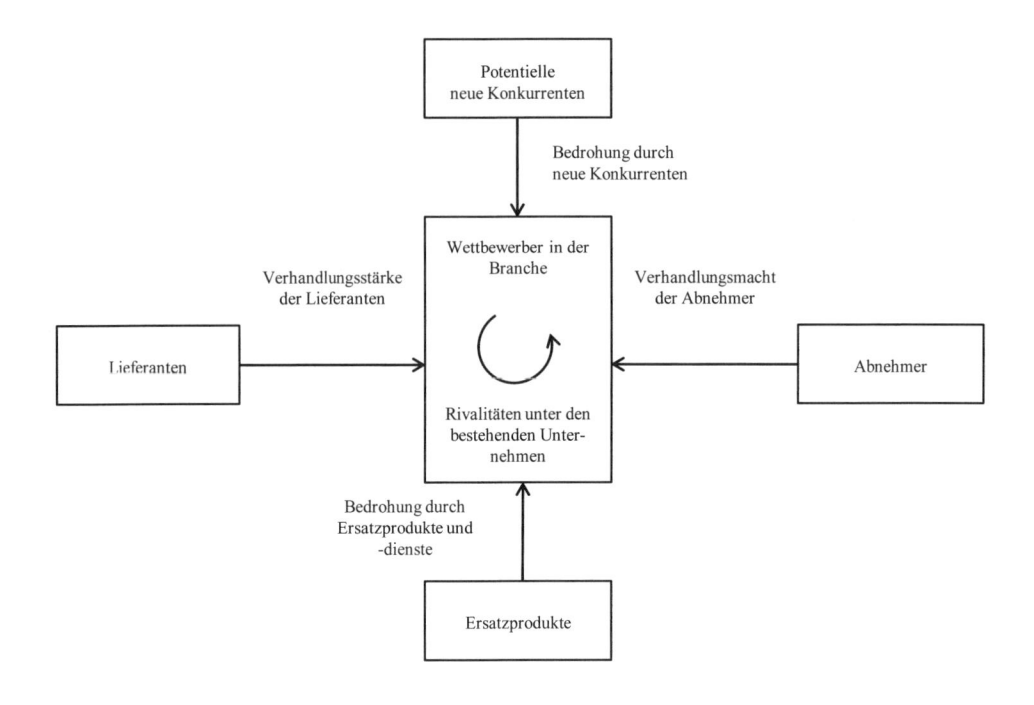

Abbildung 16.1: Five Forces einer Branche nach Porter. Quelle: Porter 2008, 36.

Auch wenn Porters Ansatz nur zum Teil empirisch belegt werden konnte (Welge/Al-Laham 2003, 204 f.), hatte er prägenden Einfluss auf die wissenschaftliche Diskussion zur Unternehmensstrategie. Ein deutliches Defizit dieses Ansatzes ist aber die Unterstellung, dass sich Unternehmen einer Branche grundsätzlich im Wettbewerb mit den anderen Marktteilnehmern befinden und nur auf diese Weise Vorteile erlangen können. Porter legt ein klassisches Verständnis der Wertschöpfungskette zu Grunde, bei der ein Unternehmen von Zulieferern Bestandteile kauft, veredelt und an seine Kunden weiterverkauft. Die anderen Spieler im Markt, die die gleiche oder eine ähnliche Wertschöpfung erbringen, werden als Profitabilitätsbedrohung wahrgenommen. Das tatsächliche Marktgeschehen zeigt nun aber, dass Unternehmen auch über ausgewählte Kooperationen mit Kunden, Lieferanten oder Wettbewerbern versuchen können, sich Wettbewerbsvorteile zu verschaffen (Hungenberg 2006, 109 f.). Hier setzt das Modell der Co-opetition von Nalebuff und Brandenburger an.

16.2 Das Wertnetz von Nalebuff und Brandenburger

Nalebuff und Brandenburger (1996) wollen deutlich machen, dass es neben den kompetitiven auch kooperative Beziehungen im Markt gibt, die für den Geschäftserfolg ebenso von großer Bedeutung sind. Diese Kombination aus Competition und Cooperation – eben Coopetition – mündet, anders als bei Porter, in ein etwas abgewandeltes Modell der Marktanalyse. Nalebuff und Brandenburger sprechen nicht nur von Kräften, die die Profitabilität bedrohen, sondern von einem Wertnetz (Value Net), in dem verschiedene Akteure auch gemeinsam Werte schaffen können.

Erinnern wir uns an die Ausführungen in Kapitel 3 zu den indirekten Netzwerkeffekten, so können diese – anders als im Porterschen Modell – im Wertnetz berücksichtigt werden. Ein Beispiel hierfür sind komplementäre Güter wie Hard- und Software. Leistungsfähigere Hardware animiert die Kunden, rechnerintensivere Programme zu verwenden. Aufwändigere Programme erfordern im Gegenzug aber schnellere Hardware. Windows XP läuft einfach besser mit einem Intel-Centrino-Prozessor als mit einem Pentium-betriebenen Rechner. Die Konstellationen können aber auch nicht nur zwei-, sondern sogar vielseitig sein. Nehmen wir das Beispiel ProShare von Intel (Nalebuff/Brandenburger 1996, 27 ff.). Dem Management von Intel ging die Entwicklung von Produkten, die die Prozessorkapazitäten auslasten, nicht schnell genug voran. Um die Kunden dazu zu bringen, ihre Ausrüstung immer wieder auf einen höheren Stand zu aktualisieren, trieb Intel das Angebot einer der CPU-intensivsten Anwendungen voran, nämlich Videoübertragungen, und investierte Mitte der neunziger Jahre in ein System für Videokonferenzen mit dem Namen ProShare (Intel 2007a). Ähnlich der Situation bei Faxgeräten, die wir bereits oben (Kapitel 3) betrachtet haben, sah sich Intel in der Anfangsphase mit einem zentralen Problem konfrontiert: Welchen Nutzen stiftet eine Videokonferenzanlage, wenn es keine ausreichende Anzahl an Gesprächspartnern für eine Konferenz gibt? Intels Interesse musste es also sein, Marktpräsenz aufzubauen und die Stückkosten zu senken. Dazu versuchte Intel, andere Unternehmen zu finden, die ein gleichgerichtetes Interesse besaßen. Dies waren zum einen die Telefongesellschaften, die höhere Leitungskapazitäten verkaufen wollten. ProShare war ein gutes Mittel, um ISDN- bzw. heute DSL-Leitungen anzubieten. Schnellere Anschlüsse verkaufen sich entschieden besser, wenn die Kunden bestimmte Anwendungen nutzen wollen. So subventionierten einige Telefongesellschaften ProShare, um ihre Anschlüsse verkaufen zu können (Nalebuff/Brandenburger 1996, 28). Als weiteren Kooperationspartner identifizierte Intel den Computerhersteller Compaq, der in alle Computer ProShare vorinstallierte, die für Geschäftszwecke bestimmt waren. Für Compaq ergab sich aus dem Angebot von Videokonferenzsoftware ein Differenzierungsmerkmal gegenüber dem Wettbewerb. Gleichzeitig wurde die Marktpräsenz von Pro-Share gesteigert und außerdem sanken die Anschaffungskosten der Software für die Endkunden nochmals deutlich. Alle der vorgestellten Spieler hatten ihre komplementären Beziehungen erkannt. Intel wollte den Bedarf an Verarbeitungskapazität der CPUs steigern, die Telefongesellschaften wollten höhere Datenübertragungskapazitäten verkaufen und Compaq suchte nach einem Wettbewerbsvorteil gegenüber der Konkurrenz. Alle drei Interessen ließen sich im Angebot von ProShare bündeln.

Intels ProShare entwickelte sich im weiteren Verlauf zum Marktführer für PC-gestützte Videokonferenzsysteme. Weitere Kooperationen, wie z. B. mit der Deutschen Telekom AG, der BMW AG und der Erasmus Universität in Rotterdam sowie eine Entwicklungspartnerschaft mit dem Videokonferenzanbieter PictureTel folgten (Intel 2007b; WP 1999).

Unter dem gleichen Gesichtspunkt erfolgte jüngst die Akquisition des Spieleentwicklers Havok durch Intel (Iwersen 2007). Havok ist ein Software-Entwickler, der weltweit berühmt ist für die Programmierung von so genannten Physics-Engines. Sie liefern physikalisch korrekte, naturgetreue Abbilder der Realität und gelten als Nonplusultra in der Spielebranche. Ihr großer Vorteil aus Sicht von Intel: Sie fressen ungeheure Mengen an Rechnerkapazität.

16.3 Die Elemente des Wertnetzes

Wie lassen sich solche Komplementärbeziehungen nun im Wertnetz abbilden? Genau wie Porter orientieren sich Nalebuff und Brandenburger (1996, 28 ff.) in der vertikalen Richtung zunächst am Güterfluss von den Lieferanten über das betrachtete Unternehmen hin zu den Kunden. Ressourcen wie z. B. Rohstoffe oder Arbeitskraft fließen von Seiten der Lieferanten in das Unternehmen und Produkte und Dienstleistungen von dort weiter zu den Kunden. In entgegengesetzter Richtung verläuft der Geldstrom. Die Lieferanten werden vom Unternehmen für die erbrachten Leistungen bezahlt. Bei den Kunden muss man eine Fallunterscheidung treffen. Klassischerweise zahlen sie dafür, dass sie die Angebote eines Unternehmens nutzen dürfen. Gerade im Informationsmarkt finden sich aber häufig Konstellationen, bei denen nicht die Kunden, sondern Dritte zahlen und damit das Produktangebot finanzieren oder zumindest subventionieren. Dies ist z. B. der Fall beim werbefinanzierten Free-TV: Die Sender finanzieren ihr Angebot über die Einnahmen aus Werbung, und der Kunde zahlt nicht mit Geld, sondern mit Aufmerksamkeit.

In der horizontalen Richtung werden nicht nur wie bei Porter Konkurrenten betrachtet, sondern auch Komplementoren. Das sind Unternehmen, die durch ihr Angebot einen Wertbeitrag zu dem Angebot des im Fokus stehenden Unternehmens leisten. Komplementoren erbringen – im Gegensatz zu Lieferanten – ihre Leistungen meist auf eigene Rechnung.

Bei der Frage, wer die Konkurrenten eines Unternehmens sind, versuchen Nalebuff und Brandenburger (1996, 30) außerdem die starre Branchenabgrenzung Porters zu überwinden. Bei ihnen kommen alle auf einem Markt aktiven Spieler als mögliche Konkurrenten in Frage. Sie sagen:

> Je mehr [...] danach gestrebt wird, Probleme der Kunden zu lösen, desto mehr verliert die Branchenperspektive an Bedeutung. Die Kunden interessiert das Endresultat, nicht, zu welcher Branche die Firma gehört, die ihnen das gibt, was sie wollen.

16.3 Die Elemente des Wertnetzes

```
                    Kunden
                   ↗  ↑  ↖
                  /   |   \
                 /    |    \
   Konkurrenten ←————Firma————→ Komplementoren
                 \    |    /
                  \   |   /
                   ↘  ↓  ↙
                  Lieferanten
```

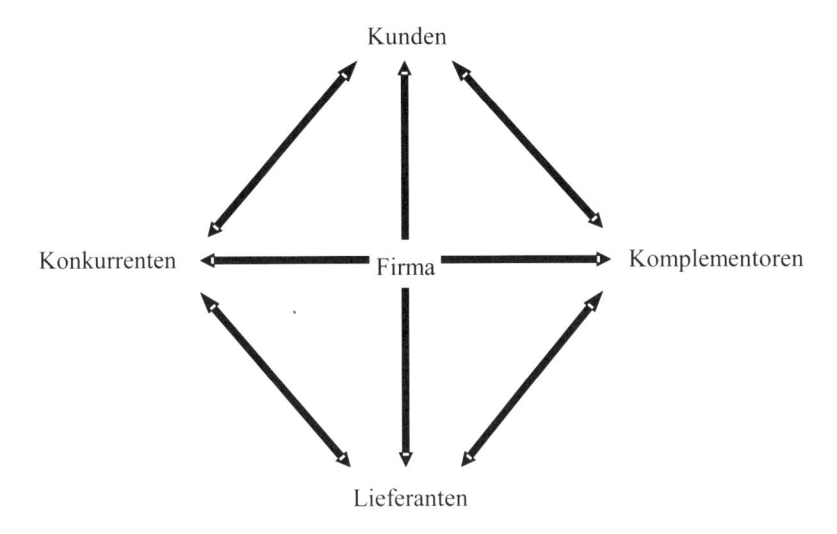

Abbildung 16.2: Grundmuster des Wertnetzes nach Nalebuff und Brandenburger. Quelle: Nalebuff/Brandenburger 1996, 30.

Ein Beispiel: Betrachtet man zwei Fluggesellschaften wie Lufthansa und British Airways, so wird unter dem erweiterten Blickwinkel deutlich, dass sie nicht nur branchenintern miteinander konkurrieren, sondern z. B. auch mit Branchenfremden wie dem Videokonferenzanbieter Intel, weil dieser nämlich ein Substitut für Flugreisen anbietet.

Um diesen beiden Aspekten Rechnung zu tragen, arbeiten Nalebuff und Brandenburger explizit spieltheoretisch. Die Spieltheorie (Neumann 2007 [1944]) geht von einer strukturellen Ähnlichkeit von Gesellschaftsspielen und Märkten aus. Die Spieler versuchen, ihren eigenen Nutzen zu maximieren, sind dabei aber von den anderen Spielern abhängig. Das wissen die Spieler und berücksichtigen diese Interdependenzen bei ihren Entscheidungen. Die Spieltheorie wird im strategischen Management dazu eingesetzt, um die Wirkungen der eigenen Handlungen und/oder der Wettbewerber zu analysieren.

Vor diesem Hintergrund werden sowohl Konkurrenten als auch Komplementoren aus zweierlei Perspektive betrachtet, aus Kundensicht und aus Lieferantensicht.

Für den „Spieler" Konkurrent gilt nun einmal aus Sicht der Kunden und einmal aus Sicht der Lieferanten (Nalebuff/Brandenburger 1996, 30 f.):

> Ein Spieler ist Ihr Konkurrent, sofern Kunden Ihr Produkt *geringer* bewerten, wenn Sie das Produkt des anderen Spielers haben, als wenn Sie nur Ihr Produkt alleine haben.
>
> Ein Spieler ist Ihr Konkurrent, wenn es für einen Lieferanten *weniger attraktiv* ist, Sie zu beliefern, wenn er auch den anderen Spieler beliefert, als wenn er Sie allein beliefert.

Analog verhält es sich bei den Komplementoren. Nalebuff und Brandenburger (1996, 30 f.) definieren wiederum aus zweierlei Perspektive:

Ein Spieler ist Ihr Komplementor, sofern Kunden Ihr Produkt *höher* bewerten, wenn Sie das Produkt des anderen Spielers haben, als wenn Sie nur Ihr Produkt allein haben.

Ein Spieler ist Ihr Komplementor, wenn es für einen Lieferanten *attraktiver* ist, Sie zu beliefern, wenn er auch den anderen Spieler beliefert, als wenn er Sie allein beliefert.

Der Wettbewerb um Kunden und um Lieferanten, das ist immer wieder zu betonen, findet oft über Branchengrenzen hinweg statt. Unternehmen konkurrieren um Finanzmittel, Rohstoffe oder auch Arbeitskräfte, inzwischen häufig auch auf einem globalen Markt.

Die Beziehungen zwischen den Unternehmen im Markt können dabei ganz unterschiedlich aussehen. Sie können kompetitiver Art sein, wie das bei Coca Cola und Pepsi Cola der Fall ist, oder komplementär mit sehr stark gleichgerichteten Interessen wie etwa bei Microsoft und Intel, wo beide wechselseitig von den Produktinnovationen des anderen profitieren. Häufig nehmen Unternehmen aber auch mehrere Rollen gleichzeitig ein, sind also gleichzeitig Konkurrenten und Komplementoren (Nalebuff/Brandenburger 1996, 32). So konkurrieren Airlines beispielsweise um die begrenzten Landerechte und um Flughafenraum. Gleichzeitig sind sie gemeinsam daran interessiert, dass die Schlüssellieferanten für Fluggerät ihnen günstige Angebote für Flugzeuge der nächsten Generation machen. Für Boeing oder Airbus wäre es viel billiger, ein Flugzeug für beide Fluggesellschaften gemeinsam zu entwerfen, als verschiedene Versionen zu entwickeln. Die Auftraggeber könnten sich kooperativ an den Entwicklungskosten beteiligen. Dadurch ließen sich die Stückkosten deutlich schneller senken, was ihnen wiederum zu Gute käme.

Betrachten wir noch ein weiteres Wertnetz, das einer Hochschule (Nalebuff/Brandenburger 1996, 35 ff.). Die **Kunden** einer Hochschule sind die Studierenden. Da die Studierenden aber häufig nicht selbst für ihre Ausbildung zahlen, treten die Finanziers als weitere Kunden auf den Plan: Eltern, Stipendiengeber, Kreditgeber. Sie alle erwarten, dass sich ihre Investitionen lohnen und die fertigen Absolventen später einen Job mit einer angemessenen Bezahlung bekommen, der ihnen ein finanziell unabhängiges Leben und die Rückzahlung bestehender Schulden ermöglicht. Spender sind eine weitere Kundengruppe, die für ihre Spende eine Gegenleistung in Form von Einfluss oder Prestige erwarten. Auch die Vergabe von Forschungsaufträgen lässt eine Kundenbeziehung entstehen.

Die **Lieferanten** einer Hochschule sind deren Angestellte, der Lehrkörper, die Verwaltung etc. Weiterhin gehören dazu auch Informationslieferanten wie Verlage und Datenbankanbieter.

Konkurrenten einer Hochschule sind auf der Nachfrageseite andere private oder öffentliche Bildungsanbieter, die um Studierende, Gelder oder Forschungsaufträge konkurrieren. Auf der Angebotsseite besteht Wettbewerb zwischen den verschiedenen Hochschulen und auch der freien Wirtschaft um Personal.

Komplementoren einer Hochschule gibt es viele. Dazu gehören alle Bildungseinrichtungen, die für die Vorbildung der Studierenden sorgen. Je besser diese ist, desto mehr profitieren sie von der Hochschulausbildung. Komplemente sind auch die technische Ausstattung (Computer, Internet etc.), der Wohnraum und die Verkehrsinfrastruktur. Alle Aspekte der Umgebung, die den Hochschulstandort beeinflussen, sind als Komplemente anzusehen.

16.4 Wertnetze für Informationsgüter

Das Wertnetz ist ein gutes Grundgerüst, um die Spieler in einem Markt und deren kompetitive wie kooperative Beziehungen zu erfassen. Im Fokus unserer Untersuchungen stehen nun aber Informationsgüter. Wie wir bereits in Kapitel 3 gelernt haben, weisen Informationsgüter vier Besonderheiten auf. Konkret sind dies der Charakter des öffentlichen Gutes, der First-Copy-Cost-Effekt, Informationsasymmetrien sowie (direkte und indirekte) Netzwerkeffekte.

Diese Besonderheiten lassen sich als Mechanismen betrachten, die auf Informationsmärkten wirksam sind. Wie wir im 3. Kapitel bereits gesehen haben, bergen sie ein Potenzial für Marktversagen in sich. In einem Wertnetz für Informationsmärkte sind diese Mechanismen explizit zu berücksichtigen.

Insbesondere die Netzwerkeffekte spielen für Informationsgüter eine herausragende Rolle. Dabei kommt es nicht nur darauf an, ob das Informationsgut bereits heute über eine große installierte Basis verfügt, sondern ob die Kunden erwarten, dass es künftig weit verbreitet sein wird. Die Erwartungshaltung aller Marktteilnehmer ist der zentrale Faktor (Katz/Shapiro 1985, 425). Um diese zu beeinflussen, können Unternehmen Signale senden. Das können z. B. Produktvorankündigungen sein, die dem Kunden signalisieren sollen, dass es lohnt, mit dem Kauf zu warten, weil demnächst ein für ihn besseres Angebot verfügbar sein wird. Für das Wertnetz bedeutet das, dass nicht nur Kunden, sondern auch deren Erwartungen explizit berücksichtigt werden sollten.

Damit Informationsmärkte funktionieren können – und dass sie das tun, ist vielfach belegbar –, haben sich im Laufe der Zeit spezielle institutionelle Regelungen herausgebildet wie z. B. das Urheberrecht. Außerdem basiert der Handel mit digitalen Informationsgütern auf einer Vielzahl technologischer Entwicklungen, die deren Austausch erst ermöglicht (Fritz 2004, 86 ff.). Informationen benötigen zur Speicherung immer einen Träger (CD, DVD, Festplatte), müssen auf eine bestimmte Art formatiert sein, wenn sie übertragen werden sollen (MP3, MP4, HTML) und benötigen Übertragungswege, heutzutage üblicherweise das Internet mit dem zugehörigen Protokoll TCP/IP. Sollen Informationen geschützt werden, sind andere Technologien erforderlich, wie CSS (Content Scrambling System) oder digitale Wasserzeichen.

Sowohl Institutionen als auch Technologien beeinflussen die Handlungsmöglichkeiten der Spieler im Wertnetz. Sie können aber von diesen selbst nicht direkt beeinflusst werden. Gesetze und Verordnungen entwickeln sich in meistens sehr langwierigen politischen Prozessen. Bei Technologien gilt ähnliches, wenn sie als (öffentliche oder de facto) Standards existieren. Zwar können jederzeit neue Technologien erfunden werden, aber zum einen ändert eine einzelne Erfindung nicht das gesamte technologische Umfeld und zum anderen ist es ein offener Prozess, ob sie sich am Markt wirklich durchsetzen wird. In jedem Wertnetz, ganz besonders aber für Informationsmärkte sind daher Institutionen und Technologien als Umfeldfaktoren zu berücksichtigen.

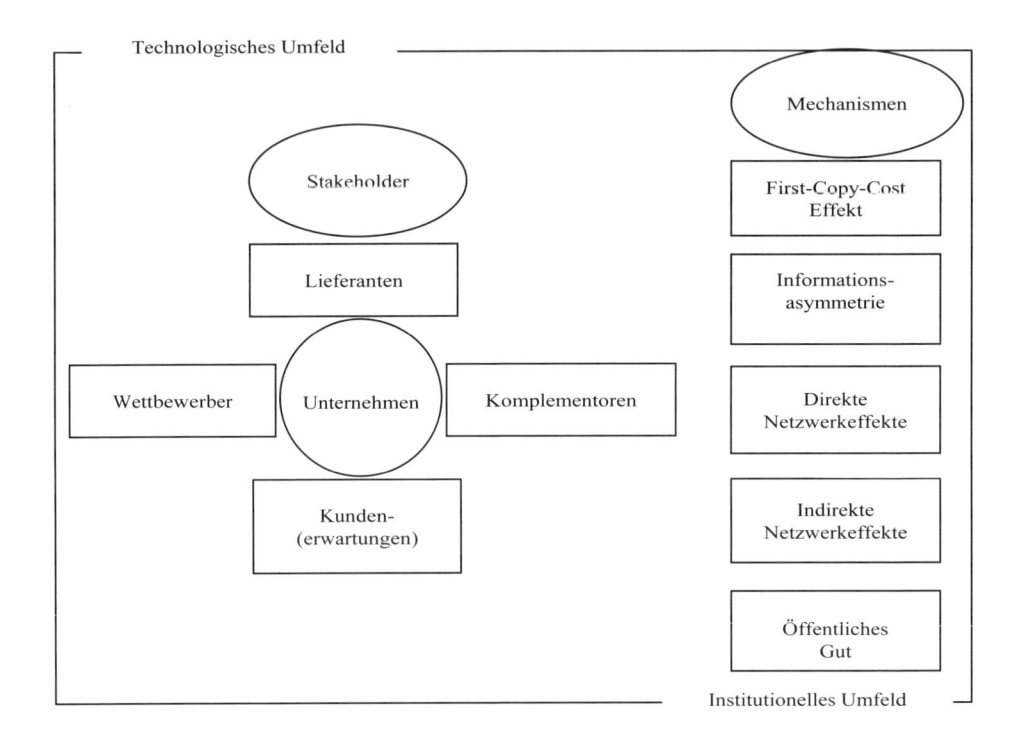

Abbildung 16.3: Erweitertes Wertnetz für die Analyse von Informationsmärkten.

16.5 Unternehmens- und Geschäftsfeldstrategien

Nach der Aufstellung eines Wertnetzes stellt sich die Frage, welche Einflussmöglichkeiten die Akteure auf Informationsmärkten haben. Wie und wo können sie ansetzen, um ihr Geschäftsfeld bzw. ihr Wertnetz zu gestalten?

In jedem Falle geht es hier um typische Fragen der Strategie. Was versteht man unter Strategie? Von den vielen möglichen Definitionen sei die von Bruce Henderson (1989, 3), dem Gründer der Unternehmensberatung Boston Consulting Group (BCG), herausgegriffen:

16.5 Unternehmens- und Geschäftsfeldstrategien

> Strategy is a deliberate search for a plan of action that will develop a business's competitive advantage and compound it.

Über Strategie spricht man üblicherweise auf mehreren Ebenen (z. B. Grant/Nippa 2006; Hungenberg 2006). Auf oberster Ebene werden Strategien für das gesamte Unternehmen entwickelt. Solche (Gesamt-)Unternehmensstrategien befassen sich mit dem Betätigungsfeld des Unternehmens: Was soll in welchen Branchen auf welchen Märkten angeboten werden? Nachgeordnet sind die sog. Geschäftsfeldstrategien, die zum Gegenstand haben, wie das Unternehmen auf einzelnen Märkten im Wettbewerb agiert. Unsere weiteren Ausführungen werden sich nur auf die Geschäftsfeld- oder auch Wettbewerbsstrategien konzentrieren.

Jede Art von Strategie ist nicht einfach so vorhanden, sondern muss im Unternehmen erarbeitet werden. Dazu unterscheidet man üblicherweise verschiedene Phasen im Prozess des strategischen Managements (Remer 2004, 25 ff.). Sowohl auf Unternehmens- als auch auf Geschäftsfeldebene erfolgt erst eine Analysephase, bevor dann Strategiealternativen entwickelt, bewertet und ausgewählt werden.

	Unternehmen	Geschäftsfeld
Umweltanalyse	Analyse der Makroumwelten, z.B. • Politisch-rechtlich • Technologisch • Ökonomisch	Branchen- und Marktanalysen, z.B. • Five Forces (Porter) • Value Net (Brandenburger)
Unternehmensanalyse	Finanzielle Analysen, z.B. • Unternehmenswert • Werttreiber Portfolioanalysen, z. B. • Marktwachstum/Marktanteil • Markattraktivität/Geschäftsfeldstärke Geschäftsfeldübergreifende Kompetenzen	Finanzielle Analysen, z.B. • Umsatz- und Kostenstruktur • Ergebnissituation • Kapitalrenditen Geschäftsfeldspezifische Kompetenzen

Abbildung 16.4: Gegenstände und Methoden der strategischen Analyse.

Bestandteil einer strategischen Analyse sind immer (z. B. Hungenberg 2006; Welge/Al-Laham 2003) der Blick auf die Umwelt des Unternehmens bzw. des Geschäftsfelds einerseits und dessen Inneres andererseits. Beide Ebenen und beide Perspektiven sind in Abbildung 16.4 dargestellt.

Mit Hilfe dieser Übersicht wird sehr gut deutlich, mit welchem Fokus hier gearbeitet werden soll. Unsere Untersuchungseinheit ist erst einmal nur das einzelne Geschäftsfeld und hier wiederum vorrangig die Umweltanalyse.

16.6 Wettbewerbsvorteile

Strategische Betrachtungen auf Geschäftsfeldebene münden in jedem Strategielehrbuch (z. B. Grant/Nippa 2006; Hungenberg 2006) letztlich in die Frage: Auf welcher Grundlage erarbeiten sich Unternehmen ihre Wettbewerbsvorteile? Auch hier hat der Altmeister der Strategie, Michael Porter (2008), ganz entscheidenden Einfluss ausgeübt. Er prägte das strategische Management durch die Aussage, dass Unternehmen grundsätzlich zwei strategische Alternativen zur Verfügung stehen, um Wettbewerbsvorteile zu erlangen: die **Differenzierungsstrategie** und die **Kosten-/Preisführerschaftsstrategie**. Unternehmen, die mit der Differenzierungsstrategie arbeiten, bieten ihren Kunden einen Leistungsvorteil, der es erlaubt, eine Preisprämie gegenüber dem Wettbewerb zu realisieren. Ein Kosten-/Preisführer hingegen bietet seinen Kunden einen Preisvorsprung und setzt nur auf eine angemessene Qualität. Porters Ansatz – so viel sei hier kurz angemerkt – blieb nicht unkritisiert. Die Praxis hat gezeigt, dass Unternehmen sowohl die Kosten als auch die Leistungen im Blick behalten müssen. Insbesondere der umfassende Einsatz von Qualitätsmanagement hat dazu geführt, dass sich sowohl hohe Qualität als auch relativ niedrige Kosten gleichzeitig realisieren lassen und man sich nicht darauf beschränken muss, nur das eine oder das andere zu erreichen (Grant/Nippa 2006, 313). Insbesondere die Anbieter von digitalen Gütern haben die Möglichkeit, den Gegensatz von Differenzierung und Kostenorientierung zu überwinden. Sie können bei steigenden Stückzahlen schnell von der Stückkostendegression profitieren. Gleichzeitig kann im Internet die Kundenbeziehung interaktiv gestaltet werden. Informationsanbieter können – ganz anders als in den klassischen Massenmärkten – ein kundenindividuelles (One-to-One) Marketing betreiben. Selbst in großen Stückzahlen ist eine solche Individualisierung des Leistungsangebots relativ leicht möglich (Fritz 2004, 171 ff.). Kundenindividuelle Differenzierung und Kosteneinsparungen lassen sich auf diesem Wege gleichzeitig erreichen. Der Wettbewerbsvorteil verlagert sich damit zur Kompetenz, den Kunden individuelle, personalisierte Angebote machen zu können (Albers 2001, 16). Wir werden diesen Punkt später aufgreifen, wenn wir die Produkt- und Preisdifferenzierung näher beleuchten.

Ziel unserer Ausführungen hier ist es, – auf Geschäftsfeldebene – strategische Optionen für Anbieter von Informationsgütern herauszuarbeiten. Im Weiteren soll ein Set von (strategischen) Variablen vorgestellt werden, das Informationsanbietern zur Verfügung steht, um in ihrem Geschäftsfeld zu agieren. Die grundsätzlichen Überlegungen zur Positionierung von Porter bleiben für die klassischen Märkte zwar weiterhin bestehen, jedoch erfordern Informationsgüter andere Wettbewerbsstrategien als herkömmliche Güter (Klodt 2003, 108). Die Porterschen Strategiealternativen werden damit zwar nicht obsolet, müssen aber auf Informationsmärkten in neuen Varianten eingesetzt werden (Shapiro/Varian 1999, 25).

16.7 Strategische Variablen zur Gestaltung von Wertnetzen für Informationsmärkte

Welche konkreten strategischen Variablen stehen Informationsanbietern nun zur Verfügung, um ihr Wertnetz bzw. ihr Geschäftsfeld zu gestalten? Wenn man es ganz genau nimmt, gibt es hier natürlich einen bedeutsamen Unterschied, denn das Wertnetz ist nur ein Modell des Geschäftsfelds. Daher beziehen sich die Gestaltungsabsichten nur vordergründig auf das Wertnetz, letztlich aber immer auf das dahinter liegende reale Geschäftsfeld. Für unsere Zwecke hier können beide Begriffe synonym verwendet werden.

Ausgangspunkt für unsere Überlegungen ist das grundlegende Werk „Information Rules" von Carl Shapiro und Hal R. Varian (1999 [1998]). Sie bieten in ihrem „Strategic Guide to the Network Economy" vielfältige Ansatzpunkte, die für die Strategieentwicklung von Informationsanbietern von großer Bedeutung sind. Ihr Werk hat die Strategiediskussion, vor allem aus Sicht der Softwarebranche, stark beeinflusst. Ihm fehlt es allerdings etwas an Systematik, so gibt es z. B. kein Modell, das den Überlegungen von Shapiro und Varian zu Grunde liegt. Es wird daher auch nicht deutlich, welche strategischen Variablen warum ausgewählt wurden und welchen Stellenwert sie haben.

Hier führt die Arbeit von van Kaa et al. (2007) weiter, die 103 Veröffentlichungen zur Standardisierung daraufhin untersucht haben, welche Faktoren dort genannt und für wie wichtig sie erachtet werden, um einen Standardisierungskampf zu gewinnen. Ihr Ergebnis sind insgesamt 31 Faktoren, die sich fünf Kategorien zuordnen lassen: überlegenes Produktdesign, Mechanismen, Stakeholder, Stellung im Markt und Strategie.

Nach Suarez (2004) ist **Standardisierung** in der Branche für Informations- und Kommunikationstechnologien als Prozess zu sehen, der fünf verschiedene Phasen umfasst. Zu Beginn erfolgen die Forschungs- und Entwicklungsarbeiten (Phase eins) sowie die Demonstration der technischen Machbarkeit (Phase zwei), dann erfolgt in Phase drei die Entwicklung des Marktes durch einen oder auch mehrere Wettbewerber, die darum ringen, eine installierte Basis aufzubauen. In der anschließenden vierten Entscheidungsphase beginnen Netzwerkeffekte zu wirken und das Entscheidungsverhalten der Kunden zu beeinflussen. In der letzten

Phase hat sich ein Standard etabliert und wird durch die bestehenden Netzwerkeffekte sowie die Wechselkosten stabilisiert.

Diese Stränge lassen sich nun gut miteinander kombinieren. Für den Markterfolg ist nach Suarez (2004, 283) das strategische Verhalten eines Unternehmens entscheidend. Es ist der Schlüssel für die Beeinflussung der Stakeholder (z. B. der installierten (Kunden-)Basis) und der auf Informationsmärkten geltenden Mechanismen (z. B. Netzwerkeffekte). Gleicht man nun weiterhin die von Shapiro und Varian (1999) genannten mit den von van Kaa et al. (2007) ermittelten strategischen Variablen ab, so lassen sich neben der Produktqualität, die immer eine wichtige Rolle spielt, insgesamt sieben strategische Variablen herausarbeiten. Im Einzelnen sind dies

- Timing des Markteintritts,
- Preisgestaltung,
- Kompatibilitätsmanagement (Standardisierung),
- Komplementenmanagement,
- Kopierschutz-Management,
- Signalisierung,
- Lock-in-Management.

Diese sieben Punkte sind strategische Variablen, weil sie „manageable" sind, also dem unternehmerischen Einfluss unterliegen. Solche Entscheidungsvariablen oder Aktionsparameter können von Unternehmen so eingesetzt werden, dass sich Zielsetzungen wie Marktanteil, Bekanntheit oder Gewinn erreichen lassen.

Auf diesem Wege lässt sich ein Bezugsrahmen (Grochla 1978, 62 f.) konstruieren, der die für unsere Untersuchung der Wettbewerbsstrategien von Informationsanbietern relevanten Größen und Beziehungen enthält.

Die strategischen Variablen wirken direkt und stark auf die Stakeholder und diese wiederum wirken auf die Mechanismen. Es gibt schwächere Beziehungen zwischen den strategischen Variablen und den Mechanismen sowie auch bei den Rückwirkungen.

In den nun folgenden Kapiteln werden wir die strategischen Variablen einzeln genau beschreiben und ihre Wechselwirkungen mit den Stakeholdern, den Mechanismen und den anderen Variablen im Detail darstellen.

16.8 Fazit

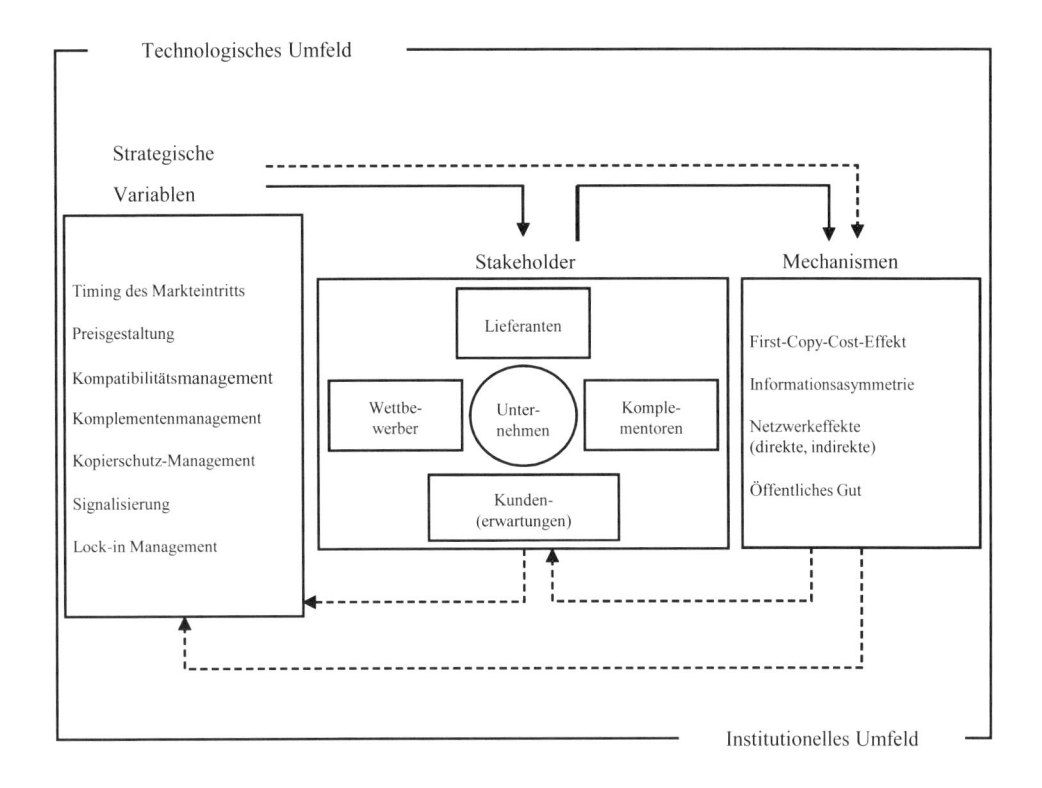

Abbildung 16.5: Bezugsrahmen für die Analyse von Informationsmärkten.

16.8 Fazit

- Die Branchenstrukturanalyse nach Porter konzentriert sich auf die Five Forces. Andere Unternehmen im Markt werden als bedrohlich für den eigenen Profit angesehen.
- Im Wertnetz nach Nalebuff und Brandenburger werden nicht nur die kompetitiven, sondern auch die kooperativen Beziehungen als mögliche Erfolgsgrößen betrachtet. Außerdem lassen sich komplementäre Beziehungen gut abbilden.
- Wertnetze für Informationsgüter müssen ergänzend die auf einem Informationsmarkt wirkenden Mechanismen (öffentliches Gut, First-Copy-Cost-Effekt, Informationsasymmetrien, Netzwerkeffekte) sowie das technologische und institutionelle Umfeld berücksichtigen.
- Markt- und Branchenanalysen sind der Teil einer Geschäftsfeldstrategie, der sich mit der Umweltanalyse befasst.

- Wettbewerbsvorteile lassen sich nach Porter über eine Kosten-/Preisführerschafts- oder eine Differenzierungsstrategie erreichen.
- Informationsanbieter sind im Markt erfolgreich, wenn sie die strategischen Variablen nutzen, um die Stakeholder sowie die Mechanismen zu ihren Gunsten zu beeinflussen.

16.9 Literatur

Albers, S. (2001): Besonderheiten des Marketings mit interaktiven Medien. - In: Albers, S.; Clement, M.; Peters, K.; Skiera, B. (Hrsg.): Marketing mit interaktiven Medien. Strategien zum Markterfolg. 3. Aufl. – Frankfurt am Main: IMK (Kommunikation heute und morgen, 31), S. 11–23.

Backhaus, K. (2007): Industriegütermarketing. 8. Aufl. München: Vahlen (Vahlens Handbücher der Wirtschafts- und Sozialwissenschaften).

Downes, L.; Mui, C. (1998): Unleashing the Killer App. Digital Strategies for Market Dominance. – Boston, Mass: Harvard Business School Press.

Fritz, W. (2004): Internet-Marketing und Electronic Commerce. Grundlagen - Rahmenbedingungen. 3. Aufl. – Wiesbaden: Gabler.

Grant, R. M.; Nippa, M. (2006): Strategisches Management. Analyse, Entwicklung und Implementierung von Unternehmensstrategien. 5. Aufl. – München: Pearson Studium (wi - wirtschaft).

Grochla, E. (1978): Einführung in die Organisationstheorie. – Stuttgart: Poeschel (Sammlung Poeschel, P 93).

Henderson, B. D. (1989): The origin of strategy. – In: Harvard Business Review, November - December, S. 139–143.

Hungenberg, H. (2006): Strategisches Management in Unternehmen. Ziele - Prozesse - Verfahren. 4. Aufl. – Wiesbaden: Gabler.

Intel (2007a): Intel(R) ProShare(R) Products.

Intel (2007b): Die Intel Geschichte.

Iwersen, S. (2007): Spieler sind bessere Kunden. – In: Handelsblatt, Ausgabe 180, 18.09.2007, S. 12.

Katz, M. L.; Shapiro, C. (1985): Network externalities, competition, and compatibility. – In: American Economic Review 75(3), S. 424–440.

Klodt, H. (2003): Wettbewerbsstrategien für Informationsgüter. – In: Schäfer, W.; Berg, H. (Hg.): Konjunktur, Wachstum und Wirtschaftspolitik im Zeichen der New Economy. Berlin: Duncker & Humblot (Schriften des Vereins für Socialpolitik, Gesellschaft für Wirtschafts- und Sozialwissenschaften, N.F., 293), NF 293, S. 107–123.

Nalebuff, B. J.; Brandenburger, A. M. (1996): Coopetition - kooperativ konkurrieren. Mit der Spieltheorie zum Unternehmenserfolg. – Frankfurt / Main: Campus-Verlag.

Neumann, J. v. (2007 [1944]): Theory of Games and Economic Behavior. 60th-anniversary ed., 4. print., and 1. paperback print. Princeton NJ u.a.: Princeton Univ. Press (Princeton Classic Edition).

Porter, M. E. (1980): Competitive Strategy. Techniques for Analyzing Industries and Competitors. 62. printing. New York: Free Press.

Porter, M. E. (2008): Wettbewerbsstrategie. Methoden zur Analyse von Branchen und Konkurrenten = (Competitive strategy). 11. Aufl. Frankfurt/Main: Campus-Verlag.

Remer, A. (2004): Management. System und Konzepte. 2. Aufl. – Bayreuth: REA-Verl. Managementforschung (Schriften zu Organisation und Personal, 16).

Shapiro, C.; Varian, H. R. (1999 [1998]): Information Rules. A Strategic Guide to the Network Economy. [Nachdr.]. – Boston, Mass.: Harvard Business School Press.

Suarez, F.F. (2004): Battles for technological dominance: an integrative framework. – In: Research Policy 33(2), S. 271–286.

Tirole, J. (1999): Industrieökonomik. 2. Aufl. – München: Oldenbourg.

van Kaa, G. de; Vries, H. J. de; van Heck, E.; van den Ende, J. (2007): The emergence of standards: a Meta-analysis. – In: Proceedings of the 40th Annual Hawaii International Conference on System Sciences (HICSS 2007). – Los Alamitos, Calif.: IEEE Computer Society .

Welge, M. K.; Al-Laham, A. (2003): Strategisches Management. 4. Aufl. Wiesbaden: Gabler.

WP (1999): Zusammenarbeit bei Videoconferencing. – In: funkschau 5, S. 15.

17 Timing des Markteintritts

17.1 Innovatoren und Imitatoren

Unternehmen, die mit ihrem Angebot einen Markt betreten wollen, sind entweder Innovatoren oder Imitatoren. Eine Innovation ist nach Grant/Nippa (2006, 418)

> die erstmalige Kommerzialisierung von Erfindungen (Inventionen) durch die Fertigung und Vermarktung von neuen Produkten oder Dienstleistungen oder durch die Nutzung einer neuen Fertigungsmethode.

Innovator, Pionier oder First-Mover ist demnach ein Unternehmen, das erstmalig ein neues Marktangebot macht (Lieberman/Montgomery 1988, 51). Imitatoren, Folger oder Second-Mover sind Unternehmen, die mit einem ähnlichen Produkt oder einer ähnlichen Dienstleistung nach dem Innovator den Markt betreten. Ob ein Unternehmen Pionier oder Folger ist, hängt damit ganz stark von der Definition des relevanten Marktes ab.

Nehmen wir als Beispiel die Internetauktionsplattform eBay. Im September 1995 gründete Pierre Omidyar eBay in den USA unter dem Namen Auction Web. Die Umbenennung in eBay erfolgte im Mai 1996 (Cohen 2004; eBay 2004). 1997, 1998 und 1999 entstehen drei deutsche Pendants unter den Namen Feininger, Ricardo und Alando. Feininger ist der Pionier auf dem deutschen Markt (Möllenberg 2003, 162) und auch heute noch am Markt präsent. Der Folger Alando wird bereits sechs Monate nach der Gründung im Juli 1999 von eBay übernommen und wird damit zum eBay-Marktplatz für den deutschsprachigen Raum. Ricardo hingegen hatte seinen Schwerpunkt bei der Versteigerung von Neuware in Business to Consumer (B2C)-Auktionen. Die Consumer to Consumer (C2C)-Auktionen, die auch eBay anbietet, dienten vorrangig der Kundenbindung (Möllenberg 2003, 163). Im November 2003 wurden die Auktionen von Ricardo in Deutschland eingestellt. Ricardo betreibt heute als Teil der europäischen E-Commerce-Gruppe QXL ricardo plc mit Sitz in London unter anderem noch erfolgreich eine Auktionsplattform in der Schweiz. Nach eigenen Aussagen ist Ricardo (2007) dort Marktführer.

Wer war nun der First-Mover im Markt für Internetauktionen? Je nach Marktabgrenzung ist die Frage unterschiedlich zu beantworten. Geht man von einem Weltmarkt für Internetauktionen aus, ist eBay sicherlich als Pionier anzusehen (Möllenberg 2003, 154). Prinzipiell hätte jedermann weltweit bei Auktionen mitbieten können. Zu berücksichtigen ist allerdings, dass das Angebot von eBay anfangs nur englischsprachig war. Für Kunden, die kein Englisch sprechen, ist solch ein Angebot relativ uninteressant. Es kommt hinzu, dass auch der Warenversand über die Grenzen der USA hinaus in den meisten Fällen in Relation zum Warenwert sehr teuer ist. Es würde also Sinn machen, den amerikanischen Markt vom deutschen abzugrenzen, also eine räumliche Marktabgrenzung (Backhaus 2007, 128 f.) vorzunehmen. Feininger wäre dann ebenfalls als First-Mover zu bezeichnen. Hier offenbart sich nun eine gewisse Problematik, die bei digitalen Informationsgütern generell auftritt. Jedes Informationsgut ist auf Grund der elektronischen Bereitstellung prinzipiell weltweit verfügbar. Es mag, wie oben dargestellt, Einschränkungen und Unbequemlichkeiten geben, aber man muss – soweit es auch der Anbieter selbst zulässt – den relevanten Markt immer sachlich definieren, also den Weltmarkt betrachten. Für unser Beispiel bedeutet das, dass es nur einen echten Pionier gibt und das ist eBay. Feininger ist ein Imitator, der allenfalls für den deutschen Markt als First-Mover zu bezeichnen ist. Die erstmalige Kommerzialisierung der Idee Online-Auktion hat mit eBay bereits stattgefunden. Auch wenn es für den Second-Mover im Moment der Gründung noch keine große Rolle spielen sollte, dass ein anderes Unternehmen auf einem (räumlich) anderen Markt aktiv ist, so ist er gut beraten zu berücksichtigen, dass es sich sachlich gesehen um den selben Markt handelt. Feininger müsste also eBay in seinem Wertnetz als Wettbewerber aufführen.

Unterscheidet man nun aber B2C- und C2C-Auktionen, so ist Ricardo der First-Mover im Markt für B2C-Auktionen. Hier zeigt sich sehr schön, wie wichtig die Marktabgrenzung für die Bestimmung der Pionierposition ist. Deutlich wird auch, dass es für den Erfolg nicht allein ausreicht, der Pionier zu sein. eBay als Second-Mover im deutschen Markt begann 2000 ebenfalls mit B2C-Auktionen und konnte sich mit der Zeit auch hier als Marktführer etablieren (Möllenberg 2003, 158 ff.). Ricardo musste in Deutschland letztlich die Segel streichen.

Ganz eindeutig fällt die Analyse bei Alando aus: das Unternehmen ist in jeder Hinsicht – räumlich wie sachlich – Second-Mover bei Internetauktionen.

17.2   Vor- und Nachteile für First-Mover

Wie man sehen kann, ist die Entscheidung über den Zeitpunkt des Eintritts in einen neuen Markt von großer strategischer Bedeutung. Chancen und Risiken liegen hier nahe beieinander. Gelingt es, als First-Mover den Markt für sich zu gewinnen und vielleicht sogar eine dauerhaft dominante Position einzunehmen oder scheitert das neue Angebot? Dann wäre es vielleicht ratsam, als zweiter den Markt zu betreten. Wir wollen im Folgenden – erst allgemein und dann bezogen auf Informationsmärkte – untersuchen, welche Vor- aber auch Nachteile ein First-Mover hat und ob diese Position die ausschlaggebende Einflussgröße für den

17.2 Vor- und Nachteile für First-Mover

Markterfolg ist. Stark zugespitzt lautet die Frage: Reicht es aus, am Markt der Erste zu sein, um die Konkurrenz dauerhaft auf Distanz zu halten?

Jeder Pionier erzeugt für den Folger Markteintrittsschranken. Diese können viele Ursachen haben. Lieberman/Montgomery (1988) nennen als mögliche Vorteile für den Pionier: Bekanntheit und Image, Erfahrungsvorsprünge, Durchsetzung von Standards am Markt, monopolbedingte Pioniergewinne (z. B. durch Patentschutz), Aufbau einer loyalen Kundenbasis und damit einhergehende Wechselkosten oder auch die Sicherung von Ressourcen (z. B. Mitarbeiter), die später nur noch schwer abzuziehen sind. Dennoch ist diese Position nicht uneingeschränkt von Vorteil. Nachteile, denen sich First-Mover gegenüber sehen, sind Free-Rider- (Trittbrettfahrer-)Effekte, bei denen der Folger von den Investitionen des Pioniers (bspw. in F&E, Infrastruktur) profitiert, schwierige Einschätzung des genauen Marktpotenzials oder auch Veränderungen der Kundenbedürfnisse und technologischer Wandel. Wie in Abbildung 17.1 dargestellt, bergen sowohl die Position des First- als auch des Second-Movers Chancen und Risiken.

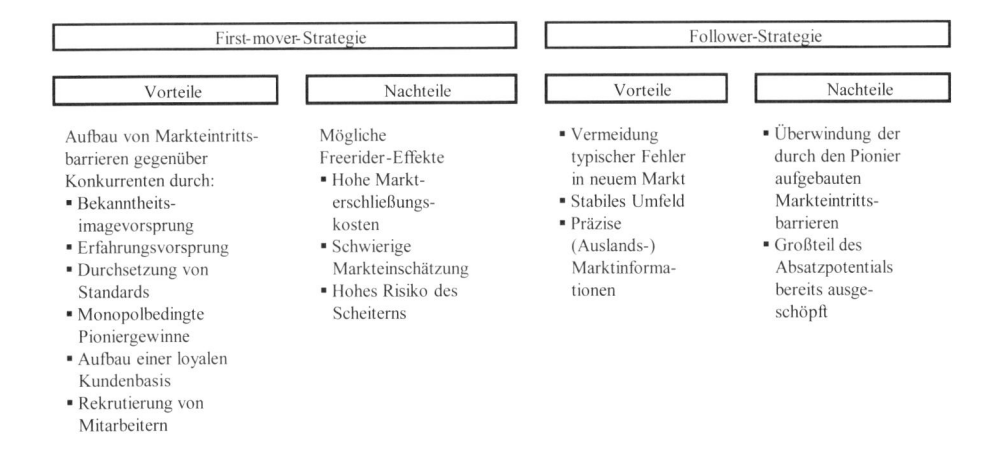

First-mover-Strategie		Follower-Strategie	
Vorteile	Nachteile	Vorteile	Nachteile
Aufbau von Markteintrittsbarrieren gegenüber Konkurrenten durch: • Bekanntheits-imagevorsprung • Erfahrungsvorsprung • Durchsetzung von Standards • Monopolbedingte Pioniergewinne • Aufbau einer loyalen Kundenbasis • Rekrutierung von Mitarbeitern	Mögliche Freerider-Effekte • Hohe Markterschließungskosten • Schwierige Markteinschätzung • Hohes Risiko des Scheiterns	• Vermeidung typischer Fehler in neuem Markt • Stabiles Umfeld • Präzise (Auslands-) Marktinformationen	• Überwindung der durch den Pionier aufgebauten Markteintrittsbarrieren • Großteil des Absatzpotenzials bereits ausgeschöpft

Abbildung 17.1: Generelle Vor- und Nachteile der First-Mover- und der Folger-Strategie. Quelle: Wirtz 2006, 654.

Erfolg kann man sowohl als Innovator als auch als Folger haben (Oelsnitz/Heinecke 1997). Leider lassen sich hierzu keine allgemeingültigen Aussagen treffen (Srinivasan et al. 2004, 41 f.). Wie in Abb. 17.2 deutlich wird, gibt es Beispiele, in denen der First-Mover erfolgreich war und sich einen großen Teil der Innovationsrente aneignen konnte. Gleichzeitig belegen Gegenbeispiele, dass die Kosten und Risiken der Markterschließung in vielen Fällen zu hoch waren und die Pioniere sich nicht behaupten konnten.

Produkt	Innovator	Folger	Der Gewinner
Düsenverkehrsflugzeuge	De Havilland (Comet)	Boeing (707)	Folger
Floatglasprozess	Pilkington	Corning	Innovator
Röntgengerät	EMI	General Electric	Folger
Büro-PC	Xerox	IBM	Folger
Videorekorder	Ampex/Sony	Matsushita	Folger
Diät-Cola	R. C. Cola	Coca-Cola	Folger
Sofortbild-Kamera	Polaroid	Kodak	Innovator
Taschenrechner	Bowmar	Texas Instruments	Folger
Mikrowellenofen	Raytheon	Samsung	Folger
Normalpapierkopierer	Xerox	Canon	Noch nicht klar
Glasfaserkabel	Corning	Viele Unternehmen	Innovator
Videospielkonsolen	Atari	Nintendo/Sega	Folger
Wegwerf-Windeln	Procter & Gamble	Kimberly-Clark	Innovator
Tintenstrahldrucker	IBM und Siemens	Hewlett Packard	Folger
Internet-Browser	Netscape	Microsoft	Folger
MP3-Spieler	Diamond Multimedia	Apple (IPod)	Folger
Betriebssysteme für digitale Handhelds	Palm und Symbian	Microsoft (CE/Pocket PC)	Innovator

Abbildung 17.2: Beispiele für erfolgreiche Führer- und Folgerstrategien. Quelle: Grant/Nippa 2006, 43, basierend auf Teece 1987, 186-188.

Lenken wir den Blick auf Informationsgüter, so lassen sich bei den vorgenannten Beispielen ebenfalls Belege für beide Varianten finden. So hat Microsoft als Folger die Vorherrschaft im Markt für Internet-Browser vom Pionier Netscape übernommen und bis heute behalten. Im Markt für Betriebssysteme für digitale Handhelds dagegen haben sich Palm und Symbian lange behaupten können. Erst neuerdings hat Microsoft im rückläufigen Markt für Handhelds vermutlich doch den Sieg davon getragen. 2004 wurden erstmals mehr Geräte mit Windows Mobile als mit dem Palm OS (Operating System) verkauft (Lehmann 2004). Anders im Markt für Smartphones, hier hält das Symbian OS die Mitbewerber Microsoft, Apple und Palm bislang noch auf deutlichem Abstand (Postinett 2008). Einen Neueinstieg in das Geschäft mit Betriebssystemen hat ganz aktuell Google mit Android – wie es scheint – sehr erfolgreich vollzogen.

Ein Großteil des Erfolgs von Microsoft basiert sicherlich auf seiner überlegenen Ressourcenbasis, speziell in den Bereichen Produktentwicklung, Marketing und Vertrieb (Grant/Nippa 2006, 433). Der vielleicht entscheidenste Punkt ist aber die installierte Basis, von der Microsoft profitiert. Die riesige Anzahl an Windows Betriebssystemen im privaten wie betrieblichen Umfeld führt zu ausgeprägten indirekten Netzwerkeffekten zu Gunsten von Microsoft.

Sowohl bei der Nutzung des Internet Explorers als auch bei auf Windows basierenden Handhelds hat der Kunde deutliche Vorteile durch die Kompatibilität mit dem Betriebssystem seines PCs. So ist z. B. beim Handheld der Datenaustausch mit den vorkonfigurierten Office Programmen erheblich leichter, als wenn man sich erst separate Programme wie „Palm Desktop" installieren muss.

17.3 First-Mover-Vorteile auf Informationsmärkten

Welche der First-Mover-Vorteile sind nun speziell für Informationsmärkte relevant? Als erster einen Markt zu betreten, gibt einen Vorsprung bei der Kundengewinnung. Das Unternehmen, das als erstes mit dem Aufbau der Kundenbasis beginnt, hat zwei entscheidende Vorteile auf seiner Seite, es kann sowohl von auftretenden Netzwerkeffekten profitieren als auch von Kundenbindungseffekten, die durch Wechselkosten erzeugt werden.

Eine wachsende Anzahl an Kunden macht das Produkt durch (direkte) **Netzwerkeffekte** für alle wertvoller (Lieberman 2005, 9) und zwar nicht nur für die bestehenden, sondern auch – und hier spielen die Kundenerwartungen eine große Rolle – für potenzielle Kunden, die sich noch nicht zum Kauf entschlossen haben. Als zusätzliche Eintrittsbarrieren für mögliche Folger wirken die indirekten Netzwerkeffekte. Eine große Kundenbasis stellt für Komplementoren einen Anreiz dar, ergänzende Angebote für das Basisgut auf den Markt zu bringen. Hat der Second-Mover umgekehrt nur schlechte Aussichten, einen großen Kundenstamm zu erlangen, ist es für einen Komplementor unattraktiv, solch ein Konkurrenzangebot zu unterstützen. Die indirekten Netzwerkeffekte wirken als Barriere für Folger noch stärker, wenn der etablierte Anbieter gebündelte Angebote macht, also Basisgut und Komplement in einem Paket anbietet (Peitz 2006). Ist der Folger nicht dazu in der Lage, ebenfalls aus einer Hand anzubieten, wird ihn das vom Markteintritt abhalten. Dies gilt umso mehr, je unsicherer die Aussichten auf den wirtschaftlichen Erfolg sind. Ein Second-Mover, der sich auf nur ein Produkt aus einem Bündel spezialisiert, wird sich regelmäßig gegen den Markteintritt entscheiden müssen, wenn nämlich finanzielle Engpässe schnell überwunden werden müssen oder die Aussichten auf künftige Gewinne nicht hinreichend positiv sind, die Markteintrittskosten zu rechtfertigen (Choi/Stefanadis 2003, 2). Sind die Produkte der neuen Wettbewerber zudem nicht kompatibel zu denen des etablierten Anbieters und sind die Vervielfältigungskosten des Produkts nahe Null, wird die Entstehung eines natürlichen Monopols – d.h. der Monopolist kann wegen konstant sinkenden Durchschnittskosten immer günstiger anbieten als zwei oder mehr Unternehmen (Mankiw 2008, 353 f.) – stark begünstigt (Sundararajan 2003, 27).

Der zweite Vorteil liegt darin, dass die gewonnenen Bestandskunden sich nach ihrer Kaufentscheidung mit **Wechselkosten** konfrontiert sehen (Dietl/Royer 2000, 327; Lieberman 2005, 8 f.), die im Zeitablauf tendenziell weiter steigen und schlussendlich prohibitiv werden können. Dann liegt ein Lock-in vor. Das heißt, es wird für den Kunden ökonomisch unattraktiv, den Anbieter zu wechseln, weil die Kosten des Wechsels für ihn höher sind als der erwartete Nutzen. Für den Folger – das zeigen Farrell/Klemperer (2006) an Modellbetrachtungen – mag es unter diesen Bedingungen zwar noch relativ leicht sein, mit niedrigeren Preisen bis dahin noch ungebundene Kunden zu gewinnen, aber der Aufbau einer umfassenden Kundenbasis wird deutlich erschwert. Ist der Second-Mover um Erfolg zu haben zwingend auf Kunden des Pioniers angewiesen, die zu ihm wechseln müssen, kann sich die Markteintrittsbarriere als unüberwindlich erweisen.

Man muss außerdem berücksichtigen, dass wegen der dominanten Fixkosten bei Informationsgütern die auftretenden **Economies of Scale** überproportional ausgeprägt sind (Dietl/Royer 2000, 327; Shapiro/Varian 1999, 168). Da sie aber nicht nur beim Basisgut, sondern auch bei den Komplementen auftreten (Ehrhardt 2001, 28), wird es einem Second-Mover noch zusätzlich erschwert, die für ein attraktives Angebot erforderliche Kostendegression zu realisieren.

Einen weiteren Vorteil genießen First-Mover bei der Etablierung von **Standards**. Ein (Kommunikations-)Standard bezeichnet die Gesamtheit an Regeln, die für Menschen oder Maschinen die Grundlage ihrer Interaktion bilden (Buxmann et al. 1999, 134). Solche Standards können die Grammatik einer Sprache oder die Regeln der Hypertext Markup Language (HTML) sein (Picot et al. 2003, 63 f.). Standardisierung ist nach Farrell und Saloner (1987, 1 ff.) der Prozess, der zu Kompatibilität führt. Kompatibilität wiederum bedeutet, dass Produkte zusammenarbeiten können. Unternehmen, die bereits hohe Investitionen für die Entwicklung, die Markteinführung und die Etablierung eines Standards getätigt haben, haben ein sehr großes Interesse daran, dass sich der von ihnen gewählte Standard schlussendlich auch durchsetzt (Dietl/Royer 2000, 327). Diese Bereitschaft für einen Standard zu kämpfen ist wiederum ein sehr glaubwürdiges Signal an die Stakeholder (Kunden, Wettbewerber, Lieferanten, Komplementoren). Potenzielle Kunden bilden positive Erwartungen über die Erfolgsaussichten des angebotenen Produkts und tragen damit zur Entstehung von (direkten) Netzwerkeffekten bei.

> If consumers expect the product to become popular, the network will grow relatively large (Lee/O'Connor 2003, 251).

Wettbewerber entschließen sich dann möglicherweise nicht mit einem Konkurrenzangebot in den Markt einzutreten, sondern sich dem Standard anzuschließen. Lieferanten wählen den vermutlich erfolgreicheren Hersteller, und auch die Komplementoren entscheiden sich, ihr Angebot auf das Basisprodukt auszurichten, das die höchste Verbreitung verspricht. Damit wird die Entstehung von indirekten Netzwerkeffekten beschleunigt.

Begünstigt wird der Eintritt in Netzeffektmärkte weiterhin durch die Größe und damit die umfangreiche **Ressourcenausstattung** eines Unternehmens. Kleinere First-Mover sind daher gut beraten, sich mit ressourcenstarken Partnern zusammen zu tun (Srinivasan et al. 2004, 55). Nicht nur in Netzeffektmärkten ist es aufwändig, Innovationen zu finanzieren, zu produzieren und zu vermarkten. Um erfolgreich zu sein, bedarf es vielfältiger komplementärer Ressourcen wie Finanzen, Marketing, Personal etc. (Grant/Nippa 2006, 424 f.).

> So erfand Chester Carlson zwar die Xerographie, aber er war mehrere Jahre lang nicht fähig, sein Produkt zur Marktreife zu führen, da ihm die komplementären Ressourcen fehlten, um seine Erfindung weiterzuentwickeln, zu fertigen, zu vermarkten, zu distribuieren und mit den notwendigen Service zu versehen (Grant/Nippa 2006, 424).

Der First-Mover hat nun den Vorteil, sich für den Markterfolg kritische Ressourcen frühzeitig aneignen zu können. Dabei handelt es sich nicht um die bei klassischen Gütern relevanten geografischen Lokalitäten und physischen Ressourcen, diese sind bei Informationsunternehmen weitgehend irrelevant (Lieberman 2005, 5). Von Lokalitäten kann nur im übertragenen Sinne die Rede sein, wenn man z. B. an den Domainnamen oder den Zugang zu einer Kundenbasis denkt.

> As an example, Monster.com paid AOL $100 million in 1999 for the right to serve as AOL's sole provider of recruitment services for four years. This preemptive move blocked rivals' access to a leading consumer portal and helped build brand recognition and referrals for Monster.com (Lieberman 2005, 6).

In diesem Sinne hat z. B. AOL eine Vereinbarung mit Hewlett Packard geschlossen. Beide Unternehmen haben sich darauf geeinigt, dass der PC-Anbieter in Zukunft die AOL-Kopfleiste mit Suchfunktion auf allen neuen Rechnern vorinstalliert (je 2007).

Gewisse Vorteile bezüglich der Ressourcenausstattung können sich beim Humankapital ergeben. Kompetenzträger, die beim Pionier unter Vertrag sind, stehen – zumindest kurzfristig – für Wettbewerber nicht zur Verfügung (Heindl 2004, 247).

Von großer Bedeutung dagegen ist es für Informationsanbieter, vom Kunden wahrgenommen zu werden. Wir erinnern uns daran, dass Informationsgüter ausgeprägte Erfahrungseigenschaften mit sich bringen. Um die damit verbundenen Qualitätsunsicherheiten abzubauen, ist eine gute **Reputation** des Anbieters ein wirksames Mittel. Marken spielen hierbei, wie Shapiro und Varian (1999, 5) bemerken, eine wichtig Rolle:

> The brand name of the *Wall Street Journal* is one of its chief assets, and the Journal invests heavily in building a reputation for accuracy, timeliness, and relevance.

Um Marken breit bekannt zu machen, müssen sie über längere Zeit hinweg aufgebaut und gepflegt werden, und das bringt uns auch schon zum entscheidenden Punkt: Ein First-Mover kann über die positiven Attribute einer neue Marke nicht ad hoc verfügen, er muss sie erst aufbauen und das kostet Zeit und Geld (Heindl 2004, 232; Besanko et al. 2004, 439). Und dass sich Zeit nicht durch Geld ersetzen lässt, zeigen die vielen Dotcom-Unternehmen, die in der Zeit des Hypes viele Millionen Dollar an Marketingaufwendungen erbracht haben, das Geld aber in den meisten Fällen nur verbrannt wurde.

> Despite huge outlays on advertising, product discounts, and purchasing incentives, most dot-com brands have not approached the power of established brands, achieving only a modest impact on loyalty and barriers to entry (Porter 2001, 69).

Von einem echten Vorteil, den ein First- gegenüber einem Second-Mover bei der Markenbildung haben könnte, lässt sich in dieser Hinsicht nicht wirklich sprechen. Wo sich allerdings Vorteile für einen Pionier ergeben können, ist bei der Erzeugung von Bekanntheit und positiver Reputation. Beides sind Voraussetzungen für die Markenbildung (Fritz 2004, 195).

> Aus lerntheoretischer Perspektive profitiert der Firstcomer aus einer Reihe von Aufmerksamkeits-, Image- und Bekanntheitsvorteilen. Die [neue, d. Verf.] Marke eines Erstanbieters wird vom Konsumenten bereitwilliger wahrgenommen, besser erinnert und insgesamt auch günstiger bewertet (Oelsnitz 1998, 26 mit Verweis auf Alpert/Kamins 1995).

Schafft es der Pionier, sich durch solche Wahrnehmungsvorteile eine gute Reputation und damit Kundenloyalität aufzubauen, stellt das einen Vorteil dar. Für Second-Mover kann das als Markteintrittsbarriere wirken, wissen sie doch, dass sie hohe Marketinginvestitionen tätigen müssen, um die günstigere Position des Innovators zu überwinden. Im Falle eines Scheiterns wären diese als sunk costs unwiederbringlich verloren. Erfolgreiche First-Mover waren in dieser Hinsicht drei der heute wohlbekannten Internet-Marken: Yahoo, eBay und Amazon. Anders dagegen z. B. eToys, die zwar enorme Werbeaufwendungen unternahmen, um ihre Marke bekannt zu machen, nichtsdestotrotz aber scheiterten (Lieberman 2005, 6).

17.4 Empirische Belege für First-Mover-Vorteile

Die so eben dargestellten First-Mover-Vorteile sind gut nachvollziehbar begründet und in einzelnen Fällen auch modellanalytisch gestützt. Interessant ist nun aber die Frage, welche empirischen Belege sich für die Existenz von First-Mover-Vorteilen finden lassen. Es gibt relativ viele Studien, die der allgemeinen Pionierforschung entstammen (zu einer Übersicht vgl. Heindl 2004, 65 ff.), aber es gibt nur wenige speziellere Analysen, die für Informationsanbieter gelten. So untersucht Liebermann (2005) bei Internet-Firmen, inwieweit sich First-Mover-Vorteile positiv auf den Unternehmenserfolg, gemessen an der Entwicklung der Marktkapitalisierung und dem Gewinn, auswirken. Da es sich zum großen Teil um Informationsanbieter handelt, können wir die Ergebnisse für unsere Betrachtungen gelten lassen. Lieberman stellt zwei sehr interessante Punkte fest. Als erster einen Markt zu betreten bringt sowohl Vorteile, wenn Netzwerkeffekte wirksam sind als auch wenn das Angebot durch rechtlichen Schutz, vor allem Patente, abgesichert ist (Lieberman 2005, 28).

In Segmenten mit sehr ausgeprägten Netzwerkeffekten, wie sie Market-Maker oder Broker erfahren (z. B. eBay, E*Trade, Expedia, Monster, DoubleClick), hat ein First-Mover messbare Vorteile (Lieberman 2005, 29). Anbieter wie Nachfrager haben hier ein starkes Interesse daran, auf eine möglichst große Zahl an Marktteilnehmern der Marktgegenseite zu treffen. Das begünstigt die Entstehung einer einzigen, dominanten Plattform, die in den meisten der untersuchten Fälle vom First-Mover gestellt wird. Der Pionier hat also gute Chancen, als erster die kritische Masse zu erreichen und dann den Markt zu dominieren.

Der Erfolg von Internet-Pionieren ist auch dann messbar größer, wenn sie ihr Angebot rechtlich schützen und sich ein großes Portfolio an Patenten aufbauen, wie es z. B. Amazon oder Yahoo getan haben (Lieberman 2005, 30).

Genau entgegengesetzt dazu erscheint auf den ersten Blick die zentrale Aussage der empirischen Untersuchung von Srinivasan et al. (2004, 54).

17.4 Empirische Belege für First-Mover-Vorteile

First, network externalities have a strong negative effect on the survival duration of pioneers. Dies unterstützt zuerst einmal den uns schon bekannten Punkt, dass es schwierig ist, sich in Netzeffektmärkten zu behaupten. Es gibt ein großes Risiko, die kritische Masse nicht zu erreichen und damit auch nicht von den Lock-in Effekten der installierten Basis zu profitieren. Aus verschiedenen Märkten ist bekannt, dass es bei Netzeffektprodukten eine lange Vorlaufphase geringen Wachstums gibt, bevor der Markt wirklich in Gang kommt. Varian zeigt dies am Beispiel des Faxgeräts (Abbildung 17.3).

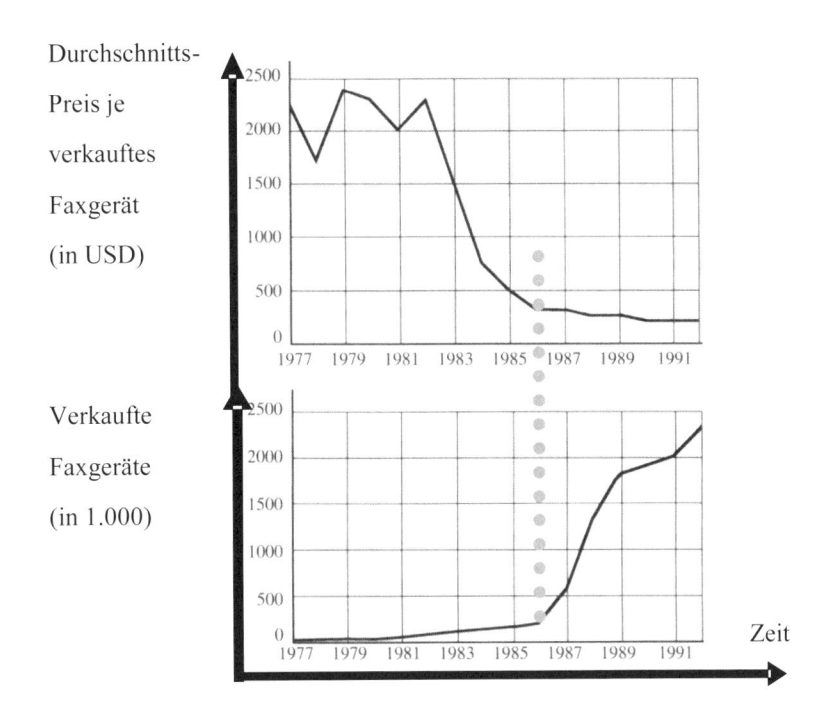

Abbildung 17.3: Marktentwicklung für Fax-Geräte. Quelle: In Anlehnung an Varian 2004, 654.

Muss die generelle Empfehlung daher lauten: In Märkten mit starken Netzeffekten sollte man nicht der erste sein? Offenbar kann es vorteilhaft sein, anderen den Vortritt zu lassen und sich selbst nur darauf vorzubreiten, in den Markt einzutreten, wenn man erkennen kann, dass er tatsächlich in Gang kommt. Nun gibt es aber andererseits sehr wohl First-Mover, die in Netzeffektmärkten sehr erfolgreich sind. Was kennzeichnet sie? Nach Srinivasan et al. gibt es drei erfolgskritische Faktoren, die eine zentrale Rolle für das Überleben in solchen von Netzeffekten geprägten Märkten spielen.

First-Mover steigern ihre Überlebenschancen immer dann, wenn sie **technikintensive Produkte** mit **hohem Innovationsgrad** anbieten. Am Beispiel der von Sony eingeführten CD-Technologie lässt sich das gut verdeutlichen (Srinivasan et al. 2004, 54):

> Because of its laser-based, computerized technology, the CD-player offered virtually noiseless sound quality that was impossible to achieve with the prevalent audiocassette player, thereby providing a breakthrough in sound reproduction. Not affected by the scratches, smudges, and the heat warping that afflict audiocassettes. CDs maintained their original sound quality for a long time. The CD player was revolutionary and, as an industry analyst *(San Diego Tribune* 1987, p. BI) notes, was "the most dramatic development in sound reproduction since Edison."

Diese radikal neue Technologie hat hohe Markteintrittsbarrieren geschaffen, die Sony bis heute eine dominante Position gesichert haben.

Pioniere allerdings, die bereits Vorläuferprodukte anbieten, müssen darauf achten nicht nur halbherzig in neue Produkte und Technologien zu investieren. Man spricht hier von „technological inertia" (Christensen 2007), die bei etablierten Unternehmen häufig beobachtet wird. Diese technologische Trägheit ist gekennzeichnet durch Widerstände, große Investitionen in neue Technologien zu tätigen, die die existierenden Produkte bedrohen würden. Ein gutes Beispiel ist hier die Encyclopædia Britannica (Shapiro/Varian 1999, 19 ff.), die mehrere hundert Jahre lang eines der Nachschlagewerke schlechthin war. Zu lange aber hielt man an der Buchversion fest und macht den Schritt hin zum Online-Angebot so spät, dass Microsoft mit seinem digitalen Angebot der Encarta sehr schnell große Marktanteile gewinnen konnte.

Ein zweiter Aspekt ist die **Unternehmensgröße**, die in positivem Zusammenhang mit dem Erfolg auf Netzeffektmärkten steht. Ein Pionier, der über eine umfassende Ressourcenausstattung verfügt, hat es deutlich leichter, als erster im Markt zu überleben (Srinivasan et al. 2004, 55). Für kleinere Innovatoren empfiehlt es sich daher, die Ressourcenbasis durch Kooperationen zu stärken.

Der vielleicht zentrale Erfolgsfaktor von Pionieren, die überlebt haben, ist, dass sie ihren Kunden einen **Netzwerknutzen** (extrinsic value) anbieten (Srinivasan et al. 2004, 54; Lee/O'Connor 2003, 251). Sie konzentrieren sich nicht nur auf den Basisnutzen eines Produkts (intrinsic value), sondern sorgen gleichzeitig dafür, dass direkte und indirekte Netzwerkeffekte entstehen. Sony liefert hier mit der Einführung des CD-Spielers im Jahre 1982 wiederum ein schönes Beispiel (Srinivasan et al. 2004, 54):

> Sony worked extensively to develop the CD format accepted by the music industry and entered into extensive licensing agreements for other firms to manufacture the CD player. Sony also recognized that the availability of music titles on CDs was crucial for delivering utility to customers of the CD player, so it leveraged its Columbia Records label and its collaboration with Philip's PolyGram Records, two of the world's largest music producers at the time, to ensure the availability of music titles on CDs. When Sony introduced its first CD player, Columbia Records simultaneously released the world's first 50 music CD titles.

Um einen Netzwerk-Nutzen zu generieren, müssen Unternehmen nicht nur an die Vermarktung des eigenen Produkts denken, sondern auch parallel dazu das Netzwerk entwickeln. Dazu können sie ihr Produkt lizenzieren, die Entwicklung und das Angebot von Komplementen unterstützen und ggf. auch Abwärtskompatibilität mit existierenden Netzwerken sicherstellen, um die Wechselkosten gering zu halten.

Netzwerkeffekte sind ganz offensichtlich eine kritische Größe. Je stärker sie ausgeprägt sind, desto mehr können sie die Überlebenswahrscheinlichkeit des Pioniers negativ beeinflussen (Srinivasan et al. 2004, 54 f.). Dies ist in Abbildung 17.4 durch den negativ geneigten Haupteffekt dargestellt.

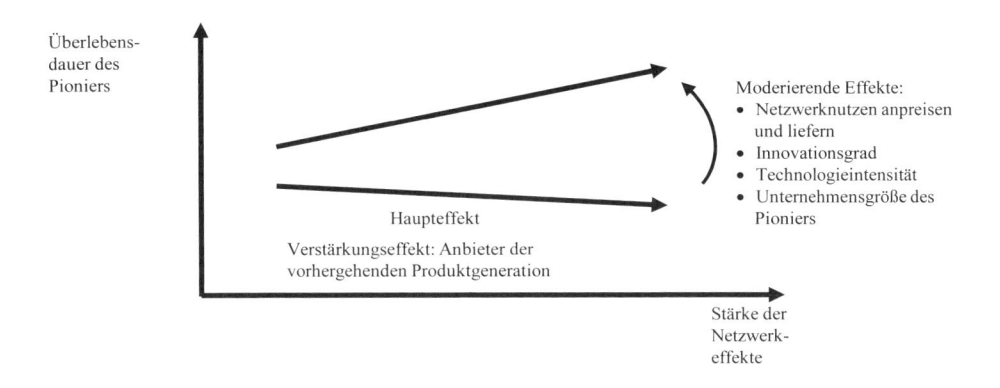

Abbildung 17.4: Einfluss von Netzwerkeffekten auf die Überlebensdauer als Pionier. Quelle: In Anlehnung an Srinivasan at al. 2004, 45.

Dieser Effekt wird verstärkt, wenn der Pionier bereits Anbieter der vorhergehenden Produktgeneration ist. Dann nämlich besteht die Gefahr, dass er zu wenig in das neue Produkt investiert, um die Kannibalisierungseffekte gegenüber dem alten Produkt zu begrenzen. Begünstigend wirken Netzwerkeffekte, wenn der Innovationsgrad des neuen Produkts und dessen Technologieintensität hoch sind, das Unternehmen über eine gute Ressourcenausstattung verfügt und es versteht, den Netzwerknutzen für den Kunden deutlich zu machen.

17.5 Second-Mover-Vorteile

Es lässt sich resümieren, dass es keinen generellen Vorteil als Internet-Pionier gibt (Lieberman 2005, 8, 28). Insbesondere in Netzeffektmärkten bestehen besondere Herausforderungen an Innovatoren, die nicht nur ihr Produkt anbieten, sondern auch noch dafür sorgen müssen, dass es eine ausreichend Zahl an attraktiven Komplementen gibt. Bei Produkten mit ausgeprägten Netzeffekten kommt es wegen der anfänglichen Zurückhaltung der Kunden (beim Kauf) wie der Komplementoren (bei der Bereitstellung von Angeboten) prinzipiell sogar weniger darauf an, unbedingt der allererste im Markt zu sein, als derjenige, der möglichst schnell eine große installierte Basis aufbaut (Lee/O'Connor 2003, 246 f.). Gelingt es dem

Second-Mover durch großen Ressourceneinsatz schnelle Verbreitung zu finden, kann das bestehende First-Mover-Vorteile sogar überkompensieren (Tellis/Golder 1996, 2002). Auf den Basiswert des Produkts bezogen, sind First-Mover-Vorteile in Netzeffektmärkten weniger bedeutsam als auf Märkten ohne Netzeffekte (Lee/O'Connor 2003, 247). In solchen Märkten – das sei noch einmal betont – ist es viel wichtiger, schnell eine installierte Basis zu etablieren und neben dem Basisprodukt parallel attraktive Komplemente anzubieten.

Ein günstiger Zeitpunkt für Second-Mover in den Markt einzutreten, dürfte sich immer dann ergeben, wenn technologische Veränderungen stattfinden. Im Softwaremarkt entstand ein solches Fenster z. B. mit dem Aufkommen graphischer User-Interfaces. Dem bis dato dominanten Tabellenkalkulationsprogramm Lotus 1-2-3 fehlten entsprechende Features und so konnte Microsoft mit Excel den Markt betreten und für sich gewinnen (Brynjolfsson/Kemerer 1996). Der First-Mover-Vorteil allein genügt also nicht, um auf Dauer erfolgreich zu sein. Auch der Pionier muss kontinuierlich daran arbeiten, seine Position durch den Aufbau weiterer Wettbewerbsvorteile abzusichern (Fritz 2004, 167). Liebowitz (2002, 44 ff.) zeigt in einer Studie u. a. am Beispiel von Yahoo und AOL, dass sie eine deutlich höhere Produkt- bzw. Servicequalität als der Marktdurchschnitt angeboten haben und vermutlich das der entscheidende Grund für ihren Markterfolg war. Weitere Faktoren, die den Markterfolg des Second-Movers begünstigen, sind nach Gerpott (2005, 20) der gute Zugang zu einer großen Kundenbasis, die entsprechende Finanzkraft für umfassende Werbemaßnahmen und ein Angebot, das zum Kerngeschäft der bisherigen Leistungspalette gehört. Am Beispiel von Googles Einstieg in den Markt für elektronische Kleinanzeigen zeigt er, dass die etablierten Anbieter wie Zeitungsverlage und eBay keine auf Dauer gesicherte Marktposition haben:

> Mit weltweit über 400 Millionen ständigen Nutzern, enormen Gewinnmargen im Stammgeschäft und einem guten Image dank der Qualität seiner Suchergebnisse erfüllt Google alle drei Anforderungen mit Leichtigkeit (Gerpott 2005, 20).

Generell befinden sich Folger in einer so genannten Free-rider-Position (Lieberman/Montgomery 1988), d. h. sie können als Trittbrettfahrer von den Vorleistungen des Pioniers profitieren, ohne dafür zahlen zu müssen. Folgern gelingt es meistens, an das Wissen des Pioniers zu gelangen, ohne dieselben Forschungsanstrengungen unternehmen zu müssen. Sei es durch die Veröffentlichung patentgeschützten Wissens, das vom Folger in Umgehungsentwicklungen (Engineering around) dennoch genutzt wird oder durch die Abwerbung von Wissensträgern (Specht 2001, 143). Folger werden außerdem durch den voranschreitenden Ausbau der Infrastruktur begünstigt. Bei I-Commerce-Angeboten sind dies u. a. ein kostengünstiges Angebot an Hard- und Software, verfügbare (Mikro-)Bezahlsysteme, eine hohe Verbreitung von Internet-Zugängen und PCs und eine generelle Akzeptanz des Produkts. Einen weiteren Vorteil genießen Folger durch die im Zeitablauf abnehmende Marktunsicherheit. Innovatoren müssen sich auf das Risiko einlassen, dass erst nach der Einführung eines neuen Produkts wirklich klar wird, welche Produkteigenschaften von den Konsumenten besonders präferiert werden. Es kann von großem Vorteil sein, erst dann in den Markt einzusteigen, wenn klar ist, welcher Standard sich durchsetzen wird.

First-Mover Vorteile	**Second-Mover Vorteile**
• Überdurchschnittliche Skalen-, Erfahrungs- und Verbundeffekte • Erzeugung von Netzwerkeffekten, Wechselkosten und Lock-in • Etablierung eines Standards • Wahrnehmung/Reputation • Sicherung knapper strategischer Ressourcen	• Free-rider-Effekte - Aneignung (rechtlich ungeschützten) technologischen Wissens - Infrastrukturentwicklung • Geringere Marktunsicherheit (Herausbildung eines Standards)

Abbildung 17.5: First- und Second-Mover-Vorteile bei Informationsanbietern.

Auch wenn also die Position als First-Mover begünstigend wirken kann, ist sie kein Selbstläufer (Oelsnitz/Heinecke 1997, 39) und man wird sich nicht auf Dauer allein durch sie gegen Wettbewerber durchsetzen können, die über bessere Produkte verfügen oder es schneller schaffen, eine installierte Basis aufzubauen. Selbst wenn etablierte Unternehmen Märkte mit kostenfreien Angeboten dominieren, besteht die Chance auf einen erfolgreichen Markteintritt mit einem bepreisten Produkt, wenn der Mehrwert in der Qualität oder der Ausstattung für den Kunden ausreichend deutlich hervortritt (Gallaugher/Wang 1999, 82 f.). Speziell für Informationsgüter stellen Stahl et al. (2004, 59) Qualität, Aktualität und Exklusivität als zentrale Erfolgsfaktoren heraus. Nach Weiber und Kollmann (2000, 58 ff.) geht es bei digitalen Gütern weniger um die klassische Positionierung als Kosten- oder Qualitätsführer denn um eine Differenzierung als Speed-Leader oder Topical-Leader. Der „Geschwindigkeitsführer" kann den potenziellen Nachfragern Informationen schneller anbieten als der Wettbewerb. Sein Wettbewerbsvorteil besteht im zeitlichen Vorsprung der Informationsverfügbarkeit. Ein frühzeitiger Markteintritt wirkt Vorteilhaft für diese Strategie. Der „Qualitätsführer im Sinne einer qualitativ hochwertigen Informationsgewinnung" (Weiber/Kollmann 2000, 60) positioniert sich weniger durch die Geschwindigkeit der Informationsbereitstellung als über Art und Inhalt der angebotenen Information. Diese Strategie kommt insbesondere bei Spezialinformationen, die hochwertig aufbereitet sein sollen (Studien, Testberichte etc.), zum Tragen. Der Anbieter muss seinen Wettbewerbsvorteil daraus ziehen, inhaltlich besser zu sein als die Konkurrenz. Dieser Weg ist auch nach einem späteren Markteintritt immer noch gut realisierbar.

Für einen erfolgreichen Markteintritt gilt es also die Chancen und Risiken einer First- und Second-Mover-Position sorgfältig abzuwägen. Je stärker die Netzwerkeffekte ausfallen, desto wichtiger ist es, sich auf den Netzeffektnutzen für den Konsumenten zu konzentrieren.

17.6 Fazit

- Für die Bestimmung des First-Movers ist die Bestimmung des relevanten Marktes nach sachlichen Kriterien maßgeblich.
- First-Mover haben generell zeitliche Vorteile beim Aufbau einer Kundenbasis. Das ermöglicht die frühzeitigere Entstehung von Netzwerkeffekten und Wechselkosten, die Etablierung eines Standards, die Aneignung kritischer Ressourcen und den Aufbau einer guten Reputation.
- Empirisch lässt sich zeigen, dass Netzwerkeffekte die Überlebenswahrscheinlichkeit von First-Movern negativ beeinflusst, besonders wenn sie das neue Produkt bereits in der vorhergehenden Produktgeneration anbieten. Netzwerkeffekte können begünstigend für das Überleben des Innovators wirken, wenn Innovationsgrad und Technologieintensität des neuen Produkts hoch sind, er über eine gute Ressourcenausstattung verfügt und den Netzeffektnutzen für die Nachfrager deutlich machen kann.
- Second-Mover profitieren von den Vorleistungen des Pioniers. (Technologisches) Wissen ist leichter verfügbar, eine Infrastruktur ist vorhanden und die Kunden sind auf das neue Produkt eingestellt. Second-Mover können mit dem Markteintritt warten, bis klar ist, welcher Standard sich etablieren wird.
- Wettbewerbsvorteile können über die Geschwindigkeit der Informationsbeschaffung sowie die Qualität der Inhalte aufgebaut werden. Entscheidend für den Markterfolg ist es, die Produkt- und Servicequalität (intrinisic value) und den Netzwerknutzen (extrinsic value), den man dem Kunden anbietet, gut aufeinander abzustimmen.

17.7 Literatur

Alpert, F.H.; Kamins, M.A. (1995): An empirical investigation of consumer memory, attitude, and perceptions toward pioneer and follower brands. – In: Journal of Marketing, 59(10), S. 34–45.

Backhaus, Klaus (2007): Industriegütermarketing. 8. Aufl. – München: Vahlen (Vahlens Handbücher der Wirtschafts- und Sozialwissenschaften).

Besanko, D.; Dranove, D.; Shanley, M.; Schaefer, S. (2004): Economics of Strategy. 3. Aufl. – Hoboken, NJ: Wiley.

Brynjolfsson, E.; Kemerer, C.F. (1996): Network externalities in microcomputer software. An econometric analysis of the spreadsheet market. – In: Management Science 42(12), S. 1627–1647.

Buxmann, P.; Weitzel, T.; König, W. (1999): Auswirkung alternativer Koordinationsmechanismen auf die Auswahl von Kommunikationsstandards. – In: Zeitschrift für Betriebswirtschaft, Ergänzungsheft 2, S. 133–151.

Choi, J. P.; Stefanadis, C. (2003): Bundling, Entry Deterrence and Specialist Innovators. Department of Economics, Michigan State University, East Lansing, MI 48824. Michigan. Online: http://www.msu.edu/~choijay/bundling.pdf, geprüft: 20.07.2010.

Christensen, C. M. (2007): The Innovator's Dilemma. – New York, NY: CollinsBusiness Essentials.

Cohen, A. (2004): Mein eBay. Geschichte und Geschichten vom Marktplatz der Welt. – Berlin: Schwarzerfreitag.

Dietl, H.; Royer, S. (2000): Management virtueller Netzwerkeffekte in der Informationsökonomie. – In: Zeitschrift für Organisation, 69(6), S. 324–331.

eBay Deutschland - Presse Service Center (2004). Online: http://presse.ebay.de/news.exe?typ=SU&news_id=100315, geprüft am 20.07.2010.

Farrell, J.; Klemperer, P. (2006): Coordination and Lock-in. Competition with Switching Costs and Network Effects. Nuffield College, Oxford University, Oxford, England. Online: http://www.paulklemperer.org/, geprüft am 20.07.2010..

Fritz, W. (2004): Internet-Marketing und Electronic Commerce. Grundlagen - Rahmenbedingungen - Instrumente. 3. Aufl. – Wiesbaden: Gabler.

Gallaugher, J. M.; Wang, Y.-M. (1999): Network effects and the impact of free goods: An Analysis of the Web-Server Market. – In: International Journal of Electronic Commerce, 3(4), S. 67–88.

Gerpott, T. J. (2005): Unterschätzter Nachahmer. – In: Handelsblatt, Ausgabe 219, 11./12./13.11.2005, S. 20.

Grant, R.M.; Nippa, M. (2006): Strategisches Management. Analyse, Entwicklung und Implementierung von Unternehmensstrategien. 5., aktualisierte Aufl. [der amerikan. Ausg.]. – München: Pearson Studium (wi - wirtschaft).

Heindl, H. (2004): Der First Mover Advantage in der Internetökonomie. – Hamburg: Kovac (Strategisches Management, 18).

je (2007): AOL besiegelt Reorganisation. – In: Handelsblatt, Ausgabe 180, 18.09.2007, S. 17.

Lee, Y.; O'Connor, G. C. (2003): New product launch strategy for network effects. – In: Journal of the Academy of Marketing Science 31(3), S. 241–255.

Lehmann, J. (2004): HP überholt Palm bei Handhelds - Absatz aller Mobilgeräte legt in EMEA um 62 Prozent zu. Herausgegeben von Winhelpline Forum. Online: http://www.winhelpline.info/forum/news-archiv/118877-hp-ueberholt-palm-bei-handhelds-absatz-aller-mobilgeraete-legt-emea-um-62-prozent-zu.html, geprüft: 12.07.2010.

Lieberman, M. B. (2005): Did First-Mover Advantage Survive the Dot-Com Crash. Anderson Graduate School of Management, UCLA, Los Angeles, CA. Online: http://www.anderson.ucla.edu/documents/areas/fac/policy/InternetFMA2005.pdf, geprüft am 20.07.2010.

Lieberman, M. B.; Montgomery D. B. (1988): First-mover advantages. – In: Strategic Management Journal, Special Issue, 9, S. 41–58.

Liebowitz, S. J. (2002): Re-thinking the Network Economy. The True Forces that Drive the Digital Marketplace. New York: AMACOM.

Möllenberg, A. (2003): Internet-Auktionen im Marketing aus der Konsumentenperspektive. – Braunschweig: Eigenverl.

Oelsnitz, D. von der (1998): Als Marktpionier zu dauerhaftem Erfolg. – In: Harvard Business Manager, 4, S. 24–31.

Oelsnitz, D. von der; Heinecke, A. (1997): Auch der Zweite kann gewinnen. – In: io management, 66(3), S. 35–39.

Peitz, M. (2006): Bundling May Blockade Entry. University of Mannheim. Online: http://papers.ssrn.com/sol3/papers.cfm?abstract_id=820864#PaperDownload, geprüft am 20.07.2010.

Porter, Michael E. (2001): Strategy and the internet. – In: Harvard Business Review, März, S. 62–78.

Postinett, A. (2008): Apple überholt Microsoft. Herausgegeben von Handelsblatt.com. Online: http://www.handelsblatt.com/unternehmen/it-medien/apple-ueberholt-microsoft;2104839 geprüft: 12.07.2010.

ricardo.ch - über uns (2007). Online: http://www.ricardo.ch/pages/about_company/de.php, geprüft: 12.07.2010.

Specht, M. (2001): Pioniervorteile für Anbieter von Informationsgütern im Electronic Commerce. München: FGM-Verlag (Schriftenreihe Schwerpunkt Marketing, Bd. 56).

Srinivasan, R.; Lilien, G.L.; Rangaswamy, A. (2004): First in, first out. The effects of network externalities on pioneer survival. – In: Journal of Marketing, 68(1), S. 41–59.

Stahl, F.; Siegel, F.; Maass, W. (2004): Paid Content - Paid Services. Analyse des deutschen Marktes und der Erfolgsfaktoren von 280 Geschäftsmodellen. Universität St. Gallen. – St. Gallen, =mcminstitute.

Sundararjan, A. (2003): Network Effects, Nonlinear Pricing and Entry Deterrence. Leonard N. Stern School of Business, New York University. – New York. Online: http://oz.stern.nyu.edu/papers/net0703.pdf, geprüft am 20.07.2010.

Teece, D. J. (1987): The Competitive Challenge. Strategies for Industrial Innovation and Renewal. – Cambridge Mass.: Ballinger.

Tellis, G. J.; Golder, P. N. (1996): First to market, first to fail. Real causes of enduring market leadership. – In: Sloan Management Review, 37, S. 65–75.

Tellis, G. J.; Golder, P. N. (2002): Will & Vision. How Latecomers Grow to Dominate Markets. – New York: McGraw-Hill.

Weiber, R.; Kollmann, T. (2000): Wertschöpfungsprozesse und Wettbewerbsvorteile im Marketspace. – In: Bliemel, F.; Fassott, G.; Theobald, A. (Hg.): Electronic Commerce. Herausforderungen - Anwendungen - Perspektiven. 3. Aufl. – Wiesbaden: Gabler, S. 47–62.

18 Preisgestaltung

18.1 Produkt- und Preispolitik

Wie bei klassischen Gütern auch, müssen Informationsanbieter sich überlegen, welches Produkt sie ihren Kunden zu welchem Preis anbieten wollen. Sowohl die Produktpolitik, also die Gestaltung des Leistungsangebots (Meffert 2005, 327), als auch die Preispolitik (Diller 2008, 21 ff.) sind zwei der zentralen Stellschrauben im Marketing-Mix eines Unternehmens. Die enge Verbindung dieser beiden unternehmerischen Aktionsparameter wird in der betriebswirtschaftlichen Preisdefinition (Diller 2008, 31) deutlich, in der der Preis als Quotient aus Entgelt und Leistungsumfang dargestellt wird. Das verdeutlicht zum einen, dass es dem Kunden immer um das Verhältnis von Entgelt und Leistung eines Angebots geht. Preise können in diesem Sinne nur dann zu hoch sein, wenn die zugehörige Leistung unzureichend ist. Zum anderen wird durch den Quotienten die diametral entgegengesetzte Interessenlage von Anbietern und Nachfragern deutlich. Anbieter sind an einem möglichst hohen, Nachfrager an einem möglichst niedrigen Preisquotienten interessiert.

Wir werden im Rahmen unserer Darstellungen auch hier nur auf die Besonderheiten der Produkt- und Preispolitik eingehen, so wie sie sich für Informationsanbieter darstellen. Umfassende Ausführungen zum Marketing generell finden sich u. a. bei Meffert et al. (2008) oder speziell zur Preispolitik u. a. bei Diller (2008). Wir hingegen wollen verdeutlichen, wie Informationsanbieter ihre Produkte und Preise gestalten können in Anbetracht hoher fixer und niedriger variabler Kosten, von Informationsasymmetrien, unkontrollierbaren Verbreitungstendenzen und Netzwerkeffekten. Diese ökonomischen Charakteristika stellen besondere Anforderungen an die Produkt- und Preisgestaltung, gleichzeitig eröffnen digitale Güter aber auch viel variantenreichere Formen der Produkt- und Preisdifferenzierung als es bei klassischen Gütern der Fall ist.

Im Vordergrund steht in diesem Abschnitt die Preispolitik (das Pricing) von Informationsangeboten. Informationsunternehmen stehen generell verschiedene Erlösquellen zur Verfügung (Wirtz 2006, 70 ff.). Neben den Rezipienten- oder Nutzermärkten bedienen Informationsanbieter häufig gleichzeitig noch Werbe- und Rechtemärkte. Suchmaschinen oder Online-Portale integrieren z. B. Werbung in ihren Auftritt. Buchverlage, die die Verwertungsrechte an einem Bestseller besitzen, vergeben Lizenzen für Taschenbuchausgaben. Film- oder Musikproduzenten verkaufen regionale oder absatzkanalspezifische Verwertungsrechte. Auch hierfür müssen Preise gestellt werden. Der reine Verkauf von Rechten stellt kein Informationsgut dar und wird deshalb im weiteren Verlauf keine Rolle mehr spielen. Werbung wiederum wird in der Regel nicht um ihrer selbst willen nachgefragt, sondern dem Nutzer als Zwangsbündel, d. h. als eine Kombination aus erwünschtem und mehr oder weniger unerwünschtem Informationsgut zur Verfügung gestellt. Werbung wird daher als eine besondere Form des Komplements betrachtet. Orientieren wir uns an der Begriffsbestimmung für Informationsgüter als etwas, was digital vorliegt oder vorliegen könnte und für das eine definierbare Menge an Daten, für die Zahlungsbereitschaft besteht, lässt sich hiermit gut markieren, wann Werbung ein Informationsgut und kein lästiges Übel ist. Nämlich dann, wenn sie für den Nutzer einen Wert hat und er prinzipiell zur Zahlung bereit wäre. Für das Ansehen prämierter Werbefilme im Kino wird z. B. Eintritt gezahlt.

Die Produktpolitik wird nur an den Stellen berücksichtigt, wo sie in engem Bezug zur Preispolitik steht, nämlich bei der Preisdifferenzierung. Weitere Aspekte der Produktgestaltung finden sich in den Abschnitten zum Komplementen-Management, zur Kompatibilität, zum Rechte-Management und zur Signalisierung.

> Die Preispolitik ist eine der *schärfsten Marketingwaffen(gattungen)* im Marketing-Mix. Diese Schärfe ergibt sich aus den starken *Wirkungen ("Preisresponse")*, die sich mit ihr am Markt erzielen lassen. Sowohl die Kunden als auch die Wettbewerber reagieren auf Preisveränderungen oft drastisch. Marktanteilsverschiebungen im zweistelligen Bereich sind keine Seltenheit, zumal Preise leicht kommunizierbar sind und auf das Interesse vieler Abnehmer stoßen, die im preisgünstigen Einkauf die zentrale Aufgabe ihres ökonomischen Verhaltens sehen (Diller 2008, 21).

Preise können bei Informationsgütern auf unterschiedliche Art und Weise gebildet werden. Bei digitalen Angeboten ergeben sich gegenüber klassischen Gütern neue Möglichkeiten der Preisbestimmung. Abbildung 18.1 gibt dazu einen Überblick. Bekannt und allgemein üblich sind **Festpreisangebote**. Bei diesem statischen Verfahren wird der Preis von einer Marktseite, üblicherweise dem Anbieter, festgelegt. Neu ist bei den statischen Verfahren die Festlegung des Preises durch den Kunden (Reverse Pricing). Zu unterscheiden sind hier solche Verfahren, bei denen der Anbieter einen Mindestpreis festlegt, der nicht unterschritten werden darf (Name your own price – NYOP) und Verfahren, die auf eine völlig freie Festsetzung des Preises durch den Kunden setzen (Pay what you want – PWYW).

Eine solche nachfragerorientierte Preisbestimmung mit (verdeckter) Vorgabe des Mindestpreises (NYOP) betreibt z. B. priceline.com. Der Nachfrager nennt Priceline seinen Maximalpreis, den er für eine bestimmte Leistung (Flugticket, Hotel, Mietwagen etc.) zu zahlen bereit ist. Priceline vermittelt darauf hin das entsprechende Angebot (Kwasniewski 2003; Bernhardt et al. 2005). Ein analoges Angebot findet sich neuerdings auch bei eBay mit der Funktion „Preis vorschlagen". Der Kunde darf dabei bis zu drei Preisangebote machen, die unter dem offerierten Preis liegen. Bleibt er bei einem seiner Angebote über der vom Anbieter gesetzten, aber nicht sichtbaren Preisschwelle, bekommt er den Zuschlag.

18.1 Produkt- und Preispolitik

Eine ganz neue Variante der Preisfestsetzung seitens des Nachfragers stellt das (offene) Pay what you want dar. Hier verzichtet der Anbieter auf einen Mindestpreis und akzeptiert das Preisgebot des Kunden ohne Vorbehalt (Kim et al. 2009). Solche Angebote finden sich in letzter Zeit immer häufiger, u. a. bei Musikbands wie Radiohead oder Nine Inch Nails, die ihre Musik für eine bestimmte Zeit zum Download anbieten, wobei eine freiwillige Zahlung lediglich erwünscht ist.

```
                          Preisbildung im Internet
                          ╱                    ╲
                   statisch                 dynamisch
                  (Festpreis)            (variabler Preis)
                  ╱        ╲              ╱            ╲
            Preis          Preis      individuell      kollektiv
         fixiert durch  fixiert durch (informelle    (formalisierte
           Anbieter      Nachfrager     bilaterale     interaktive
         (z. B. Amazon) (reverse pricing) Preisaushandlung) Preisbestimmung)
              ↓              ↓              ↓              ↓
        mit Mindestpreis- ohne Mindestpreis- kooperativ    kompetitiv
         vorgabe, NYOP    vorgabe, PWYW    (z. B. Power-  (z. B. Online-
         (z. B. priceline) (z. B. Radiohead) Shopping)      Auktionen)
```

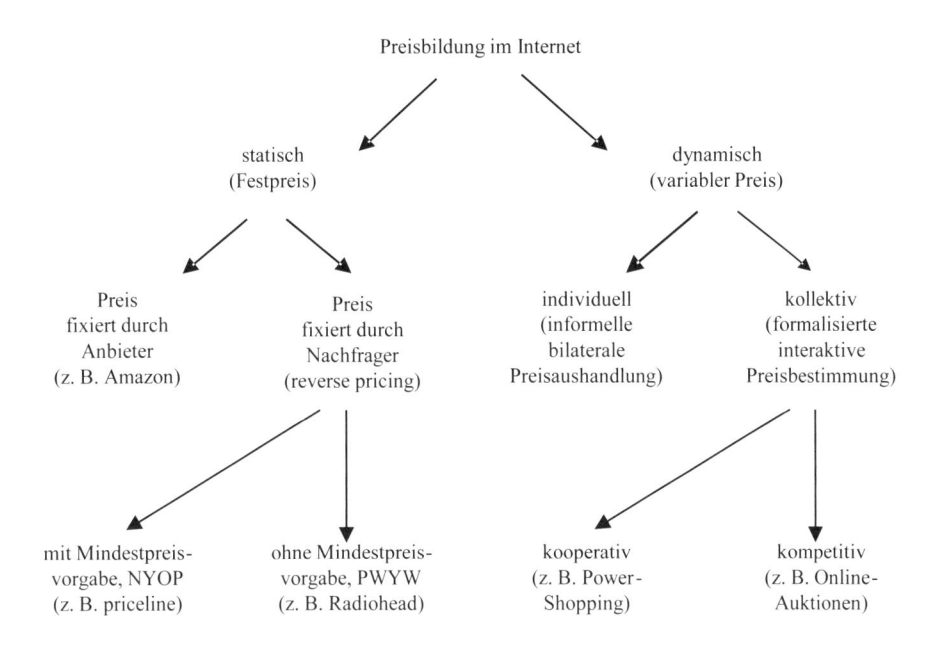

Abbildung 18.1: Alternative Preisbildungsverfahren. Quelle: In Anlehnung an Fritz 2004, 203 mit Verweis auf Möllenberg 2003, 36.

Anders die **dynamischen Verfahren** der Preisbestimmung (Fritz 2004, 202 f.). Hier wird der Preis erst im Laufe der Transaktion zwischen Anbieter und Nachfrager ermittelt. Individuelle Preisverhandlungen werden als so genannte Ausschreibungen vor allem in der öffentlichen Verwaltung schon seit langem eingesetzt (Wirtz 2001, 459). Mit der Entstehung des Internets und den elektronischen Transaktionsmöglichkeiten haben sie sich in den letzten Jahren als e-Marketplaces für den Geschäftsverkehr zwischen Unternehmen (Business to Business) etabliert. Allerdings haben sich die ursprünglich gehegten Hoffnungen über die große wirtschaftliche Bedeutung dieser Handelsplattformen nicht erfüllt. Covisint z. B., ein mit viel Aufwand gegründeter elektronischer Marktplatz der Automobilindustrie, ist einige Jahre nach seinem Aufbau von den Gründungsunternehmen wegen mangelnden Erfolgs verkauft worden

(Zillich 2004). Individuelle Preisverhandlungen zwischen Unternehmen und Endkunden (Business to Consumer) entstehen erst ganz allmählich.

Wesentlich öfter werden kollektive Verfahren und hier speziell die kompetitiven, wie Online-Auktionen, eingesetzt. Wir werden hierauf weiter unten bei der Preisdifferenzierung noch zu sprechen kommen. Die kooperative Preisbildung durch Einkaufsgemeinschaften bündelt die Kaufkraft der Nachfrager, um Mengenrabatte zu erzielen. Ein Produkt ist umso billiger zu erwerben, je mehr Interessenten online ein Angebot abgeben. Diese Variante der Preisbildung hat sich bislang allerdings nicht durchsetzen können. Mangelnde Kundenakzeptanz und auch rechtliche Probleme (Zeix 2006) haben dazu geführt, dass selbst die prominenten Vertreter des Power-Shoppings wie powershopping.de oder letsbuyit.com nicht mehr am Markt präsent sind.

Für Informationsanbieter ist es wegen ihrer fixkostenlastigen Kostenstruktur naheliegend, Preise anzusteuern, die hohe Absatzmengen und damit die gewünschte Stückkostendegression erzeugen. Will der Anbieter außerdem die mit Informationsgütern verbundenen Netzwerkeffekte wirksam werden lassen, empfiehlt es sich bei der Preisgestaltung, auf die schnelle Verbreitung zu achten. Beides weist in die gleiche Richtung: Preise dürfen nicht kosten-, sondern müssen marktorientiert ermittelt werden (Fritz 2004, 204). Dies kann konkurrenzorientiert geschehen, was durch die Preistransparenz des Internets auch sehr begünstigt wird, oder aber kundenorientiert. Dazu muss entweder die Zahlungsbereitschaft der Kunden durch (Online-)Marktforschung ermittelt werden oder die Kunden müssen beim Kauf die Gelegenheit bekommen – zumindest teilweise – zu offenbaren, wie ihre Preisvorstellungen ausfallen. Hier bietet das Instrument der Preisdifferenzierung ein ganzes Arsenal von Möglichkeiten an.

18.2 Formen der Preisdifferenzierung

Aus heutiger Sicht lässt sich bereits sagen, dass es auch für Informationsanbieter künftig eine ganz neue, zentrale Herausforderung sein wird, weniger seine optimalen Preise festzulegen, als die einzusetzenden Preismechanismen optimal zu gestalten (Skiera et al. 2005, 292). Damit befinden wir uns beim Thema Preisdifferenzierung. Deren Grundidee ist es, jedem Kunden ein prinzipiell gleiches Produkt zu unterschiedlichen Preisen zu verkaufen (vgl. z.B. Diller 2008, 227 f.). Aus Unternehmenssicht würde das idealerweise bedeuten, dass die Konsumentenrente vollständig abgeschöpft werden könnte. Preisdifferenzierung macht natürlich nur Sinn, wenn auf Kundenseite auch tatsächlich unterschiedliche Nutzwerte und damit auch unterschiedliche Zahlungsbereitschaften für die angebotenen Güter vorliegen. Aus dem täglichen Leben ist diese Tatsache hinlänglich bekannt, aber gilt sie auch für Informationsangebote? Bei Internetnutzern lässt sich erkennen, dass kostenpflichtige Informationsangebote noch zu einem großen Teil auf Ablehnung stoßen. Heil (1999, 246) stellt unter Bezugnahme auf eine Befragung von Internetnutzern durch das GVU-Center fest, dass mehr als 40% kos-

18.2 Formen der Preisdifferenzierung

tenpflichtige Angebote ablehnen, weil es ihrer Meinung nach ausreichend kostenfreie Alternativen gäbe. Ähnliche Aussagen erhält man für Musiktauschbörsen. Walsh et al. (2002, 216) zeigen, dass gut zwei Drittel der befragten Tauschbörsennutzer keine Bereitschaft äußern, für bis dahin kostenlose Downloads etwas zu bezahlen. Bei Informationsangeboten muss man also davon ausgehen, dass es eine größere Fraktion an Zahlungsunwilligen gibt. Im Umkehrschluss lässt sich aber auch sagen, dass auf Informationsmärkten sehr wohl Zahlungsbereitschaften existieren. Es lässt sich zudem feststellen, dass die Zahlungsbereitschaft für digitale Güter in der Tendenz generell zunimmt, wobei speziell in Deutschland die Wachstumsraten besonders hoch sind (Stahl et al. 2004, 13, 31). Vor allem Breitbandnutzer haben eine hohe Akzeptanz für den Kauf digitaler Produkte (Theysohn et al. 2005, 174). Damit ist es unternehmerisch sinnvoll, die existierenden Zahlungsbereitschaften über eine differenzierte Preisgestaltung abzuschöpfen (Fritz 2004, 207).

Es gibt drei Grundformen der Preisdifferenzierung, die zurückgehen auf Arthur Cecil Pigou (1929). Sie unterscheiden sich danach, wer den Preis stellt und wie die Käufergruppen separiert werden.

Die Preisdifferenzierung ersten Grades stellt die Idealform dar, bei der der Anbieter versucht, von jedem Kunden den Preis zu bekommen, den er maximal zu zahlen bereit ist. Bevor der elektronische Handel aufkam, wurde diese Form der Preisdifferenzierung als wenig praktikabel betrachtet. Zwar ließ sie sich schon früher in individuellen Preisverhandlungen (Diller 2008, 236 f.) oder auch beim Feilschen oder auf Versteigerungen umsetzen, aber erst das Internet hat die entsprechenden Möglichkeiten geschaffen, die individuelle Preisdifferenzierung nicht nur bei Einzeltransaktionen sondern auch im Massengeschäft einzusetzen (Diller 2008, 222 f.). Insbesondere die verschiedenen später noch anzusprechenden Formen der Online-Auktionen sind ein geeignetes Instrument, Kaufabschlüsse auf Basis der individuellen Zahlungsbereitschaften herbeizuführen.

Bei der Preisdifferenzierung dritten Grades versucht man die Schwierigkeit der individuellen Ermittlung der Zahlungsbereitschaften durch eine Zielgruppensegmentierung zu überwinden. Es werden Kundengruppen wie z. B. Studierende oder Senioren gebildet, von denen man annimmt, dass sie untereinander eine ähnliche Zahlungsbereitschaft aufweisen und sich von den anderen Gruppen eindeutig abgrenzen lassen.

> Als Beispiel sei hierzu eine medizinische Fachzeitschrift betrachtet. Da sie ein hohes Ansehen bei Ärzten genießt, kann der Verlag ihnen gegenüber einen vergleichsweise hohen Preis verlangen. Für Medizinstudenten ist der Wert der Zeitschrift weniger hoch, typischerweise verfügen sie auch über geringere finanzielle Mittel. Aus diesem Grund bietet der Verlag seiner zukünftigen Kernzielgruppe ein vergünstigtes Studentenabonnement an. Ähnlich lässt sich auch ein spezieller Preis für Pharma-Vertreter finden (Schumann/Hess 2006, 70).

Die Kunden haben bei dieser Variante keine Wahl zwischen Angeboten und Preisen. Die Problematik dieser Differenzierungsform liegt in der sauberen Abgrenzung der Kundengruppen und im Auftreten von Arbitrage. Wenn nämlich Kunden aus der Gruppe mit einem niedrigen Preis das Produkt an solche mit einem höheren weiterverkaufen, entgeht dem Unternehmen Konsumentenrente, die es bekommen würde, wenn es das Produkt selbst an die zahlungskräftigeren Kunden verkaufte.

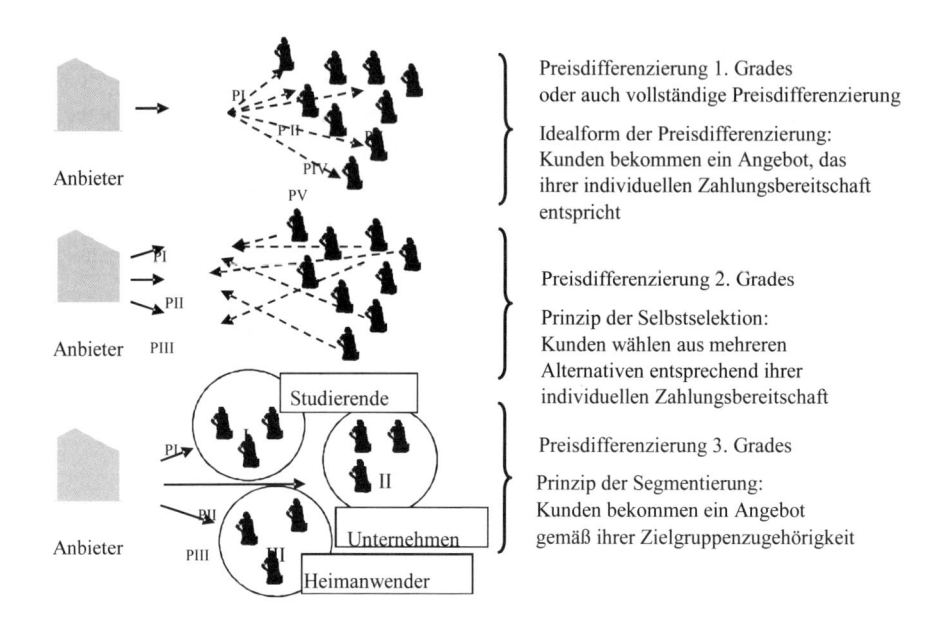

Abbildung 18.2: Grundformen der Preisdifferenzierung. Quelle: In Anlehnung an Schumann/Hess 2006, 70f.

Die letzte der drei zu nennenden – und in Abbildung 18.2 dargestellten – Formen der Preisdifferenzierung ist die Preisdifferenzierung zweiten Grades.

Im Gegensatz zu den beiden erstgenannten Formen der Preisdifferenzierung ersten und dritten Grades stellt hier der Anbieter nicht dem einzelnen Kunden oder der einzelnen Kundengruppe ein festgelegtes Angebot (Segmentierung). Stattdessen werden die Leistungen vom Unternehmen so differenziert angeboten, dass die Kunden von sich aus zu unterschiedlichen Preisen kaufen. Bei diesem Prinzip der Selbstselektion steht es ihnen frei zu entscheiden, in welcher Preis-Leistungs-Kombination sie das Produkt erwerben wollen. Diese Preisdifferenzierung kann auf Leistungsunterschieden beruhen (z. B. Buchungsklassen bei Bahnreisen), mengenmäßig gestaltet sein (z. B. Mengenrabatte, Flat-Rates) oder in Form eines Preis- bzw. Produktbündels (z. B. Pauschalreise) angeboten werden. Abbildung 18.3 gibt dazu einen Überblick.

PREISDIFFERENZIERUNG (PD)							
PD ersten Grades		PD zweiten Grades			PD dritten Grades		
Preis-individualisierung		Leistungs-bezogene PD	Mengen-mäßige PD	Preis-bündelung (PB)	Personelle PD	Räumliche PD	Zeitliche PD
Preis-verhand-lungen	z. B. Verstei-gerungen	z. B. Liefer- vs. Abhol-preise, Sitzplatz-kategorien	z. B. Mengen-rabatte, Boni, Mehrstufige Tarife, Pauschal-preise	z. B. Set-Preise, Pauschal-reisen, Zubehör-pakete	z. B. Studenten-, Beamten- oder Senioren-tarife	z. B. Internat. PD, Bahnhofs-preise	z. B. Wochen-endfahr-preise, Nacht-tarife

Abbildung 18.3: Beispiele der Preisdifferenzierung. Quelle: Diller 2008, 229.

Die verschiedenen Formen der Preisdifferenzierung werden nun bezogen auf Informationsangebote diskutiert. Bei der Preisdifferenzierung ersten Grades werden uns die verschiedenen Varianten von **Online-Auktionen** beschäftigen. Bei der Preisdifferenzierung zweiten Grades werden **Windowing, Versioning** und **Bundling** dargestellt. Die Preisdifferenzierung dritten Grades hat die Preisgestaltung des „**Follow-the-free**" zum Gegenstand. Diese fünf Formen der Preisgestaltung sind für das Internet-Marketing (Fritz 2004, 200 ff.) generell sehr relevant und ganz speziell für den elektronischen Handel mit digitalen Inhalten (Stahl 2005, 285 ff.).

18.2.1 Online-Auktionen

Eine individuelle Gestaltung der Preise, die die Zahlungsbereitschaft der Kunden berücksichtigt, ist für Unternehmen sehr erstrebenswert. Im Gegensatz zu Angeboten mit Einheitspreisen kann durch diese Form der **Preisdifferenzierung ersten Grades** die überschüssige Konsumentenrente vollständig in Umsatz umgewandelt werden. Neben den oben bereits angesprochenen individuellen Preisverhandlungen sind Auktionen ein geeignetes Instrument zur Offenlegung von Zahlungsbereitschaften (McAfee/McMillan 1987). Durch das Bietverfahren gehen die Bieter häufig bis an die Grenze ihrer Zahlungsbereitschaft oder – beim so genannten „overbidding" (Sattler/Nitschke 2003) – sogar darüber hinaus. Auktionen spielten bis vor einigen Jahren im wirtschaftlichen Leben keine besondere Rolle. Sie wurden vornehmlich beim Verkauf von Raritäten, von Gebrauchtwaren oder im Börsengeschäft eingesetzt (Diller 2000, 300). Mit dem Internet hat sich dies jedoch geändert, so gehören Online-Auktionen heute zu einer der beliebtesten Verkaufsformen (Fritz 2004, 210). Neben dem Nutzen für Unternehmen zur Aufdeckung der Zahlungsbereitschaften der Käufer (Fritz

2004, 204 mit weiteren Quellen) bieten sie dem Kunden ein gewisses Preiserlebnis. Der Erfolg von eBay und anderen Auktionsplattformen bestätigt dies.

Die Auktionstheorie unterscheidet vier zentrale Typen von Auktionen (McAfee/McMillan 1987, 702; Wirtz 2001, 453 ff.), die sich auch alle im elektronischen Geschäftsverkehr finden lassen. Ein wesentlicher Unterschied besteht darin, ob sie offen oder verdeckt ablaufen.

Offene Auktionen	Verdeckte Auktionen
Englische Auktion Erhöhung der Gebote bis nur noch ein Bieter übrig bleibt. Der letzte Bieter erhält den Zuschlag und zahlt den Preis in der Höhe seines letzten Gebots. z. B. eBay.com; hood.de	**Höchstpreisauktion** Jeder Bieter gibt genau ein geheimes Gebot ab. Der Höchstbietende erhält den Zuschlag und zahlt den Preis in der Höhe seines Gebots. z. B. murphyauctions.net
Holländische Auktion Ein vorgegebener Anfangspreis wird so lange gesenkt, bis der erste Bieter diesen annimmt. Zu diesem Preis erhält er den Zuschlag. z. B. intermodalex.com; azubo.de	**Vickrey-Auktion** Spezielle Form der Höchstpreisauktion, bei der alle Bieter genau ein geheimes Gebot abgeben. Der Höchstbietende erhält den Zuschlag und zahlt den Preis in der Höhe des zweithöchsten Gebots z. B. e-Bay-Auktion mit Bietassistent

Abbildung 18.4: Auktionstypen.

Der Verbreitungsgrad der verschiedenen Auktionstypen ist sehr unterschiedlich. Für das Massengeschäft gut geeignet und im Internet mit Abstand am weitesten verbreitet ist die Englische Auktion. Auch Holländische Auktionen werden häufiger eingesetzt. Die verdeckten Auktionen finden sich nur selten, die Vickrey-Auktion spielt bei der Online-Werbung (z. B. bei Google AdWords) eine Rolle.

18.2.2 Windowing

Beim so genannten Windowing geht es darum, ein fertiges Informationsgut wie einen Film oder ein Buch in unterschiedlichen Angebotsformen zu unterschiedlichen Zeitpunkten auf den Markt zu bringen (Owen/Wildman 1992, 26-37). Ausgehend von ein und derselben First-Copy, dem Master, werden den Kunden – und das ist der entscheidende Punkt – im Zeitablauf verschiedene Übermittlungsformen bzw. Trägermedien angeboten. Filme wie Star Wars werden nicht nur im Kino gezeigt, sondern kommen auch – zeitversetzt – als Video, im Pay-TV und im Free-TV auf den Markt.

Wir erinnern uns, dass **Preisdifferenzierung zweiten Grades** bedeutet, dass Unternehmen unterschiedliche Angebote machen, bei denen die Kunden sich selbst das für sie am besten passende heraussuchen. Die Angebote befriedigen unterschiedliche Bedürfnisse, und dafür sind die Kunden bereit, unterschiedlich hohe Preise zu zahlen. Kunden z. B., die einen neuen Film im Kino sehen wollen, sind bereit mehr dafür zu zahlen als jene, die ihn als Leihvideo oder im Free-TV sehen wollen.

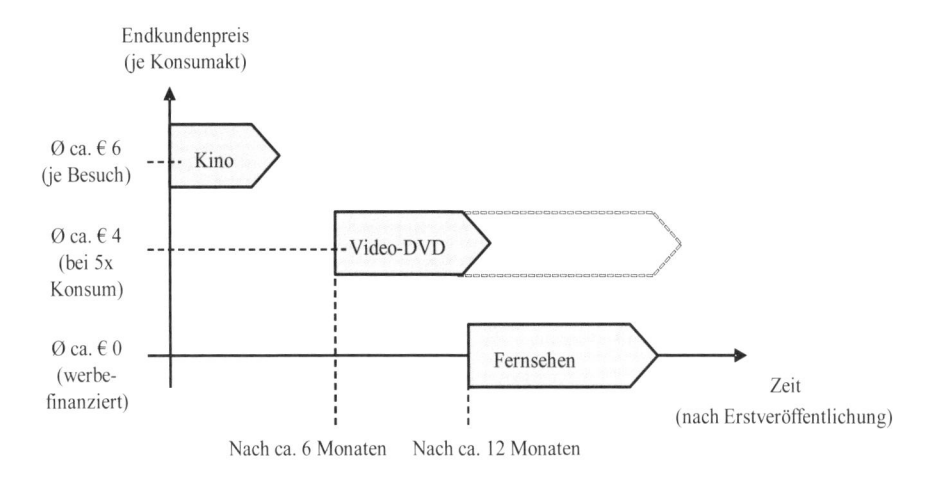

Abbildung 18.5: Zahlungsbereitschaften für unterschiedliche Angebotsformen eines Films. Quelle: Schumann/Hess 2006, 74.

Im Vordergrund dieser Form der Preisdifferenzierung steht der zeitliche Aspekt. Die Informationsanbieter versuchen die verschiedenen „Profit-Windows" (Zerdick et al. 2001, 70f) oder Verwertungsfenster (daher eben auch: Windowing) möglichst optimal auszuschöpfen. Würden sie ihre Angebote nicht staffeln, träten Kannibalisierungseffekte ein: Viele Kunden gehen deshalb ins Kino oder leihen eine DVD, weil sie bis zur Fernsehausstrahlung noch lange warten müssten. Zwischen den einzelnen Fenstern liegen deshalb deutliche Abstände. In Abbildung 18.6 lässt sich gut erkennen, dass zwischen Filmeinführung in den Videomarkt und Pay-per-View-Angeboten in Europa üblicherweise sechs Monate liegen. In den USA ist der Abstand mit 40 bis 90 Tagen deutlich kürzer (Zerdick et al. 2001, 71). Die Free-TV-Angebote sind ganz am Ende der Verwertungskette angeordnet, weil hier die Kunden mit der geringsten Zahlungsbereitschaft zu finden sind. Sie müssen auf die für sie kostenfreie, weil werbefinanzierte, Ausstrahlung aber auch am längsten warten. Würde man Filme im Free-TV z. B. vor dem Pay-TV-Angebot platzieren, verlöre man einen Großteil der zahlungsbereiten Kundschaft. Wenn ein Film bereits kostenfrei gesendet wurde, sind Konsumenten lediglich dazu bereit wenig, oder gar nichts mehr dafür zu zahlen.

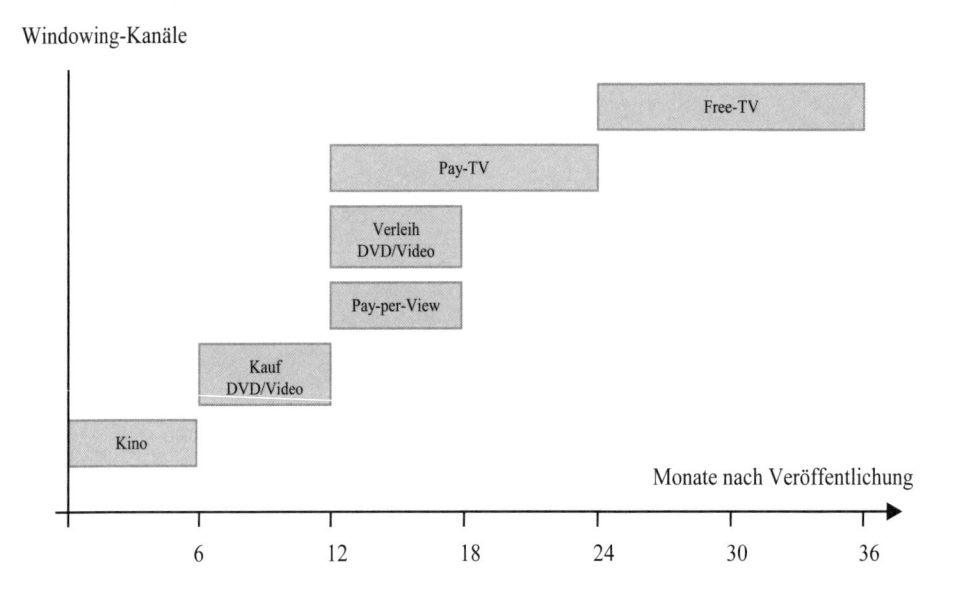

Abbildung 18.6: Windowing bei Filmen. Quelle: In Anlehnung an Wirtz 2006, 307.

Die Positionierung der einzelnen Verwertungsfenster richtet sich nach deren Erlöspotenzial. Auch wenn die Erlöse aus dem Kinogeschäft in den letzten Jahren deutlich zurückgegangen sind, stellen sie noch immer die wichtigste Umsatzquelle dar.

18.2 Formen der Preisdifferenzierung

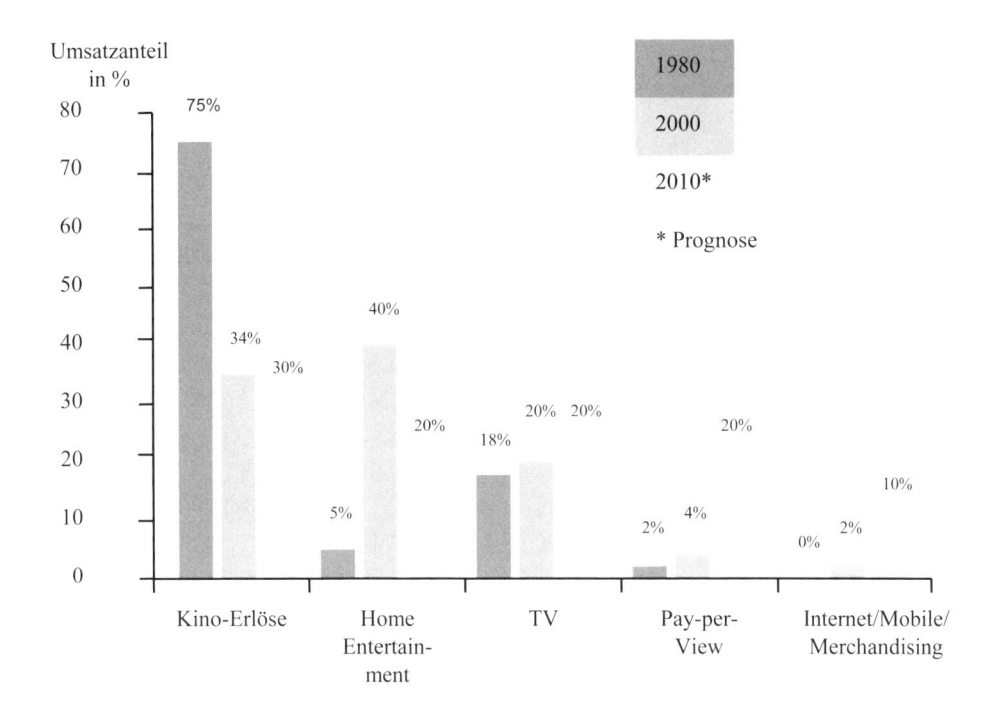

Legende: 1980, 2000, 2010* (*Prognose)

Umsatzanteil in %:
- Kino-Erlöse: 75%, 34%, 30%
- Home Entertainment: 5%, 40%, 20%
- TV: 18%, 20%, 20%
- Pay-per-View: 2%, 4%, 20%
- Internet/Mobile/Merchandising: 0%, 2%, 10%

Abbildung 18.7: Umsatzverteilung von Major-Studio Produktionen. Quelle: in Anlehnung an Wirtz 2006, 266.

Filme haben darüber hinaus aber auch eine hohe strategische Bedeutung für den Erfolg der Gesamtverwertung.

> Je erfolgreicher und bekannter ein Film im Kinomarkt gewesen ist, desto leichter (und umsatzträchtiger) ist die Vermarktung in den nachfolgenden Profit Windows (Zerdick et al. 2001, 71).

Die größten Umsätze werden mittlerweile im Home-Entertainment mit DVDs, die das Video weitgehend abgelöst haben, und hier im Kauf und weniger durch den Verleih erzielt (Wirtz 2006, 267). Ist die Verwertungskette komplett durchlaufen, werden die Filme zusätzlich über Syndikation und Programmarchive angeboten (Zerdick et al. 2001, 71).

Je größer die Gefahr der Kannibalisierung, desto deutlicher müssen die Verwertungsfenster voneinander getrennt und ohne zeitliche Überschneidungen geplant werden. Sind die Abstände zwischen den Fenstern zu gering, warten die Kunden unter Umständen auf das preislich niedrigere Angebot (Video statt Kino). Aber auch innerhalb der TV-Fenster dürfen die Wiederholungen nicht zu häufig laufen, weil interessierte Zuschauer sonst nicht zu wiederholtem Konsum bereit sind (Schumann/Hess 2006, 74f.).

Offen ist noch, wie sich neue Angebotsformen hier einreihen werden. So wie der Home-Entertainment-Bereich bei seiner Einführung Anfang der 80er Jahre das werbefinanzierte Fernsehen auf den hintersten Platz verdrängt hat (Zerdick et al. 2001, 71), werden sich neue digitale Angebote über das Internet ebenfalls ihren Platz schaffen. Video on Demand beginnt sich langsam zu entfalten und trifft auf eine Kundschaft, die eine tendenziell erhöhte Zahlungsbereitschaft aufweist, weil für sie Fahrt- und Suchkosten bei dieser Angebotsform reduziert werden (Wirtz 2006, 308). Auch gestreamte Filmübertragungen vor, zum oder kurz nach dem Kinostart könnten auf Kunden treffen, die bereit sind, einen Aufpreis für dieses Angebot zu zahlen. Wenn Video on Demand sich voll entfaltet haben wird, ist zu erwarten, dass es sich in der Verwertungskette sehr weit vorn, vielleicht sogar an der Spitze positionieren wird (Litman 2000, 100).

Hier eröffnen sich interessante Perspektiven im Hinblick auf die Erzeugung von Netzwerkeffekten. Wenn es so wichtig ist, dass ein neuer Film eine hohe Anfangsaufmerksamkeit gewinnt, damit die nachfolgende Verwertung in Bezug auf Mengen und Preise davon profitieren kann, könnten digitale Angebote einen wichtigen Beitrag leisten, wenn sie messbar sind und genau so wie die Besucherzahlen der Kinos kommuniziert werden können. Dann werden es künftig die legalen – und vielleicht sogar die illegalen – Downloadzahlen sein, mit denen geworben wird. Die digitalen Bezahlangebote bergen in jedem Falle ein „digitales Potenzial" (Wirtz 2006, 308), d. h. die Chance, in Verbindung mit dem Windowing einen deutlichen Schritt in Richtung vollständiger Preisdifferenzierung zu gehen. Preise lassen sich, wie in Abbildung 18.8 dargestellt, im Zeitablauf variabel gestalten, um so die unterschiedlichen Zahlungsbereitschaften von Film-, Video- oder Fernsehzuschauern abzuschöpfen.

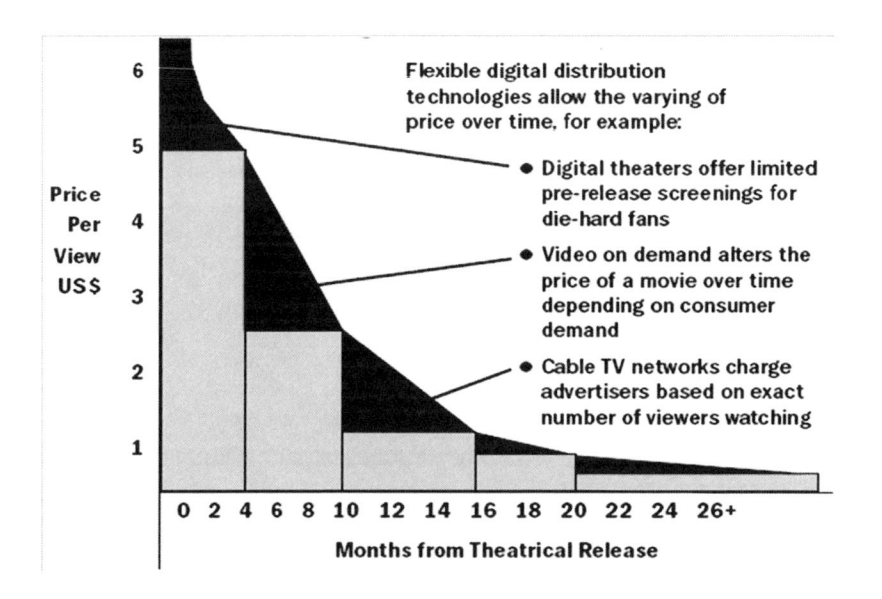

Abbildung 18.8: Erlöspotenziale für den digitalen Vertrieb von Filmen. Quelle: Cap Gemini Ernst & Young 2001, 14.

18.2 Formen der Preisdifferenzierung

Wenn man genauer hinschaut, lässt sich feststellen, dass Windowing keine ganz reine Form der zeitlichen Preisdifferenzierung ist. Sie ist es zwar in Bezug auf den identischen Content, der in den verschiedenen Fenstern mehrfach verwertet wird, nicht aber hinsichtlich der Angebotsform. Der Kunde, so lässt sich leicht erkennen, bekommt ein durchaus unterschiedliches Produkt, je nachdem, ob er einen Film im Kino oder zu Hause am Fernseher oder am PC anschaut. Hier zeigt sich die Verbindung mit einer anderen Form der Preisdifferenzierung, die bei Informationsgütern zunehmend eingesetzt wird, die leistungsorientierte Preisdifferenzierung (Versioning). Bisher war es zu aufwändig, einmal erzeugte Informationsprodukte zu verändern, um sie unterschiedlichen Zielgruppen anzubieten. Daher spielte der zeitlich gestaffelte Vertrieb über unterschiedliche Kanäle – wie er z. B. auch im Verlagswesen bei Hard- und Softcovereditionen praktiziert wird – bislang eine so wichtige Rolle. Mit der Digitalisierung von Informationsprodukten ergibt sich ein ganz neuer Spielraum. Produkte können mit wenig Aufwand neu zusammengestellt und auf immer kleinere Zielgruppen zugeschnitten werden. Dass dies noch wesentlich differenzierter möglich ist als in der Filmindustrie, zeigt das folgende Beispiel aus dem Verlagswesen.

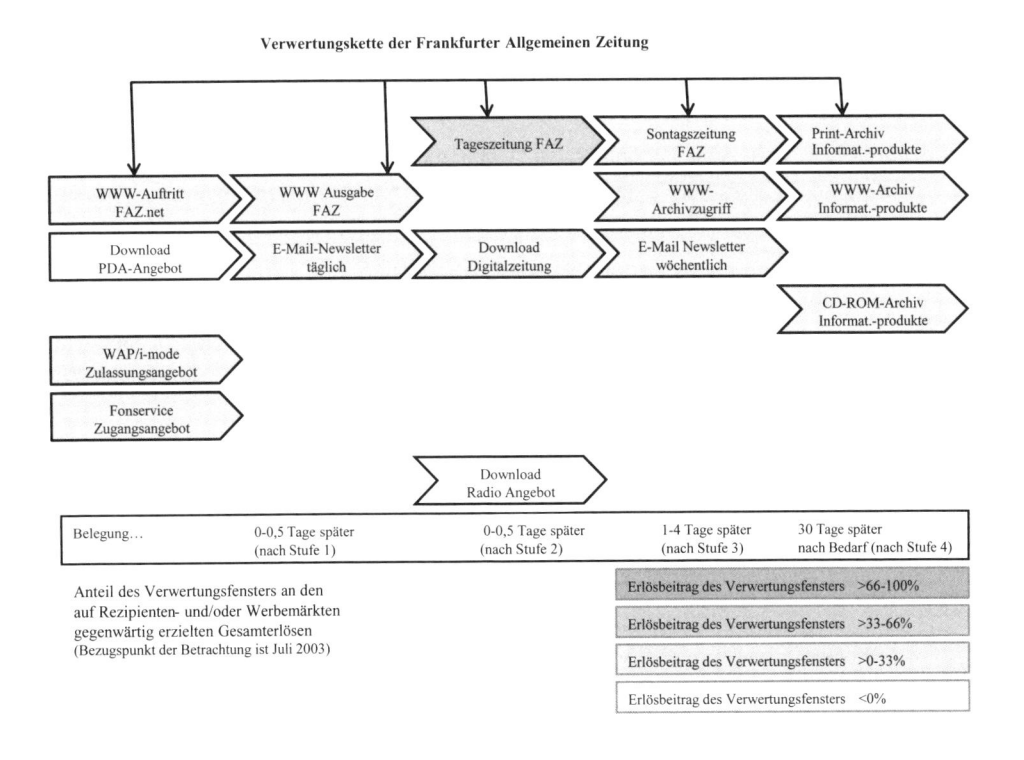

Abbildung 18.9: Verwertungskette der FAZ. Quelle: In Anlehnung an Schumann/Hess 2006, 75.

Wie man bei der in Abbildung 18.9 dargestellten Verwertungskette der FAZ sehr schön erkennen kann, gibt es insgesamt fünfzehn Verwertungsfenster, die auf fünf Stufen aufgeteilt werden. Von allen Angeboten sind lediglich drei printbasiert, aber elf – nimmt man auch das Telefonangebot hinzu, zwölf – elektronisch. Haupterlösbringer ist dabei nach wie vor die Tageszeitung in der Printausgabe. Alle anderen Angebote bringen entweder keine (PDA-, Radio-Angebot) oder nur geringe Erlöse bis maximal 33%.

18.2.3 Versioning

Wir wollen damit das Windowing verlassen und uns der leistungsorientierten Preisdifferenzierung, dem Versioning, als einer weiteren Form der **Preisdifferenzierung zweiten Grades** zuwenden. Als Abgrenzungskriterium zwischen Versioning und Windowing lassen sich zwei Punkte finden, die Identität des Produkts und der Zeitpunkt des Angebots. Windowing basiert klassischerweise darauf, dass eine einmal erzeugte First-Copy im Prinzip identisch – d. h. von leichten Kürzungen z. B. abgesehen – über verschiedene Distributionskanäle angeboten wird. Außerdem sind die verschiedenen Angebote zeitlich gestaffelt. Das heißt, es existieren abgrenzbare zeitliche Verwertungsfenster, so dass die Informationsangebote jeweils erst nach Ablauf einer gewissen Zeit genutzt werden können.

Kann der Kunde unter verschiedenen Varianten wählen, die aus einer First-Copy generiert wurden und stehen ihm diese gleichzeitig zur Verfügung, handelt es sich um Versioning.

Windowing nähert sich dem Versioning an, wenn die Angebote für den einzelnen Kanal angepasst werden. So ist es häufig der Fall, dass DVDs mit zusätzlichen Features ausgestattet werden, wie z. B. Sprachversionen, extended Versions oder Hintergrundmaterial.

Windowing und Versioning als Formen der Preisdifferenzierung zweiten Grades unterscheiden sich wiederum von der zeitliche Preisdifferenzierung dritten Grades, auf die wir später noch zu sprechen kommen, dadurch, dass der Anbieter bei einem identischen Angebot die Preise in Abhängigkeit von der Angebotszeit variiert. Wenn also das Telefonieren tagsüber teurer ist als abends oder nachts, liegt eine zeitliche Preisdifferenzierung vor.

Beim Versioning (zu Deutsch: Versionierung) bietet das Unternehmen sein Produkt also in verschiedenen Versionen an und überlässt es dem Kunden, sich die für ihn geeignete Variante auszuwählen. Versioning basiert auf für den Kunden wahrnehmbaren Leistungsunterschieden bei Informationsangeboten, seien es Filme, Musik, Bücher oder Software.

> Your goal in versioning your information product is to sell to different market segments at different prices. By creating low-end and high-end versions of your product, you can sell the same thing to customers with significantly different levels of willingness to pay (Shapiro/Varian 1999, 61 f.).

Für den Anbieter geht es also darum, die Produktleistungen so zu gestalten, dass sie auf der einen Seite die individuellen Kundenanforderungen möglichst genau erfüllen und auf der anderen Seite der geforderte Preis möglichst gut zur Zahlungsbereitschaft der Kunden passt.

Diese Form der leistungsbezogenen Preisdifferenzierung nähert sich der Produktdifferenzierung an, bleibt aber eine Preisdifferenzierung, denn

> Anliegen einer leistungsbezogenen Preisdifferenzierung ist es, durch relativ geringfügige Änderungen im Leistungsumfang bzw. in der Leistungsqualität ohne wesentliche Kostenkonsequenzen bei einem Teil der Kundschaft höheres Nutzenempfinden und damit höhere Preisbereitschaft zu erzielen. Insofern ist die leistungsbezogene Preisdifferenzierung stets auch eine nutzenbezogene. Sie wird umso besser gelingen, je elastischer die Nachfrager auf entsprechende Differenzierungen in ihrem Wertempfinden und der darauf aufbauenden Preisbereitschaft reagieren (Diller 2008, 237).

Die Versionierung von Informationsgütern ist somit eine Form der Preis- und nicht der Produktdifferenzierung, weil sie darauf abzielt, dem unterschiedlichen Nutzenempfinden der Kunden bei minimalen Differenzierungskosten zu entsprechen. Nehmen wir das nachfolgend in Abbildung 18.10 aufgeführte Beispiel eines Mailprogramms, bei dem es drei Versionen gibt, die unterschiedliche Kundenbedürfnisse ansprechen. Die zugrunde liegenden Kostenunterschiede für z. B. mehr freie SMS, einen besseren Virenschutz oder mehr Speicherplatz sind für den Anbieter sehr gering. Etwas anders liegt der Fall natürlich, wenn man Informationsangebote z. B. mit verschiedenen Servicelevels koppelt. Hier kann es zu deutlich spürbaren Mehrkosten kommen, wenn die bestehenden Servicekapazitäten nicht ausreichen und eigens für die Premium-Angebote aufgestockt werden müssen.

Für die Entwicklung der einzelnen Produktversionen empfehlen Deneckere und McAfee (1996) sowie Shapiro und Varian (1999, 69) erst die High-end-Version zu entwickeln und daraus dann Versionen mit reduzierter Qualität abzuleiten. Daraus ergeben sich zwei Vorteile:

Zum einen lässt sich mit der Low-end-Version das qualitativ höherwertige Produkt gut bewerben. Nutzer abgespeckter Versionen von Mailprogrammen, Lexika oder Datenbankangeboten erkennen sehr schnell den Mehrwert der höherpreisigen Angebote. Jeder Nutzer des kostenfreien Readers von Adobe wird es sehr schnell zu schätzen wissen, wie nützlich es ist, Dokumente im pdf-Format selbst erstellen zu können. Dazu ist aber die kostenpflichtige Version des Adobe Acrobats erforderlich. Mit den preisgünstigen Versionen können Anbieter Informationsasymmetrien relativ leicht abbauen und Vertrauen auf Seiten des Kunden aufbauen (Wirtz/Olderog 2001, 199).

Zum anderen sind die Reaktionsmöglichkeiten auf den Wettbewerb größer, wenn zuerst die Version mit der höchsten Qualität fertig entwickelt ist. Sollte der Wettbewerb hohe Qualität zu vergleichsweise günstigeren Preisen anbieten, kann das bereits verfügbare Premiumangebot schnell neu positioniert werden. Die Neu- bzw. Weiterentwicklung einer High-end-Version aus einer Version niedriger oder mittlerer Qualität ist um ein vielfaches zeitaufwändiger.

Abbildung 18.10: Versioning bei eMail-Angeboten. Quelle: gmx 2009.

Wie viele Versionen sollte man seinen Kunden anbieten? Theoretisch könnte man bei vernachlässigbaren Versionierungskosten für jeden einzelnen Kunden eine individuelle Version anfertigen, womit man den Idealfall der vollständigen Preisdifferenzierung erreicht hätte. Eine zu große Zahl von Produktversionen bringt allerdings zwei Nachteile mit sich. Zum einen steigen die Kosten für den Anbieter, wenn er viele Angebote gleichzeitig managen muss („menu cost"; Wu/Chen 2008 165). Zum anderen besteht die Gefahr, dass eine zu große Angebotsvielfalt zur Verwirrung bei den Kunden führen würde (Iyengar/Lepper 2000). Die Nachfrager müssen die Leistungsunterschiede deutlich erkennen können, um darauf ihre Kaufentscheidung abzustellen. Ist der wahrnehmbare Unterschied nicht ausreichend, besteht die Gefahr, dass die höherwertigen Angebote vom Kunden nicht als solche erkannt und damit auch nicht gekauft werden (Zerdick et al. 2001, 188). Für den Anbieter gilt es also abzuwägen zwischen dem Eingehen auf Kundenwünsche einerseits und steigenden Angebotskosten sowie einer möglichen Überforderung des Kunden andererseits.

18.2 Formen der Preisdifferenzierung

Es gibt mehrere empirische Untersuchungen, denen zufolge generell mindestens drei Versionen angeboten werden sollten (z. B. Simonson/Tversky 1992; Smith/Nagle 1995). Mindestens drei Versionen deshalb, weil Konsumenten der Tendenz zur Mitte unterliegen, sie meiden üblicherweise die Extreme.

> When buying products, consumers normally try to avoid extreme choices – they fear they'll have to pay too much if they go for the most expensive version, and they worry they'll get too little if they opt for the cheapest. They are drawn instead to a compromise choice – a version in the middle of the product line (Shapiro/Varian 1998, 114).

Käufer unterliegen nach Simonson und Tversky (1992) der Extremeness Aversion Hypothesis:

> The extremeness aversion hypothesis derives from the notion that disadvantages loom larger than the respective advantages, which extends the notion of loss aversion (Simonson/Tversky 1992, 292).

Hat der Kunde nur zwei Angebote zur Auswahl, entscheiden sich Kunden häufig für das preisgünstigere. Gibt es dagegen eine High-end-, Gold-, Maxi- oder Premium-Version, fördert dies den Verkauf der mittleren – ehemals teuersten – Version. Mit der Einführung einer dritten, hochwertigen Version geht es nicht primär darum, diese in großen Mengen zu verkaufen, es verändert aber die Wahrnehmung der Kunden bezüglich der günstigeren Versionen und bringt Low-end-Käufer dazu, sich für das höherwertige (mittlere) Produkt zu entscheiden.

> Adding a premium product to the product line may not necessarily result in over-whelming sales of the premium product itself. It does, however, enhance buyers' perceptions of lower-priced products in the product line and influences low-end buyers to trade up to higher-priced models (Smith/Nagle 1995, 107).

Die Produkte in der Mitte gewinnen somit an Akzeptanz. Es lässt sich sogar empirisch zeigen, dass sich der Umsatz des zweiten bzw. vorletzten Produkts erhöhen lässt, indem die Anzahl der Versionen von zwei auf drei oder mehr gesteigert wird (Stahl 2005, 202).

Bei der Entwicklung des Produktangebots empfehlen Bhargava und Choudhary (2004) Informationsanbietern allerdings, genau darauf zu achten, wie sich die Zahlungsbereitschaften der Kunden verteilen. Eine Low-end Version einzuführen, lohnt nur dann, wenn man mehr Kunden für dieses Angebot hinzugewinnt als man Kunden „verliert", die dann nicht mehr die höherwertige Version kaufen.

> Introduction of a low quality product into the market has two effects: it causes some low-value consumers (who would not otherwise have purchased the product) to enter the market, but it also causes some high-value consumers to shift to the low quality product ... When marginal costs are negligible, the reduction in revenue is equivalent to a reduction in profit ... The overall reduction in profit makes price discrimination suboptimal (Bhargava/Choudhary 2004, 5; im Original kursiv).

Es finden sich viele Informationsangebote in genau drei Versionen, z. B. bei Steuerprogrammen wie Lexware (2007) mit Basis, deluxe und Home&Business oder auch den Adobe-Produkten mit der Unterscheidung von Standard, Professional und 3D. Ganz wichtig bei der Ausgestaltung der Top-Version ist deren deutlicher Unterschied zu den niedrigeren. Um das sicher zu stellen, können sogar Produktfeatures angeboten werden, die weit über die Bedürfnisse der meisten Käufer hinausgehen (Simonson/Tversky 1992, 293 f.). Selbst wenn die Versionierung spürbare Kosten verursacht, empfiehlt es sich immer, eine deutlich unterscheidbare High-end-Version und – wenn die Kosten nicht zu hoch sind – auch qualitativ geringerwertige Versionen anzubieten (Sundararajan 2004, 1671). Ein weiteres Argument für das Angebot von Premiumversionen liegt in deren Qualitätswahrnehmung. Hochpreisige Angebote werden von den Nachfragern häufig auch als qualitativ hochwertig angesehen (Völckner 2006; Stahl 2005, 297). Die Positionierung des Premiumangebots als hochwertig kann damit die Wahrnehmung des Gesamtangebots positiv beeinflussen.

Für die Preisgestaltung sollte man beachten, dass sich die Nachfrage nach den hochwertigen Premiumversionen auf verschiedene Art und Weise steigern lässt. Arbeitet man mit linearen Preissteigerungen, müssen Qualität und Umfang dabei überproportional zunehmen (Heitmann et al. 2006, 11). Noch besser ist es allerdings, mit nicht linearen Preissteigerungen zu arbeiten. Wie Heitmann et al. (2006, 12) am Beispiel von Telefonanbietern zeigen, empfiehlt es sich dabei nicht, den Preis, sondern das Leistungsangebot linear zu steigern und die Preise nur unterproportional zu erhöhen. Kunden lesen nämlich den Wert eines Angebots an der Relation von Preis und Leistung ab, wobei die Leistung als Bezugsgröße dient. Das größere Leistungspaket wird dann nämlich relativ gesehen günstiger. Gibt es in der größeren Version allerdings absolut zu wenig Leistung, tendieren Kunden dennoch zu der günstigeren Version.

Wie sieht es nun aber auf der anderen Seite des Versionierungsspektrums aus? Wie viele Versionen sollten höchstens angeboten werden? Shapiro und Varian (1999, 70) sehen die absolute Obergrenze in der Anzahl eindeutig unterscheidbarer Kundensegmente, die alle mit unterschiedlichen Versionen bedient werden sollten, so lange sie untereinander als klar abgegrenzt wahrgenommen werden können. In Anbetracht von kognitiven Kosten der Kunden und Kosten für die Pflege der Angebotspalette seitens des Anbieters empfehlen Hui et al. (2008) nur eine überschaubare Zahl an Versionen anzubieten. Drei erscheinen ihnen ebenfalls als ausreichend.

Etwas konkretere Aussagen finden sich bei Stahl (2005). Auf Basis einer empirischen Untersuchung bei digitalem Content stellt er fest, dass sich bei einer sehr hohen Anzahl von Versionen Umsatzsteigerungen erzielen lassen, wenn man sie auf eine Zahl unter zehn reduziert. Dynamisch gesehen, führt eine Reduktion der Versionen zwar erst einmal zu einem Umsatzrückgang, dies wird aber in den nachfolgenden Perioden dann überkompensiert. Stahl (2005, 203) vermutet als Grund dafür, dass sich die Kunden nach Wegfall der bekannten Version erst einmal neu orientieren müssen, bevor sie wieder – aus dem reduzierten Katalog – kaufen. Für digitalen Content ermittelt er (Stahl 2005, 317) sechs Versionen als Zahl, bei der Absatz und Umsatz maximiert werden.

Je nachdem um welche Art von Informationsgut es sich nun handelt und welchen Wert die Kunden ihm im Einzelnen beimessen, wird die Entscheidung des Anbieters über die Anzahl der Versionen – im Rahmen der vorgestellten Bandbreite – etwas anders ausfallen. Wegen der geringen Kosten der Versionierung bei digitalen Informationsgütern (Zerdick et al. 2001,

18.2 Formen der Preisdifferenzierung

191), ist das aber unproblematisch. Für Unternehmen stellt die Versionierung somit ein geeignetes Experimentierfeld dar, um Umsatzsteigerungen zu erzielen (Shapiro/Varian 1998, 113 f.).

Art der Versionierung	Grad der Versionierung	Beispiele
Aktualität	Zugriff sofort oder verzögert	Onvista: Börseninformationen Real-time oder mit Zeitverzögerung (onvista.de) Ökotest: Preis nach Alter des Tests (oekotest.de)
Verfügbarkeit der Information	Unimedial oder Mehrmedial Zugriffsmöglichkeiten	Falk: Routen- und Stadtpläne als Ausdruck oder als e-Mail (falk.de) LexisNexis-Datenbanken: On-Screen oder auch als Download; Datenbankzugriff On-Campus oder auch Off-Campus (lexisnexis.de)
Leistungsumfang	Wenige oder viele Funktionalitäten	Adobe Photo Shop CS3 oder CS3 extended mit vielen zusätzlichen Funktionalitäten (adobe.de) OpenBC/Xing: Umfassende Recherchemöglichkeiten bei der Premium-Mitgliedschaft (xing.com)
	Geringe oder hohe Informationstiefe; Umfang des Supports	Dialog Web vs. Dialog Professional mit unterschiedlichem Umfang an Hintergrundinformationen (dialog.com) Abstract. vs. Fulltext einer Marktstudie Shop-Software xt:Commerce mit und ohne Support
Wahrnehmungsfreundlichkeit	Geringe oder hohe Bildauflösung	Fotolia: Preisstaffelung in Abhängigkeit von der Pixelgröße (de.fotolia.com)
Bearbeitungsgeschwindigkeit	Geringe oder hohe Geschwindigkeit	Mathematica: Ausführung der symbolischen, grafischen u. nummerischen Operationen in unterschiedlichen Berechnungsgeschwindigkeiten (wolfram.com)

Tabelle 18.1: Arten der Versionierung.

Versionierung ist eine Form der Preisdifferenzierung zweiten Grades, weil die Käufer durch ihre Wahl ihre individuellen Zahlungsbereitschaften offenbaren. Ökonomisch handelt es sich hier um das **Prinzip der Selbstselektion** (Shapiro/Varian 1999, 54). Der Anbieter muss dadurch nicht mehr im Detail herausfinden, welchen Wert die Kunden seinen Angeboten beimessen. Insbesondere wenn sich die Kunden nicht gut auf Grund äußerer Charakteristika unterscheiden lassen, kann Versionierung eine wirksame Strategie sein (Klein/Loebbecke 1999).

Versionierung lässt sich nun auf verschiedene Arten durchführen, die in Tabelle 18.1 dargestellt sind. Wie sich leicht erkennen lässt, spielen die Kosten der Versionierung dabei nur eine untergeordnete Rolle.

18.2.4 Bundling

Eine weitere Form der **Preisdifferenzierung zweiten Grades** ist das Bundling (Bündelung): Zwei oder mehr (Informations-)Güter werden zu einem einzigen Angebot zusammengefasst und als Paket oder Set zu einem (meist geringeren) Gesamtpreis verkauft. Bündelung gibt es als Preis- und Produktbündelung. Beide Formen sind zwei Seiten derselben Medaille und lassen sich nicht wirklich voneinander trennen, denn es geht in einem Atemzug um die Zusammenstellung verschiedener Angebotsleistungen und gleichzeitig um die zugehörige Preisfestlegung (Diller 2008, 240). Wir werden Bundling hier als Preisbündelung behandeln.

Adams und Yellen (1976) haben diese Strategie der Preisgestaltung erstmalig umfassend untersucht. Kernanliegen des Bundlings ist es, die Varianz der Wertschätzung und damit auch der Zahlungsbereitschaft der Konsumenten für ein Gut im Vergleich zum Einzelverkauf zu reduzieren. Wie gut das funktioniert, hängt davon ab, wie die Zahlungsbereitschaften für die einzelnen Güter im Bundle miteinander korrelieren. Voraussetzung dabei ist, dass die Produkte keine (moderaten oder starken) Substitute sind, sie müssen also unabhängig oder komplementär sein (Tellis 1986, 155; Venkatesh/Kamakura 2003, 229).

Eine positive Korrelation liegt vor, wenn Kunden, die bereit sind, viel für ein Gut im Bündel zu zahlen, auch für das andere Gut eine hohe Zahlungsbereitschaft haben. Dies gilt gleichermaßen auch auf niedrigem Preisniveau, wenn für beide Güter nur eine niedrige Zahlungsbereitschaft besteht. Von negativer Korrelation spricht man hingegen, wenn die Zahlungsbereitschaft für das eine Gut hoch und für das andere niedrig ist. Durch einfache statistische Berechnungen lässt sich zeigen, dass durch Bundling eine Homogenisierung der Zahlungsbereitschaften entsteht. Diese fällt umso stärker aus, je negativer die Zahlungsbereitschaften korreliert sind.

> Consumer's valuation for a collection of goods typically has a probability distribution with a lower variance per good compared to the valuations for the individual goods. The larger the number of goods bundled, the greater the typical reduction in the variance (Bakos/Brynjolfsson 1999, 1614).

18.2 Formen der Preisdifferenzierung

Konsumenten

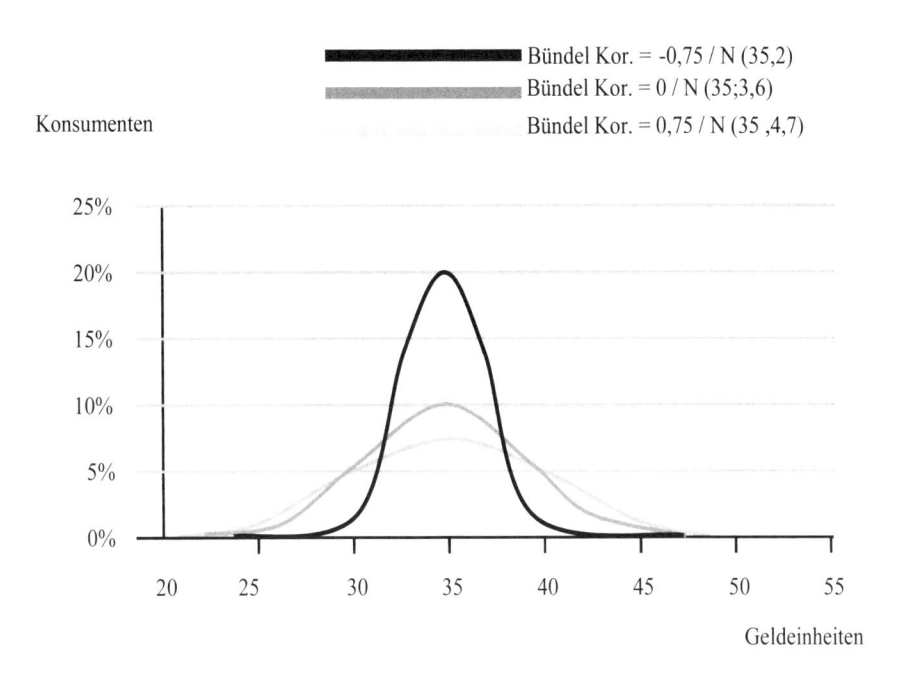

━━━ Bündel Kor. = -0,75 / N (35,2)
▬▬▬ Bündel Kor. = 0 / N (35;3,6)
▬▬▬ Bündel Kor. = 0,75 / N (35 ,4,7)

Geldeinheiten

Abbildung 18.11: Korrelationen der Zahlungsbereitschaften und Homogenisierungseffekt. Quelle:In Anlehnung an Olderog/Skiera 2000, 143.

Je stärker die aus dem Bundling resultierende Homogenisierung ausfällt, desto größer die Gewinnpotenziale des Anbieters. In der folgenden Abbildung ist das erkennbar an der Vergrößerung der Fläche des Gewinns beim Vergleich von Bündel I (wenig ausgeprägte Homogenisierung bzw. heterogene Nachfragestruktur) und Bündel II (stark ausgeprägte Homogenisierung bzw. homogene Nachfragestruktur).

Insbesondere bei digitalen Informationsgütern ist Bundling eine lohnenswerte Variante der Preisdifferenzierung, weil die Grenzkosten für die Hinzufügung eines weiteren Guts zu einem Bundle vernachlässigenswert sind (Varian 2003, 19). Umgekehrt hat sich empirisch gezeigt, dass Bundling mit steigenden Grenzkosten, z. B. bei Informationsangeboten auf Datenträgern wie Videokassetten oder DVDs, aber auch für physische Güter, zunehmend unattraktiv wird (Bakos/Brynjolfsson 1999, 1626).

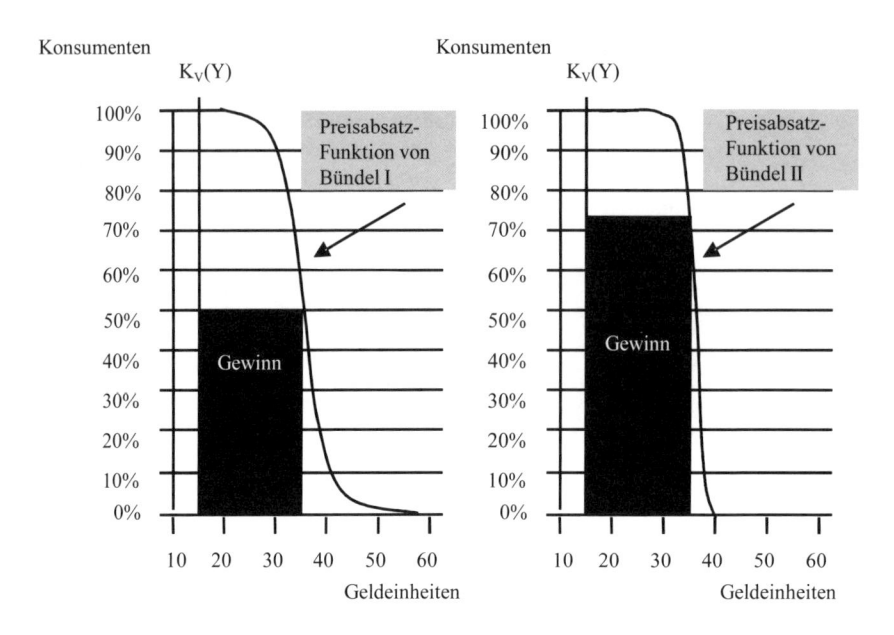

Abbildung 18.12: Formen des Bundlings. Quelle: In Anlehnung an: Olderog/Skiera 2000, 143.

Nimmt man als Beispiel zwei Microsoft-Produkte wie Word und Excel und zwei Kunden mit unterschiedlichen Wertschätzungen für diese Produkte, lässt sich gut erkennen, wie sich die Streuung der Zahlungsbereitschaften durch Bundling reduziert (Shapiro/Varian 1999, 75 f.).

	Word	Excel
Kunde A	€ 120	€ 100
Kunde B	€ 100	€ 120

Tabelle 18.2: Zahlungsbereitschaften für Softwareprodukte. Quelle: In Anlehnung an Shapiro/Varian 1999, 75.

Je nach Ausgestaltung der Preise ergeben sich für den Anbieter unterschiedliche Umsätze. Nimmt er einheitliche Festpreise, z. B. € 100 oder € 120 für die Produkte, wird er entweder € 240 oder € 400 einnehmen. Im ersten Fall kaufen die Kunden nur je einmal Word und einmal Excel, im zweiten nehmen sie jeder beides. Nun überlegt sich der Unternehmer ein Paket, bestehend aus beiden Programmen anzubieten. Da beide Zahlungsbereitschaften in der Summe gleich sind, würde ein Preis von € 220 für die „Office-Suite" zu einer Umsatzsteigerung von 10% auf € 440 führen. Das Unternehmen macht es sich zu Nutze, dass die Streuung der Zahlungsbereitschaften für das Bundle geringer ist als für die einzelnen Komponenten.

Das Interessante daran ist, dass die Kunden die Zuordnung der Einzelpreise individuell vornehmen. A bekommt aus seiner Sicht das weniger wertvolle Excel für € 100, B dagegen das für ihn weniger wichtige Word, beide haben aber die gleiche Gesamtwertschätzung für das Paket.

Damit entsteht nach Bakos und Brynjolfsson (1999) ein „predictive value of bundling". D. h. Bundling reduziert die Unsicherheit, die der Anbieter im Hinblick auf die subjektive Wertschätzung seitens der Nachfrager hat. Auch ohne exakte Kenntnis der individuellen Bewertungen der Kunden ist durch Bundling eine nachfrageorientierte Preissetzung möglich. Es ist leichter, die Wertschätzung der Kunden für ein ganzes Set an Gütern abzuschätzen als für jedes Gut einzeln. Das ist generell gültig, so lange die im Bundle angebotenen Güter in keiner zu engen Beziehung stehen und ihre wechselseitige Wertschätzung durch den Kunden sich nicht signifikant beeinflusst (Bakos/Brynjolfsson 2000, 63):

> As a result, a seller typically can extract more value from each information good when it is part of a bundle than when it is sold separately. Moreover, at the optimal price, more consumers will find the bundle worth buying than would have bought the same good sold separately.

Es lassen sich nun verschiedene Formen des Bundlings unterscheiden (Wirtz/Olderog 2001, 200 f.). Beim **reinen Bundling**, auch Tying genannt, gibt es nur Produktpakete mit mehreren Komponenten. Das ist bei Zeitungen und Zeitschriften das übliche Verfahren, da man Artikel nicht einzeln, sondern nur das ganze Exemplar kaufen kann. Das Gegenbeispiel, bei dem es sich streng genommen gar nicht um Bundling handelt, ist das **reine Unbundling**. Hier werden die Leistungen nur einzeln verkauft. Diese Vorgehensweise ist aber insofern interessant, als dass hier inzwischen häufig Einzelleistungen angeboten werden, die vormals lediglich im Paket zu haben waren. Die Downloadangebote für Musik (vormals nur komplette Kassetten, LPs, CDs) oder Presseerzeugnisse sind hier besonders zu nennen. Beim **mixed Bundling** stehen den Kunden beide Varianten zur Verfügung, sie können sowohl das Paket als auch das Einzelangebot erwerben. Die gemischte Bündelung findet sich sehr häufig bei Software, wenn, wie bei Microsoft Office, die einzelnen Programme separat und auch in Sets als Suits für Privatleute, professionelle Anwender oder Unternehmen angeboten werden.

Durch das Bundling kommt es dazu, dass die Zahlungsbereitschaften der Nachfrager abgeschöpft werden. Die Abschöpfung gelingt umso besser, je mehr man sich der vollständigen Preisdifferenzierung (ersten Grades) annähert. Adams und Yellen (1976, 481) haben hierfür drei Optimalitätsbedingungen ausgemacht:

- Kunden, deren Zahlungsbereitschaft unterhalb der Grenzkosten liegt, sollen vom Kauf ausgeschlossen bleiben (Exclusion),
- Kunden, deren Zahlungsbereitschaft über den Grenzkosten liegt, sollen kaufen (Inclusion) und
- beim Kauf sollen keine Konsumentenrenten entstehen (Complete Extraction).

```
                        Formen des Bundling
              ┌──────────────────┼──────────────────┐
              ▼                  ▼                  ▼
       Pure Bundling      Mixed Bundling      Pure Unbundling
          (Tying)
```

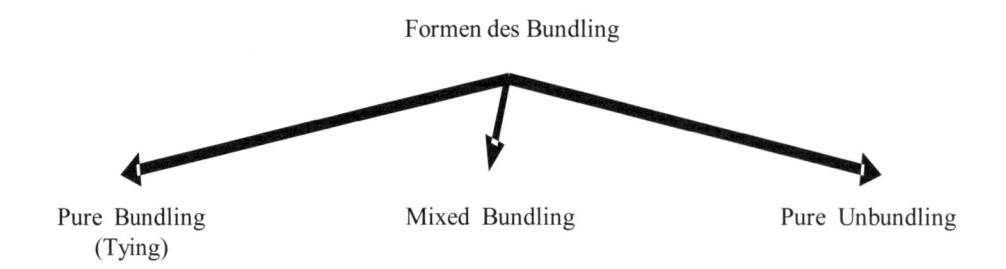

Abbildung 18.13: Formen des Bundlings.

Man sieht, dass neben der Streuung der Zahlungsbereitschaften die variablen Kosten einen entscheidenden Einfluss darauf haben, ob und wie man eine Bundlingstrategie anwenden kann.

Für Informationsanbieter ist das Bundling bei geringen variablen Kosten generell sehr geeignet (Bakos/Brynjolfsson 1999, 1626). Nehmen wir nochmals die Softwareangebote Word und Excel, betrachten nun aber einen Kunden C, dessen Zahlungsbereitschaft für Excel bei € 40 liegt und für Word bei € 140. Es lässt sich gut erkennen, wie es durch das Paketangebot zur sogenannten „Übertragung von Konsumentenrente" kommt (Wirtz/Olderog 2001, 203 ff.). Nehmen wir an, dass für jedes der beiden Produkte Word und Excel € 110 verlangt werden. Bei reinen Einzelpreisen würde vom Kunden C nur Word gekauft, weil es sich bei ihm z. B. um einen Journalisten handelt, Excel aber nicht, weil er seine Abrechnungen zu dem Preis auch weiterhin per Textverarbeitung machen würde. Ohne variable Kosten erzielt der Anbieter einen Deckungsbeitrag in Höhe von € 110. Zwei der oben genannten Bedingungen werden dabei verletzt, denn der Kunde kauft kein Excel, obwohl seine Zahlungsbereitschaft über den Grenzkosten liegt (Inclusion) und er realisiert € 30 Konsumentenrente beim Kauf von Word (Extraction). Was passiert nun, wenn das Unternehmen seine Preisstrategie ändert und ein Paket zu einem Preis von € 180 anbietet? Hierbei ist anzumerken, dass sich der Bündelpreis nicht einfach aus der Addition der Einzelpreise ergibt, sondern aus einem eigenständigen Optimierungsvorgang auf Basis der Zahlungsbereitschaften (Olderog/Skiera 2000, 140 ff.). Der Gesamtpreis für ein Bündel liegt häufig unter der Summe der Einzelpreise. Wenn die einzelnen Komponenten aber isoliert weniger Wert sind als das Bündel, also ein Zusatznutzen geschaffen wird, z. B. durch das reibungslose Zusammenspiel, kann der Bündelpreis auch über der Summe der Einzelpreise liegen (Huber/Kopsch 2002, 619).

In unserem Fall entspricht die Summe der Zahlungsbereitschaften des Kunden genau dem Preis für das Bundle und die Optimalitätsbedingungen sind vollständig erfüllt. Gedanklich überträgt der Kunde die bei Word im Vergleich zum Einzelpreis bestehende Konsumentenrente auf das niedriger geschätzte Excel. Für den Anbieter ergeben sich Deckungsbeiträge in Höhe von € 180 und es verbleibt insgesamt gesehen keine Konsumentenrente mehr. Trifft der Anbieter mit seinem Preis die Summe der Zahlungsbereitschaften nicht so exakt wie in diesem Beispiel, wird der Kunde entweder nicht kaufen (Summe der Zahlungsbereitschaften < Paketpreis) oder aber dennoch eine Konsumentenrente realisieren (Summe der Zahlungsbereitschaften > Paketpreis). Auch wenn letzteres aus Sicht des Anbieters nicht optimal ist, weil die Extraction-Bedingung nicht erfüllt wird, so kann er sich durch das Bundling zumindest die vom Kunden vom einen auf das andere Produkt übertragene Konsumentenrente aneignen und muss nur auf den darüber hinausgehenden Teil verzichten.

Welche Preisstrategie ist nun am vorteilhaftesten: die Stellung von Einzelpreisen (reines Unbundling), das reine Bundling oder die Kombination aus beidem im mixed Bundling? Für den Fall zweier angebotener Produkte lässt sich (ohne die Berücksichtigung von Kosten) in Bezug auf die Verteilung der Konsumentenpräferenzen auf einer Nachfragekurve sagen (Simon/Fassnacht 2009, 303 f.):

- Reines Unbundling bietet sich an, wenn die Zahlungsbereitschaften der Kunden für die angebotenen Produkte an den äußeren Enden der Nachfragekurve liegen, also die Präferenz für eines der beiden Produkte dominant und die Präferenz für das andere Produkt sehr gering oder sogar Null ist.
- Sind die Zahlungsbereitschaften für beide Produkte eher ausgewogen, d. h. die Kunden interessieren sich für beide Produkte und haben damit auch für das Bündel eine relativ hohe Präferenz, empfiehlt sich das reine Bundling.
- Gibt es mehrere Kundengruppen mit teils extremen und teils ausgewogenen Zahlungsbereitschaften für beide Produkte, ist die gemischte Bündelung vorteilhaft.

Das mixed Bundling ist häufig die Strategie der Wahl, denn es kann die Vorteile der beiden reinen Preisstrategien miteinander verbinden:

> The advantage of pure bundling is its ability to reduce effective buyer heterogeneity, while the advantage of unbundled sales is its ability to collect a high price for each good from some buyers who care very little for the other. Mixed bundling can make use of both of these advantages by selling the bundle to a group of buyers with accordingly reduced effective heterogeneity, while charging high mark ups to those on the fringes of the taste distribution who are mainly interested in only one of the two goods (Schmalensee 1984, 227).

Was passiert nun, wenn doch variable Kosten auftreten, die beiden Produkte z. B. in einer aufwändigen Verpackung mit einem Handbuch angeboten werden, die Angebotspreise auf Grund der Marktlage aber nicht erhöht werden können? Auftretende variable Kosten schmälern dann unmittelbar die Deckungsbeiträge des Anbieters. Problematisch wird dies beim Bundling, wenn die Grenzkosten über der Zahlungsbereitschaft des Kunden für eines der Produkte im Bundle liegen (Excel in Abb. 18.14). Dann wird die Exclusion-Bedingung verletzt (Wirtz/Olderog 2001, 205), d. h. es gibt Kunden, die Produkte kaufen, obwohl ihre Zahlungsbereitschaft unter den Grenzkosten liegt. Der Anbieter macht damit bezogen auf das einzelne Produkt Verluste. Er kann sich die überschüssige Konsumentenrente des höher bewerteten Produkts nur so lange aneignen, wie die Grenzkosten für das niedriger bewertete Produkt unterhalb der zugehörigen Zahlungsbereitschaft liegen. Andernfalls muss er sie zur

„Quersubventionierung" der Exclusion-Verletzung einsetzen, d. h. um die Differenz zwischen Zahlungsbereitschaft und Grenzkosten auszugleichen. Das kann er erst einmal durchhalten, so lange dazu ausreichend überschüssige Konsumentenrente zur Verfügung steht. Ist diese Differenz für das geringer geschätzte Produkt aber größer als die zum Ausgleich zur Verfügung stehende Konsumentenrente, werden die Deckungsbeiträge angegriffen. Wie in Abb. 18.14 gut erkennbar, ist dies der Fall: Die überschüssige Konsumentenrente für Word reicht nicht aus, um die fehlende Zahlungsbereitschaft für Excel auszugleichen.

Nichtsdestotrotz kann es sinnvoll sein, mit Verlust anzubieten, z. B. wenn es darum geht, eine installierte Basis aufzubauen. Wenn Sony seine Playstation 3 unter Grenzkosten anbietet, werden die positiven Deckungsbeiträge von im Paket mit angebotenen Spielen zur Quersubventionierung genutzt. Gleiches gilt für die Mobilfunkbetreiber, die Endgeräte günstig nur im Paket mit einer meist zweijährigen Vertragslaufzeit anbieten. Das Ziel der Anbieter ist es dabei, die heute auftretenden Verluste mit zukünftigen Gewinnen zu kompensieren. Es wird aber ganz deutlich, dass Grenzkosten den Spielraum des Anbieters umso mehr einschränken, je höher sie ausfallen. Das gilt für die Quersubventionierung innerhalb des Bundles, aber auch für mögliche Bundling-Rabatte.

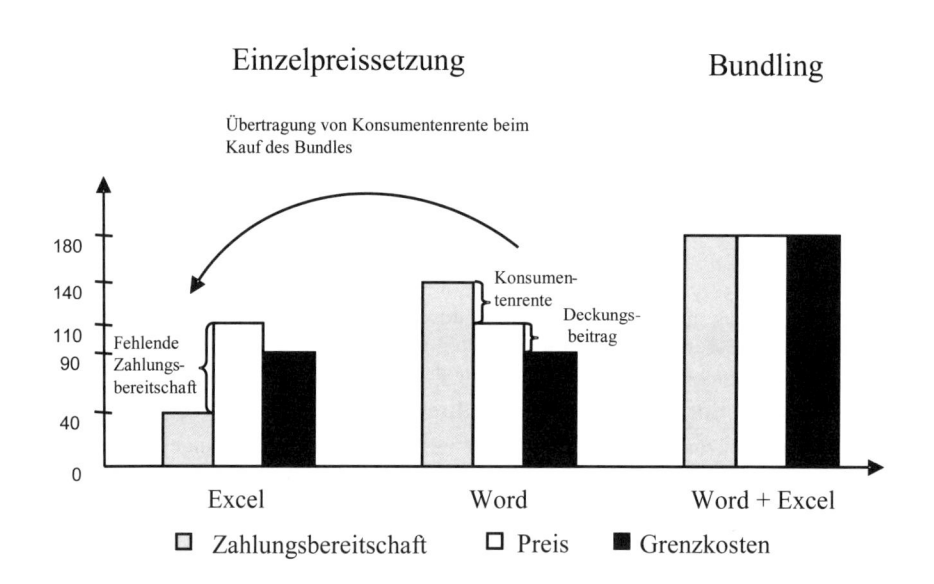

Abbildung 18.14: Übertragung von Konsumentenrente. Quelle: In Anlehnung an Wirtz/Olderog 2001, 204.

Schauen wir noch einmal auf Abb. 18.14, lässt sich diese Aussage sehr gut nachvollziehen. Setzt der Anbieter Einzelpreise, verkauft er an den Kunden C nur Word für € 110 und realisiert wegen der Grenzkosten von € 90 nur noch einen Deckungsbeitrag von € 20. Beim reinen Bundling zum Paketpreis von € 180 bekommt der Kunde beide Produkte, aber dem Anbieter verbleiben keine Deckungsbeiträge mehr. Er muss sowohl die im Vergleich zu den Einzelpreisen übertragene Konsumentenrente (€ 30) als auch seine Deckungsbeiträge (€ 40) für beide Produkte aufwenden, um die fehlende Zahlungsbereitschaft für Excel (€ 70) auszugleichen. Aus Sicht des Käufers stellt es sich etwas anders dar: Er subtrahiert vom Paketpreis (€ 180) das, was er maximal für das wertvollere Produkt (Word) zahlen würde (€ 140) und erhält so – gedanklich – den Preis, der für Excel von ihm verlangt wird (€ 40) und den er auch bereit wäre zu zahlen. Die fehlende Differenz zu den Grenzkosten (€ 90) muss der Anbieter durch die Übertragung der Konsumentenrente (€ 30) sowie den Verzicht auf einen Deckungsbeitrag bei Word (€ 20) „finanzieren". Er stellt sich damit schlechter als wenn er nur ein Produkt verkauft. Setzt der Anbieter nun auf das mixed Bundling und offeriert einen Paketpreis von z. B. € 200, wäre Kunde C jemand, der sich gegen das Bundle und nur für Word entschiede.

Welchen Einfluss die Grenzkosten auf die zu erwartenden Gewinne haben, ist in Abbildung 18.15 dargestellt. Verglichen wird jeweils der Gewinn aus dem Verkauf an den Kunden C, der sich einmal beim Bundling und einmal beim Unbundling ergibt, wenn die Grenzkosten für beide Produkte in gleichem Maße ansteigen. Bei Grenzkosten von € 70 ist der Break-Even-Punkt erreicht, danach ist das Bündelangebot für € 180 nicht mehr lohnend gegenüber dem Einzelangebot für € 110. Dieser Punkt verlagert sich sogar noch weiter nach vorn, je höher der Einzelpreis gesetzt wird. Liegt er nicht bei € 110, sondern z. B. bei € 140, ist es schon ab Grenzkosten von € 40 profitabler, nur das Einzelprodukt zu verkaufen.

Berücksichtigt man also nicht nur – wie oben – die Zahlungsbereitschaften der potenziellen Kunden, sondern auch die variablen Kosten der Leistungserstellung, ergibt sich für die Beurteilung des Bundlings folgende zusätzliche Erkenntnis:

Steigende Grenzkosten verlagern den Vorteil einer Bundlingstrategie hin zur Einzelpreisstellung. Der Grund liegt darin, dass eine Verletzung der Exclusion-Bedingung (Abgabe des Produkts unter Grenzkosten) im Bundle immer wahrscheinlicher wird. Bei der Einzelpreisstellung kann das nicht ungewollt passieren.

> The chief defect of pure bundling is its difficulty in complying with Exclusion [sic!]. The greater the cost of supplying either good, the greater the possibility of supplying some individuals with commodities for which reservation price falls short of cost (Adams/Yellen 1976, 482).

Aus Sicht des Anbieters gilt es dann nur noch zu entscheiden, ob reines Unbundling oder mixed Bundling die bessere Alternative ist.

> Like pure bundlers, therefore, mixed bundlers face a trade-off between more complete extraction and more complete exclusion. The dilemma is simply less pronounced in the case of mixed bundling (Adams/Yellen 1976, 483).

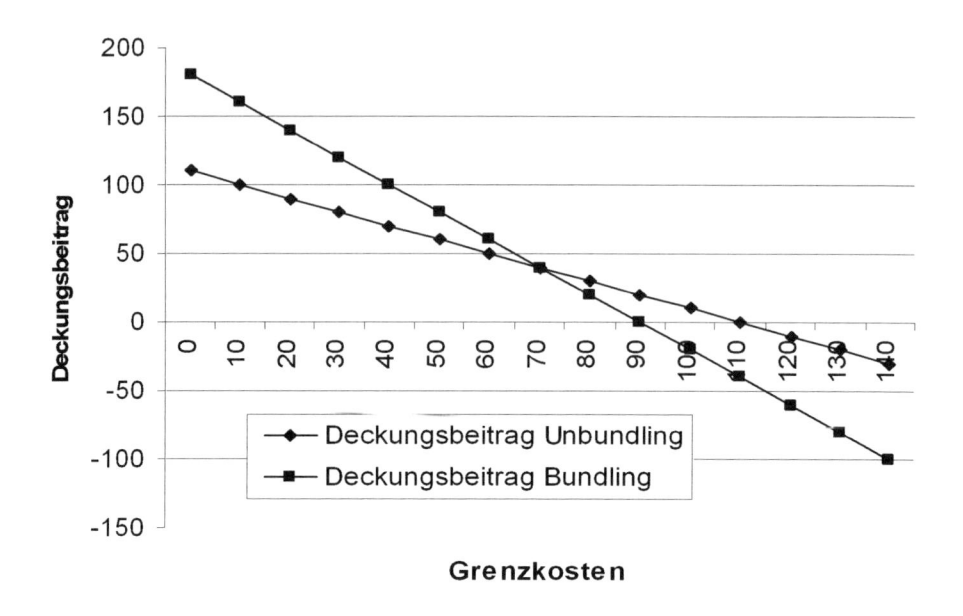

Abbildung 18.15: Gewinnvergleich von Word und Excel beim Bundling zu € 180 und beim Unbundling zu € 110.

Geng et al. (2005) zeigen anhand von Modellrechnungen die Richtigkeit dieser Aussagen für den Fall mehrerer Informationsgüter.

Bei Informationsgütern ist nach Chuang und Sirbu (2000) generell davon auszugehen, dass die gemischte Bündelung die optimale Preisstrategie darstellt. Ob als Zweitbestes pure Bundling oder pure Unbundling vorzuziehen ist, hängt von den Grenzkosten und den durch das Bundling realisierbaren Economies of Scale ab (Chuang/Sirbu 2000, 155). Sobald Grenzkosten auftreten und diese nicht über Economies of Scale (durch Bundling) deutlich verringert werden können, besteht die soeben beschriebene Gefahr der Verletzung der Exclusion-Bedingung. Der Anbieter muss dann also abwägen zwischen Kostenersparnissen durch Bundling und Verlusten an Deckungsbeiträgen wegen zu geringer Zahlungsbereitschaften eines Teils der Kunden. Je höher die Kosten der Verletzung der Exclusion-Bedingung, desto eher empfiehlt sich das pure Unbundling (Chuang/Sirbu 2000, 155; Adams/Yellen 1976, 488).

Auf den Markt für Wissenschaftszeitschriften bezogen empfehlen Chuang und Sirbu (2000, 161 f.), dass ein Verleger neben den üblichen Bundles in einer Ausgabe immer auch einzelne Artikel anbieten sollte. Eine weitere Steigerung der Umsätze ist möglich, wenn zusätzlich noch „super-bundles" angeboten werden, die mehrere Zeitschriften oder Online-Zugänge umfassen. Auch ein allumfassender Zugang (Site License) als größtmögliches Bundle wirkt in dieselbe Richtung (Bakos/Brynjolfsson 2000, 129 f.). Für den Musikbereich gibt es neuerdings ebenfalls Komplettangebote, wie die Music-Flatrate von Napster (www.napster.de), für die man allerdings nicht einmalig, sondern monatlich zahlen muss. Für die Zusammenstellung von Bundles bei Musik sollte man darauf achten, dass nicht einfach nur ein oder einige wenige zugkräftige Titel mit mehreren schwachen kombiniert werden. Das führt dann dazu, dass die Kunden sich – wenn sie die Wahl haben – die guten Songs einzeln rauspicken und das Album links liegen lassen. Die Umsätze der Anbieter sind dann niedriger als bei der reinen Bündelung (Elberse 2009).

Die Vorteile des Bundlings hängen also vom Verhältnis der Zahlungsbereitschaft zu den variablen Kosten ab (Buxmann et al. 2008, 117; Olderog/Skiera 2000, 144). Je geringer diese Differenz ausfällt, desto eher empfiehlt sich das Unbundling.

Als eine weitere, relativ neue Variante neben dem Mixed Bundling empfehlen Hitt und Chen (2005) das so genannte Customized Bundling. Sind die Grenzkosten gering, aber nicht Null und die Käuferpräferenzen auf eine relativ kleine (durchaus verschiedene) Zahl an Einzelprodukten gerichtet, schlagen sie vor, es dem Kunden frei zu stellen, welches lediglich zahlenmäßig festgelegte Paket er aus dem Gesamtangebot wählt. Das können z. B. bei einer Zeitung 25,50 oder 100 Online-Artikel oder bei einer Musikplattform 10,50 oder 100 Alben oder auch verschiedene Paketgrößen von Einzeltiteln zu einem Festpreis sein. Gegenüber dem reinen Bundling ist das customized Bundling generell vorzuziehen, weil es besser geeignet ist, mit heterogenen Käufergruppen umzugehen. Der entscheidende Nachteil beim pure Bundling ist, dass es nur einen Preis für das ganze Bündel gibt. Damit kann man weder Unterschieden bei Kunden gerecht werden, die über unterschiedliche Budgets verfügen, noch Kunden angemessen versorgen, wenn sie eine unterschiedliche Anzahl an Gütern (im Paket) haben wollen (Wu et al. 2008). Am Beispiel eines Musikkäufers lässt sich der erste Fall einfach vorstellen, wenn der eine nur gelegentlich Musik kauft und € 100 auszugeben bereit ist, der andere dagegen im Jahr für € 1.500 konsumiert. Der zweite Fall trifft z. B. auf Kunden von Privatfernsehen zu, bei denen der eine gern nur ein kleines Spielfilmpaket haben möchte, der andere aber die ganze Angebotspalette.

> As long as customers differ in the number of goods they positively value, customized bundling dominates pure bundling and individual sale and enhances welfare (Wu et al. 2008, 610).

Als eine spezielle Form des Customized Bundlings lässt sich die Empfehlung von Altinkemer und Bandyopadhyay (2000) ansehen: Am Beispiel von Musik schlagen sie vor, die Kaufgewohnheiten der Kunden zu analysieren und auf dieser Basis entsprechende Pakete zu schnüren. Anders als die ganz freie Zusammenstellung durch den Kunden, die eher einem reinen Mengenrabatt gleichkommt, besteht hier die Möglichkeit, auch weniger gut laufenden Songs oder neue, noch unbekannte Angebote im Bundle unterzubringen. Das kann allerdings nur funktionieren, so lange die Kundenpräferenzen für die Beimischungen nicht zu gering oder sogar negativ ausfallen.

Bundling ist eine Preisstrategie, die Vorteile sowohl für den Anbieter als auch den Kunden beinhalten kann.

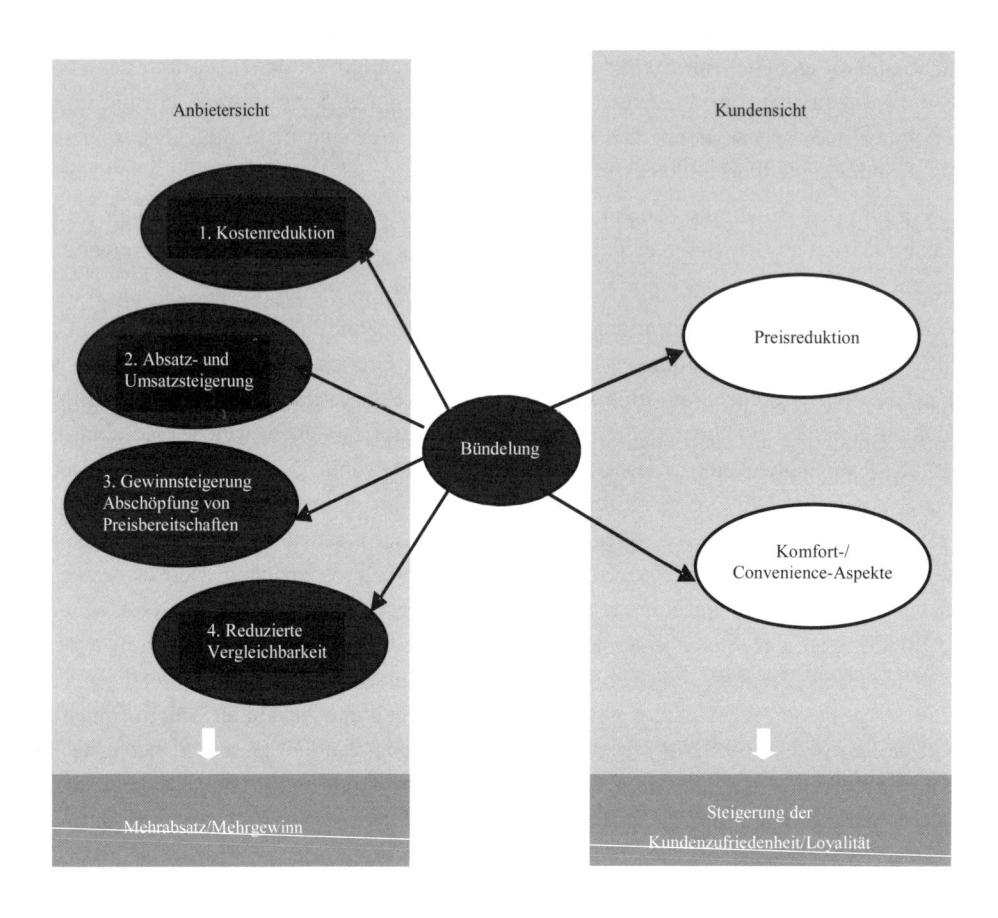

Abbildung 18.16: Bundlingvorteile für Anbieter und Kunden. Quelle: Tillmann/Simon 2008, 523.

Neben den bereits genannten Aspekten führt Bundling aus Anbietersicht zu weiteren Vorteilen (Tillman/Simon 2008, 523 mit weiterführender Literatur): Zum einen birgt es Potenziale einer Kostenreduktion (Punkt 1 in Abb. 18.16). Werden Pakete aus mehreren Gütern gebildet, kann das zu einer Reduktion von Produktions-, Transaktions-, Informations- oder auch Komplexitätskosten führen. Zum anderen beinhaltet Bundling Gewinnsteigerungspotenziale (Punkt 3). Diese werden gegenüber der Einzelpreisstellung in empirischen Studien zwischen 5 und 40% angesetzt.

Wie groß sollte man Bundles gestalten? Bakos und Brynjolfsson (2000, 120 ff.) kommen modellgestützt zu der Aussage, dass die Nachfragekurve für Informationsgüter, deren Wertschätzung heterogen ist, umso elastischer wird, je größer das angebotene Paket ist. Je mehr

Güter ein Paket umfasst, umso stärker konzentriert sich nämlich die durchschnittliche Wertschätzung der Kunden um den Mittelwert.

> For example, some people subscribe to America Online for the news, some for stock quotes, and some for horoscopes. It is unlikely that a single person has a very high value for every single good offered; instead most consumers will have high values for some goods and low values for others, leading to moderate values overall (Bakos/Brynjolfsson 2000, 121).

Geng et al. (2005) weisen einschränkend darauf hin, dass das Schnüren großer Pakete nur dann optimal ist, wenn die Wertschätzung für die einzelnen angebotenen Güter nur langsam abnimmt. Aus den Untersuchungen von Bakos und Brynjolfsson (2000) lassen sich dennoch einige weit reichende Schlussfolgerungen für die Wettbewerbsposition von Informationsanbietern ziehen. Für Anbieter von Content wie Software lässt sich ganz pauschal sagen, dass Anbieter von großen Bundles Wettbewerbsvorteile genießen und zwar sowohl gegenüber kleinen „Bundlern" als auch noch ausgeprägter gegenüber Anbietern von Einzelleistungen. Im Einzelnen heißt dies (Bakos/Brynjolfsson 2000, 70 ff.):

- Anbieter von großen Bundles haben Vorteile beim Einkauf, z. B. von Content. Sie können höhere Preise bieten, weil ihre Erlöserwartungen beim Absatz größer sind (Bakos/Brynjolfsson 2000, 70).

- Anbieter großer Bundles haben Vorteile insbesondere gegenüber Anbietern von einzelnen Informationsgütern. Sie können höhere Preise nehmen und einen größeren Marktanteil sowie höhere Gewinne realisieren. Für neue Wettbewerber verschlechtert das die Aussichten für einen erfolgreichen Markteintritt, selbst wenn sie eine günstigere Kostenstruktur und qualitativ bessere Produkte haben.

> This phenomenon can be observed in the software markets. For instance, Microsoft Office includes numerous printing fonts as part of its basic package. This is easy to do given the low marginal cost of reproducing digital goods. This strategy has drastically reduced the demand for font packages sold separately while allowing Microsoft to extract some additional value from its Office bundle (Bakos/Brynjolfsson 2000, 72).

- Anbieter großer Bundles können neue Märkte relativ leicht betreten, wenn sie zu ihrem existierenden Paket ein Informationsgut hinzufügen (z. B. durch Kooperation oder Akquisition), das von einem etablierten Wettbewerber einzeln angeboten wird. Im Extremfall kann er durch das Angebot von Bundles sogar aus dem Markt gedrängt werden.

- Der Anreiz zu innovieren und neue Märkte zu erschließen fällt für Anbieter von Einzelleistungen systematisch geringer aus. Allein die Gefahr, dass Anbieter großer Bundles das neue Produkt in ihr Paket aufnehmen könnten, wirkt hemmend. Umgekehrt können Bündelanbieter auf neuen Märkten leichter profitabel werden, was ihren Anreiz zu Innovationen erhöht

Diese Erkenntnisse sind ohne die Berücksichtigung von Netzwerkeffekten formuliert worden. Welche Perspektiven ergeben sich, wenn Netzwerkeffekte explizit einbezogen werden? Lee und O´Connor (2003) haben sich ausführlich mit den Auswirkungen von Netzwerkeffekten auf die Einführung neuer Produkte und auch speziell mit der Rolle des Bundlings (Lee/O´Connor 2003, 249) befasst. Auf Netzeffektmärkten spielt die Kompatibilität zwischen Basisgütern und Komplementen eine wichtige Rolle. Gebündelte Angebote sind ein gutes Instrument, um die Unsicherheit der Kunden abzubauen, ob auch alle Komponenten gut zusammen funktionieren werden. Ein weiterer Anreiz des Pakets ist eine Produktgarantie, die für das ganze Bündel gewährt wird. So ist es für den normalen Anwender aus Gründen der einfachen Nutzbarkeit viel attraktiver, die Office Suite von Microsoft mit Excel, Word, PowerPoint und Access zu kaufen, als sich selbst ein – was die speziellen Funktionen angeht möglicherweise leistungsfähigeres – Paket aus z. B. Lotus 1-2-3, Word Perfect, Coreldraw und Dbase Plus zusammenzustellen. Bundling ist außerdem gut dafür geeignet, den Verkauf des Basisprodukts durch die Bündelung mit Komplementen zu forcieren. Wie wir oben gesehen haben verringert Bundling die Streuung der Zahlungsbereitschaften und ermöglicht einen höheren Absatz. Bundling lässt sich nicht nur als Instrument zum Aufbau, sondern auch zum weiteren Ausbau einer installierten Basis einsetzen, wenn z. B. neue Softwareversionen zu einem moderaten Preis in Verbindung mit attraktiven Komplementen angeboten werden. Microsoft hat dies – allerdings rechtlich strittig – praktiziert bei der Entwicklung seiner Betriebssysteme von DOS über Windows, Windows 95 etc. durch die Bündelung mit verschiedenen Anwendungen (Arthur 1996, 106), wie z. B. dem Internet Explorer oder dem Windows Media Player.

Etwas anders ist die Situation bei etablierten Netzwerken: Wenn die Standardisierung bereits weit vorangeschritten ist und dem Kunden kompatible Komplemente verschiedener Hersteller zur Verfügung stehen, kann es gefährlich sein, reine Bündelangebote zu machen (Simon 1998, 143). Die Kunden können sich ihre (kompatiblen!) Einzelleistungen dann nämlich – herstellerübergreifend – individuell zusammenstellen. Würde ein Hersteller seine PCs immer nur als festes Paket aus CPU, Monitor, Tastatur und Maus anbieten, müsste er damit rechnen, dass viele Kunden entweder das Paket eines anderen Anbieters wählen, weil sie bspw. auf einen bestimmten Monitor wert legen oder eine individuelle Lösung – dann mit den Komponenten anderer Hersteller – bevorzugen (Brandtweiner 2001, 108).

Brooks et al. (2001) zeigen anhand eines experimentell getesteten Modells, dass Bundlingstrategien nicht statisch sondern dynamisch betrachtet werden müssen, wenn der Gewinn maximiert werden soll. Sie empfehlen dazu, den Markt permanent zu beobachten und die angebotenen Bundles immer wieder auf die Marktverhältnisse abzustimmen.

Insbesondere als dominanter Anbieter im Markt (marktbeherrschende Stellung) ist das Bundling mit Vorsicht einzusetzen, weil es zu wettbewerbsrechtlichen Konsequenzen führen kann (Köhler 2003). Die aktuelle Verurteilung Microsofts wegen des gebündelten Angebots seines Betriebssystems mit seiner Server-Software oder dem Windows Media Player ist ein beredtes Beispiel (Scheerer 2007).

Als generelle Aussage lässt sich festhalten, dass Bündelung nur dann lohnt, wenn die Zahlungsbereitschaften der Nachfrager für die einzelnen Bestandteile des Pakets über deren Grenzkosten liegen (Olderog/Skiera 2000, 157).

Das Bundling grenzt – wie das Windowing auch – an das Versioning. Eine spezielle Form des Versioning ist es, wenn eine unveränderte First-Copy eines Informationsgutes in ver-

18.2 Formen der Preisdifferenzierung

schiedenen Paketen angeboten wird. Ganz üblich ist dies bei Musik, wenn produzierte Songs in verschiedene Alben eingehen. Das gleichzeitige Angebot verschiedener Bundles kann als versionierende Bündelung bezeichnet werden (Schumann/Hess 2006, 72). Hierbei ist zu beachten, dass es sich nur um eine Versionierung auf der Ebene des Gesamtpakets, nicht aber des Einzelprodukts handelt. Gerade bei Informationsgütern eröffnen sich hier aber noch weitere Versionierungsmöglichkeiten, wenn nämlich das einzelne Informationsgut erst modifiziert wird, bevor es in ein Bundle eingeht.

Skimming-Strategie	Penetration-Strategie
• Realisierung hoher kurzfristiger Gewinne, die von Diskontierung wenig getroffen werden • Bei echten Innovationen Gewinnrealisierung im Zeitraum mit monoolistischer Marktposition, Reduktion des langfristigen Konkurrenzrisikos, schnelle Amortisation des F & E-Aufwandes • Gewinnrealisation in frühen Lebenszyklenphasen, Reduktion des Obsoleszensrisikos • Schaffung eines Preisspielraumes nach unten, Ausnutzung positiver Preisänderungswirkung wird möglich • Graduelles Abschöpfen der Preisbereitschaft (Konsumentenrente) wird möglich (zeitliche Preisdifferenzierung) • Vermeiden der Notwendigkeit von Preiserhöhungen (Kalkulation nach der sicheren Seite) • Positive Prestige- und Qualitätsindikation des hohen Preises • Vermeidung des Aufbaus hoher Kapazitäten, damit geringere Ansprüche an finanzielle Ressourcen	• Durch schnelles Absatzwachstum trotz niedriger Stückdeckungsbeiträge hohe Gesamtdeckungsbeiträge • Aufgrund von positiven intrapersonellen (Verbrauchsgüter) oder interpersonellen (Gebrauchsgüter) Carryover-Effekten Aufbau einer langfristig starken und überlegenen Marktposition (höhere Preise und/oder höhere Absatzmengen in der Zukunft) • Ausnutzung von statischen Economies of Scale, kurzfristige Kostensenkung • Schnelle Erhöhung der kumulierten Menge, als Konsequenz schnelles „Herunterfahren" auf der Erfahrungskurve. Erreichen eines von den Konkurrenten nur schwer einholbaren Kostenvorsprunges • Reduzierung des Fehlschlagsrisikos, da niedriger Einführungspreis mit geringerer Flopwahrscheinlichkeit verbunden • Abschrecken potentieller Konkurrenten vom Markteintritt

Abbildung 18.17: Skimming- vs. Penetrationsstrategie. Quelle: Simon/Fassnacht 2009, 329.

18.2.5 Follow-the-free

Bei der **Preisdifferenzierung dritten Grades**, wie oben in Abb. 18.2. als Übersicht dargestellt, überlässt der Anbieter nicht dem Kunden die Produktwahl sondern trennt die Kundengruppen selbst und macht ihnen gruppenspezifische Angebote. Einen Überblick gab hierzu bereits Abb. 18.3. Von den drei klassischen Formen der Preisdifferenzierung dritten Grades (persönliche, räumliche, zeitliche) interessiert uns in Verbindung mit Informationsgütern besonders die letzte, die zeitliche. Ganz generell spricht man von zeitlicher Preisdifferenzierung, wenn für die gleiche Leistung im Verlauf einer bestimmten zeitlichen Periode unterschiedliche Preise verlangt werden (Simon/Fassnacht 2009, 276). Diese Form der Preisgestaltung bietet sich an, wenn die Nachfrage zeitabhängig stark schwankt. Um sich die zeitbedingten Präferenzunterschiede der Nachfrager zu nutze zu machen, werden von ihnen unterschiedliche Preise zu verschiedenen Tageszeiten (Telefon, Strom), Wochentagen (Kino, Autovermietung), Saisonverläufen (Flugtarife, Hotelzimmer) oder auch in Abhängigkeit vom Lebenszyklus (Sonderpreise bei der Markteinführung neuer Produkte) verlangt (Meffert 2005, 556). Da eine zeitliche Arbitrage in den meisten Fällen ausscheidet, ist die Marktsegmentierung voll wirksam.

Bei Informationsgütern spielt vor allem die letztgenannte Variante, die Gestaltung der Markteinführungspreise, eine besondere Rolle. Die beiden schon lange bekannten Varianten der Preissetzung bei Markteinführung sind die Skimming- und die Penetrationsstrategie (Dean 1951; Diller 2008, 289). Beim **Skimming** setzt der Anbieter anfangs hohe Preise und senkt diese dann sukzessiv ab, um nach und nach neue Käuferschichten anzusprechen. Bei der Penetrationsstrategie werden niedrige Einstiegspreise verlangt, mit dem Ziel, diese später, nach einer entsprechenden Marktabdeckung und mit einer starken Marktposition, anzuheben. Ein Vergleich beider Strategien findet sich bei Simon und Fassnacht (Abb. 18.17).

Ein zentraler Unterschied der beiden Strategien liegt in der Gewinnerwartung, die beim Skimming anfangs hoch und später niedrig ist, bei der Penetrationsstrategie dagegen genau entgegengesetzt verläuft.

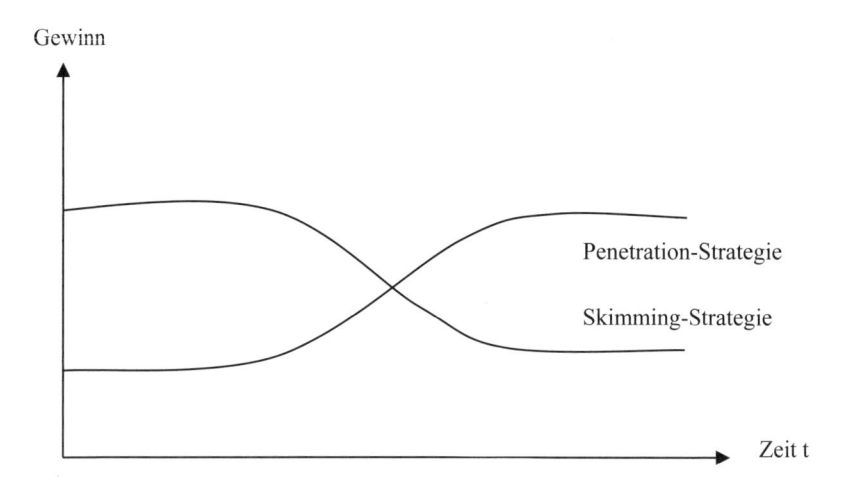

Abbildung 18.18: Gewinnerwartungen von Skimming- und Penetrationsstrategie. Quelle: Simon/Fassnacht 2009, 330.

18.2 Formen der Preisdifferenzierung

Skimming stellt die klassische Preisstrategie bei der Einführung innovativer Produkte dar, bei der Unternehmen versuchen, von Beginn an möglichst kostendeckend zu operieren, in dem sie mit hohen Preisen die Kunden mit hoher Zahlungsbereitschaft ansprechen (Lee 2003, 248).

Bei digitalen Informationsgütern dagegen ist die **Penetrationsstrategie** stärker verbreitet (Reibnitz 2003, 13). Sie findet sich häufig in einer besonderen Form als „Follow-the-free"- (Zerdick et al. 2001, 191) oder auch Dynamic Pricing (Wendt et al. 2000, 2), bei der die Produkte zu einem extrem niedrigen Preis abgegeben oder sogar verschenkt werden. Prominente Beispiele sind die Antiviren-Programme von Avira, die Browser von Netscape und Microsoft oder auch der Acrobat Reader.

Diese auf den ersten Blick irrational erscheinende Strategie hat ganz handfeste ökonomische Hintergründe: Follow-the-free ist die konsequente Umsetzung der bereits Mitte der siebziger Jahre von Henderson (1974) vorgeschlagenen Strategie des äußerst niedrigen Anfangspreises. Er propagiert, anfängliche Verluste in der Einführungsphase hinzunehmen und durch die möglichst schnelle Absenkung der Stückkosten durch Erfahrungskurveneffekte einen Kostenvorsprung gegenüber dem Wettbewerb aufzubauen. Als Voraussetzungen sieht er eine hohe Preiselastizität der Nachfrage, damit ein niedriger Preis auch tatsächlich eine zügige Mengenausdehnung bewirkt, sowie ausgeprägte Degressionseffekte. Sobald die Stückkosten unter den Preis sinken, werden die Verkäufe profitabel und es entstehen Preissetzungsspielräume gegenüber dem Wettbewerb.

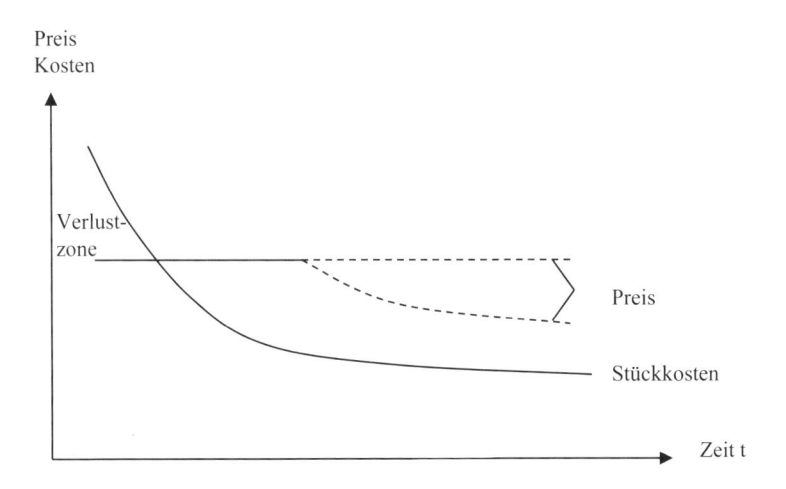

Abbildung 18.19: Strategie des äußerst niedrigen Anfangspreises. Quelle: Simon/Fassnacht 2009, 332.

Bei Informationsgütern ist die Kostendegression bekanntermaßen sehr ausgeprägt, und wenn die Produkte nicht verkauft, sondern verschenkt werden, stellt sich für den Anbieter nur noch die Frage, ob die Sättigungsmenge – und damit das Marktpotenzial – für ihn insgesamt ausreicht.

Die Strategie des Follow-the-free anzuwenden hat bei Informationsgütern aber noch weitere Gründe. Produkte entgeltfrei anzubieten, ist auf Grund der wenig ausgeprägten Sucheigenschaften eine geeignete Maßnahme, um Käufern die Gelegenheit zu bieten, sich von deren Qualität zu überzeugen.

> Free products are provided to overcome the problem of quality uncertainty and, ultimately, to generate profits (Choi et al. 1997, 243).

Die zentrale Rolle spielt bei dieser Form der Preisdifferenzierung aber die Erzeugung von Netzeffekten. Durch das entgeltfreie Angebot will der Anbieter möglichst schnell eine installierte Basis aufbauen. Dahinter steckt eine doppelte Absicht: Solange der anfängliche Netzeffektnutzen gering ist, ist auch die Zahlungsbereitschaft gering. Erst mit wachsender Kundenzahl machen die Netzeffekte das Angebot zunehmend attraktiver für Neukunden. Im Marketing spricht man von Carryover-Effekten, wenn der Absatz einer Periode den Absatz der Folgeperioden beeinflusst (Diller 2008, 293). Bei Netzeffekten gilt: Je höher der Absatz in der Vorperiode ist, desto höher wird er auch in der Folgeperiode ausfallen. Außerdem erzeugen Netzeffekte Wechselkosten (Switching-Costs) bei den Bestandskunden, die im Extremfall zu einem Lock-in-Effekt führen. Für Kunden, die sich bereits an ein Produkt (z. B. Windows) gewöhnt haben, das auch viele andere benutzen und evtl. auch schon Zusatzausgaben in Form von Hardware oder zusätzlichen Anwendungsprogrammen getätigt haben, entstehen Kosten für den Wechsel zu einem anderen Anbieter. Abgesehen von evtl. anfallenden Anschaffungskosten für das neue Produkt muss der Kunde sich z. B. an ein neues Layout, andere Formate oder auch neue Funktionalitäten gewöhnen und muss auch darauf verzichten, dass die bekannten Kontaktpartner die gewohnten kompatiblen Produkte verwenden. Sind diese Kosten prohibitiv, befindet er sich in einem Lock-in, ein Produktwechsel ist dann ökonomisch nicht mehr rational (Shapiro/Varian 1999, 103 ff.; Varian 2003, 20 ff.). Auf die verschiedenen Arten von Wechselkosten werden wir später im Abschnitt Lock-in noch detaillierter eingehen.

Wie wird aber nun genau Geld verdient mit einem Produkt, das man verschenkt? Der entscheidende Punkt ist immer derselbe: Gelingt es dem Unternehmen Netzwerkeffekte zu erzeugen? Wenn ja, gibt es verschiedene Handlungsmöglichkeiten.

Als erstes könnte man so vorgehen, wie es bei der Penetrationsstrategie klassischerweise vorgesehen ist und die Preise anheben. Ist das Netzwerk attraktiv genug, werden Neu- wie Bestandskunden auch bereit sein zu zahlen. Simulationsbasiert stellen Xie und Sirbu (1995, 914) fest, dass

> the optimal pricing path [...] is *increasing* if the positive effect of the installed base in the potential demand is strong.

Auf Grund der Netzwerkeffekte steigt die Zahlungsbereitschaft der Neukunden, so dass steigende Preise realisierbar sind. Befinden sich die Bestandskunden zudem noch in einem Lock-in, ist die Gefahr des Kundenverlustes trotz Preiserhöhung als gering anzusehen. Die-

18.2 Formen der Preisdifferenzierung

ses Vorgehen hat eBay erfolgreich praktiziert. Anfangs waren die Leistungen kostenlos, bis Ende Januar 2000 dann Listinggebühren eingeführt wurden (Möllenberg 2003, 171). Den anfänglichen deutlichen Einbruch konnte eBay wieder wettmachen, weil viele Anbieter wegen der schlechteren Absatzchancen bei anderen Plattformen wieder zu eBay zurückkehrten. Andere Auktionsplattformen wie Andsold, eHammer oder iTrade gelang dieser Schritt nicht und sie mussten aufgeben (Möllenberg 2003, 172). Hier zeigt sich als ein mögliches Problem der Follow-the-free-Strategie, dass sich die Käufer daran gewöhnen, bzw. es aus dem Internet schon gewöhnt sind, entgeltfreie Angebote nutzen zu können. Sind die Netzwerkeffekte nicht stark genug, sind Preisanhebungen gar nicht oder nur schwer durchsetzbar. Ist Zahlungsbereitschaft grundsätzlich vorhanden, sollte man es vermeiden Kunden mit einer Preisanhebung zu überraschen. Es empfiehlt sich, die Phase der Niedrig- oder Nullpreisangebote als Promotional Pricing (Fritz 2004, 207) zu kommunizieren, also ganz deutlich herauszustellen, dass es sich um befristete (Einführungs-)Angebote handelt. Solche Befristungen können zeitlich (30 Tage Testversion wie bei Salesforce) oder auch quantitativ bestehen. So ist die Buchhaltungssoftware QuickBooks von Intuit nutzbar für bis zu 20 Kunden, darüber hinaus muss eine kostenpflichtige Version erworben werden (Anderson 2008a).

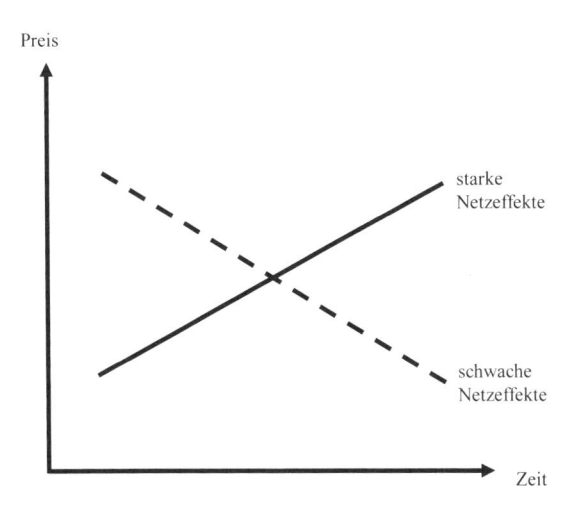

Abbildung 18.20: Entwicklung des optimalen Preispfades bei starken und schwachen Netzeffekten. Quelle: In Anlehnung an Xie/Sirbu 1995, 921.

Lassen sich direkte Preisanhebungen bei den Bestandskunden nicht durchsetzen, bestehen weitere vielfältige Möglichkeiten, Follow-the-free mit anderen Preisdifferenzierungsstrategien wie dem Versioning oder auch dem Bundling mit Komplementen zu kombinieren.

Sehr interessante Ansatzpunkte bietet zum einen das Versioning: Als Anbieter kann man den Bestandskunden neuere (Upgrade) und/oder leistungsfähigere (Premium) Produktversionen anbieten (Zerdick et al. 2001, 193):

> Network Associates (ehemals McAfee) vertrieb seine Antiviren-Programme zunächst kostenlos. Dadurch konnte ein Drittel des Marktes für Virenschutz-Software gewonnen werden Aus dieser starken Marktposition konnten erhebliche Umsätze aus dem Verkauf von Upgrades erzielt werden. Ein weiterer positiver Nebeneffekt der kostenlosen Abgabe der Produkte ist die kostenlose Beteiligung von Nutzern an der Produktweiterentwicklung. Aufgrund der großen installierten Basis und hohen Kundenbindung wird eine Vielzahl von Viren bekannt, die in Upgrades dann ausgeschaltet werden können. Diese indirekten Netzeffekte verbessern die Produktleistung und stabilisieren so die Marktposition.

Umsätze lassen sich zum anderen auch durch den Verkauf von Komplementärleistungen (separat oder im Paket) generieren. Ist das profitabel genug, ist es sogar auf Dauer empfehlenswert, das Basisgut (wie z. B. den Acrobat Reader oder den RealPlayer) unentgeltlich anzubieten (Parker/Van Alstyne 2000, 34). Den gleichen Weg geht auch bspw. Sun mit dem kostenfreien Angebot von Java, um den Verkauf von Servern zu unterstützen.

> The free product may persuade adopters to employ standards-supported or complementary goods offered by the firm, thereby fueling network externalities in related markets (Gallaugher/Wang 1999, 70).

Eine Variante dieser Taktik wenden sowohl Microsoft als auch Google in umgekehrter Richtung an, wenn sie kostenfreie Zusatzangebote machen (Antivirenprogramme bzw. Textverarbeitungsprogramme) – durchaus auch in Märkten, in denen es Bezahlangebote gibt –, um den Absatz bzw. die Nutzung ihrer Kernprodukte (Betriebssysteme bzw. Suche) zu stärken.

Das Follow-the-free funktioniert bei **Software** offensichtlich in vielen Fällen sogar dauerhaft gut. Über die entstehenden Netzwerkeffekte lassen sich auch andere Erfolge, wie die von ICQ (Fritz 2004, 192) oder des Apache Webservers (Zerdick et al. 2001, 194; Web Server Survey 2007) plausibel erklären.

Generell haben Open-Source Produkte von der preislichen Seite her gesehen die besten Voraussetzungen für die Entstehung von Netzwerkeffekten. Weil sich die Entwicklungskosten auf viele Köpfe verteilen und kein Anspruch besteht, sie durch Verkäufe wieder herein zu holen, können sie auch aus einer ökonomischen Perspektive grundsätzlich kostenfrei abgegeben werden. Ollhäuser (2007, 196) spricht daher beim Open-Source-Prinzip auch vom „Free for all". Ob sich diese Produkte dann im Einzelfall gegen die kostenpflichtigen etablierten Konkurrenzprodukte durchsetzen können (z. B. Linux vs. Windows; Fritz, 192 f), ist damit zumindest keine Frage des Anschaffungspreises mehr. Hier kann der Kunde davon ausgehen, dass die ihn interessierende Open-Source-Software auch dauerhaft kostenfrei zur Verfügung stehen wird. Anbieter proprietärer Software können nicht ohne weiteres glaubhaft machen, dass sie den Preis für ihre Software nach einer Einführungsphase nicht doch anheben werden, um die Entwicklungskosten zu amortisieren.

Aus dieser Perspektive könnte man davon ausgehen, dass Hersteller proprietärer Software keine Chance hätten, sich gegenüber Open-Source-Produkten auf dem Markt durchzusetzen und Einnahmen aus dem Verkauf von Lizenzen zu generieren. Diese Aussage relativiert sich allerdings, wenn man bedenkt, wie mit quelloffenen Produkten Geld verdient wird. Die Finanzierung erfolgt im Wesentlichen durch den Verkauf von Komplementärleistungen, wie Implementierungsdienste, Support oder Schulungen. Da das Bundling mit Werbung in der Open-Source-Community abgelehnt wird, werden als alternative Finanzierungsform auch Spenden genutzt (Sabel 2007, 205 f.).

Für den Nachfrager gibt es damit zwei Kostenkomponenten, die reinen Anschaffungs- und die Folgekosten der Nutzung. Relevant für den Kunden sind damit die Gesamtkosten der Investition, die so genannten Total Cost of Ownership. Am Beispiel des Marktes für Server-/Systemsoftware konnte Maaß (2006, 131 f.) nun zeigen, dass diese bei der Investitionsentscheidung die ausschlaggebende Rolle spielen. Da die Schulungs- und Supportkosten die Anschaffungskosten sogar deutlich übersteigen können, spielt die isolierte Höhe des Einführungspreises in diesem Branchensegment nur eine nachrangige Rolle. Verstärkend wirken außerdem die segmentspezifischen kurzen Innovations- und Produktlebenszyklen, die es erschweren, über mehrere Perioden hinweg für veraltende Produkte einen Preisanstieg durchzusetzen. Eine Penetrationspreisstrategie ist somit nicht pauschal empfehlenswert. Ihre Anwendung hängt von den konkreten Produkt- bzw. Marktgegebenheiten ab.

Wie sieht es aber bei **Content** aus, der ja nicht wie Software dem wiederholten Gebrauch dient, sondern tendenziell nur einmal oder wenige Male genutzt wird? Stahl (2005, 237 ff.) zeigt empirisch, dass die Follow-the-free-Strategie auch für das Angebot digitaler Inhalte vorteilhaft ist. Je umfassender – statisch gesehen – das Angebot an kostenfreien Inhalten, desto größer ist auch der Absatz an kostenpflichtigen Inhalten. Darüber hinaus ist es auch dynamisch so, dass sich durch die Ausweitung des kostenfreien Angebots in Periode eins der Absatz an bezahlten Inhalten in der Folgeperiode steigern lässt. Diese Form des Pricings erzeugt also auch bei Content Netzeffekte, Wechselkosten und Lock-in-Effekte (Stahl 2005, 299).

Die genannten Effekte sind insbesondere dann sehr vorteilhaft, wenn es um den „Verkauf" einer speziellen Art von Bundle geht, nämlich der Verbindung aus dem eigentlich nutzenbehafteten Informationsgut und entsprechender (häufig nicht erwünschter) Werbung. Viele kostenfreie Angebote basieren nämlich nicht darauf, Erlöse aus dem Produkt selbst, sondern aus Werbeeinnahmen zu generieren. Die Umsätze im Zeitungs- und Zeitschriftenmarkt bestehen nur zu einem Teil aus den Verkaufserlösen für das Informationsgut, zu über 50% aber aus Werbeerlösen (Wirtz 2006, 179). Bei den über die Follow-the-free-Strategie angebotenen Gratiszeitungen fallen z. B. die Erlöse aus Verkäufen sogar ganz weg und es werden nur noch Werbeerlöse erzeugt. Bei den (privaten) Fernseh- und Radiosendern finden sich ähnliche Verhältnisse, auch dort stammen mindestens 90% der Erlöse nur aus Werbung (Wirtz 2006, 360, 427). Bereits in den 70er Jahren formulierten Owen et al. (1974) hierzu, dass Fernsehsender nicht dazu da seien, um Programm zu produzieren.

> TV Stations are in the business of producing *audiences*. These audiences, or means of access to them, are sold to advertisers. The product of a TV station is measured in dimensions of people and time. The price of the product is quoted in dollars per thousand viewers per minute of commercial time (Owen et al. 1974, 4).

Werbung als Erlösform wird auf den Massenmärkten für Content schon lange angewandt. Neuerdings wird sie aber auch individualisiert eingesetzt und auch auf Software übertragen. Das Geschäftsmodell von Google basiert im Wesentlichen auf kontextspezifischen Werbeeinblendungen auf Seiten der Suchergebnisse und auf Partnerseiten. Seit dem Kauf von YouTube arbeitet Google verstärkt an individualisierten Werbeeinblendungen bei Filmen. Das gleiche Prinzip nutzt Flickr, wenn das Anschauen von Bildern von Werbung begleitet wird. Adobe wiederum denkt z. B. über werbefinanzierte Softwareangebote nach (Koenen 2007).

Begünstigend wirkt es bei der Werbefinanzierung, wenn man für die entgeltfreie Nutzung von Informationsgütern die Profile der Kunden erlangt. Das ermöglicht adressatengerechte Werbung. Sofern die Profile wahrheitsgetreu angelegt sind, besteht bei individualisierten Werbeangeboten die Chance, dass sie vom unerwünschten Information-„Bad" zum nützlichen Information-„Good" werden und die Kombination aus nachgefragter Information und treffgenauer, reichhaltiger Werbung eine Nutzensteigerung beim Nachfrager bewirkt. Neue Formen der Werbung gehen in diese Richtung. Unter der Bezeichnung „user-initiated online advertising" kann der Kunde z. B. in Videos aktiv Objekte anklicken, um sich dazu Werbung anzeigen zu lassen. Das kann so weit führen, dass für spezielle Werbung bezahlt wird (Anderson 2008b). Das Wechselspiel zwischen Nutzerzahl und informativen Werbeangeboten kann zu einer gegenseitigen Verstärkung führen, was in der Medienökonomie als werbliche Anzeigen-Auflagen-Spirale bezeichnet wird (Hass 2007).

Wie eine Komplementenstrategie von kostenfreien (inklusive Werbung) und kostenpflichtigen Angeboten bei Content aussehen kann, zeigt das Cross-Media-Konzept von „Deutschland sucht den Superstar" (Schumann/Hess 2006, 62 f.):

> Neben der TV-Sendung „Deutschland sucht den Superstar", welche den Kern der Produktfamilie bildete, wurden hier vor allem die Medienformen Zeitschrift, CD, DVD und Internet bedient sowie mobile Applikationen entwickelt. So umfasst die Produktfamilie DSDS mehrer TV-Sendungen (u. a. die DSDS-Show sowie Interviews, Kurzbeiträge, etc.), zudem ein DSDS-Printmagazin, die CD-Alben „We have a dream", „United" und „Take me tonight", einen Internetauftritt „deutschlandsuchtdensuperstar.rtl.de" sowie eine Reihe von Merchandisingartikeln (T-Shirts, Tassen, etc.).

Die einzelnen Angebote der insgesamt sehr erfolgreichen Produktfamilie sind in Abbildung 18.21 zeitlich gestaffelt vom Beginn der Show bis zu den CD-Alben dargestellt.

Es wird insgesamt deutlich, dass bei Informationsgütern die auftretenden Netzwerkeffekte neue und vielfältige Varianten der Preisgestaltung ermöglichen, aber gleichzeitig auch erfordern. Insbesondere das Versioning spielt eine herausgehobene Rolle. Die generelle Empfehlung dazu lautete, grundsätzlich mehrere Versionen anzubieten. Verbindet man diese Aussage mit der Erkenntnis der großen Vorteilhaftigkeit von entgeltfreien Angeboten bei Netzwerkgütern, liegt es für Unternehmen nahe, immer zu prüfen, ob nicht eine Basisversion zu einem sehr niedrigen Preis oder sogar kostenfrei angeboten werden kann (Wirtz/Olderog 2001, 199 f.). Wie Jing (2000) für den Monopolfall formal zeigt, lässt sich bei bestehenden

18.2 Formen der Preisdifferenzierung

Netzwerkeffekten der Umsatz mit qualitativ hochwertigen Informationsgütern genau dadurch steigern, dass qualitativ minderwertige Versionen unentgeltlich abgegeben werden.

> The free low-quality product is essential for expanding market coverage and enhancing consumer valuation of the high quality (Jing 2000, 2).

Die auftretenden Kannibalisierungseffekte (Kauf des geringerwertigen statt des höherwertigen Produkts) werden dabei durch die Netzwerkeffekte und die daraus resultierende zunehmende Zahlungsbereitschaft für das höherwertige Produkt überkompensiert. Das geringwertige Gut ist sozusagen die Einstiegsdroge, denn

> the low quality helps inflate the network and the high quality extracts the network benefits and is the primary source of revenue (Jing 2000, 8; im Original kursiv).

Je stärker die Netzwerkeffekte ausfallen, desto höher kann dann auch der Preis für die Bezahlangebote gesetzt werden. Brynjolfsson/Kemerer (1996) haben für den Markt für Tabellenkalkulationsprogramme – ohne Versioning – herausgefunden, dass eine Vergrößerung der installierten Basis um 1% mit einer Preiserhöhung um 0,75% einherging.

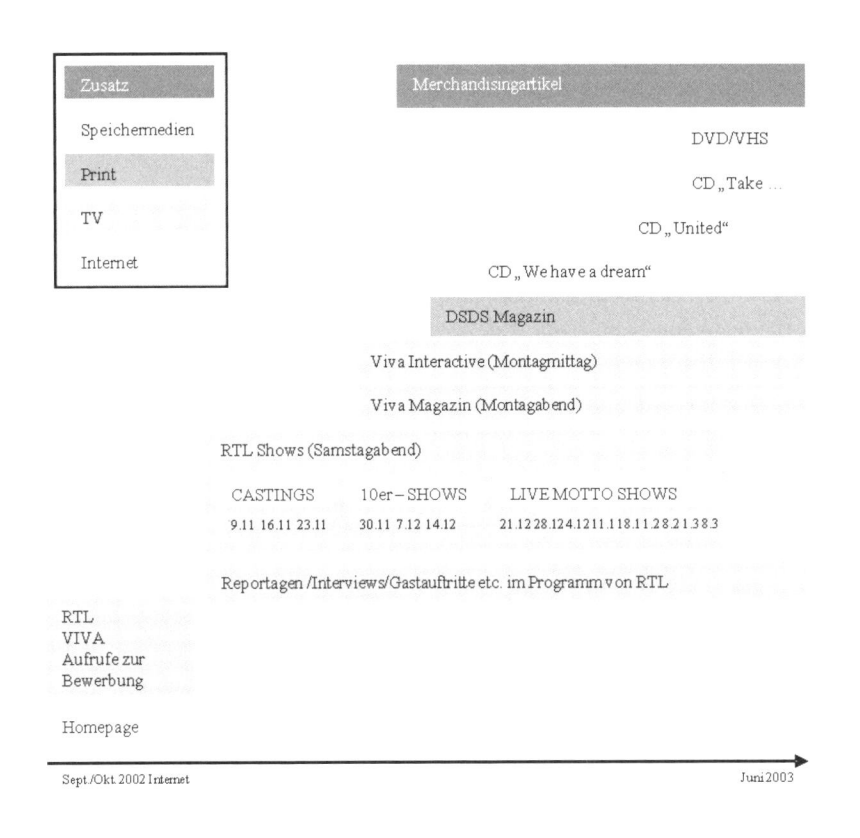

Abbildung 18.21: Produktfamilie „Deutschland sucht den Superstar". Quelle: Köhler/Hess 2004, 35.

Für Softwareangebote stellen Gallaugher und Wang (1999, 81) empirisch fest, dass es sehr gut möglich ist, Premiumpreise zu verlangen, wenn man gleichzeitig kostenfreie Testangebote macht. In dem von ihnen untersuchten Webserver-Markt konnten Unternehmen mit Testangeboten im Vergleich zu Unternehmen ohne Testversionen Preisaufschläge von über 60% nehmen.

Für den etablierten Anbieter stellen Netzwerkeffekte einen gewissen Schutz dar. Um als Second-Mover Marktanteile zu gewinnen, ist die Follow-the-free-Strategie sehr gut einsetzbar. Buxmann (2002) zeigt mit Hilfe von Simulationen, dass das vor allem dann gilt, je größer die installierte Basis des etablierten Anbieters schon ist und je stärker ausgeprägt die Netzeffekte sind. Sind sie sehr stark, so kann es sogar sinnvoll sein, das Produkt nicht nur zu verschenken, sondern sogar noch draufzuzahlen, um einen starken etablierten Anbieter anzugreifen. Hiermit lässt sich gut erklären, warum es Microsoft wegen starker Netzwerkeffekte und einer großen installierten Basis an Betriebssystemen und Office-Anwendungen mit einer Follow-the-free-Strategie relativ leicht gelang, den Browser-Krieg gegen Netscape letztlich für sich zu entscheiden. Genau so zeigt sich aber andererseits für den Markt mit betriebswirtschaftlicher Standardsoftware, die von geringen Netzwerkeffekten geprägt ist, dass Niedrigpreisstrategien hier nicht wirklich weiterhelfen (Buxmann 2002, 14 f.).

Eine besondere Variante der Preisdifferenzierung betreiben Unternehmen, die das Schwarzkopieren dulden. Viele Privatpersonen nutzen z. B. Software unter Verletzung der urheberrechtlichen Regelungen, wohingegen Unternehmen und Behörden in der Regel die legale Nutzung präferieren. Auch wenn die anbietenden Unternehmen diese Situation offiziell kritisieren, kann man davon ausgehen, dass sie unter einem rechtlich perfekten Regime von sich aus Preisdifferenzierung betreiben würden. Zum einen, weil die Zahlungsbereitschaft von Privatpersonen generell deutlich niedriger ausfällt als bei Unternehmen. Zum anderen wegen der Gewöhnungseffekte. Wenn Schüler und/oder Studierende Software illegal nutzen, ist es nicht ganz unwahrscheinlich, dass sie sie später als Entscheider im Unternehmen kaufen werden. Ein relativ niedriger Preis für die eine Zielgruppe (Schüler und Studierende) führt somit zu einer Absatzerhöhung bei der anderen Zielgruppe (Unternehmen) (Wiese 1991, 49). Ein weiterer Grund sind die Netzeffekte, die erzeugt werden, wenn die installierte Basis groß ist. Auf diese Argumentationslinie werden wir im Kapitel Kopierschutz-Management detaillierter eingehen.

Die verschiedenen Formen der Preisdifferenzierung zweiten und dritten Grades werden abschließend in Tabelle 18.3 zusammenfassend dargestellt. Besonders hervorzuheben ist noch einmal die Rolle des Versionings, das bei Informationsgütern besonders leicht möglich ist. Es stellt eine eigenständige Form der Preisdifferenzierung 2. Grades dar, kann aber auch mit anderen Preisdifferenzierungsvarianten kombiniert werden. Sei es als versionierendes Windowing oder versionierendes Bundling. Ersteres wird praktiziert, wenn z. B. die Kauf-DVD gegenüber dem Kinofilm zusätzliches Material enthält und dadurch die Zahlungsbereitschaft gesteigert werden soll. Letzteres gibt es als Rebundling (Stahl et al. 2004, 60) oder Compilation (Heitmann et al. 2006, 11). Beim Rebundling werden z. B. einzelne Zeitungsar-

18.2 Formen der Preisdifferenzierung

tikel zu speziellen Themen neu zusammengefasst und als Paket (bspw. als Spiegel-Dossier) online angeboten. Eine Compilation enthält Lieder verschiedener Künstler. In beiden Fällen ist von einer Nachfragesteigerung auszugehen, weil durch das Bundling die unterschiedlichen Präferenzen nivelliert werden. Die Konsumenten nehmen es in Kauf, Artikel oder Lieder in einem größeren Paket mit zu erwerben, für die sie einzeln nur eine sehr geringe oder sogar überhaupt keine Zahlungsbereitschaft gehabt hätten. Versioning lässt sich außerdem auch sehr gut mit der Follow-the-free-Strategie kombinieren, die dann nur für die Low-end-Version angewandt wird.

Gegenstand / Form der Preisdifferenzierung (PD)	Informationsinhalt (First Copy)		Medium		Zeitpunkt des Angebotes		
	identisch	variierend	identisch	wechselnd	nacheinander		gleichzeitig
					einmalig	wiederkehrend	
PD 2. Grades							
Windowing	Klassisch: unverändertes Ausgangsprodukt	*Verschiedene Versionen entlang der Verwertungskette*	Zwischen einzelnen Verwertungsfenstern ggf. wechselnd		Feste Angebotsabfolge in den verschiedenen Verwertungsfenstern	Teilweise: Wiederholungen im Fernsehen	Teilweise: Video/DVD bleibt parallel zu den nachfolgenden Angeboten verfügbar
Versioning		Unterschiedliche Versionen desselben Ausgangsprodukts	Medienwahl als eine Art der Versionierung (Verfügbarkeit der Information)				Gleichzeitige Auswahlmöglichkeit für den Kunden
Bundling	Paketangebot mit unveränderten Ausgangsprodukten	*Versionierend: gleiches Produkt in verschiedenen Paketen (Rebundling, Compilation) Produktvarianten im Paketangebot*	Klassisch: gleiches Medium				Bei mehreren Bundles gleichzeitige Auswahlmöglichkeit für den Kunden
PD 3. Grades							
Follow-the-free	Klassisch: unverändertes Ausgangsprodukt	Als Bundle in Verbindung mit Werbung oder anderen Komplementen. *Versionierend: Follow-the-free nur für die Basisversion*	Klassisch: gleiches Medium		Einheitlicher Preis zu einem Zeitpunkt		

Tabelle 18.3: Besondere Formen der Preisdifferenzierung bei Informationsgütern.

Eine jüngst von Chang und Yuan (2008) vorgeschlagene Variante ist das collaborative pricing. Sie schlagen ein Modell vor, bei dem der Kunde sich aus dem Angebot eines Unternehmens ein individuelles Bundle selbst zusammenstellt und dabei auch noch Versionierungsvorschläge machen kann. Wir würden dies als versionierendes Customized Bundling bezeichnen: Der Anbieter macht auf der Grundlage der Kundendaten (Kundenprofil, Kaufhistorie etc.) und des spezifischen Aufwands für die Versionierung einen Preisvorschlag, den der Kunde annehmen oder ablehnen kann. Im Falle der Ablehnung beginnt der Prozess von neuem. Dies ist eine sehr weit reichende und innovative Form der individuellen dynamischen Preisgestaltung:

> An interactive pricing process can be considered as a combination of collaborative prototyping, needs prediction, price estimation, and proftis maintenance (Chang/Yuan 2008, 638).

Die Zuordnungen in der Tabelle 18.3 beziehen sich auf fertige Informationsgüter, lassen sich aber gleichermaßen auch auf noch zu erstellende Informationsgüter anwenden. Kursiv gesetzt sind die neueren, auf Digitalisierung beruhenden Varianten der Versionierung, die in Verbindung mit anderen Formen der Preisdifferenzierung möglich sind. Die dargestellten Formen der Preisdifferenzierung beinhalten nicht die bekannten Lehrbuchvarianten, wie z. B. der quantitativen, personellen oder räumlichen Differenzierung. Diese sind gleichfalls anwendbar, stellen aber keine Besonderheit dar.

18.3 Fazit

- Die Preispolitik ist eine zentrale Stellschraube im Marketing-Mix.
- Informationsanbieter verfügen über sehr variable Möglichkeiten der Preisbestimmung. Neu sind vor allem verschiedene Formen des Reverse Pricings, bei denen der Kunde Preisvorschläge macht, und kollektive Formen der interaktiven Preisbestimmung, v. a. Online-Auktionen.
- Die ideale Form der Preisdifferenzierung ist die Preisdifferenzierung ersten Grades. Bei dieser individuellen Form der Preisdifferenzierung kann (z. B. bei Online-Auktionen) die Konsumentenrente vollständig abgeschöpft werden.
- Die Preisdifferenzierung zweiten Grades basiert auf dem Prinzip der Selbstselektion. Die Kunden wählen aus mehreren Alternativen entsprechend ihrer Zahlungsbereitschaft die für sie beste aus.
- Windowing, Versioning und Bundling sind spezielle Formen der Preisdifferenzierung zweiten Grades bei Informationsgütern.
- Beim Windowing wird ein fertiges Informationsgut (Film, Buch etc.) zu unterschiedlichen Zeitpunkten in unterschiedlichen Angebotsformen (z. B. Hardcover, Softcover) auf den Markt gebracht.
- Informationsanbieter versuchen, die verschiedenen Profit-Windows möglichst optimal auszunutzen. Hochpreisige Angebote (z. B. Kinofilme) finden sich am Anfang, niedrigpreisige oder kostenfreie Angebote (z. B. Sendungen im Free-TV) am Ende der Verwertungskette. Ausschlaggebend ist die Zahlungsbereitschaft der Kunden, die am Anfang hoch und am Ende niedrig ist.

18.3 Fazit

- Bei der leistungsorientierten Preisdifferenzierung, dem Versioning, werden dem Kunden gleichzeitig verschiedene Varianten eines Informationsguts in verschiedenen Qualitäten angeboten, die aus einer Ursprungsversion generiert wurden.
- Empirischen Untersuchungen zur Folge sollten mindestens drei Versionen angeboten werden, weil Konsumenten der Tendenz zur Mitte unterliegen. Die Höchstzahl der angebotenen Versionen sollte sechs nicht überschreiten.
- Wenn zwei oder mehr (Informations-)Güter zu einem Paket zusammengefasst und zu einem Gesamtpreis verkauft werden, spricht man von Bundling.
- Einfache statistische Berechnungen zeigen, dass durch Bundling eine Homogenisierung der Zahlungsbereitschaften stattfindet. Diese fällt umso stärker aus, je deutlicher die Zahlungsbereitschaften negativ korreliert sind. Je stärker die aus dem Bundling resultierende Homogenisierung auftritt, desto größer die Gewinnpotenziale des Anbieters.
- Auch ohne die exakte Kenntnis der individuellen Zahlungsbereitschaften der Kunden ist durch Bundling eine nachfrageorientierte Preissetzung möglich.
- Beim Bundling lassen sich reines und mixed Bundling sowie reines Unbundling unterscheiden. Beim reinen Bundling werden nur Produktpakete angeboten, beim reinen Unbundling nur Einzelprodukte. Das mixed Bundling kombiniert beides und lässt dem Kunden die Wahl zwischen Einzelprodukten und Paketangeboten.
- Reines Unbundling empfiehlt sich, wenn die Zahlungsbereitschaften der Kunden sehr extrem ausgeprägt sind, also sehr hoch und sehr niedrig ausfallen oder für eines der Produkte sogar bei Null liegen.
- Sind die Zahlungsbereitschaften eher ausgewogen, empfiehlt sich das reine Bundling.
- Mixed Bundling sollte angewandt werden, wenn es Kundengruppen mit teils extremen und teil ausgewogenen Zahlungsbereitschaften gibt.
- Die Vorteile des Bundlings hängen vom Verhältnis der Zahlungsbereitschaften zu den variablen Kosten ab. Je geringer diese Differenz ausfällt, desto eher empfiehlt sich das Unbundling. Bundling lohnt generell nur dann, wenn die Zahlungsbereitschaften der Nachfrager für die einzelnen Bestandteile des Pakets über deren Grenzkosten liegen.
- Anbieter von großen Bundles genießen Wettbewerbsvorteile sowohl gegenüber Anbietern kleinerer Bundles als auch Anbietern von Einzelleistungen.
- Bei der Preisdifferenzierung dritten Grades erfolgt eine Segmentierung der Zielgruppe. Einzelnen Kundengruppen werden spezifische Angebote gemacht.
- Follow-the-free ist eine Variante der Preisdifferenzierung dritten Grades, die bei Informationsgütern gerne angewandt wird. Sie ist eine spezielle Form der Penetrationsstrategie, bei der die Produkte zu einem extrem niedrigen Preis oder sogar kostenfrei abgegeben werden.

- Durch das entgeltfreie Angebot will das Unternehmen möglichst schnell eine installierte Basis aufbauen. Diese wird maximiert, wenn das Produkt nicht verkauft, sondern verschenkt wird. Eine große installierte Basis erzeugt Netzeffekte. Daraus wiederum resultieren steigende Zahlungsbereitschaft und Wechselkosten.
- Anbietern, die mit der Follow-the-free-Strategie arbeiten, verzichten auf Erlöse aus dem Produktverkauf. Alternative Erlösquellen sind u. a. die Preisanhebung nach dem erfolgreichen Aufbau der installierten Basis, der Verkauf höherwertiger Versionen oder das Angebot von Komplementärleistungen. Speziell das „Komplement" Werbung stellt in vielen Fällen eine attraktive Einnahmequelle dar.

18.4 Literatur

Adams, W. J.; Yellen, J. L. (1976): Commodity bundling and the burden of monopoly. – In: Quarterly Journal of Economics 90(3), S. 475–498.

Altinkemer, K.; Bandyopadhyay, S. (2000): Bundling and distribution of digitized music over the internet. – In: Journal of Organizational Computing and Electronic Commerce 10(3), S. 209–224.

Anderson, C. (2008a): The Long Tail - Wired Blogs. Online: http://www.longtail.com/the_long_tail/2008/11/finding-a-freem.html, geprüft: 12.07.2010.

Anderson, C. (2008b): The Long Tail - Wired Blogs. Online: http://www.longtail.com/the_long_tail/2008/01/what-does-the-m.html, geprüft: 012.07.2010.

Arthur, B. W. (1996): Increasing returns and the new world of business. – In: Harvard Business Review 74, S. 100–109.

Bakos, Y.; Brynjolfsson, E. (1999): Bundling information goods: Pricing, profits, and efficiency. – In: Management Science 45(12), S. 1613–1630.

Bakos, Y.; Brynjolfsson, E. (2000): Aggregation and disaggregation of information goods. Implications for bundling, site licensing, and micropayment systems. – In: Kahin, Brian; Varian, Hal R. (Hrsg.): Internet Publishing and Beyond. The Economics of Digital Information and Intellectual Property. – Cambridge, Mass.: MIT Press, S. 114–137.

Bernhardt, M.; Spann, M.; Skiera, B. (2005): Reverse Pricing. – In: Die Betriebswirtschaft 65, S. 104–107.

Bhargava, H. K.; Choudhary, V. (Hrsg.) (2001): Second-Degree Price Discrimination for Information Goods under Nonlinear utility Functions.

Brandtweiner, R. (2001): Report Internet-pricing. Methoden der Preisfindung in elektronischen Märkten. – Düsseldorf: Symposion Publ.

Brooks, C. H.; Das, R.; Kephart, J. O.; MacKie-Mason, J. K.; Gazzale; Durfee, E. H. (2001): Information bundling in a dynamic environment. – In: Proceedings of the 3rd ACM Conference on Electronic Commerce. Tampa, Florida, USA,October 14 - 17, 2001. – New York, NY: Association for Computing Machinery, S. 180–190.

Brynjolfsson, E.; Kemerer, C. F. (1996): Network externalities in microcomputer software. An econometric analysis of the spreadsheet market. – In: Management Science 42(12), S. 1627–1647.

Buxmann, P. (2002): Strategien von Standardsoftware-Anbietern. Eine Analyse auf Basis von Netzeffekten. – In: Zeitschrift für betriebswirtschaftliche Forschung, 54, S. 442–457.

Buxmann, P.; Diefenbach, H.; Hess, T. (2008): Die Softwareindustrie. Ökonomische Prinzipien, Strategien, Perspektiven. – Berlin, Heidelberg: Springer.

Cap Gemini Ernst & Young (2001): Business Redefined. Connecting Content, Applications, and Customers. Cap Gemini Ernst & Young. o.O.

Chang, W. L.; Yuan, S. T. (2008): Collaborative pricing model for bundling information goods. – In: Journal of Information Science 34(5), S. 635–650.

Choi, S. Y.; Stahl, D. O.; Whinston, A. B. (1997): The economics of electronic commerce. Indianapolis IN.: Macmillan Technical Pub.

Chuang, C.I. J.; Sirbu, M. (2000): Network Delivery of Information Goods. Optimal Pricing of Articles and Subscriptions. In: Kahin, B.; Varian, H. R. (Hg.): Internet publishing and beyond. The economics of digital information and intellectual property. Cambridge, Mass.: MIT Press, S. 138–166.

Dean, J. (1951): Managerial Economics. – Englewood Cliffs: Prentice-Hall.

Deneckere, R.; McAfee, R. P. (1996): Damaged goods. – In: Journal of Economics and Management Strategy 5(2), S. 149–174.

Diller, H. (2000): Preispolitik. 3. Aufl. – Stuttgart: Kohlhammer (Kohlhammer-Edition Marketing).

Diller, H. (2008): Preispolitik. 4. Aufl. – Stuttgart: Kohlhammer (Kohlhammer Edition Marketing).

Elberse, A. (2009): Bye Bye Bundles: The Unbundling of Music in Digital Channels. – Harvard Business School. Harvard. Online: http://www.people.hbs.edu/aelberse/papers/Elerse_2010.df, geprüft: 20.07.2010.

Fritz, W. (2004): Internet-Marketing und Electronic Commerce. Grundlagen - Rahmenbedingungen – Instrumente. 3. Aufl. – Wiesbaden: Gabler.

Gallaugher, J. M.; Wang, Y. M (1999): Network effects and the impact of free goods: An analysis of the web-server market. – In: International Journal of Electronic Commerce 3(4), S. 67–88.

Geng, X.; Stinchcombe, M. B.; Whinston, A. B. (2005): Bundling information goods of decreasiing value. – In: Management Science 51(4), S. 662–667.

GMX - Mail-Produkte (E-Mail, SMS, Fax). GMX GmbH. Online: http://service.gmx.net/de/cgi/g.fcgi/products/mail/overview?cc=teaser_mailprodukte&sid=ba bhdde.1243926504.16420.vok0kdqdiy.74.qio, geprüft: 20.7.2010.

Hass, B. H. (2007): Größenvorteile von Medienunternehmen: Eine kritische Würdigung der Anzeigen-Auflagen-Spirale. – In: MedienWirtschaft 4(Sonderheft), S. 70–78.

Heil, B. (1999): Online-Dienste, portal sites und elektronische Einkaufszentren. Wettbewerbsstrategien auf elektronischen Massenmärkten. – Wiesbaden: Dt. Univ.-Verl. [u. a.] (Gabler Edition Wissenschaft).

Heitmann, M.; Herrmann, A.; Stahl, F. (2006): Digitale Produkte richtig verkaufen. – In: Harvard Business Manager, H. August, S. 8–12.

Henderson, Bruce D. (1974): Die Erfahrungskurve in der Unternehmensstrategie. – Frankfurt a.M.: Herder & Herder.

Huber, F.; Kopsch, A. (2002): Produktbündelung. – In: Albers, S.; Herrmann, A. (Hg.): Handbuch Produktmanagement. Strategieentwicklung - Produktplanung - Organisation - Kontrolle. 2. Aufl. – Wiesbaden: Gabler, S. 615–646.

Hui, W.; Byungjoon, Y.; Tam, K. Y. (2008): The optimal number of versions: Why does goldilocks pricing work for information goods. – In: Journal of Management Information Systems 24(3), S. 167–191.

Iyengar, S.S.; Lepper, M.R. (2000): When choice is demotivating: Can one desire too much of a good thing. – In: Journal of Personality and Social Psychology 79(6), S. 995–1006.

Jing, B. (2000): Versioning Information Goods with Network Externalities. International Conference on Information Systems. Proceedings of the twenty first international conference on Information systems. – Brisbane, Queensland, Australia.

Kahin, B.; Varian, H.R. (Hg.) (2000): Internet Publishing and Beyond. The Economics of Digital Information and Intellectual Property. – Cambridge, Mass.: MIT Press.

Kim, J.Y; Natter, M.; Spann, M. (2009): Pay what you want: A new participative pricing mechanism. – In: Journal of Marketing 73(1), S. 44–58.

Klein, S.; Loebbecke C. (1999): Signaling and Segmentation on Electronic Markets. Innovative Pricing Strategies for Improved Resource Allocation. Paper presented at the Research Symposion on Emerging Electronic Marketes. – Münster, Germany.

Koenen, J. (2007): Adobe peilt einen Internet-Thron an. – In: Handelsblatt, Ausgabe 216, 8.11.2007, S. 20.

Köhler, H. (2003): Koppelungsangebote (einschließlich Zugaben) im geltenden und künftigem Wettbewerbsrecht. – In: Gewerblicher Rechtsschutz und Urheberrecht, S. 729–738.

Kwasniewski, N. (2003): Billig ins Luxusbett. – In: Die Zeit, Ausgabe 49, 2003, S. 79.

Lee, Y.; O´Connor, G.C. (2003): New product launch strategy for network effects. – In: Journal of the Academy of Marketing Science 31(3), S. 241–255.

Lexware.de (2007): Lexware. Online: http://www.lexware.de/, geprüft: 20.07.2010

Linde, F. (Hg.) (2007): Markttheoretische und wettbewerbsstrategische Aspekte des Managements von Informationsgütern. Institut für Informationswissenschaft der Fachhochschule Köln. – Köln. (Kölner Arbeitspapiere zur Bibliotheks- und Informationswissenschaft, 53).

Litman, B.R. (2000): The structure of the film industry: Windows of exhibition. – In: Greco, A. N. (Hg.): The Media and Entertainment Industries. Readings in Mass Communications. – Boston u. a.: Allyn and Bacon (Media economics series), S. 99–121.

Maaß, C. (2006): Strategische Optionen im Wettbewerb mit Open-Source-Software. – Berlin: Logos-Verl.

McAfee, R. P.; McMillan J. (1987): Auctions and bidding. – In: Journal of Economic Literature 25, S. 699–728.

Meffert, Heribert (2005): Marketing. Grundlagen marktorientierter Unternehmensführung ; Konzepte, Instrumente, Praxisbeispiele. 9. Aufl., Nachdr. – Wiesbaden: Gabler (Meffert-Marketing-Edition).

Meffert, H.; Burmann, C.; Kirchgeorg, M. (2008): Marketing. Grundlagen marktorientierter Unternehmensführung ; Konzepte - Instrumente - Praxisbeispiele. 10 Aufl. - Wiesbaden: Gabler (Meffert Marketing Edition).

Möllenberg, A. (2003): Internet-Auktionen im Marketing aus der Konsumentenperspektive. Braunschweig: Eigenverlag.

Olderog, T.; Skiera, B. (2000): The benefits of bundling strategies. – In: Schmalenbach Business Review 52(2), S. 137–159.

Ollhäuser, B. (2007): Follow the free als Preisstrategie. – In: Linde, F. (Hg.): Markttheoretische und wettbewerbsstrategische Aspekte des Managements von Informationsgütern. Institut für Informationswissenschaft der Fachhochschule Köln. – Köln (Kölner Arbeitspapiere zur Bibliotheks- und Informationswissenschaft, 53), S. 181–199.

Owen, B. M.; Beebe, H.J.; Manning, W.G. (1974): Television Economics. – Toronto, London: Lexington.

Owen, B. M.; Wildman, S. S. (1992): Video Economics. – Cambridge, Mass.: Harvard Univ. Press.

Parker, G.G.; Van Alstyne, M.W. (2000): Information Complements, Substitutes, and Strategic Product Design. Tulane University. – New Orleans. Online: http://papers.ssrn.com/sol3/papers.cfm?abstract_id=249585, geprüft: 20.07.2010.

Pigou, A. C. (1929): The Economics of Welfare. – London: MacMillan.

Reibnitz, A. v. (2003): Pricing von Paid Content und Paid Services. – Berlin: VDZ (Dokumentation Publikumszeitschriften).

Sabel, T. (2007): Follow the free. Erfolgsmodelle kostenfreier Informationsangebote. – In: Linde, F. (Hg.): Markttheoretische und wettbewerbsstrategische Aspekte des Managements von Informationsgütern. Institut für Informationswissenschaft der Fachhochschule Köln. – Köln (Kölner Arbeitspapiere zur Bibliotheks- und Informationswissenschaft, 53), S. 200-215.

Sattler, H.; Nitschke, T. (2003): Ein empirischer Vergleich von Instrumenten zur Erhebung von Zahlungsbereitschaften. – In: zfbf 55(Juni), S. 364–381.

Scheerer, M. (2007): Kotau vor den Kartellwächtern. – In: Handelsblatt, Ausgabe 180, 18.09.2007, S. 2.

Schumann, M.; Hess, T. (2006): Grundfragen der Medienwirtschaft. Eine betriebswirtschaftliche Einführung. 3. Aufl. – Berlin: Springer-Verlag.

Shapiro, C.; Varian, H. R. (1998): Versioning. The smart way to sell information. In: Harvard Business Review, 76(6), S. 106–114.

Shapiro, C.; Varian, H. R. (1999): Information Rules. A Strategic Guide to the Network Economy. – Boston Mass.: Harvard Business School Press.

Simon, H. (1998): Preismanagement kompakt. Probleme und Methoden des modernen Pricing. Nachdr. – Wiesbaden: Gabler.

Simon, H.; Fassnacht, M. (2009): Preismanagement. Strategie, Analyse, Entscheidung, Umsetzung. 3. Aufl. – Wiesbaden: Gabler.

Simonson, I.; Tversky, A. (1992): Choice in context: Tradeoff contrast and extremeness aversion. – In: Journal of Marketing Research 29(3), S. 281–295.

Skiera, B.; Spann, M.; Walz, U. (2005): Erlösquellen und Preismodelle für den Business-to-Consumer-Bereich im Internet. – In: Wirtschaftsinformatik 47(4), S. 285–293.

Smith, G.E.; Nagle, T.T. (1995): Frames of reference and buyers' perception of price and value. – In: California Management Review 38(1), S. 98–116.

Stahl, F. (2005): Paid Content. Strategien zur Preisgestaltung beim elektronischen Handel mit digitalen Inhalten. – Wiesbaden: Dt. Univ.-Verlag.

Stahl, F.; Siegel, F.; Mass, W. (2004): Paid Content - Paid Services. Analyse des deutschen Marktes und der Erfolgsfaktoren von 280 Geschäftsmodellen. Herausgegeben von Universität Gallen =mcminstitute. – St. Gallen.

Sundararjan, A. (2004): Nonlinear pricing of information goods. – In: Management Science 50(12), S. 1660–1673.

Tellis, G. J. (1986): Beyond the many faces of price: An integration of pricing strategies. – In: Journal of Marketing 50(4), S. 146–160.

Theysohn, S.; Prokopowicz, A.; Skiera B. (2005): Der Paid Content-Markt - Eine Bestandsaufnahme und Analyse von Preisstrategien. – In: MedienWirtschaft: Zeitschrift für Medienmanagement und Kommunikationsökonomie 2(4), S. 170–180.

Tillmann, D.; Simon, H. (2008): Preisbündelung bei Investitionsgütern. – In: zfbf, 60, S. 517–538.

Varian, H.R. (2003): Economics of Information Technology. University of California, Berkeley. Online: http://www.sims.berkeley.edu/~hal/Papers/mattioli/mattioli.pdf, geprüft: 20.07.2010.

Venkatesh, R.; Kamakura, W. (2003): Optimal bundling and pricing under a monopoly: Contrasting optimal bundling and pricing under a monopoly: Contrasting complements and substitutes from independently valued products. – In: Journal of Business 76(2), S. 211–231.

Völckner, F. (2006): Determinanten der Informationsfunktion des Preises. Eine empirische Analyse. – In: Zeitschrift für Betriebswirtschaft 76(5), S. 473–497.

Walsh, G.; Frenzel, T.; Wiedmann, K.-P. (2002): E-Commerce-relevante Verhaltensmuster als Herausforderung für das Marketing. dargestellt am Beispiel der Musikwirtschaft. – In: Marketing ZFP 24(3), S. 207–223.

Web Server Survey - SecuritySpace. E-Soft Inc. Online: http://www.securityspace.com/s_survey/data/200709/index.html, geprüft: 20.07.2010.

Wendt, O.; Westarp, F. v.; König, W. (2000): Pricing in Network Effect Markets. Institute of Information Systems. Frankfurt / Main. Online: http://www.wiiw.de/publikationen/PricinginNetworkEffectMarkets.pdf, geprüft: 20.07.2010.

Wiese, H. (1991): Marktschaffung. Das Startproblem bei Netzeffekt-Gütern. – In: Marketing ZFP 13(1), S. 43–51.

Wirtz, B.W. (2001): Electronic Business. 2. Aufl. – Wiesbaden: Gabler.

Wirtz, B.W. (2006): Medien- und Internetmanagement. 5. Aufl. – Wiesbaden: Gabler.

Wirtz, B.W.; Olderog, T. (2001): E-Pricing: Die neue Herausforderung für das Preismanagement. – In: Hutter, M. (Hg.): e-conomy 2.0. Management und Ökonomie in digitalen Kontexten. – Marburg: Metropolis (Wittener Jahrbuch für ökonomische Literatur, Bd. 6), S. 187–219.

Wu, S.Y.; Chen, P.Y. (2008): Versioning and piracy control for digital information goods. – In: Operations Research 56(1), S. 157–172.

Wu, S.Y.; Hitt, L. M.; Chen, P.Y.; Anandalingam, G. (2008): Customized bundle pricing for information goods: A nonlinear mixed-integer programming approach. – In: Management Science 54(3), S. 608 ff.

Xie, J.; Sirbu, M. (1995): Price competition and compatibility in the presence of positive demand externalities. – In: Management Science 41(5), S. 909–926.

Zeix - Internet-Lexikon (2008): Powershopping. Herausgegeben von Zeix AG. Online: http://www.zeix.ch/de/lexikon/powershopping/index.html, geprüft: 20.07.2010.

Zerdick, A. et al. (Hg.) (2001): Die Internet-Ökonomie. Strategien für die digitale Wirtschaft. 3. Aufl. – Berlin: Springer.

Zillich, C. (2004): Covisint - ein 500-Millionen-Dollar-Flop. – In: computerwoche, 05.04.2004. Online: http://www.computerwoche.de/it_strategien/weitere_beitraege/545641/, geprüft: 20.07.2010.

19 Kompatibilitätsmanagement und Standardisierung

19.1 Kompatibilitätsstandards und Standardisierung

Kompatibilitätsstandards spielen in vielen Bereichen der Wirtschaft schon seit langem eine bedeutende Rolle. Beispiele sind die Spurbreiten von Eisenbahnen, Stromspannungen, Maße für Gewichte und Längen oder auch Übertragungs- und Vermittlungsprotokolle in der Telekommunikation (Knieps 2007, 117). Die Problematik der Definition, Einführung und Veränderung von Standards wurde bislang von Ingenieuren oder Juristen übernommen. Erst neuerdings ist es auch eine Fragestellung geworden, mit der sich Ökonomen beschäftigen.

Kompatibilität (Farrell/Saloner 1987, 1 ff.), häufig auch als Interoperabilität (Choi et al. 1997, 513) bezeichnet, bedeutet ganz allgemein, dass verschiedene Systeme (Produkte, Individuen oder auch Organisationen) dazu in der Lage sind, über eine gemeinsame Schnittstelle zusammen zu arbeiten. Kompatible Systeme sind z. B. Züge und Schienen, Hydranten und Wasserschläuche oder auch Kameras und Objektive. Kompatibilität bezieht sich generell auf zwei Aspekte (Knieps 2007, 118):

Zum einen geht es um die Kompatibilität ganzer Netzwerke, z. B. von Schienen-, Telekommunikations- oder auch Sprachnetzen. Sind zwei Netzwerke wie das deutsche und das französische Schienennetz auf der Grundlage eines gemeinsamen Standards kompatibel, so wird das Ausmaß der direkten Netzeffekte durch die Summe der Nutzer **beider** Netze bestimmt. Das heißt umgekehrt, dass alle Akteure, die einen gemeinsamen Standard verwenden, ein Netzwerk bilden (Picot et al. 2003, 63 f.).

Zum anderen ist die Verfügbarkeit von Produkten relevant, die zu einem Netzwerk kompatibel sind. Je umfangreicher und je vielfältiger das Angebot an solchen Komplementen (z. B. Schienenfahrzeuge) ist, desto stärker wirken indirekte Netzeffekte.

Betrachtet man Beispiele wie PCs und deren periphere Einheiten, die verschiedenen Komponenten einer Stereoanlage einschließlich der Datenträger (CD, DVD etc.), Endgeräte in einem Telefonnetz oder dem Internet oder auch eine gemeinsame Landessprache, geht es im Wesentlichen immer um den Informationsaustausch. Man benötigt konkrete Spezifikationen eines Datenträgers, wie z. B. einer CD, oder ein Telefon- bzw. Internetprotokoll, um Kommunikation zu ermöglichen. Auch der Informationsaustausch zwischen Menschen bedarf eines gemeinsamen Standards. Einen (Kommunikations-)Standard hatten wir in Kapitel 17 bereits als die Gesamtheit an Regeln bezeichnet, die für Menschen oder Maschinen die Grundlage ihrer Interaktion bilden (Buxmann et al. 1999, 134). Kurz gesagt sind es die Regeln, durch die Kompatibilität hergestellt wird.

Nicht gemeint sind hier Qualitäts- oder Sicherheitsstandards, also Vorgaben, denen ein Produkt oder die Produktion genügen sollen (Hess 1993, 18 f.), oder Standards zur Reduktion der Vielfalt (z. B. DIN A4) oder Standards zur Information bzw. Produktbeschreibung (z. B. bei der Beschreibung von Kraftstoffen) (Blind 2004, 20 f.). Es geht uns hier ausschließlich um Kompatibilitätsstandards.

Standard steht auch häufig für eine Technologie, eine Methode oder einen Code, der im Markt dominiert, also „den" Standard darstellt (Burgelman et al. 1996, 311). Dieses sehr enge Verständnis legen wir hier ebenfalls nicht zu Grunde, da es die Entwicklung hin zu einem Standard und den Wettbewerb von Standards ausblenden würde.

Im Zusammenhang mit Kompatibilitätsstandards wird sehr oft von Technik oder Technologie (engl. technology), also technischen bzw. technologischen Standards, gesprochen. Versteht man Technologie sehr weit, wie es auch im Englischen der Fall ist, sind damit ganz generell Verfahrensübereinkünfte gemeint, die in vielen Bereichen menschlicher Aktivitäten anzutreffen sind, so bei Leistungserstellungsprozessen, aber auch generell im menschlichen Zusammenleben.

Kompatibilität zwischen beteiligen Systemen entsteht durch einen Prozess der Standardisierung (Farrell/Saloner 1987, 3). Bei einem solchen kollektiven Prozess der Vereinheitlichung von Schnittstellen bzw. Protokollen wird eine bestimmte Variante aus einem Pool von Möglichkeiten ausgewählt und für eine gewisse Zeit von einer bestimmten Personenzahl akzeptiert (Borowicz 2001, 14). Kompatibilität als Ergebnis von Standardisierung bedeutet kurz gefasst, dass Produkte zusammenarbeiten können.

19.2 Bedeutung von Standards

Warum sind Standards von so großer Bedeutung?

> Unternehmen, die Industrie- oder Branchenstandards gesetzt haben oder in der Lage sind, diese zu beeinflussen, können Innovationserträge erzielen, die von keinem anderen Wettbewerbsvorteil auch nur annähernd erreicht werden (Grant/Nippa 2006, 437).

Auf Informationsmärkten spielen Standards nicht nur aus diesem ökonomischen, sondern auch aus technischen Gründen eine herausragende Rolle. Digitale Informationsgüter haben nämlich immer ein bestimmtes Speicherformat, ihre Übertragung folgt ebenfalls einem Format und auch die Ausgabe ist technisch festgelegt. Das heißt, dass für ein funktionierendes

Marktangebot von Informationsgütern immer (Kommunikations- bzw. Kompatibilitäts-) Standards erforderlich sind.

In den Zeiten vor der Verbreitung des Internets wurden die meisten Standards durch öffentliche Institutionen oder hoheitliche Akte (Verwaltungen der Post oder Telekommunikation, Gesetzgebung) als so genannte De-jure-Standards ins Leben gerufen.

> In der Internet-Ökonomie resultieren fast alle Standards aus Prozessen der Selbstorganisation (Selbstverwaltung des Internet) und der De-facto-Durchsetzung im Markt (zum Beispiel Betriebssysteme, Browser, Kommunikationsdienste). Damit erhält der Prozeß der Standardisierung unternehmerischen Charakter (Picot 2000).

Standards sind zunehmend beeinflussbar geworden, d. h. Unternehmen, die es geschafft haben, Standards zu setzen – wie Microsoft und Intel (Wintel PC-Standard), Qualcomm (CDMA-Standard) oder Cisco (IP-Standards) – generieren einen überdurchschnittlichen Shareholder-Value. Generell ist für die IT-Welt davon auszugehen, dass sie sich von einer produktbasierten Welt wandelt zu einer standardbasierten. In einer solchen Welt ist es nicht wichtig, wer ein Programm liefert. Es kommt nur darauf an, dass es offene Formate verarbeiten kann (Postinett, 2009, 11).

19.3 Arten von Standards

Bei der Betrachtung von Standards muss man sowohl die Angebots- als auch die Nachfrageseite berücksichtigen. Standards müssen von ihren Anbietern erst entwickelt werden. Dadurch erhalten sie Eigentumsrechte an einen Standard. Je nach Zugangsmöglichkeit unterscheidet man herstellerspezifische (proprietäre) oder herstellerübergreifende (offene) Standards (Ehrhardt 2001, 12 ff). **Proprietär** nennt man einen Standard, wenn sich das Netzwerk an Produkten und Komplementen auf die Technologie nur eines Unternehmens bezieht. Das ist z. B. der Fall bei Konsolen für Videospiele von Nintendo, Sony oder Microsoft. Die Produktion kompatibler Hardware ist anderen Herstellern untersagt, so dass keine Substitution möglich ist. Wer Halo3 spielen will, muss sich eine Xbox von Microsoft kaufen. Sobald sich Koalitionen von Unternehmen bilden, spricht man von einem **proprietär-offenen** Standard (Borowicz 2001, 99). Es kann sich hierbei um eine Zweierallianz handeln, wie die von Philips und Sony beim CD-ROM-Format, oder um ganze Verbünde, wie sie sich beim Ringen um die DVD-Nachfolge gegenüberstanden. Entscheidend ist, dass der Zugang zur Technologie durch ein Unternehmen kontrolliert wird. Ist der Zugang zu einem Standard ohne wesentliche Einschränkungen möglich, handelt es sich um einen **offenen** Standard. Beispiele sind CD-ROM, ISDN, HTML oder Linux. Offener Standard bedeutet immer, dass der intellektuelle Zugang frei ist. Die Nutzung kann aber sehr wohl mit Lizenzgebühren verbunden sein. Diese müssen nur so gestaltet sein, dass sie keine ernsthafte Hürde für den Zugang darstellen (Hess 1993, 27; Maaß 2006, 158).

In einem Markt können sehr wohl mehrere (proprietäre oder offene) Standards um Dominanz konkurrieren. Produziert aber eine ganze Branche nach einem einheitlichen Standard, spricht man von einem **Industriestandard** (Ehrhardt 2001, 13). Einen solchen Industriestandard findet man z. B. im Markt für Stereoanlagen: Geräte unterschiedlichster Hersteller lassen sich zu einer funktionierenden Anlage zusammenstellen.

Bei der Etablierung eines Standards spielt aber auch die Nachfrageseite eine wichtige Rolle. Letztlich entscheiden nämlich die Konsumenten über die tatsächliche Akzeptanz und Verbreitung eines Standards (Hess 1993, 36 ff.). Gibt es einen branchenweiten Standard, der dominant und marktbeherrschend ist, oder gibt es fragmentierte Standards, die in einem Markt miteinander konkurrieren? Als dominant lässt sich ein Standard nach Suarez (2004, 281) bezeichnen, wenn

> (a) there is a clear sign that the most closely competing alternative design has abandoned the active battle, thus acknowledging defeat directly or indirectly;
>
> (b) a design has achieved a clear market share advantage over alternative designs and recent market trends unanimously suggest that this advantage is increasing.

Dominante Standards sind z. B. VHS bei Videorekordern, Windows bei PC-Betriebssystemen oder auch das Adobe Portable Document Format (pdf). Weitere Beispiele finden sich in der nachstehenden Tabelle.

Unternehmen	Produktkategorie	Standard
Microsoft	Betriebsysteme für PCs	Windows
Intel	Mikroprozessoren für PCs	*86 Serie
Matsushita	Videokassettenrekorder	VHS-System
Sony/Philips	CDs	CD-ROM-Format
Iomega	PC-Diskettenlaufwerke mit hoher Speicherkapazität	Zip-Laufwerke
Intuit	Software für Online-Finanztransaktionen	Quicken
Sun Microsystems	Programmiersprache für Internet-Seiten	Java
Rockwell und 3Com	56K-Modems	V90
Qualcomm	Digitale Mobilfunkkommunikation	CDMA
Adobe Systems	Generelles Dateiformat zur Erstellung und Wiedergabe von elektronischen Dokumenten	pdf

Tabelle 19.1: Beispiele von Unternehmen, die Standards kontrollieren. Quelle: Grant/Nippa 2006, 437.

19.4 Einflussgrößen der Standardisierung

Ob es mehrere Standards gibt, die um einen Markt konkurrieren oder sich ein einziger Standard durchsetzen wird, hängt also sowohl von den Angebots- als auch von den Nachfragebe-

19.4 Einflussgrößen der Standardisierung

dingungen ab. Shapiro und Varian (1999, 186 ff.) haben hierzu zwei zentrale Faktoren ausgemacht, von denen es abhängt, ob ein Markt zu einem einzigen Standard tendiert oder nicht. Sie bezeichnen solche Märkte als „tippy markets" (176).

Nachfrage \ Angebot	Geringe Kostendegressionseffekte	Ausgeprägte Kostendegressionseffekte
Homogene Kundenpräferenzen	Gering	Hoch
Heterogene Kundenpräferenzen	Unwahrscheinlich	Möglich

Tabelle 19.2: Standardisierungspotenzial. Quelle: In Anlehnung an Shapiro und Varian (1999, 188).

Homogene Kundenpräferenzen sind die beste Voraussetzung dafür, dass sich ein einheitlicher Standard etabliert. Wenn außerdem das Interesse des Anbieters gegeben ist, weil er mit zunehmender Ausbringungsmenge seine Kosten spürbar senken kann, so ist die Wahrscheinlichkeit, dass sich ein dominanter Standard herausbildet, als hoch einzuschätzen. Insbesondere bei Informationsgütern sind beide Effekte häufig gleichzeitig wirksam (Shapiro/Varian 1999, 189). Anders sieht es aus, wenn Kunden sehr unterschiedliche Wünsche haben und sich nicht auf eine geringe Zahl an Produktangeboten festlegen wollen. Dann können sich auch unterschiedliche Produkte und damit auch inkompatible Standards am Markt halten (Borowicz 2001, 70). Apple-PCs können sich bis heute gegen IBM-kompatible PCs behaupten, weil Apple-Nutzer bestimmte Vorstellungen von den Produktfunktionalitäten haben, die von IBM-PCs nicht ausreichend erbracht werden. Erst in jüngerer Zeit versucht Apple durch die Installation von Boot Camp, einem zusätzlichen Windows-kompatiblen Betriebssystem, auf seinen Rechnern die große installierte Basis des Konkurrenten anzuzapfen.

Der Trend zur Standardisierung ist umso stärker, je ausgeprägter die auftretenden Netzwerkeffekte sind (Stango 2004, 3; Borowicz 2001, 67 f.). Bei Informationsgütern sind diese zwar allgegenwärtig, aber sie können unterschiedlich stark ausfallen. Während z. B. bei betriebswirtschaftlicher Standardsoftware der Basisnutzen eines Produkts im Vordergrund steht, ist es Unternehmen bei Software zum Datenaustausch (EDI) wichtiger, dass sie auch die Geschäftspartner verwenden (Buxmann 2002). Die spezifischen Produktanforderungen treten im zweiten Fall hinter dem Netzeffektnutzen zurück. Standardisierte Produkte sind in diesem Falle für den Kunden wichtig. Ähnlich verhält es sich bei dem Wert von Basisgut und Komplementen für die Käufer. Church und Gandal (1992) konnten am Beispiel von Software mit einem spieltheoretischen Modell feststellen, dass wenn die Konsumenten großen Wert auf ein vielfältiges Komplementenangebot im Vergleich zur Varietät des Basisguts Hardwaretechnologie legen, es de facto zu einer Standardisierung im Hardwaremarkt kommt. Heterogene Kundenwünsche in Bezug auf das Komplement Software führen dagegen zu einer Koexistenz verschiedener inkompatibler Hardwareangebote.

Das Standardisierungspotenzial ist also umso stärker ausgeprägt, je stärker die Netzeffekte insgesamt sind, d. h. je größer der Bedarf an intensivem Austausch (direkte Netzeffekte) und/oder an komplementären Leistungen (indirekte Netzeffekte) im Vergleich zu den spezifischen Anforderungen an das Basisgut ist. Gupta et al. (1999, 414) empfehlen daher für die Analyse von Märkten mit indirekten Netzwerkeffekten zuerst die konkurrierenden Basisgüter, dann die komplementären Angebote sowie die dahinter stehenden Komplementoren und schließlich die Kundenerwartungen im Hinblick auf ihre Vorstellungen bezüglich beider Aspekte (Hardware- und Komplementenangebot) nacheinander zu untersuchen. Dies entspricht, bis auf die hier vernachlässigbaren Lieferanten, auch genau der Konstellation des von uns für die Analyse von Informationsmärkten vorgeschlagenen Wertnetzes.

Zur Planung der Standardisierung müssen Anbieter drei Faktoren beachten (Hess 1993, 36 ff.):

- Den Grad der Standardisierung: Wie umfassend soll **Kompatibilität** hergestellt werden? Welche Produktfunktionen sollen standardisiert werden und zu welchen anderen Produkten oder Systemen soll Kompatibilität hergestellt werden?

- Den Zugang von Wettbewerbern zum Standard: Wie offen erfolgt der **Zugang** zum Standard? Wie stark wird das Produkt geschützt?

- Die Verbreitung des Standards bei den Abnehmern: Wie werden die **Standardisierungserwartungen** der potenziellen Käufer positiv beeinflusst?

Standards können sich auf unterschiedliche Weise verbreiten. Geschieht dies über den Markt ohne eine rechtliche Verbindlichkeit spricht man – wir hatten es oben schon kurz angesprochen – von einem informalen oder De-facto-Standard. Werden Standards durch regulierende Instanzen wie den Staat oder auch durch Standardisierungskomitees (Deutsches Institut für Normung: DIN, Comité Européen de Normalisation: CEN, International Organization for Standardization: ISO) verbindlich gemacht, handelt es sich um einen formalen oder auch De-jure-Standard (Blind 2004, 17; Ehrhardt 2001, 14).

Wie wichtig es für den Erfolg einer Technologie ist, mit einem Standard eine hohe Verbreitung zu erreichen, zeigen Beispiele, in denen neue Technologien an Inkompatibilitäten gescheitert sind. Ehrhardt (2001, 162 f.) nennt hier die Einführung der AM-Stereo-Technologie (Mittelwelle) sowie der Quadrophonie, einer Vierkanalton-Technologie, die den Stereoton hätte ablösen sollen. Ganz aktuell ist das Beispiel Digital Rights Management (DRM) in der Musikindustrie. Hier ist es den verschiedenen Anbietern unterschiedlicher Technologien nicht gelungen, sich auf einen gemeinsamen Standard zu einigen.

> There have also been significant brakes on the digital music sector: the lack of interoperability between services and devices due to different providers' digital rights management (DRM) standards (Bundesverband Musikindustrie 2008, 5).

Als Konsequenz hat sich die Musikindustrie entscheiden, vollständig auf DRM zu verzichten und Musik künftig ohne Kopierschutz anzubieten.

19.5 Standards auf Informationsmärkten

Aus den vorangehenden Darstellungen wurde bereits deutlich, warum Standards speziell für Anbieter von Informationsgütern eine ganz entscheidende Rolle im Wettbewerb spielen. Zwei Gründe sind hierfür ursächlich: Zum einen setzen die Nutzung und der Austausch von Information(sgütern) immer Kompatibilität voraus. Zum anderen sind Standards immer dort wichtig, wo es um Güter mit Netzwerkeffekten geht (Grant/Nippa 2006, 439). Bei Gütern, die mit zunehmender Verbreitung wertvoller für die Nutzer werden, haben Standards große Vorteile für Kunden und Lieferanten, aber auch für den Anbieter selbst. Nehmen wir das eben genannte Beispiel DRM. Für die Käufer von Musik ist es vorteilhaft, wenn es einen großen Nutzerkreis gibt, der die gleiche DRM-Technologie verwendet. Das vergrößert die Möglichkeiten, Musik zu tauschen. So waren z. B. alle Titel, die Nutzer über iTunes erwarben, bis vor einiger Zeit noch durch das DRM-System fairplay geschützt. Die geschützten Titel sind nur kompatibel zu den entsprechenden Abspielgeräten (iPods) und der zugehörigen Software. Mit den Nutzern eines anderen Netzwerks, wie z. B. Kunden des ehemaligen Online-Angebots Connect von Sony, kann man zwar über die Musik sprechen, sie aber nicht tauschen. Hier werden sowohl direkte als auch indirekte Netzwerkeffekte sichtbar. Direkte, wenn es um den Datenaustausch geht und indirekte in Bezug auf die zum Abspielen notwendigen Komplemente. Das korrespondiert mit zwei verschiedenen Formen der Kompatibilität, die bei Informationsgütern generell herrschen können, nämlich einerseits im Hinblick auf die Substituierbarkeit und andererseits im Hinblick auf die Komplementarität (Borowicz 2001, 10 ff.).

Die Größe eines Netzwerks hängt zum einen davon ab, wie viele kompatible **Substitute** verfügbar sind. Gabel (1987, 94) spricht hier von horizontaler Kompatibilität („multivendor compatibility") wie z. B. bei der Charakterisierung von Hardware als IBM kompatibel. Wenn nun also die einzelnen DRM-Systeme und Speicherformate miteinander kompatibel und damit substituierbar gewesen wären, hätte es ein einziges großes Netzwerk an Musikhörern geben können. Das Bemühen um einen einheitlichen DRM-Standard für Musik ist nun beendet. Es bleibt aber ein Ringen um den Standard für das Speicherformat. So lange für Musik verschiedene inkompatible Formate zur Speicherung verwendet werden, wird es weiterhin unterschiedliche Netzwerke geben, bei denen sich die direkten Netzwerkeffekte nicht voll entfalten können.

Zum anderen wird die Größe eines Netzwerks durch die indirekten Netzwerkeffekte beeinflusst. Auch sie können nur wirksam werden, wenn Kompatibilität gegeben ist, hier aber bezogen auf die verfügbaren **Komplemente**. Ein Online-Dienst für Musik hat demnach Vorteile, wenn es eine große Zahl an kompatiblen Abspielgeräten gibt, auf denen die Käufer ihre Musik hören können. Die Zahl der Komplemente wächst mit der Größe des jeweiligen Netzwerks. In unserem Beispiel werden sogar zweiseitige (indirekte) Netzwerkeffekte wirksam, wenn die Zahl der iPod Käufer das über iTunes verfügbare Musikangebot fördert und umgekehrt ein großer Kreis von Musikhörern über iTunes zu einem höheren Variantenreichtum bei Abspielgeräten führt.

Chou und Shy (1996) haben hierzu ein dynamisches Modell entwickelt, in dem sie untersuchen, wie es sich auswirkt, wenn ausschließlich Drittanbieter in die Produktion von Komplementen involviert sind. Die Konsumenten können in dem Modell zwischen zwei Basistechnologien (Hardware) wählen und ihr Nutzen hängt – bei einem gegebenen Budget – von der Anzahl verfügbarer Komplemente (Software) ab. Sind die Basistechnologien nicht kompatibel, hängt der Nutzen der Konsumenten davon ab, wie viele Komplemente für die jeweilige Plattform verfügbar sind. Wegen ihres beschränkten Budgets werden sie sich für das Basisprodukt mit dem geringeren Preis entscheiden, um mehr Geld für zusätzliche Anwendungen zur Verfügung zu haben. Ein intensiver Preiswettbewerb zwischen den Anbietern der Basistechnologien ist zu erwarten. Der Fall liegt ähnlich, wenn Basisgut und Komplemente aus einer Hand angeboten werden. Auch dann besteht für den Anbieter kein Anreiz für Preisanhebungen, um die Konsumenten, die nur das Basisgut nachfragen, nicht aus dem Markt zu drängen (Economides/Viard 2004, 3). So lässt sich auch erklären, warum Microsoft für Windows deutlich weniger Geld verlangt als für das Office-Paket. Nutzer, die Windows in Verbindung mit anderen Anwendungen nutzen wollen, sollen nicht vom Kauf dieses Basisguts abgeschreckt werden. Bei starken Netzeffekten kann es sogar profitabel sein, den Preis des Basisprodukts auf Null abzusenken und seinen Gewinn dann über die steigende Nachfrage nach Komplementen einzufahren (Clements 2002).

Als logische Folge ergibt sich daraus, dass inkompatible Angebote und exklusive Anwendungen für große Unternehmen interessanter sind als für kleine (so auch Haucap 2003, 34, mit einer modellbasierten Untersuchung des Telekommunikationsmarktes). Sie können versuchen, Newcomer aus dem Markt zu drängen, wozu sie gute Chancen haben, wenn ihr Marktvorsprung sehr deutlich und der Kostenvorteil des neuen Anbieters nur gering ist (Maaß 2006, 80 mit weiteren Quellenhinweisen). Vorteilhaft sind in dieser Situation für den etablierten Anbieter auch eine höhere Reputation und Kundenpräferenzen zugunsten seines Produkts (Katz/Shapiro 1994, 111).

Für kleinere Anbieter empfiehlt es sich eher, sich zu öffnen und Kompatibilität in Richtung des etablierten Wettbewerbers zu suchen, um dessen installierte Basis nutzen zu können. Die Orientierung am dominanten Standard ermöglicht außerdem ein Preispremium, was Gallaugher und Wang (1999) in einer empirischen Untersuchung des Web-Server Markts feststellen:

> In a market where more than one standard can be employed, products that support dominant standards were shown to exert a price premium (Gallaugher/Wang 1999, 83).

Einer Gefahr muss man dabei allerdings ins Auge sehen: Drittanbieter von Komplementen werden möglicherweise wenig oder keine Produkte entwickeln, die nur auf das Angebot des Newcomers zugeschnitten sind. Dranove und Gandal (2003) untersuchten den Fall DVD vs. DIVX. DIVX-Player waren nur einseitig kompatibel, konnten also DVDs lesen, wohingegen DVD-Player das DIVX-Format nicht spielen konnten. Für die Anbieter der entsprechenden Komplemente (Filme) war es daher profitabler, nur das von beiden nutzbare Format anzubieten (Dranove/Gandal, 2003, 385). Das wiederum kann dazu führen, dass das Basisprodukt nur wenig nachgefragt wird, weil ihm die Vielfalt an spezifischen Komplementen fehlt (Chou/Shy 1990).

Die Entscheidung für Kompatibilität ist gleichzeitig eine Entscheidung gegen einen Intra-Standard-Wettbewerb. Katz und Shapiro (1986) haben das in einem Modell untersucht und kommen zu folgendem Ergebnis:

> The most striking result is that firms may use product compatibility as a means of reducing competition among themselves. By choosing compatible technologies, the firms prevent themselves from going through an early phase of extremely intense competition where each firm tries to build up its network to get ahead of its rival (Katz/Shapiro 1986, 164).

Die Wettbewerbsintensität verringert sich aber nur zu Beginn des Produktlebenszyklus. Weil bei kompatiblen Produkten keiner der Anbieter den Markt wird allein beherrschen können, wird sich die Intensität des Wettbewerbs stattdessen in späteren Phasen erhöhen (Katz/Shapiro 1994, 110 f.).

Für den Anbieter ist die Frage der Kompatibilität zu anderen eine sehr fundamentale Entscheidung, die letztlich wieder mündet in die Frage, ob er sich selbst dazu in der Lage sieht, in ausreichendem Maße Netzwerkeffekte zu erzeugen. Der Wettbewerb auf Netzeffektmärkten

> … is prone to tipping, there are likely to be strong winners and strong losers under incompatibility. Therefore, if a firm is confident it will be the winner, that firm will tend to oppose compatibility (Katz/Shapiro 1994, 111).

19.6 Auswirkungen von Kompatibilitätsstandards

Neben den Netzwerkeffekten gibt es eine Reihe weiterer Vorteile, die Kompatibilität mit sich bringt und die Etablierung eines Standards erstrebenswert macht. Existiert ein dominanter Standard, verringert das für die Kunden sowohl die Transaktions- als auch die Wechselkosten (Graumann 1993; Picot et al. 2003, 64). Verschiedene Produktangebote lassen sich schneller auffinden und besser miteinander vergleichen. Das heißt, die **Entscheidungszeiten** werden verkürzt und die **Entscheidungsqualität** steigt. Die Kosten für den Wechsel von einem kompatiblen Produkt zu einem anderen sinken ebenfalls. Ein Drucker wird nicht wertlos, wenn man sich einen anderen PC kauft, und auch seine gespeicherten Weblinks kann man weiter nutzen, wenn man den Browser wechselt. Zu bedenken ist in solchen Fällen allerdings, dass dominante Standards die Wechselkosten für die Verwendung der standardisierten Produkte zwar senken, sie im Hinblick auf alternative Angebote aber gleichzeitig deutlich erhöhen. Bestehende aber auch künftige Produkte, die nicht kompatibel sind, haben es mit der Durchsetzung am Markt dann deutlich schwerer. Dominante Standards, egal ob offen oder proprietär, senken die Wechselkosten innerhalb eines Standards, erhöhen sie aber gleichzeitig nach außen hin. Auf diese Weise können nicht nur Individuen, sondern auch Branchen oder auch ganze Gesellschaften in einen Lock-in geraten, wie es schon seit einiger Zeit bei Microsoft Windows der Fall ist (Shapiro/Varian 2003, 57).

Etablierte Standards erhöhen für alle Beteiligten die **Entscheidungssicherheit**: Konsumenten, Lieferanten und auch Hersteller haben eine höhere Sicherheit, dass ihre Investitionen längerfristigen Wert besitzen und sie sich nicht kurzfristig hohen Wechselkosten gegenüber sehen. Je höher die Wechselkosten ausfallen und damit den Kunden einem Lock-in näher bringen, desto länger wird ein Standard bestehen bleiben. Selbst Lösungen, die technisch überlegen sind oder eine höhere Nutzerfreundlichkeit aufweisen, können sich nicht durchsetzen, wenn sich zu viele Kunden prohibitiven Wechselkosten (beim Lock-in) gegenübersehen.

Ein vielzitiertes Beispiel dafür ist die angloamerikanische QWERTY bzw. die deutsche QWERTZ-Tastatur (David 1985). Die 1873 entwickelte Anordnung der Tasten auf einer Schreibmaschine zielte auf eine geringe Schreibgeschwindigkeit ab, um eine Blockade bei den Tastenanschlägen möglichst zu vermeiden. Obwohl dieses Problem technisch gelöst werden konnte und 1932 eine deutlich effizientere und schnellere Tastatur, die „Dvorak Simplified Keyboard-Technologie (DSK)", patentiert wurde, blieb der ursprünglich eingeführte De-facto-Standard bis heute bestehen. Die Wechselkosten sind für viele Millionen Menschen durch die Gewöhnung an eine bestimmte Buchstabenanordnung zu hoch, als dass sie bereit wären, sich auf einen neuen Standard einzulassen. Dieses in der Literatur zum strategischen Management als Pfadabhängigkeit bezeichnete Phänomen lässt auch die Anbieter davor zurückschrecken, ein verändertes Produkt auf den Markt zu bringen.

Hohe oder sogar prohibitive Wechselkosten führen dazu, dass Kunden das einmal gekaufte Produkt weiter nutzen und den Anbieter nicht wechseln. Die Herausbildung eines solchen Standards resultiert nach Arthur (1989) nicht unbedingt aus der technischen Überlegenheit eines Produkts, sondern häufig aus Zufälligkeiten („historical events"). Produkte wie DOS, Java oder VHS seien vor allem deswegen erfolgreich gewesen, weil sie zu einem bestimmten Zeitpunkt über eine größere installierte Basis verfügten als die Konkurrenzprodukte MacOS, ActiveX oder Betamax (Arthur 1998). Als dominanter Standard muss sich mithin nicht zwangsläufig das bessere Angebot durchsetzen, es kann auch – isoliert gesehen, ohne die Berücksichtigung von Netzwerkeffekten – ein schlechteres Produkt oder eine schlechtere Technologie, sein für die es zu einem Lock-in kommt.

Hersteller wie Lieferanten eines standardisierten Gutes profitieren von einem größeren **Marktvolumen**. Das bedeutet höhere Absatzpotenziale sowie Kostensenkungspotenziale in

F&E, Produktion oder auch Marketing. Ein Standard festigt die Marktposition aller beteiligten Hersteller und führt zu Markteintrittsschranken für Anbieter abweichender Produktstandards.

19.7 Auf- und Abwärtskompatibilität

Speziell auf Netzeffektmärkten spielt für den Anbieter neben dem Zugang zu einer Technologie eine zweite Dimension eine wichtige Rolle: die Auf- und Abwärtskompatibilität („multivintage compatibility"; Gabel 1987, 94) oder auch vertikale Kompatibilität zu anderen Produkten oder Systemen desselben Herstellers. Das Unternehmen muss festlegen, ob ein neues Produktangebot kompatibel zu bestehenden Angeboten in Netzwerken ist oder es mit den alten Standards bricht und dadurch versucht, einen neuen Markt zu generieren bzw. ein neues Netzwerk zu etablieren. Dies ist neben der Entscheidung über die Kompatibilität zu Komplementen der zweite Aspekt des oben bei der Standardisierungsplanung bereits angesprochenen Grades der Standardisierung. Es handelt sich hier um eine spezielle Form der Substituierbarkeit.

Ist ein neues Produkt z. B. ein Computer oder eine Spielekonsole abwärtskompatibel, so können Software oder Spiele des älteren Modells auch weiterhin genutzt werden. Die neue Playstation 3 (PS3) von Sony bot ursprünglich **Abwärtskompatibilität**. Spiele der PS2 konnten auch auf der PS3 gespielt werden. Um den Verkauf von neuen Spielen für die PS3 zu forcieren, hob Sony die Kompatibilität – sehr zum Leidwesen der Kunden – Ende 2007 auf (Postinett 2007). Sind Nutzer des alten Produkts umgekehrt nicht in der Lage, Protokolle, Dateien etc. eines neuen Modells zu verarbeiten, fehlt die entsprechende **Aufwärtskompatibilität**. Als Microsoft z. B. sein neues Word 97 auf den Markt brachte (Shapiro/Varian 1999, 193 f.), konnten die Dateien von Word 95 zwar weiterhin gelesen werden, aber die Word 95-Nutzer konnten den neuen Dateityp nicht bearbeiten. Microsoft wollte seine dominante Marktposition ausnutzen und eine schnelles Upgrade möglichst aller Nutzer auf die 97-er Version erreichen. Als dieser Schachzug allerdings bekannt wurde, kam es zu deutlichen Verzögerungen bei der Adaption, und Microsoft sah sich genötigt, zwei kostenfreie Anwendungen herauszugeben, einen Word Viewer, um die 97-er Dateien lesen und einen Word Converter, um 95-er Dateien erstellen zu können. Ganz ähnlich verhielt es sich mit Office 2007, das mit ganz neuen Formaten (z. B. docx statt doc bei Word) aufwartete. Die Nutzer älterer Office-Versionen waren anfangs nicht dazu in der Lage, die neuen Formate zu verarbeiten. Erst ein entsprechendes Konvertierungstool schuf hier Abhilfe.

Eine große Gefahr der fortgesetzten Gewährleistung von Kompatibilität ist ein Verlust an Leistungsfähigkeit der neuen Produkte. dBase ist hier ein gutes Beispiel (Shapiro/Varian 1999, 192 ff.). Um zu alten Produktversionen kompatibel zu bleiben, enthielten die neueren Versionen immer unübersichtlichere Hierarchien an Programmcode, was letztlich die Performanz beeinträchtigte. Microsoft hatte dann mit dem relationalen Datenbankprogramm

Access relativ leichtes Spiel, sich mit einem neuen, revolutionären, zu dBase inkompatiblen Standard durchzusetzen. Die Leistungsfähigkeit des neuen Produkts war so viel höher, dass sich trotz bestehender Wechselkosten eine eigene große installierte Basis entwickeln konnte.

19.8 Strategien der Standardisierung

Beide Dimensionen der Standardisierung, die des Zugangs und die der Kompatibilität, lassen sich in einer Strategiematrix kombinieren. Shapiro und Varian (1999, 191 ff.) sehen hier zwei mögliche Alternativen: eine evolutionäre und eine revolutionäre Strategie. Erstere bietet einen Migrationspfad, letztere bricht mit bestehenden Angeboten und verspricht dafür ein deutlich höheres Leistungs- oder Nutzenniveau. Die evolutionäre Strategie hat den großen Vorteil, dass die installierte Basis, also alle Netzwerkteilnehmer, die einen gemeinsamen Standard nutzen, mit den zugehörigen Netzeffekten weiterhin genutzt werden kann. Revolutionär vorzugehen bedeutet, dass ein neues Produkt auf den Markt gebracht wird, das zum bisherigen Standard in Konkurrenz steht. So geschehen bei Access gegenüber dBase. Nachfolgende kompatible Produktversionen desselben Programms sind dann natürlich Teil einer evolutionären Strategie. Innovationen, die einen ganz neuen Markt begründen, sind dagegen der revolutionären Strategie zuzuordnen.

Die **evolutionären Strategien** knüpfen immer an bestehende Standards oder Vorversionen eines Produkts an und setzen auf deren Weiterentwicklung. Das kann von einem einzelnen Unternehmen getrieben sein (geschlossene Migration), wie z. B. Microsoft oder Adobe mit den jeweils neuen Produktversionen. Sie behalten alle Fäden in den eigenen Händen. Um das Risiko stärker zu teilen und die Chancen auf Durchsetzung zu erhöhen, finden sich aber auch häufig mehrere Partner zu einer Allianz zusammen (kontrollierte Migration). Dies passierte zwischen Toshiba und NEC, die HD-DVD, bzw. Sony und Matsushita, die Blu-Ray als Nachfolgestandard für die DVD durchsetzen wollen. Zwar gibt es mehrere Beteiligte, die sich über den angestrebten Standard verständigen müssen, aber sie können die Entwicklung gemeinsam kontrollieren. Verzichtet man auf die direkte Kontrolle, befindet man sich im Umfeld offener Standards (offene Migration). Sie sind frei zugänglich und können von jedermann genutzt werden, sei es um eigene Produkte (z. B. Faxgeräte) nach diesem Standard anzubieten oder ihn gemeinsam mit anderen weiterzuentwickeln wie bei Linux oder Open Office.

19.8 Strategien der Standardisierung

Kompatibilität \ Zugang	Proprietär-geschlossen	Proprietär-offen	Offen
Kompatibel (Evolutionär)	Geschlossene Migration	Kontrollierte Migration	Offene Migration
Inkompatibel (Revolutionär)	Power Play-Diskontinuität	Kooperative Diskontinuität	Offene Diskontinuität

Tabelle 19.3: Standardisierungsstrategien. Quelle: In Anlehnung an Shapiro und Varian, 1999, 204.

Wird ein ganz neuer Standard ins Leben gerufen, der inkompatibel zu existierenden Produkten, Technologien oder Konventionen ist, betritt man das Feld der diskontinuierlichen, **revolutionären Strategien**. Werden sie von einem einzelnen Unternehmen verfolgt, handelt es sich um die sehr riskante Strategie des Power Play. Hier gibt es viele Beispiele, bei denen ein Innovator versucht hat, seinen Standard am Markt durchzusetzen. Sehr erfolgreichen Beispielen wie Apples iTunes oder dem Nintendo Entertainment System in den achtziger Jahren stehen dabei genau so Fälle gegenüber, in denen es ein Unternehmen nicht geschafft hat, seinen Standard zu etablieren. Dazu gehört als prominentes Beispiel Sony mit seinen Betamax Videorecordern, die heute nicht mehr existieren. In vielen Fällen ist es aber so, dass Unternehmen es geschafft haben, einen überlebensfähigen Standard zu entwickeln, dieser aber nicht zum dominanten Branchen- oder Industriestandard geworden ist, sondern nur eine Nebenrolle spielt. Dazu gehören Palm mit dem Palm Betriebssystem für Personal Digital Assistants (PDAs) und Apple mit dem Macintosh Betriebssystem oder auch Sonys MiniDisc, die heutzutage nur noch in Japan von Bedeutung ist. Unternehmen setzen mit ihren neuen inkompatiblen Standards häufig auch auf Kooperation mit anderen (kooperative Diskontinuität). Das kann bereits bei der Entwicklung erfolgen wie bei der CD (Sony und Philips) oder auch durch Lizenzierungen des Formats wie JVC/Matsushita, die u. a. Philips und Sharp gewinnen konnten, um VHS als dominanten Standard im Videorekordermarkt aufzubauen. Frei zugängliche, offene Standards, die neu eingeführt wurden (offene Diskontiunität), waren das Internetprotokoll TCP/IP, die textbasierte Auszeichnungssprache von Inhalten im Web (HTML), das Format MP3 zur Kompression von Audiodaten oder auch GSM als Standard für digitale Mobilfunknetze. Analog ist die Unterscheidung bei den evolutionären Strategien zu sehen.

Stehen mehrere Standards in Konkurrenz zueinander und versuchen, sich gegen die anderen durchzusetzen, um zum dominanten (Industrie-)Standard zu werden, spricht man auch von einem Formatkrieg oder „Standards War" (Shapiro/Varian 1999, 261 ff.). In solchen Auseinandersetzungen gibt es verschiedene Herangehensweisen, um den eigenen, präferierten Standard durchzusetzen. Sie korrespondieren mit den Zugangsrechten und unterscheiden sich danach, ob ein Unternehmen bestrebt ist, seinen Standard als Entwickler oder Technologieführer aktiv durchzusetzen oder ob es sich passiv verhält und sich in der Rolle des Folgers oder Adoptoren einem Standard anpasst. Beim Zugang zu einem Standard geht es hierbei nicht, wie oben, um die Frage, ob ein neuer Standard kompatibel zu anderen Produkten sein soll oder nicht (evolutionär vs. revolutionär), sondern darum, ob man seine Marktdurchsetzung alleine wagt oder lieber kooperativ vorgeht. Der Offenheitsgrad selbst ist damit eine strategische Verhaltensoption (Grindley 1995). Unternehmen müssen sich also bewusst entscheiden, ob sie ihre Technologie exklusiv (proprietär-geschlossen) für sich behalten, sich teilweise öffnen (proprietär-offen) oder sie ganz öffentlich machen wollen. Bei der proprietär-offenen Strategie hat der Entwickler einer Technologie immerhin noch die Möglichkeit, den Zugang zu kontrollieren und ihn nach Gutdünken freizugeben oder zu beschränken. Die proprietär-offene Strategie entspringt immer marktlichen oder marktähnlichen (geschlossene Foren, Konsortien usw.) Wettbewerbsprozessen, wohingegen offene Standards immer das Ergebnis der Arbeit anerkannter Gremien (einschließlich offener Foren) sind. Ist der Zugang zu einem Standard öffentlich, kann er niemandem verwehrt werden (Borowicz 2001, 99).

Als Grundregel für eine erfolgreiche Standardisierung empfiehlt Hess (1993, 38), dass die Lizenzvergabe so freizügig gestaltet sein sollte, dass die kritische Masse auf jeden Fall erreicht wird.

> As anyone who has purchased property knows, the three guidelines for success in real estate are: location, location, and location. Three guidelines for success in industries where standards are important and increasing returns exist are: maximize installed base, maximize installed base, and maximize installed base (Hill 1997, 10).

Zugang / Rolle	Proprietär-geschlossen	Proprietär-offen	Offen
Aktiv	Monopol-strategie	Vergabe-strategie	Sponsor-strategie
Passiv	Umgehungs-strategie	Lizenznehmer-strategie	Trittbrettfahrer-strategie

Tabelle 19.4: Verhaltensoptionen im Standardisierungswettbewerb. Quelle: In Anlehnung an Borowicz und Scherm, 2001.

19.9 Aktive Verhaltensoptionen

Die uns vorrangig interessierenden aktiven Verhaltensoptionen zielen alle darauf ab, einen dominanten Standard zu etablieren. Netzwerkeffekte spielen dabei die zentrale Rolle (van Kaa et al. 2007). Als Unternehmen gibt es nun zwei unterschiedliche Herangehensweisen: Man kann zum einen über Marktprozesse Netzwerkeffekte initiieren und damit die Entstehung eines De-facto-Standards fördern. Umgekehrt kann man sich auch um die Aushandlung von De-jure-Standards bemühen. Das schafft eine einheitliche Basis für das darauf folgende Marktangebot und begünstigt das Auftreten von Netzwerkeffekten.

Es gibt nun eine Reihe von Faktoren, die die Wahl einer der drei in Tabelle 19.9 genannten aktiven Verhaltensoptionen beeinflussen. Eine starke Rolle spielen die rechtlichen Rahmenbedingungen. Wenn es einen Regulierer gibt, der den Standard setzt, gibt es bereits von vornherein keine Wahlmöglichkeiten. Gibt es keinen vorgegebenen Standard, ist zu berücksichtigen, ob sich Schutzrechte (Patente) etablieren lassen. Je umfassender und je wirksamer sie genutzt werden können, desto mehr wird eine proprietäre Strategie begünstigt. Diese beiden rechtlichen Faktoren sind allerdings weitgehend vorgegeben und können nur wenig durch ein einzelnes Unternehmen beeinflusst werden.

Relevanter sind die aktiv durch ein Unternehmen zu beeinflussenden Faktoren, auch Erfolgsfaktoren genannt. Diese Faktoren unterliegen der (strategischen) Entscheidungssphäre des einzelnen Unternehmens. Sie werden als ursächlich dafür angesehen, dass sich ein Anbieter im Standardisierungswettbewerb mit seiner gewählten Verhaltensoption durchsetzt. Borowicz (2001, 113) – und genau so Suarez (2004) speziell bezogen auf Informations- und Telekommunikationstechnologien – identifizieren deren vier: Preispolitik, Zeitpunkt des Markteintritts, Signalisierung und die Organisation der externen Beziehungen. Die ersten drei Faktoren sind uns bereits bekannt als Aktionsparameter im Rahmen der Wettbewerbsstrategien von Informationsanbietern und werden als solche in jeweils einem eigenen Kapitel diskutiert. Nur die **Organisation der externen Beziehungen** soll hier etwas näher beleuchtet werden. Sie kann sich in drei Richtungen bewegen: Kooperation beim Komplementenangebot, beim Angebot des Basisguts und bei der Arbeit in Standardisierungsgremien. Die Diskussion des Komplementenmanagements erfolgt im nächsten Kapitel. Die letzten beiden Punkte wurden im vorliegenden Kapitel bereits an diversen Stellen angesprochen. Die verschiedenen zugehörigen Aspekte lassen sich am Beispiel der Einführung der Digital Compact Cassette (DCC) durch Philips sehr gut noch einmal zusammenfassend darstellen (Hill 1997, 13). Philips führte 1992 seine DCC-Technologie in den Markt ein. Zur Unterstützung dieser digitalen Audio-Technologie ging Philips eine Kooperation mit Matsushita ein. Matsushita sagte die Vermarktung unter seinen Markennamen Panasonic und Technics zu und stellte über das hauseigene Musiklabel MCA eine Sammlung bespielter DCC-Kassetten bereit. Durch diese Maßnahme stand das zentrale Komplement zur Markteinführung in ausreichendem Maße zur Verfügung. Das Signal, dass sowohl Philips´ Musiklabel PolyGram als auch MCA auf DCC setzten, war überzeugend genug, eine Reihe anderer Labels auf den Zug aufspringen zu lassen. Dazu gehörten EMI, Warner und CBS.

Es wird an diesem Fall sehr gut deutlich, wie vielfältig die positiven Auswirkungen einer Allianzbildung sein können. Die Basistechnologie kann schneller verbreitet werden, potenzielle Wettbewerber – die evtl. eigene Produkte entwickeln (würden) – können als Kooperationspartner gewonnen werden und es werden gleichzeitig starke Signale an die anderen Anbieter gesandt, dass sich hier sehr wahrscheinlich ein neuer Standard etablieren wird. Die Unsicherheit im Markt nimmt ab, und es steigt die Bereitschaft anderer Unternehmen, in das Angebot von Komplementen zu investieren. Zur Diskussion der Risiken und zu ekten der Formalisierung von Allianzen, z. B. in Form von Joint Ventures, sei an die breite Literatur zu diesem Thema verwiesen (zu einem ersten Einstieg Borowicz 2001, 153 ff.; Ehrhardt 2001, 137 ff.).

Obwohl Philips bei der Einführung der DCC vieles richtig gemacht hat und der Zugang zur Technologie offen genug angelegt wurde, konnte sich die DCC am Markt letztlich dennoch nicht durchsetzen, weil die Abnehmer nicht ausreichend adressiert wurden. Obgleich Philips viel Energie investierte, um Abwärtskompatibilität herzustellen (die DCC-Spieler konnten auch analoge Kassetten abspielen), fehlte es am gezielten Marketing.

> Philips´ failure to establish the DCC as a new standard can be attributed in part to consumer confusion over the benefits of digital recording technology. Philips´ poor product launch advertising – which failed to mention the issue of backward compatibility and did not highlight the benefits of a digital recording technology – did nothing to dispel this confusion (Hill 1997, 16).

Philips ging außerdem mit relativ hohen Preisen für die Endgeräte in den Markt ($ 900 - $ 1.200 pro Gerät), anstatt eine Penetrationsstrategie zu verfolgen. Auch gab es zu Beginn nur eine Art von Endgerät für den Gebrauch zu Hause, portable Endgeräte oder Geräte für die Nutzung im Auto waren nicht verfügbar. Ein weiteres Problem war vermutlich die Minidisc, die Sony als konkurrierende Technologie gleichzeitig auf den Markt brachte (Hill 1997, 16 f.).

An diesem Fall lässt sich sehr schön erkennen, wie wichtig es ist, alle drei Faktoren zur Planung der Standardisierung (S. 444) zu berücksichtigen: Neben der Entscheidung darüber, wie umfassend Kompatibilität hergestellt werden soll, ist die Beteiligung des Wettbewerbs und die Adressierung der Abnehmerseite sorgfältig zu planen.

Wir greifen die vier Erfolgsfaktoren abschließend noch einmal kurz auf und stellen die zentralen Aussagen – den drei aktiven Verhaltensoptionen zugeordnet (Borowicz 2001, 113 ff.) – in Tabelle 19.5 zusammenfassend dar, um zu zeigen, wie sie sich im Standardisierungswettbewerb einsetzen lassen.

19.9 Aktive Verhaltensoptionen

Aktive Rolle / Erfolgsfaktoren	Monopol-strategie	Vergabe-strategie	Sponsor-strategie
Penetrationsbepreisung a) Anfangspreise b) Preisentwicklung	a) Sehr niedrig, nahe den variablen Kosten b) mit zunehmenden Netzwerkeffekten und Wechselkosten Preise anheben	a) niedrig, aber höher als im Monopol möglich wegen größerer Marktmacht und weniger Konkurrenztechnologien b) Preise anheben, aber wegen Intra-Standard-Wettbewerb ggf. unter Monopolpreis bleiben	Penetrationspreise nachrangig, wenn die Reputation des Standardisierungsgremiums hoch ist und keine Gremienkonkurrenz herrscht
Preisdifferenzierung (PD)	Alle Formen der PD, die Netzwerkeffekte fördern, insbes. Versioning u. Bundling	Produkt- und Preisdifferenzierung durch firmenspezifische Angebote	Regionale PD, entsprechend dem Wirkungskreis des Standardisierungsgremiums
Timing des Markteintritts	Früh (Pionier) und Aufbau von Barrieren (z. B. installierte Basis, Distributionskanäle)	Als früher Folger: Nutzung von Marktmacht, Finanzkraft und Kapazitäten zum Ausgleich der evtl. schon installierten Basis Als später Folger nur mit deutlich verbesserter oder weiterentwickelter Technologie	Gremienarbeit zu den eigenen Gunsten beeinflussen (Beginn, Teilnehmer, Verfahren)
Signalisierung a) Hauptadressaten b) Signalinhalte	a) Kunden, Handel b) v. a. Zusicherungen, Garantien	a) Kunden, Handel	a) Gremien
Kooperationsbeziehungen (Allianzen)	Mit Anbietern von Komplementen, wenn kein alleiniger Systemanbieter	Konkurrenzanbieter des Basisguts und Anbieter von Komplementen	Konkurrenzanbieter des Basisguts, Anbieter von Komplementen und ggf. Standardisierungsgremien

Tabelle 19.5: Erfolgsfaktoren der aktiven Standardisierungsstrategien.

19.10 Passive Verhaltensoptionen

Verfolgen Unternehmen eine passive Standardisierungsstrategie (siehe Tabelle 19.4), ist es ihre Absicht, den Standard eines anderen Anbieters zu übernehmen. Ihr Ziel ist der Markteintritt. Je nach Zugangsmöglichkeit stehen die folgenden drei passiven Optionen zur Verfügung.

Die **Umgehungsstrategie** (Borowicz 2001, 103 ff.) wenden Unternehmen an, die sich Zugang zu einer proprietären Technologie verschaffen wollen, die der Inhaber aber nicht preisgeben will. Er ist bestrebt, dieses Informationsgut exklusiv für sich zu behalten und es nicht zu einem öffentlichen Gut werden zu lassen. Wie wir in Kapitel 3 bereits erfahren hatten, lässt sich bei Informationsgütern das Ausschlussprinzip nur durch Geheimhaltung oder durch rechtlichen Schutz (z. B. durch Patentierung) durchsetzen. Um dennoch an die gewünschten Informationen zu gelangen, kann sich der Nachahmer die käuflichen Teile eines Informationsgutes beschaffen und versuchen, es nachzubilden. Ein solches Reverse Engineering würde z. B. bedeuten, sich eine Software zu kaufen und zu versuchen sie nachzubauen. Schwierig ist es dabei, die geheimen Teile der Software zu entschlüsseln, denn der Quellcode oder spezielle Schnittstelleninformationen werden vom Hersteller üblicherweise nicht mitgeliefert. Informationen, die nicht über den Markt angeboten werden, müsste man sich dann auf andere – mehr oder weniger legale – Weise beschaffen, indem man den Monopolisten ausspäht oder Wissensträger direkt abwirbt. Sind Informationsgüter frei zugänglich, aber durch Patente geschützt, besteht die Möglichkeit, ein Patent anzufechten oder auszuhebeln. Ist das Patent noch im Prüfungsverfahren, kann man als Wettbewerber versuchen, es durch Einspruch zu verhindern. Gegen bestehende Patente kann man klagen oder auch versuchen, sie durch ein Engineering around zu umgehen. Eine große empirische Untersuchung von Mansfield et al. (1981, 913) ergab, dass – auch wenn Patentierung die Imitationskosten generell erhöht – 60% der patentierten Innovationen innerhalb von vier Jahren umgangen wurden.

Verfolgt der Inhaber einer Technologie einen proprietär-offenen Ansatz und lässt andere Unternehmen von ihm kontrolliert teilhaben, kann ein interessiertes Unternehmen sich für eine **Lizenznehmerstrategie** (Borowicz 2001, 105 ff.) entscheiden. Folgende Aspekte spielen bei der Lizenznahme eine Rolle:

Insbesondere die Entscheidung über den angestrebten Exklusivitätsgrad und den Zeitpunkt der Lizenznahme haben eine große Auswirkung auf das Risiko und die Stellung im Markt. Je exklusiver und je früher die Lizenznahme erfolgt, desto größer ist das unternehmerische Risiko des Lizenznehmers, weil der Markt noch nicht entwickelt ist. Seine Risikosituation gleicht dann der eines First-Movers. Je breiter und je später man sich mit Lizenzen an einer Technologie beteiligt, desto geringer fallen die Risiken aber auch die wirtschaftlichen Erfolgschancen aus.

Exklusivitätsgrad	Exklusivlizenz (ausschließliche Nutzung durch Lizenznehmer)	Semi-Exklusivlizenz (Nutzung nur durch Lizenzgeber und Lizenznehmer)	Einfache Lizenzen (Nutzungsrecht der Technologie neben anderen)
Zeitpunkt der Lizenznahme	Vor Markteinführung	Nach Markteinführung vor Standardisierung	Nach Standardisierung
Umfang der Lizenznahme	Einzellizenz	---	Paketlizenz
Lizenzkompensation	Pauschalgebühren	Laufende Gebühren	Lizenzaustausch

Tabelle 19.6: Aspekte der Lizenznahme.

Die mit dem öffentlichen Zugang korrespondierende passive **Trittbrettfahrerstrategie** (Borowicz 2001, 108 ff.), läuft nicht wie die ersten beiden über marktliche Prozesse, sondern durch die Übernahme von Standards, die bereits durch Gremien verabschiedet und öffentlich zugänglich gemacht wurden.

19.11 Öffnung eines Standards als Trade-off-Problem

Wie wir sehen konnten, haben aktive und passive Verhaltensoptionen im Standardisierungswettbewerb unterschiedliche Zielrichtungen. Stoßrichtung eines passiven Verhaltens ist der Markteintritt. Als Folge ergibt sich ein Intra-Standard-Wettbewerb, ein **Wettbewerb im Markt** zwischen den Anbietern desselben Standards. Sind die Angebote wechselseitig kompatibel, gibt es Netzwerkeffekte nur in Bezug auf den gesamten Markt, nicht aber für den einzelnen Anbieter.

Die aktiven Verhaltensoptionen zielen auf den Inter-Standard-Wettbewerb, also den **Wettbewerb um den Markt** (Borowicz 2001, 112). Hier sind Netzwerkeffekte für den einzelnen Anbieter von großer Bedeutung und müssen bei der Strategiewahl berücksichtigt werden. Shapiro und Varian (1999, 186 f.) zeigen das am Beispiel der Internet Service Provider (ISP). In der Frühzeit des Internets boten AOL, Compuserve und andere ISP proprietäre

Dienste wie e-Mail oder Newsgroups an. Es war sehr aufwändig oder gar unmöglich, eine Mail von einem Provider zu einem anderen zu schicken. Die Kunden waren deshalb sehr daran interessiert, zu einem großen Netzwerk zu gehören. Durch die Kommerzialisierung des Internets stehen heute standardisierte Protokolle für Browser, e-Mail oder Chats zur Verfügung und es spielt für die reine Übertragung keine Rolle mehr, welchem Netzwerk man sich anschließt. Der Wettbewerb um den ISP-Markt an sich ist einem Wettbewerb im Markt gewichen. Die Etablierung allgemeiner Standards hat zu einer Integration der verschiedenen Netzwerke geführt.

Netzwerkeffekte lassen sich aber auch für standardisierte Märkte wiederbeleben, wenn neue Technologien entwickelt werden. Diese können gegebene Bedürfnisse besser oder auch ganz neue Bedürfnisse befriedigen und damit einen neuen Markt kreieren. AOL ist mit seinem Instant Messaging System ICQ hierfür ein hervorragendes Beispiel. Um diese proprietäre Technologie nutzen zu können, muss man nun doch wieder AOL-Kunde werden. So lange die verschiedenen Instant Messaging Dienste (z. B. von Yahoo! oder Microsoft) untereinander inkompatibel bleiben, sind auch Netzwerkeffekte erneut von großer Bedeutung. Ob sich ein neues, inkompatibles Angebot durchsetzen wird, ist ganz wesentlich davon abhängig, ob sich die (alten) Nutzer in einem Lock-in befinden. Selbst wenn das neue Angebot besser ist, kann ein Lock-in nämlich verhindern, dass es vom Markt angenommen wird. Mehr dazu in Kapitel 23.

Wie wir gesehen haben, muss man sich als Anbieter sehr gründlich überlegen, auf welche Art von Wettbewerbssituation man sich einlassen will. Immer wenn man einen Standard öffnet, hat das mehrere Effekte. Das Wettbewerbsverhältnis wird sich aller Voraussicht nach erst einmal positiv auswirken: Wenn mehrere Unternehmen auf Basis einer (proprietär-) offenen Technologie zusammen arbeiten, erhöht das deren Erfolgswahrscheinlichkeit. Zu erwarten ist nämlich eine schnellere Etablierung und ein größeres Marktvolumen. Die höhere Wettbewerbsintensität bringt aber gleichzeitig einige Nachteile für den einzelnen Anbieter mit sich. Er muss mit geringeren Marktanteilen und im Verlaufe des Produktlebenszyklus mit einem stärkeren Preiswettbewerb, d. h. geringeren Deckungsbeiträgen rechnen (Grindley 1995, 45 f.). Dieser Zusammenhang ist schematisch in Abbildung 19.11 dargestellt.

Als einfache Formel ausgedrückt, ergibt sich (Grindley 1995, 45 f.):

Gewinnpotenzial = Marktgröße x Marktanteil x Deckungsbeitrag

Die Entscheidung für mehr Offenheit bedeutet demnach einen Trade-off zwischen einem größeren Marktvolumen einerseits und stärkerem Wettbewerb im Markt andererseits. Dieser fällt per Saldo für einen einzelnen Anbieter positiv aus, wenn er im Wettbewerb eine dominante Position einnehmen kann oder sich der Markt durch die Standardisierung so positiv entwickelt, dass der eigene Verlust an Marktanteil dadurch überkompensiert wird.

Speziell für die Vergabestrategie (Tab. 19.4) gibt es noch die Empfehlung von Economides (1996), den Lizenzpreis von der Stärke der Netzwerkeffekte abhängig zu machen. Je stärker die erwarteten Netzwerkeffekte, desto niedriger sollten die Lizenzgebühren angesetzt wer-

19.11 Öffnung eines Standards als Trade-off-Problem

den, um die kritische Masse schnell zu erreichen und positive Verstärkungseffekte zu initiieren. Bei sehr starken Netzwerkeffekten empfiehlt er sogar, die Lizenzen nicht nur kostenfrei abzugeben, sondern zu subventionieren.

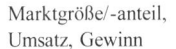

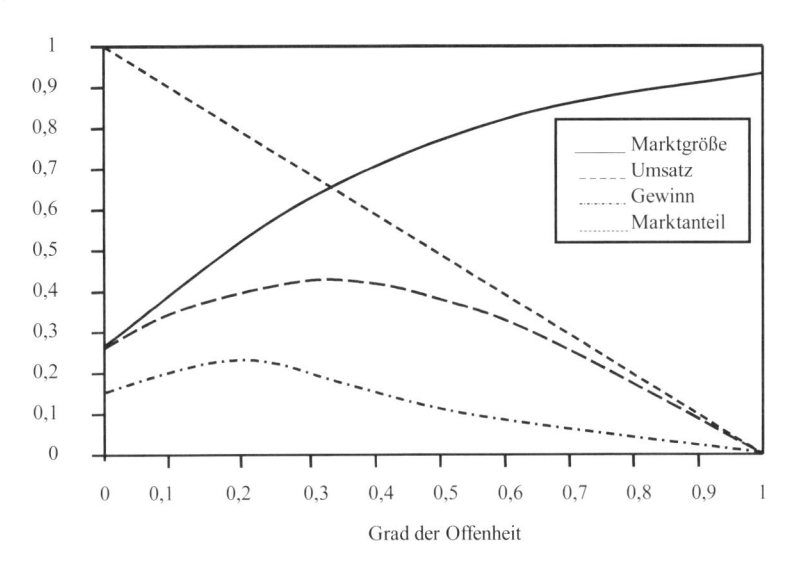

Abbildung 19.1: Auswirkungen der Öffnung eine Standards auf Umsatz und Gewinn. Quelle: In Anlehnung an Grindley 1995, 46.

Ähnlich wie bei der Diskussion von Markteintrittsstrategien lässt sich auch bei der Standardisierung sagen, dass einmal etablierte Standards keine dauerhaften Wettbewerbsvorteile bzw. Monopolstellungen garantieren (Borowicz 2001, 55 ff.). Zwar wirken die materiellen und immateriellen Investitionen der Beteiligten in Richtung eines Lock-ins, aber die Markt- und Technologieentwicklung kann einen Standard schnell obsolet werden lassen. Die Software-as-a-Service-Angebote oder die Open-Source-Bewegung mit Linux oder Open-Office sind Beispiele dafür, wie schnell etablierte Netzwerke in Bedrängnis geraten können. Auch hier gilt also, dass die Innovationskraft und die Erneuerungsfähigkeit der Anbieter von ausschlaggebender Bedeutung bleiben.

19.12 Fazit

- Ein Standard ist die Gesamtheit an Regeln, durch die Kompatibilität hergestellt wird.
- Standardisierung ist ein kollektiver Prozess der Vereinheitlichung von Schnittstellen bzw. Protokollen, bei dem eine bestimmte Variante aus einem Pool von Möglichkeiten ausgewählt und für eine gewisse Zeit von einer bestimmten Personenzahl akzeptiert wird.
- Standards können aus marktlichen Prozessen heraus entstehen, dann spricht man von De-facto-Standards. Werden sie durch regulierende Instanzen gesetzt, handelt es sich um De-jure-Standards.
- Kompatibilität ist das Ergebnis eines Standardisierungsprozesses und bedeutet ganz allgemein, dass verschiedene Systeme dazu in der Lage sind, über eine gemeinsame Schnittstelle zusammen zu arbeiten.
- Auf digitalen Informationsmärkten spielen Standards sowohl aus technischen als auch aus ökonomischen Gründen eine herausragende Rolle. Für ein technisch funktionierendes Marktangebot von Informationsgütern ist immer ein (Kommunikations- bzw. Kompatibilitäts-)Standard erforderlich. Als De-facto Standards sind sie außerdem zunehmend beeinflussbar geworden und bergen damit ökonomisch gesehen überdurchschnittliche Ertragspotenziale. Standards sind bei Netzeffektgütern immer von sehr großer Bedeutung.
- Sind zwei Netzwerke auf der Grundlage eines gemeinsamen Standards kompatibel, so wird das Ausmaß der direkten Netzeffekte durch die Summe der Nutzer beider Netze bestimmt. Je umfangreicher und je vielfältiger das Angebot an Komplementen für ein Netz ist, desto stärker wirken indirekte Netzeffekte.
- Der Anbieter eines Standards genießt Eigentumsrechte und kann entscheiden, wer Zugang zu diesem Standard erhält (Offenheitsgrad). Die Nachfrager entscheiden durch ihr Konsumverhalten über die tatsächliche Akzeptanz und Verbreitung eines Standards.
- Ein Standard ist dominant, wenn es keinen engen Wettbewerber (mehr) gibt und er im Markt einen sehr deutlichen Abstand zu alternativen Angeboten hat und voraussichtlich auch weiter haben wird.
- Homogene Kundenpräferenzen und ausgeprägte Kostendegressionseffekte sind die beste Voraussetzung dafür, dass sich ein einheitlicher Standard etabliert.
- Der Zugang zu einem Standard und die Kompatibilität zu anderen Systemen sind die beiden entscheidenden Strategieelemente der Standardisierung.
- Stehen mehrere Standards in Konkurrenz zueinander und versuchen, sich gegen die anderen durchzusetzen um zum dominanten (Industrie-)Standard zu werden, spricht man von einem Formatkrieg. Unternehmen können sich in solchen Auseinandersetzungen aktiv oder passiv verhalten, je nach dem ob sie einen entwickelten Standard durchsetzen wollen oder sich einem Standard anpassen.

> - Die Entscheidung für mehr Offenheit bedeutet einen Trade-off zwischen einem größeren Marktvolumen einerseits und stärkerem Wettbewerb im Markt andererseits. Dieser fällt per Saldo für einen einzelnen Anbieter positiv aus, wenn er im Wettbewerb eine dominante Position einnehmen kann oder sich der Markt durch die Standardisierung so positiv entwickelt, dass der eigene Verlust an Marktanteil dadurch überkompensiert wird.

19.13 Literatur

Arthur, W. B. (1989): Competing technologies, increasing returns, and lock-in by historical events. – In: The Economic Journal 99(394), S. 116–131.

Arthur, W. B. (1998): The Pretext Interview. Pretext. Online: http://rfrost.people.si.umich.edu/courses/SI110/readings/InfoEcon/BrianArthur_InfoEcon.pdf, geprüft: 03.08.2010

Blind, K. (2004): The Economics of Standards. Theory, Evidence, Policy. – Cheltenham: Elgar.

Borowicz, F. (2001): Strategien im Wettbewerb um Kompatibilitätsstandards. – Frankfurt am Main u. a.: Lang.

Borowicz, F.; Scherm, E. (2001): Standardisierungsstrategien. Eine erweiterte Betrachtung des Wettbewerbs auf Netzeffektmärkten. – In: Zeitschrift für Betriebswirtschaft 53, S. 391–416.

Bundesverband Musikindustrie (Hg.) (2008): Digital Music Report 2008. Online: http://www.musikindustrie.de/fileadmin/piclib/publikationen/digital_music_report_2008.pdf, geprüft: 29.01.2008.

Burgelman, R. A.; Maidique, M. A.; Wheelwright, S. C. (1996): Strategic Management of Technology and Innovation. 2nd ed. – Chicago: Irwin.

Buxmann, P. (2002): Strategien von Standardsoftware-Anbietern. Eine Analyse auf Basis von Netzeffekten. – In: Zeitschrift für betriebswirtschaftliche Forschung 54, S. 442–457.

Buxmann, P.; Weitzel, T.; König, W. (1999): Auswirkung alternativer Koordinationsmechanismen auf die Auswahl von Kommunikationsstandards. – In: Zeitschrift für Betriebswirtschaft, Ergänzungsheft 2, S. 133–151.

Choi, S.Y.; Stahl, D. O.; Whinston, A. B. (1997): The Economics of Electronic Commerce. – Indianapolis, IN: Macmillan Technical Pub.

Chou, C.F.; Shy, O. (1990): Network effects without network externalities. – In: International Journal of Industrial Organization 8, S. 259–270.

Chou, C.F.; Shy, O. (1996): Do consumers gain or lose when more people buy the same brand. – In: European Journal of Political Economy 12, S. 309–330.

Church, J.; Gandal, N. (1992): Network effects, software provision, and standardization. – In: The Journal of Industrial Economics 40(1), S. 85–103.

Clements, M. T. (2002): System components, network effects, and bundling. – In: Topics in Economic Analysis & Policy 2(1).

David, P.A. (1985): Clio and the economics of QWERTY. – In: American Economic Review 75(2), S. 332–337.

Dranove, D.; Gandal, N. (2003): The DVD vs. DIVX standard war: Empirical evidence of network effects and preannouncement effects. – In: Journal of Economics and Management Strategy 12(3), S. 363–386.

Economides, N. (1996): Network externalities, complementarities, and invitations to enter. – In: European Journal of Political Economy 12, S. 211–233.

Economides, N.; Viard, V. B. (2007): Pricing of Complements and Network Effects. – New York and Beijing: New York University and Cheung Kong Graduate School of Business.

Ehrhardt, M. (2001): Netzwerkeffekte, Standardisierung und Wettbewerbsstrategie. – Wiesbaden: Dt. Univ.-Verl. (Gabler Edition Wissenschaft : Strategische Unternehmungsführung).

Farrell, J.; Saloner, G. (1987): Competition, compatibility and standards. The economics of horses, penguins and lemmings. – In: Gabel, H. L. (Hg.): Product Standardization and Competitive Strategy. Amsterdam: North-Holland , S. 1–22.

Gabel, H. L. (1987): Open standards in the european computer industry: the case of X/Open. – In: Gabel, H. L. (Hg.): Product Standardization and Competitive Strategy. – Amsterdam: North-Holland, S. 91–123.

Grant, R.M.; Nippa, M. (2006): Strategisches Management. Analyse, Entwicklung und Implementierung von Unternehmensstrategien. 5. Aufl. – München: Pearson Studium (wi - wirtschaft).

Graumann, M. (1993): Die Ökonomie von Netzprodukten. – In: Zeitschrift für Betriebswirtschaft 63, H. 12, S. 1331–1355.

Grindley, P. C. (1995): Standards Strategy and Policy. Cases and Stories. – Oxford: Oxford Univ. Press.

Gupta, S.; Jain, D. C.; Sawhney, M. S. (1999): Modeling the evolution of markets with indirect network externalities: An application to digital television. – In: Marketing Science 18(3), S. 396–416.

Haucap, J. (2003): Endogenous switching costs and exclusive systems applications. – In: Review of Network Economics 2(1), S. 29–35.

Hess, G. (1993): Kampf um den Standard. Erfolgreiche und gescheiterte Standardisierungsprozesse - Fallstudien aus der Praxis. – Stuttgart: Schäffer-Poeschel.

Hill, C. W. L. (1997): Establishing a standard: Competitive strategy and technological standards in winner-take-all industries. – In: Academy of Management Executive 11(2), S. 7–25.

Katz, M. L.; Shapiro, C. (1986): Product compatibility choice in a market with technological progress. – In: Oxford Economic Papers 38(11), S. 146–165.

Katz, M. L.; Shapiro, C. (1994): Systems competition and network effects. – In: Journal of Economic Perspectives 8(2), S. 93–115.

Knieps, G. (2007): Netzökonomie. Grundlagen - Strategien - Wettbewerbspolitik. – Wiesbaden: Gabler.

Maaß, C. (2006): Strategische Optionen im Wettbewerb mit Open-Source-Software. – Berlin: Logos-Verl.

Picot, A. (2000): Die Bedeutung von Standards in der Internet-Ökonomie. Selbstorganisation ersetzt den hoheitlichen Akt. – In: Frankfurter Allgemeine Zeitung, 16.11.2000, S. 30.

Picot, A.; Reichwald, R.; Wigand, R. T. (2003): Die grenzenlose Unternehmung. Information, Organisation und Management. 5. Aufl. – Wiesbaden: Gabler.

Postinett, A. (2007): Showdown unterm Weihnachtsbaum. – In: Handelsblatt, Ausgabe 204, 23.10.2007, S. 14.

Shapiro, C.; Varian, H. R. (1999): Information Rules. A Strategic Guide to the Network Economy. – Boston Mass.: Harvard Business School Press.

Shapiro, C.; Varian, H. R. (2003): The information economy. – In: Hand, J. R. M.; Lev, B. (Hg.): Intangible Assets. Values, Measures, and Risks. Oxford: Oxford Univ. Press, S. 48–62.

Stango, V. (2004): The economics of standards wars. – In: Review of Network Economics 3(1), S. 1–19.

Suarez, F.F. (2004): Battles for technological dominance: an integrative framework. – In: Research Policy 33(2), S. 271–286.

van Kaa, G. de; Vries, H. J. de; van Heck, E.; van den Ende, J. (2007): The emergence of standards: a meta-analysis. Proceedings of the 40th Hawaii International Conference on System Science.

20 Komplementen-Management

20.1 Arten von Komplementärbeziehungen

Wie wir bereits an vielen Stellen sehen konnten, bedürfen Informationsgüter heutzutage für ihre Erstellung immer technischer Geräte. Pross (1972, 128) spricht von sekundären Medien,

> ... die eine Botschaft zum Empfänger transportieren, ohne daß der ein Gerät benötigt, um die Bedeutung aufnehmen zu können ... .

Zeitungen, Zeitschriften und Bücher etc. sind solche Sekundärmedien, die nur zur Erstellung, nicht aber zu deren Rezeption Geräte benötigen. In Zeiten des Internets erscheinen solche Informationsgüter nicht nur physisch, sondern auch online. Damit werden sie automatisch zu tertiären Medien (Pross 1972, 128),

> ... bei deren Gebrauch sowohl Sender wie Empfänger Geräte benötigen ...

oder auch zu quartären Medien, die unter Einsatz von Informations- und Kommunikationstechnologien bestimmt werden

> ... durch das globale System der Fernanwesenheiten ... (Faßler 2002, 147).

Digitale Informationsgüter sind mindestens tertiäre Medien und müssen daher immer in Verbindung mit anderen Gütern angeboten werden: Unterhaltungsmedien bedürfen eines Abspielgeräts, Software kommt nicht ohne ein Betriebssystem und Hardware aus und Musik oder Videos können nur aus dem Netz herunter geladen werden, wenn Übertragungsmittel und Ausgabegeräte zur Verfügung stehen. Als Konsument ist man bei der Nutzung von Informationsgütern quasi immer auf Komplemente angewiesen. Insofern stehen auch nicht mehr einzelne Produkte im Wettbewerb zueinander, sondern Systeme von Gütern.

> Ein System ist ein Bündel von komplementären und untereinander kompatiblen Gütern, welche in einem Verwendungszusammenhang stehen und von Kunden bei der Kaufentscheidung gemeinsam berücksichtigt werden (Stelzer 2000, 838).

Solche Systeme sind die uns bereits aus dem Kapitel zur Standardisierung bekannte Windows- bzw. Macintosh-Welt, die verschiedenen Spielekonsolen oder die beiden DVD-Nachfolgeformate HD-DVD und BlueRay. Kunden müssen sich beim Kauf bewusst sein, dass sie sich nicht nur für ein einzelnes Produkt, sondern für ein ganzes Paket komplementärer Produkte und ggf. auch Services entscheiden. Wie wir bereits wissen, sind in solchen Fällen indirekte Netzwerkeffekte wirksam. Die Verbreitung einer Systemkomponente (z. B.

eines Betriebssystems) begünstigt den Absatz komplementärer Komponenten (z. B. Virenscanner, Organizer, Installationsservices) und häufig gilt das auch umgekehrt. Zu unterscheiden sind an dieser Stelle Komponenten mit beschränkter und strenger Komplementarität (Huber/Kopsch 2002, 624). Sind Komponenten **beschränkt komplementär**, erhöhen sie zwar den Nutzen einer anderen Komponente, sind aber für die Nutzung nicht zwingend erforderlich. Der Besitzer eines Fernsehgeräts kann genau so wie der eines Windows Betriebssystems aus einer Vielfalt von Programmen auswählen, die aber für die Funktionsfähigkeit der Hard- bzw. Software als Einzelnes nicht notwendig sind. Anders liegt der Fall, wenn die Beziehung **streng komplementär** ist. Eine beliebige Anwendung kann ohne Betriebssystem nicht laufen, ein Computer ohne Eingabeeinheit oder eine Settop-Box ohne codierte Sendungen sind wertlos. Eine bestimmte Art von Komplement ist in diesem Falle zwingend erforderlich. Sollte es bei der Wahl dieses zwingend notwendigen Komplements keine Auswahl geben (z. B. eine Anwendung, die nur mit dem Macintosh Betriebssystem läuft oder die Fernsehprogramme, die nur mit einem speziellen Decoder entschlüsselt werden können) und die Komponenten nur in genau einer Konstellation gemeinsam nutzbar sind, lässt sich von **strengster Komplementarität** sprechen. Dies war z. B. der Fall bei der seit März 2008 geschlossenen Musikplattform Sony Connect. Die im Sony-eigenen Format ATRAC angebotene Musik konnte nur auf den von Sony und wenigen Lizenznehmern angebotenen Playern abgespielt werden.

Für den Käufer einer Systemkomponente – wir wollen die erste gekaufte Komponente als Primär- oder Basisgut bezeichnen – ist es von großer Bedeutung, ob und wie viele Komplemente ihm zur Verfügung stehen. Die Entscheidung für einen DVD-Spieler oder ein Spielekonsole fällt natürlich wesentlich leichter, wenn eine umfangreiche Titelsammlung zur Auswahl angeboten wird.

> Despite higher prices, consumers can be better off because compatibility allows them to assemble systems that are closer to their ideal configurations (Gilbert 1992, 1).

Die Anstrengung der Anbieter muss also darauf gerichtet sein, komplementäre Beziehungen zwischen einzelnen Komponenten zu erkennen und indirekte Netzeffekte zu erzielen (Fritz 2004, 193). Bei beschränkter Komplementarität sind Zusatzkomponenten sehr nützlich, bei strenger Komplementarität sind sie sogar zwingend erforderlich, denn sonst würde das Basisgut nicht gekauft. Für den Anbieter kommt es also vordringlich darauf an, (indirekte) Netzwerkeffekte überhaupt erst einmal in Gang zu setzen. Er muss dafür sorgen, dass für die Kunden zumindest alle streng komplementären Komponenten verfügbar sind.

20.2 Ansatzpunkte zur Erzeugung indirekter Netzwerkeffekte

Eine uns bereits bekannte Möglichkeit, Komplementärbeziehungen zwischen verschiedenen Komponenten zur Erzeugung von Netzeffekten zu nutzen, ist die Bundlingstrategie, bei der

20.2 Ansatzpunkte zur Erzeugung indirekter Netzwerkeffekte

zwei oder mehr Komponenten zu einem Paket zusammengefasst und zu einem Preis angeboten werden.

> A bundling strategy can be used by the firm to link the primary product with other compatible ancillary products, reinforcing positive feedback and thereby increasing the demand for both (Lee/O´Connor 2003, 249).

Sollte ein Anbieter die erforderlichen (strengen) Komplemente nicht aus einer Hand anbieten können, bedarf es entsprechenden Kooperationen. Nokia beschritt bei seinem Spiele-Handy N-Gage diesen Weg und ging Kooperationen mit Spieleanbietern ein, um zum Produktstart ein attraktives Systemangebot machen zu können. Parallel dazu entwickelte Nokia die Online-Plattform Ovi als beschränktes Komplement.

Ganz generell ist davon auszugehen, dass ohne ein attraktives (Mindest-)Angebot an Komplementen der wirtschaftliche Erfolg bei Systemprodukten nicht zu erwarten ist (Dietl/Royer 2000, 328). Schilling (2002) konnte dies am Beispiel verschiedenster Hard- und Softwareangebote empirisch untermauern.

Indirekte Netzwerkeffekte führen nun aber zu einem „Henne-Ei"-Problem, wenn Hard- und Software von verschiedenen Unternehmen angeboten werden und sich der Anbieter des Basisguts auf unabhängige Komplementoren verlassen muss (Gupta et al. 1999, 397 mit weiteren Quellen).

> The chicken-and-egg problem arises because hardware firms want complementors to spur sales of new hardware products by offering a wide selection of software for the new products, but complementors in turn want to wait until the new hardware products have achieved significant market penetration, before committing to the new hardware platforms. Neither the hardware firms nor the software complementors want to move first to invest in market creation (Gupta et al. 1999, 397).

Dieses Henne-Ei-Problem lässt sich auf vielen Märkten finden (siehe Tabelle 20.1). Ganz aktuell lassen sich Amazons Bemühungen bei der Etablierung von eBooks beobachten. Amazon bietet für seine Hardware, den Kindle 2.0, Zugriff auf mehrere hunderttausend elektronisch verfügbare Titel sowie Magazine und Blogs im Abo (Postinett 2009). Damit indirekte Netzwerkeffekte entstehen, bedarf es simultan sowohl des Basisguts als auch der Komplemente, denn der Kunde möchte beides gleichzeitig und nicht nacheinander kaufen. Im Vergleich zum ersten eBook-Lesegerät, dem Rocket eBook, das 1999 auf den Markt kam und kurze Zeit später auch schon wieder verschwunden war, hat Amazon technisch und von der Contentbasis her gesehen eine gute Ausgangsposition. Die Verhandlungsmacht als größter Buchhändler der Welt sichert das für den Erfolg so wichtige Basisangebot an Content. Ob die bislang noch geringe Vielfalt an Lesegeräten – neben Amazon ist noch Sony stark am Markt – und der vornehmlich auf Büchern basierende Content ausreichen werden, um zum Erfolg zu führen, muss sich noch zeigen. Starke Konkurrenz kommt nämlich von Seiten Googles, das über den Book-Search zur Zeit ca. 1,5 Mio. Titel für Mobiltelefone verfügbar macht (Postinett 2009) sowie von Apple mit dem neuen iPad. Hier läuft ein neuer Standardisierungskampf.

Markt	Anbieter des Basisguts	Anbieter von Komplementen	Art des „Henne-Ei" Problems
DVD-Spieler	Hardwareanbieter: z. B. Sony, RCA, Philips	Filmstudios, Videoverleihe	Verkäufe von DVD-Spielern vs. Content und Verfügbarkeit von Verleihfilmen
Personal Digital Assistants (PDAs)	Hardwareanbieter: z. B. Apple, 3Com, Casio	unabhängige Softwareanbieter	PDA-Verkäufe vs. Softwareanwendungen
eBooks	Hardwareanbieter: z. B. Softbook, Rocket-Book, Everybook	Buchverlage	Verbreitung von eBooks vs. Verfügbarkeit von Content
Netzwerkcomputer	Hardwareanbieter: z. B. Oracle, IBM, Sun	unabhängige Java Softwareprogrammierer	Verkäufe von Netzwerkcomputern vs. Java basierte Anwendungen
Betriebssysteme	Anbieter von Betriebssystemen: z. B. Microsoft, Apple, Sun	Hardwareanbieter unabhängige Softwareanbieter	Installierte Basis an Betriebssystemen vs. Verfügbarkeit von Hard- und Software

Tabelle 20.1: Beispiele für Henne-Ei-Probleme auf Märkten mit indirekten Netzwerkeffekten. Quelle: In Anlehnung an Gupta et al. 1999, 398.

Wie existentiell ein attraktives Angebot an Komplementen ist, zeigen Gupta et al. (1999) am Beispiel des Fernsehens. Der Absatz an Farbfernsehgeräten, der lange Zeit eher schleppend verlief, zog schlagartig an, nachdem ein breites Angebot an Farbfernsehsendungen zur Verfügung stand (Gupta et al. 1999, 412 f.). Die Autoren kommen in ihrer Untersuchung zu dem Schluss, dass beim digitalen Fernsehen (HDTV) das gleiche Prinzip gilt:

> HDTV will be a niche product, and will diffuse slower than originally expected due in part to the lack of programming (Gupta et al. 1999, 396).

So lange kein ausreichendes Komplementenangebot bereit steht, sind auch Preissenkungen beim Basisgut HDTV-Fernseher nicht der Schlüssel zum Erfolg. Anders als bei der Einführung des Fax-Geräts, wo direkte Netzwerkeffekte entstehen sollten und Preissenkungen als Treiber wirken konnten, geht es hier um indirekte Netzwerkeffekte. Die Kunden wollen

Fernsehen und Programm. Voreilige Preissenkungen führen in diesem Falle nur zu unnötigen Ertragseinbußen, nicht aber zu einem schnellen Ausbau des Komplementenangebots (Gupta et al. 1999, 411 f.).

Eine ganz zentrale Rolle im Umgang mit Komplementen spielt das Signaling. Speziell Produktvorankündigungen sind ein äußerst wirksames Instrument, um Komplementoren dazu zu bewegen, ein zu einem Basisgut passendes Komplementenangebot bereit zu stellen. Mehr darüber findet sich in Kapitel 22 zur Signalisierung.

20.3 Strategische Varianten des Komplementenangebots

Als Anbieter muss man sich – ähnlich wie bei den in Kapitel 19 beschriebenen Verhaltensoptionen im Standardisierungswettbewerb – auch hier entscheiden, wie das Angebot an Komplementen zustande kommen soll. Als grundsätzliche Varianten stehen entweder die Soleprovider- oder aber die Kooperationsstrategie zur Auswahl (Ehrhardt 2001, 170 ff.).

Der **Soleprovider** sorgt aus eigener Kraft für ein Mindestangebot an Komplementärgütern. Dies ist der Fall, wenn z. B. der Hersteller eines Basisguts wie einer Spielekonsole oder einem CD- bzw. DVD-Spieler selbst dafür sorgt, dass eine ansprechende Menge an Videospielen bzw. Tonträgern zum Verkaufsstart verfügbar sind. So geht Nintendo vor und entwickelt selbst Spiele. Genau so stellt Sony bespielte Blue-Ray-Discs aus eigenem Hause (Sony-BMG) bereit. Verfügt der Anbieter nicht über die notwendigen Kompetenzen, um Komplemente selbst herzustellen, aber über ausreichende Finanzmittel, ist auch eine Vorwärtsintegration möglich: Andere Unternehmen werden dabei als strategische Akquisition übernommen. Sony ging beispielsweise diesen Weg, um Inhalte für die CD und die Minidisc bereitzustellen, und erwarb 1987 CBS Records. Der damals sehr hohe Kaufpreis von zwei Milliarden US-Dollar zeigt, welche hohe Bedeutung Sony dem Angebot an Komplementärprodukten beimaß (Grindley 1995, 121). Liegen Angebot von Basisgut und Komplementen in einer Hand, birgt das deutliche Vorteile durch den möglichen Innovationstransfer. Eine Ursache für die starke Marktstellung von Microsoft Office als Komplement zum Betriebssystem Windows liegt darin, dass Microsoft früher als andere Anbieter weiß, welche neuen Features in einem Windows-Update auftauchen, so dass auch die Entwicklung der Anwendungssoftware früher und besser darauf abgestimmt werden kann (Kurian/Burgelman 1996, 283). Das Risiko der Strategie, sich in beiden Märkten zu engagieren, ist allerdings ein doppeltes, denn neben dem Basisgut sind ggf. zusätzlich die Fehlinvestitionen für die Komplementärangebote zu tragen.

Anders bei der **Kooperationsstrategie**: Je mehr Partner man für die Bereitstellung von Komplementen gewinnen kann, desto breiter lässt sich das Risiko streuen. Ein sehr erfolgreiches Kooperationsbeispiel ist das von Microsoft und AOL (Ehrhardt 2001, 173 f.). Microsofts Internet Explorer wurde 1996 durch eine Kooperationsvereinbarung zum Standard Browser für AOL. Im Gegenzug durfte AOL anstelle von Microsoft Network (MSN) sein Logo auf der Windows-Oberfläche platzieren und war damit als Online-Dienst voreingestellt. Der lästige Konkurrent Netscape wurde dadurch trotz eines sehr späten Eintritts in den Browsermarkt auf die Plätze verwiesen. An solchen strategischen Partnerschaften oder Allianzen können auch viele Parteien beteiligt sein. Toshiba und Sony gingen beide diesen Weg, um ihre DVD-Nachfolgetechnologien zu unterstützen, und scharten Unternehmen aus der Unterhaltungselektronik-, der Computer-, der Spiele- und der Medienbranche um sich, um ihr Format zu unterstützen. Sony gelang es, die potentere Allianz zu schmieden und ging aus diesem Rennen als Sieger hervor.

Ergänzend empfehlen Shapiro und Varian (1999, 23) dem Anbieter eines Basisguts, einen möglichst lebendigen Wettbewerb für Komplementärangebote zu erzeugen. Intensiver Wettbewerb soll zu einem ausdifferenzierten Produktangebot und niedrigen Preisen führen, was letztlich dem Absatz des Basisguts zugute kommt. Die hierzu eingesetzten Strategien können, aber müssen nicht darauf beruhen, Komplemente selbst anzubieten. Microsoft z. B. verfolgt schon seit langen Jahren die Strategie, erfolgreiche Produktentwicklungen aufzukaufen (Shapiro/Varian 1999b, 23). Viele Neugründungen im Softwarebereich setzen sogar darauf, nach einem erfolgreichen Start von Microsoft übernommen zu werden.

Eine andere Variante, den Markt zu beleben, kann darin bestehen, Komplementoren zu subventionieren. 3DO, der erste Anbieter von 32-Bit CD-ROM Hardware-Softwaretechnologie für Videospiele, ging diesen Weg (Nalebuff/Brandenburger 1996, 113 ff.). Um den Wettbewerb zwischen den Hardwareanbietern anzuheizen, wurden die Lizenzen für die Herstellung von Hardware kostenlos vergeben, woraufhin eine ganze Reihe von Anbietern in den Markt eintrat. Um die anfänglich dennoch eher schleppenden Verkäufe zu forcieren und schneller eine installierte Basis zu etablieren, fing 3DO zusätzlich an, die Hardwarepreise zu subventionieren. Die notwendigen Anreize zur Preissenkung entstanden durch Beteiligungsangebote an 3DO und aus den Lizenzgebühren für die Software. Um das Spieleangebot zu fördern, begann 3DO mit Eigenentwicklungen. Trotz dieser sehr ausgeklügelten Strategie, gelang es 3DO letztlich dennoch nicht, den Markt zu beherrschen. Sega und Sony traten dafür zu früh als Wettbewerber in den Markt ein und Nintendo machte dann kurze Zeit darauf den nächsten technologischen Schritt mit der Entwicklung der 64-Bit-Hardware.

Hier lässt sich an die zuvor dargestellten Ausführungen zur Standardisierung anknüpfen. Die Schaffung von Standards ist eine sehr wirksame Möglichkeit, die Erzeugung von Komplementärangeboten durch Dritte voranzutreiben. Hierbei steht nicht die Kompatibilität zwischen verschiedenen Basisgütern, sondern zwischen Basisgut und Komplementen im Vordergrund. Kompatible Komponenten begünstigen das Auftreten und die Wirksamkeit von indirekten Netzeffekten:

> Standardization feeds the reinforcing cycle between primary and ancillary products, since compatibility is normally maintained by adhering to a common technological standard (Lee/O´Connor 2003, 243).

20.4 Fazit

- Informationsgüter bedürfen zu ihrer Erstellung, Übertragung und Wiedergabe quasi immer technischer Geräte. Als Konsument ist man daher zwingend auf entsprechende Komplemente angewiesen. Im Wettbewerb stehen damit Systeme von Gütern.
- Ohne ein attraktives Mindestangebot an Komplementen ist ein wirtschaftlicher Erfolg bei Systemprodukten nicht zu erwarten.
- Je nach Notwendigkeit der gemeinsamen Nutzung gibt es die beschränkte, die strenge und die strengste Komplementarität.
- Das bei Systemgütern notwendige Komplementenangebot kann auf unterschiedlichem Wege bereitgestellt werden. Als Soleprovider sorgt der Anbieter selbst dafür. Bei der Kooperationsstrategie sucht er sich Partner, mit denen er das Komplementenangebot gemeinsam verfügbar macht.

20.5 Literatur

Dietl, H.; Royer, S. (2000): Management virtueller Netzwerkeffekte in der Informationsökonomie. – In: Zeitschrift für Organisation 69(6), S. 324–331.

Ehrhardt, M. (2001): Netzwerkeffekte, Standardisierung und Wettbewerbsstrategie. – Wiesbaden: Dt. Univ.-Verl. (Gabler Edition Wissenschaft: Strategische Unternehmungsführung).

Faßler, M. (2002): Was ist Kommunikation. 2. – Aufl. München: Fink.

Fritz, W. (2004): Internet-Marketing und Electronic Commerce. Grundlagen - Rahmenbedingungen – Instrumente. 3. Aufl. – Wiesbaden: Gabler (Gabler-Lehrbuch).

Gilbert, R. J. (1992): Symposium on compatibility: incentives and market structure. – In: The Journal of Industrial Economics 40(1), S. 1–8.

Grindley, P. C. (1995): Standards Strategy and Policy. Cases and Stories. – Oxford: Oxford Univ. Press.

Gupta, S.; Jain, D.; Sawhney, M. (1999): Modeling the evolution of markets with indirect network externalities: An application to digital television. – In: Marketing Science 18(3), S. 396–416.

Huber, F.; Kopsch, A. (2002): Produktbündelung. – In: Albers, S.; Herrmann, A. (Hg.): Handbuch Produktmanagement. Strategieentwicklung - Produktplanung - Organisation - Kontrolle. 2. Aufl. – Wiesbaden: Gabler, S. 615–646.

Kurian, T.; Burgelman, R. A. (1996): The operating-system software industry in 1994. – In: Burgelman, R. A.; Maidique, M. A.; Wheelwright, S. C. (Hg.): Strategic Management of Technology and Innovation. 2nd ed. Chicago: Irwin, S. 275–295.

Lee, Y.; O'Connor, G.C. (2003): New product launch strategy for network effects. – In: Journal of the Academy of Marketing Science 31(3), S. 241–255.

Nalebuff, B. J.; Brandenburger, A. M. (1996): Coopetition - kooperativ konkurrieren. Mit der Spieltheorie zum Unternehmenserfolg. – Frankfurt / Main: Campus-Verl.

Postinett, A. (2009): Amazon bringt verbesserten E-Bookreader. – In: Handelsblatt, Ausgabe 28, 10.02.2009.

Pross, H. (1972): Medienforschung. Film, Funk, Presse, Fernsehen. – Darmstadt: Habel.

Schilling, M. A. (2002): Technology success and failure in winner-take-all markets: the impact of learning orientation, timing, and network externalities. – In: Academy of Management Journal 45(2).

Shapiro, C.; Varian, H.R. (1999): The art of standards wars. – In: California Management Review 41(2), S. 8–32.

Stelzer, D. (2000): Digitale Güter und ihre Bedeutung in der Internet-Ökonomie. – In: WISU 6, S. 835–842.

21 Kopierschutz-Management

21.1 Entwicklung von Kopierschutzrechten bei Informationsgütern

Informationsgüter befriedigen Informationsbedürfnisse. Wer mit dem Verkauf von Informationsgütern Geld verdienen will, hat ein großes Interesse daran, dass der Nachfrager die gewünschte Information auf dem vorgesehenen Wege erwirbt und sie sich nicht einfach unkontrolliert beschafft: Musikanbieter wollen ihre CDs oder Downloads verkaufen, Verlage ihre Bücher und Zeitschriften und die Filmindustrie ihre Filme auf DVD oder im Kino. Unbezahltes Kopieren ist all diesen Anbietern ein Dorn im Auge. Man spricht hier meist von Raubkopien, was juristisch gesehen nicht korrekt ist, denn es handelt sich nicht um die Wegnahme einer Sache unter Anwendung von Gewalt. Angemessener erscheint es – analog zum Schwarzfahren – vom Schwarzkopieren zu sprechen.

Schauen wir einmal zurück in die Geschichte, so lässt sich feststellen, dass es seit der Antike bis ins Mittelalter absolut üblich war, Informationen, die man erlangte, nach freiem Ermessen zu verändern und weiterzuverarbeiten. Ein Schriftstück oder ein Buch durfte zwar auch damals schon nicht gestohlen werden, aber der Inhalt unterlag keinem Schutzrecht. Mit der Erfindung des Buchdrucks Mitte des 15. Jahrhunderts wurde es nun recht einfach, Kopien in größeren Mengen herzustellen. Das erleichterte die Verbreitung von Informationsgütern, stellte die Druckereien als Anbieter aber vor wirtschaftliche Probleme. Sie mussten Investitionen in ihre Anlagen und evtl. auch in die Arbeit der Autoren stecken, konnten aber nicht sicher sein, dass ihre Erzeugnisse nicht sofort von anderen nachgedruckt wurden. Konsequenterweise verlangten die Druckereien nach Schutzrechten, die ihnen auch in zunehmendem Maße gewährt wurden (Neubert 2005, 9). Später wurden auch den Autoren immer weitergehende Rechte an ihren geistigen Leistungen gewährt, die sie dann als ausschließliche Vervielfältigungsrechte an einen Verleger gegen Entgelt abtreten konnten (Gehring 2008). Am Anfang des achtzehnten Jahrhunderts entstand in England durch das Statute of Anne (Tallmo 2003) das erste moderne Urheberrechtsgesetz.

Die Entwicklung des Urheberrechts war und ist ein permanentes Abwägen zwischen privaten und öffentlichen Interessen. Der Schöpfer eines Werkes hat ein Interesse an der marktlichen Verwertung, er möchte eine (finanzielle) Gegenleistung für dessen Nutzung erhalten. Die mögliche Gefahr einer fortgesetzten unentgeltlichen Nutzung liegt darin, dass der Schöpfer eines Werkes das Interesse an der weiteren Produktion verliert und es damit zu einer Unterversorgung mit Informationsgütern kommen kann. Die Allgemeinheit hat dagegen ein Interesse an der möglichst umfassenden und auch möglichst kostengünstigen – idealerweise kostenfreien – Verbreitung eines Gedichts, Bildes oder Musikstücks etc.

Zum Schutze des Schöpfers sind die Rechte zum Schutz des geistigen Eigentums entstanden. Sie wurden im Laufe der Zeit immer wieder angepasst und tendenziell auch immer weiter verschärft. Ein wesentlicher Grund dafür liegt in den zunehmend leichteren Reproduktionsmöglichkeiten von Informationsgütern. War es früher z. B. noch sehr aufwändig, Bücher nachzudrucken, ist es mit der Erfindung des Fotokopierers sehr einfach geworden, sich Kopien selbst zu erstellen. Weiter verschärft hat sich die Kopierproblematik mit der immer weiter voranschreitenden Digitalisierung. Kopien von digitalen Informationsgütern können qualitätsverlustfrei angefertigt werden. Unterschiede zwischen Original und Kopie sind dadurch – anders als bei einer analogen Kopie – nicht mehr erkennbar.

21.2 Digital Rights Management Systeme (DRMS)

Den vereinfachten Reproduktionsmöglichkeiten begegnen die Anbieter von Informationsgütern auf zweierlei Weise. Zum einen sind sie daran interessiert, den rechtlichen Schutz weiter zu verstärken. Dies lässt sich sehr konkret an den Veränderungen im deutschen Urheberrecht und den sie begleitenden Kommentaren der Branchenverbände erkennen. In der Fassung von 1965 war die Anfertigung einer Kopie für den privaten Gebrauch noch erlaubt (Juris 2008). In der aktuellen Fassung dagegen ist eine Privatkopie nur noch dann gestattet, wenn dazu keine Kopierschutzmaßnahmen umgangen werden müssen (BMJ 2007). Dennoch ist den Interessenvertretern der Industrie das Urheberrecht immer noch zu wenig restriktiv (z. B. Bundesverband Musikindustrie 2008). Einen anderen Ansatzpunkt zur Wahrung der eigenen Rechte sind Patente. Sie spielen z. B. als Softwarepatente bzw. als Patente von computerimplementierten Erfindungen eine wichtige Rolle, um ein Produkt – zumindest in den Teilen, die eine technische Neuerung darstellen – abzusichern.

Neben dem rechtlichen Schutz stehen Informationsanbietern zum anderen auch technische Schutzmöglichkeiten offen. Sie zielen darauf ab die unberechtigte Nutzung von Informationsgütern zu verhindern, das Kopieren technisch unmöglich zu machen oder zumindest nachvollziehen zu können, von welchem Original welche Kopien angefertigt wurden. Bereits in den 80er Jahren wurde z. B. für Spielesoftware das Kopierschutzsystem Lenslok eingesetzt. Hier musste der Nutzer vor dem Spielstart einen am Bildschirm angezeigten, aber verschlüsselten Code eingeben, der nur durch eine spezielle – beim Kauf mitgelieferte – Brille gelesen werden konnte. Ein anderes Beispiel ist das von Macrovision 1983 entwickelte analoge Kopierschutzverfahren für VHS Videosysteme. Hier wurde beim Aufzeichnen ein Stör-

21.2 Digital Rights Management Systeme (DRMS)

signal hinzugefügt. Weitere Kopien ließen sich dann bei den damit ausgestatteten Gerätetypen nicht mehr anfertigen.

Werden technische und rechtliche Komponenten im Verbund eingesetzt, um Rechte an Informationsgütern durch den Rechteinhaber handzuhaben, spricht man von Digital Rights Management oder auch digitalem Rechtemanagement (DRM) (Picot 2005, 3). Darunter versteht man

> Verfahren, die helfen Rechte an digitalen Waren so zu schützen, wie wir das von den an physische Medien gebundenen intellektuellen Erzeugnissen her gewöhnt sind. Kopie und Weitergabe sollen an die Regeln des Rechteinhabers, also des Warenanbieters (Content Provider) gebunden sein (Grimm 2003, 97).

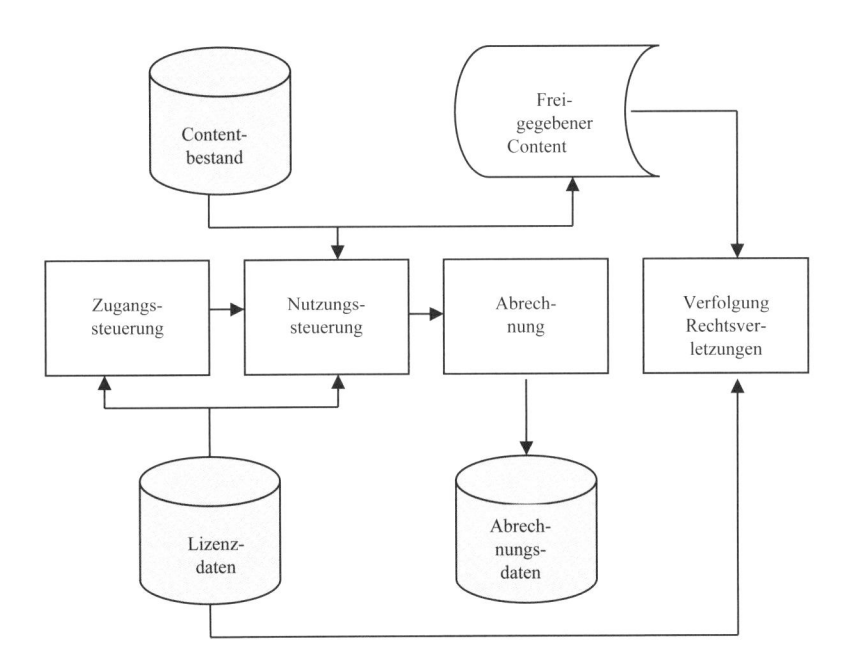

Abbildung 21.1: Architektur von DRM-Systemen. Quelle: Hess 2005, 19.

Erinnern wir uns an die Öffentliche-Gut-Problematik von Informationsgütern, wird sehr schön deutlich, was durch den Einsatz von digitalem Rechtemanagement erreicht werden soll: Es soll den Ausschluss von der unberechtigten Nutzung ermöglichen und dadurch verhindern, dass ursprünglich private Güter ungewollt zu öffentlichen Gütern mutieren. Informationsgüter, die kommerziell vertrieben werden sollen, leiden ja nicht unter der Problematik der Nutzungsrivalität – im Gegenteil weisen sie in den meisten Fällen positive Netzeffekte auf –, sondern unter der mangelnden Ausschließbarkeit, die es dem Rechteinhaber sehr schwer oder unmöglich macht, die Nutzung seines Informationsgutes von der Zahlung eines Entgelts abhängig zu machen.

Um diese Rechte zu sichern, bedarf es bei digitalen Gütern der gleichzeitigen Steuerung mehrerer Funktionen (Hess et al. 2004a, 55): Informationsanbieter müssen vorbeugend den Zugang (wer nutzt?) sowie die Art der Nutzung (wie wird genutzt?) kontrollieren und zudem – der Nutzung nachgelagert – Rechtsverletzungen verfolgen können.

Funktion	Kurzbeschreibung	Schutztechnologie	Anwendungsbeispiele
Zugangs- und Nutzungskontrolle	Kontrolliert, wer Zugang zum Inhalt hat und wie der Inhalt genutzt wird.	Verschlüsselung Passwörter Produktaktivierung	Video-DVDs (Content Scrambling System – CSS) Online-Spiele Software
Schutz von Authentizität und Integrität	Schutz des Contents durch Sicherungsmarkierungen, die mit dem Informationsgut untrennbar verbunden werden.	Digitale Wasserzeichen Digitaler Fingerabdruck, digitale Signatur	Fotos, Audio-, Video-Dateien Audio-, Video-, Text-Dateien
Identifikation durch Metadaten	Erlaubt die exakte Identifikation eines Objekts wie digitalen Content, Rechteinhaber und Nutzer.	--	--
Rechtedefinitionssprache	Beschreibt Art und Umfang der Zugangs- und Nutzungsrechte sowie die notwendigen Abrechnungsinformationen in maschinenlesbarer Form.	Xtensible Rights Markup Language (XrML), Open Digital Rights Language (ODRL)	--
Kopieerkennungssysteme	Suchmaschinen, die Netzwerke nach illegalen Kopien durchsuchen.	Suchmaschinen, Wasserzeichen	Audio, Video
Zahlungsabwicklungssysteme	Legitimationsvorgänge zur Zahlungsabwicklung	Nutzerregistrierung, Kreditkartenauthentifizierung	Online-Shops
Spezielle Hard- und Software	Hard- und Software in Endgeräten, durch die digitale Informationsgüter vor unberechtigter Nutzung geschützt werden.	Set-Top-Boxen/Smartcards Dongles Musikmanagement-Software	Pay-TV Software iTunes

Tabelle 21.1: Funktionen und Schutztechnologien von DRMS.

Ergänzende Abrechnungsfunktionen eröffnen die Möglichkeit zur Generierung nutzungsabhängiger Erlöse (Hess 2005, 19). Werden alle diese Funktionen in einem System technisch integriert, spricht man von Digital Rights Management Systemen (DRMS).

Um Zugang und Nutzung richtig steuern zu können, muss der Anbieter auf die entsprechenden Lizenzdaten zugreifen, die die Nutzungsrechte definieren. Für die Erkennung von Rechtsverletzungen ist es erforderlich, dass Informationsgüter Kennzeichnungen erhalten,

21.2 Digital Rights Management Systeme (DRMS)

die möglichst nicht entfernt werden können, und für den Abrechnungsvorgang müssen die erforderlichen Nutzerdaten zur Identifikation und zur Abwicklung des Zahlungstransfers vorliegen. Für jede dieser Funktionen stehen in einem DRMS verschiedene Schutztechnologien zur Verfügung (Fetscherin/Schmid 2003, 317; Fränkl/Karpf 2004, 29 ff.), die in Tabelle 21.1 im Überblick dargestellt sind.

Wie ein DRM-System konkret aufgebaut ist, zeigt Abbildung 21.2 am Beispiel des Windows Media Players. Dieser ist kostenlos erhältlich und auf vielen Windows-Rechnern vorinstalliert. Er dient dem Abspielen von Video- und Audiodateien am PC. Die DRMS-Funktionalitäten des Media Players beinhaltet der Microsoft Media Rights Manager.

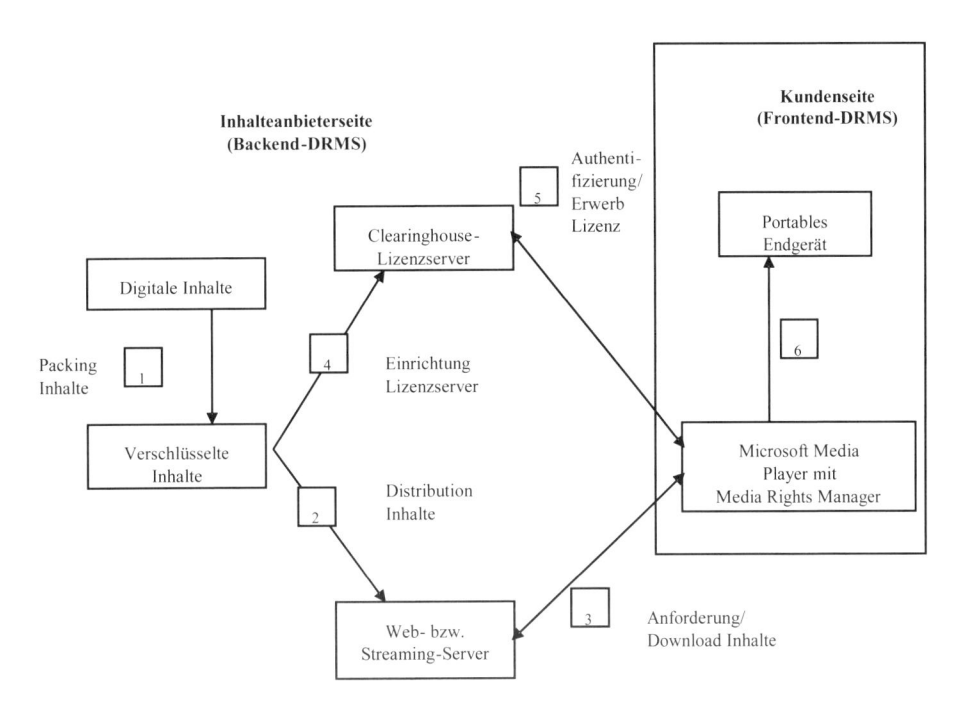

Abbildung 21.2: Architektur des Microsoft Windows Media Players. Quelle: In Anlehnung an: Schumann/Hess 2006, 104 (nach Pruneda 2003).

Die Funktionsweise ist folgendermaßen (Pruneda 2003): In Schritt 1 wird der digitale Content durch den Anbieter als Windows Media File verschlüsselt. Danach (Schritt 2) wird der Content über Web- oder Streaming-Server in geschützter Form angeboten. In Schritt 3 kann der Content von Nutzern herunter geladen werden. Die Software des Nutzers erkennt, dass der Content geschützt ist und stellt eine Verbindung zum Lizenzserver (Schritt 4) her, über den der Nutzer (Schritt 5) eine kostenpflichtige Lizenz erwerben kann. Nach der Bezahlung wird die Lizenz freigegeben und der Nutzer kann den Content abspielen (Schritt 6). Wenn der Nutzer den Media File per e-Mail an einen anderen Nutzer verschickt, muss dieser eine eigene Lizenz erwerben, bevor er die Datei abspielen kann.

21.3 Vor- und Nachteile von DRMS

Welche Vor- und Nachteile sind nun mit dem Einsatz von DRM-Systemen zu sehen? Grundsätzlich besteht ein fundamentaler Unterschied zwischen den Interessen der Kunden und denen der Anbieter. Betrachten wir zu erst die **Kunden**:

> Konsumenten lehnen grundsätzlich eine Kontrolle ihrer Mediennutzung ab und fordern, wenn überhaupt, interoperable und bedienungsfreundliche Lösungen (Hess et al. 2004a, 55).

Empirisch lässt sich zeigen, dass Kunden viel Wert auf die Aktualität und Exklusivität von Content legen. Die Zahlungsbereitschaft geht aber stark zurück, wenn mit der Übertragung oder der Nutzung technische Schwierigkeiten verbunden sind (Fetscherin 2003, 309). Solche Schwierigkeiten können darin bestehen, dass das erworbene Informationsgut nicht auf allen Endgeräten abspielbar ist. Wenn die Musik-CD zwar auf dem CD-Spieler, nicht aber auf dem PC oder im Auto läuft, ist das für die Konsumenten eine gravierende Beeinträchtigung. Auch die Installation von DRM-Clients, die man sich ggf. erst separat beschaffen muss, deren Funktionsweise zu erlernen ist und bei denen möglicherweise noch Lizenzbestimmungen geprüft werden müssen, stellen deutliche Nutzenminderungen für den Konsumenten dar (Hess at al. 2004, 56). Aus Abbildung 21.3 geht deutlich hervor, dass die Ablehnungsraten für verschiedene Arten von Nutzungseinschränkungen sehr hoch sind.

Which constraints would you accept?

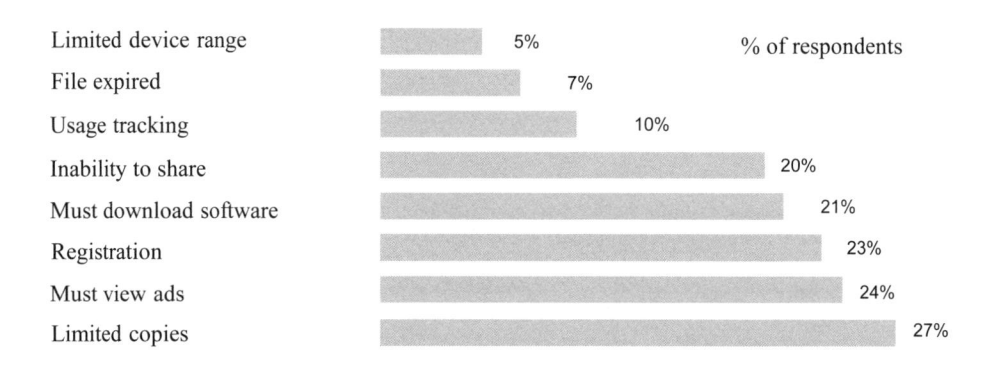

Constraint	% of respondents
Limited device range	5%
File expired	7%
Usage tracking	10%
Inability to share	20%
Must download software	21%
Registration	23%
Must view ads	24%
Limited copies	27%

Abbildung 21.3: Akzeptanz von Nutzungseinschränkungen. Quelle: Fetscherin 2003, 316.

21.3 Vor- und Nachteile von DRMS

Die aktuell im Einsatz befindlichen DRMS sind insgesamt als nutzer**un**freundlich einzustufen (Bizer et al. 2005, 196 ff.). Sie sind wechselseitig inkompatibel und erzeugen erhebliche Datenschutzprobleme. Ein extremes Beispiel für die Umsetzung von Schutzinteressen der Anbieter war die Super Audio CD:

> Heard of DVD-Audio or Super Audio CD? Probably not, yet both formats were touted earlier this decade as successors to the Compact Disc, each offering superbly detailed audio and music in surround sound. There are many factors to blame for the general lack of interest in the DVD-A and SACD, but it was probably the need to connect six(!) individual analog cables between the player and the rest of the system that convinced most everyday consumers to stick it out with their old-fashioned CDs. The record companies were so paranoid that a digital connection would make it too easy to clone a disc that they insisted on a hookup that required a spaghetti bowl of wires and a degree in electrical engineering to configure properly. Most people couldn't be bothered, so they stayed away (Pachal 2006).

Der Einsatz von Schutzmechanismen wird vom Konsumenten dann akzeptiert, wenn er nutzensteigernd wirkt. Dies ist der Fall, wenn z. B. geschützte Pre-Releases von Musik oder Filmen veröffentlicht werden, die nicht kopierbar sind. Im Juni 2002 wurde von der Musikindustrie mit Hilfe von DRM eine solche Form von Follow-the-free der Band Oasis ausprobiert:

> On June 23, nearly two million Britons opened their Sunday edition of the London Times and found a free CD containing three not-yet-released song clips from the band's new album. But this was no ordinary promotional CD: Using new digital content controls, Sony had encoded it with instructions that, in effect, banned people from playing the three clips for more than just a few times on their home PCs. Fans also were unable to copy the music file and post it to file-sharing networks—thereby making it harder to steal. Oasis fans who wanted to hear more had to link to the band's Web site and preorder the new album from U.K.-based retailer HMV—or wait until it was released. The idea: Use software code not to ban, but to create buzz for new products without getting burned in the process. Did it work for Oasis? Preorders of the album exceeded company expectations by 30,000 during the week following the Sunday Times' promotion, and Oasis' record company gained data from 50,000 fans who registered online—new information that could be used to sell more CDs in the future. HMV was able to raise the number of visitors to its retail Web site, and even the Sunday Times was able to score a win in the deal: Circulation that day was 300,000—its second-highest Sunday circulation ever (Marks 2002).

Durch diese kostenfreie Hörprobe wurden Netzeffekte erzeugt, die nicht nur der Band, sondern auch den beteiligten Komplementoren zu Gute kam. Da es sich hier nicht um die Nutzungseinschränkung eines gekauften Gutes handelte, sondern um ein kostenfreies Angebot, also eine Art Geschenk, führte der Einsatz von DRM nicht zu der oben angesprochenen Ablehnung.

Im Gegensatz zu den Kunden haben **Informationsanbieter** ein sehr starkes Interesse daran, die nicht bestimmungsgemäße Nutzung ihrer Güter zu unterbinden. DRMS können hierbei helfen, da – je nachdem wie restriktiv das System ausgelegt ist – nur noch legitimierte Nutzer Zugriff haben. Schwarzkopien lassen sich dann nur noch mit sehr hohem Aufwand anfertigen, wenn es nämlich gelingt, die entsprechenden Schutzmechanismen zu umgehen.

Die Informationsanbieter sehen sich beim Einsatz von DRM einem gewissen Dilemma gegenüber, denn DRM zielt auf den Schwarzkopierer, trifft – im Sinne eines Kollateralschadens – aber durch die damit einhergehende Kontrolle und Nutzungseinschränkung immer auch die zahlungsbereiten Kunden. Diese können sich durch die Verwendung von DRM im günstigsten Falle – ein perfekt funktionierendes DRMS unterstellt – nur nicht schlechter stellen als ohne. DRMS einzusetzen lohnt außerdem nur dann, wenn die ausgeschlossenen Schwarzkopierer auch tatsächlich eine Zahlungsbereitschaft größer Null aufweisen und damit eine potenzielle Erlösquelle darstellen. Sollte dem nicht so sein, ergeben sich per Saldo negative Effekte: Man verschlechtert als Unternehmen das Angebot an die zahlungswilligen Kunden und verliert Umsatz, erhält aber durch den Ausschluss der Schwarzkopierer keinen adäquaten Ausgleich.

Informationsanbieter müssen also sorgfältig abwägen, zu welchen Zugangs- und Nutzungsbedingungen sie ihre Produkte auf den Markt bringen wollen. Nehmen wir nach Shapiro und Varian (1999, 98 ff.) den Ausgangsfall eines Anbieters, der seine Informationsgüter mit DRM anbietet und einen bestimmten Umsatz erzielt (A: Ausgangsfall).

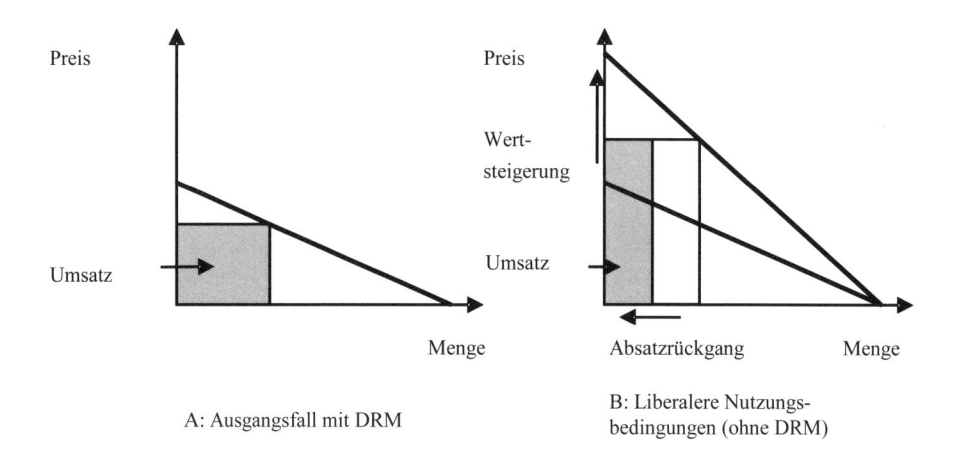

Abbildung 21.4: Trade-off zwischen Steigerung des Nutzungswerts und Absatzzahlen. Quelle: Nach Shapiro/Varian 1999, 99.

Wenn dieser Anbieter nun auf DRM verzichtet, steigert das den Nutzungswert für die Kunden. Wie wir oben bereits gesehen hatten, ist das eine sehr realistische Perspektive, denn die Nachfrager können das Informationsgut (Film, Musiktitel etc.) dann technisch uneingeschränkt mit jedem Endgerät nutzen und es auch im Rahmen des geltenden Urheberrechts bzw. der Copyrights in begrenztem Maße kopieren, verleihen oder auch weiterverkaufen. Der höhere Nutzungswert führt somit zu einer höheren Zahlungsbereitschaft, die Nachfragekurve dreht sich nach oben (Fall B). Bei unverändertem Absatz würde sich der Umsatz erhöhen. Im dargestellten Modell verläuft die Nachfrage mit doppelter Steigung, das heißt der Umsatz würde sich verdoppeln.

21.3 Vor- und Nachteile von DRMS

Strube et al. (2008) zeigen anhand einer empirischen Untersuchung für Online-Musik, dass diese Modellaussagen stimmen. Der Verzicht auf DRM steigert den Nutzungswert für die Kunden, wie z. B. auch die Klangqualität oder ein niedriger Preis als weitere aber weniger wichtige Parameter. Bei einem unveränderten Preis von 99 Cent pro Song führt der Verzicht auf DRM zu mehr als einer Verfünffachung der Umsätze. Ohne DRM bieten sich also zusätzlich noch Spielräume für Preiserhöhungen, die weitere Umsatzsteigerungen möglich machen.

Der Verzicht auf DRM hat nun aber auch noch andere Auswirkungen auf die Absatzzahlen. Wenn man davon ausgeht, dass der Verzicht auf DRM zu mehr (legalen und Schwarz-) Kopien und weniger Käufen führt, wird der Absatz zurückgehen. Im Modell oben wird von einer Halbierung der Absatzzahlen ausgegangen. Wie sich das auf den Umsatz auswirkt, hängt nun von dem Verhältnis von Absatzrückgang zu Preiserhöhung ab. Im vorgestellten Beispiel bleibt der Umsatz unverändert. Die halbe Menge wird ohne DRM zum doppelten Preis abgesetzt. Hierin liegt nach Shapiro und Varian ein Trade-off: Liberalere Angebotsbedingungen ermöglichen ein Angebot zu höheren Preisen, führen aber zu geringeren Absatzzahlen. Shapiro und Varian gehen in ihrem Modell allerdings davon aus, dass die Gesamtnachfrage sich nicht verändert, die Sättigungsmenge also konstant bleibt. Dagegen lässt sich einwenden, dass der Verzicht auf DRM nicht nur den Nutzungswert für die bestehenden Kaufinteressierten erhöht, sondern es auch noch ungenutztes Marktpotenzial gibt. Das sind Personen, die – selbst bei einem Preis von Null – bislang kein Interesse an einem DRM-geschützten Produkt gezeigt haben, weil z. B. die Endgerätekompatibilität nicht zufrieden stellend ist oder die Anfertigung von Kopien wegen der Umgehung des Kopierschutzes verboten ist. Entfaltet dieser Kundenkreis zusätzliche Nachfrage, verschiebt sich die Sättigungsmenge nach rechts und der Markt würde sogar noch wachsen.

Betrachtet man nochmals die Ergebnisse der Untersuchung von Stube et al. (2008, 1053 f.), lässt sich sagen, dass der Mehrumsatz durch den Verzicht auf DRM die Verluste durch unerwünschte Kopien mehr als aufwiegt. Zum einen liegen nämlich die Zahlungsbereitschaften der Käufer deutlich höher. Zum anderen steigt die Sättigungsmenge deutlich an, es gibt also mehr Käufer.

Es gibt aber noch einen weiteren Ansatzpunkt den Nutzungswert und damit das Marktvolumen zu steigern, nämlich durch die Lockerung der Schutzrechte. Bisher haben wir uns auf den Verzicht von technischen Kopierschutzmaßnahmen konzentriert, die dann nicht mehr umgangen werden müssen. Als Informationsanbieter hat man darüber hinausgehend aber auch die Möglichkeit, die bestehenden rechtlichen Regelungen selbst zu lockern, indem man den (rechtlichen) Schutzgrad inhaltlich selbst definiert. Dazu gibt es neben den bekannten gesetzlichen Regelungen die in Kapitel 5 bereits angesprochenen Creative Commons als alternativen Rahmen für die Veröffentlichung und Verbreitung von digitalen Medieninhalten in Form von abgestuften Lizenzverträgen.

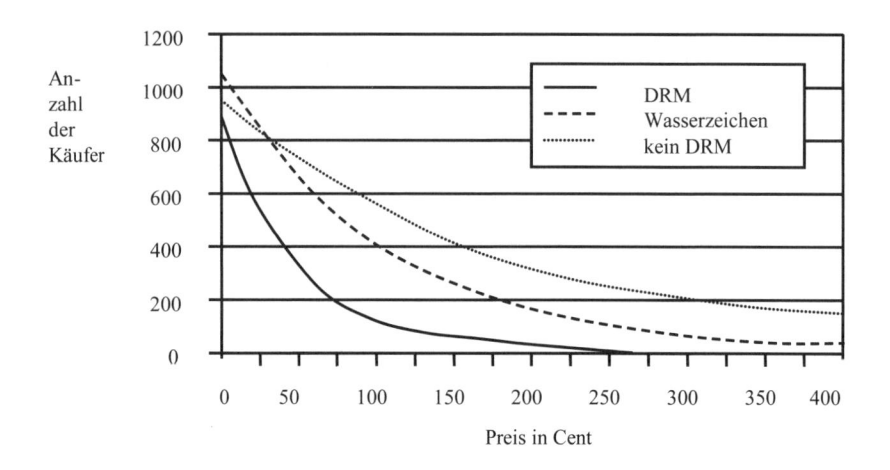

Abbildung 21.5: Preis-Absatz-Funktion bei unterschiedlichen DRM-Schutzgraden ohne Schwarzkopien. Quelle: In Anlehnung an: Strube et al. 2008, 1053.

21.4 Kopierschutz und Netzwerkeffekte

Es gibt nun einige interessante Fälle, in denen man als Anbieter sogar einen Nutzen aus der kostenfreien Verbreitung ziehen kann, sei es über legale oder illegale Kopien der Endabnehmer. Bei Gütern, die ausgeprägte Netzeffekte aufweisen, ist es für den Anbieter nämlich immer von großem Vorteil, wenn er über eine große installierte Basis verfügt.

Conner und Rumelt (1991) zeigen am Beispiel von **Software**, dass Piraterie vor allem dann einen positiven Beitrag leistet, wenn es sich um Programme handelt, die kompliziert und aufwändig in der Handhabung sind, bei denen ein Customizing erforderlich ist oder die sich anbieten für die gleichzeitige Nutzung durch viele Anwender (Conner/Rumelt 1991, 137). Hierzu zählen Programme zur Tabellenkalkulation, zur komplexeren Textverarbeitung, Datenbank- oder auch Desktop Publishing Programme. Der Schutz des Produkts führt in diesen Fällen zu einer für den Kunden wie für den Anbieter nachteiligen Verkleinerung der installierten Basis. Das passiert, wenn entweder Kunden nicht kaufen oder auf das (Schwarz-)kopieren verzichten. Für den Anbieter kann es also vorteilhaft sein, neben dem klassischen Verkauf die Piraterie als zusätzlichen günstigen Vertriebsweg zu akzeptieren. Die Distribution über Kopien birgt sogar einen Kostenvorteil für den Anbieter, da er beim Marketing sparen kann (Peitz/Waelbroeck 2004) und nicht er, sondern der Nutzer Zeit und Geld für die

21.4 Kopierschutz und Netzwerkeffekte

Anfertigung von Kopien investiert (Conner/Rumelt 1991, 137). Geht man weiterhin davon aus, dass es mehrheitlich Personen sind, die keine oder nur eine sehr geringe Zahlungsbereitschaft für das Produkt mitbringen, die man für einen Kauf ohnehin nicht hätte gewinnen können, ist dies eine gangbare Alternative, schnell eine große installierte Basis aufzubauen. Modellgestützte Analysen für Software von Shy (2000), Blackburn (2002) sowie Gayer und Shy (2003) bestätigen diese Aussage. Es lässt sich zeigen, dass Güter, die starke direkte oder indirekte Netzwerkeffekte aufweisen, vom Schwarzkopieren profitieren können. Durch das Schwarzkopieren wächst die installierte Basis schneller als ohne. Das erhöht die Zahlungsbereitschaft der Konsumenten und ermöglicht einen Ausgleich für den entgangenen Umsatz. Die Duldung von Schwarzkopien ermöglicht somit eine Art von Preisdifferenzierung, bei der der Anbieter den Kunden mit niedriger Zahlungsbereitschaft die (geduldete) Option bietet, sich per Schwarzkopie mit dem gewünschten Produkt zu versorgen. Er kann so von einem wachsenden Netzwerk profitieren, ohne allen Kunden einen einheitlich niedrigen Preis anbieten zu müssen. Mit zunehmender Netzwerkgröße kann der Anbieter die Maßnahmen zum Produktschutz dann ggf. forcieren und evtl. auch die Preise erhöhen (Sundararajan 2004, 302 f.).

Für Anbieter, die sowohl das Basisgut als auch die notwendigen Komplemente im Programm haben, kann es empfehlenswert sein, beim Schwarzkopieren ein Auge zuzudrücken. Gürtler (2005) untersucht dies anhand eines Modells für den Markt für Videospiele. Hier zeigt sich, dass

> enabling of product piracy is a device to shift reservation prices from the software market to the more important market for video games hardware (Gürtler 2005, 22).

Vorsicht ist bei dieser Strategie allerdings geboten, wenn das Gesamtangebot an Spielen unter der Piraterie leidet, wenn also andere Softwarefirmen weniger dazu bereit sind Spiele für Hardwareanbieter herzustellen, die Schwarzkopien tolerieren.

Besitzt der Anbieter eine sehr starke Stellung im Komplementärmarkt, kann vollständiges Kopieren sogar eine Alternative zum Verkauf sein (Blackburn 2002, 86). Dieser Ansatz, der dem Verschenken (Follow-the-free) gleich kommt, ist dann profitabel, wenn er zu einem Nachfrageanstieg im Komplementärmarkt führt, der die entgangenen Umsätze mit dem Basisgut überkompensiert. Hier können wir an die Ausführungen zum Versioning in Kapitel 18 anknüpfen, bei dem das Basisprodukt (z. B. Acrobat Reader) verschenkt und die höherwertige Produktversion (Acrobat Writer) verkauft wird.

Auch für **Content** gibt es einige interessante Beispiele, bei denen die kostenfreie Verbreitung – hier allerdings durch legale Kopien – zu einem Markterfolg geführt hat, der ansonsten vermutlich ausgeblieben wäre.

Das Label Reprise – eine Warner Tochter – stellte von ihrer Band My Chemical Romance (Anderson 2007, 123 f.) fünf Monate vor Veröffentlichung ihres zweiten Albums einige der Songs auf Websites wie AbsolutePunk.net oder auch MySpace kostenlos zur Verfügung. Die Verantwortlichen konnten beobachten, wie die Fans der Band begannen, die Songs herunter zu laden und zu tauschen. Diese Informationen dienten als Entscheidung für die Produktion der nächsten Single. Diese wurde dank weiterer Fanunterstützung bald auch im Radio gespielt und später zum Hit des Sommers. Die darauf folgende Konzerttournee wurde durch weiteres Audio- und Videomaterial unterstützt, so dass auch das Album zu einem der größten Hits des Jahres wurde.

Ähnlich war es bei der Band Radiohead, die, nachdem ihre vertragliche Bindung an EMI beendet war, ihr siebtes Album auf eigene Faust vermarktete. Über eine eigene Website (www.inrainbows.com) konnte das Album kostenlos herunter geladen werden. Neu war, dass der Nutzer selbst über den Preis bestimmen konnte. Nach Angaben des Onlinedienstes Comscore (Gavin 2007) waren weltweit ca. 40% aller Nutzer bereit, für den Download zu zahlen. Der Durchschnittspreis lag bei 2,93 Englischen Pfund. Für die Band bedeutete dies einen Durchschnittserlös, der deutlich über dem üblichen einen US-Dollar liegt, der sich mit dem Vertrieb des Albums über ein Musiklabel verdienen lässt (Schmalz 2009, 72).

In beiden dargestellten Fällen verfügten die Bands über eine Fanbasis, die sie über die kostenlosen Angebote aktivieren konnten und die ihnen dann zum weiteren Erfolg verhalf.

Die britische Band Arctic Monkeys schaffte es, auch ohne diese Basis erfolgreich zu sein (Heilmann 2006). Mit ausgiebigen Konzertreisen und kostenlosen Downloads über MySpace gelang es ihnen, ihr Debüt-Album sofort an der Spitze der Englischen Charts zu platzieren.

Einen ähnlichen Erfolg hatte die Band Nine Inch Nails mit ihrem Album Ghosts I-IV, das unter einer Creative Commons Lizenz angeboten wird. Trotz des freien Zugangs im Internet führte das Album im Jahre 2008 die Liste der meistverkauften CDs bei Amazon an (Gehlen 2009). Aktuell kann man über die Homepage der Band alle Ghosts-Titel gestreamt hören, die ersten neun Titel kostenfrei herunterladen oder unter verschiedenen Versionen zwischen $5 und $300 zum Kauf auswählen (Nine Inch Nails 2009). Allein die inzwischen ausverkaufte limitierte Ultra-Luxusversion brachte der Band ca. 750.000 US-Dollar ein.

Allen vorgenannten Beispielen ist gemein, dass auf den Produktschutz verzichtet wird. Stattdessen heißt die Devise „Kopieren erwünscht". Diese Angebotsform erzeugt Reichweite bzw. eine installierte Basis und damit positive Netzwerkeffekte, die zu einer beschleunigten Weiterverbreitung der Titel führen. Ist erst einmal die Schwelle zu den Massenmedien Radio und Fernsehen überschritten, ist auch der weitere Erfolg wahrscheinlich.

Als Informationsanbieter hat man nun die schwierige Aufgabe abzuschätzen, welchen konkreten Effekt die Lockerung der Schutzrechte auf die eigenen Absatzzahlen haben wird. Verzichtet man auf DRM und belässt es beim rein rechtlichen Schutz („all rights reserved"), versucht diesen aber energisch durchzusetzen? Oder beruft man sich nur offiziell auf seine Rechte, ist insgeheim aber dankbar für die Schützenhilfe der Schwarzkopierer. Oder aber geht man den Aufbau einer installierten Basis aggressiv an, vermarktet sein Produkt ganz oder teilweise kostenfrei und verzichtet ggf. sogar noch auf einen Teil seiner Schutzrechte durch die Verwendung von Creative Commons Lizenzen („some rights reserved")?

Ziehen wir noch einmal die Trade-off Überlegungen von Shapiro und Varian hinzu: Verändern sich Zahlungsbereitschaft und Absatz im gleichen Verhältnis, bleibt der Umsatz gleich.

Dann könnte der Anbieter getrost auf die ihm entstehenden Kosten von DRM verzichten und so seinen Gesamtgewinn steigern. Nehmen dagegen nur die (Schwarz-)Kopien zu, wird man beim Umsatz davon nicht profitieren können. Der Verzicht auf DRM wäre aus Sicht des Anbieters nicht zu empfehlen. Wenn nun aber die Verkäufe ohne DRM bzw. bei Verwendung von Creative Commons Lizenzen nur unterproportional zurückgingen oder das Marktvolumen sogar stiege und sich Netzwerkeffekte einstellten, wäre es sehr empfehlenswert, Informationsgüter ohne besonderen Schutz anzubieten.

Umgekehrt stellt die Einführung von DRM bei einem zuvor ungeschützten Produkt nicht einfach nur den analog umgekehrten Fall dar. Zum einen sinkt nämlich der Nutzungswert durch die technischen und rechtlichen Einschränkungen, was zu einer abnehmenden Zahlungsbereitschaft führt. Der Anbieter sollte daher immer sorgfältig darauf achten, DRM-Systeme so zu konzipieren, dass sie den Nutzungswert für die legalen Nutzer nicht beeinträchtigen (Sundararajan 2004, 303). Zum anderen ist nicht einfach davon auszugehen, dass sich der Absatz an legalen Kopien einfach wie gewünscht erhöht. Dies ist nur der Fall, wenn es eine entsprechende Zahl an Schwarzkopierern gibt, die eine positive Zahlungsbereitschaft für das Informationsgut besitzen und bereit sind, zum legalen Konsum überzugehen.

Es gibt bislang leider noch keine Empfehlungen, die einem Informationsanbieter ganz konkrete Hilfestellung geben könnten. Eher allgemein stellen King und Lampe (2002) zum Punkt profitable Piraterie im Angesicht von Netzwerkeffekten fest, dass es immer besser ist, aktiv Preisdifferenzierung zu betreiben als Schwarzkopien zu dulden. Sie sehen die Gefahr als zu groß an, dass auch Kunden mit hoher Zahlungsbereitschaft das Gut illegal erwerben. Wenn man als Unternehmen die Möglichkeit hat, zwischen potenziellen Schwarzkopierern und zahlungswilligen Kunden zu unterscheiden, sollte man ihrer Meinung nach das Produkt schützen und auch ersteren immer ein attraktives Kaufangebot, ggf. auch auf niedrigem Niveau, machen.

> Price discrimination allows the firm to exploit any network benefits from spreading use of their product while also raising revenue (King/Lampe 2002, 24).

Ist die Fraktion der Schwarzkopierer nicht zu groß und ihre Zahlungsbereitschaft für das Produkt gering, empfehlen sie sogar, das Produkt zu verschenken (King/Lampe 2002, 16 ff.).

Sehr empfehlenswert ist es, die Preisdifferenzierung mit dem für Informationsgüter leicht zu bewerkstelligenden Versioning zu kombinieren. Wenn Kunden z. B. großen Wert auf produktbegleitende Serviceleistungen legen, werden sie das gewünschte Produkt nur käuflich erwerben können, weil ihnen diese Leistungen bei einer Schwarzkopie nicht zur Verfügung stehen. Gayer und Shy (2003, 200 f.) zeigen anhand eines einfachen Modells, dass sich die kostenfreie Verbreitung qualitativ geringerwertiger Versionen von Informationsgütern positiv auf Absatz und Umsatz der Kaufversion auswirken.

Ist eine Abgrenzung der Kundengruppen und damit eine Preisdifferenzierung nicht möglich, kann aber auch die Duldung von Piraterie eine profitsteigernde Alternative darstellen. Dies allerdings nur, wenn zum einen die Fähigkeit zum Schwarzkopieren in umgekehrten Verhältnis zur Zahlungsbereitschaft steht, man also davon ausgehen kann, dass diejenigen, für die Schwarzkopieren leicht zu bewerkstelligen ist, ohnehin diejenigen sind, die nicht bereit wären für das Produkt zu zahlen. Castro et al. (2008, 80) sprechen hier von einem „Overlap" zwischen dem legalen und dem illegalen Markt, der nicht zu groß sein darf, um die Profitabilität zu gefährden.

> The greater the overlap between the markets of customers for legal versions of the product and customers for pirated versions, the more piracy reduces sales of legal versions.

Zum anderen darf der Anteil der potenziellen Schwarzkopierer am Gesamtmarkt nicht zu groß sein (King/Lampe 2002, 5). Hier lässt sich ergänzend sagen, dass das Preisniveau einen Einfluss auf die Bereitschaft hat, Informationsgüter nicht zu kaufen, sondern (schwarz) zu kopieren. Sie fällt umso höher aus, je höher die Produktpreise sind (Gehrke et al. 2002).

Zu bedenken ist außerdem, dass der übliche nutzungsbeschränkende Einsatz von DRMS nicht nur zu steigenden Transaktions-, sondern auch zu steigenden Produktionskosten führt. Werden diesen in Form von höheren Preisen an die Kunden weitergegeben, wirkt dies absatzmindernd. Im Extremfall kann es dazu kommen, dass durch den Einsatz von DRMS der Austausch bestimmter Informationsgüter ökonomisch nicht mehr sinnvoll ist (Hess et al. 2004a, 56).

Als Resümee lässt sich bis hierher festhalten, dass ein abnehmender Produktschutz den Nutzwert und damit auch die Zahlungsbereitschaft für den Kunden erhöht. Des Weiteren ist davon auszugehen, dass dadurch auch das Marktvolumen steigt. Mit steigendem Absatzvolumen (auch aus (Schwarz-)Kopien) nehmen dann außerdem die Netzwerkeffekte zu. Das heißt, dass die Wertschätzung des durchschnittlichen Konsumenten für das Informationsgut wegen dessen zunehmender Verbreitung steigt. Am Beispiel von Musik spricht Blackburn von einem Aufmerksamkeits- oder Bewusstseinseffekt:

> This awareness effect is essentially a network effect – however, rather than increasing the valuation of individual customers, the increased number of listeners increases the share of the consumers who are aware of the artist, thus raising the valuation of the average customer (Blackburn 2004, 10).

Das wiederum trägt zur weiteren (legalen und/oder illegalen) Verbreitung bei. Wie stark sich diese durch Netzwerkeffekte verursachte Verbreitung auswirkt, dürfte u. a. von deren Stärke abhängen. Daneben spielt sicher auch der Sampling-Effekt eine Rolle, denn wenn man die Erfahrungseigenschaften eines Informationsguts (Lied, Film, Spiel etc.) erst einmal unverbindlich hat kennen lernen können, wird nach positiver Einschätzung ein Kauf wahrscheinlicher (Blackburn 2004, 9; Strube et al. 2008, 1045).

Wu und Chen (2008, 170) empfehlen explizit, Versioning in Kombination mit rechtlichen und technischen Schutzmaßnahmen zur Abwehr von Schwarzkopien einzusetzen. Dadurch lassen sich einerseits durch eine Expansion des Marktes Kunden gewinnen, die ohne Versioning nicht gekauft hätten. Andererseits werden Schwarzkopierer zumindest teilweise abgeschreckt, weil die Kosten für die Anfertigung von illegalen Kopien ansteigen.

> The benefits of versioning [...] can come from two sources: from accommodating more customers to the market and from converting pirates into buyers (or discouraging piracy) (Wu/Chen 2008, 170).

Versioning funktioniert umso besser, je spürbarer die Kosten des Schwarzkopierens ausfallen. Insofern spielen die Einführung oder die Verschärfung rechtlicher und/oder technischer Schutzmaßnahmen dem versionierenden Anbieter in die Hände. Netzwerkeffekte, die von Wu und Chen erst einmal ausgeblendet wurden, wirken für die Profitabilität des Versionings noch zusätzlich begünstigend.

Damit schließt sich der Kreis zu den oben in Kapitel 18 zur Preisgestaltung bereits diskutierten Instrumenten, u. a. eben der Versionierung, mit Hilfe derer Kunden ein sehr günstiges oder sogar kostenfreies Angebot gemacht werden kann, um eine große installierte Basis zu errichten. Die höherwertigen und teureren Versionen, die davon profitieren, sind dann nur gegen Bezahlung erhältlich. Es zeigt sich auch hier wieder, dass der alte Marketinggrundsatz gilt, nach dem für den Kunden nie nur der Preis oder nur die Leistung eine Rolle spielen, sondern immer deren Verhältnis zueinander. Für Informationsanbieter also ein breites Feld für Experimente.

Allen vorgenannten Beispielen zu den Auswirkungen der Anfertigung von Kopien auf die Erträge des Anbieters ist gemein, dass sie sich auf den Endabnehmer beziehen, der als (Schwarz-)Kopierer aktiv wird. Die Empfehlungen zum Einsatz von Kopierschutz fallen anders aus, wenn **gewerbliche Anbieter** im Markt aktiv sind. Poddar (2006) zeigt an einem einfachen Modell, dass es für Anbieter von Software immer empfehlenswert ist, ihre Produkte möglichst umfassend zu schützen und das sogar unabhängig von der Qualität und Zuverlässigkeit der (gewerblichen) Schwarzkopien. Wenn neben das Originalangebot gewerbliche Schwarzkopierer treten, kommt es zwar auch zu Netzwerkeffekten und einer Nachfragesteigerung beim Originalprodukt. Ganz anders als im Falle der Schwarzkopien durch die Endnutzer ist aber hier die Entstehung einer echten Wettbewerbssituation (Poddar 2006, 3 ff.): Der Konsument kann sich nun zwischen verschiedenen sehr ähnlichen oder sogar identischen Angeboten zu unterschiedlichen Preisen entscheiden. Für den Originalanbieter hat das eine dämpfende Wirkungen auf den Preis. Das heißt, dass zwar die Absätze steigen, die Umsätze aber zurückgehen. Dieser Effekt tritt nach Poddar (2006, 9) sogar unabhängig von der Stärke der Netzwerkeffekte auf. Als Informationsanbieter muss als zusätzliche Determinante also einbezogen werden, ob auf dem relevanten Markt gewerbliche Schwarzkopierer aktiv sind. Vor allem in ökonomisch schwächer entwickelten Ländern ist dies regelmäßig gegeben (Poddar 2006, 2).

21.5 Media Asset Value Maps

Einen pragmatischen Ansatz, den technischen Schutzgrad per DRM gegenüber dem Endkunden festzulegen, stellen die „Media Asset Value Maps" von Hess et al. (2004b, 56 f.) dar. Sie schlagen vor, aus Kunden- sowie aus Unternehmenssicht die ökonomische Schutzwürdigkeit eines Informationsgutes zu bestimmen. Aus **Kundensicht** gilt es, das illegale Kopierpotenzial abzuschätzen, das vom grundsätzlichen Interesse am Produkt und den Möglichkeiten des technischen Zugangs beeinflusst wird. Das **Interesse** steht für das Wollen, der **Zugang** für das Können zur Anfertigung von Kopien. Beim Wollen spielen u. a. die Zahlungsbereitschaft des Konsumenten, der mögliche Mehrwertverlust der Schwarzkopie wegen fehlender Komplemente (z. B. Booklets oder Call-Center-Support), die Transaktionskosten (Suche, Download, Aufdeckungsgefahr) sowie das Vorhandensein von Substitutionsgütern eine Rolle. Das Können wird hingegen durch die technischen Fähigkeiten des potenziellen Kopierers sowie dessen Ausstattung (Bandbreite der Datenleitungen, Hardwareausstattung) beeinflusst. Für Musik würde das z. B. bedeuten, dass es sinnvoller erscheint, Musik für ein junges technikaffines Publikum besser zu schützen als für ältere Hörer, die wenig Bezug zur Technik haben. So lässt sich für die – meist älteren – Fans des deutschen Schlagers auch beobachten:

> Im Gegensatz zu jungen Pop-Fans laden sie fast nie im Internet illegal Lieder herunter oder kopieren CDs (Rüdel, 2007).

Aus **Unternehmenssicht** empfiehlt es sich zum einen, das **Umsatzpotenzial** abzuschätzen und zum anderen die **Dauer des Produktlebenszyklus**, bis zu dessen Ende Umsätze generiert werden können. Bei den Umsätzen sollte man – abweichend von Hess et al. (2004b) – nicht nur die erwarteten Umsätze ohne Schwarzkopien prognostizieren, sondern auch die Differenz zum Umsatz mit Schwarzkopien ermitteln. Zur Ermittlung dieser Differenz können die oben angeführten Überlegungen zu den Auswirkungen von Schwarzkopien in Anbetracht von Netzwerkeffekten herangezogen werden. Nur wenn nämlich die Umsatzerwartung unter Einbeziehung von Schwarzkopien deutlich geringer ausfällt, sollte man den nächsten Schritt gehen und beide Sichten konsolidieren, um für das betrachtete Informationsgut zu einer Empfehlung für den Einsatz von DRM zu kommen.

Für Wetternachrichten, an denen mittleres Interesse der Kunden besteht, die technischen Zugangsmöglichkeiten gering sind, Umsatzpotenziale klein und der Lebenszyklus kurz ist, ist es demnach nicht angeraten, Schutzmaßnahmen zu implementieren. Bei großen Hollywood-Filmen dagegen, die bei ähnlicher Kundensicht hohe Umsatzpotenziale sowie einen langen Lebenszyklus innehaben und bei denen man als Anbieter davon ausgeht, dass der Mehrumsatz durch Netzwerkeffekte im Vergleich zum Minderumsatz durch Schwarzkopien per Saldo negativ ausfällt, sollte ein hoher DRM-Schutzgrad angestrebt werden. Anders wäre die Beurteilung bei Musik von unbekannten Künstlern, bei der erst durch die ungeschützte Verbreitung Netzwerkeffekte entstehen, die anschließend zu Umsatz führen. Hier müsste aus Unternehmenssicht die Umsatzschätzung mit Kopierschutz unter jener liegen, bei der auf den Einsatz eines Schutzmechanismus verzichtet wird.

Die zur Zeit sehr aktuellen Fragen des Kopierschutzes werden zukünftig möglicherweise an Bedeutung verlieren. Bei Software gibt es z. B. einen Trend hin zur Software on Demand. Der Kunde muss die Software nicht mehr kaufen und installieren, die Programme werden stattdessen auf den Servern des Anbieters betrieben und der Zugriff erfolgt per Internet. In einer solchen Konstellation sind keine Schwarzkopien mehr möglich, vielmehr kann der Anbieter über entsprechende Tracking-Programme sogar ganz genau sehen, wer seine Leistungen in welchem Umfang nutzt und darauf basierend seine Preismodelle und Abrechnungen erstellen. Ähnlich verhält es sich bei Streaming-Media Angeboten, bei denen die Audio- oder Videodateien als On-Demand- oder Livestreams angesehen, aber nur mit größerem technischen Aufwand gespeichert werden können.

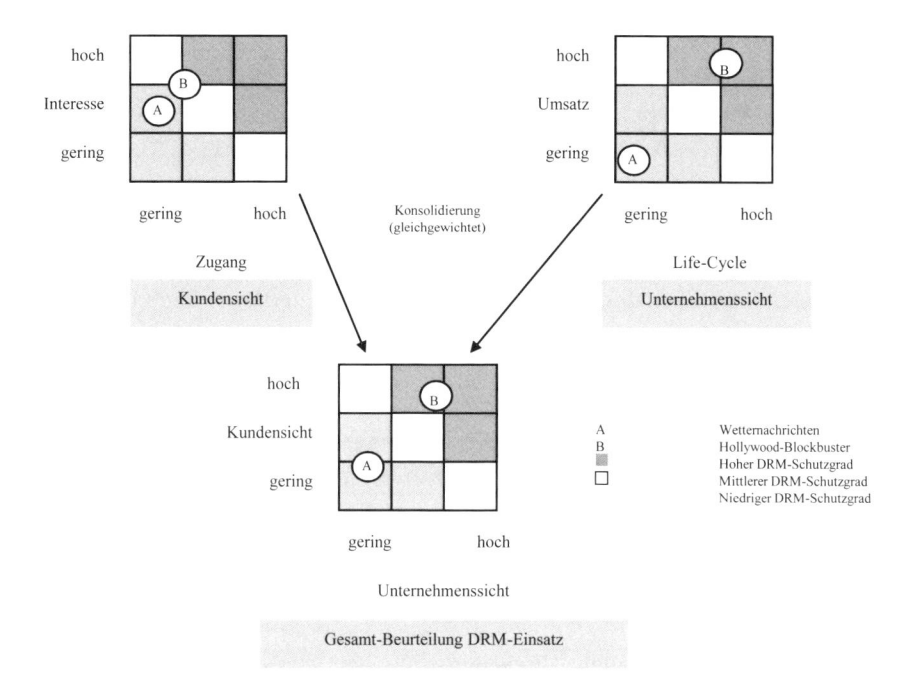

Abbildung 21.6: „Media Asset Value Map" aus Kunden- sowie Unternehmenssicht. Quelle: In Anlehnung an Hess et al. 2004b, 57.

21.6 Fazit

- Die Entwicklung des Urheberrechts war und ist ein permanentes Abwägen zwischen privaten und öffentlichen Interessen.
- Werden technische und rechtliche Komponenten im Verbund eingesetzt, um Rechte an Informationsgütern durch den Rechteinhaber handzuhaben, spricht man von Digital Rights Management oder auch digitalem Rechtemanagement (DRM).

- Der Einsatz von Digital-Rights-Management-Systemen (DRMS) ist aus Kundensicht problematisch. Sie führen zu einem Rückgang der Zahlungsbereitschaft, weil sie eine Kontrolle der Mediennutzung darstellen und technische Schwierigkeiten bei der Übertragung und Nutzung von Content erzeugen.
- Informationsanbieter haben ein sehr starkes Interesse daran, die nicht bestimmungsgemäße Nutzung ihrer Güter zu unterbinden.
- Der Einsatz von DRM beinhaltet einen potenziellen Zielkonflikt: Der Verzicht auf DRM ermöglicht ein Angebot zu höheren Preisen, kann aber zu geringeren Absatzzahlen durch die auftretenden Schwarzkopien führen.
- Der Einsatz von DRM schwächt das Auftreten von Netzwerkeffekten, die sowohl bei Software als auch bei Content erfolgssteigernd wirken können.
- DRM sollte generell eingesetzt werden, wenn Schwarzkopien gewerblich angeboten werden.
- Versioning ist in Verbindung mit technischen und/oder rechtlichen Schutzmaßnahmen gut geeignet, um die Profitabilität zu steigern.
- „Media Asset Value Maps" stellen einen pragmatischen Ansatz dar, den technischen Schutzgrad per DRM gegenüber dem Endkunden festzulegen.

21.7 Literatur

Anderson, C. (2007): The long tail. Nischenprodukte statt Massenmarkt. Das Geschäft der Zukunft. – München: Hanser.

Bizer, J.; Grimm, R.; Jadzejewski, S. (2005): Privacy4DRM. Datenschutzverträgliches und nutzungsfreundliches Digital Rights Management. Studie im Auftrag des Bundesministeriums für Bildung und Forschung. Fraunhofer-Institut für Digitale Medientechnologie (IDMT), Unabhängiges Landeszentrum für Datenschutz, Institut für Medien- und Kommunikationswissenschaft. – Ilmenau und Kiel. Online: http://www.idmt.fraunhofer.de/de/projekte_themen/privacy4drm.htm, geprüft: 03.08.2010.

Blackburn, D. (2002): Complementarities and network externalities in casually copied Goods. – In: Estudios de Economía 29, S. 71–88.

Castro, J. O. de; Balkin, D.; Sheperd, D. A. (2008): Can entrepreneurial firms benefit from product piracy. – In: Journal of Business Venturing 23(1), S. 75–90.

Conner, K. R.; Rumelt, R. P. (1991): Software piracy. An analysis of protection strategies. – In: Management Science 37(2), S. 125–139.

Creative Commons Deutschland (2010): Online: http://de.creativecommons.org/, geprüft am 03.08.2010.

Fetscherin, M. (2003): Evaluating consumer acceptance for protected digital content. – In: Becker, E.; Buhse, W.; Günnewig, D.; Rump, N. (Hg.): Digital Rights Management. Technological, Economic, Legal and Political Aspects. – Berlin: Springer (Lecture Notes in Computer Science, 2770), S. 301–320.

Fetscherin, M.; Schmid, M. (2003): Comparing the usage of digital rights management systems in the music, film, and print industry. – In: Sadeh, N. (Hg.): ICEC 2003. Fifth International Conference on Electronic Commerce. September 30 - October 3, 2003, – Pittsburgh, PA, USA. New York, NY: Assoc. for Computing Machinery, Bd. 50, S. 316–325.

Fränkl, G.; Karpf, P. (2004): Digital Rights Management Systeme. Einführung, Technologien, Recht, Ökonomie und Marktanalyse. 2. Nachdr. – München: PG Verl.

Gavin, J. (2007): Nearly Half of all U.K. Downloaders Pay for New Radiohead Album. Herausgegeben von Comscore. Online: http://www.comscore.com/press/release.asp?press=1890, geprüft: 30.08.2010.

Gayer, A.; Shy, O. (2003): Internet and peer-to-peer distributions in markets for digital products. – In: Economics Letters 81(2), S. 197–203.

Nine Inch Nails (2009): Ghosts. Online: http://ghosts.nin.com/main/order_options, geprüft: 03.08.2010.

Gehlen, D. von (2009): Kontrolle ist schlechter. Herausgegeben von Süddeutsche Zeitung. Online: http://jetzt.sueddeutsche.de/texte/anzeigen/462974, geprüft: 12.06.2009.

Gehring, R. A. (2008): Einführung ins Urheberrecht. Eine kurze Geschichte. – In: Djordjevic, V.; Gehring, R. A.; Grassmuck, V.; Kreuter, T.; Spielkamp, M. (Hg.): Urheberrecht im Alltag. Kopieren, bearbeiten, selber machen. – Bonn: Bundeszentrale für Politische Bildung (iRights.INFO, 655), S. 239–251.

Gehrke, N.; Burghardt, M.; Schumann, M. (2002): Eine mikroökonomische Analyse des Raubkopierens von Informationsgütern. – In: Weinhardt, C.; Holtmann, C. (Hg.): E-Commerce. Netze, Märkte, Technologien. – Heidelberg: Physica-Verl., S. 21–42.

Grimm, R. (2003): Digital Rights Management. Technisch-organisatorische Lösungsansätze. – In: Picot, Arnold (Hg.): Digital Rights Management. – Berlin: Springer, S. 93–106.

Gürtler, O. (2005): On Strategic Enabling of Product Piracy in the Market for Video Games. University of Bonn. Bonn. (Bonn Econ Discussion Papers, 36). Online: ftp://web.bgse.uni-bonn.de/pub/RePEc/bon/bonedp/bgse36_2005.pdf, geprüft: 03.08.2010.

Heilmann, D. (2006): Per Internet an die Spitze der Charts. – In: Handelsblatt, Ausgabe 67, 4.4.2006, S. 20.

Hess, T. (2005): Digital Rights Management Systeme: eine Technologie und ihre Wirkungen. – In: Picot, A.; Thielmann, H. (Hg.): Distribution und Schutz digitaler Medien durch Digital Rights Management. – Berlin: Springer, S. 15–22.

Hess, T.; Ünlü, V.; Faecks, W.I., Rauchfuß, F. (2004a): Digitale Rechtemanagement-Systeme. Technische Grundlagen und ökonomische Wirkungen. – In: Information Management & Consulting 19(3), S. 53–58.

Hess, T.; Ünlü, V.; Faecks, W.; Rauchfuß, F. (2004b): Rechtemanagement als Lösungsansatz aus dem Digitalen Dilemma. Cap Gemini, Ludwigs-Maximilinan Universität. München. Online: http://www.at.capgemini.com/m/at/tl/Rechtemanagement_als_L__sungsansatz_aus_dem_Digitalen_Dilemma.pdf, geprüft: 03.08.2010.

King, S. P.; Lampe, R. (September 2002): Network Externalities and the Myth of Profitable Piracy. Intellecutal Property Research Institute of Australia. (03/02). Online: http://www.ipria.org/publications/wp/2002/IPRIAWP03.2002.pdf, geprüft am 03.08.2010.

Marks, S. (2002): Digital Rights Management and the Bottom Line. Online: http://www.cioinsight.com/c/a/Trends/Digital-Rights-Management-and-the-Bottom-Line/, geprüft: 03.08.2010.

Neubert, C. U. (2005): Grundlagen des Urheberrechts. – Duderstadt: EPV Elektronik-Praktiker-Verl.-Ges. (IT-Praxis-Reihe für Aus- und Weiterbildung).

Pachal, P. (2006): HD DVD & Blu-Ray: Lessons from Format Wars Past. – Dvice. Online: http://dvice.com/archives/2006/06/hd_dvd_bluray_lessons_from_for.php, geprüft: 20.08.2010.

Peitz, M.; Waelbroeck, P. (2004): The Effect of Internet Piracy on CD Sales: Cross-Section Evidence. CESifo Working Paper.

Picot, A. (2005): Digital Rights Management - ein einführender Überblick. – In: Picot, A.; Thielmann, H. (Hg.): Distribution und Schutz digitaler Medien durch Digital Rights Management. – Berlin: Springer, S. 1–14.

Poddar, S. (November 2006): Economics of Digital Piracy - Some Thoughts and Analysis. The Case of Software and Movie Piracy. Department of Economics. National University of Singapore. – Singapore. Online: http://www.ecom.unimelb.edu.au/down-loads/nus_symposium/Sougata_Poddar.pdf, geprüft: 03.08.2010.

Pruneda, A. (2003): Using Windows Media Encoder to Protect Content. Microsoft Corporation. Online: http://www.microsoft.com/windows/windowsmedia/ howto/articles/ protectcontent.aspx, geprüft: 03.08.2010.

Rüdel, N. (2007): Musikindustrie: Die Angst vor weniger Volksmusik im Fernsehen. – In: Welt Online, 11.08.2007. Online: http://www.welt.de/wirtschaft/article1098057/Die_Angst_vor_weniger_Volksmusik_im_Fernsehen.html, geprüft: 11.06.2008.

Schmalz, G. (2009): No Economy. Wie der Gratiswahn das Internet zerstört. – Frankfurt am Main: Eichborn.

Schumann, M.; Hess, T. (2006): Grundfragen der Medienwirtschaft. Eine betriebswirtschaftliche Einführung. 3. Aufl. – Berlin: Springer-Verlag.

Shapiro, C.; Varian, H. R. (1999): Information Rules. A Strategic Guide to the Network Economy. – Boston Mass.: Harvard Business School Press.

Shy, O. (2000): The economics of copy protection in software and other media. – In: Kahin, B.; Varian, H. R. (Hg.): Internet Publishing and Beyond. The Economics of Digital Information and Intellectual Property. – Cambridge, Mass.: MIT Press, S. 97–113.

Strube, J.; Pohl, G.; Buxmann, P. (2008): Der Einfluss von Digital Rights Management auf die Zahlungsbereitschaften für Online-Musik - Untersuchung auf Basis einer Conjointanalyse. – In: Bichler, M. (Hg.): Multikonferenz Wirtschaftsinformatik 2008. [26. - 28. Februar 2008, TU München in Garching]. – Berlin: Gito-Verl., S. 1043–1053.

Sundararjan, A. (2004): Managing digital piracy: Pricing and protection. – In: Information Systems Research 15(3), S. 287–308.

Tallmo, K. E. (2003): The History of Copyright: The Statute of Anne, 1710. Online: http://www.copyrighthistory.com/anne.html, geprüft: 03.08.2010.

Wu, S. Y., Chen, P. Y. (2008): Versioning and piracy control for digital information goods. – In: Operations Research 56(1), S. 157–172.

22 Signalisierung

22.1 Marktversagen durch Informationsasymmetrien

Informationsasymmetrien liegen vor, wenn eine Marktseite besser informiert ist als die andere. Akerlof (1970) zeigte am Beispiel von Gebrauchtwagen, dass die Marktkoordination dann nicht mehr optimal funktioniert. Angebot und Nachfrage finden trotz der Bereitschaft, zu einem bestimmten Preis zu kaufen bzw. zu verkaufen, nicht zueinander. Solch ein Marktversagen resultiert daraus, dass die Nachfrager die angebotene Produktqualität nicht (hinreichend) erkennen können und deshalb ihre Zahlungsbereitschaft geringer ausfällt als es erforderlich wäre, um den von den Anbietern verlangten Preis zu zahlen. Ein Kauf kommt nicht zustande, obwohl die Nachfrager – hätten sie eine andere, höhere Qualitätseinschätzung – auch bereit wären, den gewünschten Preis zu zahlen. Für Unternehmen, die im Vergleich zu den anderen Anbietern eine höhere Qualität offerieren und dafür auch einen höheren Preis verlangen, ist es somit von zentraler Bedeutung, dass der Kunde dies auch erkennen kann. Er braucht Anhaltspunkte, anhand derer er Anbieter von hoher Qualität von denen geringer Qualität unterscheiden kann, selbst wenn letztere so tun, als böten sie hochwertige Produkte an, z. B. durch entsprechende Werbeaussagen mit einem Qualitätsversprechen. Die Existenz solcher schwarzen Schafe führt zu Wohlfahrtsverlusten, wenn entweder die auf dem Markt angebotene Qualität durch das Ausscheiden der Qualitätsanbieter sinkt oder die angebotenen Leistungen sich im Zeitablauf für den Kunden unmerklich verschlechtern (Linde 2008, 39 ff.). Im ersten Fall spricht man von negativer Selektion (adverse selection), im letzteren von Moral Hazard. Im Falle der negativen Selektion ist die angebotene Qualität von einer Transaktion zur nächsten unverändert. Moral Hazard kann auftreten, wenn der Anbieter die Möglichkeit hat, die Qualität zu verändern (Monroe 2003, 77 f.). Im Falle der Verschlechterung ist das natürlich unerwünscht.

22.2 Marktkommunikation durch Signale

Wie kann ein Anbieter dem Kunden nun zeigen, dass er vertrauenswürdig ist, dass seine Produkte die versprochene Qualität auch tatsächlich haben? Hier kommt die Signalisierung ins Spiel. Unternehmen können mit Hilfe von Signalen mit den Marktteilnehmern kommunizieren. Jedes Unternehmen, das auf einem Markt agiert, sendet durch sein Verhalten Signale an die verschiedenen Marktparteien. Eine Neuproduktankündigung z. B. ist ein Signal an den Kunden, dass er demnächst etwas Attraktives wird kaufen können, worauf es sich zu warten lohnt. Das aktuelle Angebot des Wettbewerbs wird er daraufhin vielleicht vernachlässigen. Den Konkurrenten bedeutet eine solche Ankündigung, dass sich die Marktstellung ihres Produkts durch das neue Angebot verändern wird. Sie fühlen sich deshalb vielleicht dazu gedrängt, die Preise schon einmal vorsorglich zu senken oder die eigene Produktentwicklung zu beschleunigen. Komplementoren und Lieferanten machen sich auf Grund dieses Signals vielleicht Hoffnungen auf lukrative Aufträge und lehnen andere Anfragen deshalb ab. Schon ein rein kommunikativer Akt kann also das Verhalten anderer Marktteilnehmer direkt beeinflussen. Signale können aber auch mittelbar gesendet werden, wenn z. B. Unternehmen an einem bestimmten Ort Produktionskapazitäten aufbauen, ihre Preise ändern oder eine Allianz mit anderen eingehen.

Das Konzept der Signalisierung geht zurück auf Spence (1973), der es als Möglichkeit darstellt, Informationen bei asymmetrischer Verteilung von der besser zur schlechter informierten Marktseite zu übertragen. Signale sind für ihn beobachtbare Eigenschaften, die aber durch den Absender selbst beeinflusst werden können. Länge und Güte der Ausbildung eines Arbeitsplatzbewerbers sind Beispiele für ein Signal im Rahmen dieser ersten Diskussion durch Spence. Signale, so die heutige Sicht, sind ein vielgestaltiges Phänomen. Mit etwas breiterer Perspektive definieren Grant und Nippa (2006, 150 f.) deshalb:

> Der Begriff Signalisierung (signaling) wird benutzt, um die selektive Kommunikation von Informationen an Konkurrenten oder Kunden [oder andere Marktteilnehmer, d. Verf.] zu beschreiben, die mit dem Ziel erfolgt, deren Wahrnehmung, Entscheidungsfindung respektive Verhaltensweisen gezielt zu verändern, um bestimmte Reaktionen hervorzurufen oder zu vermeiden.

Die Notwendigkeit der Signalisierung resultiert aus bestehenden Informationsasymmetrien. Zwischen zwei Marktparteien besteht ein Informationsgefälle, bei der eine Seite – hier das Unternehmen – besser informiert ist als die anderen Marktpartner, also Kunden, Wettbewerber etc. Informationsasymmetrien können darin bestehen, dass das Unternehmen die Qualität seiner Produkte besser einzuschätzen weiß oder auch dass es früher und besser Bescheid weiß über seine strategischen Absichten. Mit Hilfe von Signalen lassen sich solche bestehenden Informationsasymmetrien abbauen, erhalten oder auch aufbauen (McLachlan 2004). Signale spielen immer dann eine Rolle, wenn es um unbeobachtbare Eigenschaften oder Absichten geht, über die eine glaubwürdige Aussage getroffen werden soll. Wenn man also beispielsweise dem Käufer einer Software keine Testversion zur Verfügung stellt, damit er sich selbst von der Produktqualität überzeugen kann, muss man stattdessen mit Signalen arbeiten, ihm z. B. eine Geld-zurück-Garantie anbieten oder mit guten Testberichten aufwarten. Für den Kunden erhöht sich dadurch die Sicherheit, dass er die versprochene Produktqualität auch tatsächlich erhält. Für Qualitätsanbieter sind Signale eine probate Mittel um ihre Produktqualität anzuzeigen und damit einen höheren Preis zu rechtfertigen.

22.2 Marktkommunikation durch Signale

Ganz anders gelagert sind die Interessen von Anbietern minderer Qualität. Sie wollen lieber verschleiern, dass ihre Angebote Mängel haben oder sogar schädlich für den Konsumenten sind. Parker (1995, 304) nennt in diesem Zusammenhang die Zigarettenindustrie, Leben-nach-dem-Tod-Verbände und die Anti-Falten-Produkthersteller als typische Anbieter von „Lemons", Produkten also, die ihr Qualitätsversprechen nicht halten können bzw. dem Kunden sogar schaden. Solche Anbieter haben ein vitales Interesse daran, dass bestehende Informationsasymmetrien gerade nicht abgebaut werden.

Hier wird deutlich, dass sowohl die bereits dargestellten Qualitätssignale eine strategische Dimension haben, als auch, dass es noch weitere Arten von Signalen gibt, die sich nicht nur an den Kunden, sondern auch an andere Marktteilnehmer (Wettbewerber, Lieferanten, Komplementoren) richten. Solche strategischen, auf die Marktbeeinflussung gerichteten Signale sind von besonderer Bedeutung, wenn es z. B. darum geht, ein neues Produkt einzuführen, einen Standard zu schaffen oder Markteintrittschranken aufzubauen. Signale, die in diesen Zusammenhängen eingesetzt werden, können sowohl auf den Abbau als auch auf den Aufbau von Informationsasymmetrien gerichtet sein (Irmscher 1997, 153 f.). Neuproduktankündigungen z. B. erzeugen im Markt erst einmal Unsicherheit. Die verschiedenen Marktteilnehmer fragen sich dann beispielsweise, wie das Produkt genau aussehen wird, was es leisten kann und zu welchem Preis es auf welchem Markt angeboten wird. Ein solcher Aufbau von Informationsasymmetrie mag dem Wettbewerb gegenüber vorteilhaft sein, wenn dieser sich dadurch von einem Markteintritt abhalten lässt. Dem Kunden dagegen möchte man eigentlich frühzeitig anzeigen, dass es sich lohnt, auf das neue Angebot zu warten und nicht das Konkurrenzprodukt zu kaufen. Verfügt das Unternehmen über eine Reputation als Qualitätsanbieter, signalisiert das dem Kunden, dass er ein gutes Produkt erwarten kann. Für den Wettbewerb dagegen wird die Unsicherheit verstärkt, weil er davon ausgehen muss, dass das angekündigte Produkt aller Voraussicht nach auch gut sein und von den Kunden angenommen wird.

Es ist offenkundig, dass Signale in ihrer Vielfalt strategisch gehandhabt werden müssen, damit sie im Zusammenspiel die intendierten Wirkungen erzeugen.

Ganz zentral für jede Art von Signal ist dessen Glaubwürdigkeit und diese wiederum hängt ab von den Kosten, die mit der Abgabe eines Signals verbunden sind. Signale sind umso glaubwürdiger, je höher die Kosten sind, die entstehen, wenn sie nicht der Wahrheit entsprechen. Garantien anzubieten ist für ein Unternehmen, das hochwertige Produkte herstellt, relativ gefahrlos, weil sie nur selten in Anspruch genommen werden. Wird dagegen schlechte Qualität mit einer Garantie versehen, um eine nicht gegebene hohe Qualität zu signalisieren, kann das in den Ruin führen.

Wir werden im Folgenden Signalisierung als strategisches Kommunikationsinstrument darstellen. Als solches lässt es sich der Kommunikationspolitik des Unternehmens zurechnen. Wir werden uns dabei zum einen auf **produktbezogene Qualitätssignale** konzentrieren, und zwar nur solche, die dem Abbau von Informationsasymmetrien dienen. Hierzu findet sich auch eine ausführliche ökonomische Diskussion in der Literatur zur Neuen

Institutionenökonomik (z. B. Göbel 2002). Zum anderen werden **Signale der strategischen Marktkommunikation** vorgestellt, die in ihrer Wirkungsrichtung meist multivalent sind, also auf die einzelnen Marktakteure unterschiedliche Auswirkungen haben. Die Ursprünge solcher strategischen Signalisierungsaktivitäten sind militärischer Art.

> Das Benutzen von Ablenkungsmanövern und Falschinformationen wurde in der militärischen Kriegsführung gut entwickelt. Im Jahr 1944 gelangen solche Täuschungsaktionen der Alliierten so gut, dass das deutsche Oberkommando sogar noch während der Landung der Alliierten in der Normandie am D-Day glaubte, dass sich die Hauptinvasion in der Nähe von Calais ereignen würde (Grant/Nippa 2006, 151).

Im ökonomischen Kontext ist die Signalisierung Gegenstand der Spieltheorie geworden, die sie in den letzten Jahren deutlich weiterentwickelt hat. Signale werden hier als integraler Bestandteil des strategischen Verhaltens von Unternehmen gesehen (z. B. Nalebuff/Brandenburger 1996).

22.3 Ansatzpunkte zum Abbau produktbezogener Qualitätsunsicherheiten

Im 3. Kapitel hatten wir die Existenz von Informationsasymmetrien als eine ökonomische Besonderheit von Informationsgütern kennen gelernt. Sie resultieren aus der Problematik der Qualitätsbeurteilung, die beim (Informations-)Güterkauf – abhängig von deren Eigenschaften – sehr unterschiedlich ausfallen kann. Nach Darby und Karni (1973, 69) lassen sich drei informationsökonomische Eigenschaften unterscheiden:

> We distinguish then three types of qualities associated with a particular purchase: search qualities which are known before purchase, experience qualities which are known costlessly only after purchase, and credence qualities which are expensive to judge even after purchase.

Je nachdem, um welche Art von Informationsgut es sich beim Kauf nun handelt, sind diese drei Gutseigenschaften unterschiedlich ausgeprägt. Deutlich ausgebildete Sucheigenschaften finden sich bei stark standardisierten Informationsgütern wie Preisinformationen (z. B. Börsen- und Wechselkursinformationen oder Angeboten von Preisagenturen). Hier fallen die Qualitätsunsicherheiten nur sehr gering aus (Linde 2008, 35 f.). Bei einem Marktforschungsbericht dagegen überwiegen die Vertrauenseigenschaften, denn es lässt sich für den Käufer – auch als Experte – nicht voll umfänglich feststellen, mit welchem Aufwand und welcher Sorgfalt die gewünschte Untersuchung durchgeführt wurde. Stark ausgeprägte Erfahrungseigenschaften weisen wiederum die meisten Softwareangebote auf. Wenn die Software gekauft wurde und der Anwender seine Erfahrungen mit dem Produkt sammeln kann, zeigt sich sehr schnell, ob sie sich wie versprochen einfach installieren und benutzen lässt.

Insgesamt gesehen weisen die meisten Informationsgüter nur wenige Such-, dafür aber stark ausgeprägte Erfahrungs- bzw. Vertrauenseigenschaften auf. Für den Käufer ist es also in der Regel schwierig, die Qualität vor dem Kauf umfassend abzuschätzen. Für Informationsanbieter, die signalisieren wollen, dass sie eine bestimmte Qualität anbieten, ist es empfehlenswert, ihre Maßnahmen auf die drei genannten informationsökonomischen Eigenschaften abzustellen. Adler (1996, 101 ff., 134 ff.) folgend, lassen sich drei Ansatzpunkte zum Abbau von Informationsasymmetrien unterscheiden. Adler spricht von leistungsbezogener Informationssuche sowie leistungsbezogenen und leistungsübergreifenden Informationssubstituten. Bei der leistungsbezogenen Informationssuche geht es darum, Qualitätseigenschaften vor dem Kauf überprüfbar zu machen. Durch solche Inspektionsangebote werden bestehende Informationsasymmetrien direkt abgebaut. Sie stellen keine Form der Signalisierung dar. Von Signalen spricht man nur, wenn eine (mit Kosten verbundene) Aussage über eine nicht beobachtbare Eigenschaft gemacht wird. Dies sind die Informationssubstitute. Sie sollen Produktqualität signalisieren, ohne sie direkt erfahrbar zu machen, sozusagen als Ersatz für unmittelbare Produktinformationen.

22.3.1 Inspektionsangebote

Bestehen Informationsasymmetrien, kann man als Anbieter den Käufer zuallererst bei der leistungsbezogenen Informationssuche unterstützen. Dadurch wird seine Unsicherheit reduziert und er kann die Qualität bestimmter Eigenschaften des gewünschten Informationsgutes (z. B. den Stil eines Autors, einer Band oder eines Künstlers, das Layout eines Textes oder den Spaßfaktor eines Spiels) vor dem Kauf besser abschätzen. Dies kann durch das Angebot von Informationsteilen oder auch von Informationen über das Gut geschehen. Die Absicht des Anbieters ist es, dem Kunden Qualitätsmerkmale des Angebots zur Überprüfung zugänglich zu machen. Er bietet ihm Möglichkeiten, das Gut zu inspizieren, daher spricht man auch von Inspektionsangeboten. Nachfolgend werden einige Varianten von Inspektionsangeboten vorgestellt:

Zum Abbau von Informationsasymmetrien können Anbieter Teile des Informationsguts per Preview (Varian 1998, 4) für die Inspektion direkt preisgeben. Previewing, also die Vorschau auf ein Informationsgut, liegt vor, wenn der Kunde in einen Musiktitel reinhören darf, die Möglichkeit bekommt, Auszüge eines Buches anzusehen oder Ausschnitte eines e-Learning Programms testen kann. Bei Software lässt sich der gleiche Effekt erzielen, wenn Testlizenzen oder abgespeckte Versionen zur Verfügung gestellt werden. Auf diese Weise macht der Anbieter Erfahrungseigenschaften des Gutes zu Sucheigenschaften. Der Kunde stellt nicht erst zu Hause fest, dass ihm eine CD oder ein Spiel doch nicht gefallen, sondern kann dies bereits vor dem Kauf für sich entscheiden.

Für Anbieter sind solche Inspektionsangebote allerdings nicht ganz unproblematisch. Sie müssen nämlich darauf achten, dass sie nicht so viel von dem Informationsgut anbieten, dass die Nachfrage bereits in der Prüfungsphase, also vor dem Kauf, befriedigt wird und die Zahlungsbereitschaft des Kunden dann deutlich sinkt oder sogar überhaupt nicht mehr vorhanden ist. Arrow (1962, 615) wies schon vor vielen Jahren auf dieses bereits in Kapitel drei vorgestellte Informationsparadoxon hin.

Vor allem bei Contentangeboten kann diese Problematik auftreten. Wenn Kunden die Computerzeitschrift im Laden gelesen oder die Adresse des gesuchten preisgünstigen Anbieters bekommen haben, ist es sehr wahrscheinlich, dass ihre Zahlungsbereitschaft tatsächlich gegen Null geht. Dass das aber nicht immer so sein muss, zeigen Gegenbeispiele wie bei Anbietern von Shareware, die die Nutzer dazu auffordern, für das Produkt erst nach dem Herunterladen und Testen zu zahlen oder Künstler (z. B. Nine Inch Nails oder Radiohead), die ihre Musik frei im Netz anbieten und es dem Kunden überlassen, ob und wie viel er für den Download bezahlen will. Hier bietet es sich an, zwischen Informationsangeboten als Ge- und als Verbrauchsgüter zu unterscheiden (Linde 2008, 9 ff.). Generell ist nämlich davon auszugehen, dass der Rückgang der Zahlungsbereitschaft bei Informationsgütern, die „verbraucht" werden (z. B. ein Zeitungsartikel), ausgeprägter ist, als wenn es sich um Gebrauchsgüter (z. B. ein Videospiel) handelt.

Inspektionsangebote für **Gebrauchsgüter** sind heutzutage bereits sehr weit verbreitet. Die meisten Softwareangebote kann man für eine bestimmte Zeit testen, es gibt Probeabonnements für Zeitungen und Zeitschriften und auch Musik kann vor dem Kauf häufig gehört werden. Solche Angebote sind oft sehr weitgehend, und der Kunde kann die Qualität fast vollständig überprüfen. Erst für die dauerhafte Nutzung oder den fortgesetzten Bezug muss der Kunde dann zahlen.

Aber auch für **Verbrauchsgüter** sind umfassende Inspektionsangebote möglich. Varian (1998, 4) berichtet, dass sich Online-Angebote von Büchern positiv auf den Absatz auswirken können:

> The National Academy of Sciences Press found that when they posted the full text of book [sic!] on the Web, the sales of those books went up by a factor of three. Posting the material on the Web allowed potential customers to preview the material, but anyone who really wanted to read the book would download it. MIT Press had a similar experience with monographs and online journals.

Hier zeigt sich, wie gut sich das Versioning verwenden lässt: Die Informationsinhalte werden dem Kunden zwar vollumfänglich zugänglich gemacht, aber in einer Form, die zwar die Qualitätsprüfung zulässt, den tatsächlichen Konsum aber unattraktiv macht. Der Kunde kann sich am Bildschirm ausführlich mit den Inhalten, dem Stil und der Aufmachung beschäftigen, kann das Buch aber nicht auf dem Sofa lesen, muss sich – je nach Ausgestaltung – mit einer schwarz-weiß Darstellung am Bildschirm begnügen und hat ggf. auch keine Zusatzangebote wie ein Stichwortverzeichnis zur Verfügung. Dies alles erhält er erst nach dem Kauf. Geht es dem Kunden allerdings nur um eine einzelne Information, eine Abbildung oder eine Textpassage, wird ihm auch diese rudimentäre Version ausreichen und er wird sehr wahrscheinlich vom Kauf absehen.

In die gleiche Richtung wirken freie Produktangebote (Follow-the-free) oder Angebote, bei denen die Kunden nur so viel zahlen, wie sie wollen (Pay-what-you-want). Sie dienen dazu, in einem ersten Schritt das Problem der Qualitätsunsicherheit zu überwinden, um dann später Gewinne zu generieren (Choi et al. 1997, 243; Kim et al 2009, 55). Die Nicht-Durchsetzung bestehender Urheberrechte kann dabei als Äquivalent für sehr niedrige Einführungspreise angesehen werden. Beide Varianten haben

> similar potential to signal high product quality (Takeyama 2009, 292).

In Anbetracht asymmetrischer Information bezüglich der Produktqualität ist es für Qualitätsanbieter durchaus rational, den Einführungspreis sehr niedrig oder sogar bei Null anzusetzen oder auf die Durchsetzung ihrer Urheberrechte zu verzichten und das Schwarzkopieren zu dulden. In beiden Fällen kann ein Qualitätsanbieter signalisieren, dass er sicher ist, die entgangenen Umsätze später aufzuholen, weil er sich der Qualität seines Produkts gewiss ist und die Erfahrungen der Anwender nicht fürchten muss. Für Anbieter geringer Qualität wäre dieses Vorgehen irrational. Speziell der Grad des Produktschutzes wird hierdurch zu einem Qualitätssignal (Takeyama 2009).

Wird dem Kunden teilweiser oder voller Zugang zu Informationsgütern gewährt, sollte der Anbieter immer darauf achten, dass ein Transfer der Qualitätsbeurteilung vom kostenfreien zum kostenpflichtigen Angebot leicht möglich ist. Bestehende Informationsasymmetrien werden sonst nicht ausreichend abgebaut. Um letztlich auch Umsatz generieren zu können, sollten die kostenfreien Versionen so ausgestaltet sein, dass zwar eine Qualitätsbeurteilung möglich ist, das Konsumbedürfnis insgesamt aber nicht ausreichend befriedigt wird (Stahl 2005, 290).

Qualitätsinformationen lassen sich nun aber nicht nur direkt durch die (teilweise) Offenbarung der Information übermitteln, sondern auch auf indirektem Wege als Metainformationen wie z. B. Name des Künstlers, Titel, Erscheinungsjahr oder Verlag. Hierzu gehören auch Abstracts, die einen komprimierten Überblick über Textinhalte geben, ohne dass man das Original zu sehen bekommt.

Inspektionsangebote sind sehr wirksam, um beim Käufer Unsicherheiten bezüglich der angebotenen Qualität abzubauen. Sie haben aber auch deutliche Grenzen, nämlich dort, wo sie in die Überlassung des Gutes – vollständig oder in den wesentlichen Teilen – münden. Vor allem bei Verbrauchsgütern besteht dann nämlich die Gefahr, dass das Interesse am Produkt und damit auch die Zahlungsbereitschaft schwinden. Wenn es also nicht Absicht des Unternehmens ist, seine Informationsangebote kostenfrei zu verbreiten, muss es zumindest Teile des Gutes zurückhalten. Bestimmte Qualitätseigenschaften lassen sich dann natürlich auch erst nach der vollständigen Übergabe des Informationsgutes abschließend beurteilen. Dies sind die so genannten Erfahrungseigenschaften. Für Informationsanbieter ist es sehr wichtig, sich bewusst zu sein, dass Such- oder Erfahrungseigenschaften nicht produktinhärent sind, sondern er als Anbieter selbst festlegen kann, welche Qualitätsmerkmale er den Kunden vor dem Kauf inspizieren lassen will und welche er erst nach dem Kauf erfahren können soll. Ganz zentral für diese Entscheidung ist die Einschätzung, wie sich die Zahlungsbereitschaft des Kunden durch die Inspektion entwickelt. Je stärker sie durch die Inspektion leidet, desto eher empfiehlt es sich, entweder mit verschiedenen Versionen zu arbeiten oder die Inspektionsangebote knapp zu halten.

22.3.2 Leistungsbezogene Informationssubstitute

Was kann ein Anbieter nun tun, wenn er den Kunden von der Qualität seines Produkts überzeugen will, ohne ihm Inspektionsangebote zu machen? Er muss versuchen, die Qualitätsunsicherheit des Kunden für die Situation nach dem Kauf zu reduzieren. Der Kunde muss Signale erhalten, die ihm versichern – obwohl er die Katze im Sack kauft – dass er hinterher keine (Qualitäts-)Enttäuschung erleben wird. Dies ist möglich durch das Angebot von Informationssubstituten. Das sind Signale, die sich auf die vom Kunden wahrgenommene Ausgestaltung der Absatzpolitik des Anbieters beziehen (Adler 1996, 103). Diese Art von Signalen dient als Substitut für Inspektionsangebote, also den Zugriff auf das Informationsgut selbst.

Zu solchen leistungsbezogenen Informationssubstituten gehören zu erst einmal alle Formen von **Bewertungen** (Testimonials, Reviews). Buchrezensionen, Herausgeberschaften, Vorworte oder Kommentare bekannter Persönlichkeiten oder Institutionen, Kundenstimmen, Kritiken oder auch Produktrezensionen wie beispielsweise in Meinungsportalen wie www.ciao.de sind alles Meinungen Dritter, die Hinweise auf die Qualität eines Gutes geben. Das Vertrauen in die Bewerter und deren Bewertungen erspart dem Konsumenten die unmittelbare Überprüfung des Angebots. Sehr verbreitet ist die Erstellung von Bewertungen durch professionelle Rezensenten – aber mehr und mehr auch durch die Konsumenten selbst – bei Filmen, Büchern und Musik. Speziell bei Videospielen ist die große Bedeutung von externen Bewertungen als Qualitätssignal für die Produkte anerkannt. In einer großen Zahl an Fachmagazinen befinden sich Bewertungen von Videospielen, wobei, vor allem in den USA, mehr und mehr Online-Portale entstehen, die diese Aufgabe der traditionellen Fachpresse übernehmen (Jöckel 2008, 60).

Eine ähnliche Funktion haben **Auszeichnungen** und Preise, die ein Buch, ein Musikstück oder ein Film gewinnen kann. Ein Literaturpreis, eine goldene Schallplatte oder ein Grammy-Award erzeugen kurzfristig Aufmerksamkeit und fördern damit den Absatz und fungieren langfristig als Qualitätssignal, was sich auch empirisch belegen lässt (Clement et al. 2008, 771).

Das klassische Qualitätssignal zum Abbau von Informationsasymmetrien bei Erfahrungseigenschaften, wie es auch von Spence (1976) schon vorgeschlagen wurde, ist die **Garantie**. Dieses Signal ist jedoch nur wirklich wirksam, wenn die Garantiekosten mit der zugesicherten Qualität negativ korrelieren (Spence 1976, 592).

> For a signal to be effective, it must be unprofitable for sellers of low quality products to imitate it. That is, high quality sellers must have lower costs for signalling activities.

Das Angebot einer Garantie signalisiert dem Nachfrager, dass der Anbieter sich seiner Qualität sicher ist. Andernfalls müsste er mit finanziellen Einbußen rechnen. Gesichert wird dieses Qualitätsversprechen durch die Zusage, während der Garantiezeit auftretende Probleme zu korrigieren bzw. den Kaufpreis zurück zu erstatten. Backhaus und Voeth (2007, 460 ff.) weisen darauf hin, dass Garantien erst zu einem Marketinginstrument werden, wenn sie über die gesetzlich geregelten Gewährleistungspflichten (§§ 433ff. BGB) hinausgehen. Solche

Ausweitungen können zeitlich erfolgen, indem Garantien über die gesetzlich geregelten Mindestfristen hinaus gewährt werden. Dies kann bis hin zur lebenslangen Garantie gehen, die auch über die – im BGB geltende – maximale Verjährungsfrist von 30 Jahren hinausgehen kann, wenn genau genug angegeben ist, auf welche (Produkt-)Lebensdauer sie sich beziehen soll. Garantien können aber auch inhaltlich ausgeweitet werden, wenn für einen bestimmten Zeitraum das Funktionieren bestimmter oder sogar aller Eigenschaften eines Produkts zugesichert wird. Ein ungewohntes Beispiel für eine inhaltliche Ausweitung fand sich schon vor längerer Zeit beim amerikanischen Automobilhersteller General Motors. GM bot seinen Kunden an, dass wer

> ... einen Oldsmobile ersteht, der hat 30 Tage oder 1500 Meilen (etwa 2400 Kilometer) lang Zeit, sich seine Entscheidung noch mal zu überlegen. Kommt er zu dem Ergebnis, dass er das Auto nicht mag, kann er beim Händler auf den Hof fahren und den ganzen Deal rückgängig machen. [...] Anfängliche Befürchtungen, dass Autokäufer die großzügige GM-Garantie missbrauchen könnten, haben sich nicht bestätigt. Von insgesamt 65 000 Käufern brachten in den drei Monaten seit Beginn der Aktion lediglich 306 ihren Oldsmobile zurück (Deysson 1990, 47).

Ein anderes Beispiel ist das Unternehmen Northern Light, das 1997 eine Suchmaschine auf den Markt brachte, die nicht nur Webseiten, sondern gleichzeitig auch Artikel im Volltext durchsuchen konnte (Notess 1998). Die frei nutzbare Suchmaschine verzichtete auf Werbung. Die notwendigen Einnahmen sollten aus dem Verkauf der Artikel erzielt werden. Das Besondere war dabei eine Geld-Zurück-Garantie. Gekaufte Artikel konnten bei Nichtgefallen gegen eine Erstattung des Kaufpreises zurückgegeben werden.

2002 zog sich Northern Light aus dem Geschäft mit der kostenfreien Web Suche zurück, um sich auf das besser laufende Geschäft mit der Entwicklung von Suchmaschinen für Geschäftskunden zu konzentrieren. Als Grund dafür wurde angeführt, dass sich das Geschäft mit der werbefinanzierten Suche besser entwickelt habe (Hane 2002a). Zwei Wochen nach dieser strategischen Entscheidung wurde das Unternehmen von Divine aufgekauft, das wiederum ein Agreement über die Lieferung von Premium Content an Yahoo! ankündigte (Hane 2002b). Ob eine übermäßige Inanspruchnahme der angebotenen Garantie dabei eine entscheidende Rolle spielte, lässt sich nicht belegen. Bei digitalen Produkten ist die Gefahr allerdings recht groß, dass Gelder zurückgefordert werden:

> Unlike physical products, returning a digital product seldom prevents the consumer from using the product in the future (Choi et al. 1997, 244).

Garantien können sich auf aktuelle, aber auch auf zukünftig noch zu tätigende Käufe beziehen (Backhaus/Voeth 2007, 461 f.). Sie werden zwar zum Zeitpunkt des Produktkaufs ausgesprochen, beziehen sich aber auf zukünftige Leistungen. Solche „Erfüllungsgarantien" (Backhaus/Voeth 2007, 462) werden z. B. bei Porzellanherstellern gewährt, wenn dem Kunden zugesichert wird, dass er bestimmte Serien für einen definierten Zeitraum nachkaufen kann. Bei Informationsanbietern ist dies analog der Fall, wenn Abonnenten einer Zeitschrift oder eines Informationsdienstes ein jederzeitiges Kündigungsrecht eingeräumt wird. Der

Anbieter will damit signalisieren, dass die Qualität seines Produkts auch künftig hoch sein wird.

> Durch Garantien werden Erfahrungseigenschaften in 'Quasi-Sucheigenschaften' umgewandelt. Qualitätsverifikationskosten brauchen dann für diese Eigenschaften nicht mehr aufgewendet zu werden (Irmscher 1997, 267).

Je mehr Produkteigenschaften die Garantie umfasst und je länger ihre Laufzeit ist, desto stärker bürgt sie für hohe Qualität. Die Unsicherheit des Nachfragers bezüglich der Erfahrungseigenschaften lässt sich dadurch abbauen. Durch die Gewährung einer vollständigen Garantie sogar komplett. Dass Anbieter sich darauf nur ungern einlassen, liegt an einer anderen Art von Informationsasymmetrie. Es entsteht ein Moral-Hazard-Problem auf der Nachfrageseite (Cooper/Ross 1985). Bietet ein Anbieter eine vollständige Garantie, haben die Nachfrager keinerlei Anreiz mehr, die Produkte mit der notwendigen Sorgfalt zu behandeln oder führen den Garantiefall vielleicht sogar vorsätzlich herbei. Vollständige Garantien existieren deshalb nicht.

Journal of Business Strategy

Title:	Where style meets substance. *(corporate leadership)(includes related articles) (Special Focus: Leadership)*
Summary:	Management experts believe that leadership could be the number one strategic concern of businesses in the 21st century.
Source:	Journal of Business Strategy
Date:	01-02/1995
Price:	$2.95
Document Size:	Long (8 to 25 pages)
Document ID:	SL19970922040043754
Subject(s):	Leadership--Technique; Management--Technique
Citation Information:	(v16 n1) Start Page: p48(12) ISSN: 0275-6668
Author(s):	Davids, Meryl
Document Type:	Article

Money Back Guarantee If you buy an article and you are not satisfied with it, let us know and we will refund your money - no questions asked. Please press the "Money Back Guarantee" link for additional information about this policy.

Abbildung 22.1: Money-Back Garantie bei Northern Light. Quelle: Information Access Company 2000.

Eine zusammenfassende Darstellung empirischer Untersuchungen zu Garantien von Adler (1996, 111 ff.) bestätigt den Zusammenhang zwischen Garantieumfang und Qualität: Marken mit einem überdurchschnittlichen Garantieumfang wiesen auch überdurchschnittliche Ergebnisse bei Produkttests auf. Außerdem spielen Garantiezusagen aus Sicht des Anbieters – befragt wurden hier Top-Manager – vor allem bei solchen Produkten eine Rolle, die einen hohen Preis haben, als technisch komplex angesehen werden, selten gekauft werden und von relativ unbekannten Herstellern stammen. Dies gilt genau so aus Sicht der Nachfrager. Weiterhin sind Garantien – zumindest bei höherwertigen Produkten – ein wichtiger Faktor in der Qualitätswahrnehmung des Kunden. Werden Garantien gewährt, steht das bei den Nachfragern für eine hohe Qualität des Angebots. Dem Qualitätsanbieter ermöglichen sie es, mit höheren Preisen zu arbeiten und dadurch die Gewinnspanne zu erhöhen, anstatt sich auf Preiskämpfe mit den Anbietern niedriger Qualität einlassen zu müssen (Monroe 2003, 85).

Für den Anbieter empfiehlt es sich, den Garantieumfang am Marktstandard auszurichten. Shimp und Bearden (1982) weisen mit ihrer „too-good-to-be-true"-Hypothese empirisch nach, dass sehr umfassende Garantien sogar ins Gegenteil umschlagen und Skepsis und Misstrauen bei den Konsumenten erzeugen können, wenn nämlich das Garantieversprechen zu deutlich über dem Marktstandard liegt und es sich um einen Anbieter mit schlechter oder fehlender Reputation handelt. Für Anbieter mit niedriger Markenreputation, die ihre ursprünglich bestehenden Qualitätsprobleme beseitigt haben, empfiehlt es sich demzufolge nicht, hohe Garantien anzubieten, um beim Nachfrager glaubwürdig als Anbieter besserer Qualität wahrgenommen zu werden. Besser ist es, die Glaubwürdigkeit in der Wahrnehmung der Kunden generell zu verbessern, indem der Anbieter deutlich macht, was für ihn bei der Übermittlung falscher Signale auf dem Spiel steht (Boulding/Kirmani 1993, 120).

Garantien sind zum Abbau von Informationsasymmetrien, die sich auf Erfahrungseigenschaften eines Gutes beziehen, unmittelbar wirksam. Neben der Signalisierungsfunktion erfüllen sie gleichzeitig auch eine Absicherungsfunktion (Adler 1996, 131). Im Falle der Nichterfüllung des Leistungsversprechens kann der Kunde den Anbieter – rechtlich gestützt – in die Pflicht nehmen. Ob der Anbieter als besonders zuverlässig oder serviceorientiert bekannt ist, also eine gute Reputation hat, spielt hierbei erst einmal keine Rolle.

Etwas anders ist der Fall, wenn Signale nur glaubwürdig sind, wenn sie von einer entsprechenden Reputation begleitet werden. Ein hoher **Preis** z. B. ist nicht an sich ein Qualitätssignal, sondern nur dann, wenn der Käufer davon ausgehen kann, dass es sich tatsächlich um einen Qualitätsanbieter und nicht lediglich um „Abzocke" handelt. Klein und Leffler sprechen von einem Reputationsmechanismus, der wirksam sein muss, damit bestimmte Signale glaubwürdig sind. Neben dem Preis nennen sie die Höhe der Werbeausgaben als Signal zur Unsicherheitsreduktion (Klein/Leffler 1981, 618). Ein hoher Preis erscheint aus Kundensicht grundsätzlich erst einmal plausibel, weil hohe Qualität in der Regel mit höheren Herstellungskosten verbunden ist. Er ist aber gleichzeitig auch ein Signal für die Qualität der Leistung, weil Unternehmen bei hohen Preisen mehr zu verlieren haben, wenn die Kunden unzufrieden sind und nicht wieder kaufen (Göbel 2002, 326). Dass der Preis neben der Tatsache, dass er eine monetäre Restriktion beim Kauf darstellt, auch eine Informationsfunktion besitzt, also als Qualitätssignal interpretiert werden kann, wurde bereits 1945 von Scitovsky angesprochen. Leider ist der Zusammenhang zwischen Preis und Qualitätswahrnehmung nicht unmittelbar nachzuweisen. Es gibt zwar viele theoretische und empirische Studien, die aber kein einheitliches Bild aufweisen, es ist allenfalls von einem schwach positiven Zusammenhang auszugehen (Adler 1996, 121). Berücksichtigt man aber die Bedingungen, unter denen Konsumenten dazu neigen, von einem höheren Produktpreis auf eine entsprechend höhere Qualität zu schließen,

> ... kann heute als bewiesen gelten, dass der Preis umso *weniger* als Qualitätsindikator dient,
>
> je stärker der Preis und je geringer die Qualität vom Verbraucher als Einkaufskriterium gewichtet werden und je geringer das Produktinvolvement ausfällt,
>
> je größer die Kauferfahrung und der Kenntnisstand des Nachfragers ausfallen, was umgekehrt bedeutet, dass der Preis bei (echten) Innovationen besonders häufig als Qualitätssignal fungiert,
>
> je mehr und je verlässlichere andere Möglichkeiten zur Qualitätseinstufung zur Verfügung stehen,
>
> je geringer die Variationsbreite der Qualität und der Preise in der jeweiligen Warenkategorie ausfällt,
>
> je weniger andere Qualitätsindikatoren (z. B. Marke, Name der Anbieterfirma usw.) zur Verfügung stehen und
>
> je unwichtiger der Prestigenutzen eines Produktes im Vergleich zu anderen Qualitätsmerkmalen ist (Diller 2008, 151 mit weiteren Quellen).

Diller weist außerdem darauf hin, dass die preisorientierte Qualitätsbeurteilung in den meisten Fällen nicht bedeutet, dass man auch tatsächlich ein Qualitätsprodukt erhält. Es kann sogar dazu kommen, dass der Kunde ein qualitativ schlechteres Produkt erhält, wenn er ein relativ teures Angebot auswählt. Der Preis kann damit nicht als objektiv verlässlicher Maßstab für die Qualität gelten.

> Wenn die Verbraucher trotzdem häufig darauf zurückgreifen, kann dies nur daran liegen, dass sie das Risiko niedriger Preise überschätzen bzw. ihre Mindestqualitätsansprüche unbedingt gewahrt sehen wollen (disjunktes Urteilsverhalten) und/oder der Geldnutzenverzicht im relevanten Qualitätsbereich bei steigendem Preis noch relativ gering zu Buche schlägt (Diller 2008, 153).

Neben dem Preis wird die Höhe der **Ausgaben für Werbung** als Signal zum Abbau produktbezogener Qualitätsunsicherheiten gesehen. Nelson (1974) analysierte erstmals die Bedeutung von Werbung als Signal für eine unbekannte Produktqualität. Da die Konsumenten die Werbeversprechen vor dem Kauf nicht überprüfen können, so die Überlegung Nelsons (1974, 730 ff.), wird den Werbeinhalten auf Grund der vermuteten Manipulationsabsicht wenig Glauben geschenkt. Ein Informationswert ist damit bei Werbung – von ihrer reinen Existenz abgesehen – direkt nicht gegeben. Es können aber indirekt Informationen abgeleitet werden. Das Ausmaß an Werbung kann bei Erfahrungseigenschaften sowohl als ein Signal für die Qualität als auch als Indikator für ein gutes Verhältnis von Preis und Qualität gesehen werden. Kirmani und Wright (1989) begründen dies mit psychologischen Faktoren. Danach glauben die meisten Menschen, dass der Leistungseinsatz bei einer Aufgabe vor allem vom Glauben an den eigenen Erfolg abhängt. Die Werbeausgaben werden als Indikator für die Höhe der Marketinganstrengungen eines Anbieters angesehen. Analog schließen die Konsumenten daraus, dass er Vertrauen in die Qualität und den Erfolg seines Produktes hat. Dieser Zusammenhang erfährt allerdings Einschränkungen, wenn z. B. den Kunden klar ist, dass der Anbieter kein Interesse an Wiederholungskäufen hat oder die Werbeausgaben nur einen kleinen Teil des Gesamtbudgets ausmachen. Auch übertrieben hohe Werbeausgaben wirken kontraproduktiv und erzeugen Misstrauen. Experimentell ergab sich für die Qualitätserwartung mit zunehmender Höhe der wahrgenommenen Kosten von Werbung eine umgekehrte U-Funktion (Kirmani/Wright 1989, 349). Das heißt, die Qualitätserwartung fällt nur auf einem mittleren Niveau an Werbeausgaben positiv aus, nicht aber bei sehr niedrigen oder sehr hohen. Kirmani und Wright untersuchen auch, von welchen Elementen einer Werbekampagne die Konsumenten auf die Höhe der Werbeaufwendungen schließen: Produktbewertungen (Testimonials) oder auch die Wahl des Werbeträgers sind zentrale Einflussgrößen.

> Damit liegen erste empirische Ergebnisse vor, die dafür sprechen, daß die Höhe der Werbeausgaben von den Konsumenten unter bestimmten Bedingungen tatsächlich als Qualitätssignal genutzt wird (Tolle 1994, 934).

Etwas anders gefasste empirische Untersuchungen zum Zusammenhang zwischen der Höhe der Werbeausgaben und dem Preis-Qualitäts-Verhältnis liefern allerdings widersprüchliche Ergebnisse. Hier bleibt fraglich, ob eine positive Korrelation tatsächlich besteht und die Konsumenten die Höhe der Werbeausgaben wirklich als ein Signal für das Verhältnis von Preis und Qualität nutzen (Tolle 1994, 930 f.).

Ein weiteres Qualitätssignal stellt der **Marktanteil** eines Produkts dar (Katz/Shapiro 1985, 424). Dieser Gedanke konnte schon in einigen Modelanalysen bestätigt werden (Haller 2005, 226). Speziell für den Tonträgermarkt zeigt Haller (2005, 226 ff.) anhand eines Signalisierungsmodells, dass Konsumenten unter bestimmten Bedingungen den Anreiz haben, bei dem Tonträgerhersteller zu kaufen, der eine höhere erwartete Absatzmenge ankündigt, weil dies als Signal für die Qualität des Produkts aufgefasst werden kann. Zu den von ihm untersuchten Bedingungen gehört, dass die Preisunterschiede für die verschiedenen auf dem Markt angebotenen Qualitäten relativ gering sein müssen. Auch müssen die Signalisierungskosten für Anbieter geringer Qualität, z. B. in Form schlechter Kritiken und/oder geringer Absatzzahlen, deutlich größer sein als für einen Tonträgerhersteller, der hohe Qualität offeriert (Haller 2005, 236).

Der Marktanteil kann nicht nur als ein Qualitätssignal angesehen werden, er kann auch als eine qualitätsinduzierte Ursache für die Entstehung von Netzeffekten gelten (Katz/Shapiro 1985, 424). Ein hoher Marktanteil erzeugt positive Netzeffekte, weil die Informationsasymmetrien bei den betreffenden Gütern besser abgebaut werden. Es gibt eine größere Zahl von Konsumenten, die Informationen über die Produktqualität austauschen können (Hutter 2003, 267). Hierbei ist es unerheblich, ob diese Informationen aus den Erfahrungen mit legal oder illegal erworbenen Produkten stammen. Zum Abbau von Informationsasymmetrien tragen Schwarzkopien genau so bei wie legale Kopien (Takeyama 2003).

22.3.3 Leistungsübergreifende Informationssubstitute

Der Einsatz leistungsbezogener Informationssubstitute dient dazu, Unsicherheiten bezüglich der Erfahrungseigenschaften eines Produkts abzubauen. Sie greifen generell nicht, wenn es um Vertrauenseigenschaften geht. Garantien z. B. setzen voraus, dass der Kunde die betreffende Eigenschaft nach dem Kauf beurteilen kann. Wie soll er sonst feststellen können, dass der Garantiefall eingetreten ist? Bei Vertrauenseigenschaften sind Garantien daher weitgehend nutzlos, da der Konsument die Erfüllung bzw. Nichterfüllung des Versprechens nicht überprüfen kann. Nehmen wir als Beispiel für eine solche Vertrauenseigenschaft die Sorgfalt, mit der eine wissenschaftliche Studie durchgeführt wurde. Als Leser der zugehörigen Publikation in einer Zeitschrift wird man nicht beurteilen können, ob sie wissenschaftlichen Gütekriterien standhält. Es handelt sich also um eine Vertrauenseigenschaft dieses Informationsgutes. Der Kunde muss auf die Erfüllung seiner Erwartungen durch den Anbieter schlichtweg vertrauen. Für ihn ist es deshalb sehr wichtig, Indikatoren zu finden, die es ihm ermöglichen, die Vertrauenswürdigkeit des Anbieters, hier des Autors, mit hoher Wahrscheinlichkeit vorherzusagen. Aus Sicht des Anbieters empfiehlt es sich, Signale zu senden, die von Anbietern geringer Qualität nicht erbracht werden können (Göbel 2002, 326). Der Aufbau einer Reputation als Qualitätsanbieter oder Prüf- und Gütesiegel von unabhängigen Institutionen sind solche Signale, die eingesetzt werden können, um durch den Käufer nicht überprüfbare Qualitätsunsicherheiten abzubauen. Solche Signale lassen sich als leistungsübergreifende Informationssubstitute bezeichnen (Adler 1996, 133 f.). Sie sollen nicht unmittelbar die Qualität eines konkreten Produkts anzeigen, sondern über die einzelne Leistung hinaus weisen und signalisieren, dass es sich bei dem Anbieter um einen Qualitätsanbieter handelt.

Prüf- bzw. Gütesiegel, die auch schon auf dem Informationsmarkt Einsatz fanden, sind Zertifikate für erfolgreiches Qualitätsmanagement (nach ISO 9000) beispielsweise bei FIZ Chemie (Rüller 2000). Bock (2000) schlägt vor, Gütesiegel auch zur Signalisierung von Qualitätsinformationen von professionellen Anbietern einzusetzen, um sich von den ungeprüften, freien Contentangeboten im Web abzuheben.

Der Einsatz solcher Signale wirkt nicht nur auf die bei Vertrauenseigenschaften vorhandene Unsicherheit, sondern gleichzeitig immer auch darauf, die Unsicherheit bei Erfahrungs- und auch Sucheigenschaften zu reduzieren. Adler spricht hier von einer Abwärtskompatibilität (1996, 135), bei der die höherrangigen Strategien zum Abbau von Informationsasymmetrien gleichzeitig immer auch Funktionen der Eigenschaften mit niedrigerem Rang übernehmen.

Greifen wir noch einmal das Beispiel mit dem Artikel auf: Wenn der Autor seinen Artikel in einer Zeitschrift veröffentlicht, die für ihr hartes Reviewverfahren bekannt ist, liefert er damit ein Signal für die Güte seiner Arbeit und der potenzielle Leser wird – darauf vertrauend – selbst keine weitere Prüfung dieses Aspekts vornehmen. Gleichzeitig wirkt dieses leistungsübergreifende Informationssubstitut, um zu signalisieren, dass auch bestimmte Erfahrungseigenschaften von der entsprechenden Qualität sein werden. Der Leser wird, z. B. auf

Grund der Reputation der Zeitschrift, davon ausgehen, dass nur eine bestimmte Art von Beiträgen, ein bestimmter Zitationsstil oder ein bestimmter Aufbau des einzelnen Beitrags zu erwarten ist. Er muss sich dazu nicht extra die Mühe machen, diese Merkmale vorher zu inspizieren und er muss sich auch nicht sorgen, dass seine Erwartungen enttäuscht werden, er also schlechte Erfahrungen machen wird. Wenn also die leistungsübergreifenden Informationssubstitute sehr mächtig sind, kann der Anbieter auf niederrangigere Signale teilweise oder ggf. auch komplett verzichten.

Das zentrale leistungsübergreifende Informationssubstitut ist die **Reputation** des Anbieters.

> Informationsökonomisch kann man unter Reputation einen Bestand an vergangenen Informationen verstehen, der sämtliche mit dem Markennamen verbundenen Erfahrungen, wie Werbekampagnen und -themen, Produkterfolge und -mißerfolge, Qualitätserfahrungen etc., enthält (Irmscher 1997, 193).

Insbesondere Markennamen („Brands") spielen im Internet eine sehr wichtige Rolle, um Reputation bei den Käufern zu gewinnen. Barwise et al. (2002, 543) sehen eine zunehmende Bedeutung des Markennamens im Internet, denn

> trusted brands may be even more important in a world of information overload, and money-rich, time-poor consumers, where product quality still cannot usually be reliably judged online.

Degeratu et al. (2000) zeigen dazu, dass der Markenname (Brand) im Online-Handel von umso größerem Wert ist, je weniger Produktinformationen verfügbar sind. In Märkten mit ausgeprägten Informationsasymmetrien stellt die Marke einen großen Wert dar, der stark mit dem wirtschaftlichen Erfolg des Unternehmens verknüpft ist. Unternehmen, die bereits über eine gute Reputation aus anderen („Off-line"-)Märkten verfügen, genießen hier Vorteile, weil sie diese auf den neuen Markt übertragen können. Aber auch dort kann die transferierte Reputation nur erhalten werden, wenn die Qualität der Leistungen durch den Kunden anerkannt wird. Generell scheinen die Unternehmen im Internet erfolgreicher zu sein, die in ihre Reputation investieren, wie es z. B. bei Yahoo! der Fall ist (Choi et al. 1997, 240 f.).

Wir hatten oben bereits gesehen, dass die Reputation für bestimmte Signale, wie z. B. den Preis, eine Voraussetzung für deren Wirksamkeit ist. Ein großes Vertrauen in den Anbieter hat dann ein hohes Vertrauen in dessen Preisinformationen zur Folge. Reputation kann aber auch als direktes Signal für eine hohe Produktqualität aufgefasst werden.

> When product attributes are difficult to observe prior to purchase, consumers may plausibly use the quality of products produced by the firm in the past as an indicator of present or future quality (Shapiro 1983, 659).

Markentreue Konsumenten machen ihr Qualitätsurteil aus dieser Perspektive weniger am Preis als an der Marke fest. Beide Wirkungsrichtungen der Reputation sind also möglich (Völckner 2006, 479). Im Folgenden betrachten wir die Wirkung der Reputation als eigenständiges Signal für die Qualitätswahrnehmung etwas genauer.

Ein guter Ruf signalisiert Vertrauenswürdigkeit. Der Anbieter will deutlich machen, dass er sich nicht opportunistisch verhalten und sich des in ihn gesetzten Vertrauens als würdig erweisen wird. Wenn es ihm möglich ist, für sein Qualitätsangebot ein Preispremium zu realisieren, ist es für ihn auch tatsächlich vorteilhaft, die Qualität langfristig hoch zu halten und nicht seinen Gewinn kurzfristig durch Qualitätsverschlechterungen zu maximieren (Shapiro 1983, 660). Die Reputation reduziert für die Kunden das Qualitätsrisiko.

> Durch den Verzicht auf diese Strategie der Qualitätsverschlechterung und damit auf kurzfristig höhere Gewinne, erwirbt der Anbieter eine Reputation, die sich in einer zusätzlichen **Preisbereitschaft** der Nachfrager für zukünftige Transaktionen äußert (Adler 1996, 126).

Am Beispiel des elektronischen Handels mit Büchern weisen Brynjolfsson und Smith (2000) die Bedeutung des Markennamens nach. Sie zeigen, dass Kunden bereit sind, eine Prämie zu zahlen, wenn der Anbieter sehr bekannt ist. Im Umkehrschluss heißt das, dass die Kunden ein Produkt bei gleichem Preis bei dem Anbieter kaufen, der am bekanntesten ist und über die beste Reputation verfügt. Anbieter mit schlechterer Reputation müssen demzufolge ihre Preise senken, um Kunden gewinnen zu können. Generell lässt sich für elektronische Marktplätze durch mehrere Studien zeigen, dass die Reputation in positiver Korrelation zum Preis und zum Umsatz steht und dazu führt, dass die Preise stärker streuen (Stahl 2005, 254, 293 f.). Speziell für den elektronischen Handel mit digitalen Inhalten kann Stahl (2005, 267 f.) empirisch zeigen, dass sich Investitionen in die Reputation überproportional auf die Zahl der Verkaufstransaktionen, auf die Umsätze und auf die Anzahl an Kunden pro Tag auswirken. Die Reputation (gemessen an der Zahl an verweisenden Weblinks), so zeigte sich außerdem, steht ebenfalls in einem, zwar etwas schwächeren, aber dennoch positivem Zusammenhang mit der Kundenloyalität (gemessen am Anteil an „treuen" Kunden des Anbieters). Letztlich wirkt die Reputation auch als Treiber für die Entstehung von Netzeffekten, denn sie ist eine geeignete Strategie, um die Produktwahrnehmung des Kunden positiv zu beeinflussen.

> Für das Erreichen der kritischen Masse ist die *subjektive Wahrnehmung* der Vorteile des Produkts bei den potenziellen Nutzern entscheidend (Rogers 2003 nach Picot et al. 2003, 365).

Für den Kauf von Gütern mit Vertrauenseigenschaften ist das Vertrauen in den Anbieter die zentrale Voraussetzung (Göbel 2002, 329). Ohne Vertrauen wird sich der Kunde nicht zum Kauf bewegen lassen, weil er die Produktqualität selbst nie wird beurteilen können. Vertrauen spielt aber auch bei den Erfahrungseigenschaften eines Gutes eine wichtige Rolle. Der Kunde muss auch hier das (Anfangs-)Vertrauen aufbringen, sich auf den Kauf einzulassen. Er muss darauf vertrauen, dass seine Erwartungen durch die Nach-Kauf-Erfahrungen nicht enttäuscht werden. Yoon et al. (1993) zeigen am Beispiel von Geschäfts-Versicherungen, dass die Einschätzung verschiedener Versicherungsangebote durch den Kunden ganz entscheidend von der Reputation des Anbieters abhängt. Die Informationsangebote der Anbieter werden demgegenüber als weniger wichtig eingestuft. Sie fassen zusammen (Yoon et al. 1993, 225),

> that insurance is an experience or credence good (Vertrauensgut, d. Verf.) – buyers' evaluation of an insurance program greatly depends on company reputation because program information is either not persuasive or credible in influencing behavior.

22.3.4 Strategien zum Aufbau von Reputation

Die Reputation stellt auf Informationsmärkten einen überragenden strategischen Wettbewerbsfaktor dar (Klodt 2001, 43). Zum Aufbau von Reputation gibt es mehrere Ansatzpunkte (Stahl 2005, 291 ff.). Die Etablierung eines Markennamens ist davon die meist verbreitete und effektivste Möglichkeit, um für sich als Anbieter oder für seine Produkte eine hohe Reputation aufzubauen.

> Investing in brand and reputation is standard practice in the information biz, from the MGM Lion to the Time magazine logo. This investment is warranted because of the experience good problem of information (Varian 1998, 5).

Verschiedene Studien belegen die Bedeutung der Reputation und des Markennamens im elektronischen Handel. Mehrfach untersucht wurde die Bedeutung der Reputation des Verkäufers im Rahmen von Online-Auktionen. Am Beispiel von eBay ist bereits mehrfach untersucht worden (Luo/Chung 2002; Melnik/Alm 2002), dass Verkäufer mit einer guten Bewertung, also einer hohen Reputation, höhere Gebote und höhere Preisprämien für ihre Angebote erhalten. Die Reputation der Verkäufer korreliert positiv mit der Zahlungsbereitschaft der Käufer.

Malaga und Werts (2000 nach Stahl 2005, 253) vergleichen verschiedene Reputations-Mechanismen im Online-Handel, wie Verkäufergarantien, den Verkauf von Produkten über Dritte oder auch die Wirkung der Marke. Markennamen (Brands), so ihr Ergebnis, sind im Internet die wirksamste Variante, um bei den Käufern Reputation zu gewinnen.

Die eigene Reputation kann auch durch den Transfer von Reputation gestärkt werden. Neben den Möglichkeiten, die man selbst hat, z. B. zwischen verschiedenen Geschäftsfeldern oder der Online- und der Off-line-Welt, kann man als Anbieter auch von der Reputation Dritter profitieren. Ein klassischer Weg sind die oben bereits angesprochenen Qualitätsbeurteilungen des eigenen Angebots. Wenn solche Reviews von anerkannten Experten oder bekannten Persönlichkeiten stammen, findet ein Reputationstransfer statt. Diese Form des Transfers wird intensiv in der Medien- und Unterhaltungsbranche gepflegt. Zu Filmen, Büchern oder Musik gibt es sehr häufig Kritiken, die vom Anbieter als Produktbewertung verbreitet werden. Das gleiche findet beim Review von wissenschaftlichen Artikeln statt. Der Herausgeber steht mit seinem guten Namen für die Qualität des Angebots ein.

Eine besondere Rolle beim Aufbau von Reputation spielen Institutionen, die die Qualität von Leistungen und speziell Information absichern (Zerdick et al. 2001, 42). Garantien, so hatten wir bereits gesehen, bringen wenig, um die Qualität von Vertrauenseigenschaften zu signalisieren, weil der Käufer die Erfüllung der versprochenen Leistung nicht überprüfen kann. Hier muss man Signale einsetzen, die von opportunistischen Anbietern nicht erbracht werden können. **Gütezeichen und Qualitätsstandards** sind solche leistungsübergreifenden Informationssubstitute, die bei Vertrauenseigenschaften Anwendung findet. Gütezeichen sind nach Bock (2000, 145)

> Mittel zur Kennzeichnung von Produkten nach ihrer Beschaffenheit.

Wenn Lebensmittel z. B. ein Bio-Siegel der EU tragen oder als Bioland-Produkte ausgewiesen sind, weiß der Verbraucher, dass ein unabhängiger Dritter die Herstellung überprüft hat und damit die Vertrauenseigenschaften bestätigt. Diese vertrauensbestätigende Funktion können Qualitätssiegel, Prüfstellen oder andere Zertifizierungsstellen (trust center) übernehmen (Zerdick et al. 2001, 42). Bei der Vergabe von Gütezeichen spielen in Deutschland das Deutsche Institut für Gütesicherung und Kennzeichnung e. V. (ehemals Reichs-Ausschuss für Lieferbedingungen – RAL) sowie auch der Technische Überwachungs-Verein (TÜV) eine wichtige Rolle. Entscheidend ist, dass das Gütekennzeichen selbst als vertrauenswürdig angesehen wird. Dazu ist die Unabhängigkeit und die Reputation der prüfenden Instanz das entscheidende Kriterium.

Gütezeichen können dem Risiko des Absinkens der durchschnittlichen Produktqualität entgegenwirken. Für Anbieter steigt das Interesse an ihrer Verwendung, weil qualitätsrelevante Informationen sich so eher amortisieren. Dies ist insbesondere der Fall, wenn Gütezeichen selbst markenrechtlich geschützt sind und damit inhaltlich fest umrissene Sachaussagen repräsentieren (Bock, 258 ff., 303 ff.). Sie sind vor allem im digitalen Online-Informationsmarkt von besonderer Bedeutung, weil es hier keine Informationsträger und vielfach auch keinen Preis (kostenfreie Angebote, Follow-the-free) als Anhaltspunkt für eine Qualitätsbeurteilung gibt.

Die gleichen Aussagen gelten für die Verwendung von Qualitätsstandards, ganz allgemein verstanden als Vorgaben für die Ausgestaltung von Leistungen (Kleinaltenkamp 1994, 198). Für unkundige Nachfrager stellen Qualitätsstandards Indikatoren für die Qualität der erbrachten Leistungen dar. Für kundige Nachfrager dagegen bieten sie Möglichkeiten der Qualitätsbewertung, weil Aktivitäten, die ansonsten verborgen geblieben wären, punktuell sichtbar und nachprüfbar gemacht werden können (Fließ 2004, 40). Die wichtigsten und bekanntesten Standards sind die Qualitätsmanagementsysteme der DIN EN ISO 9000 Normenreihe und der European Foundation for Quality Management (EFQM).

Im Gegensatz zu Garantien, bei denen Kosten für den Anbieter nur im Falle der Inanspruchnahme entstehen, erzeugt die Verwendung von Gütezeichen oder Qualitätsstandards in jedem Falle Kosten. Kirmani und Rao (2000, 69) unterscheiden an dieser Stelle „Default-Independent" von „Default-Contingent Signals". Erstere, z. B. Werbung, Markenaufbau oder niedrige Einführungspreise, verursachen Kosten, die vom Falle der Schlechterfüllung unabhängig sind (Default-Independent). Signale wie das Setzen von Premiumpreisen oder die Gewährung von Garantien führen erst dann zu Kosten, wenn der Anbieter sein Leistungsversprechen nicht erfüllt (Default-Contingent). Je nachdem, wie leicht sich der Markt segmentieren lässt und wie schnell sich die Produktqualität nach dem Kauf offenbart, sollte der Anbieter seine Signalisierungsstrategie auswählen (Kirmani/Rao 2000, 73 f.). Im Falle von Gütezeichen und Qualitätsstandards heißt das für den Qualitätsanbieter zu prüfen, ob er etablierte Zeichen verwenden kann oder sich ggf. auch um den Aufbau spezieller Standards bemühen will.

22.3 Ansatzpunkte zum Abbau produktbezogener Qualitätsunsicherheiten

Weniger kostspielig als die Verwendung von Gütezeichen oder Qualitätsstandards und viel breiter angelegt ist das **Review** der Angebote **durch Online-Communities**. Hier profitiert das Unternehmen zwar nicht von einzelnen bekannten Personen, stattdessen wirkt es aber stärkend für die Reputation, wenn sich eine Vielzahl von Stimmen positiv zum Anbieter und seinen Leistungen äußern. Bei dieser Form des Reputationstransfers gibt es das Unternehmen allerdings weitgehend aus der Hand zu steuern, wie die Ergebnisse ausfallen. Wenn man die Aufträge für ein Review einzeln vergibt, lassen sich die Ergebnisse sehr wohl beeinflussen. Positive Kommentare können gezielt erzeugt und nach außen kommuniziert werden. Je unabhängiger aber die Erstellung von Rezensionen oder auch die Sammlung und Veröffentlichung von Kundenmeinungen stattfindet, desto weniger kann der Anbieter verhindern, dass es auch kritische Kommentare oder sogar einen völligen Verriss seines Angebots gibt.

Die Reputation lässt sich außerdem durch **Verlinkungen** erhöhen, indem andere Anbieter mit einer hohen Reputation auf das eigene Angebot verweisen. Die positive Beurteilung der Qualität einer Website wird auf die verlinkte Website übertragen (Stahl 2005, 255).

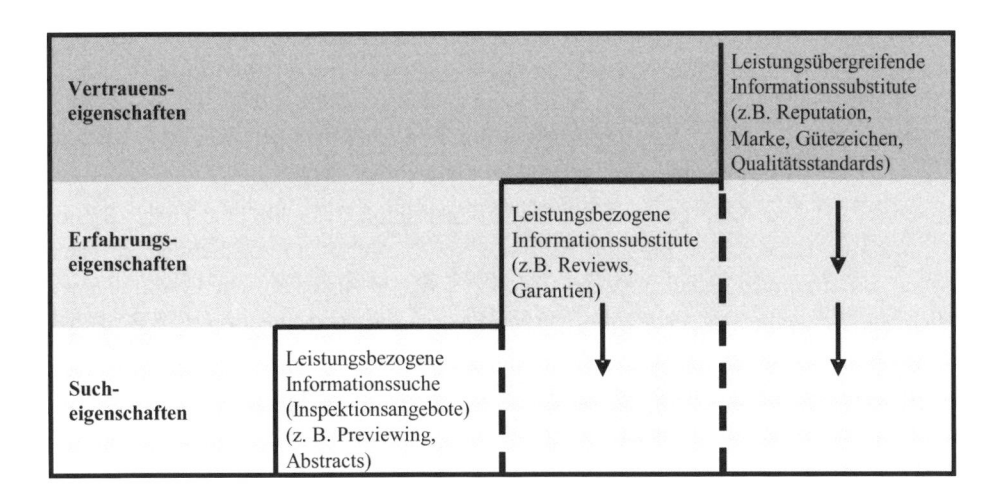

Abbildung 22.2: Wirkungsspektrum einzelner Instrumente zum Abbau von qualitätsbezogenen Informationsasymmetrien. Quelle: In Anlehnung an Adler 1996, 135.

Unternehmen stehen, wie wir gesehen haben, vielfältige Möglichkeiten zur Signalisierung der von ihnen angebotenen Qualität zur Verfügung. Sie können bei jeder Art von Informationsasymmetrie ansetzen, die sich in Verbindung mit der Qualität einer Leistung ergeben kann: bei den Such-, Erfahrungs- oder Vertrauenseigenschaften. Signale, die zum Abbau von Informationsasymmetrien bei Erfahrungseigenschaften eingesetzt werden (leistungsbezogene Informationssubstitute) lindern auch suchbezogene Qualitätsunsicherheiten. Genau so verhält es sich bei Signalen zum Abbau von Qualitätsunsicherheiten, die aus Vertrauenseigenschaften resultieren (leistungsübergreifende Informationssubstitute), sie decken ergänzend erfahrungs- und suchbezogene Unsicherheiten mit ab. In Abbildung 22.2 finden sich die besprochenen Signalisierungsinstrumente nach ihrem Rang geordnet.

22.4 Signale in der strategischen Marktkommunikation

Der Abbau qualitätsbezogener Informationsasymmetrien ist bislang als ein Kommunikationsprozess zwischen Unternehmen und Kunden dargestellt worden. Signale sollen potenzielle Käufer davon überzeugen, dass die angebotenen Leistungen der von ihnen erwarteten Qualität entsprechen. Signalisierung spielt aber auch im strategischen Kontext eine wichtige Rolle, darauf hatten wir zu Beginn dieses Kapitels bereits hingewiesen. Monroe (2003, 89) spricht von Competitive Signals, die dazu gedacht sind, den Markt generell zu beeinflussen:

> In essence, a competitive signal is a marketing activity that reveals insights into the unobservable motives for the seller's behavior or intended behavior. Such a signal alerts others about the product quality, reputation, business intentions, previews of potential actions, or even forecasts concerning the expected business conditions in the market.

Im Rahmen der strategischen Marktkommunikation sind also nicht nur die bereits vorgestellten Qualitätssignale in ihrer strategischen Dimension zu berücksichtigen, sondern auch jene Signale, die sich neben den Kunden an andere Marktteilnehmer richten.

Insbesondere für Informationsgüter als Netzeffektgüter spielen Signale eine herausragende Rolle, um die kritische Masse bis zum Auftreten von Netzeffekten zu überwinden, einen Standard zu schaffen oder später die eigene Marktposition abzusichern. Die Erwartungshaltung aller Marktteilnehmer ist dabei ein zentraler Faktor. Katz und Shapiro (1985, 425) formulieren aus Kundensicht:

> If consumers expect a seller to be dominant, then consumers will be willing to pay more for the firm's product, and it will, in fact, be dominant.

Es gilt also die Erwartungen der Marktteilnehmer im Sinne des Unternehmens zu beeinflussen. Im Wettbewerb zur Erreichung der kritischen Masse und – weitergehend – der Etablierung von Kompatibilitätsstandards gibt es eine ganze Reihe von Signalen, die eingesetzt werden können, um erfolgreich zu sein: Produktvorankündigungen (Farrell/Saloner 1986; Shapiro/Varian 1999a, 14), das Eingehen von Selbstbindungen (Commitments) und Ankündigungen von Partnern und Allianzen (Lilly/Walters 1997), Versicherungsangebote (Dybvig/Spatt 1983), aber auch die direkte Kommunikation des Netzwachstums in Form von Absatzzahlen, Kunden oder Marktanteilen kann hier eine wichtige Rolle spielen.

Welche Signale auch gesendet werden, sie müssen glaubwürdig sein, um zu wirken.

> The receiver's assessment of the signal's credibility is influenced by the sender's reputation and the signal's potential reversibility (Monroe 2003, 90).

Die Reputation des Signalgebers spielt auch hier wieder eine ganz zentrale Rolle. Wie zuverlässig waren vergangene Signale z. B. über Produkt- oder Servicequalitäten? Wurden die

Versprechungen tatsächlich eingehalten? Denn hat das Unternehmen die selbstgesteckten Erwartungen in der Vergangenheit eingelöst, sind auch aktuelle Signale als glaubwürdig anzusehen. In die gleiche Richtung wirkt der Grad der Reversibilität von Signalen. Sind sie leicht änderbar, wie z. B. die rein kommunikative Ankündigung einer Kooperationsabsicht, oder mit hohen (materiellen oder immateriellen) Kosten verbunden? Letzteres wäre der Fall, wenn eine Kooperation vertraglich fest vereinbart ist, von großem Kommunikationsaufwand begleitet wird und erste Investitionen in gemeinsame Produktionsanlagen bereits erfolgt sind. Eine kurzfristige Änderung würde hohe Kosten nach sich ziehen. Solche Signale, die auf beobachtbarem Verhalten beruhen, wirken deutlich überzeugender und glaubwürdiger als jene, die lediglich verbal geäußert werden (Monroe 2003, 90). Im Folgenden werden die wichtigsten Formen der Signalisierung im Rahmen der strategischen Marktkommunikation vorgestellt.

22.4.1 Produktvorankündigungen

Produktvorankündigungen haben im Innovationsmanagement eine große Bedeutung (Lilly/Walters 1997) und spielen auch im Zusammenhang mit Standardisierungsprozessen eine wichtige Rolle (Maaß 2006, 134 f.; Shapiro/Varian 1999b). Hierzu einige Beispiele: Bill Gates kündigte die neue X-Box offiziell im März 2000 an, obwohl sie erst im Herbst 2001 auf den Markt kommen sollte. Sony kündigte seine Playstation 2 zwölf Monate vor dem Marktstart in Japan an (Le Nagard-Assayag/Manceau 2001, 204). Diese Ankündigung erfolgte interessanterweise genau eine Woche nachdem Sega seine neue 128-bit Dreamcast Konsole auf den Markt gebracht hatte. Andere Unternehmen, wie z. B. Symbian verfolgen dagegen eine andere Strategie und vermeiden die Erzeugung eines Marketing-Hypes weit im Vorfeld der Produkteinführung (Suarez 2004, 277).

Eine Produktvorankündigung ist

> a formal, deliberate communication before a firm actually undertakes a particular marketing action such as a price change, a new advertising campaign, or a product line change (Eliashberg/Robertson 1988, 282).

Vorankündigungen beinhalten eine Beschreibung der Beschaffenheit des Angebots und ggf. Preisinformationen sowie den voraussichtlichen Liefertermin. Speziell bei Netzeffektgütern sind die erwartete Verbreitung und die Kompatibilität zu Konkurrenzprodukten weitere typische Informationen im Rahmen einer Produktvorankündigung (Köster 1999, 21).

Die Vorankündigung eines Produkts hat mehrere Effekte, die sich danach unterscheiden, an wen sie gerichtet ist.

Vorankündigungen, die sich primär an die **Konsumenten** richten, sind dazu geeignet Neugier zu wecken und können weiterhin dazu führen, dass die Kunden mit ihrer Kaufentscheidung warten, bis das neue Produkt verfügbar ist (Farrell/Saloner 1986; Lilly/Walters 1997). Sie werden durch die Vorankündigung früher auf das Produkt aufmerksam, als wenn es erst zum Marktstart beworben wird. Informationen über Produkteigenschaften können bereits im

Vorfeld verbreitet werden und die Presse sowie andere Meinungsführer, z. B. im Internet, können dazu Stellung nehmen oder – sofern bereits Testversionen verfügbar sind – auch schon die Produktleistungen bewerten. Die Konsumenten können durch die frühzeitige Information ihre Ausgaben längerfristig planen und auch eventuelle Wechselkosten minimieren oder über einen längeren Zeitraum verteilen. Empirisch lässt sich zeigen, dass es bei Produktangeboten, die mit hohen Wechselkosten verbunden sind, sehr regelmäßig auch zur Durchführung von Vorankündigungen kommt. Vorankündigungen sind auch dann häufiger anzutreffen (allerdings statistisch nicht signifikant), wenn das neue Produkt mit hohen Lernkosten für den Kunden verbunden ist (Eliashberg/Robertson 1988, 290 f.).

Die Wirksamkeit von Vorankündigungen hängt stark von ihrem Timing ab. Gut getimte Vorankündigungen können eine Vorverlagerung des Kaufzeitpunkts bewirken. Nachteilig kann es sich allerdings auswirken, wenn durch die Vorankündigung die Verkäufe des eigenen Vorgängerprodukts zurückgehen, also eine Kannibalisierung auftritt. Diese Gefahr wird auch als „Osborne-Effekt" bezeichnet (Besen/Farrel 1994, 124). In den 80er Jahren musste die Firma Osborne Computer Insolvenz anmelden, weil sich die Markteinführung eines bereits vorangekündigten Nachfolgemodells für einen Computer um ein Jahr verzögerte (Osborne/Dvorak 1984).

Für ein gutes Timing von Produktvorankündigungen sind die Kauffrequenz der Kunden sowie Lern- und Wechselkosten wichtige Einflussfaktoren. Kohli (1999) zeigt dies empirisch am Beispiel von Hard- und Software. Schlecht getimte – zu frühe oder auch zu späte – Ankündigungen können nicht die gewünschten Effekte erzielen. Zu späte Ankündigungen liegen zu nah am Marktstart, so dass sie keine starke Wirkung mehr entfalten können. Es handelt sich dann nicht mehr um eine Vor-Ankündigung, sondern um eine frühe Einführungswerbung. Zu frühe Ankündigungen sind ebenfalls schlecht, weil es sich bei dem angekündigten Produkt dann nur um heiße Luft oder eine Luftnummer („Vaporware") handelt, also Produkte, die nicht zum versprochenen Zeitpunkt am Markt verfügbar sind (Bayus et al. 2001, 3). Wenn noch zu wenig konkrete Informationen über das Produkt bekannt sind, verpuffen sie wirkungslos (Kohli 1999, 46).

Softwareunternehmen kündigen ihre Produkte häufig sehr früh an, um den Absatz der Konkurrenz zu bremsen und die Kunden auf das eigene Produkt aufmerksam zu machen.

> For example, Microsoft first announced that Windows NT 5.0® would be released in 1998 and then delayed its release of the product so long that it renamed its product Windows 2000®. Competitors accused Microsoft of using vapourware tactics (Gans 2008).

Bayus et al. (2001, 6) zeigen, dass nur ca. fünfzig Prozent von 123 Softwareprodukten, die zwischen 1985 und 1995 angekündigt wurden, innerhalb von drei Monaten auch tatsächlich auf den Markt kamen. Mehr als 20 Prozent der Produkte waren sogar erst später als neun Monate zum Kauf erhältlich. Das populäre Portal Wired gibt jährlich eine Liste mit den Top-Ten Vaporware-Produkten heraus. Hier finden sich Hardware-, Software- und Spieleangebote auf den vorderen Rängen (Calore 2007). 3D Realms Duke Nukem Forever wird dort wegen seiner endlosen Verzögerungen seit 1998 als „King of Vaporware" bezeich-

22.4 Signale in der strategischen Marktkommunikation

net. Auch wenn die Grenze zwischen einer unbeabsichtigten Verzögerung der Auslieferung und einer beabsichtigten verfrühten Ankündigung fließend ist, kann der Unmut der Kunden die Reputation des Unternehmens als zuverlässiger Anbieter nachhaltig schädigen. Microsoft musste z. B. Ende 1997 einen spürbaren Kursrückgang von 5,3% hinnehmen, nachdem klar wurde, dass Windows 98 nicht wie angekündigt im ersten, sondern erst im zweiten Quartal 1998 verfügbar sein würde (Shapiro/Varian 1999a, 275). Im Hinblick auf die Zuverlässigkeit seiner Ankündigungen ist die Reputation eines Unternehmens auch in diesem Zusammenhang sehr wichtig. Unternehmen, die einen Ruf zu verlieren haben, werden von falschen Vorankündigungen absehen.

> Firms will refrain from making false announcements due to concerns about reputation (Choi et al. 2006, 222).

Zu frühe Ankündigungen von Neuprodukten können nicht nur dem einzelnen Unternehmen, sondern sogar einer ganzen Branche deutlichen Schaden zufügen, wenn nämlich die Glaubwürdigkeit insgesamt abhanden kommt. Bewusst falsche Produktankündigungen sind in den USA in jüngster Zeit daher auch Gegenstand der Rechtsverfolgung geworden (Bayus et al. 2001, 4 ff.). Die Softwarebranche hat darauf reagiert und über den Verband der Software- und Informationsbranche die wissentliche Falschankündigung von Produkten in ihren acht Prinzipien zum Erhalt des Wettbewerbs als schädlich beurteilt (Software & Information Industry Association 2008).

Vorankündigungen können weiterhin auch in Richtung der **Komplementoren** zielen. Sie werden dadurch auf neue Produkte und deren geplante Markteinführung aufmerksam und können frühzeitig dazu passende Komplementärprodukte entwickeln. Wenn sich Vorankündigungen an Komplementoren richten sollen, werden sie üblicherweise nicht als Presseveröffentlichungen gemacht, sondern vor der Veröffentlichung eher vertraulich weitergegeben oder bei speziellen Events platziert. So wurde die X-Box von Bill Gates bei einem Jahrestreffen der Spieleentwickler angekündigt und auch gezeigt. In der Videospielebranche gehen solche Ankündigungen üblicherweise damit einher, dass den Spieleentwicklern auch Entwicklungstools zur Verfügung gestellt werden, damit rechtzeitig zum Markstart ausreichend kompatible Spiele zur Verfügung stehen (Le Nagard-Assayag/Manceau 2001, 207). Die Komplementoren sollen durch Vorankündigungen dazu gebracht werden mehr ergänzende Produkte für ein Basisgut zu entwickeln als ohne eine solche Kommunikationsmaßnahme.

Ganz besonders wichtig werden Vorankündigungen, wenn es um Netzeffektprodukte geht. Das erklärt, warum Vorankündigungen in der Informationsgüterindustrie eine weit verbreitete Strategie sind (Choi et al. 2006, 208).

Vor allem bei Netzeffektprodukten spielt das Management der (Kunden-)Erwartungen eine zentrale Rolle (Shapiro/Varian 1999a, 275). Unternehmen haben ein starkes Interesse daran, dass die Kunden nicht nur erwarten, dass das neue Produkt für sie einen starken Basisnutzen haben wird, sondern dass es auch von vielen anderen gekauft werden wird, also auch der Netzeffektnutzen hoch sein wird.

> When network effects exist, the strategic reason for preannouncing is to gain a faster takeoff by managing consumers' expectations (Lee/O'Connor 2003, 251).

Vorankündigungen stellen eine Art psychologischer Positionierungsstrategie dar, die dazu dient, den Kunden davon zu überzeugen, dass das neue Produkt der Standard werden wird (Arthur 1996).

Für Komplementoren, so das Ergebnis einer Befragung von Experten aus der Musikindustrie (Le Nagard-Assayag/Manceau 2001, 209), ist die installierte Basis eines Gutes der wichtigste Faktor für ihre Entscheidung, begleitende Angebote zu machen. Komplementoren beobachten also genau, wie Vorankündigungen bei den Konsumenten ankommen. Sie lesen die Kommentare der Journalisten und beobachten die Empfehlungen, die von Händlern, Marktexperten oder auch den potenziellen Käufern selbst ausgesprochen werden. Das Internet nimmt bei solchen Prozessen eine immer wichtigere Rolle ein. Der Endkunde kann sich hier neuerdings mit seiner Meinung sehr gut Gehör verschaffen und Kaufprozesse beeinflussen. Viele Early Adopters sind auch Internetnutzer, die ihre Informationen aus dem Netz beziehen. Bei der Entscheidung zwischen den Formaten DVD und DIVX spielte das eine wichtige Rolle. Dranove und Gandal (2003, 385 f.) fanden heraus, dass die im Internet verfügbaren Informationen erstaunlich akkurat waren und die ungünstigen Perspektiven von DIVX als Konkurrenztechnologie zur DVD sehr gut antizipiert wurden.

Le Nagard-Assayag und Manceau (2001) untersuchten modellgestützt, welche Wechselwirkungen zwischen den Erwartungen der Konsumenten und der Komplementoren bestehen und wie sich Produktvorankündigungen auf den kurz- und langfristigen Erfolg eines Netzeffektgutes auswirken. Sie machen deutlich, dass neben den direkten auch die indirekten Netzwerkeffekte eine wichtige Rolle spielen. Am Beispiel von Hard- und Software zeigen sie, dass sich eine schnelle Verbreitung am besten erzielen lässt, wenn sowohl Konsumenten (direkte Netzwerkeffekte) als auch Komplementoren (indirekte Netzwerkeffekte) schon vor dem Marktstart hohe Erwartungen bezüglich des Produkterfolgs hegen.

> Microsoft, for instance, announces its new operating systems to program providers several years in advance in order to stimulate the design of software programs. A few months later, the firm makes a public preannouncement at opinion leaders and potential customers to build favourable expectations about the forthcoming product (Le Nagard-Assayag/Manceau 2001, 216).

Sie empfehlen, sich immer mit hoher Priorität auf die Kundenerwartungen zu konzentrieren, weil diese ausschlaggebend für den Gesamterfolg sind. Die Erwartungen der Komplementäre können unterschiedlich wirken. Im günstigsten Falle sind auch sie stark positiv, dann ist zu erwarten, dass das Produkt kurz- wie langfristig ein Erfolg wird. Sind die Erwartungen der Komplementäre sehr negativ, ist das zwar für den kurzfristigen Erfolg ungünstig, weil nur wenige Komplementärangebote zur Verfügung stehen. Dies wird aber kompensiert, wenn die Komplementäre ihre Fehleinschätzung erkennen und dann sehr schnell mit vielen Angeboten auf den Markt kommen. Am ungünstigsten ist es, wenn sie eine mittlere Erwartung an den Produkterfolg haben. Dann wird der Markt an Komplementen stetig mit einem mittelgroßen Angebot versorgt und die indirekten Netzwerkeffekte sind nur schwach ausgeprägt. Die

Empfehlung von Le Nagard-Assayag und Manceau (2003, 216 f.) lautet, sich bei der Strategie für die Vorankündigung danach zu richten, wie gut man die Komplementoren beeinflussen kann. Wenn man davon ausgehen muss, bei ihnen keine wirklich hohen Erwartungen erzeugen zu können, sollte man sich besser nur auf die Konsumenten konzentrieren und sich von der negativen Meinung der Komplementoren nicht stören lassen. Nichtsdestotrotz sollten die Komplementoren nicht links liegen gelassen werden. Sie müssen natürlich mit den notwendigen technischen Produktinformationen versorgt werden und auch das geschätzte Marktpotenzial sollte angekündigt werden. Außerdem sollte man den notwendigen Vorlauf für die Produktentwicklung berücksichtigen, damit zum Marktstart auch tatsächlich Komplemente vorhanden sein können.

Produktvorankündigungen bei Netzeffektprodukten wirken nicht nur in Richtung der Kunden und Komplementoren, sondern haben auch starke Auswirkungen auf die Erwartungen des **Wettbewerbs**. Wettbewerber sollen nach Möglichkeit davon abgehalten werden, in den betreffenden Markt einzutreten. Solche kommunikationsinduzierten Markteintrittsbarrieren können aber nur geschaffen werden, wenn die Vorankündigung den Wettbewerb nicht stimuliert, sondern ihn abschreckt. Eliashberg und Chaterjee (1985, 256) leiten aus verschiedenen Modellen ab, dass in einer Leader-Follower-Situation der Marktführer umso aggressiver agieren wird (z. B. durch mehr Werbung), je stärker die Erwartung ist, dass die Reaktion der Wettbewerber schwach oder mit starker Verzögerung und wenig zielgerichtet ausfallen wird.

Zwischen den verschiedenen Adressatengruppierungen von Vorankündigungen, speziell den Konsumenten und dem Wettbewerb, bestehen demnach Wechselwirkungen, die Unternehmen bei ihrer Kommunikation berücksichtigen müssen:

> A firm's decision of whether or not to preannounce a new product often results from a trade-off between the anticipation of increased future sales of the new product and the negative consequences related to freezing purchases, cannibalizing former products and stimulating competitive reactions (Le Nagard-Assayag/Manceau 2001, 206).

Produktvorankündigungen beeinflussen die Einschätzungen der Wettbewerber bezüglich der Chancen für den zügigen Aufbau einer installierten Basis:

> Under increasing returns, rivals will back off in a market not only if it is locked in but if they *believe* it will be locked in by someone else (Arthur 1996, 107).

Produktvorankündigungen können bei vorhandenen Netzwerkeffekten aber nicht nur vom First-, sondern auch vom Second-Mover strategisch eingesetzt werden, um trotz des zeitlichen Nachteils noch erfolgreich zu sein. Farrell und Saloner (1986) zeigen das in einem mathematischen Modell. Sie beziehen sich dabei auf den Wechsel von einer bereits vorhandenen auf eine neue, inkompatible Technologie. Vorankündigungen eines Folgers im Markt können den Aufbau einer installierten Basis des Innovators hemmen oder sogar vereiteln.

> The timing of the announcement of a new incompatible product can critically determine whether the new product supersedes the existing technology (Farrell/Saloner 1986, 942).

Es gibt dann nämlich Nutzer, die auf Grund der Vorankündigung nicht das bereits verfügbare Produkt erwerben, sondern auf das neue warten und damit – nach der Markteinführung – zu dessen beschleunigtem Aufbau beitragen. Bei der Einführung von DivX als Konkurrenzformat zur DVD ließ sich das sehr gut erkennen. Die Vorankündigung von DivX führte zu einer Verringerung der Adoptionsrate der DVD-Technologie. Dieser Effekt führte allerdings nur zu einer temporär Verunsicherung im Markt. DivX wurde relativ schnell als eine zu frühe Produktankündigung entlarvt und es gab auch kein Commitment seitens der Filmindustrie, den notwendigen komplementären Content zur Verfügung zu stellen (Dranove/Gandal 2003). DivX konnte sich letztlich nicht als Standard durchsetzen.

Nach dem gleichen Prinzip kann natürlich ein Unternehmen auch seine eigene, bereits etablierte Technologie vor dem Markteintritt eines neuen Wettbewerbers schützen, indem eine Nachfolgetechnologie, Produkterweiterungen oder, wie in der Softwarebranche auch sehr weit verbreitet, Updates oder Upgrades angekündigt werden.

Lemley und McGowan (1998, 505) sehen sogar noch weitergehende Wirkungen von Vorankündigungen, nämlich im Hinblick auf die Herausbildung eines Standards:

> By preannouncing a product, a large company may therefore influence the outcome of a standards competition in an industry characterized by network effects.

Vorankündigungen spielen also eine wichtige Rolle bei der Frage, ob die kritische Masse bei einem (Konkurrenz-)Produkt erreicht wird und ob Netzwerkeffekte zustande kommen. Sie sind ein wichtiges strategisches Kommunikationsinstrument, das allerdings sowohl Chancen als auch Risiken birgt.

22.4.2 Selbstbindung

Eine weitere Möglichkeit, strategische Signale zu senden, ist die Selbstbindung, auch Commitment oder Bonding genannt (Göbel 2002, 328). Wenn Unternehmen nach außen hin sichtbar bestimmte Verpflichtungen, z. B. durch hohe Investitionen in Produktionsanlagen, übernehmen, wollen sie durch diese strategische Selbstbindung zeigen, für welchen Weg sie sich entschieden haben. Durch opportunistisches Verhalten – also etwas anderes zu tun als signalisiert – können sie danach nichts mehr gewinnen. Vor allem wenn es um die Setzung von Standards geht, wirkt die Investition in große Produktionskapazitäten als ein Signal für die dauerhafte Herstellung der neuen Güter und den Willen, einen neuen Standard zu etablieren. Gerade wenn Unternehmen noch nicht über die entsprechende Reputation verfügen, die durch opportunistisches Verhalten beschädigt werden könnte, werden Investitionsankündigungen gerne als Signal genutzt. Dies war der Fall bei Grundig, die im Standardisierungswettbewerb der Videorekordersysteme Ende der siebziger Jahre den Aufbau großer Produktionskapazitäten ankündigten, um die eigene Entschlossenheit zu demonstrieren, Video 2000 als Standard zu etablieren. In Anbetracht des damals gegebenen Marktpotenzials war klar, dass das geplante Volumen nur würde Absatz finden können, wenn eine dominante Marktstellung erreicht würde (Heß 1993, 65 f.). Ganz ähnlich agierte Philips bei der Etablierung der CD als Nachfolgestandard für die LP (McGahan 1991).

Ein weiteres strategisches Signal im Form einer Selbstbindung liegt vor, wenn Unternehmen gebundene Kunden haben und dem Wettbewerb anzeigen wollen, dass sie nach einer Phase des Preiskampfes nun dazu übergehen wollen, die Bestandskunden auszubeuten (Metge 2008, 195). Die (prohibitiven) Wechselkosten werden dazu genutzt, die Zahlungsbereitschaften des eigenen Kundenbestands abzuschöpfen. Dem Wettbewerb wird damit signalisiert, dass der Kampf um Marktanteile beendet werden soll.

22.4.3 Kooperationen

Die Erwartungen potenzieller Kunden lassen sich auch durch die Ankündigung verschiedener Formen von Kooperationen beeinflussen. Innovatoren sind mit ihrem neuen Produkt anfangs immer Monopolisten. Für potenzielle Kunden entsteht daraus die Gefahr der monopolistischen Preissetzung, die wiederum zu Kaufzurückhaltung führen kann. Um hier deutlich zu machen, dass das nicht die Absicht des Alleinanbieters ist, kann der Zugang zu einer Technologie geöffnet werden. Bei diesem so genannten Second Sourcing werden die Bezugsmöglichkeiten für den Käufer ausgedehnt indem die Produktion von einem auf zwei oder mehrere miteinander konkurrierende Hersteller ausgedehnt wird. Farrell und Gallini (1988, 673 f.) definieren Second Sourcing als:

> Voluntary inviting competitors into the market, usually by licensing a product at low royalties or by using an "open architecture". This involves giving away part of the market, so it is not obvious that it will be profitable.

Durch diese Öffnung entsteht intratechnologischer Wettbewerb, der es dem einzelnen Unternehmen nicht erlaubt, sein Angebot künstlich zu reduzieren und monopolistische Preise zu verlangen. Darüber hinaus ist die Öffnung des Zugangs ein Signal an die Anbieter von Komplementärprodukten. Für sie erhöht sich die Sicherheit, dass – selbst bei einer Insolvenz des Innovators – genügend Basisangebote gemacht werden. Das senkt das Investitionsrisiko für die Herstellung von Komplementen (Ehrhardt 2001, 121 f.). IBM ist hier das klassische Beispiel für das Angebot eines offenen Systems. IBM ermutigte unabhängige Softwareanbieter IBM-kompatible Software zu schreiben, um zum Marktstart entsprechende Komplemente zur Verfügung zu haben (Katz/Shapiro 1994, 103).

Die Bandbreite der Öffnung kann von exklusiven Verbindungen nur zweier Unternehmen bis hin zu großen Verbünden gehen. Durch die Zusammenarbeit von Partnern mit bekanntem Namen werden die Erwartungen der anderen Marktteilnehmer positiv beeinflusst.

> The most direct way to manage expectations is by assembling allies and making grand claims about your product's current or future popularity (Shapiro/Varian 1999a, 275).

Namhafte Unternehmen nehmen oft die Rolle von Meinungsführern ein. Ihnen wird unterstellt, dass sie über große Expertise verfügen und ein fundiertes Urteil über neue Produkte und Technologien fällen können. Sie als Kooperationspartner zu gewinnen, ist daher von hohem Wert. Sun Microsystems ging z. B. einen solchen Weg und schaltete 1999 ganzseitige Anzeigen, in denen alle großen Partner ihrer JAVA-Koalition genannt wurden (Shapiro/Varian 1999a, 275 f.). Auch der Kampf um den DVD-Nachfolgestandard wurde über den Aufbau von Allianzen und die Gewinnung der großen Namen der beteiligten Branchen ausgefochten.

Bei dieser Art von Einladung zum Markteintritt (Second Sourcing) gilt es für den monopolistischen Innovator (wie oben im Kapitel zu Kompatibilitätsmanagement und Standardisierung bereits detailliert ausgeführt) zwei Effekte gegeneinander abzuwägen: den Wettbewerbseffekt und den Netzwerkeffekt (Economides 1996b, Kap. 4.1). Der Wettbewerbseffekt bedeutet einen Rückgang des Marktanteils und tendenziell sinkende Preise und Gewinne auf Grund der zunehmenden Zahl an Anbietern. Die (direkten) Netzwerkeffekte hingegen bewirken wegen der hohen Absatzerwartungen eine zunehmende Zahlungsbereitschaft und steigende Preise. Sind die Netzwerkeffekte nun stark genug, überkompensieren sie die Nachteile aus der steigenden Wettbewerbsintensität (Economides 1996a, 231). Das Netzwerk wird mit Wettbewerb viel stärker wachsen als wenn es der Innovator allein versucht. Das gleiche gilt auch in Richtung der Komplemente. Auch ihr Absatz wächst, wenn im Markt für das Basisgut die Absatzzahlen steigen. Bietet der ursprüngliche Monopolist ergänzend auch Komplemente an, kann er von Netzwerkeffekten doppelt profitieren.

22.4.4 Kommunikation des Netzwerkwachstums

Wichtig ist es, und daher noch einmal zu betonen, dass die Netzwerkeffekte nicht nur auf die tatsächliche Teilnehmerzahl und die tatsächliche Verfügbarkeit von Komplementen zurückgehen, sondern auch auf die erwartete Größe des Netzes und des zugehörigen Komplementenangebots im geplanten Zeitraum der Teilnahme (Katz/Shapiro 1994). So kann es zu einer sich selbst erfüllenden Prophezeiung kommen, denn das System, von dem erwartet wird, dass es sich durchsetzt, wird sich aller Voraussicht nach auch tatsächlich durchsetzen (Picot/Scheuble 2000, 251). Gerade wenn sich der Markt in einem instabilen Gleichgewicht befindet (Linde 2008, 125 ff.), können es allein schon die Erwartungen der Kunden sein, die zu einer explosionsartigen Ausdehnung der Nachfrage hin zu einem stabilen Gleichgewicht führen und so über Erfolg und Misserfolg des Gutes entscheiden (Wiese 1991, 46). Damit wird auch deutlich, wie wichtig es ist, den Status des Netzwachstums immer wieder zur Bestätigung des Erfolgs zu kommunizieren. Apple praktizierte dies bis zum Exzess beim Start von iTunes im Mai 2003. In den darauf folgenden Monaten veröffentlichte Apple bis einschließlich Dezember zehn Pressemitteilungen, die den erfolgreichen Verlauf des Musikdienstes signalisieren sollten (Apple 2003). Wie sich daraus ein Wechselspiel sich selbst verstärkender Effekte ergeben kann, lässt sich gut am Beispiel von VHS-Videorekordern nachvollziehen (Dietl/Royer 2000, 326): Das wachsende Angebot von VHS-Rekordern führte zu einem steigenden Angebot an Videofilmen im entsprechenden Format. Das zunehmende Filmangebot führte wiederum zu einer verstärkten Nachfrage nach Rekordern. Das bewirkte sowohl bei den Anbietern der Hardware als auch bei den Komplementenanbietern sinkende Stückkosten, was Preissenkungen ermöglichte und so die Nachfrage weiter anheizte. Ergänzend nahm das Angebot an verschiedensten Komplementen (Aufnahmegeräte für Heimvideos, Geräte zur Programmierung der Rekorder etc.) zu, was die positiven Rückkopplungen nochmals verstärkte.

22.4.5 Versicherungsangebote

Ein etwas spezielleres Signalisierungsproblem stellt sich beim Marktstart eines Netzeffektgutes. So lange die kritische Masse nicht erreicht ist, besteht für den Anbieter eine große Rückschlagsgefahr, wenn die Nachfrage nicht durch direkte und indirekte Netzeffekte in Gang kommt, sondern die Kunden eine abwartende Haltung einnehmen. In dieser Pinguin-Phase sind zwar die Early-Adopters bereits unter den Käufern zu finden, aber die breite Masse, die wegen der Netzeffekte großen Wert auf die Verbreitung legt, ist noch nicht zum Kauf bereit. Sie ist unsicher, ob sich das Produkt oder die Technologie auch tatsächlich durchsetzten wird. Eine sehr innovative Lösung, die das Startproblem sicher und kostenlos lösen kann, ist die Versicherungslösung von Dybvig und Spatt (1983). Sie schlagen vor, allen potenziellen Käufern eines Netzeffektgutes eine Versicherung zu schenken. Jeder, der sich nun zum Kauf entschließt, muss nicht mehr das Risiko eingehen, dass sich die erwünschten Netzeffekte mangels weiterer Nutzer doch nicht einstellen. Wäre das nämlich doch der Fall, würde die Versicherung eintreten und Schadenersatz leisten. Weil die Unsicherheit durch die Versicherung aber weitgehend reduziert wird und viele Konsumenten kaufen, braucht sie gar nicht erst in Anspruch genommen zu werden. Dybvig und Spott sehen als Anbieter einer solchen Versicherung den Staat (1983, 238 ff.). Als Anbieter kommt aber genau so auch der Produzent eines Netzeffektgutes selbst in Frage (Wiese 1991, 47). Das Unsicherheitsproblem der Konsumenten wird durch diese Lösung auf den Anbieter übertragen. So lange er sich des Markterfolgs ganz sicher ist, ist die Ausgabe von Versicherungen – von den Transaktionskosten für den Abschluss und die Verbreitung abgesehen – tatsächlich kostenlos. Verhält sich die Nachfrage aber nicht erwartungsgemäß, können für den Anbieter natürlich ganz erhebliche Kosten entstehen.

22.4.6 Limit-Pricing

Signalisierung spielt beim Markteintritt auch eine große Rolle, wenn es darum geht, den Wettbewerb auf Distanz zu halten. Niedrige (Penetrations-)Preise des First-Movers setzen ein deutliches Signal, dass der Markt für den oder die Folger unattraktiv ist. Speziell als Limit-Price wird der höchstmögliche Preis bezeichnet, der einen Markteintritt des Wettbewerbs gerade noch verhindert (Wied-Nebbeling 1994, 202 ff.). Auf Grund der bestehenden Informationsasymmetrien zwischen dem First-Mover und seinen Wettbewerbern können die Folger nicht genau beurteilen, aus welchen Gründen die Preissetzung erfolgt (Wied-Nebbeling 2004, 253 f.): Verfügt der First-Mover dank niedriger Stückkosten über einen großen Spielraum zur Preissetzung oder schätzt er die Nachfrage als so gering ein, dass sie sich nur über sehr niedrige Preise erschließen lässt? Beides sind keine attraktiven Gründe für einen Markteintritt als Folger, der dann Gefahr laufen kann, seine mindestoptimale Betriebsgröße nicht zu erreichen.

Signaling ist, wie gezeigt werden konnte, ein mächtiges, aber multivalentes Instrument. Es stehen vielfältige Signalisierungsmöglichkeiten zur Verfügung, um die verschiedenen

Stakeholder (Kunden, Lieferanten, Komplementoren, Wettbewerber) zu beeinflussen. Da einzelne Signale aber gleichzeitig unterschiedliche Wirkungen erzeugen können, ist ein gut geplanter und sorgfältig abgestimmter Einsatz unerlässlich.

22.5 Fazit

- Informationsasymmetrien liegen vor, wenn eine Marktseite besser informiert ist als die andere. Die Marktkoordination funktioniert dann nicht mehr optimal, weil Angebot und Nachfrage trotz der Bereitschaft, zu einem bestimmten Preis zu kaufen bzw. zu verkaufen, nicht zueinander finden. Es kann im Extremfall zu einem vollständigen Marktversagen kommen.
- Durch Signale kann ein Anbieter dem Kunden zeigen, dass er vertrauenswürdig ist, dass seine Produkte die versprochene Qualität auch tatsächlich haben.
- Signale spielen immer dann eine Rolle, wenn es um unbeobachtbare Eigenschaften oder Absichten geht, über die eine glaubwürdige Aussage getroffen werden soll.
- Signalisierung ist Teil der Kommunikationspolitik des Unternehmens. Neben produktbezogenen Qualitätssignalen kann Signalisierung auch zur strategischen Marktkommunikation eingesetzt werden.
- Insgesamt gesehen weisen die meisten Informationsgüter nur wenige Such-, dafür aber stark ausgeprägte Erfahrungs- bzw. Vertrauenseigenschaften auf. Für den Käufer ist es also in der Regel schwierig, die Qualität vor dem Kauf umfassend abzuschätzen.
- Anbieter können Informationsasymmetrien abbauen, indem sie Teile des Informationsguts preisgeben. Das kann durch direkten Zugriff geschehen, z. B. über Previews oder Testlizenzen, oder indirekt durch Metainformationen.
- Werden direkte Inspektionsangebote gemacht, ist das Informationsparadoxon zu beachten: Durch die Offenlegung (von Teilen) des Informationsguts vor dem Kauf kann die Nachfrage bereits soweit befriedigt sein, dass die Zahlungsbereitschaft des Kunden bis auf Null zurückgeht.
- Leistungsbezogene Informationssubstitute sind Signale, die sich auf die vom Kunden wahrgenommene Ausgestaltung der Absatzpolitik des Anbieters beziehen. Es sind Substitute für Inspektionsangebote, also den Zugriff auf das Informationsgut selbst. Sie dienen dazu, Unsicherheiten bezüglich der Erfahrungseigenschaften eines Produkts abzubauen.
- Leistungsübergreifende Informationssubstitute zeigen nicht unmittelbar die Qualität eines konkreten Produkts an, sondern weisen über die einzelne Leistung hinaus und signalisieren, dass es sich bei dem Anbieter um einen Qualitätsanbieter handelt.

- Signale, die zum Abbau von Informationsasymmetrien bei Erfahrungseigenschaften eingesetzt werden (leistungsbezogene Informationssubstitute), lindern auch suchbezogene Qualitätsunsicherheiten. Genau so verhält es sich bei Signalen zum Abbau von Qualitätsunsicherheiten, die aus Vertrauenseigenschaften resultieren (leistungsübergreifende Informationssubstitute), sie decken ergänzend erfahrungs- und suchbezogene Unsicherheiten mit ab (Abwärtskompatibilität).
- Das zentrale leistungsübergreifende Informationssubstitut ist die Reputation des Anbieters.
- Zentrale Signale der strategischen Marktkommunikation sind Produktvorankündigungen, Selbstbindungen und Kooperationen.
- Produktvorankündigungen sind bewusste Kommunikationsakte, die ein Unternehmen durchführt, bevor es eine konkrete Aktion im Markt unternimmt.
- Von Selbstbindung eines Unternehmens spricht man, wenn es nach außen hin sichtbar bestimmte Verpflichtungen übernimmt, um zu zeigen, für welchen Weg es sich entschieden hat.
- Die Erwartungen potenzieller Kunden lassen sich durch die Ankündigung von Kooperationen beeinflussen. Durch die Öffnung des Zugangs zu einer Technologie entsteht Wettbewerb, der die Abhängigkeit des Kunden reduziert (Second Sourcing).
- Als begleitende Signalisierungsmaßnamen der strategischen Marktkommunikation können die Kommunikation des Netzwerkwachstums, Versicherungsangebote oder das Limit-Pricing eingesetzt werden.

22.6 Literatur

Adler, J. (1996): Informationsökonomische Fundierung von Austauschprozessen. Eine nachfrageorientierte Analyse. – Wiesbaden: Gabler.

Akerlof, G. A. (1970): The market for „lemons". Quality, uncertainty, and the market mechanism. – In: Quarterly Journal of Economics 84, S. 488–500.

Apple Inc. (2003): Press Releases 2003. Online: http://www.apple.com/pr/library/2003/, geprüft: 03.08.2010.

Arrow, K. J. (1962): Economic welfare and the allocation of resources for invention. – In: National Bureau of Economic Research (Hg.): The Rate and Direction of Inventive Activity. Economic and Social Factors. Princeton, S. 609–626.

Arthur, B.W. (1996): Increasing returns and the new world of business. – In: Harvard Business Review 74, S. 100–109.

Backhaus, K.; Voeth, M. (2007): Industriegütermarketing. 8. Aufl. – München: Vahlen (Vahlens Handbücher der Wirtschafts- und Sozialwissenschaften).

Barwise, P.; Elberse, A.; Hammond, K. (2002): Marketing and the internet: A research review. – In: Weitz, B. A.; Wensley, R. (Hg.): Handbook of Marketing. London: SAGE, S. 527–557.

Bayus, B. L.; Jain, S.; Rao, A. G. (2001): Truth or consequences: An analysis of vaporware and new product announcements. – In: Journal of Marketing Research 38, S. 3–11.

Besen, S. M.; Farrell, J. (1994): Choosing how to compete. Strategies and tactics in standardization. – In: Journal of Economic Perspectives 8(2), S. 117–131.

Bock, A. (2000): Gütezeichen als Qualitätsaussage im digitalen Informationsmarkt. Dargestellt am Beispiel elektronischer Rechtsdatenbanken. – Darmstadt: STMV (Beiträge zur juristischen Informatik, 24).

Boulding, W.; Kirmani, A. (1993): A consumer-side experimental examination of signaling theory: Do consumers percieve warranties as signals of quality. – In: Journal of Consumer Research 20, S. 111–123.

Brynjolfsson, E.; Smith, M. D. (2000): Frictionless commerce? A comparison of internet and conventional retailers. – In: Management Science 46(4), S. 563–585.

Calore, M. (2007): Vaporware 2007: Long Live the King. Wired News. Online: http://www.wired.com/gadgets/gadgetreviews/multimedia/2007/12/YE_Vaporware?slide=10&slideView=10, geprüft: 03.08.2010.

Choi, J. P.; Kristiansen, E. G.; Nahm, J. (2006): Preannouncing information goods. – In: Illing, G.; Peitz, M. (Hg.): Industrial Organization and the Digital Economy. – Cambridge, Mass.: MIT Press, S. 208–228.

Choi, S. Y.; Stahl, D. O.; Whinston, A. B. (1997): The Economics of Electronic Commerce. – Indianapolis, IN: Macmillan Technical Pub.

Clement, M.; Hille, A.; Lucke, B.; Schmidt-Stölting, C.; Sambeth, F. (2008): Der Einfluss von Rankings auf den Absatz - Eine empirische Analyse der Wirkung von Bestsellerlisten und Rangpositionen auf den Erfolg von Büchern. – In: Zeitschrift für betriebswirtschaftliche Forschung 60, S. 746–777.

Cooper, R.; Ross, T. W. (1985): Product warranties and double moral hazard. – In: Rand Journal of Economics 16, S. 103–113.

Darby, M. R.; Karni, E. (1973): Free competition and the optimal amount of fraud. – In: Journal of Law and Economics 16, S. 67–88.

Degeratu, A. M.; Rangaswamy, A. Wu J. (2000): Consumer choice behavior in online and traditional supermarkets: The effects of brand name, price, and other search attributes. – In: International Journal of Research in Marketing 17(1), S. 55–78.

Deysson, C. (1990): Subtile Gehirnwäsche. – In: Wirtschaftswoche 44, Ausgabe 5, 1990, S. 110–112.

Dietl, H.; Royer, S. (2000): Management virtueller Netzwerkeffekte in der Informationsökonomie. – In: Zeitschrift für Organisation 69(6), S. 324–331.

Diller, H. (2008): Preispolitik. 4. Aufl. – Stuttgart: Kohlhammer (Kohlhammer Edition Marketing).

Dranove, D.; Gandal, N. (2003): The DVD vs. DIVX standard war: Empirical evidence of network effects and preannouncement effects. – In: Journal of Economics and Management Strategy 12(3), S. 363–386.

Dybvig, P. H.; Spatt, C. S. (1983): Adoption externalities as public goods. – In: Journal of Public Economics 20, S. 231–247.

Economides, N. (1996a): Network externalities, complementarities, and invitations to enter. – In: European Journal of Political Economy 12, S. 211–233.

Economides, N. (1996b): The Economics of Networks. Online: http://www.stern.nyu.edu/networks/top.html, geprüft: 03.08.2010.

Ehrhardt, M. (2001): Netzwerkeffekte, Standardisierung und Wettbewerbsstrategie. 1. Aufl. – Wiesbaden: Dt. Univ.-Verl. (Gabler Edition Wissenschaft : Strategische Unternehmungsführung).

Eliashberg, J.; Chatterjee, R. (1985): Analytical models of competition with implications for marketing: Issues, findings, and outlook. – In: Journal of Marketing Research 22(3), S. 237–261.

Eliashberg, J.; Robertson, T. S. (1988): New product preannouncing beavior: A market signaling study. – In: Journal of Marketing Research 25(3), S. 282–292.

Farrell, J.; Gallini, N. T. (1988): Second sourcing as a commitment - Monopoly incentives to attract competition. – In: Quarterly Journal of Economics 103, S. 673–694.

Farrell, J.; Saloner, G. (1986): Installed base and compatibility: Innovation, product preannouncements, and predation. – In: American Economic Review 76(5), S. 940–955.

Fließ, S. (2004): Qualitätsmanagement bei Vertrauensgütern. – In: Marketing (ZFP) - Zeitschrift für Forschung und Praxis 25, H. Spezialausgabe Dienstleistungsmarketing, S. 33–44.

Gans, J. (2008): Managerial Economics Online. Malbourne Business School. Online: http://www.mbs.edu/home/jgans/mecon/value/Segment%205_7.htm, zuletzt aktualisiert am 14.06.2008, geprüft: 03.08.2010.

Göbel, E. (2002): Neue Institutionenökonomik. Konzeption und betriebswirtschaftliche Anwendungen. – Stuttgart: Lucius & Lucius.

Grant, R.M.; Nippa, M. (2006): Strategisches Management. Analyse, Entwicklung und Implementierung von Unternehmensstrategien. 5. Aufl. – München: Pearson Studium (wi - wirtschaft).

Haller, J. (2005): Urheberrechtsschutz in der Musikindustrie. Eine ökonomische Analyse. – Lohmar: Eul-Verlag.

Hane, P. J. (2002a): Northern Light to Focus on Enterprise Customers, Will Discontinue Free Public Web Search. Herausgegeben von NewsBreaks. Online: http://newsbreaks.infotoday.com/nbreader.asp?ArticleID=17271, zuletzt aktualisiert am 28.02.2010, geprüft: 03.08.2010.

Hane, P. J. (2002b): Divine Acquires Northern Light, Announces Premium Content Agreement with Yahoo! Herausgegeben von NewsBreaks. Online: http://newsbreaks.infotoday.com/nbreader.asp?ArticleID=17260, zuletzt aktualisiert am 14.01.2002, geprüft: 09.09.2008.

Heß, G. (1993): Kampf um den Standard. Erfolgreiche und gescheiterte Standardisierungsprozesse - Fallstudien aus der Praxis. – Stuttgart: Schäffer-Poeschel.

Hutter, M. (2003): Information goods. – In: Towse, R. (Hg.): A Handbook of Cultural Economics. – Cheltenham: Elgar, S. 263–268.

Information Access Company (2000): Online: http://www.gurowitz.com/artic-les/JnlBusStr.pdf.

Irmscher, M. (1997): Markenwertmanagement. Aufbau und Erhalt von Markenwissen und -vertrauen im Wettbewerb. Eine informationsökonomische Analyse. – Frankfurt am Main: Lang.

Jöckel, S. (2008): Videospiele als Erfahrungsgut. Der Einfluss von Online-Bewertungen auf den Erfolg von Videospielen. – In: MedienWirtschaft, Sonderheft, S. 59–66.

Katz, M. L.; Shapiro, C. (1985): Network externalities, competition, and compatibility. – In: American Economic Review 75(3), S. 424–440.

Katz, M. L.; Shapiro, C. (1994): Systems competition and network effects. – In: Journal of Economic Perspectives 8(2), S. 93–115.

Kim, J. Y; Natter, M.; Spann, M. (2009): Pay what you want: A new participative pricing mechanism. – In: Journal of Marketing 73(1), S. 44–58.

Kirmani, A.; Rao, A. R. (2000): No pain, no gain. A critical review of the literature on signaling: Unobservable product quality. – In: Journal of Marketing 64, S. 66–79.

Kirmani, A.; Wright, P. (1989): Money talks: Percieved advertising expense and expected product quality. – In: Journal of Consumer Research 16, S. 344–353.

Klein, B.; Leffler, K. B. (1981): The role of market forces in assuring contractual performance. – In: Journal of Political Economy 89(4), S. 615–641.

Kleinaltenkamp, M. (1994): Technische Standards als Signale im Marktprozeß. – In: Zahn, E. (Hg.): Technologiemanagement und Technologien für das Management. 55. Wissenschaftliche Jahrestagung des Verbandes der Hochschullehrer für Betriebswirtschaft e. V. an der Universität Stuttgart 1993. – Stuttgart: Schäffer-Poeschel, S. 197–226.

Klodt, H. (2001): Und sie fliegen doch. Wettbewerbsstrategien für die Neue Ökonomie. – In: Donges, J. B.; Mai, S. (Hg.): E-Commerce und Wirtschafspolitik. – Stuttgart, S. 31–48.

Kohli, C. (1999): Signaling new product introductions: A framework explaining the timing of preannouncements. – In: Journal of Business Research 46(1), S. 45–56.

Köster, D. (1999): Wettbewerb in Netzproduktmärkten. Wiesbaden: Dt. Univ.-Verl. (Beiträge zur betriebswirtschaftlichen Forschung, 89).

Le Nagard-Assayag, E.; Manceau, D. (2001): Modeling the impact of product preannouncements in the context of indirect network externalities. – In: International Journal of Research in Marketing 18, S. 203–219.

Lee, Y.; O'Connor, G. C. (2003): New product launch strategy for network effects. – In: Journal of the Academy of Marketing Science 31(3), S. 241–255.

Lemley, M.; McGowan D. (1998): Legal implications of network economic effects. – In: California Law Review 86, S. 481–611.

Lilly, B.; Walters, R. (1997): Toward a model of new product preannouncements timing. – In: Journal of Product and Innovation Management 14, S. 4–20.

Linde, F. (2008): Ökonomie der Information. 2. Aufl. – Göttingen: Univ.-Verl. Göttingen (Universitätsdrucke Göttingen).

Luo, W.; Chung, Q. (2002): An empirical investigation of reputation and price dispersion in electronic commerce. Association for Information Systems, AMCIS 2002 Proceedings. Online: http://aisel.aisnet.org/amcis2002/56/, geprüft: 03.08.2010.

Maaß, C. (2006): Strategische Optionen im Wettbewerb mit Open-Source-Software. – Berlin: Logos-Verl.

Malaga, R. A.; Werts, N. (2000): The use of reputation mechanisms in electronic commerce. An empirical investigation. Paper Presented at the Fifth Americas Conference on Information Systems. – Milwaukee, WI.

McGahan, A. M. (1991): Philips' Compact Disc Introduction. Case Study. Harvard Business School Publishing. – Boston, MA.

McLachlan, C. (2004): Wettbewerbsorientierte Gestaltung von Informationsasymmetrien. Eine informationsökonomisch fundierte Analyse des anbieterseitigen Informationsverhaltens. – Norderstedt: Books on Demand.

Melnik, M.; Alm, J. (2002): Does a seller's ecommerce reputation matter? Evidence from eBay auctions. – In: Journal of Industrial Economics 50(3), S. 337–349.

Metge, J. (2008): Wechselkosten, Marktzutritt und strategisches Unternehmensverhalten. – Frankfurt am Main: Lang.

Monroe, K. B. (2003): Pricing. Making profitable decisions. 3. ed. – Boston: McGraw-Hill/Irwin.

Nalebuff, B. J.; Brandenburger, A. M. (1996): Coopetition - kooperativ konkurrieren. Mit der Spieltheorie zum Unternehmenserfolg. – Frankfurt / Main: Campus-Verl.

Nelson, P. (1974): Advertising as information. – In: Journal of Political Economy 82, S. 729–753.

Notess, G. (1998): Northern light: New search engine for the web and full-text articles. – In: Database 21(1), S. 32–37.

Osborne, A.; Dvorak, J. (1984): Hypergrowth. The Rise and Fall of Osborne Computer Corporation. – Berkeley: Idthekketan Publishing Company.

Parker, P. M. (1995): Sweet lemons: Illusory quality, self-deceivers, advertising, and price. – In: Journal of Marketing Research 32(3), S. 291–307.

Picot, A.; Reichwald, R.; Wigand, R. T. (2003): Die grenzenlose Unternehmung. Information, Organisation und Management: Lehrbuch zur Unternehmensführung im Informationszeitalter. 5. Aufl. – Wiesbaden: Gabler.

Picot, A.; Scheuble, S. (2000): Hybride Wettbewerbsstrategien in der Informations- und Netzökonomie. In: Welge, M. K.; Al-Laham, A.; Kajüter, P. (Hg.): Praxis des strategischen Managements. Konzepte, Erfahrungen, Perspektiven. – Wiesbaden: Gabler, S. 239–257.

Rogers, E. M. (2003): Diffusion of Innovations. 5. ed. – New York, NY: Free Press.

Rüller, C. (2000): Die Zertifizierung nach ISO 9000ff. in der Informationswirtschaft. Institut für Informationswissenschaft der Fachhochschule Köln. Köln. (Kölner Arbeitspapiere zur Bibliotheks- und Informationswissenschaft, 28).

Scitovsky, T. (1945): Some consequences of the habit of judging quality by price. – In: Review of Ecomomic Studies 12, S. 100–105.

Shapiro, C. (1983): Premiums for high quality products as returns to reputations. – In: Quarterly Journal of Economics 97, S. 659–679.

Shapiro, C.; Varian, H. R. (1999a): Information Rules. A Strategic Guide to the Network Economy. [Nachdr.]. – Boston Mass.: Harvard Business School Press.

Shapiro, C.; Varian, H. R. (1999b): The art of standards wars. – In: California Management Review 41(2), S. 8–32.

Shimp, T. A.; Bearden, W. O. (1982): Warranty and other extrinsic cue effects on consumers´ risk perceptions. – In: Journal of Consumer Research 9, S. 38–46.

Software & Information Industry Association (2008): Sustaining Competition in the Software Industry: Enforcement of Current Laws is Key. Online: http://www.siia.com/index.php?option=com_docman&task=doc_download&gid=2179&ItemId=48, geprüft: 03.08.2010.

Spence, M. (1973): Job market signaling. – In: Quarterly Journal of Economics 87, S. 355–374.

Spence, M. (1976): Informational aspects of market structure: An introduction. – In: Quarterly Journal of Economics 90, S. 591–597.

Stahl, F. (2005): Paid Content. Strategien zur Preisgestaltung beim elektronischen Handel mit digitalen Inhalten. – Wiesbaden: Dt. Univ.-Verl. (Gabler Edition Wissenschaft).

Suarez, F.F. (2004): Battles for technological dominance: an integrative framework. – In: Research Policy 33(2), S. 271–286.

Takeyama, L. N. (2003): Piracy, asymmetric information and product quality. – In: Gordon, W. J.; Watt, R. (Hg.): The Economics of Copyright. Developments in Research and Analysis. – Cheltenham: Elgar, S. 55–65.

Takeyama, L. N. (2009): Copyright enforcement and product quality signaling in markets for computer software. – In: Information Economics and Policy 21(4), S. 291–296.

Tolle, E. (1994): Informationsökonomische Erkenntnisse für das Marketing bei Qualitätsunsicherheit der Konsumenten. – In: Zeitschrift für betriebswirtschaftliche Forschung 46, S. 926–938.

Varian, H. R. (1998): Markets for Information Goods. University of California, Berkeley. Online: http://people.ischool.berkeley.edu/~hal/Papers/japan/japan.pdf, geprüft: 03.08.2010.

Völckner, F. (2006): Determinanten der Informationsfunktion des Preises: Eine empirische Analyse. – In: Zeitschrift für Betriebswirtschaft 76(5), S. 473–497.

Wied-Nebbeling, S. (1994): Markt- und Preistheorie. 2. Aufl. – Berlin: Springer.

Wied-Nebbeling, S. (2004): Preistheorie und Industrieökonomik. 4. Aufl. – Berlin: Springer.

Wiese, H. (1991): Marktschafung. Das Startproblem bei Netzeffekt-Gütern. – In: Marketing (ZFP) - Zeitschrift für Forschung und Praxis 1, S. 43–51.

Yoon, E.; Guffey, H. J.; Kijewski, V. (1993): The effects of information and company reputation on intentions to buy a business service. – In: Journal of Business Research 27(3), S. 215–228.

Zerdick, A. et al. (Hg.) (2001): Die Internet-Ökonomie. Strategien für die digitale Wirtschaft. 3. Aufl. – Berlin: Springer.

23 Lock-in-Management

23.1 Wechselkosten und Lock-in

Jede Form des Gebrauchs eines (Informations-)Gutes führt neben den Anschaffungskosten zu Gewöhnungseffekten. Seien es die Navigationsstruktur einer Webseite, die Nutzungsmöglichkeiten einer Software oder die Seiten- und Themenaufteilung einer (Online-)Zeitung. Für den Nutzer, der sich an den Gebrauch eines Produkts gewöhnt hat, bedeutet es Aufwand, wenn er sich auf ein neues Produkt einstellen muss. Das kann sehr leicht gehen, wenn man nur den Handytyp desselben Anbieters wechselt, es kann aber auch aufwändiger werden, wenn man sich auf die ganz andere Menüstruktur eines Konkurrenzprodukts einlassen muss. Der Ökonom spricht hier von Wechselkosten oder Switching Costs, also materiellen (z. B. Kauf langlebiger Hardware) und immateriellen Kosten (z. B. Einarbeitung in ein neues Programm), die für einen Nutzer entstehen, wenn er von einem Produkt zu einem anderen wechselt. Wechselkosten können für einen Nutzer im Extremfall so hoch werden, dass der Wechsel für ihn nicht mehr rational ist. Er befindet sich dann in einem Lock-in (Shapiro/Varian 1999, 103 ff.; Varian 2003, 20 ff.).

Porter (1980, 10) definierte schon früh Wechselkosten oder auch Wechselbarrieren als

> one time costs facing the buyer [when] switching from one supplier's product to another.

Die erste ausführliche Auseinandersetzung mit dem Phänomen der Wechselkosten erfolgte bei Klemperer (1987). Ganz generell ist bei der Betrachtung von Wechselkosten unter Kosten bzw. Aufwendungen nicht nur der monetäre, sondern auch ein zeitlicher, psychischer und/oder sozialer Einsatz von Ressourcen zu verstehen. Wechselkosten beinhalten somit jegliche Art von Hemmnissen, die es aus Kundensicht erschweren oder sogar verhindern, von einem Anbieter zum anderen zu wechseln (Staack 2004, 151).

Die Wechselkosten für den Nutzer lassen sich in zwei Komponenten unterteilen (Rams 2001, 38): Zum einen gibt es bei einem Anbieterwechsel **direkte**, tatsächlich entstehende Kosten. Das sind Kosten für die eventuell notwendige Vertragsauflösung, Transaktionskosten für Auswahl und Beschaffung sowie Setup-Kosten für Installierung, Integration etc. des neuen Produkts. Dazu gehören auch Kosten für organisatorische Anpassungen und den Aufbau von Humankapital (z. B. durch spezielle Trainingsprogramme), um sich als Anwender vom gewohnten auf das neue Produkt einzustellen. Zum anderen entstehen **indirekte** Kosten aus dem Verzicht auf die weitere Nutzung des bisherigen Produkts. Die indirekten Kosten beinhalten alle versunkenen Kosten (sunk costs). Das sind irreversible Investitionen in Hardwarebestände oder produktspezifische Anwendertrainings. Solche Investitionen lassen sich durch Entscheidungen in der Gegenwart oder Zukunft nicht mehr rückgängig machen. Eine Ausnahme stellen lediglich Investitionen in Vermögensgegenstände dar, die sich weiterverkaufen lassen, wie z. B. gebrauchte Spiele- oder Softwarelizenzen oder auch weiterverwendbare Hardware. Ein weiterer Bestandteil der indirekten Kosten sind die so genannten Opportunitätskosten. Sie stellen – ganz generell – den Wert des Verzichts auf eine mögliche Alternative dar. Im Falle eines Anbieterwechsels geht z. B. der positive Nutzen der bisherigen Geschäftsbeziehung verloren. Opportunitätskosten sind vor allem dann von Bedeutung, wenn altes und neues Angebot nur bedingt miteinander vergleichbar sind. Dies ist immer dann so, wenn das bisherige Produkt exklusive Merkmale aufweist. Dazu sind z. B. auch Treue- oder Stammkundenrabatte zu zählen, die verfallen, wenn man den Anbieter wechselt.

Neben den Wechselkosten, die der Nutzer zu tragen hat, entstehen auch Kosten für den neuen Anbieter. Klemperer (1995, 518 f.) unterscheidet Transaktionskosten zur Administration der Neukunden, Lernkosten für die Arbeit mit den neuen Kunden und Kosten, die aus der Unsicherheit über deren Qualität entstehen. Genauso wie Klemperer (1995, 519) sprechen auch Shapiro und Varian (1999, 112) deshalb von den „total cost of switching" als den Kosten, die der Kunde und der neue Anbieter insgesamt zu tragen haben. Für deren Gesamtvolumen ist es dabei unerheblich, von wem sie getragen werden, vom Kunden oder vom Anbieter. Es ist unerlässlich immer die gesamten Wechselkosten einzubeziehen, weil man erst so eine korrekte Analyse durchführen kann, ob die Akquisition von Neukunden lohnt.

Neben diesen **ökonomischen Wechselkosten** lassen sich auch noch psychische und soziale Wechselbarrieren identifizieren (Peter 2001, 120 ff.; Staack 2004, 154 ff.). **Psychische Wechselbarrieren** binden den Kunden durch die positive emotionale Einstellung gegenüber seinem aktuellen Anbieter. Aus der Sozialpsychologie ist dazu bekannt, dass Menschen ihre Präferenzen zugunsten der von ihnen getätigten Entscheidungen ausrichten um kognitive Dissonanzen abzubauen.

> Thus if consumers are initially indifferent between competing products, the fact of using one brand will change consumers' relative utilities for the products so that they perceive a cost of switching brands (Klemperer 1995, 518).

Der Nutzenzuwachs durch ein neues Produkt wird vom potenziellen Käufer gegen die Nutzeneinbuße abgewogen, wobei es hier zu einer Asymmetrie kommt: Produkte oder Produkteigenschaften, die man schon besitzt und für ein neues Produkt aufgeben müsste, werden in der Regel höher bewertet als der mögliche Zugewinn durch einen Produktwechsel (Gourville 2004, 4). Das zwischen den Beteiligten gewachsene Vertrauen spielt hierbei eine zentrale Rolle. Kundenbindung kann auch aus **sozialen Wechselbarrieren** resultieren, die durch intensive soziale Beziehungen (Bekanntschaft, Freundschaft etc.) zwischen den Marktpartnern entstanden sind.

Wechselkosten können in der Kunden-Lieferanten-Beziehung nicht nur für den Kunden, sondern auch für den Lieferanten, aus dieser Sicht also den Anbieter, entstehen (Messerschmitt 2000, 239). Lieferanten, die sich auf ein bestimmtes Produktdesign, Softwarebausteine und Kompatibilitäten festgelegt haben, können diese Entscheidungen nicht ohne weiteres rückgängig machen. Die Wechselkosten erhöhen sich weiter, wenn exklusive Lieferbeziehungen im Rahmen eines Single Sourcing vereinbart sind.

Wechselbarrieren resultieren für den Kunden also aus getätigten Investitionen und befriedigten Bedürfnissen. Im Fokus der weiteren Betrachtungen werden nur Wechselbarrieren stehen, die einen ökonomischen Bezug haben. Um das deutlich zu machen, wird fortan von Wechsel**kosten** die Rede sein.

23.2 Wechselkosten in der Informationswirtschaft

Welche Arten von Wechselkosten entstehen typischerweise in der Informationswirtschaft? Eine Reihe von (ökonomischen) Wechselkosten hatten wir bereits weiter oben angesprochen. Sie sind auch bei Informationsgütern bedeutsam. Wir wollen uns im Folgenden etwas detaillierter auf ganz spezielle, informationsgüterspezifische Wechselkosten konzentrieren. Shapiro und Varian (1999, 116 ff.) nennen einige, die bei Informationsgütern besonders bedeutsam sind.

Digitale Informationsgüter liegen immer in bestimmten Formaten vor: Microsoft Word Text-Dateien z. B. in den Formaten rtf, doc oder docx, Musik-Dateien z. B. im Format wav oder mp3. Bei einem Anbieterwechsel können die **Datenbestände** ganz oder teilweise entwertet werden, wenn sie vom neuen Textverarbeitungsprogramm oder dem neuen Audio-Player nicht mehr gelesen werden können. Eventuell ist eine Konvertierung vom alten ins neue Format möglich, was aber immer mit Arbeit und dem Risiko von Datenverlusten verbunden ist. Kunden, die also große Datenbestände in speziellen Formaten halten, befinden sich schnell in einem Lock-in.

Jede Art von Nutzung digitaler Informationsgüter bedarf **kompatibler Endgeräte**. Die Musiksammlung aus Sonys ehemaligem Onlineangebot Connect im ATRAC-Format ist nur von den portablen Playern aus dem Hause Sony (oder lizenzierten Produkten) abspielbar. Kunden, die über eine große Musikbibliothek verfügen, befinden sich in einem doppelten Lock-in: Sie können beim Wechsel des Anbieters die alten Bestände nicht weiter nutzen und sie sind beim Abspielen auf spezielle Endgeräte festgelegt, die in Verbindung mit einem alternativen Produkt ebenfalls nicht weiter genutzt werden können. Ein Wechsel zu iTunes oder musicload wird dadurch unwahrscheinlich. Diese große Lock-in Gefahr war vermutlich auch der entscheidende Grund, warum Sonys Musicstore Connect im März 2008 geschlossen wurde. Kurz zuvor hatte Sony seine Abspielgeräte noch für fremde Formate geöffnet, um ihren weiteren Absatz nicht zu gefährden.

Jedes Informationsgut bedarf zu seiner Nutzung eines Ausgabemediums, an das der Nutzer sich gewöhnt. Das gilt für klassische Informationsgüter wie die Tageszeitung, bei der man nach kurzer Zeit weiß, wo das Wetter und die Fußballergebnisse stehen. Das gilt aber noch viel stärker für alle Arten von softwaregestützter Ausgabe (z. B. über Browser) oder der Softwarenutzung selbst. Der Anwender ist gewöhnt an bestimmte Navigationsstrukturen, Funktionen oder Arbeitsabläufe, wodurch es für ihn mit zunehmender Dauer unattraktiver wird, sich auf andere Darstellungsformen und Systeme umzustellen. Über die persönliche Ent- und Gewöhnung hinaus entstehen häufig zusätzliche Kosten für Handbücher, Schulungen oder technischen Support, die für die **produktspezifische Einarbeitung** anfallen.

Nochmals erwähnt werden müssen die **Loyalitätsprogramme**, weil sie sich bei Informationsgütern besonders kostengünstig realisieren lassen. Die geringen variablen Kosten machen es Anbietern sehr leicht, Kunden bei wiederholten Käufen attraktive Angebote (Ermäßigung der Bezugskosten, Ausweitung des Angebots etc.) zu machen. Insbesondere im Online-Geschäft wird dies sehr unterstützt durch die leicht erhältlichen und auswertbaren Kundeninformationen, die üblicherweise erfasst werden (Shapiro/Varian 1999, 127 ff.).

In der Informationswirtschaft haben Wechselkosten nach Shapiro und Varian (1999, 110) eine herausragende Bedeutung:

> Switching costs are the norm, not the exception, in the information economy.

23.3 Vom zufälligen zum geplanten Lock-in

Hohe oder sogar prohibitive Wechselkosten führen dazu, dass Kunden das einmal gekaufte Produkt weiter nutzen und den Anbieter nicht wechseln. Im Kapitel 19 zur Standardisierung hatten wir als Beispiel für ein starkes Lock-in die QWERTZ-Tastatur kennen gelernt. Dieser Fall und genau so auch die Dominanz von VHS im Videobereich werden gern als Beispiele dafür herangezogen, dass bessere Angebote (DSK-Tastatur, BetaMax) verfügbar gewesen wären, sich aber durch das kollektive Lock-in nicht haben durchsetzen können (Grant/Nippa 2006, 442; Beck 2002, 56 ff.; sehr kritisch dazu allerdings Liebowitz/Margolis 1995). Für Unternehmen stellt sich in diesem Zusammenhang die Frage, ob sie die Entstehung eines Lock-ins beeinflussen können.

Lock-in Effekte wurden lange Zeit als zwar außerordentlich bedeutsame, aber historisch zufällige Ereignisse bei der Entwicklung von Netzwerken angesehen. Erst in den 1990 Jahren kam es in der Netzwerkökonomie zu einem grundlegenden Wandel in der Betrachtungsweise (Erber/Hagemann 2002, 287). Es wurde deutlich, dass sich Lock-in Effekte steuern oder sogar auch künstlich erzeugen lassen.

> Unternehmen, die über die Bedeutung positiver Netzwerkexternalitäten in Märkten für Netzwerkgüter Bescheid wussten, konnten dieses Wissen im Wettbewerb mit anderen nutzen, um

durch diese Strategie des *managed lock-in* eine dominierende Marktstellung zu erobern (Erber/Hagemann 2002, 288).

Die beim Wechsel eines Netzwerkanbieters anfallenden Kosten werden dadurch zu einem bedeutenden strategischen Instrument zur Kontrolle des Marktes. Neu war vor allem die Erkenntnis, dass Wechselkosten nicht mehr allein durch spezifische technologische Besonderheiten oder Standards entstehen, sondern ganz bewusst auch künstlich geschaffen werden können, allein zu dem Zweck, Nutzern den Wechsel zu erschweren (Erber/Hagemann 2002, 288).

Neben die schon seit längerem bekannten und untersuchten, von außen vorgegebenen, exogenen Wechselkosten treten damit zusätzlich so genannte **endogene** Wechselkosten, die durch das Unternehmen selbst kontrollierbar sind. Letztere sind bislang noch wenig untersucht worden (Haucap 2003, 29). Nilssen (1992) betrachtet künstliche Wechselkosten als typisch endogen. Zu solchen künstlichen Wechselkosten gehören z. B. Rabatte sowie Treue- oder Bonussysteme (Metge 2008, 8 f.). Da ex ante relativ homogene Güter durch die Existenz von Wechselkosten mit dem Kauf ex post heterogen werden, haben Anbieter den Anreiz, Wechselkosten künstlich zu kreieren, die das angebotene Produkt (bzw. die Dienstleistung) im Vergleich zu den Konkurrenzprodukten differenzieren (Klemperer 1987, 375).

23.4 Der Lock-in Cycle

Wie kommt es nun konkret zur Entstehung eines Lock-ins? Shapiro und Varian (1999, 131 f.) sehen die Entstehung von Lock-in als einen dynamischen Prozess im Zeitablauf mit vier Phasen. Ausgangspunkt ist die Wahl eines Produkts oder einer Marke (**Brand Selection**) – das kann ein e-Book, ein Gameboy oder der Besuch eines Jobvermittlungsportals sein. Beim ersten Mal handelt es sich um eine Entscheidung des Kunden, die frei von Wechselkosten ist. Wechselkosten entstehen nämlich immer erst als Folge bestimmter Entscheidungen. In der zweiten Phase (**Sampling**) entscheidet sich der Kunde, das Angebot zu testen. Er liest das e-Book an, spielt eine Runde auf dem Gameboy oder surft auf dem Jobportal. Die Preissetzung ist in dieser Phase ein wichtiges Instrument. Für Informationsanbieter ist es ein Leichtes, kostenfreie Testangebote zu machen. Die große Gefahr liegt allerdings darin, dass der Kunde die Probe nimmt, es aber dabei belässt, also die kostenpflichtigen Angebote ignoriert. Kunden, die sich über den Test hinaus auf das Produkt einlassen, kommen in die dritte Phase des Lock-in Cycles, die Phase der eigentlichen Bindung (**Entrenchment**). Wenn der Kunde den Schreibstil des Autors schätzen lernt, ihm die Spiele auf dem Gameboy und das Handling gefallen oder er alle für ihn wichtigen Informationen auf dem Jobportal findet, gewöhnt er sich an das neue Produkt und entwickelt dafür eine Präferenz gegenüber anderen Alternativen. Vielleicht tätigt er auch komplementäre Investitionen. Das können zusätzliche Spiele sein oder die persönliche Konfiguration der Angebote des Portals. Jetzt entstehen Wechselkosten. Der Anbieter wird versuchen, diese Phase möglichst ausgedehnt zu gestalten und zu verhindern, dass der Kunde sich anderen Angeboten zuwendet. Sein Ziel ist es, die Wechselkosten steigen zu lassen, so dass sie – aus seiner Sicht – idealerweise prohibitiv werden und in Phase vier in ein **Lock-in** münden. Ist dieser Punkt tatsächlich erreicht, wird der Kunde seinem Anbieter treu bleiben und beim nächsten Kauf andere Produkte allenfalls in Betracht ziehen, nicht aber tatsächlich testen. Die erneute Markenwahl (**Brand Selection**) ist im zweiten und allen folgenden Durchgängen dann deutlich geprägt durch die bestehenden Wechselkosten.

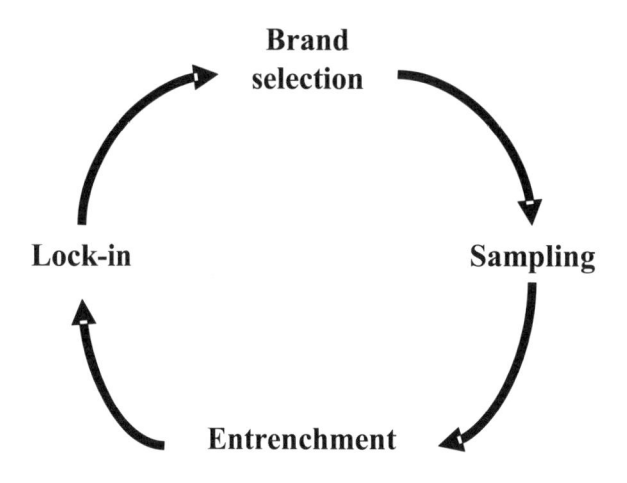

Brand selection → **Sampling** → **Entrenchment** → **Lock-in** → (zyklisch)

Abbildung 23.1: Lock-in cycle. Quelle: Shapiro/Varian 1999, 132.

Für den Anbieter empfiehlt es sich für die Bewertung einer Kundenbeziehung nicht nur auf den ersten Durchlauf des Lock-in Kreislaufs zu schauen, sondern vor allem die künftigen Zahlungsströme zu berücksichtigen (Shapiro/Varian, 1999, 133). So lässt sich abschätzen, wie viel man sich die Kundengewinnung kosten lassen kann. Dies ist vor allem dann relevant, wenn sich die Wechselkosten im Zeitablauf erhöhen, wie es beim Aufbau von Datenbeständen oder produktspezifischem Training der Fall ist. Wenn sie dagegen über die Zeit sinken wie bei Hardwareanschaffungen, die abgeschrieben werden, ist die Entstehung eines Lock-ins zunehmend weniger zu erwarten. Die Wechselkosten müssen aus Sicht des Anbieters in Summe positiv sein, um die Abwanderung des Kunden unwahrscheinlicher zu machen.

Lock-in ist also ein Phänomen, das nicht rein zufällig entsteht, sonder aktiv angesteuert werden kann. Das heißt, dass Unternehmen Wechselkosten aktiv managen können. Da Lock-in Effekte aber durch viele Faktoren entstehen, ist es wichtig, alle bestehenden Möglichkeiten zum Lock-in auszunutzen. Dazu gehört es, die bei den Kunden zwangsläufig auftretenden

Wechselkosten zu entdecken, Wechselkosten künstlich zu erzeugen oder sogar neue zu erfinden (Erber/Hagemann 2002, 288).

Shapiro und Varian (1999, 142 ff.) schlagen drei Schritte vor, um sich Wechselkosten und Lock-in strategisch zu nutze zu machen. Schritt eins ist der Aufbau einer installierten Basis. Korrespondierend mit den Phasen Brand selection und Sampling aus dem Lock-in Kreislauf, muss es für Informationsanbieter das Ziel sein, möglichst schnell eine große Kundenbasis aufzubauen. Diese kann der Anbieter dann durch den Aufbau von Wechselkosten an sich zu binden versuchen (Entrenchment). Durch die entstehenden Wechselkosten gelangen die Kunden dann idealerweise in ein Lock-in. Die Lock-in Situation, so die Empfehlung von Shapiro und Varian (1999, 142) für Schritt drei, sollte dann ökonomisch genutzt werden.

> Maximize the value of your installed base by selling complementary products to loyal customers and by selling access to these customers to other suppliers.

Diesen Dreischritt werden wir nachfolgend genauer darstellen.

23.4.1 Eine installierte Basis aufbauen

Eine Diskussion aller Ansatzpunkte für den Aufbau einer installierten Basis käme der Darstellung aller vorangegangenen Kapitel zu den Wettbewerbsstrategien von Informationsanbietern gleich. Insofern werden zuvor bereits beschriebene Inhalte gegenüber neuen Aspekten nur noch kurz dargestellt.

Beginnen wir mit einem anschaulichen Beispiel. Iomega entwickelte 1995 den ZIP Drive (Shapiro/Varian 1999, 143). Das sind Wechselplattenlaufwerke, die so funktionieren wie Diskettenlaufwerke und Festplatten. Diese ZIP-Laufwerke waren damals sehr beliebt, weil sie für die damaligen Verhältnisse eine sehr hohe Speicherkapazität von 100 MB hatten und sehr unkompliziert in der Handhabung waren. Die damals noch weit verbreitete Floppy Disk hatte ein Speichervolumen von 1,44 MB. Die ZIP-Laufwerke sind so konstruiert, dass sie nur ZIP-kompatible Disketten annehmen. Diese wiederum werden exklusiv von Iomega hergestellt. Iomegas Absicht war es, eine installierte Basis von ZIP-Laufwerken zu errichten um dann die Disketten – relativ teuer – an die im Lock-in befindlichen Kunden zu verkaufen. Um diese Strategie zu realisieren, setzte Iomega ein intensives Promotional Pricing ein und gewährte starke Abschläge auf die Laufwerke, die sogar unterhalb der Herstellungskosten angesetzt waren. Iomega wollte sich schnell von der Konkurrenz (z. B. Syquest, Imation) absetzen und hoffte darauf, das positive Netzwerkeffekte (z. B. durch Mund-zu-Mund Propaganda) einsetzen würden und sich durch die guten Margen bei den Disketten dann Gewinne einstellen würden. Bis 2004 waren es ca. 50 Mio. Laufwerke und mehr als 300 Mio. Disketten, die verkauft werden konnten.

Aus heutiger Sicht hat Iomega seine strategischen Möglichkeiten gut genutzt. Ein innovatives Produkt mit klarem Mehrwert wurde auf den Markt gebracht. Mit einer Penetrationspreisstrategie wurde versucht, das Basisgut in den Markt zu drücken, um direkte Netzwerkeffekte zu erzeugen. Besitzer der ZIP-Laufwerke konnten Speichermedien austauschen und sich auch als Anwender gegenseitig Hilfe leisten. Die gewählte Preisstrategie signalisierte, dass Iomega von seinem Angebot qualitativ überzeugt war und die Bewertung seiner Produkte durch die Kunden nicht scheute. Gleichzeitig wurden durch die relativ niedrigen Einstiegspreise Informationsasymmetrien abgebaut. Die Hürde, sich ein ZIP-Laufwerk zu kaufen, war damit niedrig angesetzt. Gewinne konnten durch das unternehmenseigene Angebot von Komplementen erzeugt werden. Hier fand eine Quersubventionierung statt. Letztendliches Ziel war es für Iomega vermutlich, einen proprietären Standard zu setzen, der es erlaubt hätte, über einen längeren Zeitraum überdurchschnittliche Renditen zu realisieren.

Dass diese Form des Power-Plays (siehe hierzu auch die Standardisierungsstrategien in Abschnitt 19.8) mit einer neuen, revolutionären, inkompatiblen Technologie nicht aufging, dürfte daran gelegen haben, dass alternative, preisgünstigere Speichertechnologien wie die (wieder)beschreibbare CD und vor allem die Flash-Speicher (USB-Sticks) zu schnell verfügbar waren. Hinzu kamen technische Probleme, die sich nach einiger Zeit des Gebrauchs einstellten: Ein verschmutzter oder dejustierter Schreib-/Lesekopf konnte das Speichermedium sowie das Laufwerk beschädigen oder sogar zerstören. Die Kunde vom „Click of Death" (Festa 1998) machte die Runde und sorgte für negative Aufmerksamkeit. Außerdem waren und sind die Preise für die Disketten immer noch sehr hoch.

Was lässt sich aus diesem Fall ableiten? Ein wichtiger Faktor beim Aufbau einer installierten Basis ist die Stellung im Markt. Kann man als Anbieter den Markt als First-Mover neu betreten oder gibt es bereits Konkurrenz, die einen Teil der Kunden schon binden konnte? Als Pionier genießt man hier klare Vorteile im Hinblick auf die vom Wettbewerb unbeeinträchtigte Gewinnung neuer Kunden. Dennoch kann es Wechselkosten geben, nämlich durch eventuelle Vorläuferprodukte, die die Kunden bereits nutzen. Viele Konsumenten befanden sich z. B. bei Langspielplatten in einem Lock-in und waren sehr zurückhaltend beim Übergang zur CD (Shapiro/Varian 2003, 56 f.). Genau so gab es in Unternehmen früher viele Mitarbeiter, die sich sehr gut mit dem Tabellenkalkulationsprogramm Lotus 1-2-3 auskannten und wenig wechselwillig waren (Shapiro/Varian 2003, 57). Wenn Wechselkosten existieren und die Kunden – durch Vorläuferprodukte oder beim Wettbewerber – gebunden sind, wird der schnelle Aufbau einer installierten Basis deutlich erschwert. Hier gibt es verschiedene Ansatzpunkte, die Kunden dennoch zu einem Wechsel zu bewegen. Eine ganze Reihe von Möglichkeiten bietet dazu das Signaling: Produktvorankündigungen, Kooperationen oder auch die Kommunikation einer erfolgreichen Markteinführung sind Signale, die zur Gewinnung von Kunden beitragen können. Die Herstellung von Kompatibilität ist eine weitere Möglichkeit. Hier kann es – wie z. B. im Mobilfunk beim Übergang von GSM auf GPRS bzw. UMTS oder bei der Einführung neuer Formate bei MS Office 2007 – notwendig sein, Brücken im Form von Konvertern zu bauen oder die Auf- und Abwärtskompatibilität so zu gestalten, dass sich die Kunden dem Wechsel nicht verschließen. Für die Gewinnung von Kunden ist die Frage ganz entscheidend, wie kompatibel das gewünschte Produkt ist, bzw. für welchen Standard man sich mit dem Kauf entscheidet. Käufer mit gleichen Präferenzen haben generell ein großes Interesse an Kompatibilität. Bestehen mehrere Produktalternativen, werden sie sich bei gleicher Größe des Netzwerks für den offeneren Standard entscheiden. Er bietet die größere Sicherheit, auch in Zukunft kompatible Produkte von verschiedenen Anbietern nutzen zu können.

Für den Anbieter ist Wahl des Standards, an den seine Produkte gebunden sind (proprietär oder offen), damit eine ganz zentrale Entscheidungsgröße. Proprietäre Standards führen zu hohen Wechselkosten. So lange es keine Alternativen gibt, bieten sie dem Anbieter die Möglichkeit, den Markt auszubeuten. Kunden, die das Produkt haben wollen, müssen sich dann auf die entstehenden Wechselkosten einlassen. Offene Standards dagegen gehen mit geringen Wechselkosten einher. Gibt es bereits einen oder mehrere Standards im Markt, empfiehlt es sich für einen neuen Anbieter daher generell, sich entweder einem Standard anzuschließen und kompatible Produkte anzubieten oder einen neuen Standard als offenen Standard einzuführen. Am Markt für Server-Software lässt sich das sehr gut erkennen: Microsoft kann bei der Verbreitung seiner Softwareangebote von den bestehenden Netzwerkeffekten bei Windows und Office profitieren. Die Wettbewerber (z. B. Sun mit Java oder OMG mit CORBA) setzen dagegen alle auf offene Standards (Messerschmitt 2000, 241).

Die Offenheit von Standards schützt den Konsumenten allerdings nicht komplett vor einem Lock-in. Zwar gibt es innerhalb eines (offenen) Standards Wettbewerb und Vielfalt, aber wenn er dominant wird, können ganze Branchen oder sogar Gesellschaften in einen Lock-in geraten. Das gilt für offene (z. B. Internetprotokoll) wie für proprietäre Standards (z. B. IBM-PC, Microsoft Windows) (Messerschmitt 2000, 240f).

Kompatibilität senkt die Wechselkosten für den Konsumenten, eröffnet dem Anbieter aber gleichzeitig die Möglichkeit, für das Basisgut einen höheren Ausgangspreis anzusetzen (Haucap 2003, 29). Dieser Preissetzungsspielraum ergibt sich aus der Möglichkeit der Kunden, aus einem reichhaltigeren Angebot an Komplementen zu schöpfen.

Entlang des Lock-in Cycles empfiehlt sich eine differenzierte Preisgestaltung (Shapiro/Varian 1999, 163 ff.). Es ist davon auszugehen, dass die eigenen (Bestands-)Kunden eine höhere Wertschätzung für das bestehende Angebot haben als Neukunden. Bestandskunden, so die Schlussfolgerung, sind deshalb dazu bereit, höhere Preise zu akzeptieren, als Kunden, die sich für das betreffende Angebot bislang nicht interessieren. Um Neukunden zu gewinnen, sind die Standardpreise für die eigene Kundschaft in den meisten Fällen zu hoch. Neukunden, die eine geringere Zahlungsbereitschaft haben, müssen daher mit niedrigeren Einstiegspreisen gewonnen werden. Attraktive – aber befristete – Einführungsangebote können wichtige Beiträge zur Gewinnung neuer Kunden leisten. Viele Zeitschriften und Zeitungen gehen diesen Weg und machen Einführungsangebote zu niedrigen Preisen, häufig sogar noch in Verbindung mit einem Geschenk, wenn man z. B. ein Probeabonnement bezieht.

Für die Zwecke der Neukundengewinnung lohnt es, Kunden, die sich noch gar nicht für ein bestimmtes Informationsgut interessieren, von denen zu unterscheiden, die ein äquivalentes Angebot schon nutzen, nur eben beim Wettbewerb. Letztere haben zwar eine höhere Wertschätzung bzw. Zahlungsbereitschaft für das Informationsgut, sind aber durch Wechselkosten an den aktuellen Anbieter gebunden. Hier kann man mit der (teilweisen) Übernahme der

Wechselkosten ansetzen. Borland, der Anbieter von Quattro Pro, einem Tabellenkalkulationsprogramm, hat mit solchen Angeboten gearbeitet und Umsteigern Preisnachlässe von 70% gewährt, wenn sie anstelle der neuen Version ihres bisherigen Programms auf Quattro Pro umstiegen. Der Preisnachlass korrespondierte mit den relativ hohen Wechselkosten der Umsteiger (Meisner 2004, 40). Diese Form der Subventionierung des Wechsels wird auch als Pay-to-switch Strategie bezeichnet. Dem entgegen gesetzt ist die Strategie des Pay-to-stay (Shaffer/Zhang 2000). Shaffer und Zhang (2000) empfehlen auf der Basis eines Modells, sich auf diejenigen (eigenen oder auch fremden) Kunden mit niedrigen Preisen zu konzentrieren, deren Preiselastizität relativ höher ausfällt. Das können sowohl die Kunden des Wettbewerbers sein, die man mit preislich attraktiven Angeboten zu gewinnen hoffen kann. Das können aber auch die eigenen Kunden sein, die man davon abhalten will, dem eigenen Unternehmen den Rücken zu kehren.

Wie kann man die Preisabschläge in Form von Einführungsangeboten oder der Subvention von Wechselkosten kalkulieren? Wie viel kann man in die Gewinnung eines neuen Kunden investieren, ohne dabei Verlust zu machen? Shapiro und Varian empfehlen den Barwert aus einer Kundenbeziehung als Maßstab zu verwenden (1999, 113; weitere Ansätze zur Kalkulation der Wechselkosten finden sich bei Metge 2008, 41 ff.). Ausgehend von den gesamten Wechselkosten, also denen des Kunden und denen des neuen Anbieters, sollten die Preisabschläge, Vergünstigungen oder Zugaben etc. plus der eigenen Kosten im Wert auf keinen Fall über dem Barwert aus der neuen Kundenbeziehung liegen. Das macht eine überschlägige Kalkulation recht einfach. Angenommen ein Kunde, der seinen Datenbankanbieter wechseln will, habe Wechselkosten von 50 Euro. Die Neueinrichtung des Kunden (Set-up) koste den Anbieter weitere 25 Euro. Dann beliefen sich die gesamten Wechselkosten auf 75 Euro. Der zu erwartende Barwert aus der Kundenbeziehung sollte diesen Wert übersteigen, weil sich sonst ein Verlust ergibt. Läge der Barwert bei 100 Euro, kann man den Kunden zum Wechsel animieren, z. B. durch das Angebot einer kostenfreien Nutzung für zwei Monate, die das Unternehmen bspw. 25 Euro pro Monat kostet. Dieser Betrag ändert nichts an der absoluten Höhe der Wechselkosten, sondern verlagert sie nur vom wechselwilligen Kunden auf den Anbieter. Das heißt, die Wechselkosten des Kunden betragen dann 0 Euro, die des Anbieters durch die versprochenen Freimonate 50 Euro plus 25 Euro für das Set-up, also insgesamt 75 Euro. Zieht man die Differenz zwischen den gesamten Wechselkosten (75 Euro) und dem kalkulierten Barwert (100 Euro) ab, verbleiben 25 Euro als Gewinn. Alternativ könnte man das Geld auch in Werbung investieren, um den Kunden zum Wechsel zu bewegen. Beliefe sich der erwartete Barwert dagegen nur auf 70 Euro, sollte man sich mit Maßnahmen zur Kundengewinnung zurückhalten. Wenn man weiterhin berücksichtigt, dass der Barwert eines Euros Gewinn, den man mit einem Kunden auf 24 Monate – gerechnet mit einem Monatszins von 2% – pro Monat macht, knapp 20 Euro beträgt, kann man relativ gut abschätzen, wie die Aufwands-/Ertragsrelation aussieht. Wenn das Unternehmen weiß, dass es mit einem Kunden mindestens 75 Euro verdienen muss, darf die Gewinnspanne auf 24 Monate gesehen, 3,75 Euro nicht unterschreiten. Unterstellt man (abgezinste) Kosten in Höhe von 1,25 Euro, muss der Monatsbeitrag des Kunden mindestens 5 Euro betragen.

23.4 Der Lock-in Cycle

Gesamte Wechselkosten	€ 75,-
Barwert für 1 € Gewinn aus einer Kundenbeziehung über 24 Monate	€ 20,-
Notwendiger Gewinn über 24 Monate zur Abdeckung der gesamten Wechselkosten	€75,-/€20,- = € 3,75
Laufende Kosten der Kundenbeziehung	€ 1,25
Mindestens erforderlicher Monatsbeitrag	€ 5,-

Tabelle 23.1: Barwertbezogene überschlägige Kalkulation einer Kundenbeziehung.

Eine interessante Variante zur Senkung der Wechselkosten ergibt sich, wenn man dem Kunden Leistungen anbieten kann, die in der Bereitstellung für den Anbieter sehr günstig sind, aber einen deutlich höheren Marktpreis haben. Wenn die oben angeführten kostenfreien Monatsbeiträge von zweimal 25 Euro den Anbieter in der Bereitstellung nur 1 Euro kosten, sinken die Wechselkosten aus Sicht des Anbieters dramatisch. Sie betragen dann nicht mehr 75 Euro, sondern nur noch 27 Euro: 25 Euro Setup-Kosten und 2 Euro Bereitstellungskosten einer Leistung mit einem Wert für den Kunden von 50 Euro.

Grundsätzlich gilt für Märkte mit einem hohen Niveau an Wechselkosten, dass für den Kunden der Mehrwert des neuen Angebots deutlich höher oder der Preis im Vergleich zu den etablierten Angeboten erkennbar niedriger liegen muss, um im Markt erfolgreich zu sein (Heil 1999, 176; Shapiro/Varian 1999, 146). Die verschiedenen Alternativen der Preisgestaltung hatten wir in Kapitel 18 bereits ausführlich diskutiert. Generell ist hier noch zu berücksichtigen, dass Kunden, die über Subventionen vom Wettbewerb gewonnen werden konnten, eine relativ hohe Preiselastizität aufweisen und auch beim neuen Anbieter nicht unbedingt lange verweilen werden. Hier ist es von großer Bedeutung, Wechselbarrieren zu errichten, so dass man – zumindest während der vereinbarten Laufzeit – die Investitionen wieder hereinholen kann.

23.4.2 Kundenbindung durch die Erzeugung von Wechselkosten (Entrenchment)

Hat ein Unternehmen eine installierte Basis aufgebaut, kann es sich um die Bindung seiner Kunden kümmern. Wechselkosten – das konnten wir bereits erkennen – stehen in einem engen Verhältnis zur Kundenbindung, die aus zwei Komponenten besteht. Kundenbindung hat auf der einen Seite einen Aspekt der freiwilligen Loyalität. Der Kunde fühlt sich dem Unternehmen **verbunden**, wenn die Zusammenarbeit angenehm ist, er sich mit dem Anbieter identifiziert oder sich ihm moralisch verpflichtet fühlt, weil dieser sich z. B. sehr bemüht. Kundenbindung hat auf der anderen Seite aber auch einen Aspekt der unfreiwilligen Bindung. Kunden fühlen sich **gebunden**, wenn sie in ihrem Handlungsfreiraum eingeschränkt werden, z. B. durch fehlende Alternativangebote oder vertragliche Bindungen (Staack 2004, 71). Beides führt dazu, dass Kunden dem Anbieter treu bleiben, also die Geschäftsbeziehung fortsetzen oder sogar ausweiten oder auch Weiterempfehlungen aussprechen (Staack 2004, 170).

Staack (2004, 318 ff., 353 ff.) zeigt empirisch, dass die ökonomischen Wechselbarrieren (Wechselkosten) für die Kundenbindung im eCommerce den entscheidenden Einflussfaktor darstellen (ähnlich auch Peter 2001, 232 für Pharmagroßhändler).

Sie tragen direkt und indirekt zur Bindung des Kunden bei (Abb. 23.2): Zum einen wirken sie direkt und stark auf die Gebundenheit des Kunden ein. Die indirekte Wirkung entsteht über den Einfluss auf die psychischen Wechselbarrieren. Außerdem haben die ökonomischen Wechselbarrieren einen positiven Einfluss auf die Zufriedenheit. Die Attraktivität des Konkurrenzangebots spielt für die Bindung des Kunden nur eine nachrangige Rolle.

Bemerkenswerterweise ist die (Kunden-)Zufriedenheit in ihrer Auswirkung auf die Gebundenheit von Kunden insgesamt zu vernachlässigen. Sie wirkt lediglich als ein leichter Verstärker für psychische Wechselbarrieren. Diese wiederum stehen lediglich mit der Loyalität (Verbundenheit) von Online-Kunden in einer positiven Korrelation, nicht aber mit deren Gebundenheit. Die Gebundenheit eines Kunden wirkt wiederum stark positiv auf dessen Loyalität dem Anbieter gegenüber.

> Neben der rein „freiwilligen" Anbietertreue, die von einer positiven Einstellung (z. B. Vertrauen, Zufriedenheit) gegenüber dem Online-Shop hervorgerufen wird, führt also auch die Errichtung von Wechselbarrieren (und damit der Zustand der „Gebundenheit") zu einem Verbundenheitsgefühl gegenüber dem betrachteten Unternehmen (Staack 2004, 319).

Aus Anbietersicht ist es also sehr ratsam, sich auf ökonomische Wechselbarrieren, also die Wechselkosten, zu konzentrieren. Im Vordergrund stehen dabei vor allem diejenigen Wechselkosten, die der Anbieter selbst beeinflussen kann, nämlich die künstlichen bzw. endogenen Wechselkosten.

Wie lassen sich Wechselkosten nun ganz konkret beeinflussen? Zuerst einmal spielt die Gewöhnung des Nutzers an ein Produkt eine wichtige Rolle, sie erzeugt Wechselkosten. Für den Anbieter ist es nun möglich, diese Gewöhnungseffekte zu verstärken. Liebermann (2005, 7) nennt die kundenindividuelle Anpassung des Produkts (**Customization**) als Möglichkeit dafür:

> One example is the loyalty of many buyers to Amazon.com: users grow accustomed to features of Amazon's site, which evolve to suit the individual user's preferences. These factors allow experienced buyers to search more efficiently on Amazon than on the websites of competitors.

23.4 Der Lock-in Cycle

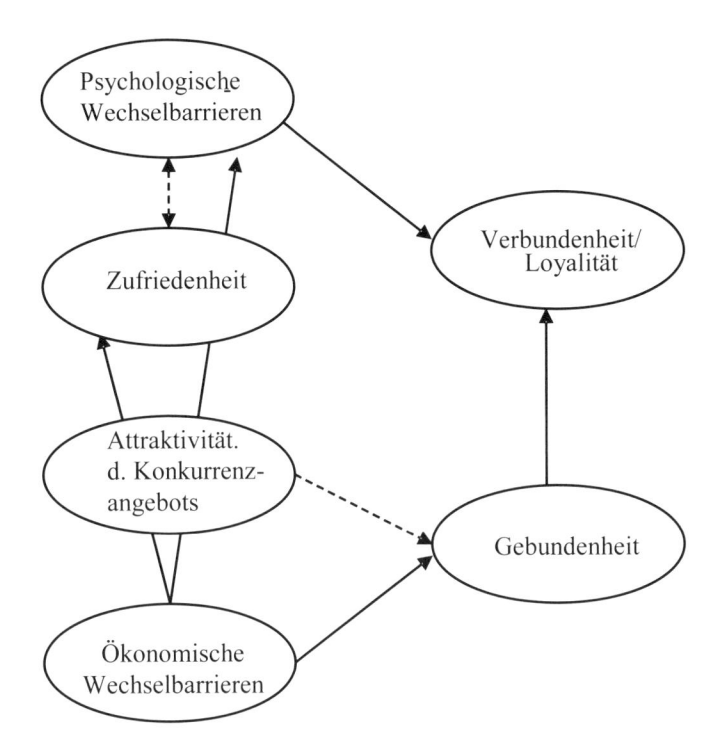

Abbildung 23.2: Elemente der Kundenbindung im eCommerce. Quelle: In Anlehnung an Staack 2004, 318.

In die gleiche Richtung gehen die My...-Angebote zur **Personalisierung** bei Online-Portalen (My Yahoo!), Suchmaschinen, (iGoogle) oder Softwareanbietern (MySAP). Kunden, die sich ihre Seiten bei einem Anbieter individuell konfiguriert haben (z. B. durch Adresseinträge, Mailkontakte, Terminkalender) sehen sich – wenn diese nicht exportierbar sind – relativ hohen Wechselkosten gegenüber.

Wechselkosten entstehen nicht nur durch die individuelle Konfiguration oder die Gewöhnung an ein Angebot, sondern auch durch **Interaktivität**. Wenn auf einem Portal Chats, Diskussionsforen oder andere Community-Dienste angeboten werden, muss man die bestehenden Kontakte aufgeben, wenn man den Anbieter wechseln will.

Wir hatten oben bereits die hohe Wirksamkeit von **Kundenbindungsprogrammen** angesprochen. Durch die Gewährung von Rabatten oder anderen Vergünstigungen werden Kunden für ihre Treue belohnt. Die Gestaltung solcher Treueangebote lässt sich vom Anbieter vollständig kontrollieren. Insbesondere mit der zunehmenden Verfügbarkeit von Kundendaten lassen sich hier sehr individuelle Angebote zurechtschneidern. Payback und Happy Digits sind zwei in Deutschland sehr bekannte anbieterübergreifende Programme zur Kundenbindung. Anbieterspezifisch sind beispielsweise die Vielfliegerprogramme von Fluglinien oder auch das Bonusprogramm der Deutschen Bahn.

Solche Programme erzeugen zweierlei Arten von Wechselkosten (Shapiro/Varian 1999, 128). Hat man als Kunde bereits Boni gesammelt, verfallen diese bei einem Wechsel. Sie lassen sich nur minimieren, wenn man direkt nach ihrer Einlösung wechselt. Gibt es allerdings Vergünstigungen für die kumulative Nutzung (z. B. Rabatte oder besondere Serviceleistungen), steigen die gesamten Wechselkosten an. Für den Kunden wird es dann zunehmend unattraktiver, den Anbieter zu wechseln, und für den Wettbewerb wird es aufwändiger, den Kunden zum Wechsel zu bewegen, weil die zu übernehmenden Wechselkosten über die Nutzungsdauer ansteigen.

> The variations on these discount programs are virtually endless. You can offer your customers a discount for buying exclusively from you or for committing to a certain minimum order size. You can offer discounts for customers who buy more than they did last year. You can utilize volume discounts to encourage customers to keep buying from you rather than sampling other suppliers (Shapiro/Varian 1999, 129).

Vertragliche Vereinbarungen stellen eine weitere Möglichkeit dar, die Bindung des Kunden zu beeinflussen. Je länger die Vertragslaufzeiten, desto mehr Zeit steht dem Anbieter zur Verfügung, den Kunden nachhaltig zu binden. Gerade bei einem absehbar langfristigen Lock-in kann es im Interesse des Kunden sein, auch die Laufzeit der Verträge entsprechend langfristig zu gestalten. Das dient der Absicherung gegen unerwünschte Änderungen der Konditionen. Für den Anbieter sind eher kurz laufenden Verträge von Vorteil, denn sie bringen ihn – bei hohen Wechselkosten – in eine gute Verhandlungsposition bei der Vertragsverlängerung. Eine beliebte Taktik von Unternehmen ist es, den ersten Durchgang des Lock-in Cycles von sich aus abzukürzen, um dem Kunden einen neuen, längeren Vertrag anzubieten (Shapiro/Varian 1999, 170). Bei Mobilfunkanbietern ist dies bei der Verlängerung der Laufzeitverträge häufig zu beobachten. Bevor die Wechselkosten des Kunden zum Laufzeitende stark absinken, wird ihnen ein neuer Vertrag in Verbindung mit einer Bleibeprämie (Pay-to-stay) angeboten.

Auch das (kostenfreie) Angebot von neueren Versionen und **Upgrades** ist ein probates Mittel, den Lock-in Cycle zu verlängern, indem der Nutzen des Produkts rechtzeitig vor dem Vertragsende noch einmal gesteigert wird.

Anbietern steht weiterhin die Möglichkeit offen, die **Suchkosten** zu beeinflussen. Das Internet hat durch seine vielfältigen Möglichkeiten dazu beigetragen, die Suchkosten generell zu senken. Für den einzelnen Anbieter geht es einerseits darum, von potenziellen Kunden überhaupt gefunden zu werden. Dazu gehört es, sich nicht vor den Preisvergleichen und Kundenbewertungen im Netz zu verstecken, sondern sich ihnen mit Angeboten mit einem attraktiven Preis-Leistungs-Verhältnis zu stellen. Andererseits lassen sich für den potenziellen Kunden die Kosten für die Suche nach Qualitätsinformationen senken, in dem man sie ihm gleich mitliefert, also Kundenbewertungen, Testergebnisse etc. zusammen mit dem Produkt platziert.

> ... reducing the cost of searching for quality information lowers price sensivity ...[and] ... increases the likelihood that consumers will purchase from that seller ... (Peng et al. 2009, 66).

Wechselkosten entstehen automatisch, wenn es dem Anbieter gelingt, seinen Kunden Produkte zu verkaufen, die einem eigenen **Kompatibilitätsstandard** folgen. Apple gibt hier ein typisches Beispiel ab. Wer sich einen iPod kauft, muss seine Musikkäufe und die Bestandsverwaltung über iTunes abwickeln. Zum Betrieb von iTunes ist wiederum die Installation von QuickTime, einem weiteren Produkt von Apple, erforderlich. QuickTime verändert Einstellungen im Browser, so dass Musikdateien im mp3-Format automatisch als Quick-Time-Dateien geöffnet werden. Musik, die im iTunes Store gekauft wird, war lange Zeit auf doppelte Weise geschützt. Zum einen durch AAC, das Dateiformat von Apple, das ist bis auf wenige Ausnahmen nur mit iPod und iPhone kompatibel war. Zum anderen durch den Einsatz des Digital Rights Management-Systems (DRMS) Fairplay, das Apple bislang nicht an andere Anbieter lizenziert hat (Gehring 2007). Erst seit Anfang 2009 ist auch über iTunes DRM-freie Musik erhältlich. Heute ist der gesamte Katalog ohne digitale Rechteverwaltung (Apple 2009). Beschränkungen bleiben beim AAC-Format, das nur auf hochwertigeren MP3-Playern anderer Anbieter direkt, also ohne Konversion des Formats, abgespielt werden kann. Eine ähnliche Situation ergibt sich für die Nutzung von Hörbüchern (Digital Audio Books) (Stross 2005). Im iTunes-Store kann man eine große Zahl an Hörbüchern erwerben, die von Audible Incorporated angeboten werden. Auch diese sind nur über den iPod bzw. das iPhone abspielbar.

Aus diesem Zusammenspiel entstehen in beiden Fällen für den Nutzer relativ hohe Wechselkosten: Der Kauf von Musik oder von Hörbüchern von Audible über den iTunes-Store erfordert zum Hören einen iPod bzw. ein iPhone, um vollständige Kompatibilität zu gewährleisten. Besitzer eines entsprechenden Endgeräts werden beim Kauf wiederum auf Produkte beschränkt, die über den iTunes-Store angeboten werden.

Die Wechselkosten für den Nutzer in die Höhe zu treiben und ein Lock-in zu erzeugen, ist eine Gratwanderung. Hohe Wechselkosten können bei einer schwachen Marktposition dazu führen, dass Kunden abgeschreckt werden. Anbietern, die eine starke Position am Markt innehaben, steht mit der Erzeugung von Wechselkosten dagegen ein Instrument zur Verfügung, das ihnen zusätzliche Spielräume für die Preissetzung eröffnet und die Kunden noch fester an sie bindet.

23.4.3 (Aus-)Nutzung von Wechselkosten und Lock-in

Hat es ein Anbieter soweit geschafft, eine ausreichend große installierte Basis aufzubauen und Wechselkosten zu erzeugen, kann er daraus nun versuchen, ökonomische Vorteile zu ziehen. Sein Ziel ist es, dass sich die getätigten Investitionen armortisieren. Die bislang gewonnenen und gebundenen Kunden stehen dabei im Zentrum aller Überlegungen:

> Locked-in customers are valuable assets (Shapiro/Varian 1999, 144).

Wechselkosten und speziell das Lock-in eröffnen dem Unternehmen Potenziale zur **Erhöhung der Preise**. Am Beispiel von US-amerikanischen Bibliotheken, die wissenschaftliche Zeitschriften beziehen (müssen), zeigen Haucap und Uhde (o. J., 8), dass über viele Jahre massive Preissteigerungen stattgefunden haben, der Bezug von Abonnements dagegen nur unwesentlich zurückgegangen ist.

Neben der reinen Preiserhöhung gibt es eine ganze Reihe weiterer Möglichkeiten, Umsatzströme zu generieren (Zerdick et al. 2001, 193 f.), die bereits ausführlich im Kapitel 18 zur Preisgestaltung angesprochen wurden. Dazu gehören der Verkauf von Komplementärleistungen oder von Produktversionen, die neuer („Upgrades") oder leistungsfähiger sind („Premium"). Dazu einige Beispiele:

Im Bereich der mobilen Telefonie werden die Mobiltelefone vielfach sehr stark subventioniert. Die Umsätze werden aus dem Verkauf der Komplementärleistung „Telefonie" an die gebundenen Kunden gewonnen.

Network Associates (ehemals McAfee Associates) bot seine McAfee-Antiviren-Programme anfangs kostenfrei an. Nach der Gewinnung eines Marktanteils von einem Drittel konnte aus dieser starken Position heraus ein erheblicher Umsatz mit dem Verkauf von Upgrades erzielt werden. Einen weiteren Vorteil zog Network Associates aus der kostenlosen Beteiligung der Nutzer an der Weiterentwicklung seiner Produkte. Die große installierte Basis und die starke Kundenbindung halfen dabei, eine Vielzahl von Viren zu entdecken, die in den neuen Produktversionen unschädlich gemacht werden konnten.

Viele Kunden, die den Adobe Reader nutzen, wollen später auch selbst Dokumente bearbeiten und kaufen die dazu erforderliche Vollversion aus dem Hause Adobe.

Neben direkten Verkäufen an die Bestandskunden kann auch der **Zugang zur installierten Basis** an Dritte verkauft werden. Ganz üblich ist dies im Fernsehen, im Kino, im Rundfunk oder in Printmedien in Form von Werbung. Die Sender, Studios oder Verlage verkaufen den Zugang zum Zuschauer, Hörer oder Leser an die werbetreibende Wirtschaft. Hier kann es zu sich verstärkenden Effekten kommen, wenn eine höhere Verbreitung zu einem Anstieg der Werbeeinnahmen führt, die wiederum für eine weitere Verbreitung eingesetzt werden können. In der Medienökonomie wird diese wechselseitige Verstärkung als Auflagen-Anzeigen-Spirale bezeichnet (Hass 2007, 70). Goldfarb (2003) konnte (modellgestützt) nachweisen, dass Lock-in Effekte bei werbefinanzierten Contentangeboten zu Gewinnsteigerungen führen, weil der Anbieter die bestehende Bindung für Kosteneinsparungen durch Qualitätsverschlechterungen nutzen kann.

Bei Internet-Unternehmen geht es analog um die Wechselwirkung von Nutzern und Anzeigen bzw. Werbung. AOL z. B. verkaufte vor einigen Jahren den Zugang zu seinen Kunden an Amazon. Der Online-Händler Amazon bezahlte damals rund 19 Millionen USD, um die Aufmerksamkeit der 8,5 Millionen AOL-Kunden zu gewinnen (Shapiro/Varian 2003, 52).

Die beschriebenen Lock-in-Effekte sind alle günstig für den Anbieter. Bei der Erfassung und Verwendung der Kundendaten sind allerdings immer die geltenden juristischen Schranken zu beachten, wie sie z. B. in Deutschland im Bundesdatenschutzgesetz (BDSG) formuliert sind (Peter 2001, 262 ff.).

Auf der Basis einer empirischen Untersuchung im eCommerce empfiehlt Staack (2004, 344 ff.) zur Erhöhung der Kundenbindung, zuvorderst auf die auch aus dem stationären Handel bekannten Faktoren Preis-/Leistungsverhältnis und Qualität/Vielfalt der angebotenen Waren zu achten.

> Online-Shops, die ihren Kunden ein vielfältiges Sortiment mit qualitativ hochwertigen und preislich attraktiven Produkten bzw. Dienstleistungen anbieten, reduzieren damit auch die relative Attraktivität alternativer Anbieter und erhöhen dadurch die Abwanderungshürden ökonomischer Art, die sich wiederum positiv auf die Gebundenheit der Nutzer auswirken (Staack 2004, 347).

Weitere Aspekte sind die Bedienungsfreundlichkeit der Website, die Lieferqualität in Form von korrekten und schnellen Lieferungen, klare Aussagen zum Datenschutz sowie Informationen zum Angebot, die sich neben Text- und Bildbeschreibungen z. B. über Kundenbewertungen realisieren lassen. Ergänzende Mehrwertangebote können die Bindungswirkung weiter steigern. Dazu zu rechnen sind Events (Gewinnspiele, Gutscheine etc.), exklusive Vergünstigungen (Prämiensysteme, Powershopping-Angebote, Vorteilsclubs etc.) personalisierte Informations- bzw. Beratungsangebote, umfassende Self-Service-Tools, kostenlose Zusatzangebote (Info-Services per Mail oder SMS, Kalender, Entertainment etc.) oder auch Community-Services (virtuelle Kundengemeinschaften).

Lock-in Effekte lassen sich nicht nur bei kostenpflichtigen, sondern auch bei kostenfreien Informationsangeboten feststellen. Auffinden lassen sie sich z. B. bei kostenfreien Nachrichtenportalen wie SPIEGEL-Online oder FAZ.net, wodurch sich wiederum erklären lässt, warum solche Anbieter einen Teil ihrer Umsätze mit kostenpflichtigen Angeboten generieren können (Heitmann et al. 2006, 10).

Die Wechselkosten und das im Extremfall daraus resultierende Lock-in, so wurde deutlich, stehen in starker Interdependenz mit den anderen strategischen Variablen, die Informationsanbieter einsetzen können, um sich im Wettbewerb zu behaupten. Wechselkosten sind nicht per se gegeben, sondern entstehen aus der Interaktion mit dem Kunden. Entlang des Lock-in Cycles können die verschiedenen strategischen Variablen genutzt werden, um den Kunden in ein Bindungsverhältnis zu bringen. Neben der Preisgestaltung, dem Zeitpunkt des Markteintritts, dem Komplementenangebot und der Kompatibilität haben auch die Netzwerkeffekte einen Einfluss auf die Wechselkosten, sei es direkt, wenn Güter einen Netzeffektnutzen aufweisen, der durch einen Wechsel verloren gehen würde, sei es indirekt, wenn es ein großes Komplementärangebot gibt, auf das man nach einem Wechsel verzichten müsste. Die Existenz von Wechselkosten wirkt aber ihrerseits wiederum auch auf die verschiedenen strategischen Variablen sowie außerdem ganz massiv auf die Stakeholder. Vor allem die Entscheidungsprämissen von Kunden und Wettbewerbern werden durch auftretende Wechselkosten wahrnehmbar beeinflusst. Für den Anbieter lässt sich als generelle Empfehlung formulieren, dass es erst einmal darum geht, eine installierte Basis aufzubauen und Netzwerkeffekte zu erzeugen. Denn die Wechselkosten steigen, je stärker die Netzwerkeffekte ausfallen. Ein hoher Marktanteil allein ist dabei allerdings kein hinreichender Indikator für bestehende Wechselkosten:

> High market shares don't imply high switching costs (Shapiro/Varian 1999, 149).

Erst die Kombination aus hohem Marktanteil und hohen Wechselkosten kann ein gewisses Maß an Sicherheit dafür geben, dass auch die künftigen Umsätze stimmen werden.

23.5 Fazit

- Wechselkosten oder Switching Costs sind materielle oder immaterielle Kosten, die für einen Nutzer entstehen, wenn er von einem Produkt zu einem anderen wechselt. Wechselkosten können für einen Nutzer im Extremfall so hoch werden, dass der Wechsel für ihn nicht mehr rational ist. Er befindet sich dann in einem Lock-in.
- Wechselkosten lassen sich unterscheiden in direkte, tatsächlich entstehende Kosten und indirekte Kosten, die aus dem Verzicht auf die weitere Nutzung des bisherigen Produkts entstehen.
- Neben den ökonomischen Wechselkosten gibt es auch psychische und soziale Wechselbarrieren, die Kunden von einem Anbieterwechsel abhalten können.
- Wechselkosten können technologisch bedingt sein und für Unternehmen als von außen vorgegeben (exogen) auftreten. Sie können aber teilweise auch vom Unternehmen selbst kontrolliert werden. Man spricht dann von endogenen Wechselkosten.
- Die Entstehung von Lock-in ist ein dynamischer Prozess im Zeitablauf mit den vier Phasen Brand Selection, Sampling, Entrenchment, Lock-in.
- Wechselkosten und Lock-in lassen sich nutzbar machen, indem man als Unternehmen eine installierte Basis aufbaut, die Kunden durch Wechselbarrieren an sich zu binden versucht und das resultierende Lock-in dann ökonomisch nutzt.
- Der Aufbau einer installierten Basis ist der erste und wichtigste Schritt beim Angebot von Netzwerkgütern.
- Die finanziellen Spielräume zur Kalkulation der Investitionen in die (Neu-)Kundengewinnung bzw. -bindung lassen sich über den Barwert einer Kundenbeziehung ermitteln.
- Kunden fühlen sich einem Unternehmen verbunden, wenn die Zusammenarbeit angenehm ist, sie sich mit dem Anbieter identifizieren oder sich ihm moralisch verpflichtet fühlen. Kunden fühlen sich gebunden, wenn sie in ihrem Handlungsfreiraum eingeschränkt werden.
- Ökonomische Wechselbarrieren (Wechselkosten) spielen bei der Kundenbindung eine ganz zentrale Rolle.

23.6 Literatur

Apple Inc. (2009): Entwicklungen im iTunes Store. Online: http://www.apple.com/de/pr/library/2009/01/06itunes.html, geprüft: 25.08.2010.

Beck, H. (2002): Medienökonomie. Print, Fernsehen und Multimedia. – Berlin: Springer.

Erber, G.; Hagemann, H. (2002): Netzwerkökonomie. – In: Zimmermann, K. F. (Hg.): Neue Entwicklungen in der Wirtschaftswissenschaft. – Heidelberg: Physica-Verlag, S. 277–319.

Festa, P. (1998): "Click of death" strikes Iomega. CNET News. Online: http://news.cnet.com/2100-1001-207628.html, geprüft: 03.08.2010.

Gehring, R. A. (2007): Sammelklage gegen Apple wegen DRM. Golem.de. Online: http://www.golem.de/0701/49713.html, geprüft: 03.08.2010.

Goldfarb, A. (2003): Advertising, profits, switching costs, and the internet. – In: Sadeh, N. (Hg.): ICEC 2003. Fifth International Conference on Electronic Commerce. September 30 - October 3, 2003, Pittsburgh, PA, USA. – New York, NY: Assoc. for Computing Machinery, S. 266–275.

Gourville, J. T. (2004): Why Consumers Don´t Buy: The Psychology of New Product Adoption. Case Study 9-504-056. – Boston, Mass: Harvard Business School.

Grant, R. M.; Nippa, M. (2006): Strategisches Management. Analyse, Entwicklung und Implementierung von Unternehmensstrategien. 5. Aufl. – München: Pearson Studium (wi - wirtschaft).

Hass, B. H. (2007): Größenvorteile von Medienunternehmen: Eine kritische Würdigung der Anzeigen-Auflagen-Spirale. – In: MedienWirtschaft 4, Sonderheft, S. 70–78.

Haucap, J. (2003): Endogenous switching costs and exclusive systems applications. – In: Review of Network Economics 2(1), S. 29–35.

Haucap, J.; Uhde, A. (o. J.): Marktmacht bei ökonomischen Fachzeitschriften und mögliche Auswege. – Ruhr-Universität Bochum, Fakultät für Wirtschaftswissenschaft, Lehrstuhl für Wettbewerbstheorie und -politik. Online: http://www.ub.uni-koeln.de/usb/content/e30/e318/e6760/e6763/e7737/e7949/haucap_ger.pdf, geprüft: 03.08.2010.

Heil, B. (1999): Online-Dienste, portal sites und elektronische Einkaufszentren. Wettbewerbsstrategien auf elektronischen Massenmärkten. – Wiesbaden: Dt. Univ.-Verl. [u.a.] (Gabler Edition Wissenschaft).

Heitmann, M.; Herrmann, A.; Stahl, F. (2006): Digitale Produkte richtig verkaufen. – In: Harvard Business Manager, (August), S. 8–12.

Klemperer, P. (1987): Markets with consumer switching costs. – In: Quarterly Journal of Economics 102, S. 375–394.

Klemperer, P. (1995): Competition when consumers have switching costs. – In: The Review of Economic Studies 62(4), S. 515–539.

Lieberman, M. B. (2005): Did First-Mover Advantage Survive the Dot-Com Crash. Anderson Graduate School of Management, UCLA, Los Angeles, CA 90095-1481. Online: http://www.anderson.ucla.edu/documents/areas/fac/policy/InternetFMA2005.pdf, geprüft: 03.08.2010.

Liebowitz, S. J.; Margolis, S. E. (1995): Path dependence, lock-in and history. – In: Journal of Law, Economics and Organization 11(1), S. 205–226.

Meisner, H. (2004): Einführung in die Internetökonomie. Arbeiten und Investieren in einer modernen Wirtschaft. – Berlin u. a.: Lit-Verl. (Internet und Wirtschaftspraxis, 3).

Messerschmitt, D. G. (2000): Understanding Networked Applications. A first course. – San Francisco, Calif.: Morgan Kaufmann.

Metge, J. (2008): Wechselkosten, Marktzutritt und strategisches Unternehmensverhalten. Frankfurt am Main: Lang.

Nilssen, T. (1992): Two kinds of consumer switching costs. – In: Rand Journal of Economics 23, S. 579–589.

Peng, H.; Lurie, N. H.; Mitra, S. (2009): Searching for experience on the web. An empirical examination of consumer behavior for search and experience goods. – In: Journal of Marketing 73(2).

Peter, S. I. (2001): Kundenbindung als Marketingziel. Identifikation und Analyse zentraler Determinanten. 2. Aufl. – Wiesbaden: Gabler.

Porter, M. E. (1980): Competitive Strategy. Techniques for Analyzing Industries and Competitors. 52. Aufl. – New York: Free Press.

Rams, W. (2001): Kundenbindung im deutschen Mobilfunkmarkt. Determinanten und Erfolgsfaktoren in einem dynamischen Marktumfeld. – Wiesbaden: Dt. Univ.-Verl.

Shaffer, G.; Zhang, Z. J. (2000): Pay to switch or pay to stay - Preference based price discriminationin markets with switching costs. – In: Journal of Economics and Management 9, S. 397–424.

Shapiro, C.; Varian, H. R. (2003): The information economy. – In: Hand, J. R. M.; Lev, B. (Hg.): Intangible assets. Values, Measures, and Risks. – Oxford: Oxford Univ. Press, S. 48–62.

Shapiro, Carl; Varian, Hal R. (1999): Information Rules. A strategic guide to the network economy. [Nachdr.]. – Boston Mass.: Harvard Business School Press.

Staack, Y. (2004): Kundenbindung im eBusiness. Eine kausalanalytische Untersuchung der Determinanten, Dimensionen und Verhaltenskonsequenzen der Kundenbindung im Online-Shopping und Online-Brokerage. – Frankfurt am Main: Lang (Informationstechnologie und Ökonomie, 23).

Stross, R. (2005): The Battle for Eardrums Begins With Podcasts. – In: The New York Times, 03.07.2005. Online: http://www.nytimes.com/2005/07/03/business/yourmoney/03digi.html?_r=1, geprüft: 03.08.2010.

Varian, H.R. (2003): Economics of Information Technology. University of California, Berkeley. Online: http://www.sims.berkeley.edu/~hal/Papers/mattioli/mattioli.pdf, geprüft: 03.08.2010.

Zerdick, A. et al. (Hg.) (2001): Die Internet-Ökonomie. Strategien für die digitale Wirtschaft. 3. Aufl. – Berlin: Springer.

24 Mögliche Ursachen für Schwarzkopien

24.1 Kopien bei Informationsgütern

Informationsgüter – legal oder illegal – zu vervielfältigen ist verhältnismäßig einfach. Die Möglichkeit des Kopierens gibt es schon seit langem. Die „Copy-Shops" des Mittelalters waren die Klöster, in denen Mönche mit dem Spezialwissen des Lesens und Schreibens vor allem die Bibel abschrieben und illustrierten. Mit der Erfindung des Buchdrucks war dann zum ersten Mal eine Massenversorgung möglich. Heute sind Inhalte, die körperlich vorliegen, technisch relativ leicht zu kopieren, z. B. per Fotokopie oder Überspielen auf Audio- oder Videokassette etc. Diese Art der physischen bzw. analogen Vervielfältigung hat aber ihre Grenzen, denn mit jeder Kopie einer Kopie sinkt deren Qualität. Um ein vielfaches leichter und qualitativ besser kann kopiert werden, wenn das Informationsgut digital vorliegt. Dann sind Kopien sogar ganz ohne Qualitätsverlust möglich, so dass Original und Kopie und auch Folgekopien gleichwertig sind. Daten- und damit Qualitätsverluste, die aber vom Individuum fast nicht wahrnehmbar sind, treten nur dann auf, wenn digitale Informationsgüter zum Kopieren komprimiert werden. Informationsgüter lassen sich auf diese Weise sehr leicht reproduzieren. Es ist kein aufwändiges „Reverse Engineering" erforderlich, denn das konsumierte Gut selbst ist der „Master", von dem sich nahezu kostenlos beliebig viele Kopien anfertigen lassen. Die kostenlose Nutzung eines Informationsgutes kann vom Hersteller – wir erinnern uns an die Öffentliche-Gut-Problematik – kaum verhindert werden. Das gilt für Content- wie für Softwareangebote.

Es lassen sich nun zwei verschiedene Formen von Schwarzkopien unterscheiden (Bundesverband Musikindustrie 2007a). Bei der klassischen Schwarzkopie wird ein bestehendes Informationsgut in Teilen oder komplett übernommen und in anderer äußerer Aufmachung als das Original – z. B. mit einem Phantasielabel – auf den Markt gebracht. Bei dieser Form der Schwarzkopie muss es dem Käufer klar sein, dass er ein illegales Produkt erwirbt, wegen der

> purchase location, pricing or obvious differences in design, quality or features (McDonald/Roberts 1994, 58).

Im englischen Sprachgebrauch ist in diesem Zusammenhang meist von Piraterie (Piracy) die Rede, womit die widerrechtliche Aneignung von geistigem Eigentum gemeint ist, die sich durch die unautorisierte Anfertigung von Kopien manifestiert (Castro et al. 2008, 77 mit weiteren Quellen). Beide Begriffe werden fortan synonym verwendet.

Counterfeits oder Ident-Fälschungen zielen dagegen darauf ab, das Originalgut in jeder Hinsicht nachzubilden und den Kunden damit über dessen Herkunft und dessen Status der Legalität zu täuschen (Staake/Fleisch 2008, 17 f. mit weiteren Quellen).

Schwarzkopieren liegt sowohl dann vor, wenn Informationsgüter gewerblich vertrieben, als auch, wenn sie für den privaten Gebrauch illegal angefertigt bzw. genutzt werden.

Von den an ein Medium gebundenen Formen der Schwarzkopie sind die rein digitalen zu unterscheiden. Der Bundesverband Musikindustrie (2007b) spricht hier von Internetpiraterie, die in unterschiedlichen Formen auftritt:

> Neben den Tauschbörsen (z. B. eDonkey, eMule, BearShare, BitTorrent) gibt es mittlerweile eine Vielzahl von verschiedenen Formen der Internetpiraterie. So werden z. B. in Foren und Blogs Musikdateien „gepostet" und mehr oder weniger professionell strukturierte „Release-Groups" versorgen sich mit – oft noch nicht veröffentlichten – Songs und Alben. Eine stark zunehmende Form der Internetpiraterie läuft über so genannte Sharehoster wie z. B. rapidshare.de. Hier werden zunächst Musikdateien auf eine virtuelle Festplatte im Netz abgelegt und anschließend wird das dazugehörige Download-Link über Blogs und Foren verbreitet.

	Physische Distribution	Digitale Distribution
Gewerbliche Schwarzkopien	Verkauf von reproduzierten Datenträgern, z.B. • Kassetten • CDs • DVDs	• illegale Webseiten, z.B. AllOfMP3 • Pay-(FTP)-Server
Selbstversorgung	Unautorisierte, unentgeltliche Anfertigung und Weitergabe von Datenträgern, z.B. • „CDs brennen"	• Usenet • Filehosting z.B. RapidShare • P2P-/File-Sharing-Plattformen, z.B. eMule • Streams, z.B. YouTube

Abbildung 24.1: Angebotsformen von Schwarzkopien.

Für die weiteren Ausführungen soll als Schwarzkopie (oft auch wertend, aber juristisch nicht korrekt als Raubkopie bezeichnet) jede Art von illegal angefertigter Kopie, egal ob physisch oder digital, bezeichnet werden.

Die illegalen Downloads betragen nach Angaben des Bundesverbandes Musikindustrie ein Vielfaches der legal herunter geladenen Titel (Abb. 24.2).

Kein Kavaliersdelikt: Musikpiraterie im Netz

2006 wurden 401 Millionen Musiktitel aus dem Internet heruntergeladen

davon

27 Mio. legal

374 Mio. illegal

Entwicklung der illegalen Downloads

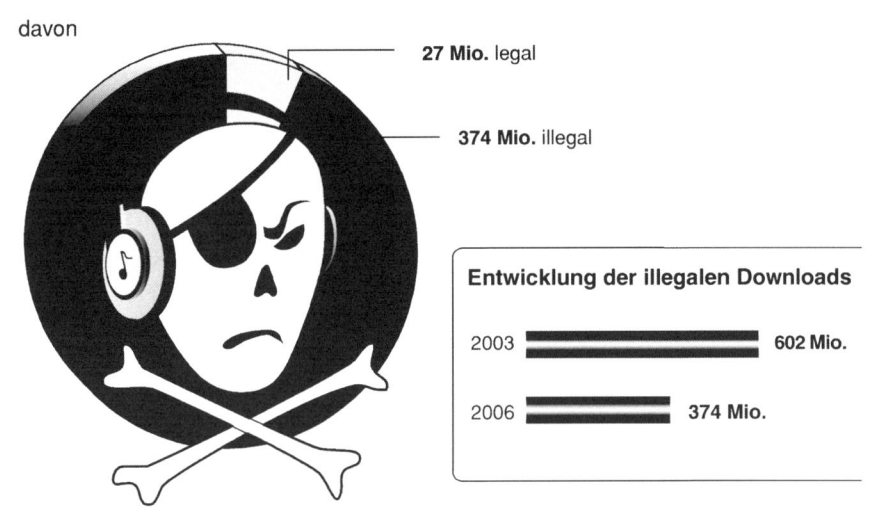

2003 — 602 Mio.

2006 — 374 Mio.

Abbildung 24.2: Entwicklung der illegalen Downloads 2003/2006. Quelle: Bundesverband Musikindustrie 2007b.

Für die Softwareindustrie lassen sich für Deutschland ähnliche Zahlen finden beim Verband der Softwareanbieter, der Business Software Alliance (BSA), für Computer- und Videospiele beim Bundesverband Interaktive Unterhaltungssoftware (BIU) oder über die verschiedenen Branchen hinweg bei der Gesellschaft zur Verfolgung von Urheberrechtsverletzungen (GVU). Internationale Statistiken auch für Bücher und Filme sind bei der International Intellectual Property Alliance (IIPA) aufgeführt. Interessant ist hier insbesondere der nach dem U.S. Trade Law anzufertigende Bericht („Special 301") über die weltweiten Piraterieaktivitäten für die Branchen Software, Musik, Filme, Spiele und Bücher (IIPA 2007).

Warum kommt es zum Schwarzkopieren? Was bewegt Menschen, Schwarzkopien anzufertigen?

Eine wichtige Unterscheidung zur Beantwortung dieser Frage ist die zwischen gewerblich erstellten Kopien und Kopien für die Selbstversorgung. Bei den gewerblichen Kopien sind die Motive klar, denn es besteht ein eindeutiges Profitinteresse. Schwarzkopien werden vornehmlich als Datenträger hergestellt und an Endkunden verkauft. Der Internationale Phonoverband bezeichnet dies als physische Piraterie (IFPI 2006, 4). In der Regel hat man es hier mit organisierter Kriminalität zu tun (OECD 2008, 157 ff.).

Anders der Fall bei der Selbstversorgung. Hiermit ist gemeint, dass sich der Endkunde selbst mit den gewünschten Informationsgütern illegal versorgt. Neben der physischen Privatkopie findet die Selbstversorgung zunehmend digital statt, also über illegale Webseiten (z. B. AllOfMP3.com) Tauschnetzwerke (Filesharing, P2P-Netzwerke) oder auch über BitTorrent oder FTP. Die Entstehung von Napster im Jahre 1999 markiert hier einen entscheidenden Wendepunkt in der Verfügbarkeit digitaler Güter, speziell von Musik, durch die P2P-Technologie. Ganz generell lässt sich feststellen, dass die digitalen Vertriebsformen an Bedeutung gewinnen. Das gilt, z. B. bei Musik, sowohl für legale (Bundesverband Musikindustrie 2008, 14) wie auch illegale Angebote (Dejean 2008, 2).

Da die Motivlage der gewerblichen Seite des Schwarzkopierens klar ist, wenden wir uns im Folgenden dem Bereich der Selbstversorgung zu. Zu den Ursachen finden sich mannigfaltige Erklärungsansätze. Die allermeisten von ihnen sind empirisch untermauert. Wir werden nun auf einige zentrale Aspekte eingehen.

24.2 Konsumentencharakteristika

Der typische Schwarzkopierer von digitaler Musik lässt sich recht gut von den Personenkreisen abgrenzen, die legal CDs kaufen oder downloaden (Bhattacharjee et al. 2003): Er ist jung und männlich und seine Neigung zum Schwarzkopieren steigt mit dem Preis des Songs und der verfügbaren Bandbreite. Insofern ist es nicht verwunderlich, dass (männliche) Studierende einen großen Anteil an Schwarzkopierern darstellen. Sie verfügen über Hochgeschwindigkeitsnetzwerke und haben deutlich mehr Zeit als Geld (Wade 2004). Passend zu dieser Analyse ist die Beobachtung, dass CD-Verkäufe nach der Entstehung von Napster in universitätsnahen Geschäften deutlich stärker zurückgingen als in anderen Verkaufsstellen (Fine 2000).

Dieses Profil entspricht demjenigen von Personen, die darauf aus sind, sich immer wieder neue Reize zu verschaffen. Wissenschaftlich sprich man vom „Optimum Stimulation Level (OSL)" (Raju 1980), wonach jeder nach seinem individuellen idealen Stimulationsniveau sucht. Sind die externen Stimuli zu niedrig, wird eine Intensivierung angestrebt, sind sie zu hoch, besteht das Bestreben, sie zu reduzieren. Das OSL korreliert stark mit demographischen Variablen wie Alter, Geschlecht, (Aus-)Bildung und Beschäftigungsstatus. Wie bei den Schwarzkopierern auch zu beobachten, ergibt sich:

> High-OSL consumers are relatively younger, more educated, better employed, and more likely to be male than low-OSL consumers (Sinha/Mandel 2008, 2 mit Verweis auf Raju 1980 und Zuckerman 1994, 114).

Konsumenten mit einem hohen OSL, das konnten Sinha und Mandel (2008) empirisch belegen, neigen zum Schwarzkopieren. Sie tendieren stärker dazu neue Künstler und Songs auszuprobieren und zeigen eine höhere Bereitschaft, dabei Risiken einzugehen, wie sie das illegale Downloaden mit sich bringt.

24.3 Gerechtigkeitsempfinden und Preise

Die unausgewogene Kostenstruktur für Informationsgüter ist uns bereits bekannt: Den hohen First-Copy-Costs stehen nur sehr niedrige variable Vervielfältigungskosten gegenüber. Passend hierzu hat sich gezeigt, dass die durch das Internet gesunkenen Suchkosten die Konsumenten preissensibler haben werden lassen. Allerdings, das zeigt sich in einer Untersuchung von Lynch und Ariely (2000), gilt das nur für breit verfügbare, leicht vergleichbare (Massen-)Ware und nicht für sehr spezielle oder individuell angefertigte Produkte. Speziell für die Massenware Musik ist empirisch feststellbar, dass die Preise der Musikindustrie für überzogen gehalten werden (Deiss 2006, 87 f.; Buxmann et al. 2007). Ähnliche Aussagen finden sich in Bezug auf digitale Spiele (Anderson 2009, 72). Es lässt sich folgern, dass Schwarzkopierer die Preise für alle Arten von digitalen Gütern für zu hoch und damit für ungerecht halten, insbesondere wenn man sich den ökonomischen Erfolg einiger Urheberrechtsinhaber vor Augen hält. Diese Unausgewogenheit dient Schwarzkopierern dazu, ihr illegales Verhalten zu rechtfertigen (z. B. Gupta et al. 2004). Verstärkt wird diese Einstellung durch Angebote von Informationsgütern, die kostenfrei sind, wie z. B. Linux oder Open Office aus der Open-Source-Szene oder die mannigfaltigen kostenfreien Contentangebote im Internet wie Nachrichten, Finanzinformationen, Bilder, Spiele oder auch Musik.

Steigende Preise können dabei nicht der Grund dafür sein, dass digitale Angebote für zu teuer gehalten werden. Liebowitz (2003, 14) konnte anhand von Daten des US-Musikmarkts belegen, dass die Preise über 20 Jahre nahezu konstant geblieben sind. Ähnliches ergibt sich aus der Untersuchung von Peitz und Waelbroeck (2006), wonach sich in den größten fünf Märkten weltweit in den letzten Jahren keine eindeutigen Trends der Preisentwicklung finden lassen.

Genau so wenig scheinen Einkommensveränderungen pro Kopf über die Zeit hinweg ursächlich für die Ausgabenveränderungen im Musikmarkt zu sein. Ein Zusammenhang ist eher in der Höhe des individuellen Einkommens zu sehen (Liebowitz 2003, 15). Die höhere Bereitschaft zum Schwarzkopieren bei jüngeren Menschen ist u. a. über das niedrige Einkommen motiviert. Jüngere Nutzer verfügen über weniger Geld als Berufstätige, aber über viel mehr Freizeit. Mit zunehmendem Einkommen wiederum steigt die Bereitschaft zum legalen Kauf (Deiss 2006, 95).

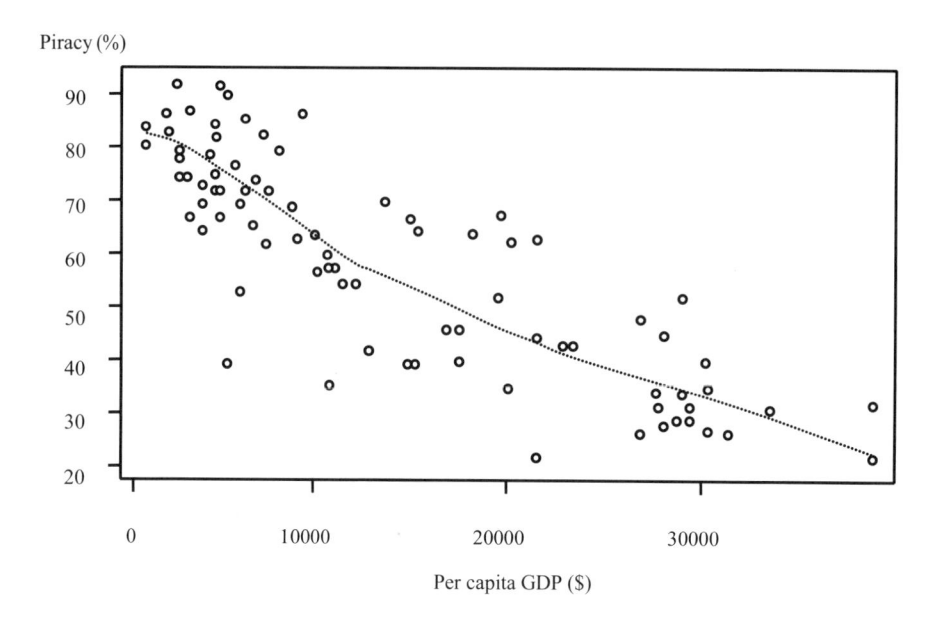

Abbildung 24.3: Bruttoinlandsprodukt pro Kopf verschiedener Länder vs. Quote der Softwarepiraterie. Quelle: In Anlehnung an Varian 2005, 125.

Dieses Muster findet sich nicht nur auf der individuellen, sondern auch auf Länderebene. Ganz pauschal gesagt: Wer mehr verdient, lädt weniger herunter. Varian (2005) weist diesen Zusammenhang empirisch nach und stellt das Bruttoinlandsprodukt (BIP) verschiedener Länder den dort auftretenden Quoten an Schwarzkopien für Software gegenüber. Es zeigt sich ganz deutlich, dass der Anteil an Schwarzkopien mit steigendem BIP pro Kopf zurückgeht. Allerdings – so eine ökonometrische Untersuchung von Reinig und Plice (2010, 6) – nimmt der Zusammenhang mit steigendem Einkommen ab. Bei einer Einkommenssteigerung von z. B. $4.000 auf $5.000 ist ein stärkerer Rückgang der Pirateriequote zu beobachten als bei einer Steigerung von $24.000 auf $25.000. Weiterhin lassen sich neben dem Einkommensniveau für Softwaremärkte noch zwei andere zentrale Faktoren feststellen, die das Ausmaß an Softwarepiraterie in einem Land signifikant beeinflussen: der Entwicklungsstand der IT-Branche und das Ausmaß an Korruption in dem betreffenden Land. Reinig und Plice stellen dazu fest, dass

> the relative size of a domestic software industry influences software piracy independent of income. [...] A one-percent increase in the relative size of the IT market would imply that over 10 percent of all software would convert from unauthorized to authorized (Reinig/Plice 2010, 6).

Korruption hingegen wirkt sich nur in Ländern mit einer wenig entwickelten IT-Branche aus, denn

> a one-point increase in CPI [Corruption Perception Index, d. Verf.] would result in a reduction in piracy of over four percent of total software in low IT countries (Reinig/Plice 2010, 6).

Ihre Schlussfolgerung lautet, in Ländern mit einer wenig entwickelten IT-Branche stärker gegen die Korruption vorzugehen und sich in den Ländern mit einer bereits entwickelten IT-Branche auf deren weiteres Wachstum zu fokussieren. Es lässt sich vermuten, dass dies auch geeignete Ansatzpunkte für andere Informationsgüter-Branchen sind.

Ein ähnlicher Eindruck ergibt sich, wenn man die Wachstumsraten des BIP betrachtet. Der recht deutliche Wachstumsrückgang nach dem Platzen der Internetblase war einer der wesentlichen Gründe für die Umsatzrückgänge in der Musikindustrie (CD-Verkäufe) (Peitz/Waelbroeck 2006, 93). Wenn man bedenkt, dass von diesem Einbruch vorrangig jüngere Männer betroffen waren, deren Bedarf an Musik auch noch besonders hoch ist, liegt die Schlussfolgerung nahe, dass sich hier eine Verlagerung in die Illegalität ergeben hat.

Konsistent mit den vorangegangenen Ergebnissen haben Regner und Barria (2009, 399) in einer empirischen Untersuchung der Bereitschaft zur freiwilligen Zahlung für Online-Musik festgestellt, dass in Ländern mit niedrigem BIP pro Kopf deutlich weniger gezahlt wird als in Ländern mit hohem BIP. Es ergibt sich eine Verteilung, die genau spiegelbildlich zu der der Pirateriequote in Abbildung 24.3. verläuft.

24.4 Moralvorstellungen und soziale Normen

Die Moralvorstellungen von Schwarzkopierern und die Einflüsse aus ihrem sozialen Umfeld darüber, was als üblich und akzeptabel angesehen wird, spielen eine wichtige Rolle bei der Ergründung der Frage, warum Menschen Schwarzkopien anfertigen. Wie bereits mehrfach angeführt, ist Schwarzkopieren zum großen Teil eine Altersfrage. Liebowitz (2004) zeigt anhand einer Untersuchung von Internetnutzern im Oktober 2002, dass im Alter von 18 bis 29 Jahren 41% illegal downloaden, von den 30- bis 49-jährigen hingegen nur 21%. Dieses Faktum lässt sich sehr gut verbinden mit der Beobachtung, dass die jungen, männlichen Schwarzkopierer über ein unterentwickeltes Moralbewusstsein verfügen (Levin et al. 2004; Hill 2007, 11 mit weiteren Quellen). Ihr Drang nach direkter Befriedigung ihrer Bedürfnisse durch digitale Güter lässt die Frage nach Recht und Unrecht in den Hintergrund treten. Für Spiele schreibt Anderson (2009, 72),

> anything at all standing between the impulse to play and playing in [sic!] the game itself was seen as a legitimate signal to take the free route.

Hinzu kommt, dass bis vor kurzem die Gefahr, beim illegalen Kopieren bzw. Downloaden erwischt und verurteilt zu werden, relativ gering war. Ob die jüngsten Maßnahmen der Rechteinhaber, ihre Rechte mit mehr Nachdruck durchzusetzen, zu den gewünschten Ergebnissen führen, scheint allerdings zweifelhaft. Für die Filmindustrie ermittelt Dördrechter (2007, 257), dass weder die bisherigen PR-Kampagnen und Werbemaßnahmen, noch die offen ausgesprochenen Drohungen („Raubkopierer sind Verbrecher") die moralischen Bedenken der Schwarzkopierer haben wahrnehmbar beeinflussen können. Nach der oben bereits angesprochenen Theorie zum Optimal Stimulus Level kann der erhöhte Druck sogar kontraproduktiv wirken, denn das Risiko erwischt zu werden steigert den Stimulus. Wie Sinha und Mandel am Beispiel von Studierenden empirisch zeigen, bedeutet das, dass

> for consumers with high levels of optimum stimulation (and, thus, higher tolerance for risk), increasing the perceived risk might actually backfire by slightly increasing their likelihood to pirate (Sinha/Mandel 2008, 12).

Appelle an das Moralbewusstsein dürften insofern eher bei älteren Konsumentengruppen in die gewünschte Richtung wirken.

Neben den individuellen Moralvorstellungen spielt das soziale Umfeld eine wichtige Rolle für die Bereitschaft zum illegalen Konsum von Informationsgütern. Für Filmpiraterie ergibt sich aus den empirischen Untersuchungen von Dördrechter (2007, 253):

> Den mit deutlichem Abstand stärksten positiven Einfluss auf den Konsum von Downloads und Kopien hat das formative Konstrukt „Soziales Umfeld" der Filmpiraten.

Dieses Ergebnis deckt sich mit anderen empirischen Untersuchungen, in denen die große Bedeutung des sozialen Umfelds, d. h. der Gruppennormen, auf das Verhalten bei der illegalen Beschaffung von Software nachgewiesen werden konnte (Dördrechter 2007, 253 sowie Hill 2007, 11 mit weiteren Verweisen). Im relevanten sozialen Umfeld wird sowohl das Ansehen von Downloads und Kopien als auch das Downloaden und Kopieren selbst als üblich angesehen. Schwarzkopierer von Filmen wollen zur Filesharing-Szene dazu gehören. Sie wollen vermeiden, dass von der Gruppennorm abweichendes Verhalten unerwünschte soziale Sanktionen erzeugt. Für junge männliche Studierende konstatieren Sinha und Mandel (2008, 13):

> If anything, digital piracy is the social norm among this segment of consumers.

Auch das gesellschaftliche Umfeld insgesamt beeinflusst die Moralvorstellungen (z. B. Kini et al. 2004). In Gesellschaften, in denen das Privateigentum lange unterdrückt wurde und das Recht auf geistiges Eigentum nur schwach durchgesetzt wird, ist der moralische Druck zur Unterbindung des Schwarzkopierens schwach oder sogar überhaupt nicht vorhanden. In Ländern wie China mit vielen Unternehmen in Staatseigentum ist darüber hinaus auch das (Un-)Rechtsbewusstsein für Diebstahl wenig entwickelt. Der herrschenden Ideologie folgend, ist das Eigentum der Unternehmen ja auch gleichzeitig Eigentum des Volkes (Hill 2007, 12).

Ein weiterer Grund für Moralvorstellungen, die das Schwarzkopieren für rechtens halten, lässt sich finden, wenn neue Gesetze bzw. Gesetzesänderungen gegen das Rechtsempfinden verstoßen. Die Einschränkung der Privatkopie durch das Verbot der Umgehung technischer Schutzmaßnahmen im Jahre 2003 stellt einen solchen Fall dar. Bis dahin zulässige Kopien für den Privatgebrauch wurden auf einen Schlag zu Schwarzkopien. Es ist nachvollziehbar, dass diese Änderung nicht von jedermann mitgetragen wird. Für die Filmindustrie konstatiert Dördrechter (2007, 257):

In den Augen der Filmpiraten entsteht der Filmindustrie durch das Kopieren von DVDs kein Schaden, und obendrein fühlen sich die Filmpiraten (moralisch) im Recht. Filmpiraten sehen sich als Opfer der Filmindustrie und nicht umgekehrt.

24.5 Angebotsgestaltung

Ein ganz wichtiger Grund für die illegale Beschaffung von Informationsgütern liegt in der Gestaltung der legalen Angebote. Gäbe es mehr attraktive legale Angebote, würde dies das Schwarzkopieren deutlich reduzieren. Für das Informationsgut Film konnte Dördrechter (2007) das empirisch bestätigen. Durch das seitens der Filmindustrie praktizierte Windowing sehen sich die Filmpiraten genötigt, sich eigene Verwertungsfenster zu schaffen. Während der Film in den Kinos läuft, besteht bislang keine Möglichkeit, ihn legal auf DVD/VHS zu kaufen oder zu leihen, bzw. ihn über Video-on-Demand (VoD) anzusehen (Dördrechter 2007, 254 f.). Bei Musik war es lange Zeit so, dass es nur über Tauschbörsen möglich war, die starren CD-Angebote zu entbündeln. Man war lange Zeit gezwungen, den Preis für ein ganzes Album zu zahlen, auch wenn man nur einige Songs haben wollte. Erst das zunehmende legale Angebot macht es möglich, nur die gewünschten Titel eines Interpreten zu kaufen.

Für Musik konnte Deiss (2006, 87 f.) empirisch bestätigen, dass die Attraktivität von Tauschbörsen vor allem deswegen hoch ist, weil man eine deutlich größere Musikauswahl hat als im Einzelhandel, auch seltene Songs finden und neue Musik kennen lernen kann sowie die Möglichkeit hat, alles Probe zu hören (Sampling).

Die Nutzung von Tauschbörsen wird offensichtlich in vielen Fällen als attraktivere Alternative gegenüber der legalen Beschaffung wahrgenommen, obwohl auch der illegale Weg mit einigem Aufwand verbunden ist (Dördrechter 2007, 254 f.). Tauschbörsen werden immer wieder infolge polizeilicher Maßnahmen geschlossen und müssen daher häufig neu aufgespürt werden. Die Download-Geschwindigkeiten sind bei neuen Filmen anfangs häufig relativ gering, weil viele Interessenten gleichzeitig auf dieselbe(n) Quelldatei(en) zugreifen. Außerdem ist die Qualitätskontrolle aufwändig, weil Downloads wie Kopien auf Viren sowie ihre technische und inhaltliche Unversehrtheit überprüft werden müssen. Die Filmindustrie erhöht diese Kosten bewusst, wenn vor großen Filmpremieren so genannte „Decoys" in Umlauf gebracht werden (Ripley 2004). Das sind Dummie-Dateien, die den gleichen Titel, die gleiche Dateigröße und auch das gleiche Format haben wie das Original.

Zusammenfassend lässt sich festhalten, dass Tauschbörsen genutzt werden, weil sie deutliche Mehrwerte aufweisen. Sie sind kostenlos, bieten eine große Musikauswahl mit umfassenden Möglichkeiten des Samplings und die Beschaffung von Musik ist mit relativ wenig Aufwand verbunden.

24.6 Fazit

- Schwarzkopieren oder Piraterie bedeutet die widerrechtliche Aneignung geistigen Eigentums durch die Anfertigung von Kopien ohne eine entsprechende Autorisierung des Rechteinhabers.
- Bei digitalen Informationsgütern ist die Anfertigung von Schwarzkopien sogar qualitätsverlustfrei möglich.
- Der typische Schwarzkopierer von digitaler Musik ist jung und männlich und seine Neigung zum Schwarzkopieren steigt mit dem Preis des Songs und der verfügbaren Bandbreite. Einen großen Anteil an Schwarzkopierern stellen (männliche) Studierende dar.
- Sowohl auf individueller als auch auf Länderebene lässt sich sagen: Wer mehr verdient, lädt weniger illegal herunter.
- Das soziale Umfeld hat einen starken Einfluss auf das Verhalten bei der illegalen Beschaffung von Informationsgütern. Das gilt auf Gruppenebene (Schwarzkopierer wollen zur Szene gehören) wie auf gesellschaftlicher Ebene (Einstellungen zum Wert von geistigem Eigentum).
- Ein ganz wichtiger Grund für die illegale Beschaffung von Informationsgütern liegt in der Gestaltung der legalen Angebote. Gäbe es mehr attraktive legale Angebote, würde dies das Schwarzkopieren deutlich reduzieren.

24.7 Literatur

Anderson, C. (2009): Free. The Future of a Radical Price. – New York: Hyperion.

Bhattacharjee, S.; Gopal, R. D.; Sanders, G. L. (2003): Digital music and online sharing: software piracy 2.0. – In: Communications of the ACM 46(7), S. 107–111.

BIU - Bundesverband Interaktive Unterhaltungssoftware e. V. (2010): Softwarepiraterie. Online: http://www.biu-online.de/themen/softwarepiraterie/, geprüft: 25.08.2010.

Bundesverband Musikindustrie (Hg.) (2008): Jahreswirtschaftsbericht 2008. Online: http://www.musikindustrie.de/uploads/media/ms_branchendaten_jahreswirtschaftsbericht_2008.pdf, geprüft: 25.08.2010.

Bundesverband Musikindustrie (2007a): Raubkopien erkennen. Online: http://www.musikindustrie.de/uploads/media/rg_raubkopien_erkennen_originalcds.pdf, geprüft: 25.08.2010.

Bundesverband Musikindustrie (2007b): Internetpiraterie. Online: http://www.musikindustrie. de/internetpiraterie/, geprüft: 25.08.2010.

Buxmann, P.; Pohl, G.; Johnscher, P.; Strube, J. (2007): Cooperative pricing in digital value chains - the case of online-music. – In: Journal of Electronic Commerce Research 8(1), S. 32–40.

Deiss, B. (2006): Musik aus dem Internet - Filesharing in p2p-Tauschbörsen. – München: GRIN.

Dejean, S. (2008): What Can We Learn from Empirical Studies About Piracy. Herausgegeben von CESifo Economic Studies. Rennes. Online: http://ssrn.com/abstract=1219442, geprüft: 25.08.2010.

Dördrechter, N. (2007): Piraterie in der Filmindustrie. Eine Analyse der Gründe für Filmpiraterie und deren Auswirkungen auf das Konsumverhalten. – Wiesbaden: Dt. Univ.-Verl.

Fine, M. (2000): SoundScan Study on Napster Use and Loss of Sales. Report by the Chief Executive Officer of SoundScan Engaged by the Plaintiffs in the Action. A & M Records Inc. et al. v. Napster Inc. Online: http://news.corporate.findlaw.com/hdocs/docs/napster/riaa/fine.pdf, geprüft: 25.08.2010.

Gupta, P. B.; Gould, S. J.; Pola, B. (2004): To pirate or not to pirate: A comparative study of the ethical versus other influences on the consumer´s software aquisition mode decision. – In: Journal of Business Ethics 55, S. 255–274.

GVU - Gesellschaft zur Verfolgung von Urheberrechtsverletzungen (o. J.). Online: http://www.gvu-online.de/1_Startseite.htm, geprüft: 25.08.2010.

Hill, C. W. L. (2007): Digital piracy: Causes, consequences, and strategic responses. – In: Asia Pacific Journal of Management 24(1), S. 9–25.

IFPI (Hg.) (2006): Piracy-Report 2006. Online: http://www.ifpi.org/content/library/piracy-report2006.pdf, geprüft: 25.08.2010.

IIPA - International Intellectual Property Alliance (Hg.) (2007): IIPA 2007 „Special 301" Recommendations. Online: http://www.iipa.com/special301.html, geprüft: 02.09.2009.

Kini, R. B.; Ramakrishna, H. V.; Vijayaraman, V. (2004): Shaping moral intensity regarding software piracy. A comparison between Thailand and U.S. students. – In: Journal of Business Ethics 49, S. 91–104.

Levin, A. M.; Dato-on, C. M.; Rhee, K. (2004): Money for nothing and hits for free: The ethics of downloading music from peer-to-peer web sites. – In: Journal of Marketing Theory and Practice 12(1), S. 48–60.

Liebowitz, S. J. (2003): Will MP3 Downloads Annihilate the Record Industry? The Evidence so Far. School of Management, University of Texas at Dallas. Dallas. Online: http://ssrn.com/abstract=414162, geprüft: 25.08.2010.

Lynch, J. G.; Ariely, D. (2000): Wine online: Search costs affect competition on price, quality, and distribution. – In: Marketing Science 19(1), S. 83–103.

McDonald, G.; Roberts, C. (1994): Product piracy: The problem that will not go away. – In: Journal of Product & Brand Management 3(4), S. 55–65.

OECD (2008): Die wirtschaftlichen Folgen von Produkt- und Markenpiraterie. – Paris: Organisation for Economic Cooperation and Development.

Peitz, M.; Waelbroeck, P. (2006): Digital music. – In: Illing, G.; Peitz, M. (Hg.): Industrial Organization and the Digital Economy. – Cambridge, Mass.: MIT Press, S. 71–144.

Raju, P. S. (1980): Optimum stimulation level: Its relationship to personality, demographics, and exploratory behavior. – In: Journal of Consumer Research 7, S. 272–282.

Regner, T.; Barria, J. A. (2009): Do consumers pay voluntarily? The case of online music. – In: Journal of Economic Behavior & Organization 71, S. 395–406.

Reinig, B. A., Plice R. K. (2010): Modeling Software Piracy in Developed and Emerging Economies. – In: Proceedings of the 43rd Hawaii International Conference on Systems Science January 5-8. Koloa, Kauai, Hawaii.

Ripley, A. (2004): Hollywood Robbery. Online: http://www.time.com/time/magazine/article/0,9171,1101040126-578973,00.html, geprüft: 25.08.2010..

Sinha, R. K.; Mandel, N. (2008): Preventing digital music piracy: The carrot or the stick. – In: Journal of Marketing 72, S. 1–15.

Staake, T; Fleisch, E. (2008): Countering Counterfeit Trade. Illicit Market Insights, Best-Practice Strategies, and Management Toolbox. – Berlin: Springer.

Varian, H. R. (2005): Copying and copyright. – In: Journal of Economic Perspectives 19(2), S. 121–138.

Zuckerman, M. (1994): Behavioral Expressions and Biosocial Bases of Sensation Seeking. – Cambridge: Cambridge Univ. Press.

25 Ökonomische Folgen des Schwarzkopierens

25.1 Betrachtungsgegenstand

Schadet Schwarzkopieren oder bzw. Piraterie den Informationsanbietern tatsächlich? Aus Sicht der Branchenvertreter ist dies eine klare bewiesene Tatsache. Wissenschaftlich liegt der Fall nicht so ganz eindeutig. Insbesondere der Musikmarkt ist im Rahmen einer Vielzahl von Studien untersucht worden, die sich in ihrer Qualität und Aussagekraft sehr unterscheiden. Je nach Auswahl lässt sich damit belegen, dass Filesharing der Musikindustrie schadet, es keinen Effekt auf den Absatz von CDs hat oder sogar positive Wirkungen mit sich bringt. Wir werden darauf im Weiteren näher eingehen. Andere Branchen wie die für Software, Film, Spiele oder Bücher sind im Hinblick auf den Zusammenhang zwischen der Nutzung von Tauschbörsen und den Absatzzahlen bislang weit weniger ausführlich oder gar nicht untersucht worden. Wir werden uns daher zwar hauptsächlich an den Untersuchungen aus der Musikbranche orientieren, es kann aber angenommen werden, dass dieselben Prinzipien in allen Informationsbranchen wirken. Haller (2005, 182) sieht strukturelle Ähnlichkeiten zwischen der Musik- und der Softwareindustrie und Oberholzer/Strumpf (2009) beziehen ihre Metaanalyse zum Filesharing auf alle digitalen Informationsgüter, also Musik, Software, Filme, Spiele und Bücher.

Im Folgenden werden wir zuerst anhand von einfachen mikroökonomischen Modellen betrachten, welche Folgen sich ergeben, wenn in einem Markt Schwarzkopien auftreten. Dann wird die Perspektive erweitert und die Folgen des Schwarzkopierens unter dynamischen Gesichtspunkten analysiert. So weit möglich werden die einzelnen Argumente durch empirische Untersuchungen untermauert.

25.2 Folgen des Schwarzkopierens aus wohlfahrtstheoretischer Sicht

Mit Hilfe mikroökonomischer Modelle lassen sich erste (theoretische) Erkenntnisse gewinnen, was passiert, wenn es in einem Markt nicht nur legale, sondern auch illegale Angebote gibt. Um einen Vorher-Nachher-Vergleich durchzuführen, werden dazu so genannte komparativ-statische Analysen durchgeführt. Man vergleicht eine Ausgangssituation (ohne Schwarzkopien) mit einer zweiten, veränderten Situation, in diesem Falle mit Schwarzkopien. Bewertungsmaßstab bei dieser Art von Analyse ist die Wohlfahrt der Konsumenten. Ein Zustand wird einem anderen gegenüber als besser beurteilt, wenn er eine höhere Konsumentenrente aufweist.

Stellvertretend für alle Informationsgüter betrachten wir den Markt für einen Musiktitel. Der Anbieter ist auf Grund der Einzigartigkeit des Titels ein Quasi-Monopolist. Da es üblicherweise ähnliche Titel gibt, auf die man ausweichen kann, liegt eine hybride Situation vor, die in der Mikroökonomie als monopolistische Konkurrenz bezeichnet wird (z. B. Mankiw et al. 2008, 411 ff.). Mehrere oder auch viele „Monopolisten" machen sich Konkurrenz. Das heißt, es gibt mehrere Anbieter in einem Markt, z. B. für Musik oder Filme, die nur ähnliche aber keine identischen, beliebig austauschbaren Angebote machen. Für alle weiteren Überlegungen kann also von einer Monopolsituation ausgegangen werden, in der der Anbieter seinen Gewinn nach der monopolistischen Gewinnmaximierungsformel (Grenzkosten = Grenzerlös) zu maximieren versucht. Die Existenz des Wettbewerbs schlägt sich in einer Verschiebung der Nachfragekurve nieder. Dem einzelnen Anbieter bleibt bei zunehmendem Wettbewerb dann nur ein abnehmender Teil des Gesamtmarkts (Linde 2008, 67 ff.).

Neben dem regulären Wettbewerb, der im Weiteren durch die Betrachtung eines Monopols erst einmal ausgeblendet wird, sind zwei Gruppierungen interessant, wenn es um die Betrachtung von Schwarzkopien bzw. Schwarzmärkten geht: Das sind zum einen die gewerblichen Anbieter von Schwarzkopien und zum anderen Privatpersonen, die sich mit Schwarzkopien selbst versorgen.

Die **Selbstversorgung**, also die Anfertigung von (physischen) Privatkopien hat Lang (2005) ausführlich untersucht. Er vergleicht die Veränderungen der Produzenten- und Konsumentenrente für einen Anbieter und einen Tonträger zu zwei verschiedenen Zeitpunkten. Zum ersten Zeitpunkt gibt es nur den legalen Markt, zum zweiten verfügen die Nachfrager über CD-Brenner und können sich Schwarzkopien selbst anfertigen. Der Preis für die Anfertigung einer Privatkopie wird mit den variablen (Grenz-)Kosten angesetzt. Er liegt damit weit unter dem Preis des Monopolisten. Die Nachfragekurve für den Originärmarkt (N_1) dreht sich in diesem Modell nach innen (N_2) und ein Schwarzmarkt entsteht, dargestellt als Nachfrage nach Privatkopien (N_{PK}). Die Gesamtnachfrage bleibt unverändert. Da die Grenzkosten nahe Null liegen, ist die Preisänderung marginal und wir gehen einfachheitshalber davon aus, dass der alte Preis (p_1) gleich dem neuen ist (p_2).

25.2 Folgen des Schwarzkopierens aus wohlfahrtstheoretischer Sicht

Wie man sehr schön erkennen kann, ergeben sich dramatische Wohlfahrtseffekte. Durch die Entstehung des Schwarzmarkts verlagert sich ein Teil der alten Konsumentenrente (C_1-C_2-p_p) auf die Privatkopierer (KR_1). Der Monopolist verliert einen guten Teil seiner Produzentenrente (x_1-x_2-C_2-C_1), die sich in Konsumentenrente der Privatkopierer verwandelt (KR_2). Durch den niedrigen Preis bzw. die niedrigen Grenzkosten kommt es zu einer Ausweitung der Nachfrage. Kunden, die zum Marktpreis ursprünglich nicht zum Kauf bereit waren, kopieren sich jetzt das Informationsgut. Es ist damit deutlich weiter verbreitet als vorher, denn es wird mehr kopiert als weniger gekauft. Damit kommt es zu einem Nettowohlfahrtsgewinn (KR_3).

Aus Sicht des Anbieters sind nicht alle diese Effekte problematisch. Kunden, die ohnehin nicht gekauft hätten, können sich nun zwar mit dem gewünschten Tonträger versorgen, erzeugen aber keine Umsatzverluste. Schmerzhaft sind die Kunden, die nun kopieren statt zu kaufen. Sie führen zu einem Verlust an Produzentenrente. Das wird – bei gegebener Preis-Absatz-Funktion – problematisch, wenn die Produzentenrente kleiner wird als die Fixkosten für die Erstellung des Informationsguts. Dann macht der Anbieter insgesamt Verlust und es ist für ihn rational, die Neuproduktion einzustellen.

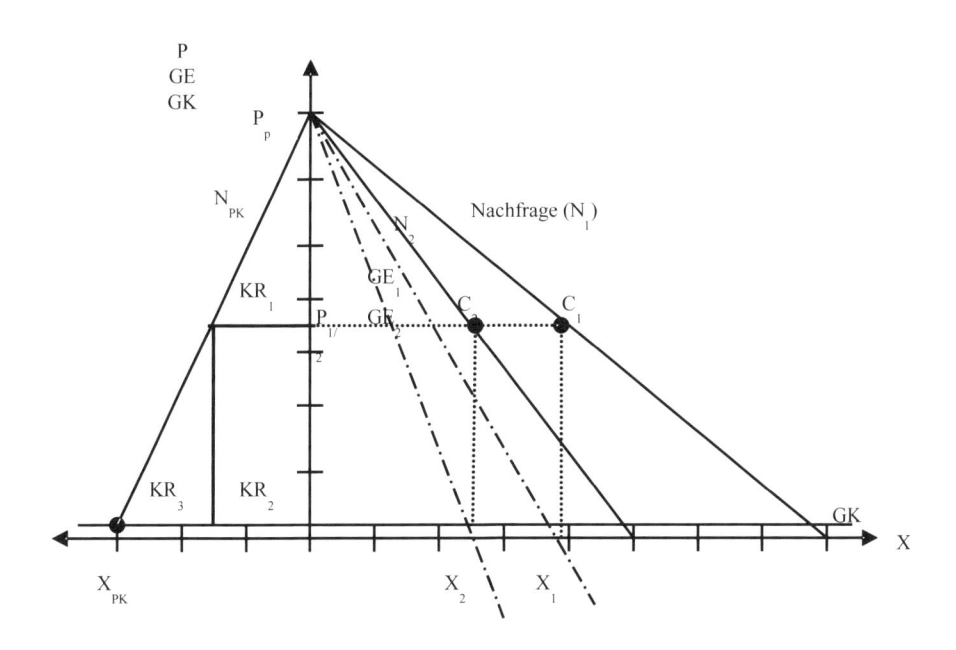

Abbildung 25.1: Auswirkungen von Privatkopien auf die Nettowohlfahrt. Quelle: In Anlehnung an Lang 2005, 636.

Wie sich die Existenz **gewerblicher Schwarzkopierer** und der rechtliche Schutz von Informationsgütern auf die Preisbildung und die Marktversorgung auswirken, hat Hill (2007) mikroökonomisch analysiert. Eine integrierte Sicht auf die Kopierproblematik, die sowohl die gewerblichen Schwarzkopierer als auch die Selbstversorger berücksichtigt, findet sich bei Linde (2008, 98 ff.). Diesen Ansatz wollen wir hier kurz darstellen.

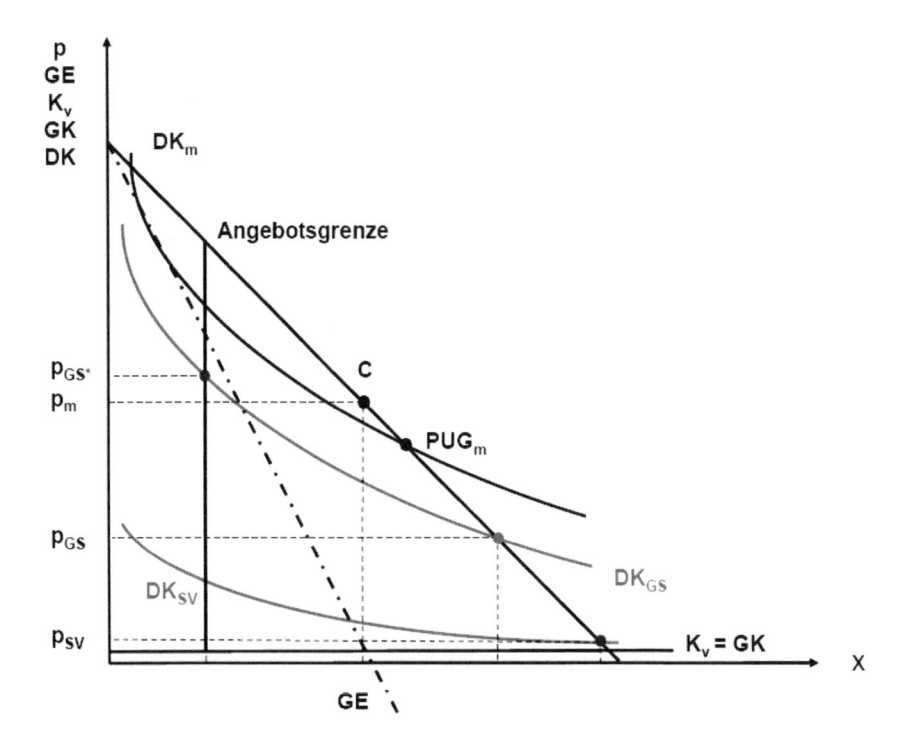

Abbildung 25.2: Auswirkungen von gewerblichen Schwarzkopien und Selbstversorgung auf das Marktangebot. Quelle: In Anlehnung an Linde 2008, 103.

Das Auftreten von Schwarzkopien ist prinzipiell zu sehen wie der Eintritt von Wettbewerbern in den Markt mit einem sehr ähnlichen oder sogar identischen Produktangebot. Da die Schwarzkopierer keine Entwicklungskosten zu tragen haben, ist der Verlauf ihrer Durchschnittskostenkurve deutlich unterhalb der des Originalanbieters. Die gewerblichen Schwarzkopierer (DK_{GS}) werden für die Vervielfältigung höhere Investitionen tätigen müssen als die Selbstversorger (DK_{SV}), deswegen verlaufen die Kostenkurven unterschiedlich. Das Konkurrenzangebot erzeugt einen Preisdruck auf das Angebot des Originals. Der Originalanbieter kann dem Rechnung tragen, in dem er die Preise senkt. Daraus resultieren – wie oben bereits diskutiert – eine Umverteilung von der Produzenten- zur Konsumentenrente sowie Nettowohlfahrtsgewinne. Die Preisuntergrenze (PUG_m) liegt für den Ex-Monopolisten dort, wo seine Durchschnittskosten gerade noch gedeckt sind. Durch den Schwarzmarkt entsteht eine Art Preisdifferenzierung. Konsumenten, die bislang vom Kauf ausgeschlossen waren und bereit zu illegalen Handlungen sind, werden nun bis hinunter zum Preis von p_{GS} mit dem Informationsgut versorgt bzw. versorgen sich selbst (p_{SV}). Die Nettowohlfahrt steigt. Die Abwanderung in den Schwarzmarkt wird umso größer ausfallen, je größer die Preisunterschiede, je geringer die moralischen Bedenken und je kleiner die (erwarteten) Qualitätsunterschiede zum Original sind.

Die Verläufe der Durchschnittskosten hängen von der Art der verwendeten Kopiertechnologie ab. Ist sie sehr aufwändig zu beschaffen oder zu bedienen oder sind die Kosten dafür sehr hoch, fallen sie höher aus. Ganz grundsätzlich ist es so, dass die Kostenverläufe beim Schwarzkopieren von CDs/DVDs deutlich höher liegen als bei der Nutzung von Filesharing-Technologien (OECD 2008, 159). Die soeben beschriebenen Auswirkungen auf das legale Angebot fallen bei der mikroökonomischen Analyse im Falle nochmals deutlich größer aus.

Was wird nun passieren, wenn die Originalanbieter versuchen, ihre Verwertungsrechte stärker als bisher durchzusetzen? Zuerst einmal verursachen Maßnahmen zur Aufdeckung illegaler Aktivitäten Kosten für Ermittler, Rechtsanwälte etc. Die Durchschnittskostenkurve (DK_m) verschiebt sich nach oben. Die steigende Gefahr, entdeckt zu werden, führt aber auch bei den Schwarzkopierern zu einem anderen Kostenverlauf. Je nach individueller Einschätzung der Gefahr wird die Erstellung von Schwarzkopien eingeschränkt. Diese Einschränkung entspricht mikroökonomisch einer Kapazitätsgrenze. Je nachdem bei welcher Menge diese greift, kann das (gewerbliche) Angebot von Schwarzkopien unattraktiv werden. Bei einer sehr niedrigen Angebotsgrenze läge der kostendeckende Preis (p_{GS*}) über dem des Monopolisten (p_m). Für den Originalanbieter würde das sogar die Chance bergen, seinen Preis zum Ausgleich der gestiegenen Kosten zu erhöhen.

Die komparativ-statische Analyse zeigt, dass die Entstehung von Schwarzmärkten den einzelnen Konsumenten im Hinblick auf ein bestehendes Angebot an Informationsgütern besser stellt. Die Konsumentenrente steigt. Dieses Ergebnis ist nicht weiter verwunderlich, da Monopole den Markt aus Gründen der Gewinnmaximierung immer zu knapp versorgen. Die Gewährung von Verwertungsrechten ermöglicht diese Monopolrenten und die Verletzung der Rechte führt aus statischer Sicht zu Nettowohlfahrtsgewinnen. Unberücksichtigt bleibt dabei, wie sich die Existenz von Schwarzmärkten – dynamisch gesehen – auf die Entwicklung neuer Informationsgüter auswirkt.

25.3 Folgen des Schwarzkopierens unter dynamischen Gesichtspunkten

Wenden wir uns nun der dynamischen Analyse zu, bei der ausgehend von einer Situation Entwicklungen im Zeitablauf untersucht werden. Nach dem soeben bereits angesprochenen Problem der Unterversorgung mit neuen Informationsgütern werden wir untersuchen, wie sich die Möglichkeiten, durch Schwarzkopieren neue Informationsgüter kennen zu lernen (Sampling) sowie die Existenz von direkten und indirekten Netzwerkeffekten für den Originalanbieter auswirken.

Ein weit verbreitetes Argument gegen jede Art von Schwarzkopie ist, dass bei dahinschmelzenden Erträgen der Anreiz neue Informationsgüter zu erstellen, immer geringer wird. Der Markt weist eine **Unterversorgung** mit neuem geistigem Eigentum wie Musik, Filmen, Spielen etc. auf (z. B. Hill 2007, 17 f.). Dieses statisch gesehen zweifellos korrekte Argument lässt sich widerlegen durch die Entwicklung der Neuerscheinungen. Für den Zeitraum zwischen 1992 und 2003 ist für den deutschen Musikmarkt kein nennenswerter Rückgang zu verzeichnen (Lang 2005, 638). Ganz aktuell belegen Oberholzer und Strumpf (2009, 23 f.) für Musik und Filme, dass die Zahl der Neuerscheinungen deutlich zugelegt hat. Die Zahl der neuen Alben stieg in den USA von 35.516 im Jahre 2000 auf 79.695 im Jahr 2007. Davon waren 25.159 Alben digitale Veröffentlichungen. Für die Filmbranche erfolgte eine weltweite Steigerung von 3.807 in 2003 auf 4.989 in 2007. Selbst in Ländern wie Süd-Korea, Indien oder China, in denen Schwarzkopien eine sehr große Rolle spielen, hat die Zahl der Neuerscheinungen im selben Zeitraum deutlich zugenommen. Die Existenz von Schwarzkopien hat der Schaffenskraft von Künstlern und Verlagen bislang offensichtlich keinen quantitativen Abbruch getan. Ob sich die Qualität der Werke gleichzeitig verschlechtert hat, ist eine offene, bislang noch nicht untersuchte Frage. Kreative brauchen – das zeigen verschiedene andere Studien – nicht unbedingt Anreize monetärer Art. Intrinsische Motive und die Hoffnung, einmal das große Los zu ziehen und in die Charts zu kommen, reichen als Ansporn vermutlich bereits aus (Tschmuck 2009a).

Wie wir bereits wissen, weisen Informationsgüter deutliche Informationsasymmetrien auf. Für potenzielle Käufer ist es von großem Interesse, sich vor dem Kauf einen Eindruck über die Qualität des Angebots zu verschaffen. Schwarzkopieren ist dazu eine geeignete Möglichkeit, denn es erlaubt es, neue Informationsgüter, also Musik, Filme, Bücher, Spiele etc., kennen zu lernen und probe zu hören, zu sehen, zu lesen oder zu spielen. Man spricht in diesem Zusammenhang von **Sampling**. Die entscheidende Frage beim Sampling ist die ökonomische: Führt es zum anschließenden Kauf des Testobjekts oder reicht einem das Sample aus und der Kauf unterbleibt? Anders als beim Sampling im stationären Handel, wo man den Datenträger kaufen muss, um das Informationsgut dauerhaft nutzen zu können, ist es beim Schwarzkopieren so, dass man über das Informationsgut ja bereits verfügt (als CD/DVD oder downgeloaded auf der Festplatte), so dass man sich entscheiden muss, das Original zusätzlich zu erwerben. In welche Richtung wirkt nun das Sampling? Erzeugt es einen Kaufanreiz oder wirkt es substitutiv, so dass Käufe, die getätigt worden wären, durch den Besitz des Samples unterbleiben? Hierzu gibt es verschiedene Studien aus der Musikbranche. Liebowitz (2003, 2006) ist ein prominenter Vertreter der Aussage, dass Samples Käufe verdrängen, die Substitutionswirkung also überwiegt. Seine Argumentation ist relativ einfach: Wenn die Kopie zum Original gleichwertig und das Kopieren kostenlos ist, werden die Erträge der Labels zurückgehen, weil die kostenlose Kopie dem Original vorgezogen wird. Für das Filesharing formuliert er:

> MP3 downloads are causing significant harm to the record industry (Liebowitz 2003, 30).

Wie wir im vorangehenden Kapitel bereits angeführt haben, kann man allerdings nicht so pauschal sagen, dass eine Schwarzkopie ein Original eins zu eins ersetzt. Die illegal beschafften Titel müssen erst einmal auf ihre Qualität geprüft werden. Diese kann ganz erheblich vom Original abweichen, wenn Stücke unvollständig sind, eine niedrige Bitrate aufweisen oder auch mit Viren verseucht sind. Ein Ersatz liegt auch dann nicht vor, wenn ein Titel käuflich gar nicht mehr erworben werden kann oder wenn das Original besondere Features aufweist, wie ein Booklet, ein besonderes Cover etc. (Tschmuck, 2009b).

Zu der entgegengesetzten Aussage bezüglich der Wirkungen des Samplings kommen unter anderem Peitz und Waelbroeck (2006, 908):

> Sampling appears to be important in the market for recorded music – music is an experience good where horizontal product differentiation and taste heterogeneity are important. Due to sampling, music labels may actually gain from P2P networks (and other ways to listen to recorded music for free) and use them to solve a two-sided asymmetric information problem between seller and buyers.

Mit Hilfe eines Modells zeigen die Autoren für Informationsgüter generell, dass die Anbieter vom Filesharing profitieren, wenn die Konsumentenpräferenzen ausreichend heterogen sind. Bezogen auf Musik heißt dass, wenn die Musikgeschmäcker verschieden genug sind, finden die Konsumenten durch das Filesharing Titel, die besser zu ihren Vorstellungen passen, als wenn es keinen Schwarzmarkt gäbe. Wenn gleichzeitig auch die Produktvielfalt der (Musik-)Anbieter genügend groß ist, führt die Möglichkeit des Samplings zu höheren Absatzzahlen. Die Erträge steigen,

> because consumers can make more informed purchasing decisions because of sampling and are willing to spend for the original although they could consume the download for free (Peitz/Waelbroeck 2006, 912).

Die beiden dargestellten Studien basieren auf theoretischen Modellen und kommen zu genau entgegengesetzten Schlussfolgerungen.

Was sagen nun empirische Untersuchungen zum Verhältnis von Filesharing und Verkaufszahlen? Oberholzer und Strumpf (2009) widmen sich dieser Frage anhand einer Metaanalyse von insgesamt elf Studien aus der Musikbranche. Zwei von ihnen konstatieren positive Wirkungen des Filesharings auf den Absatz von Musik. In der Mehrzahl der Fälle wird eine negative Wirkung festgestellt, das heißt dass Substitutionseffekte überwiegen. Sie werden auf eine Größenordnung von generell 20% geschätzt (Oberholzer/Strumpf 2009, 16). Ein wichtiger Teil der Studien kommt zu einem dritten Ergebnis, nämlich dass das Filesharing keine statistisch signifikanten Auswirkungen auf die Musikverkäufe hat. Mit ähnlichen Ergebnissen klassifiziert und untersucht Tschmuck (2009c) siebzehn Studien zum Filesharing. Beide Untersuchungen bewerten die Güte der verschiedenen Studien und kommen zu dem Ergebnis, dass Filesharing in keinem klar nachweisbaren Zusammenhang zu den Verkaufszahlen steht. Mit der gleichen Schlussfolgerung ist auch eine aktuelle Untersuchung des US-Rechnungshofs erschienen, der feststellt, dass

> the net effect cannot be determined with any certainty (GAO 2010, 28).

Was sich allerdings relativ sicher feststellen lässt, ist ein Umverteilungseffekt, den das Filesharing erzeugt. Blackburn (2004) vergleicht Albenverkäufe und Downloads bei sehr bekannten und unbekannten Künstlern, die kaum in den Charts zu finden sind. Bei den sehr bekannten Künstlern überwiegt ein Substitutionseffekt, Downloads ersetzen zum Teil den Albenkauf. Bei den unbekannten Künstlern hingegen dominiert der Samplingeffekt und es kommt zu zusätzlichen Verkäufen. Es findet also – bei neutralen Gesamteffekten – eine Umverteilung von den Superstars hin zu den weniger bekannten Künstlern statt. Gopal et al. (2006) kommen zu den gleichen Ergebnissen bezüglich der Umverteilung, stellen aber einen positiven Gesamteffekt des Samplings fest.

> Gäbe es File-Sharing nicht, dann würden die Superstars den CD-Markt beherrschen und eine mögliche Ausweitung der Vielfalt des Angebots verhindern (Tschmuck 2009d).

Eine weitere wichtige Einflussgröße in Verbindung mit Schwarzkopien sind wieder einmal die Netzwerkeffekte. Wir erinnern uns, dass direkte Netzwerkeffekte vorliegen, wenn der Wert eines (Informations-)Guts für den Konsumenten stärker daraus resultiert, dass es weit verbreitet ist, als aus dessen eigenständigem Nutzen (Basiswert). Indirekte Netzwerkeffekte bedeuten, dass der Wert eines Gutes für den Konsumenten positiv dadurch beeinflusst wird, dass es ein attraktives Angebot an Komplementen gibt.

Direkte wie indirekte Netzwerkeffekte sind bei Informationsgütern allgegenwärtig, aber nicht immer gleich stark ausgeprägt (Linde 2008, 42 ff.). Für eine breitere Diskussion des Zusammenhangs von Netzwerkeffekten und illegalen Kopieraktivitäten sei auf Kapitel 21 zum Kopierschutz-Management verwiesen. Wir wollen hier anhand eines Modells näher darauf eingehen, wie sich Schwarzkopien über **direkte Netzwerkeffekte** auf die Marktentwicklung auswirken. Das Modell von Linde (2008, 135 f.) zeigt sehr gut, dass Schwarzkopien einen entscheidenden Beitrag dazu leisten können, die für die Etablierung eines Marktes erforderliche kritische Masse zu überwinden.

Das Modell geht von einem für Informationsgüter spezifischen Verlauf der Nachfragekurve aus (Linde 2008, 113 ff.). Hohe Zahlungsbereitschaften ergeben sich dabei erst ab einer gewissen Verbreitung des Informationsguts. Kommt also ein Informationsanbieter mit einem neuen Produkt auf den Markt und bietet es wegen der hohen First-Copy-Kosten zum Preis von A an, wird sehr wahrscheinlich zu wenig von dem Produkt abgesetzt, um Netzwerkeffekte zu erzeugen (x_A), es wird ein Flop. Kommt es nun aber zur Verbreitung von Schwarzkopien, steigt der Absatz. Der Markt wird mit legalen Angeboten im Volumen von x_A und zusätzlich mit Schwarzkopien ($x_B - x_A$) versorgt. Die Gesamtmenge x_B ist nun ausreichend, um weitere zahlungswillige Nachfrager auf den Plan zu rufen. Die kritische Masse ist überschritten und sich selbst verstärkende Netzwerkeffekte beginnen zu wirken. Das Informationsgut verbreitet sich weiter, weil es schon einen gewissen Verbreitungsgrad erreicht hat. Im Modell bedeutet dies einen Sprung hin zum Gleichgewichtspunkt C mit der zugehörigen

25.3 Folgen des Schwarzkopierens unter dynamischen Gesichtspunkten

Menge x_C. Nachteilig für den Anbieter ist der eventuell auftretende Absatzverlust, der durch die Verschiebung der Durchschnittskostenkurve nach rechts dargestellt ist (DK*). Der Degressionseffekt wird erst bei einer größeren Gesamtabsatzmenge (aus legalen und Schwarzkopien) erreicht.

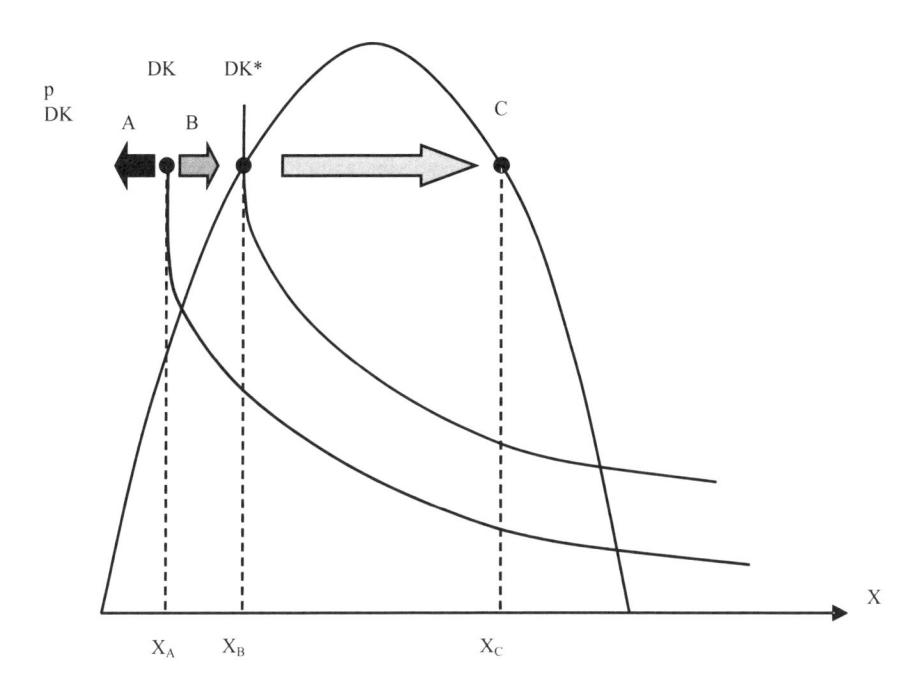

Abbildung 25.3: Auswirkungen von Schwarzkopien auf die Marktentwicklung. Quelle: In Anlehnung an Linde 2008, 136.

Durch die Schwarzkopien ergibt sich also aus Sicht des Anbieters ein deutlicher Schub für die Entwicklung des Marktes. Genau diesen Effekt haben Andersen und Frenz (2007) in einer Studie kanadischer Tauschbörsennutzer bestätigt. Sie stellen fest, dass

> downloading the equivalent of approximately one CD increases purchasing by about half of a CD (Andersen/Frenz 2007, 3).

Anders ausgedrückt, wird bei dem von ihnen gemessenen Faktor von 0,44 mindestens eine CD mehr verkauft, wenn drei Alben heruntergeladen werden. Filesharing führt hiernach zwar auch zu einem Substitutionseffekt, dieser wird aber durch den Marktentwicklungseffekt überkompensiert.

In einer Studie über den britischen Musikmarkt wurde festgestellt, dass Nutzer von Filesharing-Diensten zu den besten Kunden der Musikindustrie zählen.

> Internet users who claim to never illegally download music spend an average of £44 per person on music per year, while those who do admit to illegal downloading spend £77, amounting to an estimated £200m in revenue per year (Demos 2009).

Diese Ergebnisse werfen die Frage auf, ob das derzeitige Vorgehen der Musikindustrie nicht kontraproduktiv ist, weil es die eigenen Top-Kunden vergrault.

Weitere, aus Sicht des Anbieters positive Wirkungen von Netzeffekten, die aus einer größeren Gesamtverbreitung aus Verkäufen und illegalen Kopien resultieren, bestehen in einem wahrscheinlicheren Lock-in der Kunden und einer besseren Chance, im Markt einen Standard zu etablieren (Castro et al. 2008, 85; Hill 2007, 18 f.). Ende der 90er Jahre äußerte Bill Gates hierzu eine sehr pragmatische Einstellung, die den kurzfristigen Schaden und den langfristigen Nutzen, der durch Netzeffekte und Lock-in entsteht, gegenüberstellt:

> 'Although about 3 million computers get sold every year in China, people don't pay for the software. Someday they will, though,' Gates told an audience at the University of Washington. 'And as long as they're going to steal it, we want them to steal ours. They'll get sort of addicted, and then we'll somehow figure out how to collect sometime in the next decade.' (Piller 2006).

Über den aktuellen Stand eine halbe Dekade später und den Erfolg dieser Strategie in der Softwarebranche berichten Staake und Fleisch (2008, 145):

> About 90% of all programs in the Chinese software market are not legitimately licensed (BBC 2005). The vast majority of personal computers use Microsoft Windows as an operating system, which, as a genuine product, is sold for a multiple of a Chinese white-collar worker's monthly average income. Needless to say, if no illicit copies were available, only a fraction of today's PC users in China would be familiar with Microsoft's product and would rather use open source software such as Red Flag Linux. Now, after the Chinese government required computers manufactured within the country's borders to have pre-installed authorized operating software systems when they leave the factory, Microsoft can build upon a large user base and use its strong market position to generate revenue. The stakes are huge as China has become the world's second-largest PC market, with more than 19 million PC shipments in 2005 (Gartner 2006). In an interview with CNN, Bill Gates stressed the beneficial effects of software piracy on the development of Microsoft's market in China, mainly due to lock-in and barriers to entry for emerging legitimate competitors (Kirkpatrick 2007).

Kommen wir zurück zur Musik und zu den **indirekten Netzwerkeffekten**, die hier auch eine wichtige Rolle spielen. Musik auf Tonträgern steht mit anderen Informationsgütern, wie Konzerten, Merchandisingartikeln oder auch Klingeltönen in einem komplementären Verhältnis. Wie Connolly und Krueger (2006) nachweisen konnten, sind Konzerte und Merchandising inzwischen zu einer wichtigen Einkommensquelle für Künstler geworden. Konzerte und neue Aufnahmen sind wechselseitige Komplemente: Eine CD weckt die Erinnerungen an ein Konzert und Musik, die man vor einem Konzert bereits kennt, macht das Konzert zu einem intensiveren Erlebnis (Oberholzer/Strumpf 2009, 20). Filesharing könnte aus dieser Sicht aber ein zweischneidiges Schwert sein. So dürfte eine stärkere Verbreitung von (kostenfreier) Musik die Nachfrage nach Konzerttickets zwar steigen lassen. Gleichzeitig aber wäre es möglich, dass Konzerte nicht mehr zu den gleichen Einnahmen aus CD-Verkäufen führen, wenn die Songs aus dem Netz heruntergeladen werden können. Das würde den Anreiz, auf Tour zu gehen, senken. Hierzu lässt sich zuerst einmal feststellen, dass die

Ticketpreise für Konzerte in den letzten Jahren deutlich stärker gestiegen sind als der Preisindex und sich dieser Anstieg nach dem Auftritt des Filesharings noch verstärkt hat (Krueger 2005). Mortimer und Sorensen (2005, 25) zeigen in einer empirischen Untersuchung von mehr als zweitausend Künstlern über zehn Jahre, dass in der Zeit vor und nach Napster die Anzahl der CDs, die verkauft werden mussten, um $20 aus Konzerteinnahmen zu erzielen, von 8,47 auf 6,36 Stück gefallen ist. Durch Filesharing gewinnen die Künstler Fans, die zu den Konzerten kommen, ohne dass sie Musik kaufen müssen. Die Künstler, so lässt sich ebenfalls feststellen, haben ihre Tourneeaktivitäten in den letzten Jahren intensiviert. Angebot wie Nachfrage nach Konzerten haben sich seit dem Filesharing deutlich gesteigert und zu einem höheren Einkommen der Musiker geführt.

Eine hohe Verbreitung von Musik scheint darüber hinaus gehend auch den Absatz anderer Informationsgüter zu fördern. Andersen und Frenz (2007, 34) zeigen,

> that people who are interested in entertainment goods (such as music) are also interested in DVDs, concerts, cinema/movies and video games.

Neben den bereits diskutierten Konzerten scheinen noch viele weitere Güter Komplementärcharakter zu haben. Dazu gehört natürlich auch die für das Abspielen erforderliche Hardware, also der übliche iPod oder MP3-Player. Oberholzer und Strumpf (2009, 21) haben hierzu folgende grobe Kalkulation für den US-Markt angestellt: Der vieldiskutierte Rückgang der Absatzzahlen bei Musik beträgt im Zeitraum 1997 bis 2007 15%. Rechnet man dagegen aber die Konzertumsätze hinzu, ist die Musikbranche in der gleichen Zeit um 5% gewachsen. Berücksichtigt man nun auch noch die Umsätze aus dem Verkauf von iPods, dann schnellt das Branchenwachstum über zehn Jahre gesehen auf 66% hoch.

Diese Überlegung wird gestützt durch eine Studie der Londoner Times für den britischen Musikmarkt im Zeitraum von 2004 bis 2008 (TimesOnline 2009). Darin wird festgestellt, dass zwar die CD-Verkäufe gesunken sind, aber die Erlöse der Musiker aus Live-Konzerten in den letzten Jahren deutlich zugelegt haben. Der Gesamtabsatz der (britischen) Musikbranche hat in den letzten Jahren sogar zugelegt. Die Krise der Musikindustrie scheint demnach weniger eine Krise der gesamten Branche zu sein als vielmehr eine der großen Labels, deren Einnahmen im Wesentlichen aus den Tonträgerverkäufen stammen.

Wir können als Fazit festhalten, dass die negativen Effekte von Filesharing nicht als bewiesen gelten können. Ganz im Gegenteil ist es sogar möglich, dass die positiven Effekte überwiegen. Eine Diskussion über die Folgen des Filesharings sollte sich auf jeden Fall nicht nur auf den Substitutionseffekt zwischen illegalen Downloads und sinkenden Verkaufszahlen beschränken, sondern das weite Feld der direkten und indirekten Netzwerkeffekte einbeziehen.

25.4 Fazit

- Die komparativ-statische Analyse zeigt, dass die Entstehung von Schwarzmärkten den einzelnen Konsumenten im Hinblick auf ein bestehendes Angebot an Informationsgütern besser stellt. Die Konsumentenrente steigt.
- Aus einer dynamischen Sicht zeigt sich, dass die Existenz von Schwarzkopien der Schaffenskraft von Künstlern und Verlagen bislang keinen quantitativen Abbruch getan hat. Ob sich die Qualität der Werke gleichzeitig verschlechtert hat, ist eine offene, bislang noch nicht untersuchte Frage.
- Ein beliebter theoretischer Argumentationsstrang zu den Wirkungen des Filesharings lautet: Wenn die Kopie zum Original gleichwertig und das Kopieren kostenlos ist, werden die Erträge der Labels zurückgehen, weil die kostenlose Kopie dem Original vorgezogen wird. Kopien sind aber nicht immer ein gleichwertiger Ersatz, z. B. im Hinblick auf die Qualität oder die Ausstattung. Es lässt sich theoretisch genau so zeigen, dass Anbieter vom Filesharing profitieren, wenn die Konsumentenpräferenzen ausreichend heterogen sind.
- Filesharing erzeugt Umverteilungseffekte von den Superstars hin zu den weniger bekannten Künstlern.
- Filesharing führt generell zu Substitutionseffekten von Originalen durch Schwarzkopien. Der gleichzeitig auftretende Marktentwicklungseffekt kann das aber überkompensieren.
- Die negativen Effekte von Filesharing können nicht als bewiesen gelten. Ganz im Gegenteil ist es sogar möglich, dass die positiven Effekte überwiegen.

25.5 Literatur

Andersen, B.; Frenz, M. (2007): The Impact of Music Downloads and P2P File-Sharing on the Purchase of Music: A Study for Industry Canada. University of London. London. Online: http://www.ic.gc.ca/eic/site/ippd-dppi.nsf/vwapj/IndustryCanadaPaperMay4_2007_en.pdf/$FILE/IndustryCanadaPaperMay4_2007_en.pdf, geprüft: 25.08.2010.

BBC News (2006): China to Tackle Software Piracy. BBC. Online: http://news.bbc.co.uk/2/hi/technology/4902976.stm, geprüft: 25.08.2010.

Blackburn, D. (2004): On-line Piracy and Recorded Music Sales. Harvard University. Harvard. Online: http://www.katallaxi.se/grejer/blackburn/blackburn_fs.pdf, geprüft: 25.08.2010.

Castro, J. O. de; Balkin, D.; Sheperd, D. A. (2008): Can entrepreneurial firms benefit from product piracy. – In: Journal of Business Venturing 23(1), S. 75–90.

Connolly, M.; Krueger, A. (2006): Rockonomics: The economics of popular music. – In: Ginsburgh, V.; Throsby, D. (Hg.): Handbook of the Economics of the Arts and Culture. – Amsterdam, S. 667–720.

Demos (Hg.) (2009): Illegal Downloaders are one of Music Industry's Biggest Customers. Online: http://www.demos.co.uk/press_releases/illegal-downloaders-are-one-of-music-industrys-biggest-customers, geprüft: 25.08.2010.

Gartner Research (2006): Market trends: PCs, Asia/Pacific, 4Q05 and Year in Review. Document ID: G00138769.

GAO, United States Government Accountability Office (2010): Intellectual Property. Observations on Efforts to Quantify the Economic Effects of Counterfeit and Pirated Goods. Report to Congressional Committees. Washington. Online: http://www.gao.gov/ew.items/10423.pdf, geprüft: 25.08.2010.

Gopal, R. D.; Bhattacharjee, S.; Sanders, G. L. (2006): Do artists benefit from online music sharing. – In: Journal of Business 79(3), S. 1503–1533.

Haller, J. (2005): Urheberrechtsschutz in der Musikindustrie. Eine ökonomische Analyse. – Lohmar: Eul-Verl.

Hill, C. W. L. (2007): Digital piracy: Causes, consequences, and strategic responses. – In: Asia Pacific Journal of Management 24(1), S. 9–25.

Kirkpatrick, D. (2007): How Microsoft Conquered China. CNNMoney.com. Online: http://money.cnn.com/magazines/fortune/fortune_archive/2007/07/23/100134488/, geprüft: 25.08.2010.

Krueger, A. (2005): The economics of real superstars: The market for concerts in the material world. – In: Journal of Labor Economics 23(1), S. 1–30.

Lang, C. (2005): Wohlfahrtsökonomische Analyse von privaten Tonträgerkopien. – In: Wirtschaftswissenschaftliches Studium (WiSt) 11, S. 635–639.

Liebowitz, S. J. (2003): Will MP3 Downloads Annihilate the Record Industry? The Evidence so Far. Herausgegeben von University of Texas. Dallas. Online: http://papers.ssrn.com/sol3/papers.cfm?abstract_id=414162, geprüft: 25.08.2010.

Liebowitz, S. J. (2006): File sharing: Creative destruction or just plain destruction. – In: Journal of Law & Economics 49(1), S. 1–28.

Linde, F. (2008): Ökonomie der Information. 2. Aufl. – Göttingen: Univ.-Verl. Göttingen.

Mankiw, N. G.; Taylor, M. P.; Wagner, A.; Herrmann, M. (2008): Grundzüge der Volkswirtschaftslehre. 4. Aufl. – Stuttgart: Schäffer-Poeschel.

Mortimer, J. H.; Sorensen, A. (2005): Supply Responses to Digital Distribution: Recorded Music and Live Performances. Harvard University. Online: http://www.aeaweb.org/annual_mtg_papers/2006/0107_0800_0702.pdf, geprüft: 25.08.2010.

Oberholzer-Gee, F.; Strumpf, K. (2009): File-Sharing and Copyright. Harvard Business School. Harvard. Online: http://www.hbs.edu/research/pdf/09-132.pdf, geprüft: 25.08.2010.

OECD (2008): Die wirtschaftlichen Folgen von Produkt- und Markenpiraterie. – Paris: Organisation for Economic Co-operation and Development.

Peitz, M.; Waelbroeck, P. (2006): Why the music industry may gain from free downloading – The role of sampling. – In: International Journal of Industrial Organization 24, S. 907–913.

Piller, C. (2006): How piracy opens doors for windows. – In: Los Angeles Times, April 09, 2006. Online: http://articles.latimes.com/2006/apr/09/business/fi-micropiracy9, geprüft: 21.08.2009.

Staake, T.; Fleisch, E. (2008): Countering Counterfeit Trade. Illicit Market Insights, Best-Practice Strategies, and Management Toolbox. – Berlin, Heidelberg: Springer.

TimesOnline (2009): Do Music Artists Fare Better in a World with Illegal File-Sharing. TimesOnline Labs. Online: http://labs.timesonline.co.uk/blog/2009/11/12/do-music-artists-do-better-in-a-world-with-illegal-file-sharing/, zuletzt aktualisiert am 25.08.2010.

Tschmuck, P. (2009a): Die Wirkungen des Musik-Filesharing - eine neue Studie. Online: http://musikwirtschaftsforschung.wordpress.com/2009/ 07/20/die-wirkungen-des-musik-file-sharing-eine-neue-studie/, geprüft: 25.08.2010.

Tschmuck, P. (2009b): Wie böse ist das File-Sharing? – Teil 2. Online: http:// musikwirtschaftsforschung.wordpress.com/2009/04/07/wie-bose-ist-das-file-sharing-teil-2/, geprüft: 25.08.2010.

Tschmuck, P. (2009c): Wie böse ist das File-Sharing? – Teil 18. Online: http://musikwirtschaftsforschung.wordpress.com/2009/05/25/wie-bose-ist-das-file-sharing-teil-18/, geprüft: 25.08.2010.

Tschmuck, P. (2009d): Wie böse ist das File-Sharing? – Teil 15. Online: http://musikwirtschaftsforschung.wordpress.com/2009/05/07/wie-bose-ist-das-file-sharing-teil-15/, geprüft: 25.08.2010.

26 Strategische Ansatzpunkte für den Umgang mit Schwarzkopien

26.1 Strategisches Handeln im Angesicht von Schwarzkopien

Die vorangegangenen beiden Kapitel haben einen Einblick in das Nebeneinander von legalen und illegalen Angeboten auf Informationsmärkten gewährt. Zentrale Motive des (privaten) Schwarzkopierens sind deutlich geworden. Es ist auch klar geworden, dass Schwarzkopien nicht per se verdammt werden können. Die Selbstversorgung mit Informationsgütern, insbesondere per Filesharing, hat möglicherweise sogar positive Auswirkungen auf die legalen Märkte. Es ist zu überlegen, wie man die bestehenden Angebote evtl. so verändern kann, dass gegenseitige Verstärkungen entstehen, anstatt mit repressiven Maßnahmen gegen das Schwarzkopieren die eigene Klientel, den Endkunden, zu verschrecken.

Wir werden dazu im Folgenden den Fokus weniger auf die kommerziellen Formen des Schwarzkopierens als auf die Selbstversorgung legen. Weiter einschränkend werden wir auf die digitalen Formen des Schwarzkopierens fokussieren, weil hier der entscheidende Hebel für eine schnelle und weltweite Verbreitung liegt.

In den folgenden Abschnitten werden wir zuerst darauf eingehen, wie man mit den verschiedenen illegalen Angeboten umgehen sollte und wir sprechen an, ob eine weitere Verschärfung des Urheberrechts angestrebt werden sollte. Danach geben wir einige Empfehlungen, wie man als Unternehmen sein bestehendes (digitales) Informationsangebot verbessern könnte, so dass der Absatz steigt. Zuletzt diskutieren wir einige Ansatzpunkte für die Entwicklung neuer Geschäftsmodelle.

Die nachfolgenden Ausführungen stellen eine Ergänzung zu den Kapiteln über die Wettbewerbsstrategien von Informationsanbietern dar. Dort stand die strategische Positionierung im Wettbewerb um legale Märkte im Fokus. Hier betrachten wir, wie der einzelne Anbieter gegen oder eben auch mit dem Schwarzmarkt bestehen kann. Die uns bekannten strategischen Variablen liefern dazu ein nützliches Instrumentarium.

26.2 Maßnahmen gegen illegale Angebote

Als Informationsanbieter kann man in Anbetracht von Schwarzkopien als erstes daran arbeiten, die illegalen Angebote zu unterbinden. Diesen Weg der Abwehr, das lässt sich gut beobachten, haben die Musik- sowie die Filmbranche eingeschlagen. In vielen Industrieländern wurde in den letzten Jahren die Zusammenarbeit bei der Strafverfolgung zwischen Verbänden und Behörden intensiviert. Für Deutschland stellt der Bundesverband Musikindustrie (2008, 3) fest, dass

> Deutschland eines der wenigen Länder [ist], in denen durch massive juristische Verfolgung das Problem des Musikdiebstahls im Internet zumindest eingedämmt werden konnte.

Dieser Erfolg ist unter anderem dadurch begründet, dass das Aufspüren von Urheberrechtsverletzungen im Internet voll automatisiert durchgeführt wurde und die erhobenen Daten dann in zehntausende von Anzeigen bei den Staatsanwaltschaften mündeten (Heise Online 2006).

Als weiterführende Maßnahme streben die Verbände an, dass Schwarzkopierer durch die Internetprovider bei Urheberrechtsverletzungen in ihrer Internetnutzung stufenweise, bis hin zur Stilllegung ihres Anschlusses, sanktioniert werden.

Aufbauend auf die gesammelten Erkenntnisse zu Ursachen und Folgen des Schwarzkopierens wollen wir einige Aspekte dieses repressiven Vorgehens bewerten.

Wie wirken moralische Appelle und die Erhöhung des Drucks der Strafverfolgung auf die Zielgruppe der Filesharer? Hierzu gibt es einige empirische Untersuchungen, die sich auch diesen Fragen gewidmet haben. Umfragen unter schwedischen und britischen Filesharern brachte zutage, dass sehr wohl ein Interesse daran besteht, dass die kreativ Schaffenden (Komponisten, Textautoren, Interpreten etc.) eine faire Entschädigung für ihre Werke erhalten sollten. So wurde in der schwedischen Befragung von über 1.000 Filesharern von 65% der Teilnehmer genannt, dass es ein großer Nachteil von Tauschbörsen ist, dass die Künstler für die Produktion ihrer Musik nicht bezahlt werden (STIM 2009, 11). 74% der in der britischen Studie befragten Filesharer wären an einem legalen Filesharing-Service interessiert und 90% der Befürworter sind dafür, dass vor allem die Künstler davon begünstigt würden (BMR 2008, 30 f.). Konsistent damit stellen Hennig-Thurau et al. (2007, 15) fest:

> Specifically, stressing the unethical element of appropriating copyrighted content without compensating the copyright owner in marketing campaigns could increase the moral costs of illegal file sharing and lower file-sharing activities.

Einschränkend ist dabei allerdings, dass man die in der jeweiligen Zielgruppe generell vorherrschende Einstellung zum Schwarzkopieren berücksichtigen muss. Freestone und Mitchell (2004) haben in einer empirischen Untersuchung zu den ethischen Einstellungen im Internet (e-Ethics) ermittelt, dass in der Generation Y (8-24 Jahre) nur ca. 5% der Meinung sind, dass das kostenfreie Downloaden von Musik und Filmen falsch oder unethisch wäre. Moralische Appelle sind vermutlich eher bei älteren Zielgruppen wirksam. Ein Beleg dafür ist die relativ hohe Aufmerksamkeit, die dieser Punkt in der oben genannten schwedischen

Studie genoss. Hier war das Durchschnittsalter der Befragten relativ hoch (STIM 2009, 6). In der britischen Studie dagegen – so lässt sich vermuten – war das Durchschnittsalter geringer. Hier gaben nur etwas mehr als 10% der Teilnehmer an, dass sie keine Uploads durchführen, weil sie der Auffassung waren, dass Künstler eine faire Entschädigung erhalten sollten (BMR 2008, 17). Bei jüngeren Menschen sind die Moralvorstellungen generell schwächer ausgeprägt (Dördrechter 2007, 275 mit weiteren Quellen) und es ist anzunehmen, dass ihnen der Zusammenhang zwischen Download und mangelnder Zahlung an die Künstler nicht so klar ist. Aufklärungsarbeit scheint hier angeraten. Ob die in Deutschland laufende Kampagne „Raubkopierer sind Verbrecher", die der zahlenden Kundschaft in den Kinos gezeigt wird, der richtige Weg ist, erscheint dabei zweifelhaft (Dördrechter 2007, 276).

Genau so ist zu fragen, ob das strafrechtliche Vorgehen gegen Schwarzkopierer die gewünschten Abschreckungswirkungen erzeugt. In der britischen Filesharing-Studie gaben nur 15% der Befragten an, dass sie keine Uploads durchführen, weil das Risiko erwischt zu werden zu hoch wäre (BMR 2008, 17). Eine Befragung deutscher Filmkonsumenten kommt explizit zu dem Ergebnis, dass

> the movie industry's initial reaction to the threat of movie file sharing—suing its own customers—appears to be misguided (Hennig-Thurau et al. 2007, 15).

Eine empirische Studie von LaRose und Kim (2007) untersucht die Absichten von Musik-Downloadern. Sie fanden heraus, dass neben den erwarteten (positiven) Effekten des Downloadens (z. B. neue Stimuli, angenehme Aktivität, sozialer Status) bei den betreffenden Personen ein unterentwickelter Selbstregulationsmechanismus zu beobachten war. Das bedeutet eine inadäquate Selbstkontrolle bei der Mediennutzung. Dieser Erkenntnis folgend, sind die Maßnahmen der Musikindustrie zur Strafverfolgung und zur normativen Beeinflussung zumindest für den untersuchten Personenkreis von US-amerikanischen Universitätsstudenten fehlgeleitet, weil sie durch die Persönlichkeitsstrukturen der Downloader konterkariert werden.

Die Angst der Konsumenten vor der Strafverfolgung ist offensichtlich kein probates Mittel, um das Filesharing einzudämmen. Eine Erhöhung des Risikos erwischt zu werden, könnte sogar genau das Gegenteil bewirken, weil es den Stimulus - in Kapitel 24 bereits angesprochen - nach der Theorie des Optimum Stimulation Level sogar noch erhöht. Für die Filmindustrie empfiehlt Dördrechter (2007, 276), die Drohkulisse abzubauen. Stattdessen sei es besser, die tatsächlich entstehenden Schäden transparent zu machen und aufklärend zu kommunizieren. Diese Erkenntnis dürfte sich auch auf andere Branchen übertragen lassen.

Was sich weiterhin feststellen lässt, ist, dass in Ländern mit hoher Wirtschaftskraft weniger Schwarzkopien auftreten (siehe dazu Kapitel 24). In solchen Ländern sind auch die Urheberrechte zumeist relativ gut geschützt. Wie sich zeigen lässt, sind die einschlägigen Verbände sogar daran interessiert, die Urheberrechte noch weiter zu verschärfen. Haller (2005, 305) kommt nach einer eingehenden Analyse der bestehenden Theorien und Untersuchungen zu dem Ergebnis, dass eine weitere Erhöhung des Urheberrechtsschutzes nicht sinnvoll erscheint, um die derzeitige Krise in der Musikindustrie zu überwinden.

Eine weitere Erhöhung des Schutzniveaus würde die Monopolstellung der Anbieter weiter stärken und zu negativen Auswirkungen auf die Wohlfahrt führen. Die Existenz von Netzeffekten verstärkt diese Auswirkungen. Speziell das deutsche Urheberrecht gilt schon jetzt als eines der restriktivsten der Welt (Haller 2005, 294 mit weiteren Quellen) und sollte demzufolge – das gilt auch aus Sicht der Filmbranche (Dördrechter 2007, 278) – nicht weiter verschärft werden. Anders zu beurteilen ist die Lage für Länder mit wenig ausgeprägten Intellectual Property Rights (z. B. China oder Indien), sei es in der Gesetzgebung selbst oder in deren Durchsetzung. Hier ist eine Steigerung des Schutzniveaus generell empfehlenswert (Hill 2007, 22 f.; Reinig/Plice 2010, 6).

Aus einer mehr soziologischen Perspektive weist Tschmuck in seinem Kommentar der britischen Filesharer-Studie (BMR 2008) eher normativ darauf hin, dass es sich beim Filesharing vermutlich gar nicht um ein bewusstes Eigentumsdelikt handelt, mit der Absicht jemanden zu schädigen, wie es bei der klassischen Produktpiraterie der Fall ist, sondern dass File-Sharing

> eine neue Form sozialen Verhaltens [ist], das an sehr restriktive gesetzliche Grenzen stößt, die noch dazu immer enger gezogen werden. Aber genau das ist der falsche Weg. Rechtliche Rahmenbedingungen sollten immer auch die Lebensrealität berücksichtigen und nicht in Kauf nehmen, dass weite Kreise der Bevölkerung potenziell kriminalisiert werden. In diesem Sinn sind die rechtlichen Grenzen weiter zu ziehen und File-Sharing [sollte] als legitimes soziales Verhalten akzeptiert werden (Tschmuck 2009).

Diese Überlegungen werden gestützt durch die empirische Untersuchung von Altschuller und Benbunan-Fich (2009), die bei US-amerikanischen Studenten ein ethisches Dilemma im Umgang mit illegalen Filesharingangeboten beobachten konnten. Erkennbar wurde dieses Dilemma durch die ambivalente Haltung, die die Studierenden zeigten: Es kam zu deutlichen Abweichungen zwischen dem, was die Befragten selbst für richtig hielten (z. B. nicht illegal downzuloaden) und was sie anderen als richtiges Verhalten empfehlen würden, nämlich illegale Downloadangebote zu nutzen und auf Datenträger weiterzugeben. Sie kommen zu einer ähnlichen Auffassung wie zuvor Tschmuck, nämlich dass diese

> inconsistencies support the notion that as technology evolves, it creates discrepancies between the way things are and the way the law expects them to be, leaving society in a muddle, trying to reconcile the two (Altschuller/Benbunan-Fich 2009, 49).

Besser als den (straf-)rechtlichen Druck weiter zu erhöhen, ist es vermutlich am Beschaffungsaufwand anzusetzen. Die illegale Beschaffung von Filmen steht z. B. in direktem Zusammenhang damit, wie aufwändig sie sich gestaltet. Faktoren wie das Auffinden des Downloads selbst und vor allem die Qualitätskontrolle spielen dabei eine entscheidende Rolle (Dördrechter 2007, 254 f.). Die Schließung bekannter Tauschbörsen steigert die Kosten des Auffindens. Die Verbreitung schlechter Kopien in den Tauschbörsen würde die Kosten der Qualitätsprüfung nach oben treiben. Brodersen (2007, 233) hat dazu die Idee des „Weak-Copy-Flooding" entwickelt. Informationsanbieter könnten die Tauschbörsen schon vor der eigentlichen Veröffentlichung mit minderwertigen Kopien ihrer Informationsgüter – ggf.

auch in Verbindung mit Werbung – „fluten". Diese Kopien böten dem Konsumenten zwar die Möglichkeit, sich einen Eindruck von den Inhalten zu verschaffen, die Qualität wäre aber schlechter als die des Originals. Gleichzeitig wird es durch die große Zahl an bereits vorhandenen minderwertigen Kopien für den Tauschbörsennutzer schwerer, die nach der Veröffentlichung eingestellten, qualitativ höherwertigen illegalen Kopien zu identifizieren. Dieses Vorgehen würde den Kaufanreiz stärken, ohne aber die positiven Netzwerkeffekte zu beeinträchtigen.

Ganz kurz wollen wir noch einmal den Aspekt der technischen Schutzmaßnahmen aufgreifen. Um es pointiert zu formulieren: Ist das digitale Rechtemanagement (DRM) geeignet, Piraterie zu unterbinden? Ganz pauschal gesagt, wird dies vermutlich nie der Fall sein, denn

> every time a new copy protection technology (such as Macrovision) is developed, pirates quickly develop a counter-technology to defeat it (Cook/Wang 2004, 569).

In Verbindung mit den bestehenden oder neu entstehenden illegalen Tauschnetzwerken ist davon auszugehen, dass die umgewandelten Dateien relativ schnell eine entsprechende Verbreitung erfahren. Eine gewisse Verzögerung könnte durch DRM zwar bewirkt werden (Haber et al. 2003), aber unterbinden wird sich die Verbreitung nicht lassen, denn es reicht aus, wenn nur ein Bruchteil der Anwender in der Lage ist, die ungeschützten Inhalte upzu-loaden (Biddle et al. 2003). Dördrechter (2007, 278) stellt sogar einen gegenteiligen Effekt fest. Nämlich nicht nur dass ein Kopierschutz auf DVDs kein wirkliches Hindernis für Schwarzkopierer bedeutet, sondern einen zusätzlichen Anreiz, eine Art sportliche Herausforderung darstellt. Zu bedenken ist dabei auch, dass die Anbieter gesäuberter Dateien nicht profitorientiert arbeiten, sondern durch das eigene Angebot die Leistung anderer auszugleichen suchen (Reziprozität) und Anerkennung in der Peer-group anstreben (Stryszowski/Scorpecci 2009, 8). Die Kosten, die die vollständige Implementierung von DRM-Systemen verursacht, und die Einschränkungen für den legalen Konsum hatten wir in Kapitel 21 bereits angesprochen.

Fassen wir die gesammelten Erkenntnisse noch einmal zusammen, ergibt sich ein Bild, nach dem es sich aus einer rein ökonomischen Perspektive nicht halten lässt, Filesharing pauschal zu bekämpfen. Die in Kapitel 25 aufgeführten Studienergebnisse zeigen dies für Musik, aber auch für die anderen Branchen sind ähnliche Effekte auszumachen. Bhattacharjee et al. haben für den Musikmarkt in einer empirischen und simulationsgestützten Untersuchung sogar festgestellt, dass die vollständige Eliminierung von Piraterie geradezu kontraproduktiv wäre, denn

> maximum profit outcomes occur in the presence of piracy (Bhattacharjee et al. 2006, 154).

Der Zugang zu (illegalen) Tauschnetzwerken senkt nämlich die Suchkosten. Durch das Sampling können die Kunden anschließend bessere Kaufentscheidungen treffen.

26.3 Verbesserung des legalen Angebots

Ein ganz zentraler Ansatzpunkt für Informationsanbieter ist ein attraktives Angebot, das Kunden dazu bewegt, das Originalprodukt anstelle der Schwarzkopie zu kaufen. Napster war 1999 das erste und einzige (illegale) Angebot, um Musik über das Netz zu beziehen. Ab 2001 war dann iTunes als legale Alternative verfügbar und erst 2004 kam die Musikindustrie mit weiteren Angeboten zum (legalen) Download von Musik auf dem Markt (Bundesverband Musikindustrie 2004, 22). Legale Angebote haben gegenüber den illegalen Angeboten aus zeitlicher Sicht erst einmal einen Wettbewerbsnachteil gehabt. Wie wir aus Kapitel 17 zum Timing des Markteintritts wissen, muss der Late-Mover durch sein Angebot besonders überzeugen. Er muss dem Kunden attraktive Angebote machen, damit er sich der Alternative zuwendet. Damit kommen wir zu der Frage, worin sich legale und illegale Angebote unterscheiden.

Ein Ansatzpunkt für die Entwicklung attraktiver Download-Angebot ist die Frage, was Filesharer gegenüber legalen Angeboten schätzen. Eine Online-Umfrage der schwedischen Verwertungsgesellschaft für Komponisten, Textautoren und Musikverleger, Svenska Tonsättares Internationella Musikbyrå (STIM), unter 1.123 schwedischen File-Sharern erbrachte die in Tabelle 26.1 dargestellten Ergebnisse. Die prozentual am höchsten gewichteten Nennungen beziehen sich auf die rechtliche Seite, auf die wir im nächsten Abschnitt näher eingehen werden, sowie auf den Preis. Direkt danach kommen die Aspekte Angebotsumfang, Usability, Qualität des Contents und Sicherheit.

Legale Downloads kosten zuerst einmal Geld, die Nutzung von Tauschbörsen ist dagegen ohne Bezahlung möglich. Wie immer geht es den Kunden um den Preis als eine angemessene Relation von Entgelt und Leistung. Offensichtlich gibt es viele Konsumenten, die den Preis der legalen Offerten also zu hoch im Vergleich zur Leistung ansehen. Diskutieren wir zuerst die Leistungsaspekte, die sich aus dieser und anderen Befragungen ergeben.

Kunden wünschen einen großen Musikkatalog, aus dem sie auswählen können. Wichtig ist dabei auch – so eine Studie der britischen Verwertungsgesellschaft (BMR 2008, 13) – dass man seltenes und unveröffentlichtes Material finden kann. Wie bei jeder Website sollte die Nutzung einfach und intuitiv sein. In dieser Hinsicht besteht bei vielen legalen Angeboten immer noch Verbesserungsbedarf.

Ein großer Vorteil der legalen Angebote ist die Qualität des Contents. Man bekommt das, was man wünscht und auch in der entsprechenden Qualität. Weiterhin spielt das Thema Sicherheit bei den legalen Angeboten keine Rolle, sie ist gegeben. Es sollten zudem ausreichende Möglichkeiten zum Probehören vorgesehen sein (BMR 2008, 13), um Informationsasymmetrien zu vermeiden.

26.3 Verbesserung des legalen Angebots

Angebotsform Bewertung	Tauschbörsen	Legale Downloadangebote
Vorteile	• Musik ist kostenfrei verfügbar (73,8%) • Sie sind einfach in der Nutzung (58,7%) • Die Files können überall gespeichert werden (49,5%) • Man findet alles, was man sucht (48,5%)	• Erwerb ist legal (74,7%) • Hohe Soundqualität (49,7%) • Keine Virengefahr (37,8%) • Einfache Navigation auf den Websites (23,9%)
Nachteile	• Sie sind illegal (66,2%) • Die Künstler werden nicht entlohnt (65,0%) • Virengefahr (60,9%) • Korrupte Files (47,6%) • Files mit falschem Inhalt (41,3%) • Unvollständige Files (40,3%) • Downloads dauern lange (22,2%)	• Titel sind teuer (62,7%) • Nicht alles, was man sucht, ist auffindbar (61,4%) • Musik ist häufig DRM-geschützt (38,9%) • Angebotene Formate können nicht auf allen Endgeräten abgespielt werden (38,8%)

Tabelle 26.1: Vergleich von Vor- und Nachteilen legaler und illegaler Downloadalternativen von Musik. Quelle: STIM, 2009, 8 ff.

Ebenfalls empirisch belegt ist außerdem der Wunsch der Konsumenten nach Zusatzangeboten.

> We found that all participants were less likely to pirate when the alternative, pay Web site offered features such as extensive music catalogs and the availability of extras, such as rare recordings, live concerts, and downloadable ringtones and videos (Sinha/Mandel 2008, 12).

Hier öffnet sich das weite Feld der komplementären Angebote, die Kunden gemacht werden können. Deiss (2006, 111 f.) belegt empirisch, dass Tauschbörsennutzer häufiger auf Konzerte gehen und auch mehr Radio hören.

Ähnliche Aussagen finden sich im Hinblick auf das Angebot von Filmen. Filesharer schätzen die flexiblen Nutzungsmöglichkeiten von Downloads und Kopien sowie die extensiven Möglichkeiten zum Preview (Dördrechter 2007, 274 f.). Durch verbessertes Video-on-Demand (VoD) könnte die Filmindustrie ihr Angebot hier noch deutlich verbessern. Sie könnte dem Kunden die Möglichkeit gewähren, die ersten 15 Minuten eines jeden Films kostenfrei anzusehen oder sogar sich die Szenen selbst frei auszusuchen. Über VoD wäre es auch möglich, Filme früher als bisher verfügbar zu machen, wie wir es bereits in Kapitel 18 zur Preisgestaltung angesprochen hatten (Abb. 18.8). Ein attraktives Mehrwertangebot könnten peergestützte Filmbewertungen sein. Eine weitere empfehlenswerte Maßnahme ist es, die Attraktivität des Kinobesuchs zu steigern, so dass er nicht durch digitale Angebote substituiert wird. Hier geht die Kinobranche auch die ersten Schritte und setzt auf Luxus-Angebote, die das Kinoerlebnis durch Serviceangebote wie einen Platzanweiser, gute Parkmöglichkeiten, großzügige Sitzgelegenheiten, delikate Speisen und digitale Projektionen in 3-D aufwerten (Killing 2009, 113 f.).

Schauen wir uns nun die Seite der Preisgestaltung an. Welche ersten Empfehlungen lassen sich für das Pricing in Anbetracht der Existenz von Schwarzkopien geben? Die oben bereits angesprochenen Studien haben als ein sehr wichtiges Ergebnis gezeigt, dass die offiziell angebotene Musik als zu teuer empfunden wird. Über 70% der in der Studie der britischen Verwertungsgesellschaft befragten Personen gaben als Grund für das illegale Downloaden an: „It´s free, save money" (BMR 2008, 13). Die gleichen Ergebnisse lassen sich in der Filmbranche finden (Dördrechter 2007, 273): Die Kosten für das Original, sei es Kino oder DVD, werden von Schwarzkopierern als zu hoch empfunden. Wenn die Anbieter also die Leistungen nicht merklich steigern können oder wollen, wäre die erste einfache Konsequenz hieraus, die Preise zu senken. Es spricht viel dafür, dies nicht pauschal zu tun, sondern sich aus dem Werkzeugkasten des Pricings zu bedienen und differenzierte Preismodelle einzuführen. Ideal scheint dazu die Strategie des Mixed-Bundlings zu sein, bei der den Kunden in Online-Stores alternativ das ganze Repertoire im Abo oder der Bezug von Einzeltiteln angeboten wird (Bhattacharjee et al. 2006). Der inzwischen legalisierte „digitale Plattenladen" Napster (www.napster.de) bietet solche Kombinationsmodelle an, die damit auch eher einen fortlaufenden Service als ein einmaliges Kaufangebot für ein Produkt darstellen. Für den einzelnen Titel scheint es außerdem vorteilhaft zu sein, ihn nicht zum Einheitspreis anzubieten, denn die Präferenzen der Käufer sind unterschiedlich. Mit Blick auf das Schwarzkopieren stellen Gopal et al. (2006, 1529) fest:

> Lower valued music items are pirated more than higher valued items […] and consequently sales of those suffer. If a producer is aware of the true value of a song to consumers, he can set the price accordingly to maximize profits. For producers, the model shows that in the presence of online music sampling, uniform pricing for all music items is a sub-optimal strategy.

Alternativ könnte auch die Einrichtung legaler Musiktauschbörsen interessant sein. In der schwedischen Studie gaben fast neun von zehn Nutzern (86,2%) an, dass sie bereit wären, für solch einen Dienst zu zahlen. Mehr als die Hälfte wären bereit, dafür zwischen 50 und 150 schwedischen Kronen (ca. 5 bis 15 Euro) pro Monat zu zahlen. Nur 7,4% sind gar nicht bereit, für Filesharing zu zahlen (STIM 2009, 3 f.).

Auf Basis einer empirischen Untersuchung empfiehlt Dördrechter (2007, 273 f.) für die Filmbranche, zur Eindämmung der Piraterie die Preise für Kinobesuche unter der Woche und für Original-DVDs zu senken.

Generell kann die Empfehlung nur lauten, die vielfältigen Möglichkeiten der Preisgestaltung bei Informationsgütern überhaupt erst einmal anzuwenden (Linde 2008). Allein das Bundling bietet mannigfaltige Varianten, indem z. B. der Tonträger in Kombination mit Live-Angeboten gebündelt wird oder Kinokarten und DVDs in einem Paket angeboten werden. In der digitalen Welt geht es kurz gefasst darum, den Kunden attraktive Angebote mit hoher Usability und einem angemessenen Preis zu machen, die Kauf und direkte Nutzung möglichst einfach machen. Alles, was zwischen dem Kaufimpuls und dem Kaufgenuss steht, ist eine potenzielle Gefahr für die Abwanderung in den Schwarzmarkt. Vermutlich sind die bestehenden Angebote immer noch nicht ausgewogen genug:

> The harsh reality for the studios is that for consumers to buy an official packaged media version of a film, they must be given more and pay less – a model that is being forced on other media markets (Starling/Roberts 2003, 29).

Ähnlich äußern sich Chiou et al. (2005, 170) zur Musikindustrie. Ganz generell geht es um die Einrichtung von

> easily searchable indexes of music items, fast download access to music items in different secure formats, provisions of posting consumer reviews on items, creation of fan club sites within the search portal, etc. Some of these items are now being made available on online music portals – however there is little evidence of an integrated offering of such strategies (Gopal et al. 2006, 1529.).

26.4 Entwicklung neuer Geschäftsmodelle

Neben den Maßnahmen, die Informationsanbieter gegen das Schwarzkopieren und zur Verbesserung des eigenen Angebots ergreifen können, bleibt auch immer noch die „Flucht nach vorn". Neue, kreative Geschäftsmodelle können Möglichkeiten bieten, das eigene Angebot in der digitalen Welt neu und vielleicht sogar besser zu vermarkten. Egal welche Branche man betrachtet, kommt es darauf an, dass das (legale) Online-Angebot die für die Zielgruppe adäquate Qualität und einen entsprechenden „Ease of Use" aufweist. Dann bestehen gute Chancen, dass die legalen Angebote die illegalen zurückdrängen (Stryszowski/Scorpecci 2009, 12). Wir können hier nur einige Anregungen geben, in welche Richtung solche Geschäftsmodelle gehen könnten. Ein Geschäftsmodell bedeutet dabei nichts weiter als ein vereinfachtes Abbild eines auf Gewinn abzielenden Unternehmens (Knyphausen-Aufseß/Meinhardt 2002). Die zentralen Elemente eines solchen Modells sind die Produkt-Markt-Kombination, die Konfiguration der Wertschöpfungsaktivitäten und die Ertragsmechanik. Auch ohne die Produkt-Markt-Kombination zu verwandeln, lassen sich leicht Ideen entwickeln, um bestehende Geschäftsmodelle zu verändern. Die verschiedenen Aspekte der Preisdifferenzierung mittels Bundling, Windowing oder Versioning haben wir in Kapitel 18 und teilweise auch im obigen Abschnitt zur Verbesserung des Angebots bereits angesprochen.

Wir wollen hier zum Pricing zwei etwas radikaler erscheinende Lösungen vorstellen. Informationsgüter sind wegen der bekannten Kostenstrukturen zum einen sehr gut dazu geeignet, mit dem **Pay-what-you-want-Ansatz** (PWYW) bepreist zu werden. Der Kunde kann dabei das Gut sehr umfassend prüfen oder bekommt es sogar komplett übereignet und entscheidet sich erst nach der Prüfung bzw. dem Konsum, was er dafür zu zahlen bereit ist. Interessanterweise ist eine große Zahl an Kunden auch tatsächlich bereit, freiwillig zu zahlen, und man muss als Anbieter nicht davon ausgehen, dass die Umsätze zwangsläufig sinken (Kim et al. 2009).

Für kleine Label und eher unbekannte Künstler haben Regner und Barria (2009) herausgefunden, dass Kunden sogar bereit sind, freiwillig mehr zu zahlen als eine Preisempfehlung es vorgibt. Drei zentrale Motive für die Zahlungsbereitschaft haben sich in dieser Situation herausgestellt: Die Kunden hatten das Bedürfnis, die gewährte Offenheit beim Zugang zu Musik durch entsprechende Zahlungen auszugleichen (Reziprozität), sie konnten ein gutes Gefühl entwickeln, etwas für einen guten Zweck getan zu haben, nämlich die Künstler zu unterstützen, und sie brauchten keine Schuldgefühle zu entwickeln, weil sie weniger bezahlt hatten als sie hätten sollen. Mit diesem Ansatz ergeben sich ganz neue Möglichkeiten der Geschäftsbeziehung und des Aufbaus eines Vertrauensverhältnisses zwischen Anbieter und Kunden.

Eine zweite Überlegung geht in die Richtung, Informationsgüter kostenfrei anzubieten (**Follow-the-free**). Ganz plakativ gesagt: Kostenfreie Angebote substituieren Piraterie, wenn auch die anderen Parameter, wie Usability, Qualität, Nutzungsfreiheit etc. stimmen. Diese Variante ist nicht zu verwechseln mit einem umfassenden Samplingangebot, auf das der Kauf folgen soll. Gemeint ist hier tatsächlich, seine Musik, Software, Filme, Bücher etc. umsonst anzubieten. Natürlich müssen die Erträge dann aus anderen Quellen fließen. Insofern bietet es sich an, nur bestimmte (minderwertige) Versionen kostenfrei anzubieten, sein Geld mit dem Verkauf von Komplementen zu verdienen oder auf die Werbefinanzierung zu setzen. Ein Beispiel liefert der chinesische Musikmarkt, der von Google bedient wird (Schwan 2008). Die Musik chinesischer und internationaler Labels, darunter auch EMI und Universal, kann über Google gesucht und anschließend kostenfrei heruntergeladen werden. Die Finanzierung erfolgt über Werbung.

Weiteres Veränderungspotenzial für die bestehenden Geschäftsmodelle von Informationsanbietern liegt in der **Neustrukturierung ihrer Wertschöpfungsketten**. Die Musikindustrie könnte sich größere Preissetzungsspielräume verschaffen, wenn die Lizenzstrukturen verändert würden. Das heute vorherrschende Modell der Lizenzzahlung pro Download könnte ersetzt werden durch pauschale Zahlungen, die vom angebotenen Repertoire abhängen oder durch prozentuale Zahlungen bezogen auf den Gewinn des Anbieters. Bhattacharjee et al. (2006) haben ermittelt, dass die Zahlung pro Download für Händler und Kunden die schlechteste der drei genannten Varianten ist. Um die Höhe der Abgaben zu senken und von möglichen Umsatzsteigerungen durch niedrigere Preise profitieren zu können, bedarf es allerdings einer Preisabstimmung über die gesamte Wertschöpfungskette hinweg, also unter Beteiligung von Künstlern, Labels, Händlern etc. (Strube et al. 2008, 200 f.)

Deutlich weiter würde es gehen, die Wertschöpfungskette zu verlängern. Musikverlage z. B., die feststellen müssen, dass die Umsätze mit dem reinen Musikverkauf zurückgehen, können

26.4 Entwicklung neuer Geschäftsmodelle

versuchen, Komplementärangebote anzubieten. Die Musikkonzerne denken auch bereits über eine Vollversorgung der Konsumenten nach, bei der sie nicht nur das Tonträgerangebot und die Künstlervermarktung übernehmen, sondern auch Konzerte, MP3-Spieler und Merchandisingartikel anbieten (Postinett 2008).

Der zusätzliche Umsatz aus einer größeren, piraterriebedingten Verbreitung von Musik geht bislang meist nur an die Künstler selbst und nicht an die Verlage. Um hier den Druck bei den repressiven Maßnahmen seitens der Musikverlage etwas abzumildern und die angebotene Qualität von Neuerscheinungen nicht zu gefährden, könnten die Künstler es ihrerseits in Erwägung ziehen, die Musikverlage an ihren Einkünften aus dem Live-Geschäft zu beteiligen. Die stärkere Verbreitung von Musik durch die Duldung von Piraterie ließe eine steigende Nachfrage nach Tonträgern, Live-Konzerten und Komplementen erwarten (Curien/Moreau 2009, 111 f.). Beide Seiten könnten dadurch eine Win-Win-Situation herbeiführen.

Eine weitere Variante wäre die Integration des Filesharings in die Wertschöpfungskette. Für die Musikkonzerne besteht eine große Gefahr darin, dass sie umgangen werden und die Künstler ihre Werke direkt vermarkten:

> [...] instead of fighting the file-sharing services, musicians would embrace the Kazaas of the world as a free promotion vehicle and distribution pipeline to an audience of millions (Lasica 2005, 63).

Noch weiter gehend wäre es, den Konsumenten mehr Rechte für die erworbenen Informationsgüter zu gewähren. Warum nicht den Nutzern die Freiheit einräumen, die Musik, den Film, den Text, das Spiel etc. nach den eigenen Vorstellungen in einem kreativen Prozess umzuwandeln und neue Werke zu schöpfen? Was für Computerspiele häufig schon anzutreffen ist, erscheint für Musik und Film noch völlig unvorstellbar:

> Imagine buying the latest „Lord of the Rings" DVD and discovering that the cameras, lights, special effects and editing tools used in its making had been included at no extra charge. Or finding your favourite CD's crammed with virtual recording studios, along with implicit encouragement from the producer to remix the music, record your own material and post it all on the Internet (Marriott 2003).

Insbesondere die sozialen Netzwerke stellen einen idealen Nährboden für die Erschaffung neuer, kreativer Werke dar und mit den flexiblen Rechten aus der Creative-Commons-Szene steht auch ein entsprechender rechtlicher Rahmen zur Verfügung.

Insgesamt gesehen gehen die Empfehlungen für Informationsanbieter dahin, die eigenen Angebote attraktiver zu machen, so dass sich Substitutionseffekte in umgekehrter Richtung ergeben können, also legale die illegalen Angebote verdrängen. Die Tauschbörsen frontal anzugreifen oder zu unterminieren kann lediglich bedingt helfen, nämlich nur solange man dabei die erwünschten Netzwerkeffekte nicht zerstört.

26.5 Fazit

- Bei jüngeren Menschen sind die Moralvorstellungen generell schwächer ausgeprägt und es ist anzunehmen, dass ihnen der Zusammenhang zwischen Download und mangelnder Zahlung an die Künstler nicht so klar ist. Für Informationsanbieter empfiehlt sich Aufklärungsarbeit.
- Die Maßnahmen der Musikindustrie zur Strafverfolgung und zur normativen Beeinflussung sind vermutlich wirkungslos, weil sie durch die Persönlichkeitsstrukturen der Downloader konterkariert werden.
- Der Umgang mit illegalen Filesharingangeboten bedeutet häufig ein ethisches Dilemma, bei dem es zu deutlichen Abweichungen zwischen dem kommt, was man selbst für richtig hält und was man anderen empfehlen würde.
- In Ländern mit hoher Wirtschaftskraft sind die Urheberrechte in der Regel relativ gut geschützt. Eine weitere Erhöhung des Urheberrechtsschutzes ist in diesen Ländern nicht sinnvoll, weil sonst die Monopolstellung der Anbieter weiter gestärkt würde und es zu negativen Auswirkungen auf die Wohlfahrt käme.
- Ein zentraler Ansatzpunkt gegen den Vormarsch von Schwarzkopien ist ein attraktiveres legales Angebot. Neben dem Vorteil der Legalität spielen ein angemessener Preis, der Angebotsumfang, die Usability sowie Qualität und Sicherheit eine wichtige Rolle.
- Neue, kreative Geschäftsmodelle können Möglichkeiten bieten, das eigene Angebot in der digitalen Welt neu und vielleicht sogar besser zu vermarkten. Eine Möglichkeit ist ein innovatives Pricing über den Pay-what-you-want-Ansatz oder kostenfreie Angebote. Eine andere Variante wäre es, die Wertschöpfungskette zu verlängern und Komplementärangebote wie Live-Events oder Abspielgeräte integriert anzubieten.

26.6 Literatur

Altschuller, S.; Benbunan-Fich, R. (2009): Is music downloading the new prohibition? What students reveal through an ethical dilemma. – In: Ethics and Information Technology 11(1), S. 49–56.

Bhattacharjee, S.; Gopal, R. D.; Lertwachara, K.; Marsden, J. R. (2006): Consumer search and retailer strategies in the presence of online music sharing. – In: Journal of Management Information Systems 23(1), S. 129–159.

Biddle, P.; England, P.; Peinado, M.; Willman, B. (2003): The darknet and the future of content protection. – In: Becker, E.; Buhse, W.; Günnewig, D.; Rump, N. (Hg.): Digital Rights Management. Technological, Economic, Legal and Political Aspects. Berlin: Springer (Lecture Notes in Computer Science, 2770), S. 344–365.

British Music Rights (BMR) (Hg.) (2008): Music Experience and Behaviour in Young People. Main Findings and Conclusions. Studie der University of Hertfordshire. Online: http://www.scribd.com/doc/3417953/Music-Experience-And-Behaviour-in-Young-People, geprüft: 25.08.2010.

Brodersen, J. (2007): Illegale Selbstversorgung durch Tauschnetzwerke. – In: Linde, F. (Hg.): Markttheoretische und wettbewerbsstrategische Aspekte des Managements von Informationsgütern. – Köln (Kölner Arbeitspapiere zur Bibliotheks- und Informationswissenschaft, 53), S. 214–236.

Bundesverband Musikindustrie (2004): Jahreswirtschaftsbericht 2004. Bundesverband Musikindustrie. Online: http://www.musikindustrie.de/uploads/media/ms_branchendaten_jahreswirtschaftsbericht_2004_01.pdf, geprüft: 15.08.2010.

Bundesverband Musikindustrie (2008): Jahreswirtschaftsbericht 2008. Bundesverband Musikindustrie. Online: http://www.musikindustrie.de/ uplads/media/ms_branchendaten_jahreswirtschaftsbericht_2008.pdf, geprüft: 25.08.2010.

Chiou, J. S.; Huang, C.; Lee, H. (2005): The antecedents of music piracy attitudes and intentions. – In: Journal of Business Ethics 57(2), S. 161–174.

Cook, D. A.; Wang, W. (2004): Neutralizing the piracy of motion pictures: Reengineering the industry's cupply chain. – In: Technology in Society 26(4), S. 567–583.

Curien, N.; Moreau, F. (2009): The music industry in the digital era. Toward new contracts. – In: The Journal of Media Economics 22(2), S. 102–113.

Deiss, B. (2006): Musik aus dem Internet - Filesharing in p2p-Tauschbörsen. – München: GRIN.

Dördrechter, N. (2007): Piraterie in der Filmindustrie. Eine Analyse der Gründe für Filmpiraterie und deren Auswirkungen auf das Konsumverhalten. – Wiesbaden: Dt. Univ.-Verl.

Freestone, O.; Mitchell, V. W. (2004): Generation Y attitudes towards e-ethics and internet-related misbehaviours. – In: Journal of Business Ethics 54, S. 121–128.

Gopal, R. D.; Bhattacharjee, S.; Sanders, G. L. (2006): Do artists benefit from online music sharing. – In: Journal of Business 79(3), S. 1503–1533.

Haber, S.; Horne, B.; Pato, J.; Sander, T.; Tarjan, R. E. (2003): If piracy is the problem, is DRM the answer. – In: Becker, E.; Buhse, W.; Günnewig, D.; Rump, N. (Hg.): Digital Rights Management. Technological, Economic, Legal and Political Aspects. – Berlin: Springer (Lecture Notes in Computer Science, 2770), S. 224–233.

Haller, J. (2005): Urheberrechtsschutz in der Musikindustrie. Eine ökonomische Analyse. – Lohmar: Eul-Verl.

Hennig-Thurau, T.; Hennig, V.; Sattler, H. (2007): Consumer file sharing of motion pictures. – In: Journal of Marketing 71, S. 1–18.

Hill, C. W. L. (2007): Digital piracy: Causes, consequences, and strategic responses. – In: Asia Pacific Journal of Management 24(1), S. 9–25.

Killing, U. (2009): Neue Perspektiven. – In: Wirtschaftswoche, Ausgabe 6, 2.2.2009, S. 113–114.

Kim, J. Y.; Natter, M.; Spann, M. (2009): Pay what you want: A new participative pricing mechanism. – In: Journal of Marketing 73(1), S. 44–58.

Knyphausen-Aufseß, D. zu; Meinnardt, Y. (2002): Revisiting Strategy: Ein Ansatz zur Systematisierung von Geschäftsmodellen. – In: Bieger, T.; Bickhoff, N.; Caspers, R.; Knyphausen-Aufseß, D. zu; Reding, K. (Hg.): Zukünftige Geschäftsmodelle. Konzept und Anwendung in der Netzökonomie. – Berlin: Springer, S. 63–89.

Heise Online (2006): Generalstaatsanwaltschaft klagt über ungebremste P2P-Strafanzeigen-Maschine. Online: http://www.heise.de/newsticker/meldung/Generalstaatsanwaltschaft-klagt-ueber-ungebremste-P2P-Strafanzeigen-Maschine-169484.html, geprüft: 25.08.2010.

LaRose, R.; Kim, J. (2007): Share, steal, or buy? A social cognitive perspective of music downloading. – In: CyberPsychology & Behavior 10(2), S. 267–277.

Lasica, J. D. (2005): Darknet. Hollywood's War Against the Digital Generation. – Hoboken, NJ: Wiley.

Linde, F. (2008): Pricing-Strategien bei Informationsgütern. – In: WISU, H. 2, S. 208–214.

Marriott, M. (2003): Games Made for Remaking. – In: The New York Times, 4.12.2003. Online: http://www.nytimes.com/2003/12/04/technology/circuits/04modd.html, geprüft: 25.08.2010.

Mercer Management Consulting (Hg.) (2003): Media Context: Media Strategies and Trends from Mercer Management Consulting. London.

Postinett, A. (2008): Wo die Musik spielt. – In: Handelsblatt, Ausgabe 53, 14./15./16. März 2008, S. 12.

Regner, T.; Barria, J. A. (2009): Do consumers pay voluntarily? The case of online music. – In: Journal of Economic Behavior & Organization 71, S. 395–406.

Reinig, B. A., Plice R. K. (2010): Modeling software piracy in developed and emerging economies. Proceedings of the 43rd Hawaii International Conference on Systems Science, January 5-8. Koloa, Kauai, Hawaii. IEEE Computer Society.

Schwan, B. (2008): Plattenindustrie verschenkt Musik. Herausgegeben von taz.de. Online: http://www.taz.de/1/netz/artikel/1/gratis-musik-fuer-china/, geprüft: 25.08.2010.

Sinha, R. K.; Mandel, N. (2008): Preventing digital music piracy: The carrot or the stick. – In: Journal of Marketing 72, S. 1–15.

Starling, A.; Roberts, J. (2003): The rise and rise of the DVD: Can the studios keep control. – In: Mercer Management Consulting (Hg.): Media Context: Media Strategies and Trends from Mercer Management Consulting. – London, S. 24–32.

STIM (Hg.) (2009): Pirates, file-sharers and music users. A survey of the conditions for new music services on the Internet. Studie im Auftrag der Svenska Tonsättares Internationella

Musikbyrå (STIM). Online: http://www.mpaonline.org.uk/files/pdf/STIM_survey_on_the_conditions_for_new_online_music_services.pdf, geprüft: 25.08.2010.

Strube, J.; Pohl, G.; Buxmann, P. (2008): Preisstrategien für Onlinemusik. – In: Gensch, G.; Stöckler, E. M.; Tschmuck, P. (Hg.): Musikrezeption, Musikdistribution und Musikproduktion. Der Wandel des Wertschöpfungsnetzwerks in der Musikwirtschaft. – Wiesbaden: Gabler, S. 187–203.

Stryszowski, P.; Scorpecci, D. (2009): Piracy of Digital Content. Paris: OECD.

Tschmuck, P. (2009): Neue britische Studie zum File-Sharing. Online: http://musikwirtschaftsforschung.wordpress.com/2009/06/10/neue-britische-studie-zum-file-sharing/#more-443, geprüft: 25.08.2010.

Register

A

Abwärtskompatibilität 435-436
Ad 321
Adobe 387, 534
Adressinformation 183-184
AdSense (Google) 327, 330-331
Advergame 326
AdWords (Google) 327-330
Akerlof, G. A. 39-41
Aufbau einer installierten Basis 525
Aufwärtskompatibilität 435-436
Auktion 379-380
Auktionshaus (Betrug) 99
Ausschlussprinzip 65-66, 69
Auszeichnung 488
Authentisierungsdienst 229
Avatar 166-167
Avatar-Wirtschaft 294

B

Bangemann-Arbeitsgruppe 8
Bannerwerbung 322-324
Basisnutzen 54
Bevölkerungsstruktur 186-188
Bewertung 488
Bibliothekskatalog 261-262
Bild 256-257
Blog 265-267
Blogosphäre 266
b-Modell (Softwareentwicklung) 309
Bonitätsinformation 182-183
Börseninformation 188
Botnet 101

Branchenstrukturanalyse 339-351
Brandenburger, A.M. 341-344
Bundling 392-405

C

Click Fraud 100, 146
Computerstrafrecht 147-148
Content 26-28
Content-Aggregator 246-248, 283
Contentstrafrecht 148
Copyleft 140
Copyright *siehe* Urheberrecht
Cost per Action 321
Cost per Click 321
Cost per View 321
Cracker 102-103
Crasher 102-103
Creative Commons 140
Cyberbullying 99
Cyberstalking 98

D

Dark Web 103-105
Datenschutzrecht 142-143
Del.icio.us 259-260
Deutsche Nationalbibliothek 147
Digital Object Identifier 225-226
Digital Rights Management *siehe* DRM-System
Dokumentlieferdienst 137-138
Domainnamenrecht 133-135
DRM-System 460-468
Drucker, P.F. 1-2

E
eBook 223
Effekt, externer 55-61
eGovernance 108
eGovernment 106-107
Eigentum, geistiges 119-120, 167-172
eInclusion 107
E-Mail 146
E-Mail-Werbung 326-327
Entrenchment 529-533
Entscheidungssicherheit 434
Enzyklopädie 263-265
Erfahrungseigenschaft 44-51
Erfahrungsgut 43-46
eScience 230
Ethik 157-160
Europäische Union 8
Evidenzbasierung 214
Excel 396

F
Facebook 269-271
Fachliteratur, juristische 204
Faktendatenbank 230
FarmVille 297
Filesharing 559-564, 568
Firmendossier 180-181
Firmeninformation 179-184
First Mover 355-365
First Mover (Informationsmarkt) 365
First-Copy-Cost-Effekt 35-38
Five Forces (Porter) 340
Fixkosten 36, 360
Flickr 256-257
Follow the Free 405-416, 576
Follow the Sun 314
Forschungsdaten 230-231

G
Game with a Purpose 298-299
Garantie 488-491
Gebrauch, fairer 170-171
Gebrauchsgut 24-26
Gebrauchsmuster 224

Gebrauchsmusterrecht 127
Gerechtigkeitsempfinden 545-547
Geschäftsfeldstrategie 346-348
Geschmacksmusterrecht 130
Gesellschaft, lernende 85
Gesetz (Rechtsnorm) 201-202
Global Information Infrastructure 7
Globalisierung (Softwaremarkt) 312-315
Glokalität 91
Glücksspiel 290-291
Google 245
Grundsatzurteil 202-203
Gütezeichen 247, 494, 497-498
Gut, öffentliches 64-69
Gut, ökonomisches 21

H
Hacker 102-103
Human Development Index 87

I
I-Commerce 13
ICT Development Index 87-88
ifo Geschäftsklimaindex 189-191
Imitator 355-356
Information Market Observatory 10-11
Information Professional 160
Information Superhighway 6-8
Information, digitale (Wirtschaftsgut) 10, 21-29
Information, personenbezogene 142-143
Informationsangebot, illegales 568-572
Informationsangebot, legales 573-575
Informationsasymmetrie 38-52, 481-485
Informationsdienst, allgemeinwissenschaftlicher 226-228
Informationsdienst, disziplinspezifischer 228
Informationsdienstleistung, digitale 10-12
Informationseingriff 166

Informationseinrichtung
(Organisationsstrategie) 178-179
Informationsethik 157-172
Informationsethik, professionelle 160-161
Informationsfreiheitsgesetz 143
Informationsgesellschaft 81-86
Informationsgut 22-27-33-71, 345-346, 541
Informationsinfrastruktur 86
Informationsmarkt (Abgrenzung) 13-14
Informationsmarkt (Analyse) 350-351
Informationsmarkt (volkswirtschaftliche Bedeutung) 28-29
Informationsparadoxon 43
Informationspolitik 105-108
Informationsrecht 119-149
Informationsrecht, internationales 149
Informationssektor, primärer 4-5
Informationssektor, sekundärer 5
Informationssoziologie 81-105
Informationsstrafrecht 147-148
Informationssubkultur 102-103
Informationssubstitut, leistungsbezogenes 488-493
Informationssubstitut, leistungsübergreifendes 494-500
Informationsverhalten, abweichendes 97-102
Informationsweiterverwendungsgesetz 146
Informing Science 215
In-Game Advertising 324-325
Innovator 355-356
Inspektionsangebot 485-487
Internet-Fernsehen 281-283
Internetnutzung, kriminelle 101-102
Internetnutzung, problematische 97-98, 293
Internetwirtschaft 13
Investitionsgut 24-26

J
Jobpolarisierung 91
Journal Impact Factor 221-223

K
Kannibalisierungseffekt 413
Kaufkraft 185-188
Klickrate 322
Kluft, digitale 94-97
Kommunikation des Netzwerkwachstums 508
Kommunikationsfreiheit 162
Kompatibilitätsmanagement 425-445
Kompatibilitätsstandard 425-426
Komplementärprodukt 60-61, 451
Komplementen-Management 451-457
Kondratieff-Zyklen 82-83
Konkurrenzprinzip 65-66
Konsolenspiel 287-289
Konsortium 233
Konsumentenrente 376, 396-399
Konsumgut 24-26
Konsumrivalität 64-66
Konversionsrate 322
Kooperationsankündigung 507-508
Kooperationsstrategie (Komplementenangebot) 456
Kopierschutz-Management 459-475
Kosten 36-38
Kundenbindung 529-533

L
Last.fm 257-258
LibraryThing 261-262
Limit-Pricing 509-510
Link-Server 229
Lizenznehmerstrategie (Standardisierung) 442
Lock-in 519-521
Lock-in-Cycle 523-536
Lock-in-Management 519-536

M

Machlup, F. 2-4
Macht 158
Malware 100
Management, strategisches 346-348
Markenname (Reputation) 495
Markenrecht 131-133
Market for Lemons 39-41
Marketing, virales 332-333
Marktanteil (Qualitätssignal) 493
Markteintritt (Timing) 355-367
Marktinformation 177, 185-193
Marktkommunikation 481-484
Marktkommunikation, strategische 500-510
Marktversagen 33-35, 481
Masse, kritische 69, 438, 445, 500
M-Commerce 12-13
Media Asset Value Map 473-475
Medienökonomie 35-36
Medienresonanzanalyse 195
Microblogging 267-268
Microsoft (Softwareentwicklung) 312
Mitläufereffekt 58
MMORPG 292-297
Monitoring 178
Monopolstrategie (Standardisierung) 441
Moral Hazard 49-53
Moralvorstellung (von Schwarzkopierern) 547-549
Musik 257-258, 271, 279-281, 573, 576-577
Musikpiraterie 543, 573
Musikvertrieb, kommerzieller 279-281
MySpace Music 271-272

N

NAICS 11-12
Nalebuff, B.J. 341-344
Napster 572
Nelson, P. 43
Narrativität 292
National Information Infrastructure (USA) 7

Nationallizenz 233
Nearshoring 312-313
Networked Readiness Index 88-89
Netzwerk, reales 53
Netzwerk, soziales 269-272
Netzwerk, virtuelles 52-54
Netzwerkeffekt 53-64, 69, 359, 364-365, 468-473
Netzwerkeffekt, direkter 56-59, 560
Netzwerkeffekt, indirekter 59-63, 453-455, 567
Netzwerkeffekt, zweiseitiger 63-64
Netzwerkexternalität *siehe* Netzwerkeffekt
Netzwerknutzen 364-365
Netzwerkökonomie 9-10
New Economy 8-9
Newsletter 326
Nigerian Letter Fraud 100

O

OECD 11
Öffnung eines Standards 443-445
Offshoring 312-313
Off-Site-Optimierung 245
Online-Auktion 379-380
Online-Betrug 99-101
Online-Gemeinschaft 251-252
Online-Host 234, 244, 246-248
Online-Werbung 319-333
On-Site-Optimierung 245
Open Access 234, 236
Open-Source 140
Opportunitätskosten 520
Outsourcing 312-313

P

Partnerseitenwerbung, kontextspezifische 330-331
Patent 224
Patentrecht 121-127
Pay-what-you-want 575
PC-Spiel 287-289

Peer Review 215-217
Penetrationsstrategie 406-407
Permission-based Marketing 326
Pflichtexemplar 147
Piraterie *siehe* Schwarzkopie
Pishing 101
Plakatwerbung (in Spielen) 325
Porat, M.U. 4-5
Porter, M.E. 339-340
Preis (Qualitätssignal) 491-492
Preisbildung im Internet 375
Preisdifferenzierung 376-416
Preisdifferenzierung dritten Grades 377-379
Preisdifferenzierung ersten Grades 377-379
Preisdifferenzierung zweiten Grades 377-379
Preispolitik 373-416
Preprintarchiv 219-220
Presseinformation 177, 194-195
Pressemeldung 194-195
Pressespiegel 137, 194
Pricing *siehe* Preispolitik
Privatheit 163-167, 270-271
Product Placement (in Spielen) 325
Produktinformation 183-184
Produktpolitik 373
Produktvorankündigung 501-506
Prosumer 251

Q
Qualitätsinformation 39
Qualitätssicherung (bei Wikipedia) 264
Qualitätssignal, produktbezogenes 483
Qualitätsstandard 498
Qualitätsunsicherheit 484

R
Raubkopie *siehe* Schwarzkopie
Recht am eigenen Bild 143
Rechtsinformation 199-207
Rechtsnorm 202-204

Reputation 495
Reputationsaufbau 497-500
Reverse Pricing 374

S
Sättigungsmenge 467
Sampling 558-559
SAP 314-315
Scanning 178
Schwarzkopie 139, 465, 541-549, 553-563, 567-578
Schwarzkopierer, gewerblicher 555-557
Second Life 296
Second Mover 355-356, 365-367
Second Mover (Informationsmarkt) 367
Second Price Auktion 329
Sektor, vierter 4-6
Selbstbindung 506-507
Selbstselektion 378, 392
Selbstversorgung (durch Schwarzkopien) 544-545, 554-555
Selektion, negative 49-53
Sharing-Dienst 254-259
Signalisierung 481-510
Skalenerträge 37
Skimming-Strategie 406
Social Bookmarking 259-262
Social Game 297-298
Software 26-28, 305-308
Software (Rechtsschutz) 141
Software as a Service 308
Software, soziale 252-254
Softwareentwicklung 308-315
Softwareentwicklung, agile 311
Softwareentwicklung, komponentenbasierte 311-312
Softwaremarkt 305-315
Softwarepiraterie 546
Soleprovider (Komplementenangebot) 455
Sony 364
Spiel, digitales 287-299, 324-325
Spiralenmodell (Softwareentwicklung) 309-310

Sponsorstrategie (Standardisierung) 441
Spur, digitale 164
Stadt, informationelle 90-94
Stadt, virtuelle 94
Standard 360, 426-427
Standardisierung 425-445
Standardisierungsstrategie, evolutionäre 436-438
Standardisierungsstrategie, revolutionäre 436-438
Statistik, amtliche 192
Strategie 346-348
Suchgut 43-46
Sucheigenschaft 44-50
Suchmaschinenmarketing 244-245, 322
Suchmaschinenwerbung 327-330
Suchwerkzeug 243-248

T
Tauschbörse 549, 571
Telearbeit, mobile 89
Telematik 7
Telemedienrecht 143-145
Terrorismus 103-105
Trittbrettfahrerstrategie (Standardisierung) 443
Tulpenmanie 9
Twitter 267-268

U
Umgehungsstrategie (Standardisierung) 442
Universaldienst 108
Unternehmensstrategie 346-348
Unterversorgung 558
Urheberrecht 135-139, 459-460, 567

V
Verbrauchsgut 24-26
Vereinheitlichtes Modell (Softwareentwicklung) 310-311
Vergabestrategie (Standardisierung) 441

Verlagsdatenbank 228-229
Verordnung (Rechtsnorm) 203
Versicherungsangebot (beim Marktstart eines Netzeffektgutes) 509
Versioning 386-392
Vertragsabschluss 49-53
Vertrauensgut 43-46, 496
Vertrauenseigenschaft 35, 43
Verwertungsfenster 381-383
Verwertungsgesellschaft 138
Vickrey-Auktion 329
Video on Demand 255
Video-Spiel 291-297
V-Modell (Softwareentwicklung) 309

W
Wahlkampf 105
Wasserfallmodell (Softwareentwicklung) 308-309
Web-2.0-Dienst 251-272
Weblog *siehe* Blog
Web-Suchmaschine 244-246
Web-TV 281-283
Wechselbarriere 520
Wechselkosten 359-360, 519-522, 529-536
Welt, virtuelle 293
Werbeausgaben (Qualitätssignal) 492-493
Werbetext (bei Google AdWords) 328
Werbung 319-333, 411-412
Werbung in digitalen Spielen 324-325
Werbung, kontextspezifische 327-331
Werbung, personalisierte 324
Werbung, zielgruppenspezifische 324
Werk 135
Wertnetz 341-344
Wertnetz für Informationsgüter 345-346, 349-351
Wettbewerbsrecht 145-146
Wettbewerbsvorteil 348-349
Wiki 263-265
Wikipedia 263-265
Windowing 381-386

Wirtschaft, virtuelle 294
Wirtschaftsgut 21
Wirtschaftsinformation 177
Wissen 2-3
Wissensarbeiter 1-4
Wissensbasis (kollaborativer Aufbau) 262-268
Wissenschaft und Praxis 214
Wissenschaftler 213
Wissenschaftspark 93
Wissenschaftsverlag 219
Wissensgesellschaft 81-86
Wissensinfrastruktur 86-87
Wissensklufthypothese 94-95
Wissensökonomie 1-4
World of Warcraft 293-294
WTM-Bookmarking 261

WTM-Information 211-236
WTM-Markt 232-236

Y
YouTube 259

Z
Zeitreihe 188-194
Zeitschrift, wissenschaftliche 217-219
Zeitschriftenagentur 234
Zeitschriftenkrise 232
Zensur 144-145, 162-163
Zielseite 320
Zitation (Rechtsinformation) 205-206
Zugang zum Wissen, freier 161-163

Marketing = marktorientierte Unternehmensführung

Peter Winkelmann
Marketing und Vertrieb
Fundamente für die Marktorientierte Unternehmensführung
7. vollständig überarbeitete Auflage 2010
XVI, 588 Seiten | gebunden | € 44,80
ISBN 978-3-486-59208-5

Das Standardlehrbuch stellt die Aufgabenbereiche von Marketing und Vertrieb gleichermaßen wissenschaftlich fundiert wie auch praxisorientiert dar. Es eignet sich daher gut für die Bachelor- wie auch für die Masterausbildung. Die Themengliederung des Buches folgt der strategischen Marketingsicht mit den vier klassischen Instrumentalbereichen der Leistungsprogramm-, Konditionen-, Vertriebs- und Kommunikationspolitik. Inhaltlich geht das Werk stark praxisbezogen auf die operativen Tätigkeiten und Methoden der Marketing- und Vertriebsabteilung ein. Im Gegensatz zu typischen Marketinglehrbüchern wird dabei das Vertriebsmanagement, nach Kostenrechnung/Controlling das zweitgrößte Berufsfeld für HochschulabsolventInnen, besonders ausführlich dargestellt. Das Buch geht darüber hinaus auf zahlreiche aktuelle Trends ein, wie zum Beispiel CRM, Web 2.0, mobile Business oder Corporate Publishing.

Wegen der handlungsorientierten Darstellungen von Vertrieb, CRM und eBusiness ist dieses Lehrbuch sowohl für die Hochschulausbildung als auch für die Praxis sehr wertvoll.

Prof. Dr. Peter Winkelmann leitet seit 1995 den Studienschwerpunkt Marketing und Vertrieb, insbesondere Vertriebssteuerung, an der Hochschule für angewandte Wissenschaften, FH Landshut.

Bestellen Sie in Ihrer Fachbuchhandlung oder direkt bei uns: Tel: 089/45051-248, Fax: 089/45051-333
verkauf@oldenbourg.de

Der vierte Produktionsfaktor

Wolfgang Jaspers, Gerrit Fischer (Hrsg.)
Wissensmanagement heute
Strategische Konzepte und erfolgreiche Umsetzung
2008 | 241 S. | gebunden
€ 39,80 | ISBN 978-3-486-58746-3

Wissensmanagement ist als »Management-Tool« schon lange kein »Geheimtipp« mehr, um ein Unternehmen erfolgreich zu führen. Denn »Wissen« hat als vierter Produktionsfaktor den »klassischen« Faktoren Arbeit, Boden und Kapital schon seit einiger Zeit in seiner Bedeutung den Rang abgelaufen. Somit stellen Wissen und das Management dieser Ressource heutzutage die wesentlichen Einflussgrößen für Wertschöpfung, Unternehmenssicherung und -erfolg dar.

Aber wie kann ein Unternehmen Wissensmanagement effizient und effektiv einführen und einsetzen? Gerade mittelständische Unternehmen stehen hierbei oftmals vor Problemen und Barrieren.

Das vorliegende Werk setzt hier an. Es enthält auf der einen Seite Konzepte, die eine verbesserte Einführung von Wissensmanagement zum Inhalt haben und zum anderen verschiedene Querschnittfunktionen zu den klassischen Unternehmensbereichen darstellen, die die Vorteile und den Nutzen von Wissensmanagement dokumentieren.

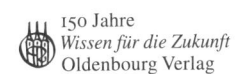

150 Jahre
Wissen für die Zukunft
Oldenbourg Verlag

Bestellen Sie in Ihrer Fachbuchhandlung oder direkt bei uns: Tel: 089/45051-248, Fax: 089/45051-333
verkauf@oldenbourg.de